出口退（免）税常见业务
申报实务与疑难速查

巩超　主编

中国商务出版社
CHINA COMMERCE AND TRADE PRESS

图书在版编目（CIP）数据

出口退（免）税常见业务申报实务与疑难速查 / 巩超主编．--北京：中国商务出版社，2021.4
　　ISBN 978-7-5103-3786-4

Ⅰ.①出… Ⅱ.①巩… Ⅲ.①出口税-税收减免-税收管理-中国 Ⅳ.①F812.423

中国版本图书馆 CIP 数据核字（2021）第 073500 号

出口退（免）税常见业务申报实务与疑难速查
CHUKOU TUI（MIAN）SHUI CHANGJIAN YEWU SHENBAO SHIWU YU YINAN SUCHA
巩　超　主编

出　　版：	中国商务出版社
地　　址：	北京市东城区安定门外大街东后巷 28 号　邮编：100710
责任部门：	教育培训事业部（010-64243016　gmxhksb@163.com）
责任编辑：	刘姝辰
总 发 行：	中国商务出版社发行部（010-64208388　64515150）
网购零售：	中国商务出版社考培部（010-64286917）
网　　址：	http://www.cctpress.com
网　　店：	https://shop162373850.taobao.com/
邮　　箱：	cctp6@cctpress.com
开　　本：	787 毫米×1092 毫米　1/16
印　　张：	35.5　　　　　　　字　数：513 千字
版　　次：	2021 年 5 月第 1 版　印　次：2021 年 5 月第 1 次印刷
书　　号：	ISBN 978-7-5103-3786-4
定　　价：	180.00 元

凡所购本版图书有印装质量问题，请与本社总编室联系。（电话：010-64212247）

版权所有　盗版必究（盗版侵权举报可发邮件到此邮箱：1115086991@qq.com 或致电：010-64286917）

本书编委会

主　　　编：巩　超

副　主　编：韩　淼　周　静

编委会成员：程宏宇　王　键　李汉鹏　王　健

顾亚芹（擎天全税通培训中心总监）

任　益（擎天全税通出口退税业务高级研究员）

前　言

出口退（免）税制度对促进我国外贸出口、推动国民经济持续、健康、快速发展发挥了重要作用。

近年来，出口退（免）税政策和信息化管理系统不断发展，随着出口退税信息化管理新系统在全国陆续上线，出口退（免）税申报的规定和操作较以往发生较大变化。为了帮助企业财务及业务人员理解和运用税收政策、掌握和更新申报技能，我们组织了长期从事退税政策研究的税务专家、信息系统运维的技术专家和退税申报实务的业务专家，根据政策和信息的最新变化编写了本书。

《出口退（免）税常见业务申报实务与疑难速查》全书分为三篇：上篇对现行出口退（免）税政策、管理规定及会计处理进行介绍；中篇结合最新出口退（免）税申报系统的操作对申报实务进行详细讲解；下篇收集整理了政策和实务中的常见问题方便速查解决方案。本书既可以作为企业财务和业务人员从事工作的一本系统权威的参考手册、随时可查的操作手册、应急使用的解答手册，也可以作为税务机关人员学习政策及申报实务、提高业务能力和税收服务水平的一本知识全面的指导手册。

本书具有以下三个特点：

一是聚焦主体业务，强化实务操作。本书区别以往"大而全"的出口退（免）税教材，只聚焦出口退（免）税常见业务，对于企业极少涉及的特殊业务不做介绍，减少读者阅读过程中的精力消耗，提高学习针对性和效率。在常见业务介绍中，按照不同业务类别，根据申报实务的流程，进行详细讲解，脉络清晰、图文并茂、实用性强，方便读者在业务办理过程中对照使用。

二是融合互联网技术，强化知识更新。本书编写所依据的出口退（免）税政策，提供扫描二维码阅读政策原文的便捷功能，方便读者深入研究政策条款及政策变迁；配套书籍免费提供互联网在线视频课程学习，丰富学习方式，同时根据政策、软件变化及常见问题的积累快速更新在线课程，解决纸质书籍更新周期长与政策、软件变化快之间的矛盾，保障读者随时获取知识更新。

三是创新辅导互动，强化增值服务。购买本书即可加入"退税精英申报实务学习"交流群，实现读者之间、读者与编者之间的互动交流，对本书学习和日常工作中的出口退（免）税问题进行交流，本书部分编委会成员和经验丰富的业务专家长期在学习交流群中为读者解答问题和提供辅导。

本书编写所依据的出口退（免）税政策截止至2021年2月，申报实务及表证单书依据出口退税信息化管理新系统上线地区的实际申报要求。自2020年始，出口退税信息化管理新系统陆续在全国上线（国家税务总局整合金税三期系统和出口退税管理系统后，在金税三期系统中完成出口退税管理，称为出口退税信息化管理新系统），新系统修改、调整了现行政策中的部分申报表单和申报事项，为此，本书编写过程中，政策规定的介绍沿用政策文件中的表述，保持政策的"源头可溯"；涉及申报实务的表证单书采用出口退税信息化管理新系统已经使用的表证单书进行介绍。

本书出口退（免）税申报实务介绍中涉及的软件操作，由擎天全税通工程师采用最新申报系统进行实操并据以编写，适用全国多数地区的出口退（免）税申报操作。

本书在编写过程中，参考了部分税务专家、学者公开出版的书籍和发表的文章，一些税务机关的管理人员结合实际工作对本书进行了审阅，在此谨向上述涉及单位及个人致以诚挚的谢意。

由于水平有限，书中难免有疏漏或不妥之处，敬请广大读者批评指正。

2021年3月

目　录

上篇　出口退(免)税政策及管理规定

第一章　出口退(免)税概述 ··· 3
 第一节　出口退(免)税的企业范围 ································· 3
 第二节　出口退(免)税的货物、劳务及服务范围 ··············· 4
 第三节　出口退(免)税的税种税率 ································· 7

第二章　出口退(免)税常用备案办理的规定 ······················· 9
 第一节　一般企业出口退(免)税备案 ····························· 9
 第二节　集团公司成员企业备案 ································· 11
 第三节　代办退税情况备案 ·· 11

第三章　出口货物劳务增值税免抵退税的规定 ················· 13
 第一节　免抵退税概述 ·· 13
 第二节　免抵退税申报 ·· 18
 第三节　进料加工计划分配率备案及核销 ···················· 28

第四章　出口货物劳务增值税免退税的规定 ···················· 33
 第一节　免退税概述 ··· 33
 第二节　免退税申报 ··· 35

第五章　出口货物消费税退(免)税的规定 ························ 44

第六章　出口货物劳务增值税免税与征税的规定 ·············· 46
 第一节　适用增值税免税政策的出口货物劳务 ·············· 46
 第二节　适用增值税征税政策的出口货物劳务 ·············· 49
 第三节　放弃退(免)税转免税或征税 ··························· 51

第七章　出口退(免)税常用证明办理的规定 ····················· 53
 第一节　委托出口货物证明 ·· 53
 第二节　代理出口货物证明 ·· 54
 第三节　代理进口货物证明 ·· 55
 第四节　出口货物退运已补税(未退税)证明 ·················· 55

第五节　出口货物转内销证明 ……………………………………… 56
　　第六节　证明补办及作废 ……………………………………………… 57
第八章　出口退(免)税管理事项 …………………………………………… 59
　　第一节　出口退(免)税分类管理 …………………………………… 59
　　第二节　出口退(免)税收汇管理 …………………………………… 63
　　第三节　出口退(免)税单证备案管理 ……………………………… 65
　　第四节　出口退(免)税进货凭证管理 ……………………………… 66
　　第五节　综合保税区增值税一般纳税人资格试点管理 …………… 67
　　第六节　出口退(免)税风险管理 …………………………………… 69
　　第七节　出口退(免)税违章处理 …………………………………… 71
第九章　出口退(免)税会计处理 …………………………………………… 74
　　第一节　出口退(免)税基本会计处理 ……………………………… 74
　　第二节　出口退(免)税特殊会计处理 ……………………………… 76

中篇　出口退(免)税申报操作实务

第十章　申报退税前的准备工作(基础知识) …………………………… 83
　　第一节　认识出口报关单 …………………………………………… 83
　　第二节　认识进货凭证 ……………………………………………… 88
　　第三节　认识出口发票 ……………………………………………… 96
　　第四节　出口退(免)税申报中外汇汇率的使用 …………………… 98
第十一章　申报退税前的准备工作(信息系统) ………………………… 100
　　第一节　离线版申报系统安装与配置 ……………………………… 100
　　第二节　电子税务局登录及出口退税相关功能模块介绍 ………… 108
第十二章　出口退(免)税备案 …………………………………………… 112
　　第一节　使用离线版申报系统办理出口退(免)税备案 …………… 112
　　第二节　使用电子税务局在线版申报系统办理出口退(免)税备案 …… 116
　　第三节　使用离线版申报系统办理出口退(免)税无纸化试点企业申请 … 119
　　第四节　使用电子税务局在线版申报系统办理出口退(免)税无纸化试点企业申请
　　　　　　 ……………………………………………………………… 123
第十三章　生产企业使用离线版申报系统办理常用退税业务 ………… 126
　　第一节　免抵退税申报 ……………………………………………… 126
　　第二节　进料加工计划分配率备案与核销 ………………………… 154

| 第三节 | 其他业务申报 | 175 |
| 第四节 | 出口退(免)税常用证明申报 | 200 |

第十四章 生产企业使用电子税务局在线版申报系统办理常用退税业务 227
第一节	免抵退税申报	227
第二节	进料加工计划分配率备案与核销	251
第三节	其他业务申报	265
第四节	出口退(免)税常用证明申报	282

第十五章 外贸企业使用离线版申报系统办理常用退税业务 300
第一节	免退税申报	300
第二节	其他业务申报	319
第三节	出口退(免)税常用证明申报	335
第四节	代办退税申报	366

第十六章 外贸企业使用电子税务局在线版申报系统办理常用退税业务 374
第一节	免退税申报	374
第二节	其他业务申报	394
第三节	出口退(免)税证明申报	407
第四节	代办退税申报	428

下篇　出口退(免)税常见问题速查

第十七章 出口退(免)税政策常见问题速查 435
第一节	出口退(免)税综合性政策常见问题	435
第二节	外贸企业出口退(免)税政策常见问题	460
第三节	生产企业出口退(免)税政策常见问题	464
第四节	出口退(免)税备案常见问题	473
第五节	出口退(免)税申报常见问题	477
第六节	出口退(免)税证明管理常见问题	499
第七节	出口退(免)税单证备案管理常见问题	503
第八节	出口退(免)税外汇管理常见问题	506
第九节	出口退(免)税违章处理常见问题	509

第十八章 出口退(免)税申报系统常见问题速查 520
| 第一节 | 系统安装、升级及设置常见问题 | 520 |
| 第二节 | 出口退(免)税备案申报常见问题 | 522 |

第三节 出口退(免)税申报数据录入常见问题 …………………………… 523
第四节 生成出口退(免)税申报数据常见问题 …………………………… 530
第五节 进料加工备案及核销常见问题 …………………………………… 531
第六节 出口退(免)税证明及其他申报常见问题 ………………………… 535

第十九章 出口退(免)税申报数据自检常见问题速查 ………………………… 536

附录1 主要参考政策及表证单书 ………………………………………………… 540
附录2 在线学习课程及辅导交流群使用方法 …………………………………… 543
附录3 出口退(免)税常见问题速查索引 ………………………………………… 545

上 篇
出口退（免）税政策及管理规定

第一章
出口退（免）税概述

出口退（免）税是对我国报关出口的货物、劳务及服务退还在国内各生产和流转等环节按税法规定已缴纳的增值税和消费税。它是国际贸易中通常采用并为各国所接受的、目的在于鼓励各国出口贸易公平竞争的一种税收措施。

第一节 出口退（免）税的企业范围

一、出口货物的企业

包括一般出口企业和视同出口企业。

（一）一般出口企业

一般出口企业是指依法办理工商登记、税务登记、对外贸易经营者备案登记的，自营出口或委托出口货物的单位或个体工商户，以及依法办理工商登记、税务登记但未办理对外贸易经营者备案登记，委托出口货物的生产企业。

（二）视同出口企业

视同出口企业是指发生视同出口货物行为的出口企业或其他单位。

二、出口劳务的企业

出口劳务的企业，是指对外提供加工修理修配劳务的企业。加工修理修配具体是指对进境复出口货物或从事国际运输的运输工具进行的加工修理修配。

三、出口服务的企业

跨境提供服务和无形资产的企业，具体是指在中华人民共和国境内，对外提供跨境国际运输服务的企业、航天运输服务的企业、向境外单位提供完全在境外消费的研发服务、合同能源管理服务、设计服务、广播影视节目（作品）的制作和发行服务、软件服务、电路设计及测试服务、信息系统服务、业务流程管理服务、离岸服务外包业务、转让技术的企业。

第二节 出口退（免）税的货物、劳务及服务范围

一、出口退（免）税的货物范围

（一）出口货物

出口货物，是指出口企业向海关报关后实际离境并销售给境外单位或个人的货物，分为自营出口货物和委托出口货物两类。

这里所指的出口货物必须满足两个要素：一是必须是在中国境内已缴纳增值税和消费税的货物；二是必须是报关离境的货物。

自营出口货物是指出口企业自行报关出口的货物。

委托出口货物是指出口企业委托其他企业，以其他企业的名义报关出口的货物，受托方和委托方可以是生产企业，也可以是外贸企业。

（二）视同出口货物

虽不符合上述出口货物的条件，但仍然可以适用出口退（免）税政策，具体是指：

1. 出口企业对外援助、对外承包、境外投资的出口货物。

2. 出口企业经海关报关进入国家批准的出口加工区、保税物流园区、保税港区、综合保税区、珠澳跨境工业区（珠海园区）、中哈霍尔果斯国际边境合作中心（中方配套区域）、保税物流中心（B型）（以下统称特殊区域），并销售给特殊区域内单位或境外单位、个人的货物。

3. 免税品经营企业销售的货物（国家规定不允许经营和限制出口的货物、卷烟和超

出免税品经营企业《企业法人营业执照》规定经营范围的货物除外）。包括中国免税品（集团）有限责任公司向海关报关运入海关监管仓库，专供其经国家批准设立的统一经营、统一组织进货、统一制定零售价格、统一管理的免税店销售的货物；国家批准的除中国免税品（集团）有限责任公司外的免税品经营企业，向海关报关运入海关监管仓库，专供其所属的首都机场口岸海关隔离区内的免税店销售的货物；国家批准的除中国免税品（集团）有限责任公司外的免税品经营企业所属的上海虹桥、浦东机场海关隔离区内的免税店销售的货物。

4. 出口企业或其他单位销售给用于国际金融组织或外国政府贷款国际招标建设项目的中标机电产品（以下称中标机电产品）。上述中标机电产品，包括外国企业中标再分包给出口企业或其他单位的机电产品。

5. 生产企业向海上石油天然气开采企业销售的自产的海洋工程结构物。（2017年1月1日起政策调整，限制为生产企业将自产的海洋工程结构物销售或者以融资租赁方式出租给按实物征收增值税的中外合作油（气）田开采企业。）

6. 出口企业或其他单位销售给国际运输企业用于国际运输工具上的货物。上述规定暂仅适用于外轮供应公司、远洋运输供应公司销售给外轮、远洋国轮的货物，及国内航空供应公司生产销售给国内和国外航空公司国际航班的航空食品。

7. 出口企业或其他单位销售给特殊区域内生产企业生产耗用且不向海关报关而输入特殊区域的水（包括蒸汽）、电力、燃气。

二、出口退（免）税的劳务范围

对外提供加工修理修配劳务，是指对进境复出口货物或从事国际运输的运输工具进行的加工修理修配。

三、出口退（免）税的服务范围

中华人民共和国境内的单位和个人销售的下列服务和无形资产，适用增值税零税率。其中，境内单位和个人向国内海关特殊监管区域及场所内的单位或个人提供的应税服务，不属于增值税零税率应税行为适用范围。从境内载运旅客或货物至国内海关特殊监管区域及场所、从国内海关特殊监管区域及场所载运旅客或货物至国内其他地区或者国内海关特殊监管区域及场所，以及向国内海关特殊监管区域及场所内单位提供的研发服务、设计服务，不属于增值税零税率应税行为适用范围。

（一）国际运输服务

国际运输服务，是指：

1. 在境内载运旅客或者货物出境。

2. 在境外载运旅客或者货物入境。

3. 在境外载运旅客或者货物。

起点或终点在境外的运单、提单或客票所对应的各航段或路段的运输服务，均属于国际运输服务。

起点或终点在港澳台的运单、提单或客票所对应的各航段或路段的运输服务，属于港澳台运输服务。

按照国家有关规定应取得相关资质的国际运输服务项目，纳税人取得相关资质的，适用增值税零税率政策，未取得的，适用增值税免税政策。

境内的单位或个人提供承租服务，如果租赁的交通工具用于国际运输服务和港澳台运输服务，由出租方按规定申请适用增值税零税率。

境内的单位和个人向境内单位或个人提供期租、湿租服务，如果承租方利用租赁的交通工具向其他单位或个人提供国际运输服务和港澳台运输服务，由承租方适用增值税零税率。

境内的单位或个人向境外单位或个人提供期租、湿租服务，由出租方适用增值税零税率。

境内单位和个人以无运输工具承运方式提供的国际运输服务，由境内实际承运人适用增值税零税率；无运输工具承运业务的经营者适用增值税免税政策。

（二）航天运输服务

航天运输服务是指利用火箭等载体将卫星、空间探测器等空间飞行器发射到空间轨道的业务活动。

（三）向境外单位提供的完全在境外消费的服务

完全在境外消费是指：服务的实际接受方在境外，且与境内的货物和不动产无关；无形资产完全在境外使用，且与境内的货物和不动产无关；财政部和国家税务总局规定的其他情形。

包括：

1. 研发服务。

2. 合同能源管理服务。

3. 设计服务。

4. 广播影视节目（作品）的制作和发行服务。

5. 软件服务。

6. 电路设计及测试服务。

7. 信息系统服务。

8. 业务流程管理服务。

9. 离岸服务外包业务。离岸服务外包业务，包括信息技术外包服务（ITO）、技术性业务流程外包服务（BPO）、技术性知识流程外包服务（KPO）。

10. 转让技术。

（四）财政部和国家税务总局规定的其他服务。

第三节　出口退（免）税的税种税率

按照现行税收政策规定，我国出口货物、劳务及服务出口退（免）税的税种为增值税和消费税。

一、增值税

增值税现行的出口退税率有0、6%、9%、13%四档。自2020年3月20日起，除"两高一资"（高污染、高耗能、资源类）外的所有商品，出口退税率均为其适用税率，由国家税务总局通过出口退税率文库予以发布，供征纳双方执行。退税率有调整的，除另有规定外，其执行时间以货物（包括加工修理修配的货物）出口货物报关单上注明的出口日期为准。

退税率的其他特殊规定：

1. 外贸企业购进按简易办法征税的出口货物、从小规模纳税人购进的出口货物，其退税率分别为简易办法实际执行的征收率、小规模纳税人征收率。上述出口货物取得增值税专用发票的，退税率按照增值税专用发票上的税率和出口货物退税率孰低的原则确定。

2. 出口企业委托加工修理修配货物，其加工修理修配费用的退税率，为出口货物的退税率。

3. 中标机电产品、出口企业向海关报关进入特殊区域销售给特殊区域内生产企业生产耗用的列名原材料（以下称列名原材料）、输入特殊区域的水电气，其退税率为适用税率。如果国家调整列名原材料的退税率，列名原材料应当自调整之日起按调整后的退税率执行。

4. 适用不同退税率的货物劳务，应分开报关、核算并申报退（免）税，未分开报关、核算或划分不清的，从低适用退税率。

二、消费税

现行消费税实行从价定率、从量定额或者从价定率和从量定额复合计税三种方式征税。适用于消费税退税的出口货物，消费税按照"征多少退多少"的原则进行退税，即无论实行哪种方式征税，只要其符合出口退税相关政策，均退还前一环节已征消费税。

第二章
出口退（免）税常用备案办理的规定

第一节 一般企业出口退（免）税备案

出口退（免）税备案是出口企业办理出口退（免）税涉税业务前首先要完成的工作。

一、出口退（免）税备案

出口企业或其他单位应于首次申报出口退（免）税时，向主管税务机关提供以下资料，办理出口退（免）税备案手续，申报退（免）税。

1. 内容填写真实、完整的《出口退（免）税备案表》，其中"退税开户银行账号"须从税务登记的银行账号中选择一个填报。
2. 加盖备案登记专用章的《对外贸易经营者备案登记表》或《中华人民共和国外商投资企业批准证书》。
3. 《中华人民共和国海关报关单位注册登记证书》或加盖海关印章的备案登记回执。（自2019年2月1日起，海关不再核发《报关单位注册登记证书》（进出口货物收发货人），需要获取书面备案登记信息的，可以通过"单一窗口"在线打印备案登记回执，并到所在地海关加盖海关印章。）
4. 未办理备案登记发生委托出口业务的生产企业提供委托代理出口协议，不需提供上述第2、3项资料。
5. 主管税务机关要求提供的其他资料。

二、出口退（免）税备案变更

（一）基本规定

《出口退（免）税备案表》中的内容发生变更的，出口企业或其他单位须自变更之日起 30 日内，向主管税务机关提交以下资料办理备案变更：

1. 《出口退（免）税备案变更申请表》。
2. 发生变更项目的相关资料。

（二）注意事项

出口企业或其他单位需要变更"退（免）税方法"的，需在主管税务机关按规定结清退（免）税款后办理变更，且经主管税务机关批准变更的次月起，按照变更后的退（免）税办法申报退（免）税。企业应将批准变更前全部出口货物按变更前退（免）税办法申报退（免）税，变更后不得申报变更前出口货物退（免）税。

原执行免退税办法的企业，在批准变更次月的增值税纳税申报期内可将原计入出口库存账的且未申报免退税的出口货物向主管税务机关申请开具《出口转内销证明》。

原执行免抵退税办法的企业，应将批准变更当月的《免抵退税申报汇总表》中"当期应退税额"填报在批准变更次月的《增值税纳税申报表》"免、抵、退应退税额"栏中。

企业按照变更前退（免）税办法已申报但在批准变更前未审核办理的退（免）税，主管税务机关对其按照原退（免）税办法单独审核、审批办理。对原执行免抵退税办法的企业，主管税务机关对已按免抵退税办法申报的退（免）税应全部按规定审核通过后，一次性审批办理退（免）税。

退（免）税办法由免抵退税变更为免退税的，批准变更前已通过认证的增值税专用发票或取得的海关进口增值税专用缴款书，出口企业或其他单位不得作为申报免退税的原始凭证。

三、出口退（免）税备案撤回

（一）基本规定

出口企业或其他单位需撤回出口退（免）税备案时，向所在地主管税务机关提出申请，并提供以下资料：

1. 《出口退（免）税备案撤回申请表》。
2. 出口企业或其他单位办理撤回出口退（免）税备案事项时，存在未结清税款的，可以提供放弃未申报或已申报但尚未办理的出口退（免）税的书面声明。
3. 因合并、分立、改制重组等原因撤回出口退（免）税备案的，可提供：

（1）企业撤回出口退（免）税备案未结清退（免）税确认书；
（2）合并、分立、改制重组企业决议、章程及相关部门批件；

(3) 承继撤回备案企业权利和义务的企业在撤回备案企业所在地的开户银行名称及账号。

（二）注意事项

1. 出口企业或其他单位撤回出口退（免）税备案的，主管税务机关应按规定结清退（免）税款后办理。

2. 出口企业或其他单位申请注销税务登记的，应先向主管税务机关申请撤回出口退（免）税备案。

3. 出口企业或其他单位办理撤回出口退（免）税备案事项时，如果向主管税务机关声明放弃未申报或已申报但尚未办理的出口退（免）税并按规定申报免税的，视同已结清出口退税款。

4. 因合并、分立、改制重组等原因撤回出口退（免）税备案的出口企业或其他单位（简称撤回备案企业），可按规定向主管税务机关提供资料，经主管税务机关核对无误后，视同已结清出口退（免）税款。

撤回备案事项办结后，主管税务机关将撤回备案企业的应退税款退还至承继企业账户，如发生需要追缴多退税款的，向承继企业追缴。

第二节　集团公司成员企业备案

集团公司需要按收购视同自产货物申报免抵退税的，集团公司总部需提供以下资料，向集团公司总部所在地主管税务机关备案：

1. 《集团公司成员企业备案表》；
2. 集团公司总部及其控股的生产企业的营业执照副本复印件；
3. 集团公司总部及其控股生产企业的章程复印件；
4. 主管税务机关要求报送的其他资料。

第三节　代办退税情况备案

符合国家政策规定的外贸综合服务企业（以下简称综服企业）代国内生产企业办理出口退（免）税事项时，综服企业和生产企业均应在办理出口退（免）税备案后，再办理代办退税备案和委托代办退税备案。

一、基本规定

（一）生产企业办理委托代办退税备案

生产企业在已办理出口退（免）税备案后，首次委托综服企业代办退税前，向其所在地主管税务机关报送《代办退税情况备案表》并提供代办退税账户，同时将与综服企业签订的外贸综合服务合同（协议）留存备查。

生产企业办理撤回委托代办退税备案事项的，应在综服企业主管税务机关按规定向综服企业结清该生产企业的代办退税款后办理。

生产企业办理撤回出口退（免）税备案事项的，应按规定先办理撤回委托代办退税备案事项。

（二）综服企业办理代办退税备案

综服企业办理出口退（免）税备案后，在为每户生产企业首次代办退税前，向其所在地主管税务机关报送《代办退税情况备案表》，同时将下列资料留存备查：

1. 与生产企业签订的外贸综合服务合同（协议）。
2. 每户委托代办退税生产企业的《代办退税情况备案表》。
3. 综服企业代办退税内部风险管控信息系统建设及应用情况。综服企业首次办理代办退税备案时，应将企业代办退税内部风险管控制度一次性报主管税务机关。

二、注意事项

《代办退税情况备案表》的内容发生变化时，生产企业和综服企业应自发生变化之日起 30 日内重新报送该表。

第三章
出口货物劳务增值税免抵退税的规定

第一节　免抵退税概述

一、免抵退税的含义

生产企业出口自产货物、视同自产货物、对外提供加工修理修配劳务，以及列名生产企业出口非自产货物，出口环节免征增值税，相应的进项税额抵减应纳增值税额（不包括适用增值税即征即退、先征后退政策的应纳增值税额），未抵减完的部分予以退还。

其中"免"税是指生产企业出口的货物、应税劳务等，免征本企业生产销售环节增值税；

"抵"税是指生产企业出口的货物、应税劳务等所耗用的原材料、零部件、燃料、动力等所含应予退还的进项税额，抵顶内销货物的应纳税额；

"退"税是指生产企业出口的货物、应税劳务等在当月内应抵顶的进项税额大于内销应纳税额时，对未抵顶完的部分予以退税。

二、免抵退税的范围

（一）出口货物

出口货物，是指向海关报关后实际离境并销售给境外单位或个人的货物，分为自营出口和委托出口两种方式。包括生产企业出口的自产货物和视同自产货物，以及列名生产企业出口非自产货物。

这里的"报关离境"，是指实际离开中国国境或关境的货物。

视同自产货物的具体范围包括：

一、持续经营以来从未发生骗取出口退税、虚开增值税专用发票或农产品收购发票、接受虚开增值税专用发票（善意取得虚开增值税专用发票除外）行为且同时符合下列条件的生产企业出口的外购货物，可视同自产货物申报适用增值税退（免）税政策：

（一）已取得增值税一般纳税人资格。

（二）已持续经营2年及2年以上。

（三）纳税信用等级A级。

（四）上一年度销售额5亿元以上。

（五）外购出口的货物与本企业自产货物同类型或具有相关性。

二、持续经营以来从未发生骗取出口退税、虚开增值税专用发票或农产品收购发票、接受虚开增值税专用发票（善意取得虚开增值税专用发票除外）行为但不能同时符合第一条规定的条件的生产企业，出口的外购货物符合下列条件之一的，可视同自产货物申报适用增值税退（免）税政策：

（一）同时符合下列条件的外购货物：

1. 与本企业生产的货物名称、性能相同。

2. 使用本企业注册商标或境外单位或个人提供给本企业使用的商标。

3. 出口给进口本企业自产货物的境外单位或个人。

（二）与本企业所生产的货物属于配套出口，且出口给进口本企业自产货物的境外单位或个人的外购货物，符合下列条件之一的：

1. 用于维修本企业出口的自产货物的工具、零部件、配件。

2. 不经过本企业加工或组装，出口后能直接与本企业自产货物组合成成套产品的货物。

（三）经集团公司总部所在地的地级以上税务局认定的集团公司，其控股的生产企业之间收购的自产货物以及集团公司与其控股的生产企业之间收购的自产货物。

（四）同时符合下列条件的委托加工货物：

1. 与本企业生产的货物名称、性能相同，或者是用本企业生产的货物再委托深加工的货物。

2. 出口给进口本企业自产货物的境外单位或个人。

3. 委托方与受托方必须签订委托加工协议，且主要原材料必须由委托方提供，受托方不垫付资金，只收取加工费，开具加工费（含代垫的辅助材料）的增值税专用发票。

（五）用于本企业中标项目下的机电产品。

（六）用于对外承包工程项目下的货物。

（七）用于境外投资的货物。

（八）用于对外援助的货物。

（九）生产自产货物的外购设备和原材料（农产品除外）。

（二）视同出口货物

有些货物虽不完全符合上述出口货物条件，但按相关规定，可以按视同出口货物办理出口退（免）税。具体包括：

1. 出口企业对外援助、对外承包、境外投资的出口货物。

2. 出口企业经海关报关进入国家批准的出口加工区、保税物流园区、保税港区、综合保税区、珠澳跨境工业区（珠海园区）、中哈霍尔果斯国际边境合作中心（中方配套区域）、保税物流中心（B型）等海关特殊监管区域，并销售给区内单位或境外单位、个人的货物。

3. 出口企业或其他单位销售给用于国际金融组织或外国政府贷款国际招标建设项目的中标机电产品，包括外国企业中标再分包给出口企业或其他单位的机电产品。

4. 生产企业向按实物征收增值税的中外合作油（气）田开采企业销售或者融资租赁的自产的海洋工程结构物。

5. 出口企业或其他单位销售给国际运输企业用于国际运输工具上的货物。

6. 出口企业或其他单位销售给特殊区域内生产企业生产耗用且不向海关报关而输入特殊区域的水（包括蒸汽）、电力、燃气。

（三）劳务

对外提供加工修理修配劳务，是指出口企业对进境复出口货物或从事国际运输的运输工具进行的加工修理修配。

三、免抵退税的计税依据

（一）生产企业出口货物劳务（进料加工复出口货物除外）增值税退（免）税的计税依据，为出口货物劳务的实际离岸价（FOB）。实际离岸价应以出口发票上的离岸价为准，但如果出口发票不能反映实际离岸价，主管税务机关有权予以核定。

（二）生产企业进料加工复出口货物增值税退（免）税的计税依据，按出口货物的离岸价（FOB）扣除出口货物所含的海关保税进口料件的金额后确定。海关保税进口料件，是指海关以进料加工贸易方式监管的出口企业从境外和特殊区域等进口的料件。包括出口企业从境外单位或个人购买并从海关保税仓库提取且办理海关进料加工手续的料件，以及保税区外的出口企业从保税区内的企业购进并办理海关进料加工手续的进口料件。

（三）生产企业国内购进无进项税额且不计提进项税额的免税原材料加工后出口的货物的计税依据，按出口货物的离岸价（FOB）扣除出口货物所含的国内购进免税原材料的金额后确定。

（四）出口进项税额未计算抵扣的已使用过的设备（指出口企业根据财务会计制度已经计提折旧的固定资产）退（免）税的计税依据，按下列公式确定：

退（免）税计税依据＝增值税专用发票上的金额或海关进口增值税专用缴款书注明的完税价格×已使用过的设备固定资产净值÷已使用过的设备原值

已使用过的设备固定资产净值＝已使用过的设备原值－已使用过的设备已提累计折旧

［出口进项税额未计算抵扣的已使用过的设备申请退税应填报《出口已使用过的设备退税申报表》单独申报退税，不参与当期免抵退税的计算］

（五）中标机电产品增值税退（免）税的计税依据，生产企业为销售机电产品的普通发票注明的金额。

（六）生产企业向海上石油天然气开采企业销售的自产的海洋工程结构物增值税退（免）税的计税依据，为销售海洋工程结构物的普通发票注明的金额。

（七）输入特殊区域的水电气增值税退（免）税的计税依据，为作为购买方的特殊区域内生产企业购进水（包括蒸汽）、电力、燃气的增值税专用发票注明的金额。

［购买水电气的特殊区域内的生产企业（除综合保税区增值税一般纳税人资格试点企业外）申请退税应填报《购进自用货物退税申报表》单独申报退税。］

四、免抵退税的计算

（一）生产企业出口货物劳务增值税免抵退税，依下列公式计算：

1. 当期应纳税额的计算

当期应纳税额＝当期销项税额－（当期进项税额－当期不得免征和抵扣税额）

当期不得免征和抵扣税额＝（当期出口货物离岸价×外汇人民币折合率－当期国内购进免税原材料价格－当期进料加工保税进口料件组成计税价格）×（出口货物适用税率－出口货物退税率）

其中，当期国内购进免税原材料价格＝当期国内购进的无进项税额且不计提进项税额的免税原材料的价格；当期进料加工保税进口料件组成计税价格＝当期进料加工出口货物离岸价×外汇人民币折合率×计划分配率。

2. 当期免抵退税额的计算

当期免抵退税额＝（当期出口货物离岸价×外汇人民币折合率－当期国内购进免税原材料价格－当期进料加工保税进口料件组成计税价格）×出口货物退税率

其中，当期国内购进免税原材料价格 = 当期国内购进的无进项税额且不计提进项税额的免税原材料的价格；当期进料加工保税进口料件组成计税价格 = 当期进料加工出口货物离岸价 × 外汇人民币折合率 × 计划分配率。

3. 当期应退税额和免抵税额的计算

（1）当期期末留抵税额 ≤ 当期免抵退税额，则

当期应退税额 = 当期期末留抵税额

当期免抵税额 = 当期免抵退税额 − 当期应退税额

（2）当期期末留抵税额 > 当期免抵退税额，则

当期应退税额 = 当期免抵退税额

当期免抵税额 = 0

当期期末留抵税额为当期增值税纳税申报表中"期末留抵税额"。

（二）进料加工计划分配率的确定

生产企业如存在进料加工业务，进料加工计划分配率的具体确定按照如下规定：

企业应在首次申报进料加工出口货物免抵退税前，向主管税务机关报送《进料加工企业计划分配率备案表》及其电子数据，其计划分配率应根据加工贸易手（账）册所列的计划进出口总值计算。

企业应在本年度4月20日前，向主管税务机关报送《生产企业进料加工业务免抵退税核销申报表》及电子数据，申请办理上年度海关已核销的进料加工手（账）册项下的进料加工业务核销手续。主管税务机关完成年度核销后，企业应以《生产企业进料加工业务免抵退税核销表》中的"上年度已核销手（账）册综合实际分配率"，作为当年度进料加工计划分配率。

因上年度无海关已核销手（账）册不能确定本年度进料加工业务计划分配率的，应使用最近一次确定的"上年度已核销手（账）册综合实际分配率"作为本年度的计划分配率。

生产企业在办理年度进料加工业务核销后，如认为《生产企业进料加工业务免抵退税核销表》中的"上年度已核销手（账）册综合实际分配率"与企业当年度实际情况差别较大的，可在向主管税务机关提供当年度预计的进料加工计划分配率及书面合理理由后，将预计的进料加工计划分配率作为该年度的计划分配率。

第二节 免抵退税申报

一、申报规定

（一）基本规定

生产企业出口并按会计规定做销售的货物，须在做销售的次月进行增值税纳税申报。在货物报关出口之日（以海关出口报关单电子信息注明的出口日期为准）次月起至次年4月30日前的各增值税纳税申报期内收齐有关凭证，向主管税务机关申报办理出口货物增值税免抵退税及消费税退税。

自2020年1月20日起，纳税人出口货物劳务、发生跨境应税行为，未在规定期限内申报出口退（免）税，在收齐退（免）税凭证及相关电子信息后，即可申报办理出口退（免）税。

（二）申报资料

出口企业向主管税务机关办理增值税免抵退税申报，应提供下列凭证资料：

1.《免抵退税申报汇总表》；

2.《生产企业出口货物劳务免抵退税申报明细表》；

3. 出口货物退（免）税申报电子数据；

4.《出口货物离岸价差异原因说明表》（如果《生产企业出口货物劳务免抵退税申报明细表》中的离岸价与相应出口货物报关单上的离岸价不一致的，按主管税务机关的要求填报该表）。

5.《海关出口商品代码、名称、退税率调整对应表》（如果海关在出口货物报关单上的申报日期和出口日期期间调整过商品代码，导致出口货物报关单上的商品代码与调整后的商品代码不一致的，出口企业或其他单位填报该表，并按照出口货物报关单上列明的商品代码申报退（免）税。）

6. 下列原始凭证：

（1）出口货物报关单（出口退（免）税专用，以下未做特别说明的均为此联，可提供通过电子口岸打印的报关单）。

注：2015年5月1日（以海关出口报关单电子信息注明的出口日期为准）以后，仅

申报适用启运港退税政策的货物提供纸质出口货物报关单。2018年4月10日（含）以后，实施启运港退税政策的出口货物，不再提供纸质出口货物报关单证明联（出口退税专用）。

（2）保税区内的出口企业可提供中华人民共和国海关保税区出境货物备案清单，简称出境货物备案清单。

（3）出口发票。

（4）委托出口的货物，还应提供受托方主管税务机关签发的代理出口货物证明，以及代理出口协议复印件。

（5）主管税务机关要求提供的其他资料。

已实行无纸化申报的出口企业将上述资料留存备查即可。

（三）注意事项

前期免抵退税申报数据如果发生错误，出口企业应该在当期进行调整，调整方式为在当期用负数将前期错误申报数据全额冲减后，再重新全额申报。

二、申报资料填写

（一）增值税纳税申报表填写

1. 增值税纳税申报表附列资料（一）

增值税纳税申报表附列资料（一）
（本期销售情况明细）

税款所属时间：　年　月　日至　年　月　日

纳税人名称：（公章）　　　　　　　　　　　　　　　　　　　　　　　　　　　　　　金额单位：元至角分

项目及栏次			开具增值税专用发票 销售额	开具增值税专用发票 销项(应纳)税额	开具其他发票 销售额	开具其他发票 销项(应纳)税额	未开具发票 销售额	未开具发票 销项(应纳)税额	纳税检查调整 销售额	纳税检查调整 销项(应纳)税额	合计 销售额	合计 销项(应纳)税额	价税合计	服务、不动产和无形资产扣除项目本期实际扣除金额	扣除后 含税(免税)销售额	扣除后 销项(应纳)税额
			1	2	3	4	5	6	7	8	9=1+3+5+7	10=2+4+6+8	11=9+10	12	13=11-12	14=13÷(100%+税率或征收率)×税率或征收率
一、一般计税方法计税	全部征税项目	13%税率的货物及加工修理修配劳务	1													
		13%税率的服务、不动产和无形资产	2													
		9%税率的货物及加工修理修配劳务	3													
		9%税率的服务、不动产和无形资产	4													
		6%税率	5													
	其中：即征即退项目	即征即退货物及加工修理修配劳务	6													
		即征即退服务、不动产和无形资产	7													
二、简易计税方法计税	全部征税项目	6%征收率	8													
		5%征收率的货物及加工修理修配劳务	9a													
		5%征收率的服务、不动产和无形资产	9b													
		4%征收率	10													
		3%征收率的货物及加工修理修配劳务	11													
		3%征收率的服务、不动产和无形资产	12													
		预征率　%	13a													
		预征率　%	13b													
		预征率　%	13c													
	其中：即征即退项目	即征即退货物及加工修理修配劳务	14													
		即征即退服务、不动产和无形资产	15													
三、免抵退税	货物及加工修理修配劳务		16			—	—	—	—	—	—			—	—	—	—
	服务、不动产和无形资产		17			—	—	—	—	—	—			—	—	—	—
四、免税	货物及加工修理修配劳务		18		—		—		—		—		—	—	—	—
	服务、不动产和无形资产		19		—		—		—		—		—	—	—	—

将适用免、抵、退税政策的出口货物，加工修理修配劳务，填写至第16栏"三、免抵退税""货物及加工修理修配劳务"；适用免、抵、退税政策的服务、不动产和无形资产，填写至第17栏"三、免抵退税""服务、不动产和无形资产"。

2. 增值税纳税申报表附列资料（二）

增值税纳税申报表附列资料（二）
（本期进项税额明细）

税款所属时间： 年 月 日 至 年 月 日

纳税人名称：（公章）　　　　　　　　　　　　　　　　　　　　　　　　　　金额单位：元至角分

一、申报抵扣的进项税额				
项目	栏次	份数	金额	税额
（一）认证相符的增值税专用发票	1=2+3			
其中：本期认证相符且本期申报抵扣	2			
前期认证相符且本期申报抵扣	3			
（二）其他扣税凭证	4=5+6+7+8a+8b			
其中：海关进口增值税专用缴款书	5			
农产品收购发票或者销售发票	6			
代扣代缴税收缴款凭证	7		——	
加计扣除农产品进项税额	8a	——	——	
其他	8b			
（三）本期用于购建不动产的扣税凭证	9			
（四）本期用于抵扣的旅客运输服务扣税凭证	10			
（五）外贸企业进项税额抵扣证明	11	——	——	
当期申报抵扣进项税额合计	12=1+4+11			

二、进项税额转出额		
项目	栏次	税额
本期进项税额转出额	13=14至23之和	
其中：免税项目用	14	
集体福利、个人消费	15	
非正常损失	16	
简易计税方法征税项目用	17	
免抵退税办法不得抵扣的进项税额	18	
纳税检查调减进项税额	19	
红字专用发票信息表注明的进项税额	20	
上期留抵税额抵减欠税	21	
上期留抵税额退税	22	
其他应作进项税额转出的情形	23	

三、待抵扣进项税额				
项目	栏次	份数	金额	税额
（一）认证相符的增值税专用发票	24		——	
期初已认证相符但未申报抵扣	25			
本期认证相符且本期未申报抵扣	26			
期末已认证相符但未申报抵扣	27			
其中：按照税法规定不允许抵扣	28			
（二）其他扣税凭证	29=30至33之和			
其中：海关进口增值税专用缴款书	30			
农产品收购发票或者销售发票	31			
代扣代缴税收缴款凭证	32		——	
其他	33			
	34			

四、其他				
项目	栏次	份数	金额	税额
本期认证相符的增值税专用发票	35			
代扣代缴税额	36	——	——	

　　按照免、抵、退税办法的规定，将由于征税税率与退税税率存在税率差，在本期应转出的进项税额填入附表二第18栏"免抵退税办法不得抵扣的进项税额"。

3. 增值税纳税申报表（一般纳税人适用）主表

增值税纳税申报表
（一般纳税人适用）

根据国家税收法律法规及增值税相关规定制定本表。纳税人不论有无销售额，均应按税务机关核定的纳税期限填写本表，并向当地税务机关申报。

税款所属时间：自 年 月 日至 年 月 日　　填表日期： 年 月 日　　　　　　　　　　　　　金额单位：元至角分

纳税人识别号					所属行业：	
纳税人名称		（公章）	法定代表人姓名	注册地址		生产经营地址
开户银行及账号			登记注册类型			电话号码

	项目	栏次	一般项目		即征即退项目	
			本月数	本年累计	本月数	本年累计
销售额	（一）按适用税率计税销售额	1				
	其中：应税货物销售额	2				
	应税劳务销售额	3				
	纳税检查调整的销售额	4				
	（二）按简易办法计税销售额	5				
	其中：纳税检查调整的销售额	6				
	（三）免、抵、退办法出口销售额	7			—	—
	（四）免税销售额	8				
	其中：免税货物销售额	9				
	免税劳务销售额	10				
税款计算	销项税额	11				
	进项税额	12				
	上期留抵税额	13				
	进项税额转出	14				
	免、抵、退应退税额	15			—	—
	按适用税率计算的纳税检查应补缴税额	16				
	应抵扣税额合计	17=12+13-14-15+16		—		
	实际抵扣税额	18（如17<11，则为17，否则为11）				
	应纳税额	19=11-18				
	期末留抵税额	20=17-18				
	简易计税办法计算的应纳税额	21				
	按简易计税办法计算的纳税检查应补缴税额	22				
	应纳税额减征额	23				
	应纳税额合计	24=19+21-23				
税款缴纳	期初未缴税额（多缴为负数）	25				
	实收出口开具专用缴款书退税额	26				
	本期已缴税额	27=28+29+30+31				
	①分次预缴税额	28			—	—
	②出口开具专用缴款书预缴税额	29				
	③本期缴纳上期应纳税额	30				
	④本期缴纳欠缴税额	31				
	期末未缴税额（多缴为负数）	32=24+25+26-27				
	其中：欠缴税额（≥0）	33=25+26-27				
	本期应补（退）税额	34=24-28-29				
	即征即退实际退税额	35	—	—		
	期初未缴查补税额	36				
	本期入库查补税额	37				
	期末未缴查补税额	38=16+22+36-37			—	—

授权声明	如果你已委托代理人申报，请填写下列资料：为代理一切税务事宜，现授权（地址）　　　　　为本纳税人的代理申报人，任何与本申报表有关的往来文件，都可寄于此人。 授权人签字：	申报人声明	本纳税申报表是根据国家税收法律法规及相关规定填报的，我确定它是真实的、可靠的、完整的。 声明人签字：

第7栏"免、抵、退办法出口销售额"：填写纳税人本期适用免、抵、退税办法的出口货物、劳务和服务、无形资产的销售额。第15栏"免、抵、退应退税额"：反映税务机关退税部门按照出口货物、劳务和服务、无形资产免、抵、退办法审批的增值税应退税额。

（二）免抵退申报表填写

1. 生产企业出口货物劳务免抵退税申报明细表

生产企业出口货物劳务免抵退税申报明细表

纳税人识别号（统一社会信用代码）：
纳税人名称：
所属期：2020年01月　　　　　　　　　　　　　　　　　　　　　　　金额单位：元（列至角分）

序号	出口发票号	出口货物报关单号	出口日期	代理出口货物证明	出口商品代码	出口商品名称	计量单位	出口数量	出口销售额 美元	出口销售额 人民币	申报商品代码	征税率	退税率	计划分配率	进料加工保税进口料件组成计税价格	国内购进免税原材	不得免征和抵扣税额	免抵退税额	进料加工手（账）册	先退税后核销出口合同号	业务类型	备注
1	2	3	4	5	6	7	8	9	10	11	12	13	14	15	16=11×15	17	18=(11-16-17)*(13-14)	19=(11-16-17)*14	20	21	22	23
小计合计																						

填表说明：

1. "纳税人名称"：填写纳税人名称全称。

2. "统一社会信用代码/纳税人识别号"：填写统一社会信用代码/纳税人识别号。

3. "所属期"：填写该《生产企业出口货物劳务免抵退税申报明细表》对应的增值税纳税申报表的税款所属年月。

4. 第1栏"序号"：填写8位流水号（如00000001、00000002）。

5. 第2栏"出口发票号"：填写出口发票8位号码。

6. 第3栏"出口货物报关单号"：21位编码，按报关单右上角18位编码＋0＋两位项号（01、02、……）填写；委托出口的货物此栏不填。

7. 第4栏"出口日期"：填写出口货物报关单上的出口日期；委托出口的，填写《代理出口货物证明》上的出口日期；非报关出口的，填写出口发票或普通发票开具日期。

8. 第5栏"代理出口货物证明号"：按《代理出口货物证明》的编号＋两位项号（01、02、……）填写；自营出口的货物此栏不填。

9. 第6栏"出口商品代码"：填写出口货物报关单上列明的商品代码对应的退税率文库中的基本商品代码；在出口货物报关单上的申报日期和出口日期期间，若海关调整商品代码，导致出口货物报关单上的商品代码与调整后的商品代码不一致的，应按照出口货物报关单上列明的商品代码填写。

10. 第7栏"出口商品名称"：填写出口货物报关单上列明的商品代码对应的退税率文库中的基本商

品代码的商品名称。

11. 第8栏"计量单位"：填写出口货物报关单上列明的商品代码对应的退税率文库中的基本商品代码的计量单位。

12. 第9栏"出口数量"：填写第8栏"计量单位"对应的出口数量。

13. 第10栏"出口销售额（美元）"：填写出口发票上列明的美元离岸价。若以其他价格条件成交的，应按会计制度规定扣除运保费、佣金；若为其他外币成交的折算成美元离岸价填写。

若出口发票的离岸价与报关单等凭证的离岸价不一致时，应按主管税务机关的要求填报《出口货物离岸价差异原因说明表》及电子数据，提供有关情况说明。

14. 第11栏"出口销售额（人民币）"：填写出口发票上列明的人民币离岸价。

15. 第12栏"申报商品代码"：出口商品需按照主要原材料退税率申报退（免）税的，填写主要原材料商品代码。其他不填写。

16. 第13栏"征税率"：填写出口商品法定增值税税率。

17. 第14栏"退税率"：填写退税率文库中的增值税退税率；适用退税率特殊规定的，按照规定的增值税退税率填写。

18. 第15栏"计划分配率"：填写当前有效的计划分配率。如进料加工手（账）册已完成核销，则按照对应手（账）册的实际分配率填写。

19. 第16栏"进料加工保税进口料件组成计税价格"：按"第11栏 * 第15栏"填写。

20. 第17栏"国内购进免税原材料价格"：填写用于加工出口货物的不计提进项税额的国内免税原材料价格。

21. 第18栏"不得免征和抵扣税额"：按照"（第11栏－第16栏－第17栏）*（第13栏－第14栏）"填写。

22. 第19栏"免抵退税额"：按照"（第11栏－第16栏－第17栏）*第14栏"填写。

23. 第20栏"海关进料加工手（账）册号"：填写出口货物报关单上列明的进料加工手（账）册号。

24. 第21栏"先退税后核销出口合同号"：填写先退税后核销业务的出口合同号。

25. 第22栏"业务类型"：如为对外承包工程、视同自产出口等特殊退（免）税业务时，需根据出口退（免）税申报软件提供的下拉列表选择对应的业务类型代码。

26. "合计"栏：填写对应栏次的合计数。

2. 出口货物离岸价差异原因说明表

若报送的《生产企业出口货物劳务免抵退税申报明细表》中的离岸价与相应出口货物报关单上的离岸价不一致的，需要填写此表。

出口货物离岸价差异原因说明表

企业海关代码：
纳税人名称：（盖章）
纳税人识别号：

申报类型：免抵退申报（ ） 免税申报（ ）
单位：美元、元
填表日期： 年 月 日

序号	出口发票号码	出口发票离岸价		出口报关单号码	出口报关单离岸价		出口发票和出口报关单人民币离岸价差异额	出口发票和出口人民币报关单离岸价差异率	差异原因说明
		美元	人民币		美元	人民币			
1	2	3	4	5	6	7	8=7-4	9=8÷4	10
小计									
合计									

第 1 页 / 共 1 页

填表说明：

1. 企业在填写资料时，应在相应的申报类型后打"√"。

2. "出口发票离岸价"栏：指企业开具出口发票并依此做销售账的销售金额。

3. 海关出口商品代码、名称、退税率调整对应表

在出口货物报关单上的申报日期和出口日期期间，若海关调整商品代码，导致出口货物报关单上的商品代码与调整后的商品代码不一致的，出口企业或其他单位应按照出口货物报关单上列明的商品代码申报退（免）税，同时填报此表。

海关出口商品代码、名称、退税率调整对应表

企业海关代码：
纳税人名称：
纳税人识别号：   申请日期：

序号	出口报关单号	报关单上的申报日期	出口日期	调整前（报关单上列明的）			调整后			备注
				商品代码	商品名称	退税率	商品代码	商品名称	退税率	

兹声明以上申报无讹并愿意承担一切法律责任。

经办人：   财务负责人：   法定代表人：
                                       （公章）

4. 免抵退税申报汇总表

免抵退税申报汇总表

纳税人识别号（统一社会信用代码）：
纳税人名称：
所属期：　年　月　　　　　　　　　　　　　　　金额单位：元（列至角分）

项目		栏次	当期 (a)	本年累计 (b)	与增值税纳税申报表差额 (c)
出口销售额	免抵退税出口销售额（美元）	1=2+3			
	其中：出口货物劳务销售额（美元）	2			
	跨境应税行为销售额（美元）	3			
	免抵退税出口销售额（人民币）	4			
不得免征和抵扣税额	免抵退税不得免征和抵扣税额	5=6+7			
	其中：出口货物劳务不得免征和抵扣税额	6			
	跨境应税行为不得免征和抵扣税额	7			
	进料加工核销应调整不得免征和抵扣税额	8			
	免抵退税不得免征和抵扣税额合计	9=5+8			
应退税额和免抵税额	免抵退税额	10=11+12			
	其中：出口货物劳务免抵退税额	11			
	跨境应税行为免抵退税额	12			
	上期结转需冲减的免抵退税额	13			
	进料加工核销应调整免抵退税额	14			
	免抵退税额合计	15（如10-13+14>0则为10-13+14，否则为0）			
	结转下期需冲减的免抵退税额	16=13-10-14+15			
	增值税纳税申报表期末留抵税额	17			
	应退税额	18（如15>17则为17，否则为15）			
	免抵税额	19=15-18			

声明：此表是根据国家税收法律法规及相关规定填写的，本人（单位）对填报内容（及附带资料）的真实性、可靠性、完整性负责。
纳税人（签章）：　　　　　　　　　年　月　日

经办人： 经办人身份证号： 代理机构签章： 代理机构统一社会信用代码：	受理人： 受理税务机关（章）： 受理日期：年　月　日

　　免抵退申报汇总表数据多数由出口货物免、抵、退税申报明细表、进料加工企业计划分配率备案表、进料加工业务免抵退税核销表中的数据自动汇总计算得出。填写免抵退申报汇总表前需先确认以下两个数据：

　　1.【纳税表不得抵扣累加】为大于上次已申报免抵汇总表所属期且小于等于当前所属期的增值税纳税申报表免抵退税办法不得抵扣的进项税额累加之和。

2.【期末留抵税额】当期增值税纳税申报表期末留抵税额。一般纳税人转登记小规模纳税人的,根据国家税务总局公告2018年第18号、第20号的规定,填写"应交税费—待抵扣进项税额"。

填表说明:

1. "纳税人名称":填写纳税人名称全称。

2. "统一社会信用代码/纳税人识别号":填写统一社会信用代码/纳税人识别号。

3. "所属期":填写该《免抵退税申报汇总表》对应的增值税纳税申报表的税款所属年月。

4. 第1栏"免抵退出口销售额(美元)":等于"第2栏+第3栏"。

5. 第2栏"出口货物销售额(美元)":填写当期《生产企业出口货物劳务免抵退税申报明细表》中"出口销售额美元合计"。

6. 第3栏"应税服务销售额(美元)":等于当期《跨境应税行为免抵退税申报明细表》"本期收款金额(美元)小计" + 当期《跨境应税行为(国际运输港澳台运输)免抵退税申报明细表》"跨境应税行为营业额折美元小计"。

7. 第4栏"免抵退出口销售额(人民币)":等于当期《生产企业出口货物劳务免抵退税申报明细表》中"出口销售额人民币合计" + 当期《跨境应税行为免抵退税申报明细表》"跨境应税行为营业额折人民币小计" + 当期《跨境应税行为(国际运输 港澳台运输)免抵退税申报明细表》"跨境应税行为营业额折人民币小计"。

8. 第5栏"免抵退税不得免征和抵扣税额":等于"第6栏+第7栏"。

9. 第6栏"出口货物不得免征和抵扣税额":填写当期《生产企业出口货物劳务免抵退税申报明细表》中"不得免征和抵扣税额合计"。

10. 第7栏"应税服务不得免征和抵扣税额":等于当期《跨境应税行为免抵退税申报明细表》"跨境应税行为免抵退税计税金额乘征退税率之差小计" + 当期《跨境应税行为(国际运输港澳台运输)免抵退税申报明细表》"跨境应税行为免抵退税计税金额乘征退税率之差小计"。

11. 第8栏"进料加工核销应调整不得免征和抵扣税额":填写最近一次免抵退税申报至本次免抵退税申报期间税务机关核销确认的《生产企业进料加工业务免抵退税核销表》"应调整不得免征和抵扣税额合计"。

12. 第9栏"免抵退税不得免征和抵扣税额合计":等于"第5栏+第8栏"。

13. 第9(c)栏"免抵退税不得免征和抵扣税额合计与增值税纳税申报表差额":等于当期本表第9(a)栏 - 最近一次免抵退税申报下一属期至当期的《增值税纳税申报表(一般纳税人适用)》附表二"免抵退税办法不得抵扣的进项税额"栏次的合计数 + 税务机关核准的最近一期本表的第9(c)栏。出口退税信息化管理新老系统切换时,之前采用"旧版"免抵退申报汇总表切换至"新版"免抵退申报汇总表时,应将最近一期税务机关核准的"旧版"《免抵退税申报汇总表》的第25(c)栏按照上述公式计算填报在本栏。企业应做相应账务调整并在下期增值税纳税申报时对《增值税纳税申报表(一般纳税人适用)》附表二"免抵退税办法不得抵扣的进项税额"栏次进行调整。

14. 第10栏"免抵退税额":等于"第11栏+第12栏"。

15. 第11栏"出口货物劳务免抵退税额":填写当期《生产企业出口货物劳务免抵退税申报明细表》"免抵退税额合计"。

16. 第 12 栏 "应税服务免抵退税额"：等于当期《跨境应税行为免抵退税申报明细表》"跨境应税行为销售额乘退税率小计" + 当期《跨境应税行为（国际运输港澳台运输）免抵退税申报明细表》"跨境应税行为免抵退税计税金额乘退税率小计"。

17. 第 13 栏 "上期结转需冲减的免抵退税额"：填写上期本表"结转下期需冲减的免抵退税额"。出口退税信息化管理新老系统切换时，之前采用"旧版"免抵退申报汇总表切换至"新版"免抵退申报汇总表时，应将最近一期税务机关核准的"旧版"《免抵退税申报汇总表》的"结转下期免抵退税额抵减额"填写在本栏。

18. 第 14 栏 "进料加工核销应调整免抵退税额"：填写最近一次免抵退税申报至本次免抵退税申报期间税务机关核销确认的《生产企业进料加工业务免抵退税核销表》"应调整免抵退税额合计"。

19. 第 15 栏 "免抵退税额合计"：按"第 10 栏 − 第 13 栏 + 第 14 栏"计算填写，当计算结果小于 0 时按 0 填写。

20. 第 16 栏 "结转下期需冲减的免抵退税额"：按"第 13 栏 − 第 10 栏 − 第 14 栏 + 第 15 栏"计算填写。

21. 第 17 栏 "增值税纳税申报表期末留抵税额"：填写同属期《增值税纳税申报表（一般纳税人适用）》"期末留抵税额"。一般纳税人转登记为小规模纳税人的，按照"应交税费—待抵扣进项税额"据实填写。

22. 第 18 栏 "应退税额"：如第 15 栏 > 第 17 栏，则等于第 17 栏，否则等于第 15 栏。

23. 第 19 栏 "免抵税额"：等于"第 15 栏 − 第 18 栏"。

24. 第（b）列 "本年累计"：填写对应栏次的本年累计数。

第三节 进料加工计划分配率备案及核销

从事进料加工业务的生产企业，需在首次进料加工出口货物免抵退税申报之前完成进料加工计划分配率备案，并在每年 4 月 20 日前，按规定向主管税务机关申请办理上年度海关已核销的进料加工手册（账册）项下的进料加工业务核销手续。

一、计划分配率备案

2013 年 7 月 1 日后，生产企业从事进料加工业务首次申报免抵退税前，应向主管税务机关申报《进料加工企业计划分配率备案表》办理进料加工计划分配率备案。

计划分配率备案只需办理一次，以后年度的计划分配率在进料加工核销完成后使用"已核销手册（账册）综合实际分配率"作为计划分配率，如果企业认为"已核销手册（账册）综合实际分配率"与企业实际情况存在较大差别时，可以向主管税务机关申请调整计划分配率。

进料加工企业计划分配率备案表

企业海关代码
纳税人名称（公章）
纳税人识别号　　　　　　　　　　　　　　　　　　　　　单位：元

进料加工手册号	币种	计划（备案）进口总值	计划（备案）出口总值	进料加工备案计划分配率
1	2	3	4	5	6=4÷5
合计：					

出口企业	主管税务机关
兹声明以上申报无讹并愿意承担一切法律责任。 经办人： 财务负责人： 法定代表人（负责人）： 　　　　　　　　　　年　月　日	受理人： 复核人： 负责人：（公章）

填表说明：
第3、4、5栏按照企业首份进料加工手册填写。

二、进料加工业务核销申报

自2014年起，企业应在本年度4月20日前，向主管税务机关申请办理上年度海关已核销的进料加工手（账）册项下的进料加工业务核销手续。企业申请核销后，主管税务机关不再受理其上一年度进料加工出口货物的免抵退税申报。4月20日之后仍未申请核销的，该企业的出口退（免）税业务，主管税务机关暂不办理，待其申请核销后，方可办理。

企业申请核销前，应先从电子税务局出口退税综合服务平台或主管税务机关获取海关联网监管加工贸易电子数据中的进料加工"电子账册（电子化手册）核销数据"以及进料加工业务的进、出口货物报关单数据，并将获取的数据与进料加工手（账）册实际发生的进出口情况进行核对，数据相符的企业填报《生产企业进料加工业务免抵退税核销表》，数据不符的还应同时填报《已核销手册（账册）海关数据调整表》。

主管税务机关确认核销后，生产企业应以《生产企业进料加工业务免抵退税核销表》中的"已核销手册（账册）综合实际分配率"，作为当年度进料加工计划分配率。同时，应在核销确认的次月，根据《生产企业进料加工业务免抵退税核销表》确认的不得免征和抵扣税额在纳税申报时申报调整；应在确认核销后的首次免抵退税申报时，根据《生产企业进料加工业务免抵退税核销表》确认的调整免抵退税额申报调整当期免抵退税额。

生产企业发现核销数据有误的，应在发现次月重新办理核销手续。

生产企业进料加工业务免抵退税核销表

纳税人识别号（统一社会信用代码）：
纳税人名称：　　　　　　　　　　　金额单位：元（列至角分）

序号	申报核销手册（账册）号	核销起始日期	核销截止日期	实际分配率	已申报出口额	应调整免抵退税额	应调整不得免征和抵扣税额	所属年度	备注
1	2	3	4	5	6	7	8	9	10
小计									
合计									
已核销手册（账册）综合实际分配率									

声明：此表是根据国家税收法律法规及相关规定填写的，本人（单位）对填报内容（及附带资料）的真实性、可靠性、完整性负责。

纳税人（签章）：　　　　　　　　年 月 日

经办人： 经办人身份证号： 代理机构签章： 代理机构统一社会信用代码：	受理人： 受理税务机关（章）： 受理日期：　　年 月 日

填表说明：

1. 第2栏"申报核销手册（账册）号"，填写本次申报核销的手册或账册号码。

2. 第3栏"核销起始日期"、第4栏"核销截止日期"，根据电子账册海关已办结的核销周期起、止日期填写。

3. 第5栏"实际分配率"，根据海关联网监管加工贸易电子数据及企业调整情况计算填列，申报系统自动计算。

实际分配率＝进口总值÷出口总值。其中，进口总值、出口总值应为按实际进出口情况，根据海关监管方式计算调整后的金额：

进口总值＝进料加工（对口合同）【监管方式0615】+进料深加工结转货物【监管方式0654】+进料加工余料结转【监管方式0657】+进料加工料件退换【监管方式0700】+进料加工（非对口合同）【监管方式0715】+保税工厂【监管方式1215】-进料加工余料结转【监管方式0657】-进料加工复运出境的原进口料件【监管方式0664】-进料加工料件退换【监管方式0700】-进料加工项下边角料复出口【监管方式0864】-主动放弃交由海关处理的来料或进料加工料件【监管方式0200】-进料加工料件转内销【监管方式0644】-进料加工项下边角料转内销【监管方式0844】；

出口总值＝进料加工（对口合同）【监管方式0615】+进料深加工结转货物【监管方式0654】+进料加工（非对口合同）【监管方式0715】+保税工厂【监管方式1215】+进料成品退运【监管方式

4600】-进料成品退运【监管方式4600】。

4. 第6栏"已申报出口额",根据企业已申报免抵退税的出口额计算对应手册的已申报出口额。

5. 第7栏"应调整免抵退税额"、第8栏"应调整不得免征和抵扣税额",根据实际分配率计算实际免抵退税额与不得免征和抵扣税额,对前期已参与计算的免抵退税额与不得免征和抵扣税额进行调整,本栏体现需要调整的金额。

已核销手册(账册)海关数据调整表

纳税人识别号(统一社会信用代码):
纳税人名称:

金额单位:元(列至角分)

序号	进料加工手册(账册)号	核销起始日期	核销截止日期	进(出)口标识	报关单号	代理进(出)口货物证明号	监管方式代码	进(出)口日期	免税进口料件组成计税价格				出口销售额		所属年度	备注
									到岸价(美元)	到岸价(人民币)	海关实征关税和消费税	合计	美元	人民币		
1	2	3	4	5	6	7	8	9	10	11	12	13=11+12	14	15	16	17
小合																

声明:此表是根据国家税收法律法规及相关规定填写的,本人(单位)对填报内容(及附带资料)的真实性、可靠性、完整性负责。

纳税人(签章):   年 月 日

经办人:	受理人:
经办人身份证号:	受理税务机关(章):
代理机构签章:	受理日期: 年 月 日
代理机构统一社会信用代码:	

第 1 页/共 1 页

填表说明:

1. 本表格填写与主管税务机关反馈电子信息不符的部分。

2. 第2栏"进料加工手册(账册)号",填写对应的进料加工手册或账册号码。

3. 第3栏"核销起始日期"、第4栏"核销截止日期",根据电子账册海关已办结的核销周期起、止日期填写。

4. 第5栏"进(出)口标识",本条补充进口相关信息,填写"I",本条补充出口相关信息,填写"E"。

5. 第6栏"报关单号":填写进口或出口报关单号,规则为"海关编号"+"0"+"2位项号"填写,委托进、出口企业不填此栏。

6. 第7栏"代理进(出)口货物证明号":委托进口的企业按照《代理进口货物证明》的"编号"+两位"项号"填写,委托出口的企业按照《代理出口货物证明》的"编号"+两位"项号"填写。自营进(出)口企业不填写此栏。

7. 第8、9栏按照进(出)口货物报关单相应的内容填写。

8. 第10、11、12栏"到岸价格"以进口货物报关单的到岸价为准。人民币金额按规定换算。

9. 第14、15栏"出口销售额"为出口发票上列明的美元离岸价,若以其他价格条件成交的,应按会计制度规定扣除运保费、佣金;若为其他外币成交的折算成美元离岸价填列;人民币按规定换算。

三、计划分配率调整

生产企业已按照《国家税务总局关于出口退（免）税申报有关问题的公告》（2018年第16号）规定，申请办理上年度海关已核销的进料加工手册（账册）项下的进料加工业务核销手续后，如果认为《生产企业进料加工业务免抵退税核销表》中的"已核销手册（账册）综合实际分配率"与企业当年度实际情况差别较大，可以向主管税务机关报送《进料加工企业计划分配率调整表》，经主管税务机关确认后，将调整后的计划分配率作为该年度的计划分配率。

进料加工企业计划分配率调整

统一社会信用代码/纳税人识别号：
纳税人名称：

序号	上年度已核销手（账）册综合实际分配率	调整后计划分配率

调整理由：

本表是根据国家税收法律法规及相关规定填报的，我单位确定它是真实的、可靠的、完整的。

经办人：
财务负责人：
法定代表人：
（印 章）
年　月　日

第四章
出口货物劳务增值税免退税的规定

第一节 免退税概述

一、免退税的含义

免退税，是指不具有生产能力的出口企业或其他单位出口货物劳务，免征增值税，相应的进项税额予以退还。

"免"，指的是免征出口环节增值税；"退"，是指退还购进出口货物劳务的进项税额。

二、免退税的范围

（一）出口货物

出口货物，是指向海关报关后实际离境并销售给境外单位或个人的货物，分为自营出口货物和委托出口货物两类。其中，无对外贸易经营者备案的商贸企业不属于出口退（免）税范围内的出口企业，其委托出口货物不适用免退税政策。

这里的"报关离境"，是指实际离开中国国境或关境的货物。

（二）视同出口货物

有些货物虽不完全符合上述条件，但按相关规定，可以视同出口货物办理出口退（免）税。具体包括：

1. 出口企业对外援助、对外承包、境外投资的出口货物。
2. 出口企业经海关报关进入国家批准的出口加工区、保税物流园区、保税港区、综合保税区、珠澳跨境工业区（珠海园区）、中哈霍尔果斯国际边境合作中心（中方配套区域）、保税物流中心（B型）等海关特殊监管区域，并销售给区内单位或境外单位、个人的货物。

3. 免税品经营企业销售的货物（国家规定不允许经营和限制出口的货物、卷烟和超出免税品经营企业《企业法人营业执照》规定经营范围的货物除外）。

具体是指：（1）中国免税品（集团）有限责任公司向海关报关运入海关监管仓库，专供其经国家批准设立的统一经营、统一组织进货、统一制定零售价格、统一管理的免税店销售的货物；（2）国家批准的除中国免税品（集团）有限责任公司外的免税品经营企业，向海关报关运入海关监管仓库，专供其所属的首都机场口岸海关隔离区内的免税店销售的货物；（3）国家批准的除中国免税品（集团）有限责任公司外的免税品经营企业所属的上海虹桥、浦东机场海关隔离区内的免税店销售的货物。

4. 出口企业或其他单位销售给用于国际金融组织或外国政府贷款国际招标建设项目的中标机电产品，包括外国企业中标再分包给出口企业或其他单位的机电产品。

5. 出口企业或其他单位销售给国际运输企业用于国际运输工具上的货物。指外轮供应公司、远洋运输供应公司销售给外轮、远洋国轮的货物，以及国内航空供应公司生产销售给国内和国外航空公司国际航班的航空食品。

6. 委托加工修理修配货物。

三、免退税的计税依据

（一）外贸企业出口货物（委托加工修理修配货物除外）增值税退（免）税的计税依据，为购进出口货物的增值税专用发票注明的金额或海关进口增值税专用缴款书注明的完税价格。

（二）外贸企业出口委托加工修理修配货物增值税退（免）税的计税依据，为加工修理修配费用增值税专用发票注明的金额。外贸企业应将加工修理修配使用的原材料（进料加工海关保税进口料件除外）作价销售给受托加工修理修配的生产企业，受托加工修理修配的生产企业应将原材料成本并入加工修理修配费用开具发票。

（三）免税品经营企业销售的货物增值税退（免）税的计税依据，为购进货物的增值税专用发票注明的金额或海关进口增值税专用缴款书注明的完税价格。

（四）中标机电产品增值税退（免）税的计税依据，外贸企业为购进货物的增值税专用发票注明的金额或海关进口增值税专用缴款书注明的完税价格。

四、免退税的计算

（一）计算公式

1. 外贸企业出口委托加工修理修配货物以外的货物：
增值税应退税额＝增值税退（免）税计税依据×出口货物退税率
2. 外贸企业出口委托加工修理修配货物：
出口委托加工修理修配货物的增值税应退税额＝委托加工修理修配的增值税退（免）税计税依据×出口货物退税率

（二）注意事项

退税率低于适用税率的，相应计算出的差额部分的税款计入出口货物劳务成本。

第二节 免退税申报

一、申报规定

（一）基本规定

外贸企业出口并按会计规定做销售的货物，须在做销售的次月进行增值税纳税申报，将适用退（免）税政策的出口货物销售额填报在增值税纳税申报表的"免税货物销售额"栏。

外贸企业应在货物报关出口之日次月起至次年4月30日前的各增值税纳税申报期内，收齐有关凭证，向主管税务机关办理出口货物增值税、消费税免退税申报。经主管税务机关批准的，企业在增值税纳税申报期以外的其他时间也可办理免退税申报。

自2020年1月20日起，纳税人出口货物劳务、发生跨境应税行为，未在规定期限内申报出口退（免）税，在收齐退（免）税凭证及相关电子信息后，即可申报办理出口退（免）税。

（二）申报资料

1. 《外贸企业出口退税出口明细申报表》；
2. 《外贸企业出口退税进货明细申报表》；
3. 出口货物退（免）税申报电子数据；
4. 下列原始凭证

（1）出口货物报关单（出口退（免）税专用，以下未做特别说明的均为此联，可提供通过电子口岸打印的报关单）；

注：2015 年 5 月 1 日（以海关出口报关单电子信息注明的出口日期为准）以后，仅申报适用启运港退税政策的货物提供纸质出口货物报关单。2018 年 4 月 10 日（含）以后，实施启运港退税政策的出口货物，不再提供纸质出口货物报关单证明联（出口退税专用）。

（2）保税区内的出口企业可提供中华人民共和国海关保税区出境货物备案清单，简称出境货物备案清单；

（3）增值税专用发票（抵扣联）、海关进口增值税专用缴款书；

（4）委托出口的货物，还应提供受托方主管税务机关签发的代理出口货物证明，以及代理出口协议副本；

（5）属应税消费品的，还应提供消费税专用缴款书或分割单、海关进口消费税专用缴款书；

（6）主管税务机关要求提供的其他资料。

（三）注意事项

1. 外贸企业如果有前期申报错误，可在当期进行调整，需要按申报规定将错误数据对应的关联号下的全部业务申报冲减，再重新全额申报。

2. 2013 年 5 月 1 日以后报关出口的货物（以出口货物报关单上的出口日期为准），除下款规定以外，出口企业或其他单位申报出口退（免）税提供的出口货物报关单上的第一计量单位、第二计量单位，及出口企业申报的计量单位，至少有一个应同与其匹配的增值税专用发票上的计量单位相符，且上述出口货物报关单、增值税专用发票上的商品名称须相符，否则不得申报出口退（免）税。

如属同一货物的多种零部件需要合并报关为同一商品名称的，企业应将出口货物报关单、增值税专用发票上不同商品名称的相关性及不同计量单位的折算标准向主管税务机关书面报告，经主管税务机关确认后，可申报退（免）税。

二、申报资料填写

（一）增值税纳税申报表填写

1. 增值税减免税申报明细表

增值税减免税申报明细表

税款所属时间：自 年 月 日至 年 月 日

纳税人名称（公章）： 金额单位：元至角分

<table>
<tr><td colspan="7" align="center">一、减税项目</td></tr>
<tr><td rowspan="2">减税性质代码及名称</td><td rowspan="2">栏次</td><td>期初余额</td><td>本期发生额</td><td>本期应抵减税额</td><td>本期实际抵减税额</td><td>期末余额</td></tr>
<tr><td>1</td><td>2</td><td>3=1+2</td><td>4≤3</td><td>5=3-4</td></tr>
<tr><td>合计</td><td>1</td><td></td><td></td><td></td><td></td><td></td></tr>
<tr><td></td><td>2</td><td></td><td></td><td></td><td></td><td></td></tr>
<tr><td></td><td>3</td><td></td><td></td><td></td><td></td><td></td></tr>
<tr><td></td><td>4</td><td></td><td></td><td></td><td></td><td></td></tr>
<tr><td></td><td>5</td><td></td><td></td><td></td><td></td><td></td></tr>
<tr><td></td><td>6</td><td></td><td></td><td></td><td></td><td></td></tr>
<tr><td colspan="7" align="center">二、免税项目</td></tr>
<tr><td rowspan="2">免税性质代码及名称</td><td rowspan="2">栏次</td><td>免征增值税项目销售额</td><td>免税销售额扣除项目本期实际扣除金额</td><td>扣除后免税销售额</td><td>免税销售额对应的进项税额</td><td>免税额</td></tr>
<tr><td>1</td><td>2</td><td>3=1-2</td><td>4</td><td>5</td></tr>
<tr><td>合 计</td><td>7</td><td></td><td></td><td></td><td></td><td></td></tr>
<tr><td>出口免税</td><td>8</td><td></td><td>——</td><td>——</td><td>——</td><td>——</td></tr>
<tr><td>其中：跨境服务</td><td>9</td><td></td><td>——</td><td>——</td><td>——</td><td>——</td></tr>
<tr><td></td><td>10</td><td></td><td></td><td></td><td></td><td></td></tr>
<tr><td></td><td>11</td><td></td><td></td><td></td><td></td><td></td></tr>
<tr><td></td><td>12</td><td></td><td></td><td></td><td></td><td></td></tr>
<tr><td></td><td>13</td><td></td><td></td><td></td><td></td><td></td></tr>
<tr><td></td><td>14</td><td></td><td></td><td></td><td></td><td></td></tr>
<tr><td></td><td>15</td><td></td><td></td><td></td><td></td><td></td></tr>
<tr><td></td><td>16</td><td></td><td></td><td></td><td></td><td></td></tr>
</table>

填表说明

1. "二、免税项目"由本期按照税收法律、法规及国家有关税收规定免征增值税的纳税人填写。

2. 第8栏"出口免税"：填写纳税人本期按照税法规定出口免征增值税的销售额，但不包括适用免、抵、退税办法出口的销售额。小规模纳税人不填写本栏。

3. 第9栏"其中：跨境服务"：填写营改增纳税人发生跨境应税行为适用免征增值税的销售额。

2. 增值税纳税申报表附列资料（一）

增值税纳税申报表附列资料（一）
（本期销售情况明细）

税款所属时间： 年 月 日 至 年 月 日

纳税人名称：（公章）

金额单位：元至角分

项目及栏次			开具增值税专用发票		开具其他发票		未开具发票		纳税检查调整		合计			服务、不动产和无形资产扣除项目本期实际扣除金额	扣除后	
			销售额	销项（应纳）税额	销售额	销项（应纳）税额	销售额	销项（应纳）税额	销售额	销项（应纳）税额	销售额 9=1+3+5+7	销项（应纳）税额 10=2+4+6+8	价税合计 11=9+10		含税（免税）销售额 13=11-12	销项（应纳）税额 14=13÷(100%+税率或征收率)×税率或征收率
			1	2	3	4	5	6	7	8	9	10	11	12	13	14
一、一般计税方法计税	全部征税项目	13%税率的货物及加工修理修配劳务	1													
		13%税率的服务、不动产和无形资产	2													
		9%税率的货物及加工修理修配劳务	3													
		9%税率的服务、不动产和无形资产	4													
		6%税率	5													
	其中：即征即退项目	即征即退货物及加工修理修配劳务	6	—	—	—	—	—	—	—	—	—	—	—	—
		即征即退服务、不动产和无形资产	7	—	—	—	—	—	—	—	—	—	—	—	—
二、简易计税方法计税	全部征税项目	6%征收率	8													
		5%征收率的货物及加工修理修配劳务	9a													
		5%征收率的服务、不动产和无形资产	9b													
		4%征收率	10													
		3%征收率的货物及加工修理修配劳务	11													
		3%征收率的服务、不动产和无形资产	12													
	其中：即征即退项目	即征即退货物及加工修理修配劳务	13a	—	—	—	—	—	—	—	—	—	—	—	—
		即征即退服务、不动产和无形资产	13b	—	—	—	—	—	—	—	—	—	—	—	—
		预征率 ％	13c													
		预征率 ％	14													
		预征率 ％	15													
三、免抵退税		货物及加工修理修配劳务	16													
		服务、不动产和无形资产	17													
四、免税		货物及加工修理修配劳务	18													
		服务、不动产和无形资产	19													

第18栏"四、免税"—"货物及加工修理修配劳务"：反映按照税法规定免征增值税的货物及劳务的销售额不包括适用免、抵、退税办法的出口货物及劳务。

第19栏"四、免税"—"服务、不动产和无形资产"：反映按照税法规定免征增值税的服务、不动产、无形资产的销售额，不包括适用免、抵、退税办法的，抵、退税办法的出口货物及劳务、不动产、无形资产和适用零税率的服务、不动产、无形资产，但是零税率的销售额中不包括适用免、抵、退税办法的出口货物及劳务和适用零税率的服务、不动产、无形资产，但零税率的销售额中不包括适用免、抵、退税办法的出口货物及劳务和适用零税率的服务、不动产和无形资产。

3. 增值税纳税申报表附列资料（二）

增值税纳税申报表附列资料（二）
（本期进项税额明细）

税款所属时间： 年 月 日至 年 月 日

纳税人名称：（公章）　　　　　　　　　　　　　　　　　　　　　金额单位：元至角分

一、申报抵扣的进项税额				
项目	栏次	份数	金额	税额
（一）认证相符的增值税专用发票	1=2+3			
其中：本期认证相符且本期申报抵扣	2			
前期认证相符且本期申报抵扣	3			
（二）其他扣税凭证	4=5+6+7+8a+8b			
其中：海关进口增值税专用缴款书	5			
农产品收购发票或者销售发票	6			
代扣代缴税收缴款凭证	7		——	
加计扣除农产品进项税额	8a		——	
其他	8b			
（三）本期用于购建不动产的扣税凭证	9			
（四）本期用于抵扣的旅客运输服务扣税凭证	10			
（五）外贸企业进项税额抵扣证明	11	——	——	
当期申报抵扣进项税额合计	12=1+4+11			
二、进项税额转出额				
项目	栏次			税额
本期进项税额转出额	13=14至23之和			
其中：免税项目用	14			
集体福利、个人消费	15			
非正常损失	16			
简易计税方法征税项目用	17			
免抵退税办法不得抵扣的进项税额	18			
纳税检查调减进项税额	19			
红字专用发票信息表注明的进项税额	20			
上期留抵税额抵减欠税	21			
上期留抵税额退税	22			
其他应作进项税额转出的情形	23			
三、待抵扣进项税额				
项目	栏次	份数	金额	税额
（一）认证相符的增值税专用发票	24	——	——	——
期初已认证相符但未申报抵扣	25			
本期认证相符且本期未申报抵扣	26			
期末已认证相符但未申报抵扣	27			
其中：按照税法规定不允许抵扣	28			
（二）其他扣税凭证	29=30至33之和			
其中：海关进口增值税专用缴款书	30			
农产品收购发票或者销售发票	31			
代扣代缴税收缴款凭证	32		——	
其他	33			
	34			
四、其他				
项目	栏次	份数	金额	税额
本期认证相符的增值税专用发票	35			
代扣代缴税额	36		——	

填表说明：

第 11 栏"（五）外贸企业进项税额抵扣证明"：填写本期申报抵扣的税务机关出口退税部门开具的《出口货物转内销证明》列明允许抵扣的进项税额。

第 26 栏"本期认证相符且本期未申报抵扣"：反映本期认证相符，但按税法规定暂不予抵扣及不允许抵扣，而未申报抵扣的增值税专用发票情况。

第28栏"其中：按照税法规定不允许抵扣"：反映截至本期期末已认证相符但未申报抵扣的增值税专用发票中，按照税法规定不允许抵扣的增值税专用发票情况。

4. 增值税纳税申报表（一般纳税人适用）主表

增值税纳税申报表

（一般纳税人适用）

根据国家税收法律法规及增值税相关规定制定本表。纳税人不论有无销售额，均应按税务机关核定的纳税期限填写本表，并向当地税务机关申报。

税款所属时间：自 年 月 日至 年 月 日　　填表日期：年 月 日　　　　　　金额单位：元至角分

纳税人识别号										所属行业：		
纳税人名称			（公章）	法定代表人姓名		注册地址		生产经营地址				
开户银行及账号				登记注册类型				电话号码				

	项目	栏次	一般项目		即征即退项目	
			本月数	本年累计	本月数	本年累计
销售额	（一）按适用税率计税销售额	1				
	其中：应税货物销售额	2				
	应税劳务销售额	3				
	纳税检查调整的销售额	4				
	（二）按简易办法计税销售额	5				
	其中：纳税检查调整的销售额	6				
	（三）免、抵、退办法出口销售额	7			—	—
	（四）免税销售额	8			—	—
	其中：免税货物销售额	9			—	—
	免税劳务销售额	10			—	—
税款计算	销项税额	11				
	进项税额	12				
	上期留抵税额	13				
	进项税额转出	14				
	免、抵、退应退税额	15				
	按适用税率计算的纳税检查应补缴税额	16				
	应抵扣税额合计	17=12+13-14-15+16				
	实际抵扣税额	18（如17<11，则为17，否则为11）				
	应纳税额	19=11-18				
	期末留抵税额	20=17-18				
	简易计税办法计算的应纳税额	21				
	按简易计税办法计算的纳税检查应补缴税额	22				
	应纳税额减征额	23				
	应纳税额合计	24=19+21-23				
税款缴纳	期初未缴税额（多缴为负数）	25				
	实收出口开具专用缴款书退税额	26			—	—
	本期已缴税额	27=28+29+30+31				
	①分次预缴税额	28			—	—
	②出口开具专用缴款书预缴税额	29			—	—
	③本期缴纳上期应纳税额	30				
	④本期缴纳欠缴税额	31				
	期末未缴税额（多缴为负数）	32=24+25+26-27				
	其中：欠缴税额（≥0）	33=25+26-27			—	—
	本期应补(退)税额	34=24-28-29				
	即征即退实际退税额	35		—		
	期初未缴查补税额	36				
	本期入库查补税额	37				
	期末未缴查补税额	38=16+22+36-37				

授权声明	如果你已委托代理人申报，请填写下列资料： 为代理一切税务事宜，现授权（地址）　　　　　为本纳税人的代理申报人，任何与本申报表有关的往来文件，都可寄予此人。 授权人签字：	申报人声明	本纳税申报表是根据国家税收法律法规及相关规定填报的，我确定它是真实的、可靠的、完整的。 声明人签字：

填表说明：

第8栏"免税销售额"：填写纳税人本期按照税法规定免征增值税的销售额和适用零税率的销售额，

但是零税率的销售额中不包括适用免、抵、退税办法的销售额。

营业税改征增值税的纳税人，服务、不动产和无形资产有扣除项目的，本栏应填写扣除之前的免税销售额。

本栏"一般项目"列"本月数"=《附列资料（一）》第9列第18、19行之和。

第9栏"其中：免税货物销售额"：填写纳税人本期按照税法规定免征增值税的货物销售额及适用零税率的货物销售额，但零税率的销售额中不包括适用免、抵、退税办法出口货物的销售额。

第10栏"免税劳务销售额"：填写纳税人本期按照税法规定免征增值税的劳务销售额及适用零税率的劳务销售额，但是零税率的销售额中不包括适用免、抵、退税办法的劳务的销售额。

（二）免退税申报表填写

1. 外贸企业出口退税出口明细申报表

外贸企业出口退税出口明细申报表

纳税人识别号（统一社会信用代码）：　　　申报年月：　年　月　　　申报批次：
纳税人名称：
申报退税额：
其中：增值税　　　　　消费税　　　　　　　　　　　　金额单位：元（列至角分）

序号	关联号	出口发票号	出口货物报关单号	代理出口货物证明号	出口日期	出口商品代码	出口商品名称	计量单位	出口数量	美元离岸价	申报商品代码	退（免）税业务类型	备注
1	2	3	4	5	6	7	8	9	10	11	12	13	14
小计合计													

声明：此表是根据国家税收法律法规及相关规定填写的，本人（单位）对填报内容（及附带资料）的真实性、可靠性、完整性负责。
　　　　　　　　　　　　　　　　　　　　　　　　纳税人（签章）　　　　　　年 月 日

经办人：	受理人：
经办人身份证号：	受理税务机关（章）：
代理机构签章：	受理日期：　年 月 日
代理机构统一社会信用代码：	

第 1 页 / 共 1 页

填表说明：

（一）表头项目填写规则：

1. 纳税人名称：按《出口退（免）税备案表》中的出口企业全称填写；

2. 统一社会信用代码/纳税人识别号：按出口企业统一社会信用代码填写；无统一社会信用代码的，填写出口企业纳税人识别号；

3. 申报年月：本年度出口的，按不大于当前申报期年月填写；以前年度出口的，统一按上年12月份填写；

4. 申报批次：按所属年月的第几次申报填写。

（二）具体内容填写规则：

1. 序号：按八位流水号填写，从00000001到99999999；

| 出口退（免）税常见业务申报实务与疑难速查 |

2. 关联号：是进货和出口数据关联的标志。按"申报年月（6位数字）+申报批次（3位数字）+关联号流水号（1-8位数字）"的规则进行填写；每21位出口货物报关单号作为一个关联号编写单位。代理出口货物证明编写规则同出口货物报关单；

3. 出口发票号：按出口发票的号码填写。视同出口等无需开具出口发票的业务，按税务机关要求填写；

4. 出口货物报关单号：按出口货物报关单上的海关统一编号+0+两位项号填写，共21位；实际业务无出口货物报关单的按税务机关要求填写；

5. 代理出口货物证明号：按《代理出口货物证明》编号（18位）+两位项号（01、02…）填写；

6. 出口日期：按出口货物报关单中的出口日期填写；经保税区出口的，填写出境货物备案清单上的出口日期；

7. 出口商品代码：按出口货物报关单中商品代码对应的退税率文库中基本商品代码填写。无出口货物报关单的按进货凭证中货物名称对应的退税率文库中的基本商品代码填写；

8. 出口商品名称：按退税率文库中商品代码对应的名称填写，或按商品实际名称填写；

9. 计量单位：按出口商品代码在退税率文库中的计量单位填写；

10. 出口数量：按本次申报出口退税的数量填写；

11. 美元离岸价：按出口货物报关单中的美元离岸价格填写。非美元价格成交或成交方式非FOB的，需折算填写；

12. 申报商品代码：如果属于按出口商品主要原材料退税率申报退税的，按主要原材料商品代码填写。不属于此类情况的，此栏不填；

13. 退（免）税业务类型：按《业务类型代码表》填写；

14. 备注：按税务机关要求填写。

2. 外贸企业出口退税进货明细申报表

外贸企业出口退税进货明细申报表

纳税人识别号（统一社会信用代码）： 申报年月： 年 月 申报批次：
纳税人名称：
申报退税额：
其中：增值税 消费税 0.00 金额单位：元（列至角分）

序号	关联号	税种	凭证种类	进货凭证号	供货方纳税人识别号	开票日期	出口商品代码	商品名称	计量单位	数量	计税金额	征税率（%）	退税率（%）	可退税额	备注
1	2	3	4	5	6	7	8	9	10	11	12	13	14	15	16
小计															
合计															

声明：此表是根据国家税收法律法规及相关规定填写的，本人（单位）对填报内容（及附带资料）的真实性、可靠性、完整性负责。

纳税人（签章）： 年 月 日

经办人：
经办人身份证号：
代理机构签章
代理机构统一社会信用代码：

受理人：
受理税务机关（章）：
受理日期： 年 月 日

第1页／共1页

填表说明：

（一）表头项目填写规则：

1. 纳税人名称：按《出口退（免）税备案表》中的出口企业全称填写。

2. 统一社会信用代码/纳税人识别号：按出口企业统一社会信用代码填写；无统一社会信用代码的，填写出口企业纳税人识别号。

3. 申报年月：本年度出口的，按申报期年月填写；以前年度出口的，统一按上年12月份填写。

4. 申报批次：按所属年月的第几次申报填写。

（二）具体内容填写规则：

1. 序号：按八位流水号填写，从00000001到99999999。

2. 关联号：是进货和出口数据关联的标志。按"申报年月（6位数字）+申报批次（3位数字）+关联号流水号（1-8位数字）"的规则进行填写；每21位出口货物报关单号作为一个关联号编写单位。代理出口货物证明编写规则同出口货物报关单。

3. 税种：若为增值税，填写"V"；若为消费税，填写"C"。

4. 凭证种类：按实际申报出口退税的进货凭证据实填写，具体包括增值税专用发票、海关进口增值税专用缴款书、消费税专用缴款书、消费税专用缴款书分割单、海关进口消费税专用缴款书、税收（出口货物专用）缴款书。

5. 进货凭证号：按申报出口退税的进货凭证号码据实填写。如增值税专用发票，填写增值税专用发票的发票代码+发票号码，其他凭证比照填写。

6. 供货方纳税人识别号：按申报进货凭证上的供货方纳税人识别号据实填写。海关进口税收凭证的填写缴款单位纳税人识别号。

7. 开票日期：按申报进货凭证填开日期据实填写。

8. 出口商品代码：按出口货物报关单的商品代码对应的退税率文库中的基本商品代码填写。如属于无出口报关单的按照进货凭证中货物名称对应的退税率文库中的基本商品代码填写。

9. 商品名称：按退税率文库中该商品代码对应的名称填写，或按商品实际名称填写。

10. 计量单位：按申报的出口商品代码在出口退税率文库中的计量单位填写。

11. 数量：按进货凭证本次申报出口退税数量填写。如进货凭证上出口商品的计量单位与申报计量单位不一致，应按照申报计量单位折算数量。

12. 计税金额：按进货凭证本次申报退税的计税金额分项填写；如果进货凭证上多项货物或应税劳务对应的出口货物报关单上同一项商品，可填写计税金额总和。

13. 征税率：按进货凭证上的征税率据实填写。若为增值税，则按百分比的格式填写专用发票上的税率；若为消费税从价定率方式征收的，则按百分比的格式填写消费税专用税票的法定税率；若为消费税从量定额方式征税的，则填写消费税专用税票的法定税额。

14. 退税率：按退税率文库对应出口商品的退税率填写；如退税率有特殊规定，按政策规定的退税税率填写。

15. 可退税额：税种为增值税的，按计税金额×退税率计算填写；税种为消费税的，从价定率方式征税的按计税金额×退税率计算填写，从量定额征税的按数量×退税率计算填写。

第五章
出口货物消费税退（免）税的规定

一、基本规定

出口企业出口或视同出口适用增值税退（免）税的货物，免征消费税，如果属于购进出口的货物，退还前一环节对其已征的消费税。

出口企业出口或视同出口适用增值税免税政策的货物，免征消费税，但不退还其以前环节已征的消费税，且不允许在内销应税消费品应纳消费税款中抵扣。

出口企业出口或视同出口适用增值税征税政策的货物，应按规定缴纳消费税，不退还其以前环节已征的消费税，且不允许在内销应税消费品应纳消费税款中抵扣。

二、计税依据

出口货物的消费税应退税额的计税依据，按购进出口货物的消费税专用缴款书和海关进口消费税专用缴款书确定。

属于从价定率计征消费税的，为已征且未在内销应税消费品应纳税额中抵扣的购进出口货物金额；属于从量定额计征消费税的，为已征且未在内销应税消费品应纳税额中抵扣的购进出口货物数量；属于复合计征消费税的，按从价定率和从量定额的计税依据分别确定。

三、计算公式

消费税应退税额＝从价定率计征消费税的退税计税依据×比例税率＋从量定额计征消费税的退税计税依据×定额税率

四、退税申报

外贸企业出口货物属于消费税应税消费品，在退税申报时直接填写进货明细申报表和出口明细申报表。

生产企业出口的视同自产货物以及列名生产企业出口的非自产货物，属于消费税应税消费品的，在退税申报时需填写《生产企业出口非自产货物消费税退税申报表》。

生产企业出口非自产货物消费税退税申报表

申报年月：
纳税人识别号（统一社会信用代码）：
纳税人名称：
金额单位：元（列至角分）

序号	消费税凭证号	凭证种类	出口商品代码	出口商品名称	计量单位	数量	消费税税率	计税金额	征税税额	申报消费税退税额	出口货物报关单号	代理出口货物证明号	出口日期	出口数量	退（免）税业务类型	备注
1	2	3	4	5	6	7	8	9	10	11	12	13	14	15	16	17
小计																
合计																

声明：此表是根据国家税收法律法规及相关规定填写的，本人（单位）对填报内容（及附带资料）的真实性、可靠性、完整性负责。

纳税人（签章）： 年 月 日

经办人：　　　　　　　　　　　　　　　　　　受理人：
经办人身份证号：　代理机构签章：　代理机构统一　受理税务机关（章）：　受理日期：　年　月　日
社会信用代码：

第 1 页 / 共 1 页

填表说明：

1. 消费税退税申报应在单证收齐后随同出口货物"免、抵、退"税一起按月申报。

2. 消费税凭证号填列企业取得的消费税专用缴款书（分割单）、海关进口消费税专用缴款书、委托加工收回应税消费品的代扣代收税款凭证号码。

3. 出口商品代码：按出口报关单的商品代码对应的退税率文库中的基本商品代码填写。

4. 商品名称：应按商品税率库中该商品代码对应的名称填写，或按商品实际名称填写。

5. 计量单位：填写出口货物报关单上的第一或者第二计量单位。

6. 数量：不大于 15 栏次的出口数量，如企业取得的消费税专用缴款书、海关进口消费税专用缴款书、委托加工收回应税消费品的代扣代收税款凭证的数量大于出口数量，应开具分割单。

7. 消费税税率：若为消费税从价定率方式征税的，按小数的格式填写法定征税税率；若为消费税从量定额方式征税的，填写法定税额。

8. 征税税额：消费税从价定率方式征税的，则征税税额 = 计税金额 × 征税税率；若为消费税从量定额方式征税的，则征税税额 = 数量 × 征税税率。

9. 申报消费税退税额：与 10 栏次相等。

第六章

出口货物劳务增值税免税与征税的规定

第一节 适用增值税免税政策的出口货物劳务

一、基本规定

对符合下列条件的出口货物劳务，适用增值税免税政策。

（一）出口企业或其他单位出口规定的货物，具体是指：

1. 增值税小规模纳税人出口的货物。
2. 避孕药品和用具，古旧图书。
3. 软件产品。其具体范围是指海关税则号前四位为"9803"的货物。
4. 含黄金、铂金成分的货物，钻石及其饰品。
5. 国家计划内出口的卷烟。
6. 已使用过的设备。其具体范围是指购进时未取得增值税专用发票、海关进口增值税专用缴款书但其他相关单证齐全的已使用过的设备。
7. 非出口企业委托出口的货物。
8. 非列名生产企业出口的非视同自产货物。
9. 农业生产者自产农产品（农产品的具体范围按照《农业产品征税范围注释》）。
10. 油画、花生果仁、黑大豆等财政部和国家税务总局规定的出口免税的货物。
11. 外贸企业取得普通发票、农产品收购发票、政府非税收入票据的货物。
12. 来料加工复出口的货物。
13. 特殊区域内的企业出口的特殊区域内的货物。
14. 以人民币现金作为结算方式的边境地区出口企业从所在省（自治区）的边境口岸出口到接壤国家的一般贸易和边境小额贸易出口货物。

15. 符合国家税务总局规定的市场采购贸易方式的出口货物。

（二）出口企业或其他单位视同出口的下列货物劳务：

1. 国家批准设立的免税店销售的免税货物［包括进口免税货物和已实现退（免）税的货物］。

2. 特殊区域内的企业为境外的单位或个人提供加工修理修配劳务。

3. 同一特殊区域、不同特殊区域内的企业之间销售特殊区域内的货物。

（三）放弃退（免）税的出口货物劳务：

放弃全部适用退（免）税政策出口货物劳务的退（免）税，并选择适用增值税免税政策的出口货物劳务。

（四）按相关规定适用增值税免税政策的。

二、进项税额的处理

（一）适用增值税免税政策的出口货物劳务，其进项税额不得抵扣和退税，应当转入成本。

（二）出口卷烟，依下列公式计算：

不得抵扣的进项税额＝出口卷烟含消费税金额÷（出口卷烟含消费税金额＋内销卷烟销售额）×当期全部进项税额

1. 当生产企业销售的出口卷烟在国内有同类产品销售价格时

出口卷烟含消费税金额＝出口销售数量×销售价格

"销售价格"为同类产品生产企业国内实际调拨价格。如实际调拨价格低于税务机关公示的计税价格的，"销售价格"为税务机关公示的计税价格。高于公示计税价格的，销售价格为实际调拨价格。

2. 当生产企业销售的出口卷烟在国内没有同类产品销售价格时：

出口卷烟含税金额＝（出口销售额＋出口销售数量×消费税定额税率）÷（1－消费税比例税率）

"出口销售额"以出口发票上的离岸价为准。若出口发票不能如实反映离岸价，生产企业应按实际离岸价计算，否则，税务机关有权按照有关规定予以核定调整。

（三）除出口卷烟外，适用增值税免税政策的其他出口货物劳务的计算，按照增值税免税政策的统一规定执行。其中，如果涉及销售额，除来料加工复出口货物为其加工费收入外，其他均为出口离岸价或销售额。

三、免税业务的申报

（一）申报规定

1. 特殊区域内的企业出口的特殊区域内的货物、出口企业或其他单位视同出口的适用免税政策的货物劳务，应在出口或销售次月的增值税纳税申报期内，向主管税务机关办理增值税、消费税免税申报。

2. 其他的适用免税政策的出口货物劳务，出口企业和其他单位应在货物劳务免税业务发生的次月（按季度进行增值税纳税申报的为次季度），向主管税务机关办理增值税、消费税免税申报。

3. 非出口企业委托出口的货物，委托方应在货物劳务免税业务发生的次月（按季度进行增值税纳税申报的为次季度）的增值税纳税申报期内，向主管税务机关办理增值税、消费税免税申报。

4. 主管税务机关已受理出口企业或其他单位的退（免）税申报，但在免税申报期限之后审核发现按规定不予退（免）税的出口货物，若符合免税条件，企业可在主管税务机关审核不予退（免）税的次月申报免税。

（二）申报资料

出口企业或其他单位在向主管税务机关办理增值税、消费税免税申报时，应将以下凭证按出口日期装订成册，留存企业备查：

1. 出口货物报关单（可提供通过电子口岸打印的报关单）。
2. 出口发票。
3. 委托出口的货物，还应提供受托方主管税务机关出具的代理出口货物证明。
4. 属购进货物直接出口的，还应提供相应的合法有效的进货凭证。合法有效的进货凭证包括增值税专用发票、增值税普通发票及其他普通发票、海关进口增值税专用缴款书、农产品收购发票、政府非税收入票据。

第二节 适用增值税征税政策的出口货物劳务

一、基本规定

下列出口货物劳务，不适用增值税退（免）税和免税政策，应按规定征收增值税。

（一）出口企业出口或视同出口财政部和国家税务总局根据国务院决定明确的取消出口退（免）税的货物（不包括来料加工复出口货物、中标机电产品、列名原材料、输入特殊区域的水电气、海洋工程结构物）。

（二）出口企业或其他单位销售给特殊区域内的生活消费用品和交通运输工具。

（三）出口企业或其他单位因骗取出口退（免）税被税务机关停止办理增值税退（免）税期间出口的货物。

（四）出口企业或其他单位提供虚假备案单证的货物。

（五）出口企业或其他单位增值税退（免）税凭证有伪造或内容不实的货物。

（六）出口企业或其他单位经主管税务机关审核不予免税核销的出口卷烟。

（七）将空白的出口货物报关单、出口收汇核销单等退（免）税凭证交由除签有委托合同的货代公司、报关行，或由境外进口方指定的货代公司（提供合同约定或者其他相关证明）以外的其他单位或个人使用的。

（八）以自营名义出口，其出口业务实质上是由本企业及其投资的企业以外的单位或个人借该出口企业名义操作完成的。

（九）以自营名义出口，其出口的同一批货物既签订购货合同，又签订代理出口合同（或协议）的。

（十）出口货物在海关验放后，自己或委托货代承运人对该笔货物的海运提单或其他运输单据等上的品名、规格等进行修改，造成出口货物报关单与海运提单或其他运输单据有关内容不符的。

（十一）以自营名义出口，但不承担出口货物的质量、收款或退税风险之一的，即出口货物发生质量问题不承担购买方的索赔责任（合同中有约定质量责任承担者除外）；不承担未按期收款导致不能核销的责任（合同中有约定收款责任承担者除外）；不承担因申报出口退（免）税的资料、单证等出现问题造成不退税责任的。

（十二）未实质参与出口经营活动、接受并从事由中间人介绍的其他出口业务，但仍以自营名义出口的。

（十三）出口企业或其他单位出口的货物劳务，主管税务机关如果发现有下列情形之一的，适用增值税征税政策。查实属于偷骗税的，应按相应的规定处理。

1. 提供的增值税专用发票、海关进口增值税专用缴款书等进货凭证为虚开或伪造；

2. 提供的增值税专用发票是在供货企业税务登记被注销或被认定为非正常户之后开具；

3. 提供的增值税专用发票抵扣联上的内容与供货企业记账联上的内容不符；

4. 提供的增值税专用发票上载明的货物劳务与供货企业实际销售的货物劳务不符；

5. 提供的增值税专用发票上的金额与实际购进交易的金额不符；

6. 提供的增值税专用发票上的货物名称、数量与供货企业的发货单、出库单及相关国内运输单据等凭证上的相关内容不符，数量属合理损溢的除外；

7. 出口货物报关单上的出口日期早于申报退税匹配的进货凭证上所列货物的发货时间（供货企业发货时间）或生产企业自产货物发货时间；

8. 出口货物报关单上载明的出口货物与申报退税匹配的进货凭证上载明的货物或生产企业自产货物不符；

9. 出口货物报关单上的商品名称、数量、重量与出口运输单据载明的不符，数量、重量属合理损溢的除外；

10. 生产企业出口自产货物的，其生产设备、工具不能生产该种货物；

11. 供货企业销售的自产货物，其生产设备、工具不能生产该种货物；

12. 供货企业销售的外购货物，其购进业务为虚假业务；

13. 供货企业销售的委托加工收回货物，其委托加工业务为虚假业务；

14. 出口货物的提单或运单等备案单证为伪造、虚假；

15. 出口货物报关单是通过报关行等单位将他人出口的货物虚构为本企业出口货物的手段取得。

（十四）放弃全部适用退（免）税政策出口货物劳务的退（免）税，并选择适用增值税征税政策的出口货物劳务。

（十五）放弃适用出口免税政策的。

（十六）按相关规定适用增值税征税政策的。

二、应纳税额的计算

（一）一般纳税人出口货物

销项税额 =（出口货物离岸价 − 出口货物耗用的进料加工保税进口料件金额）÷（1 + 适用税率）× 适用税率

出口货物若已按征退税率之差计算不得免征和抵扣税额并已经转入成本的,相应的税额应转回进项税额。

出口货物耗用的进料加工保税进口料件金额=主营业务成本×(投入的保税进口料件金额÷生产成本)

主营业务成本、生产成本均为不予退(免)税的进料加工出口货物的主营业务成本、生产成本。当耗用的保税进口料件金额大于不予退(免)税的进料加工出口货物金额时,耗用的保税进口料件金额为不予退(免)税的进料加工出口货物金额。

出口企业应分别核算内销货物和增值税征税的出口货物的生产成本、主营业务成本。未分别核算的,其相应的生产成本、主营业务成本由主管税务机关核定。

进料加工手册海关核销后,出口企业应对出口货物耗用的保税进口料件金额进行清算。清算公式为:

清算耗用的保税进口料件总额=实际保税进口料件总额-退(免)税出口货物耗用的保税进口料件总额-进料加工副产品耗用的保税进口料件总额

若耗用的保税进口料件总额与各纳税期扣减的保税进口料件金额之和存在差额时,应在清算的当期相应调整销项税额。当耗用的保税进口料件总额大于出口货物离岸金额时,其差额部分不得扣减其他出口货物金额。

(二) 小规模纳税人出口货物

应纳税额=出口货物离岸价÷(1+征收率)×征收率

三、征税业务的申报

适用增值税征税政策的出口货物劳务,出口企业或其他单位申报缴纳增值税,按内销货物缴纳增值税的统一规定执行,在增值税纳税申报期内申报缴纳增值税、消费税。

第三节 放弃退(免)税转免税或征税

出口企业或其他单位可以放弃全部适用退(免)税政策出口货物劳务的退(免)税,并选择适用增值税免税或征税政策。

已放弃适用出口退(免)税政策未满36个月的纳税人,在出口货物劳务的增值税税率或出口退税率发生变化后,可以向主管税务机关声明,对其自发生变化之日起的全部出口货物劳务,恢复适用出口退(免)税政策。

出口货物劳务的增值税税率或出口退税率在2020年3月1日前发生变化的，已放弃适用出口退（免）税政策的纳税人，无论是否已恢复退（免）税，均可以向主管税务机关声明，对其自2019年4月1日起的全部出口货物劳务，恢复适用出口退（免）税政策。

符合上述规定的纳税人，可在增值税税率或出口退税率发生变化之日起［自2019年4月1日起恢复适用出口退（免）税政策的，自2020年3月1日起］的任意增值税纳税申报期内，按照现行规定申报出口退（免）税，同时一并提交《恢复适用出口退（免）税政策声明》。

第七章

出口退（免）税常用证明办理的规定

第一节　委托出口货物证明

如果出口企业委托出口的货物，是国家取消出口退（免）税的货物（即出口退税率为 0 的货物），自货物报关出口之日至次年 3 月 15 日前，由委托方向所在地主管税务机关申报办理《委托出口货物证明》。委托方办理时需向主管税务机关提供以下资料：

1. 《委托出口货物证明》及其电子数据。
2. 委托代理出口协议（复印件）。

委托出口货物证明

税务局：

委托企业名称：			受托企业名称：				
委托纳税人识别号：			受托纳税人识别号：				
委托企业海关代码：			受托企业海关代码：				
序号	代理出口协议号	出口货物报关单号	出口商品代码	出口商品名称	出口额[元（至角分）]		
					币种	金额	
出口企业							
上表所列出口业务为受托企业受我公司委托代理出口，需申请开具《代理出口货物证明》。							
兹声明以上申报无讹并愿意承担一切法律责任。							
经办人：　　　　　财务负责人：　　　　　企业负责人： 　　　　　　　　　　　　　　　　　　　　填报日期： 　　　　　　　　　　　　　　　　　　　　（公章）							
主管税务机关							
经办人：　　　　复核人：　　　　　负责人： 　　　　　　　　　　　　　　　　　（公章） 　　　　　　　　　　　　　　　　　年　月　日							

第二节　代理出口货物证明

委托出口的货物，受托方自货物报关出口之日至次年 4 月 15 日前，向所在地主管税务机关申报办理《代理出口货物证明》并及时转交给委托方。未在规定期限内申报出口退（免）税或者开具《代理出口货物证明》的，在收齐退（免）税凭证及相关电子信息后，仍可申报办理出口退（免）税。受托方办理时需向主管税务机关提供以下资料：

1. 《代理出口货物证明申请表》及正式申报电子数据；
2. 代理出口协议原件及复印件；
3. 委托方税务登记证副本复印件；
4. 《委托出口货物证明》（委托出口国家取消出口退（免）税货物的需提供）
5. 主管税务机关要求报送的其他资料。

如果受托方被停止退（免）税资格，不得申请开具代理出口货物证明。

代理出口货物证明申请表

受托方纳税人识别号（统一社会信用代码）：
受托方纳税人名称：
金额单位：元（列至角分）

序号	编号	委托方纳税人名称	委托方统一社会信用代码/纳税人识别号	出口货物报关单号	贸易方式	出口商品代码	出口商品名称	计量单位	出口数量	成交币制	成交总价	美元离岸价	委托（代理）协议合同号	委托出口货物证明号码	备注
1	2	3	4	5	6	7	8	9	10	11	12	13	14	15	16
小计															
合计															

声明：此表是根据国家税收法律法规及相关规定填写的，本人（单位）对填报内容（及附带资料）的真实性、可靠性、完整性负责。
纳税人（签章）：　　　　年　　月　　日

经办人：	代理人：
经办人身份证号：　代理机构签章：　代理机构统一社会信用代码：	受理税务机关（章）：　受理日期：　年　月　日

第 1 页／共 1 页

填表说明：

1. 成交总价、成交币制按照出口货物报关单上的填写。
2. 编号：如果同一编号，可以打印到同一代理出口货物证明纸质凭证中。

第三节　代理进口货物证明

发生委托进口加工贸易料件业务时，由受托方向主管税务机关申请开具《代理进口货物证明》并及时转交委托方，受托方办理时需向主管税务机关提供以下资料：

1. 《代理进口货物证明申请表》及正式申报电子数据；
2. 加工贸易手册及复印件；
3. 代理进口协议原件及复印件；
4. 主管税务机关要求报送的其他资料。

代理进口货物证明申请表

纳税人名称：（公章）
纳税人识别号：
海关企业代码：

序号	编号	委托方纳税人名称	委托方纳税人识别号	委托方纳税人海关代码	进口货物报关单号	进料加工手册		委托（代理）协议合同号	海关实征关税和消费税	备注
						手（账）册号	加工单位名称			

兹声明以上申报真实、可靠、完整，并愿意承担一切法律责任。
经办人：　　　　　财务负责人：　　　法定代表人：　　　　　　年　月　日

第四节　出口货物退运已补税（未退税）证明

如果出口货物发生退运，在向海关办理退运手续前，出口企业需向所在地主管税务机关申报办理出口货物已补税（未退税）证明。办理此项业务时，出口企业需向主管税务机关提供以下资料：

1. 《退运已补税（未退税）证明申请表》及正式申报电子数据；
2. 出口发票（外贸企业不需提供）；
3. 税收通用缴款书原件及复印件（需要补缴税款地提供）；
4. 委托方主管税务机关开具的《出口货物退运已补税（未退税）证明》（委托出口货物发生退运地提供）；

5. 主管税务机关要求报送的其他资料。

退运已补税（未退税）证明申请表

海关企业代码：
纳税人名称（章）： 所属期： 年 月
纳税人识别号： 金额单位：元到角分

序号	编号	出口海关名称	原出口货物报关单号（代理证明编号）	出口日期	出口收汇核销单号	出口商品代码	出口商品名称	计量单位	出口数量	进货凭证号	退运数量	退运计税金额	退税率	原申报免抵退税额	冲减免抵退税额	冲减所属期	原退增值税额	原退消费税额	已补增值税额	已补消费税额	缴款书号码	入库日期	备注
1	2	3	4	5	6	7	8	9	10	11	12	13	14	15	16	17	18	19	20	21	22	23	24
合计																							

经办人： 财务负责人： 法定代表人（负责人）： 制表日期： 年第 页

填表说明：

1. 外贸企业不需填写第15、16、17栏。

2. 生产企业不需填写第18栏。

注：出口退税管理新系统中此表变更为《出口货物已补税（未退税）证明申请表》。

第五节 出口货物转内销证明

外贸企业发生原记入出口库存账的出口货物转内销或视同内销货物征税、已申报退（免）税的出口货物发生退运并转内销，需要开具出口货物转内销证明。外贸企业在发生业务的当月持以下资料，向所在地主管税务机关申报办理：

1. 《出口货物转内销证明申报表》及正式申报电子数据；

2. 增值税专用发票（抵扣联）、海关进口增值税专用缴款书、出口货物退运已补税（未退税）证明原件及复印件；

3. 内销货物发票（记账联）原件及复印件（外贸企业出口转内销征税的货物提供）；

4. 计提销项税的记账凭证复印件（外贸企业出口视同内销征税的货物提供）；

5. 主管税务机关要求报送的其他资料。

外贸企业应在取得出口货物转内销证明的下一个增值税纳税申报期内申报纳税时，以此作为进项税额的抵扣凭证使用。

出口货物转内销证明申请表

海关企业代码：
纳税人名称（公章）：
纳税人识别号：
金额单位：元至角分

序号	购货情况							内销情况			可抵扣税额
	原购货凭证号	开票日期	商品名称	数量	金额	征税率	税额	销货发票号	开票日期	转内销数量	
1	2	3	4	5	6	7	8	9	10	11	12
小计											
合计											

经办人：　　　　　　财务负责人：　　　　　　企业负责人：　　　　填

填表说明：

1. 可抵扣税额＝税额÷数量×转内销数量
2. 视同内销征税的情况销货发票号和开票日期不填。

第六节　证明补办及作废

一、证明补办

出口企业或其他单位如果发生丢失出口退（免）税有关证明的，可持以下申报资料，向原出具证明的税务机关申请补办。

1. 《关于补办出口退（免）税有关证明的申请》及正式申报电子数据。
2. 主管税务机关征税部门出具的未使用原证明申报抵扣税款的证明（补办《出口货物转内销证明》时提供）。

```
           关于补办出口退税有关证明的申请
    企业海关代码：
    纳税人识别号：
    纳税人名称：
    _____税务局：
         因我单位丢失下表所列的出口退税有关证明，特此申请补办。如发生重复退
    税，我单位愿接受税务机关处理。。

                              法定代表人(申明签章)：
                                     纳税人公章：
                                 年    月    日
```

序号	丢失证明种类	原证明编号	原证明开具税务机关

二、证明作废

原证明出现错误或其他情形需作废证明的，出口企业可持原出具的纸质证明全部联次向原出具证明的税务机关申报办理作废。如果出口企业认为《出口货物转内销证明》出具有误需作废的，还需要提供主管税务机关征税部门出具的未使用原证明申报抵扣税款的证明。作废证明后出口企业申请需重新出具的，按照相关证明办理规定重新办理。

第八章
出口退（免）税管理事项

第一节 出口退（免）税分类管理

为进一步优化出口退（免）税管理，提高纳税人税法遵从度，推进社会信用体系建设，充分发挥出口退税支持外贸发展的职能作用，根据《中华人民共和国税收征收管理法》及其实施细则、相关出口税收规定，税务机关按照风险可控、放管服结合、利于遵从、便于办税的原则，对出口退（免）税企业（以下简称出口企业）进行分类管理。

一、分类管理评定标准

（一）一类出口企业的评定标准。

1. 生产企业应同时符合下列条件：

（1）企业的生产能力与上一年度申报出口退（免）税规模相匹配。

（2）近3年（含评定当年，下同）未发生过虚开增值税专用发票或者其他增值税扣税凭证、骗取出口退税行为。

（3）上一年度的年末净资产大于上一年度该企业已办理的出口退税额（不含免抵税额）的60%。

（4）评定时纳税信用级别为A级或B级。

（5）企业内部建立了较为完善的出口退（免）税风险控制体系。

2. 外贸企业应同时符合下列条件：

（1）近3年未发生过虚开增值税专用发票或者其他增值税扣税凭证、骗取出口退税行为。

（2）上一年度的年末净资产大于上一年度该企业已办理出口退税额的60%。

（3）持续经营5年以上（因合并、分立、改制重组等原因新设立企业的情况除外）。

(4) 评定时纳税信用级别为 A 级或 B 级。

(5) 评定时海关企业信用管理类别为高级认证企业或一般认证企业。

(6) 评定时外汇管理的分类管理等级为 A 级。

(7) 企业内部建立了较为完善的出口退（免）税风险控制体系。

3. 外贸综合服务企业应同时符合下列条件：

(1) 近 3 年未发生过虚开增值税专用发票或者其他增值税扣税凭证、骗取出口退税行为。

(2) 上一年度的年末净资产大于上一年度该企业已办理出口退税额的 30%。

(3) 上一年度申报从事外贸综合服务业务的出口退税额，大于该企业全部出口退税额的 80%。

(4) 评定时纳税信用级别为 A 级或 B 级。

(5) 评定时海关企业信用管理类别为高级认证企业或一般认证企业。

(6) 评定时外汇管理的分类管理等级为 A 级。

(7) 企业内部建立了较为完善的出口退（免）税风险控制体系。

(二) 具有下列情形之一的出口企业，其出口企业管理类别应评定为三类：

1. 自首笔申报出口退（免）税之日起至评定时未满 12 个月。

2. 评定时纳税信用级别为 C 级，或尚未评价纳税信用级别。

3. 上一年度发生过违反出口退（免）税有关规定的情形，但尚未达到税务机关行政处罚标准或司法机关处理标准的。

4. 存在省税务局规定的其他失信或风险情形。

(三) 具有下列情形之一的出口企业，其出口企业管理类别应评定为四类：

1. 评定时纳税信用级别为 D 级。

2. 上一年度发生过拒绝向税务机关提供有关出口退（免）税账簿、原始凭证、申报资料、备案单证等情形。

3. 上一年度因违反出口退（免）税有关规定，被税务机关行政处罚或被司法机关处理过的。

4. 评定时企业因骗取出口退税被停止出口退税权，或者停止出口退税权届满后未满 2 年。

5. 四类出口企业的法定代表人新成立的出口企业。

6. 列入国家联合惩戒对象的失信企业。

7. 海关企业信用管理类别认定为失信企业。

8. 外汇管理的分类管理等级为 C 级。

9. 存在省税务局规定的其他严重失信或风险情形。

(四) 一类、三类、四类以外的出口企业，其出口企业管理类别应评定为二类。

二、管理类别评定及调整

（一）负责评定出口企业管理类别的税务机关在评定出口企业的管理类别时，应根据出口企业上一年度的管理类别，按照四类、三类、二类、一类的顺序逐级晋级，原则上不得越级评定。

四类出口企业自评定之日起，12个月内不得评定为其他管理类别。

（二）申请出口企业管理类别评定为一类的出口企业，应于企业纳税信用级别评价结果确定的当月向主管税务机关报送《生产型出口企业生产能力情况报告》（仅生产企业填报）、《出口退（免）税企业内部风险控制体系建设情况报告》。

（三）县（区）税务局负责评定出口企业管理类别的，应于评定工作完成后10个工作日内将评定结果报地（市）税务局备案；地（市）税务局负责评定的，县（区）税务局须进行初评并填报《出口退（免）税企业管理类别评定表》，报地（市）税务局审定。

负责评定出口企业管理类别的税务机关，应在评定工作完成后的15个工作日内将评定结果告知出口企业，并主动公开一类、四类的出口企业名单。

（四）出口企业相关情形发生变更并申请调整管理类别的，主管税务机关应按照有关规定及时开展评定工作。

出口企业因纳税信用级别、海关企业信用管理类别、外汇管理的分类管理等级等发生变化，或者对分类管理类别评定结果有异议的，可以书面向负责评定出口企业管理类别的税务机关提出重新评定管理类别。有关税务机关应按相关规定，自收到企业复评资料之日起20个工作日内完成评定工作。

（五）主管税务机关发现出口企业存在下列情形的，应自发现之日起20个工作日内，调整其出口企业管理类别：

1. 一类、二类、三类出口企业的纳税信用级别发生降级的，可相应调整出口企业管理类别。

2. 一类、二类、三类出口企业发生以下情形之一的，出口企业管理类别应调整为四类：

（1）拒绝提供有关出口退（免）税账簿、原始凭证、申报资料、备案单证的。

（2）因违反出口退（免）税有关规定，被税务机关行政处罚或被司法机关处理。

（3）被列为国家联合惩戒对象的失信企业。

3. 一类、二类出口企业不配合税务机关实施出口退（免）税管理，以及未按规定收集、装订、存放出口退（免）税凭证及备案单证的，出口企业管理类别应调整为三类。

4. 一类、二类出口企业因涉嫌骗取出口退税被立案查处尚未结案的，暂按三类出口企业管理，待案件查结后，依据查处情况相应调整出口企业管理类别；三类、四类出口企业因涉嫌骗取出口退税被立案查处尚未结案的,暂按原类别管理,待案件查结后,依据查处情况调整出口企业管理类别。

5. 在税务机关完成年度管理类别评定后新增办理出口退(免)税备案的出口企业,其出口企业管理类别应确定为三类。

三、分类管理及服务措施

(一)一类企业管理与服务措施

1. 主管税务机关可为一类出口企业提供绿色办税通道(特约服务区),优先办理出口退税,并建立重点联系制度,及时解决企业有关出口退(免)税问题。

对一类出口企业中纳税信用级别为 A 级的纳税人,按照《关于对纳税信用 A 级纳税人实施联合激励措施的合作备忘录》的规定,实施联合激励措施。

2. 对一类出口企业申报的出口退(免)税,税务机关经审核,同时符合下列条件的,应自受理企业申报之日起,5 个工作日内办结出口退(免)税手续:

(1)申报的电子数据与海关出口货物报关单结关信息、增值税专用发票信息比对无误。

(2)出口退(免)税额计算准确无误。

(3)不涉及税务总局和省税务局确定的预警风险信息。

(4)属于外贸企业的,出口的货物是从纳税信用级别为 A 级或 B 级的供货企业购进。

(5)属于外贸综合服务企业的,接受其提供服务的中小生产企业的纳税信用级别为 A 级或 B 级。

(二)二类企业管理与服务措施

对二类出口企业申报的出口退(免)税,税务机关经审核,同时符合下列条件的,应自受理企业申报之日起,10 个工作日内办结出口退(免)税手续:

1. 符合出口退(免)税相关规定。

2. 申报的电子数据与海关出口货物报关单结关信息、增值税专用发票信息比对无误。

3. 未发现审核疑点或者审核疑点已排除完毕。

(三)三类企业管理与服务措施

对三类出口企业申报的出口退(免)税,税务机关经审核,同时符合下列条件的,应自受理企业申报之日起,15 个工作日内办结出口退(免)税手续:

1. 符合出口退(免)税相关规定。

2. 申报的电子数据与海关出口货物报关单结关信息、增值税专用发票信息比对无误。

3. 未发现审核疑点或者审核疑点已排除完毕。

（四）四类企业管理与服务措施

对四类出口企业申报的出口退（免）税，税务机关应按下列规定进行审核：

1. 申报的纸质凭证、资料应与电子数据相互匹配且逻辑相符。

2. 申报的电子数据应与海关出口货物报关单结关信息、增值税专用发票信息比对无误。

3. 对该类企业申报出口退（免）税的外购出口货物或视同自产产品，税务机关应对每户供货企业的发票，都要抽取一定的比例发函调查。

4. 属于生产企业的，对其申报出口退（免）税的自产产品，税务机关应对其生产能力、纳税情况进行评估。

税务机关按上述要求完成审核，并排除所有审核疑点后，应自受理企业申报之日起，20 个工作日内办结出口退（免）税手续。

（五）关于办结退（免）税手续时限的特殊规定

出口企业申报的出口退（免）税，税务机关发现出口企业申报存在海关、外汇管理局等出口监管部门提供的风险信息等骗取出口退税疑点的，应按规定予以核实，排除相关疑点后，方可办理出口退（免）税，不受上述按分类管理类别办结出口退（免）税手续时限的限制。

第二节 出口退（免）税收汇管理

一、收汇基本要求

自 2013 年 8 月 1 日起，出口企业申报退（免）税的出口货物，须在退（免）税申报期截止之日内收汇（跨境贸易人民币结算的为收取人民币，下同），并按规定提供收汇资料；不能收汇或不能在出口货物退（免）税申报期的截止之日内收汇的，如果符合特定条件，向主管税务机关报送《出口货物不能收汇申报表》并提供对应的有关证明材料，经主管税务机关审核确认后，可视同收汇处理。

未在规定期限内收汇或者办理不能收汇手续的，在收汇或者办理不能收汇手续后，仍可申报办理退（免）税。

上述出口企业，不包括委托出口的企业；上述出口货物，不包括视同出口货物（除出口企业经海关报关进入国家批准的出口加工区、保税物流园区、保税港区、综合保税区、珠澳跨境工业区（珠海园区）、中哈霍尔果斯国际边境合作中心（中方配套区域）、保税物流中心（B型）并销售给特殊区域内单位或境外单位、个人的货物以外的其他视同出口货物）、对外提供加工修理修配劳务、易货贸易出口货物、委托出口货物、边境小额贸易出口货物。

视同收汇：

出口企业出口货物因下列原因导致不能收汇的，应提供相应的证明材料，报主管税务机关审核确认后，可视同收汇处理。

（一）因国外商品市场行情变动的，提供有关商会出具的证明或有关交易所行情报价资料。

（二）因出口商品质量原因的，提供进口商的有关函件和进口国商检机构的证明；由于客观原因无法提供进口国商检机构证明的，提供进口商的检验报告、相关证明材料和出口单位书面保证函。

（三）因动物及鲜活产品变质、腐烂、非正常死亡或损耗的，提供进口商的有关函件和进口国商检机构的证明；由于客观原因确实无法提供商检证明的，提供进口商有关函件、相关证明材料和出口单位书面保证函。

（四）因自然灾害、战争等不可抗力因素的，提供报刊等新闻媒体的报道材料或中国驻进口国使领馆商务处出具的证明。

（五）因进口商破产、关闭、解散的，提供报刊等新闻媒体的报道材料或中国驻进口国使领馆商务处出具的证明。

（六）因进口国货币汇率变动的，提供报刊等新闻媒体刊登或外汇局公布的汇率资料。

（七）因溢短装的，提供提单或其他正式货运单证等商业单证。

（八）因出口合同约定全部收汇最终日期在申报退（免）税截止期限以后的，提供出口合同。

（九）因其他原因的，提供主管税务机关认可的有效凭证。

二、需提供收汇资料的情形

对有下列情形之一的出口企业，在申报出口退（免）税时，须按相关规定提供收汇资料：

（一）出口退（免）税企业分类管理类别为四类的；
（二）主管税务机关发现出口企业申报的不能收汇原因是虚假的；
（三）主管税务机关发现出口企业提供的出口货物收汇凭证是冒用的。
（四）主管税务机关在出口退（免）税审核中，发现按规定可不提供出口收汇凭证的出口退（免）税申报需要进一步核实出口业务真实性的，出口企业在接到主管税务机关通知后，应填报《出口货物收汇申报表》或《出口货物不能收汇申报表》及相关证明材料。

上述第（一）种情形自出口企业被主管税务机关评定为四类企业的次月起执行；第（二）种至第（三）种情形自主管税务机关通知出口企业之日起24个月内执行。上述情形的执行时间以申报退（免）税时间为准。

出口企业同时存在上述两种以上情形的，执行时间的截止时间为几种情形中的最晚截止时间。

第三节 出口退（免）税单证备案管理

一、基本规定

出口企业应在申报出口退（免）税后15日内，将所申报退（免）税货物的下列单证，按申报退（免）税的出口货物顺序，填写《出口货物备案单证目录》，注明备案单证存放地点，以备主管税务机关核查。

（一）外贸企业购货合同、生产企业收购非自产货物出口的购货合同，包括一笔购销合同下签订的补充合同等；
（二）出口货物装货单；
（三）出口货物运输单据（包括：海运提单、航空运单、铁路运单、货物承运单据、邮政收据等承运人出具的货物单据，以及出口企业承付运费的国内运输单证）。

若有无法取得上述原始单证情况的，出口企业可用具有相似内容或作用的其他单证进行单证备案。除另有规定外，备案单证由出口企业存放和保管，不得擅自损毁，保存期为5年。

视同出口货物及对外提供修理修配劳务不实行备案单证管理。

二、管理措施

出口企业或其他单位未按规定进行单证备案（因出口货物的成交方式特性，企业没有有关备案单证的情况除外）的出口货物，不得申报退（免）税，适用免税政策。已申报退（免）税的，应用负数申报冲减原申报。

出口企业或其他单位提供虚假备案单证的货物，适用增值税征税政策。出口货物的提单或运单等备案单证为伪造、虚假，适用增值税征税政策。查实属于偷骗税的，应按相应的规定处理。出口企业按规定向国家商检、海关、外汇管理等对出口货物相关事项实施监管核查部门报送的资料中，属于申报出口退（免）税规定的凭证资料及备案单证的，如果上述部门或主管税务机关发现为虚假或其内容不实的，其对应的出口货物不适用增值税退（免）税和免税政策，适用增值税征税政策。查实属于偷骗税的按照相应的规定处理。

第四节 出口退（免）税进货凭证管理

一、增值税专用发票

（一）纳税人取得增值税专用发票后，如需用于申报抵扣增值税进项税额或申请出口退税、代办退税，应当登录增值税发票综合服务平台确认发票用途。

（二）纳税人应当按照发票用途确认结果申报抵扣增值税进项税额或申请出口退税、代办退税。已经申报抵扣的发票，如改用于出口退税或代办退税，应当向主管税务机关提出申请，由主管税务机关核实情况并调整用途。已经确认用途为申请出口退税或代办退税的发票，如改用于申报抵扣，应当向主管税务机关提出申请，经主管税务机关核实该发票尚未申报出口退税，并将发票电子信息回退后，由纳税人调整用途。

（三）纳税人同时丢失已开具增值税专用发票的发票联和抵扣联，可凭加盖销售方发票专用章的相应发票记账联复印件，作为增值税进项税额的抵扣凭证、退税凭证或记账凭证。

纳税人丢失已开具增值税专用发票的抵扣联，可凭相应发票的发票联复印件，作为增值税进项税额的抵扣凭证或退税凭证；纳税人丢失已开具增值税专用发票的发票联，可凭相应发票的抵扣联复印件，作为记账凭证。

二、海关进口增值税专用缴款书

增值税一般纳税人取得海关进口增值税专用缴款书（以下简称"海关缴款书"）后如需申报抵扣或出口退税，按以下方式处理：

（一）增值税一般纳税人取得仅注明一个缴款单位信息的海关缴款书，应当登录增值税发票综合服务平台查询、选择用于申报抵扣或出口退税的海关缴款书信息。通过选择确认平台查询到的海关缴款书信息与实际情况不一致或未查询到对应信息的，应当上传海关缴款书信息，经系统稽核比对相符后，纳税人登录选择确认平台查询、选择用于申报抵扣或出口退税的海关缴款书信息。

（二）增值税一般纳税人取得注明两个缴款单位信息的海关缴款书，应当上传海关缴款书信息，经系统稽核比对相符后，纳税人登录选择确认平台查询、选择用于申报抵扣或出口退税的海关缴款书信息。

（三）稽核比对结果为不符、缺联、重号、滞留的异常海关缴款书按以下方式处理：

1. 对于稽核比对结果为不符、缺联的海关缴款书，纳税人应当持海关缴款书原件向主管税务机关申请数据修改或核对。属于纳税人数据采集错误的，数据修改后再次进行稽核比对；不属于数据采集错误的，纳税人可向主管税务机关申请数据核对，主管税务机关会同海关进行核查。经核查，海关缴款书票面信息与纳税人实际进口货物业务一致的，纳税人登录选择确认平台查询、选择用于申报抵扣或出口退税的海关缴款书信息。

2. 对于稽核比对结果为重号的海关缴款书，纳税人可向主管税务机关申请核查。经核查，海关缴款书票面信息与纳税人实际进口货物业务一致的，纳税人登录选择确认平台查询、选择用于申报抵扣或出口退税的海关缴款书信息。

3. 对于稽核比对结果为滞留的海关缴款书，可继续参与稽核比对，纳税人不需申请数据核对。

第五节　综合保税区增值税一般纳税人资格试点管理

一、综合保税区增值税一般纳税人资格试点（以下简称"一般纳税人资格试点"）实行备案管理。符合下列条件的综合保税区，由所在地省级税务、财政部门和直属海关将一般纳税人资格试点实施方案（包括综合保税区名称、企业申请需求、政策实施准备条件等情况）向国家税务总局、财政部和海关总署备案后，可以开展一般纳税人资格试点：

（一）综合保税区内企业确有开展一般纳税人资格试点的需求；

（二）所在地市（地）级人民政府牵头建立了综合保税区行政管理机构、税务、海关等部门协同推进试点的工作机制；

（三）综合保税区主管税务机关和海关建立了一般纳税人资格试点工作相关的联合监管和信息共享机制；

（四）综合保税区主管税务机关具备在综合保税区开展工作的条件，明确专门机构或人员负责纳税服务、税收征管等相关工作。

二、综合保税区完成备案后，区内符合增值税一般纳税人登记管理有关规定的企业，可自愿向综合保税区所在地主管税务机关、海关申请成为试点企业，并按规定向主管税务机关办理增值税一般纳税人资格登记。

三、试点企业自增值税一般纳税人资格生效之日起，适用下列税收政策：

（一）试点企业进口自用设备（包括机器设备、基建物资和办公用品）时，暂免征收进口关税和进口环节增值税、消费税（以下简称进口税收）。

上述暂免进口税收按照该进口自用设备海关监管年限平均分摊到各个年度，每年年终对本年暂免的进口税收按照当年内外销比例进行划分，对外销比例部分执行试点企业所在海关特殊监管区域的税收政策，对内销比例部分比照执行海关特殊监管区域外（以下简称区外）税收政策补征税款。

（二）除进口自用设备外，购买的下列货物适用保税政策：

1. 从境外购买并进入试点区域的货物；

2. 从海关特殊监管区域（试点区域除外）或海关保税监管场所购买并进入试点区域的保税货物；

3. 从试点区域内非试点企业购买的保税货物；

4. 从试点区域内其他试点企业购买的未经加工的保税货物。

（三）销售的下列货物，向主管税务机关申报缴纳增值税、消费税：

1. 向境内区外销售的货物；

2. 向保税区、不具备退税功能的保税监管场所销售的货物（未经加工的保税货物除外）；

3. 向试点区域内其他试点企业销售的货物（未经加工的保税货物除外）。

试点企业销售上述货物中含有保税货物的，按照保税货物进入海关特殊监管区域时的状态向海关申报缴纳进口税收，并按照规定补缴缓税利息。

（四）向海关特殊监管区域或者海关保税监管场所销售的未经加工的保税货物，继续适用保税政策。

（五）销售的下列货物（未经加工的保税货物除外），适用出口退（免）税政策，主管税务机关凭海关提供的与之对应的出口货物报关单电子数据审核办理试点企业申报的出口退（免）税。

1. 离境出口的货物；

2. 向海关特殊监管区域（试点区域、保税区除外）或海关保税监管场所（不具备退税功能的保税监管场所除外）销售的货物；

3. 向试点区域内非试点企业销售的货物。

（六）未经加工的保税货物离境出口实行增值税、消费税免税政策。

（七）除财政部、海关总署、国家税务总局另有规定外，试点企业适用区外关税、增值税、消费税的法律、法规等现行规定。

四、区外销售给试点企业的加工贸易货物，继续按现行税收政策执行；销售给试点企业的其他货物（包括水、蒸汽、电力、燃气）不再适用出口退税政策，按照规定缴纳增值税、消费税。

第六节　出口退（免）税风险管理

为进一步堵塞税收漏洞，防范打击虚开增值税专用发票和骗取出口退（免）税违法行为，自2014年1月1日起执行以下有关增值税政策。

一、增值税纳税人发生虚开增值税专用发票或者其他增值税扣税凭证、骗取国家出口退（免）税款行为（以下简称增值税违法行为），被税务机关行政处罚或审判机关刑事处罚的，其销售的货物、劳务和服务执行以下政策：

（一）享受增值税即征即退或者先征后退优惠政策的纳税人，自税务机关行政处罚决定或审判机关判决或裁定生效的次月起36个月内，暂停其享受上述增值税优惠政策。纳税人自恢复享受增值税优惠政策之月起36个月内再次发生增值税违法行为的，自税务机关行政处罚决定或审判机关判决或裁定生效的次月起停止其享受增值税即征即退或者先征后退优惠政策。

（二）出口企业或其他单位发生增值税违法行为对应的出口货物劳务服务，视同内销，按规定征收增值税（骗取出口退（免）税的按查处骗税的规定处理）。出口企业或其他单位发生2次增值税违法行为的，自税务机关行政处罚决定或审判机关判决或裁定生效之日的次日起，其出口的所有适用出口退（免）税政策的货物劳务服务，一律改为适用增值税免税政策。纳税人如果已被停止出口退（免）税权的，适用增值税免税政策的起始时间为停止出口退（免）税权期满后的次日。

（三）以农产品为原料生产销售货物的纳税人发生增值税违法行为的，自税务机关行政处罚决定生效的次月起，按50%的比例抵扣农产品进项税额；违法情形严重的，不得抵扣农产品进项税额。具体办法由国家税务总局商财政部另行制定。

（四）上述所称虚开增值税专用发票或其他增值税扣税凭证，是指有为他人虚开、为自己虚开、让他人为自己虚开、介绍他人虚开增值税专用发票或其他增值税扣税凭证行为之一的，但纳税人善意取得虚开增值税专用发票或其他增值税扣税凭证的除外。

（五）上述纳税人，如果注销税务登记，在原地址有经营原业务的新纳税人，除法定代表人为非注销税务登记纳税人法定代表人的企业外，主管税务机关应在12个月内，对其购进、销售、资金往来、纳税等情况进行重点监管。

二、出口企业购进货物的供货纳税人有属于办理税务登记 2 年内被税务机关认定为非正常户或被认定为增值税一般纳税人 2 年内注销税务登记，且符合下列情形之一的，自主管其出口退（免）税的税务机关书面通知之日起，在 24 个月内出口的适用增值税退（免）税政策的货物劳务服务，改为适用增值税免税政策。

（一）外贸企业使用上述供货纳税人开具的增值税专用发票申报出口退（免）税，在连续 12 个月内达到 200 万元以上（含本数，下同）的，或使用上述供货纳税人开具的增值税专用发票，连续 12 个月内申报退税额占该期间全部申报退税额 30% 以上的；

（二）生产企业在连续 12 个月内申报出口退（免）税额达到 200 万元以上，且从上述供货纳税人取得的增值税专用发票税额达到 200 万元以上或占该期间全部进项税额 30% 以上的；

（三）外贸企业连续 12 个月内使用 3 户以上上述供货纳税人开具的增值税专用发票申报退税，且占该期间全部供货纳税人户数 20% 以上的；

（四）生产企业连续 12 个月内有 3 户以上上述供货纳税人，且占该期间全部供货纳税人户数 20% 以上的。

以上所称"连续 12 个月内"，外贸企业自使用上述供货纳税人开具的增值税专用发票申报退税的当月开始计算，生产企业自从上述供货纳税人取得的增值税专用发票认证当月开始计算。

2014 年 1 月 1 日前已出口的上述供货纳税人的货物，出口企业可联系供货纳税人，由供货纳税人举证其销售的货物真实、纳税正常的证明材料，经供货纳税人的主管税务机关盖章认可，并在 2014 年 7 月底前按国家税务总局的函调管理办法回函后，税务机关可按规定办理退（免）税，在此之前，没有提供举证材料或举证材料没有被供货纳税人主管税务机关盖章认可并回函的，实行增值税免税政策。

三、2014 年 1 月 1 日后，有增值税违法行为的企业或税务机关重点监管企业，出口或销售给出口企业出口的货物劳务服务，在出口环节退（免）税或销售环节征税时，除按现行规定管理外，还应实行增值税"税收（出口货物专用）缴款书"管理。有增值税违法行为的企业或税务机关重点监管企业的名单，由国家税务总局根据实际情况进行动态管理，并通过国家税务总局网站等方式向社会公告。

四、适用上述一、二、三项税收规定的纳税人，如果变更《税务登记证》纳税人名称或法定代表人担任新成立企业的法定代表人的企业，应继续执行原企业的税收规定。

五、被停止出口退（免）税权的纳税人在停止出口退（免）税权期间，如果变更《税务登记证》纳税人名称或法定代表人担任新成立企业的法定代表人的企业，在被停止出口退（免）税权的纳税人停止出口退（免）税权期间出口的货物劳务服务，实行增值税征税政策。

六、出口企业或其他单位出口的适用增值税退（免）税政策的货物劳务服务，如果货物劳务服务的国内收购价格或出口价格明显偏高且无正当理由的，该出口货物劳务服务适用增值税免税政策。主管税务机关按照下列方法确定货物劳务服务价格是否偏高：

（一）按照该企业最近时期购进或出口同类货物劳务服务的平均价格确定。

（二）按照其他企业最近时期购进或出口同类货物劳务服务的平均价格确定。

（三）按照组成计税价格确定。组成计税价格的公式为：

组成计税价格 = 成本 ×（1 + 成本利润率）

成本利润率由国家税务总局统一确定并公布。

七、出口企业或其他单位存在下列情况之一的，其出口适用增值税退（免）税政策的货物劳务服务，一律适用增值税免税政策：

（一）法定代表人不知道本人是法定代表人的；

（二）法定代表人为无民事行为能力人或限制民事行为能力人的。

八、增值税纳税人发生增值税违法行为，被税务机关行政处罚或审判机关刑事处罚后，行政机关或审判机关对上述处罚决定有调整的，按调整后的决定适用政策，调整前已实行的政策可按调整后的适用政策执行。

第七节　出口退（免）税违章处理

一、出口企业和其他单位有下列行为之一的，主管税务机关应按照《中华人民共和国税收征收管理法》第六十条规定予以处罚：

（一）未按规定设置、使用和保管有关出口货物退（免）税账簿、凭证、资料的；

（二）未按规定装订、存放和保管备案单证的。

二、出口企业和其他单位拒绝税务机关检查或拒绝提供有关出口货物退（免）税账簿、凭证、资料的，税务机关应按照《中华人民共和国税收征收管理法》第七十条规定予以处罚。

三、出口企业提供虚假备案单证的，主管税务机关应按照《中华人民共和国税收征收管理法》第七十条的规定处罚。

四、从事进料加工业务的生产企业，未按规定期限办理进料加工登记、申报、核销手续的，主管税务机关在按照《中华人民共和国税收征收管理法》第六十二条有关规定进行处理后再办理相关手续。

五、出口企业和其他单位有违反发票管理规定行为的，主管税务机关应按照《中华人民共和国发票管理办法》有关规定予以处罚。

六、出口企业和其他单位以假报出口或者其他欺骗手段,骗取国家出口退税款,由主管税务机关追缴其骗取的退税款,并处骗取税款一倍以上五倍以下的罚款;构成犯罪的,依法追究刑事责任。

对骗取国家出口退税款的,由省级以上(含本级)税务机关批准,按下列规定停止其出口退(免)税资格:

(一)骗取国家出口退税款不满5万元的,可以停止为其办理出口退税半年以上一年以下。

(二)骗取国家出口退税款5万元以上不满50万元的,可以停止为其办理出口退税一年以上一年半以下。

(三)骗取国家出口退税款50万元以上不满250万元,或因骗取出口退税行为受过行政处罚、两年内又骗取国家出口退税款数额在30万元以上不满150万元的,停止为其办理出口退税一年半以上两年以下。

(四)骗取国家出口退税款250万元以上,或因骗取出口退税行为受过行政处罚、两年内又骗取国家出口退税款数额在150万元以上的,停止为其办理出口退税两年以上三年以下。

(五)停止办理出口退税的时间以省级以上(含本级)税务机关批准后作出的《税务行政处罚决定书》的决定之日为起始日。

七、出口退(免)税相关犯罪的刑事责任

(一)《刑法》第二百零四条:以假报出口或者其他欺骗手段,骗取国家出口退税款,数额较大的,处五年以下有期徒刑或者拘役,并处骗取税款一倍以上五倍以下罚金;数额巨大或者有其他严重情节的,处五年以上十年以下有期徒刑,并处骗取税款一倍以上五倍以下罚金;数额特别巨大或者有其他特别严重情节的,处十年以上有期徒刑或者无期徒刑,并处骗取税款一倍以上五倍以下罚金或者没收财产。

纳税人缴纳税款后,采取前款规定的欺骗方法,骗取所缴纳的税款的,依照本法第二百〇一条的规定定罪处罚;骗取税款超过所缴纳的税款部分,依照前款的规定处罚。

(二)《刑法》第二百零五条:虚开增值税专用发票或者虚开用于骗取出口退税、抵扣税款的其他发票的,处三年以下有期徒刑或者拘役,并处二万元以上二十万元以下罚金;虚开的税款数额较大或者有其他严重情节的,处三年以上十年以下有期徒刑,并处五万元以上五十万元以下罚金;虚开的税款数额巨大或者有其他特别严重情节的,处十年以上有期徒刑或者无期徒刑,并处五万元以上五十万元以下罚金或者没收财产。

有前款行为骗取国家税款,数额特别巨大,情节特别严重,给国家利益造成特别重大损失的,处无期徒刑或者死刑,并处没收财产。

单位犯本条规定之罪的,对单位判处罚金,并对其直接负责的主管人员和其他直接责任人员,处三年以下有期徒刑或者拘役;虚开的税款数额较大或者有其他严重情节的,处三年以上十年以下有期徒刑；虚开的税款数额巨大或者有其他特别严重情节的，处十年以上有期徒刑或者无期徒刑。

虚开增值税专用发票或者虚开用于骗取出口退税、抵扣税款的其他发票，是指有为他人虚开、为自己虚开、让他人为自己虚开、介绍他人虚开行为之一的。

（三）《刑法》第二百零九条：伪造、擅自制造或者出售伪造、擅自制造的可以用于骗取出口退税、抵扣税款的其他发票的，处三年以下有期徒刑、拘役或者管制，并处二万元以上二十万元以下罚金；数量巨大的，处三年以上七年以下有期徒刑，并处五万元以上五十万元以下罚金；数量特别巨大的，处七年以上有期徒刑，并处五万元以上五十万元以下罚金或者没收财产。

伪造、擅自制造或者出售伪造、擅自制造的前款规定以外的其他发票的，处二年以下有期徒刑、拘役或者管制，并处或者单处一万元以上五万元以下罚金；情节严重的，处二年以上七年以下有期徒刑，并处五万元以上五十万元以下罚金。非法出售可以用于骗取出口退税、抵扣税款的其他发票的，依照第一款的规定处罚。

非法出售第三款规定以外的其他发票的，依照第二款的规定处罚。

（四）《刑法》第二百一十条：盗窃增值税专用发票或者可以用于骗取出口退税、抵扣税款的其他发票的，依照本法第二百六十四条的规定定罪处罚。

使用欺骗手段骗取增值税专用发票或者可以用于骗取出口退税、抵扣税款的其他发票的，依照本法第二百六十六条的规定定罪处罚。

第九章
出口退（免）税会计处理

第一节 出口退（免）税基本会计处理

一、出口退（免）税会计处理科目设置

增值税一般纳税人应当在"应交税费"科目下设置"应交增值税""未交增值税""预交增值税""待抵扣进项税额""待认证进项税额""待转销项税额""增值税留抵税额""简易计税""转让金融商品应交增值税""代扣代交增值税"等明细科目。

增值税一般纳税人应在"应交增值税"明细科目下设置"进项税额""销项税额抵减""已交税金""转出未交增值税""减免税款""出口抵减内销产品应纳税额""销项税额""出口退税""进项税额转出""转出多交增值税"等专栏。

为核算纳税人出口货物应收取的出口退税款，设置"应收出口退税款"科目，该科目借方反映销售出口货物按规定向税务机关申报应退回的增值税、消费税等，贷方反映实际收到的出口货物应退回的增值税、消费税等。期末借方余额，反映尚未收到的应退税额。

二、免抵退税的会计处理

（一）一般贸易免抵退税会计处理

1. 货物出口并确认收入实现时，账务处理如下：
借：应收账款（或银行存款）
　　贷：主营业务收入（或其他业务收入等）——免抵退出口收入
2. 当月根据计算出的免抵退税不得免征和抵扣税额，账务处理如下：

借：主营业务成本
　　　贷：应交税费——应交增值税（进项税额转出）

3. 根据税务机关审核确认的上期《生产企业免抵退税汇总申报表》中免抵税额，账务处理如下：

借：应交税费——应交增值税（出口抵减内销产品应纳税额）
　　　贷：应交税费——应交增值税（出口退税）

4. 根据税务机关审核确认的上期《生产企业免抵退税汇总申报表》中的应退税额，账务处理如下：

借：应收出口退税款
　　　贷：应交税费——应交增值税（出口退税）

5. 收到出口退税款时，账务处理如下：

借：银行存款
　　　贷：应收出口退税款

（二）进料加工免抵退税会计处理

生产企业进料加工复出口业务在会计核算上，货物出口环节及出口退（免）税申报环节的财务处理与一般贸易财务处理相同，对于进口料件的账务处理按照以下办法。

1. 进口料件时，账务处理如下：

借：材料采购——进料加工（××商品）
　　　贷：应付账款（或银行存款）——××外商

2. 进料加工业务中海关对进口料件实行保税进口制度，无须核算税金。如因特殊原因海关对进口货物征税时，可根据海关出具的完税凭证，账务处理如下：

借：应交税费——应交进口关税
　　应交税费——应交增值税（进项税额）
　　　贷：银行存款

同时，将进口关税结转到"材料采购"成本中，账务处理如下：

借：材料采购——进料加工（××商品）
　　　贷：应交税费——应交进口关税

3. 进口料件入库时，账务处理如下：

借：原材料——进口料件（××商品）
　　　贷：材料采购——进料加工（××商品）

三、免退税的会计处理

1. 购进用于出口货物，取得增值税专用发票并认证，账务处理如下：

借：库存商品
　　应交税费——应交增值税（进项税额）
　　　贷：银行存款
2. 货物出口并确认收入实现时，账务处理如下：
借：应收账款
　　　贷：主营业务收入
3. 若出口商品存在征退税率不一致，征退税差额计入成本，账务处理如下：
借：主营业务成本
　　　贷：应交税费——应交增值税（进项税额转出）
4. 按规定计算应退税额，账务处理如下：
借：应收出口退税款
　　　贷：应交税费——应交增值税（出口退税）
5. 收到出口退税款时，账务处理如下：
借：银行存款
　　　贷：应收出口退税款（增值税）

第二节　出口退（免）税特殊会计处理

一、外贸综合服务代办退税的会计处理

外贸综合服务代办退税办法的会计核算比照外贸企业一般贸易外购货物出口的会计核算进行处理。

（一）生产企业会计处理

1. 生产企业发生代办退税出口业务后，按规定的销售实现时间，核算销售额和销项税额，账务处理如下：
借：应收账款（或银行存款）
　　　贷：主营业务收入
同时，按代办退税专用发票上注明的税额：
借：应收账款——代办退税销项税额
　　　贷：应交税费——应交增值税（销项税额）

2. 委托代办时，按规定计算退税款，账务处理如上：

借：应收出口退税款（代办退税）
　　贷：应交税费——应交增值税（出口退税）
借：应交税费——应交增值税（出口退税）
　　贷：应收账款——代办退税销项税额

3. 收到外贸综合服务企业代办转付出口退税款时，账务处理如下：

借：银行存款
　　贷：应收出口退税款（代办退税）

如收到的退税款与代办退税专用发票上注明的增值税额存在差额的，记入主营业务成本：

借：主营业务成本
　　贷：应交税费——应交增值税（出口退税）

4. 生产企业支付外贸综合服务企业服务费时，账务处理如下：

借：财务费用
　　应交税费——应交增值税（进项税额）
　　贷：应付账款（或银行存款）

（二）外贸综合服务企业会计处理

1. 接受委托代办并申报退税时，按规定计算应退税额，账务处理如下：

借：应收出口退税款（代办退税）
　　贷：应付账款（代办退税）

2. 收到代办退税时，账务处理如下：

借：银行存款
　　贷：应收出口退税款（代办退税）

3. 将代办退税账户的退税款转付给生产企业时，账务处理如下：

借：应付账款（代办退税）
　　贷：银行存款

4. 收取生产企业支付的服务费时，账务处理如下：

借：应收账款（或银行存款）
　　贷：主营业务收入
　　　　应交税费——应交增值税（销项税额）

二、出口货物退关退运的会计处理

（一）生产企业发生退关退运的

1. 出口货物发生退关退运的，应发生次月冲减外销收入，按以下分录做红字账务处理：

借：应收账款——应收外汇账款（红字）
　　贷：主营业务收入——出口收入（红字）

调整已结转的退关退运货物成本，按以下分录做红字账务处理：

借：主营业务成本（红字）
　　贷：库存商品——库存出口商品（红字）

2. 如果属于跨年度的，按以下分录做红字账务处理：

借：应收账款（或银行存款等科目）——应收外汇账款（红字）
　　贷：以前年度损益调整（红字）

同时，按原出口货物结转销售成本，按以下分录做红字账务处理：

借：以前年度损益调整（红字）
　　贷：库存商品——库存出口商品（红字）

3. 如果企业已经申报免抵退税，在发生次月用负数在《生产企业出口货物劳务免抵退税申报明细表》中冲减原免抵退税申报数据。

4. 退关退运后转内销的

出口企业或其他单位在海关办理退关退运前，已申报退税的应向主管税务机关申请办理《出口货物退运已补税（未退税）证明》，再向海关办理退关退运相关手续。退运之后转为内销的，则将库存商品转为一般内销商品，并按照内销的会计处理方法处理。

（二）外贸企业发生退关退运的

1. 出口货物发生退关退运的，应发生次月冲减外销收入。按以下分录做红字账务处理：

借：应收账款——应收外汇账款（红字）
　　贷：主营业务收入——出口收入（红字）

调整已结转的退关退运货物成本，按以下分录做红字账务处理：

借：主营业务成本（红字）
　　贷：库存商品——库存出口商品（红字）

2. 如果属于跨年度的，按以下分录做红字账务处理：

借：应收账款（或银行存款等科目）——应收外汇账款（红字）

　　贷：以前年度损益调整（调整主营业务收入）（红字）

同时，按原出口货物结转销售成本，按以下分录做红字账务处理：

借：以前年度损益调整（调整主营业务成本）（红字）

　　贷：库存商品——库存出口商品（红字）

3. 企业已经申报并且已经收到出口退税款的，补缴出口退税款时，按以下分录做红字账务处理：

借：应收出口退税款（红字）

　　贷：应交税费——应交增值税（出口退税）（红字）

同时，结转征退税率之差与税金计算的差额。按以下分录做红字账务处理：

借：主营业务成本（红字）

　　贷：应交税费——应交增值税待抵扣（进项税额转出）（红字）

如果跨年度补缴出口退税款，按以下分录做红字账务处理：

借：以前年度损益调整（调整主营业务成本）（红字）

　　贷：应交税费——应交增值税待抵扣（进项税额转出）（红字）

4. 按内销征税时，冲减外销收入，增加内销销售收入并计提销项税额，向主管税务机关申请开具《出口转内销证明》，并将出口应税货物对应的进项税额填报到《增值税纳税申报表附列资料（二）》（本期进项税额明细）中第 11 栏"外贸企业进项税额抵扣证明"，用于抵扣计提的销项税额。

借：主营业务收入——出口收入

　　贷：主营业务收入——内销收入

　　　　应交税费——应交增值税（销项税额）

5. 退关退运后转内销的

出口企业或其他单位在海关办理退关退运前，已申报退税的应向主管税务机关申请办理《出口货物退运已补税（未退税）证明》，再向海关办理退关退运相关手续。如果退回的出口货物需转作内销处理的，还应向主管税务机关申请出具《出口货物转内销证明》，并按有关会计规定进行账务处理。

（1）冲减外销收入转为内销收入，账务处理如下：

借：主营业务收入——出口收入

　　贷：主营业务收入——出口内销收入

　　　　应交税费——应交增值税（销项税额）

（2）调整主营业务成本，从出口成本转为内销成本，账务处理如下：

借：主营业务成本——出口内销成本

　　贷：主营业务成本—出口成本

（3）取得《出口转内销证明》后，按有关金额计算内销货物的进项税额，账务处理如下：

借：应交税费——应交增值税（待抵扣进项税额）
　　贷：应收出口退税款（按退税率计算）
　　　　主营业务成本（按征、退税率之差计算）

中 篇
出口退（免）税申报操作实务

第十章
申报退税前的准备工作（基础知识）

本章主要对出口退（免）税申报前所必须了解掌握的基础知识进行讲解，重点介绍出口报关单、进货凭证、出口发票的基本内容和使用方法以及外汇汇率在出口退（免）税申报中的应用。

第一节 认识出口报关单

出口货物报关单是指出口企业在产品出口时，由报关员按照实际业务情况向海关填报的单据，具有一定法律效力，是企业申报出口退税的数据来源，也是税务机关审核企业出口退税的重要依据。当货物出口后，企业可登录中国电子口岸官网，在报关单查询下载模块自行下载出口报关单的电子数据并打印报关单纸质凭证。

一、报关单基本内容介绍

出口货物报关单是由海关总署规定统一格式和填制规范，由出口企业或其代理人填制并向海关提交的申报货物状况的法律文书，是海关依法监管货物出口、征收关税及其他税费、编制海关统计以及处理其他海关业务的重要凭证，如图 10-1 所示。

【境内收发货人】：对外签订并执行进出口贸易合同的中国境内法人、其他组织或个人的名称及编码。

【生产销售单位】：出口货物的生产单位或销售单位。自营出口的出口企业，与收发货人一致，代理出口的填委托方。

【海关编号】：海关编号一共18位，前四位是关区代码、第5位至第8位是出口的年份，第九位是进出口标志，1代表进口，0代表出口，后面九位为报关单排列序号无实际意义。

【出口日期】：出口货物报关单实际的离境日期，部分纸质预录入单当中没有出口日期，可以通过中国电子口岸查询出口日期。

中华人民共和国海关出口货物报关单

预录入编号		海关编号	090820200000010268		
出口口岸 连大宝湾(0908)	备案号	出口日期 2020-01-17		申报日期 2020-01-16	
境内收发货人 2100000000	运输方式 5	运输工具名称 ANASSA/9999		提运单号 GDN24242424	
生产销售单位 2111111111	贸易方式 一般贸易(0110)	征免性质		结汇方式	
许可证号	运抵国(地区) 日本(116)	指运港 日本(116)		境内货源地	
批准文号	成交方式 CIF	运费 USD/850/3	保费 USD/150/3	杂费	/0/总价
合同协议号	件数 5	包装种类	毛重(千克) 10000	净重(千克)	9500
集装箱号	随附单据			生产厂家	
标记唛码及备注					

项号	商品编号	商品名称、规格型号	数量及单位	最终目的国(地区)	单价	总价	币制	征免
01	61032200	棉制针织或钩编男式便男士卫衣套装 0|0|针织|便服套装|男式|70%棉 30%涤纶|无牌|无货号|||	1000套 10000千克 1000套	116	185	243000	USD 美元	

图 10-1

【贸易方式】：常见报关单贸易方式有一般贸易、进料加工、来料加工。

1. 一般贸易：单向的贸易形式，企业将货物出口到境外，在境外用于生产消费。

2. 进料加工：从境外进口原材料在境内进行生产加工，然后将加工的产品复出口的贸易方式，进料加工由于货权发生转移，进料加工业务适用于免抵退税政策。

3. 来料加工：从境外进口原材料在境内进行加工再复出口的贸易形式，在进口原材料时不需要付汇，出口产品时，所收取的也仅仅是加工费收入，并不是全额收款，由于来料加工货权没有发生转移，来料加工实行免税政策。

【成交方式】：目前出口报关单的成交方式一共有七种，实际业务中常用到的有 EXW、FOB、C&F、CIF 四种。

1. EXW：是指当卖方在其所在地或其他指定的地点（如工场、工厂或仓库）将货物交给买方处置时，即完成交货，卖方不办理出口清关手续或将货物装上任何运输工具。

2. FOB：是指装运港船上交货，指卖方在合同规定的装运港负责将货物装上买方指定的船上，并负责货物装船之前的一切费用和风险，以及办理出口通关的相关事宜及费用。在实务中 FOB 价格称为"离岸价格"，以装运港船舷为界，之前所有的风险与费用以及卖方的利润、税金、报关费用等均包含在其中。

3. CFR（C&F）：是指在装运港货物越过船舷卖方即完成交货，卖方必须支付将货物运至指定的目的港所需的运费和费用。

4. CIF：是指在装运港当货物越过船舷时卖方即完成交货，该术语仅适用于海运和内河运输,若当事方无意越过船舷交货则应使用 CIP 术语。交货后货物灭失或损坏的风险,以及由于各种事件造成的任何额外费用,即由卖方转移到买方。

【运费】:运费的表现形式有三种,如 502/0.3/1、502/10/2、502/100/3。

在运费中第一组数字"502"代表运费的币制,最后一位数字代表运费的标志,运费标志为 1 即代表中间数字为运费率,若中间数字显示为 0.3,则运费按货值的 0.3% 也就是千分之三计算,运费标志为 2 时,代表中间数字为每吨运费的单价,运费标志为 3 时,即代表中间数字为运费总价。

【保费】:保费的表现形式有两种,如 502/0.3/1、502/100/3。

在保费中第一组数字"502"代表保费的币制,最后一位数字代表保费的标志,当保费标志为 1 时,中间数字代表保费率,保费标志为 3 时,代表中间数据为保费的总价。

二、FOB 价计算

出口退税申报时,需要申报出口货物的离岸价,即出口货物的 FOB 价格,当出口报关单存在运费或保费时需要进行扣除,具体如何计算要根据运保费最后一组数字的表现形式。

案例:如果报关单中有两项商品,商品 A 总价为 1000 美元,数量 2000 千克;商品 B 总价为 2000 美元,数量为 4000 千克。

(一)如果运费显示 502/0.3/1,表示运费是按照运费率计算的,中间数字代表 0.3%,需要用商品总价乘中间的数字,计算运费。

商品 A 的运费 = 1000 × 0.003 = 3 USD

商品 B 的运费 = 2000 × 0.003 = 6 USD

(二)如果运费显示 502/10/2,表示运费是按货物重量计算,即每吨多少运费,计算时先将数量换算为吨的单位,再乘运费中间数字,计算运费。

商品 A 的运费 = 2 × 10 = 20 USD

商品 B 的运费 = 4 × 10 = 40 USD

(三)如果运费显示 502/100/3,表示运费是按总价计算,中间数字为该笔业务的实际运费。

商品 A、B 的运费合计为 = 100 USD

(四)如果报关单存在多项商品需要进行运保费的分摊,不可在一条商品中进行扣除。

案例:如果报关单有两项商品,商品 A 总价为 1000 美元,商品 B 总价为 2000 美元,运费为 502/500/3,计算每项商品离岸价的公式为:总 FOB/总 CIF × 每项的 CIF。

总 FOB = 1000 + 2000 − 500 = 2500 USD

总 CIF = 1000 + 2000 = 3000 USD

商品 A 离岸价 = 2500/3000 × 1000 = 833.33 USD

商品 B 离岸价 = 2500/3000 × 2000 = 1666.66 USD

需要注意：运保费币制与成交币制不同时，需要将运保费换算为与成交币制相同的币制，再进行运保费的分摊。

三、电子口岸打印、下载报关单操作

电子口岸是下载报关单数据的唯一官方途径，下载报关单数据需要先登录电子口岸，可以百度搜索"电子口岸"或在浏览器中输入网址（https：//e.chinaport.gov.cn/）即可进入电子口岸的首页面，在首页选择"出口退税联网稽查"进行登录，如图10-2所示。

图 10-2

登录电子口岸时，需要插入电子口岸的 IC 卡，并输入 IC 卡密码进行登录，如果初次登录电子口岸需要下载控件安装，如图10-3所示。

图 10-3

登录后打开"报关单查询下载"模块，报关单信息有两种查询方式，第一种是通过出口报关单号码精确查询，第二种是通过出口日期时间范围进行查询，选择查询条件后点击"查询"，系统会筛选出所有符合条件的报关单数据，点击下载即可，如图10-4所示。

图 10-4

下载的电子口岸报关单数据会默认存放在 C 盘 Localdb 文件夹，报关单数据文件名称前 13 位是电子口岸的 IC 卡号，第 14 位至第 29 位是下载报关单数据的时间范围，如图 10-5 所示。

图 10-5

四、报关单与出口退税申报的关系

（一）出口报关单数据是企业申报出口退税的数据来源

出口企业在申报出口退税时，可通过电子口岸获取报关单数据，批量导入至出口退税申报系统中，经过相应的处理，最终形成出口明细申报数据，避免手工录入数据，提高工作效率。

（二）出口报关单数据是税务机关审核企业退税申报的依据之一

在税务机关出口退税信息化管理中，出口退税审核系统使用电子口岸的出口报关单数据比对企业申报的出口数据，从而验证企业申报数据的准确性。

第二节 认识进货凭证

进货凭证是企业购进货物时,购货方取得的合法凭证,常见进货凭证包括增值税专用发票、增值税普通发票及其他普通发票、海关进口增值税专用缴款书、农产品收购发票、政府非税收入票据。本节主要讲解用于申报退税的各类进货凭证,它是企业申报退税和税务机关用于审核、核准应退税额的重要依据。

一、增值税专用发票基本内容介绍

增值税专用发票是增值税一般纳税人销售货物或者提供应税劳务开具的发票,是购买方支付增值税额并按照增值税有关规定据以抵扣增值税进项税额的凭证。

出口企业和其他单位购进出口货物劳务取得的增值税专用发票,应按规定办理增值税专用发票的认证手续。如图 10-6 所示。

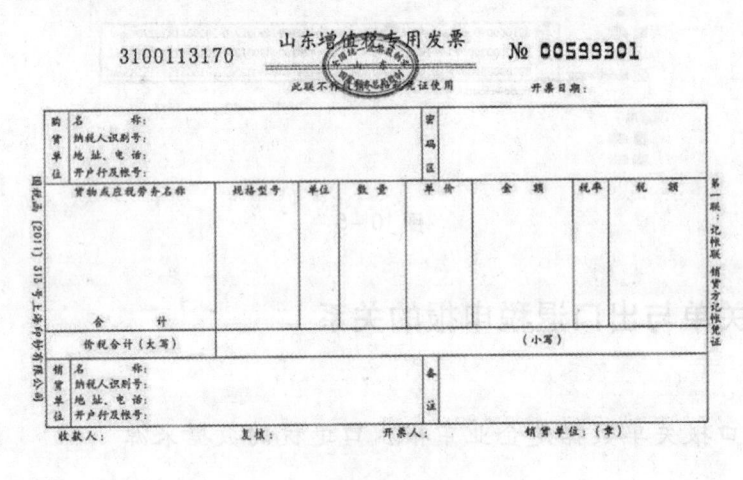

图 10-6

二、海关进口增值税专用缴款书基本内容介绍

海关进口增值税专用缴款书是企业进口货物向海关缴税后,海关开具给企业的缴款凭证,是一种增值税扣税凭证。海关进口增值税专用缴款书是实行"先比对后抵扣"管理办法,增值税一般纳税人进口货物取得的属于增值税抵扣范围的海关缴款书,需经税务机关稽核比对相符后,其增值税额才可作为进项税额在销项税额中抵扣。如图 10-7 所示。

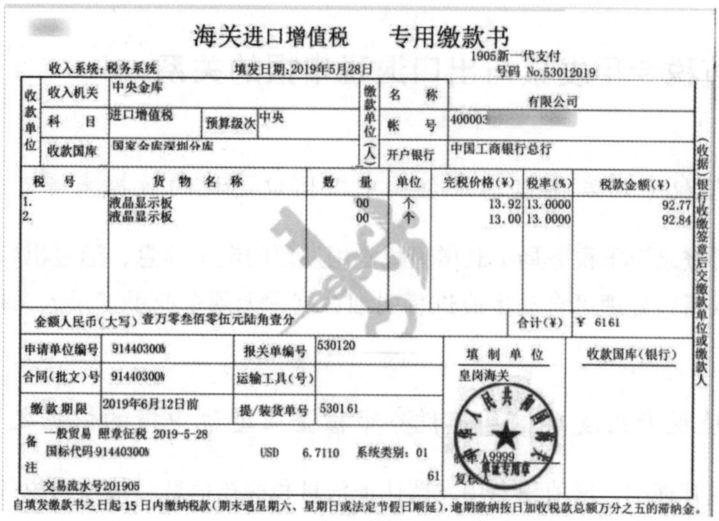

海关进口增值税　　专用缴款书

收入系统：税务系统　　填发日期：2019年5月28日　　1905新一代支付 号码 No.53012019

收款单位	收入机关	中央金库		缴款单位（人）	名　称	有限公司
	科　目	进口增值税	预算级次 中央		帐　号	400003
	收款国库	国家金库深圳分库			开户银行	中国工商银行总行

税　号	货 物 名 称	数　量	单位	完税价格（¥）	税率（%）	税款金额（¥）
1.	液晶显示板	00	个	13.92	13.0000	92.77
2.	液晶显示板	00	个	13.00	13.0000	92.84

金额人民币（大写）壹万零叁佰零伍元陆角壹分　　合计（¥）　¥ 6161

申请单位编号	91440300	报关单编号	530120	填 制 单 位	收款国库（银行）
合同（批文）号	91440300	运输工具（号）		皇岗海关	
缴款期限	2019年6月12日前	提/装货单号	530161	制单人9999 复核人	

备注：一般贸易 照章征税 2019-5-28 国标代码91440300 USD 6.7110 系统类别：01 交易流水号201905 61

自填发缴款书之日起15日内缴纳税款（期末遇星期六、星期日或法定节假日顺延），逾期缴纳按日加收税款总额万分之五的滞纳金。

（收据）银行收缴签章后交缴款单位或缴款人

图 10 -7

三、出口货物消费税专用缴款书基本内容介绍

出口货物消费税专用缴款书是出口货物办理退还消费税的重要凭证。出口企业直接从生产企业购进消费税应税货物用于出口的，由生产企业所在地税务机关在征税时开具《出口货物消费税专用缴款书》（简称专用税票），经税务、国库收款盖章后，由生产企业转交出口企业，在货物出口后据以申请退还消费税。如图 10 - 8 所示。出口企业将购进的已征收消费税的货物销售给其他企业出口的，可由主管出口退税的税务机关在专用税票上盖章或者开具专用税票分割单交其他企业据以申请退税。

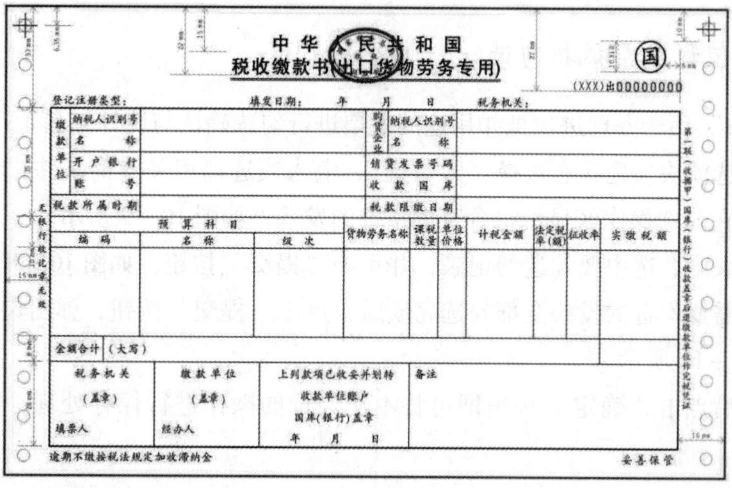

中华人民共和国
税收缴款书（出口货物劳务专用）　　（国）

（XXX）出00000000

登记注册类型：　　填发日期：　年　月　日　　税务机关：

缴款单位	纳税人识别号		购货企业	纳税人识别号	
	名　称			名　称	
	开户银行			销货发票号码	
	账　号			收款国库	
税款所属时期				税款限缴日期	

预算科目 编码	预算科目 名称	预算科目 级次	货物劳务名称	课税数量	单位价格	计税金额	法定税率（额）	征收率	实缴税额

金额合计（大写）

税务机关（盖章）填票人	缴款单位（盖章）经办人	上列款项已收妥并划转收款单位账户 国库（银行）盖章 年 月 日	备注

逾期不缴按税法规定加收滞纳金　　妥善保管

无银行收讫章无效

第一联（收据甲）国库（银行）收款盖章后退缴款单位作完税凭证

图 10 -8

四、增值税专用发票与出口退税申报的关系

（一）增值税专用发票信息是企业申报出口退税的数据来源

出口企业可登录电子税务局下载增值税专用发票的电子信息，通过出口退税申报系统进行读入，读入后经处理可自动生成进货明细数据，无须企业手工录入，提高工作效率，减轻工作负担。

（二）增值税专用发票信息是税务审核企业退税申报的依据之一

在出口退税管理中，增值税专用发票认证信息和稽核信息会传输到税务机关出口退税审核系统，审核系统使用增值税专用发票数据审核企业退（免）税申报数据，验证申报数据的准确性。分类管理类别一类、二类出口企业申报退税，税务机关使用增值税专用发票的认证信息审核办理出口退税，再定期用增值税专用发票稽核信息进行复审；分类管理类别三类、四类出口企业申报退税，税务机关使用增值税专用发票稽核、协查信息审核办理出口退税。

五、增值税专用发票综合服务平台相关操作

纳税人取得增值税专用发票，应当登录增值税发票综合服务平台确认发票用途。增值税发票综合服务平台登录地址由国家税务总局各省（自治区、直辖市和计划单列市）税务局确定并公布。

（一）增值税发票抵扣勾选

"抵扣勾选"用于办理进项抵扣用途的发票进行勾选确认与统计签名。

在抵扣勾选模块勾选状态选择"未勾选"，输入或选择相关查询条件，然后点击"查询"按钮，则在勾选操作区显示符合查询条件的发票，如图10-9所示。

在数据列表中，选中要勾选的记录，并点击"提交"按钮，如图10-10所示。

确认本次需要勾选的发票全部勾选完成后，点击"提交"按钮，弹出勾选认证信息对话框，如图10-11所示。

确认无误后点击"确定"按钮即可将本次勾选的操作进行保存处理，提交成功，如图10-12所示。

图 10 – 9

图 10 – 10

图 10 – 11

图 10 – 12

(二) 增值税发票退税勾选

退税勾选仅外贸企业、外贸综合服务企业具有该功能权限，对用于办理出口退税的进项发票进行勾选确认。

在退税勾选模块发票类别选择"增值税发票"、勾选状态选择"未勾选"，并录入其他相关条件，然后点击"查询"按钮，则在勾选操作区显示符合查询条件的发票。在数据列表中，选中要勾选的记录，并点击"提交"按钮，如图10-13所示。

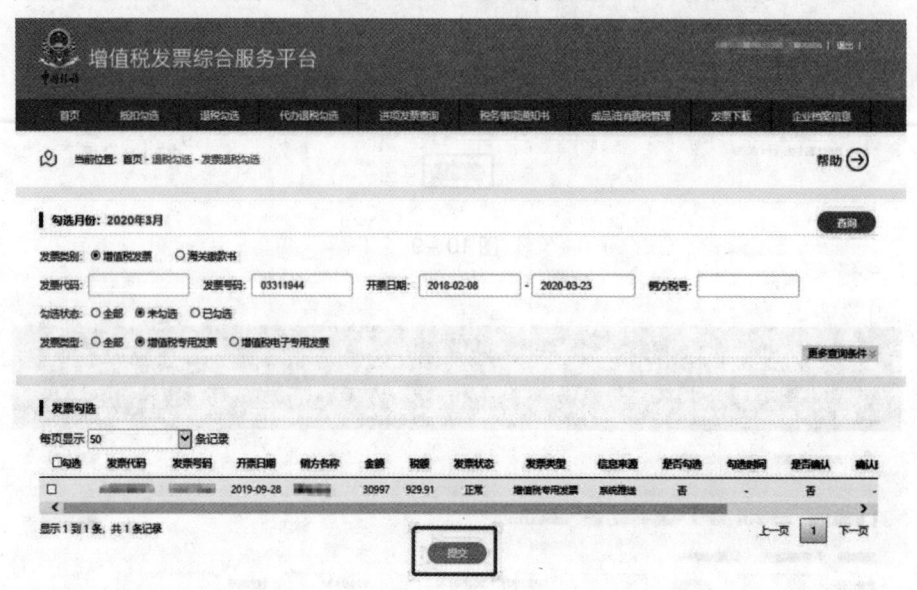

图 10-13

点击"提交"按钮后，弹出勾选确认证信息对话框，确认无误后点击"确定"按钮，提交本次勾选的数据，如图10-14所示。

提交成功后，系统将提示"数据提交成功"，如图10-15所示。

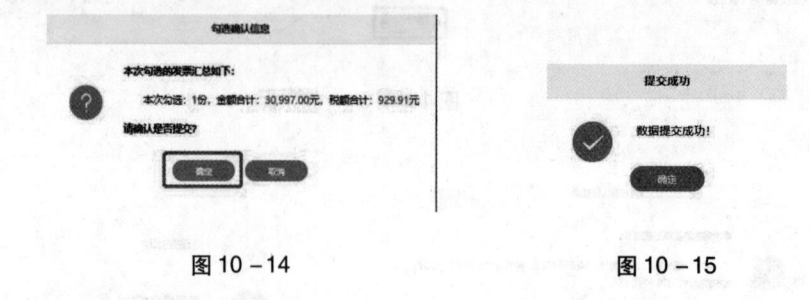

图 10-14　　　　　　图 10-15

(三) 海关缴款书退税勾选

在退税勾选模块发票类别选择"海关缴款书"、勾选状态选择"未勾选"，根据需要输入或选择相关查询条件，然后点击"查询"按钮，在勾选操作区显示符合查询条件的海关缴款书，如图 10-16 所示。

图 10-16

选择勾选的缴款书后，点击'提交'，如图 10-17 所示。

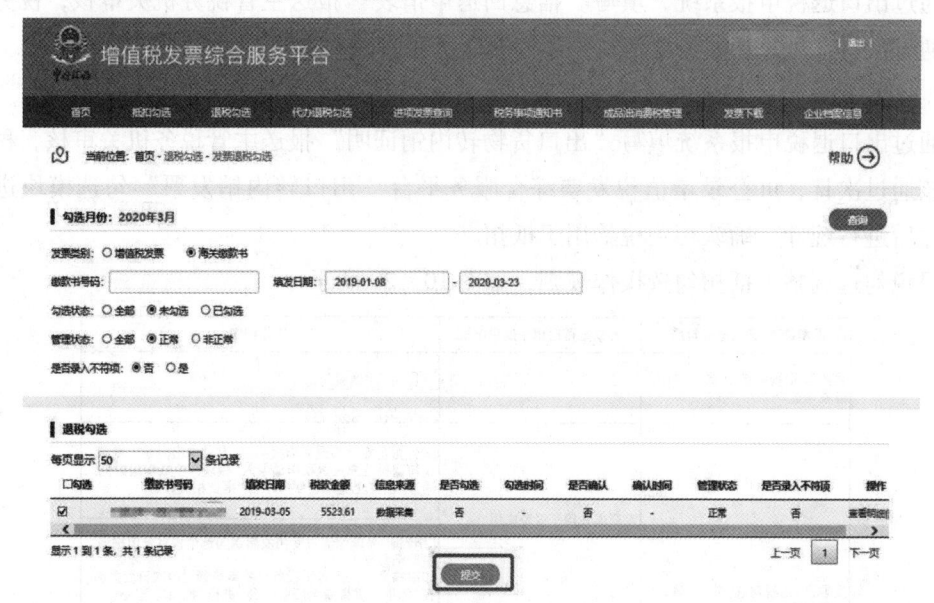

图 10-17

确认本次需要勾选的缴款书全部勾选完成后，点击"提交"按钮，弹出退税勾选信息对话框，如图 10-18 所示。

提交成功后，系统将提示"数据提交成功"，如图 10-19 所示。

图 10-18　　　　　　　　　　图 10-19

六、增值税专用发票用途调整

纳税人在增值税发票综合服务平台查询到相应增值税专用发票信息后，既可以在当期进行用途确认，也可以在之后属期进行用途确认。纳税人在已完成发票用途确认后，如需更正用途，可以在未申报当期增值税前，或作废本期增值税纳税申报表后，自行更正用途。

（一）退税勾选调整为抵扣勾选

1. 发票确认退税勾选，没有申报退税

通过出口退税申报系统，填写"信息回退申请表"报送主管税务机关审核，税务机关审核通过次日，可重新通过增值税发票综合服务平台进行数据勾选。

2. 发票确认退税勾选，已申报退税

通过出口退税申报系统填写"出口货物转内销证明"报送主管税务机关审核，税务机关审核通过次日，可登录增值税发票综合服务平台"出口转内销发票"勾选模块进行勾选，然后进行统计、确认相关税款用于抵扣。

退税勾选调整为抵扣勾选操作规则，如图 10-20 所示。

发票是否"确认退税勾选"	发票是否已用于退税申报	操作明细
发票已"退税勾选"，尚未"确认退税勾选"	--	(1) 取消"退税勾选"； (2) 选择"抵扣勾选"。
发票已"退税勾选"并已"确认退税勾选"	发票尚未用于退税申报	(1)外贸企业出口退税申报系统"其他申报向导-发票误勾退税且未报退税申请录入"模块，生成申报数据，通过"出口企业综合服务平台"提交相关数据； (2)查询"受理增值税专用发票误勾选退税且未申报退税明细数据" 如审核通过，则于税务机关审核通过的次日后重新在"增值税发票综合服务平台"进行"抵扣勾选"。
	发票已用于退税申报，且符合开具"出口转内销证明"的条件	(1)外贸企业应向主管出口退税的税务机关申请"出口转内销证明"； (2)外贸企业向主管出口退税税务机关开具"出口转内销证明"的，在税务机关审核通过次日后，可登录"增值税发票综合服务平台"于"出口转内销发票勾选"模块进行勾选，然后进行统计、确认，相关税款可以用于抵扣。

图 10-20

（二）抵扣勾选调整为退税勾选

1. 发票没有进行抵扣

撤销确认签名并撤销统计，取消原勾选，重新选择"退税勾选"。

2. 发票已抵扣

外贸企业应先进行进项税额转出，然后向主管税务局报送《增值税扣税凭证进项税额转出情况核实函》，核实无误的由税务机关进行相关电子信息的处理后可在审核出口退税过程中用于作为外贸企业退税的计税依据。

抵扣勾选调整为退税勾选操作规则，如图10-21所示。

发票是否已用于纳税申报	具体情形	操作明细
发票尚未用于纳税申报	已"抵扣勾选"，尚未"申请统计"	(1) 取消原勾选； (2) 选择"退税勾选"。
	已"申请统计"，尚未"确认签名"	(1) 撤销统计； (2) 取消原勾选； (3) 选择"退税勾选"。
	已"确认签名"，尚未进行纳税申报的	(1) 撤销"确认签名"并撤销统计； (2) 取消原勾选； (3) 选择"退税勾选"。
发票已用于纳税申报	当月的增值税纳税申报可撤销	(1) 撤销申报； (2) 于"增值税发票综合服务平台"首页，选择"回退税款所属期"，回到上一所属期； (3) 撤销"确认签名"、"申请统计"； (4) 撤销"抵扣勾选"并进行"退税勾选"。
	当月的增值税纳税申报不可撤销	外贸企业应向主管征税税务机关申请开具《增值税扣税凭证进项税额转出情况核实函》进行处理。 注：每张发票只能开具一次《增值税扣税凭证进项税额转出情况核实函》，即只能进行一次内销转出口业务。

图10-21

七、丢失增值税专用发票处理

同时丢失发票联与抵扣联：外贸企业丢失已开具增值税专用发票，在增值税专用发票认证相符后，可凭增值税专用发票记账联复印件，经购买方主管税务机关审核同意后，向主管出口退税的税务机关申报出口退税。

抵扣联丢失：外贸企业丢失已开具增值税专用发票抵扣联的，在增值税专用发票认证相符后，可凭增值税专用发票发票联复印件向主管出口退税的税务机关申报出口退税。

第三节 认识出口发票

出口发票是出口企业出口产品的销售凭证。出口业务发生后，货物销售方应按相关规定及时开具出口发票，在出口发票中反映购买方信息、出口销售额、出口商品等出口信息。它作为买卖双方办理结算、报关押汇的单证，也是税务机关据以办理出口退税的审核凭证之一。

一、出口发票基本内容介绍

常见出口发票分为四种，商业发票（Commercial Invoice）、通用机打发票、防伪税控增值税普通发票，增值税电子普通发票。商业发票主要用于外贸交易实务，在出口退（免）税管理中，除了个别地区要求开具增值税电子普通发票外，大多数地区要求开具防伪税控增值税普通发票，如图 10-22 所示。

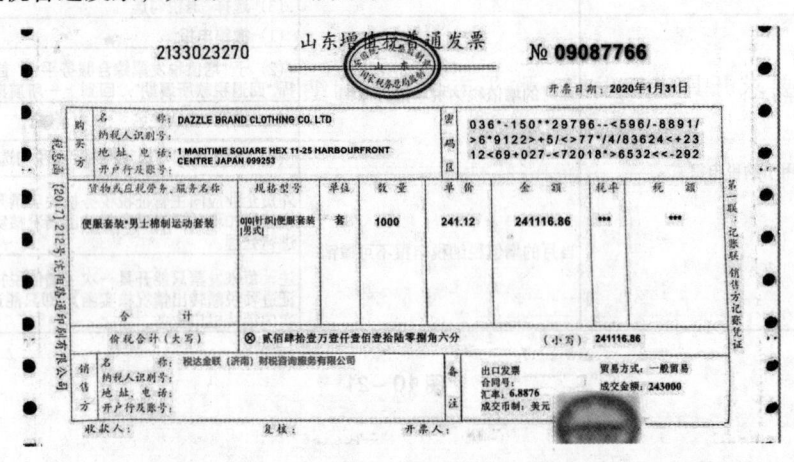

图 10-22

增值税普通发票有两联版和五联版，部分地区使用两联版，其中一联用于记账，另外一联用于出口企业申报退税。使用五联版的，要求把第五联报送至税务机关，作为退税的一项单证提交。

使用防伪税控系统开具出口发票，主要作用是方便税务机关从监管的角度统计企业出口数据，同时也提醒企业及时确认收入。在出口退（免）税管理实务中，要求生产企业严格按照要求开具出口发票，外贸企业是否开具以企业所属税务机关的具体要求为准，部分地区可以用商业发票作为入账和退（免）税申报的凭证。

二、出口发票开具要求

根据《中华人民共和国发票管理办法实施细则》第二十六条规定："填开发票的单位和个人必须在发生经营业务确认营业收入时开具发票。"根据国家税务总局公告2013年第12号第二条第七款规定："出口企业或其他单位出口并按会计规定做销售的货物，须在做销售的次月进行增值税纳税申报。"

在实际工作中，一般做法是出口当月开具出口发票；如果是月底出口，也允许跨月开具，但是汇率要求使用出口当月的汇率。

使用防伪税控系统开具出口发票时，填写项目要求如下：

（一）购买方栏次

名称：按照出口合同中的外商名称进行填写。

纳税人识别号：可以不填写。

地址电话：按照出口合同中的外商地址电话进行填写。

开户行及账号：可以不填写。

有一种特殊情况需要注意，出口到特殊区域，比如保税港区，综合保税区等，符合视同出口政策，也可以享受退税。购买方为特殊区域内的企业时，要严格地按照国内企业间发票开具的要求开具出口发票，购买方信息中的纳税人识别号、开户行及账号要填写完整。

（二）货物应税劳务名称

填写出口报关单对应的商品名称。

（三）规格型号

根据税务机关要求填写，没有特殊要求可以不填，如需填写应参考报关单填写。

（四）税率

适用增值税退税政策的，开具出口发票时，税率选择免税或0%（由于各地方规定不统一，具体以当地税务机关管理要求为准，如山东地区开具适用退税政策的出口发票，税率要求填写0%）。

适用增值税免税政策的，开具出口发票时，税率选择"免税"。

适用增值税征税政策的，开具出口发票时，税率选择适用税率开具。

（五）单位、数量栏

根据出口报关单的单位、数量进行填写。

（六）单价、金额栏

应以换算成人民币后的金额填列，如果出口企业以非FOB价格成交，应将其换算成人民币FOB价格后填列，计算时的汇率应选用出口月份的汇率进行折算。

（七）备注栏

每个地区要求也不同，具体以当地税务机关管理要求为准。比如青岛地区要求应顶格填写"出口发票"四个字，并须注明出口业务的合同号、贸易方式、成交方式、原币金额、原币币种及适用汇率；山东地区要求在备注中注明"出口"字样、"合同号：XXX""提运单号：XXX""装船口岸：XXX""目的地：XXX""出口美元金额：XXX"和"汇率：XXX"等。

三、出口发票与出口退税申报的关系

申报出口退税时，在退税申报系统中需填报出口发票号码。

第四节 出口退（免）税申报中外汇汇率的使用

一、出口退（免）税申报中外汇汇率选择的基本规定

（一）《增值税暂行条例实施细则》第十五条规定，纳税人按人民币以外的货币结算销售额的，其销售额的人民币折合率可以选择销售额发生的当天或者当月1日的人民币汇率中间价。纳税人应在事先确定采用何种折合率，确定后1年内不得变更。

（二）《关于全面推开营业税改征增值税试点的通知》（财税〔2016〕36号）附件1《营业税改征增值税试点实施办法》第三十八条规定，销售额以人民币计算。纳税人按照人民币以外的货币结算销售额的，应当折合成人民币计算，折合率可以选择销售额发生的当天或者当月1日的人民币汇率中间价。纳税人应当在事先确定采用何种折合率，确定后12个月内不得变更。

出口退税实务中，建议使用出口当月第一个工作日的外汇中间价。

二、外汇汇率的查询方法

汇率查询可以通过中国银行网站外汇牌价模块进行查询，选择起始日期与结束日期后再选择货币，点击查询后即可显示当前币种的外汇牌价，注意申报出口退税的汇率应使用折算价，如图10-23所示。

| 中篇 出口退（免）税申报操作实务 |

中国银行外汇牌价

货币名称	现汇买入价	现钞买入价	现汇卖出价	现钞卖出价	中行折算价	发布日期	发布时间
阿联酋迪拉姆		171.59		184.34	177.91	2020-12-24	10:40:13
澳大利亚元	494.31	478.95	497.95	500.16	494.98	2020-12-24	10:40:13
巴西里亚尔		120.19		136.47	125.35	2020-12-24	10:40:13

图 10-23

第十一章
申报退税前的准备工作（信息系统）

根据国家税务总局统一要求，出口退税实行电子化管理，纳税人申报出口退（免）税时，应使用最新版本的出口退税申报系统进行数据的采集和申报。目前出口退税申报系统主要包括两种方式：离线版出口退税申报系统（以下简称"离线版申报系统"）与电子税务局在线版出口退税申报系统（以下简称"电子税务局在线版申报系统"）。离线版申报系统需要下载应用程序，安装后方可使用；电子税务局在线版申报系统是电子税务局中集成的出口退税综合服务平台和在线申报功能模块，无需下载安装，登录电子税务局后即可使用。两种申报系统在申报功能上基本相同，企业可根据自身业务情况或所属税务机关的指引选择适用的系统。本章重点讲解离线版申报系统的安装与配置、电子税务局登录及出口退税相关模块功能。

第一节　离线版申报系统安装与配置

一、离线版申报系统下载

出口企业初次安装离线版申报系统，可以登录当地税务局官方网站进行下载。

安装包下载到本地电脑后，外贸企业申报系统安装程序是以"WM"开头的安装包压缩文件，生产企业申报系统安装程序是以"SC"开头的安装压缩包文件。解压后，双击后缀为 exe 的应用程序，根据安装提示，点击"下一步"即可完成安装，如图 11-1、图 11-2 所示。

图 11-1

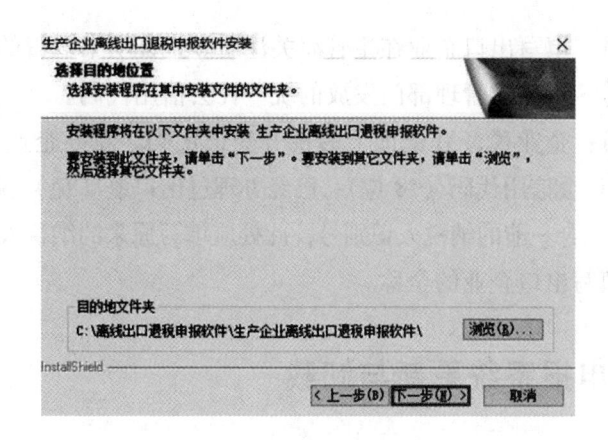

图 11-2

二、离线版申报系统安装的注意事项

（一）离线版申报系统安装时需要退出杀毒软件，因部分杀毒软件安全防护等原因，会误认为申报系统存在病毒进行拦截，从而导致系统无法安装。

（二）安装路径建议按照系统默认路径"C：\离线出口退税申报软件\"进行安装即可，若更改离线版申报系统的安装路径，可能会出现申报系统运行不稳定的情况。

（三）离线版申报系统初次安装之前，要求电脑运行环境包含 .NET framework4.0 及以上版本。

三、离线版申报系统首次登录操作

出口企业在初次登录离线版申报系统时，要求填写企业基本信息，包括企业海关代码、社会信用代码、纳税人识别号、企业名称，如图 11-3 所示。

图 11-3

【企业海关代码】：填写出口企业在主管海关注册登记证明书取得的10位编号。

【社会信用代码】：由登记管理部门发放的统一社会信用代码。

【纳税人识别号】：企业税务登记证上的税务登记代码。新办企业已经实行多证合一的，此处应填写统一社会信用代码（18位）；已经办理过出口退（免）税备案的企业，如税务登记信息中存在多证合一前的纳税人识别号，此处应填写原来的纳税人识别号（15位）。

【企业名称】：填写出口企业的全称。

四、离线版申报系统更新与卸载

离线版申报系统升级方法有三种：第一种为安装补丁升级，第二种为在线升级，第三种为卸载后重新安装。

（一）方法一：补丁升级

第一步：登录当地税务局官方网站下载申报系统的补丁。

第二步：关闭离线版申报系统，双击运行申报系统补丁，补丁自动识别安装路径，点击安装即可进行系统更新，如图11-4所示。

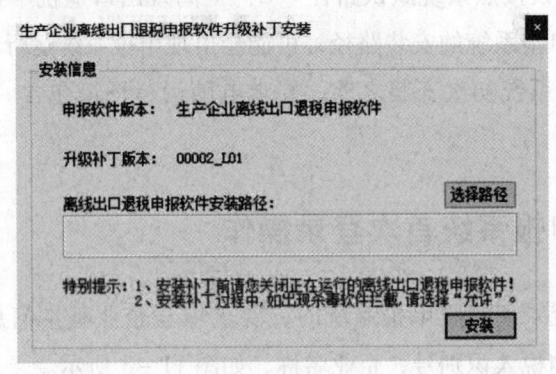

图11-4

（二）方法二：在线升级

离线版申报系统操作界面右下角会显示申报系统升级信息，若当前系统版本和最新系统版本一致时，无须升级；当系统检测到当前版本不是最新版本时，申报系统会显示"点击升级"的按钮，点击该按钮后即可自动更新，如图11-5所示。

图 11-5

(三) 方法三：卸载后重新安装

若出口企业通过以上两种方法均无法实现升级，可通过卸载后重新安装最新版本实现升级，在卸载前务必做好数据备份工作。

以 Win10 系统为例：

第一步，点击 Windows 按钮，打开系统设置，选择"应用"模块，如图 11-6 所示。

图 11-6

第二步，在已经安装的应用列表中找到并选择相应的出口退税申报系统点击卸载即可完成卸载操作，如图 11-7 所示。

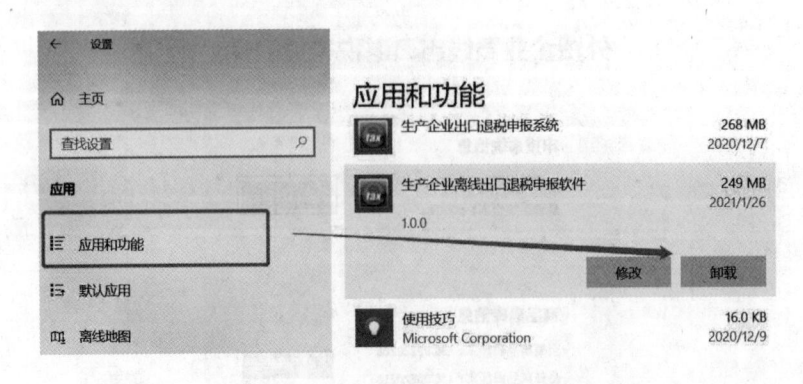

图 11-7

第三步，下载离线版申报系统的安装包，安装出口退税申报系统。

五、系统参数设置与修改

出口企业需要通过【系统参数设置与修改】模块，对备份路径及电子口岸 IC 卡信息进行初始化配置，该模块包含"常规设置"和"功能配置 I"两项配置，如图 11-8 所示。

图 11-8

"常规设置"的功能用于设置系统备份路径和云备份密码的修改与重置。系统备份路径设置完成后，系统在进行数据备份时会存放在指定路径中，以便企业查找。如图 11-9 所示。

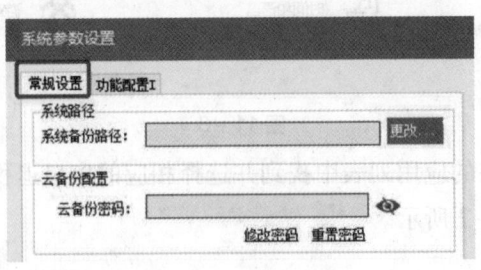

图 11-9

"功能配置 I"中主要用于完成报关单读入方式和电子口岸 IC 卡等参数的配置。如果申报出口退税时需要进行报关单读入，可以在此处进行配置。"报关单读入方式"可选择读入时是选取多个报关单文件或直接选取报关单文件所在目录；需要由电子口岸导入报关单数据的，可以在此处录入电子口岸 IC 卡的卡号和密码；配置读入报关单时是否需要自动将非 FOB 价折算为 FOB 价；配置折算为 FOB 价时如何扣除运保费。如图 11-10 所示。

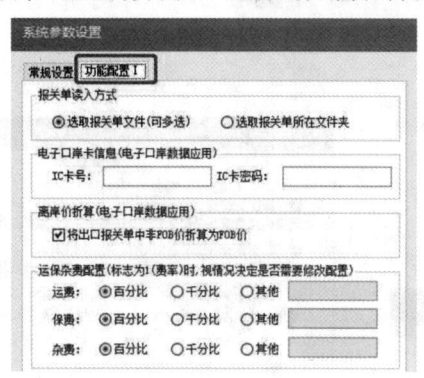

图 11-10

六、企业扩展信息查询

【企业扩展信息】模块的主要功能为查询企业的分类管理类别。打开"系统维护→系统配置→企业扩展信息"模块可以查看其分类管理等级，分类管理代码中的 A、B、C、D 对应管理类别的一类、二类、三类、四类。如图 11-11 所示。如果企业扩展信息为空，出口企业可以通过电子税务局下载任一所属期反馈数据，通过系统中的"审核反馈接收"模块进行读入，读入后刷新扩展信息查询页面，即可显示企业的分类管理类别。

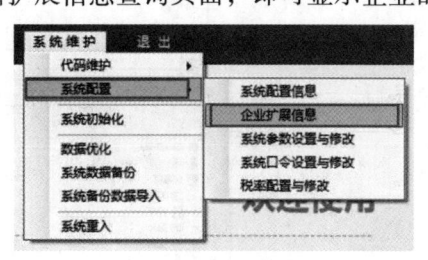

图 11-11

七、系统数据备份

【系统数据备份】模块的主要功能为将系统基础设置、系统中所含的数据进行备份。出口企业在数据迁移或重新安装申报系统后，可以通过备份导入的功能，还原前期申报系统中的历史数据。系统数据备份分为本地备份和云备份两种形式，本地备份是将备份数据保存至本地磁盘，云备份是将备份数据保存至云端，两者在备份效果上并无差异。云备份要求系统中有完整的出口退（免）税备案信息，使用云备份时需要提前读入税务机关的反馈信息，做好准备工作。下面以本地备份为例对备份流程进行介绍。

第一步：打开"系统维护"选择【系统数据备份】模块，如图 11-12 所示。

第二步：在系统数据备份模块中有两种备份形式，选择"本地备份"，如图 11-13 所示。

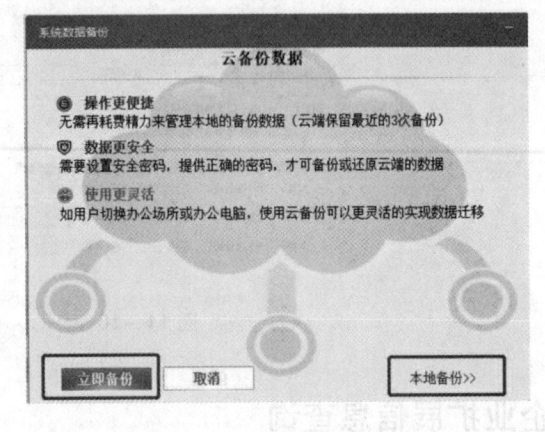

图 11-12

图 11-13

第三步：本地备份中分为"完全数据备份"与"业务数据备份"。完全数据备份时会备份当前申报系统所有数据，包含系统的默认设置、商品代码库和申报数据等，业务数据备份只备份申报系统中的申报数据，不包含商品代码库等辅助数据。选择"完全数据备份"后点击"确认"按钮，系统会要求选择备份文件的存放路径，如图 11-14、图 11-15 所示。

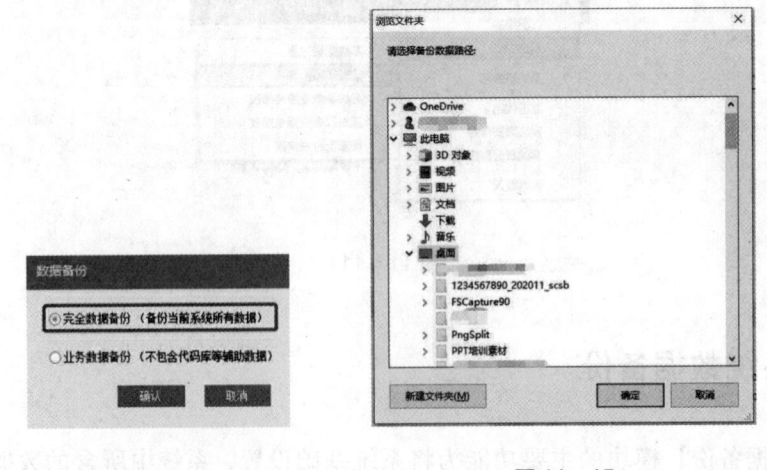

图 11-14

图 11-15

第四步：选定申报系统的文件存放路径后，点击确定，系统即将备份数据存放在指定文件夹中，完全数据备份的文件夹命名为"当前年月日+时间"，文件夹内备份文件名称为 JSdotnet.db，如图 11-16 所示。

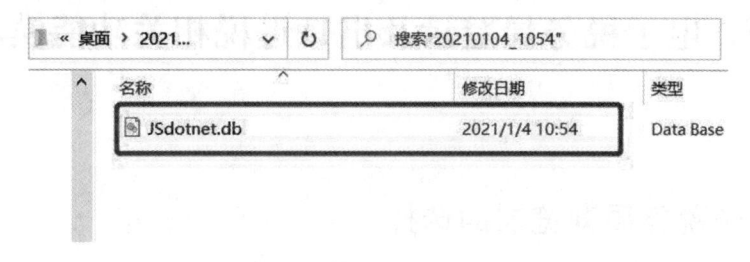

图 11-16

八、备份数据导入

【系统备份数据导入】模块的主要功能为将备份好的系统数据导入至当前系统中。选择"系统维护→系统备份数据导入"模块即可进行备份导入操作，如图 11-17 所示。

图 11-17

注意事项：导入备份数据时，不能跨申报系统版本导入。比如数据备份时使用的申报系统为 0001 版本，当前申报系统版本为 0003，间隔 0002 版本会导致备份数据无法导入。

如果需要导入的备份数据为"云备份"形式，点击"立即导入"，根据提示操作进行数据的还原，如图 11-18 所示；需要导入的备份数据为"本地备份"时，选择"本地导入"后，系统会提示选择备份文件所在的路径，找到备份文件点击导入即可完成，如图 11-19 所示。

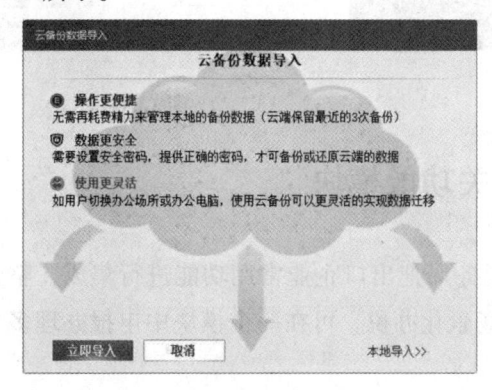

图 11-18

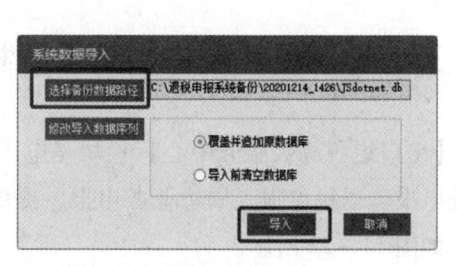

图 11-19

第二节　电子税务局登录及出口退税相关功能模块介绍

一、电子税务局浏览器的选择

出口企业在登录电子税务局时，建议使用具有 IE 内核的浏览器，如 IE8 及以上版本、搜狗浏览器或者 360 浏览器，具体请遵循各地电子税务局的登录要求。

二、电子税务局登录方式

各地区电子税务局登录方式基本一致，略有差异。以山东省电子税务局登录为例，在浏览器输入山东省电子税务局网址（https://etax.shandong.chinatax.gov.cn），或百度搜索"山东省税务局"登录山东省税务局门户网站，点击首页"电子税务局"，进入山东省电子税务局登录页面，如图 11-20 所示。

点击山东省电子税务局右上角的"登录"按钮，进入登录界面，可以选择"企业登录"中的"密码登录"方式，输入纳税人识别号、身份证号、密码、验证码后，点击"登录"按钮，即可登录电子税务局，如图 11-21 所示。

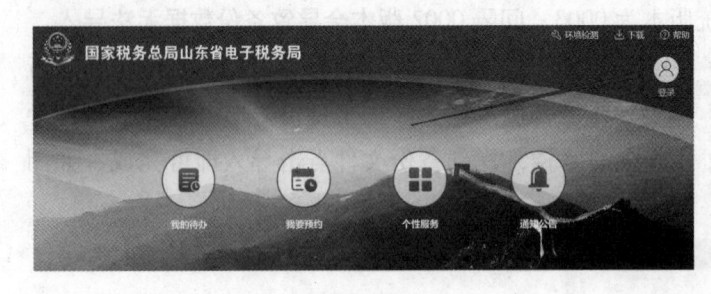

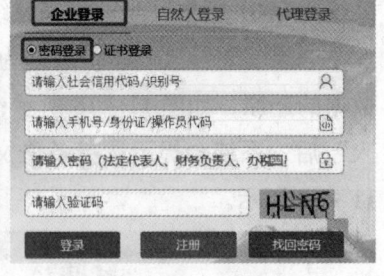

图 11-20　　　　　　　　　　图 11-21

三、电子税务局中出口退税相关功能模块

【出口退税综合服务中心】模块是电子税务局把出口企业常用功能进行集成，整合了单证申报、退税申报、周边业务申报，提供场景化办税，可在一个模块中申报办理多个业务。如图 11-22 所示。

图 11-22

出口退税相关业务集中在"我要办税""出口退税管理"模块中，如图 11-23 所示。

图 11-23

【出口退税管理】模块左侧一般分为 6 个功能区，分别为事项进度管理、出口退税审核进度查询、出口退（免）税企业资格信息报告、出口退（免）税申报、出口企业分类管理、出口退税自检服务。

（一）事项进度管理：可以查询各类事项的申报受理情况，如图 11-24 所示。

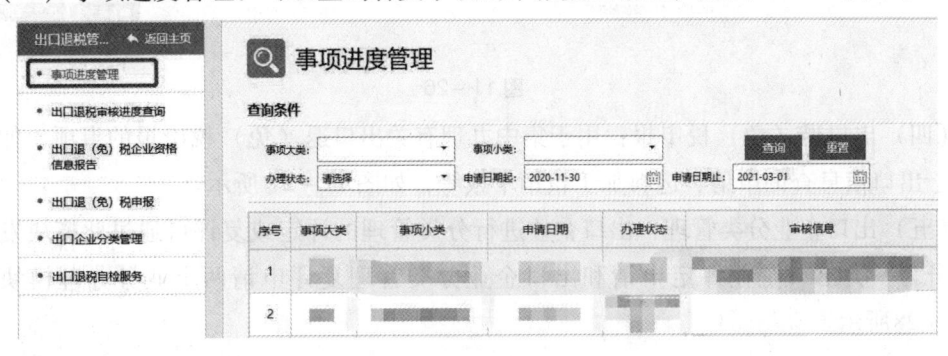

图 11-24

（二）出口退税审核进度查询：可以查询出口退（免）税申报在税务机关的受理、审核和核准的情况，如图 11-25 所示。

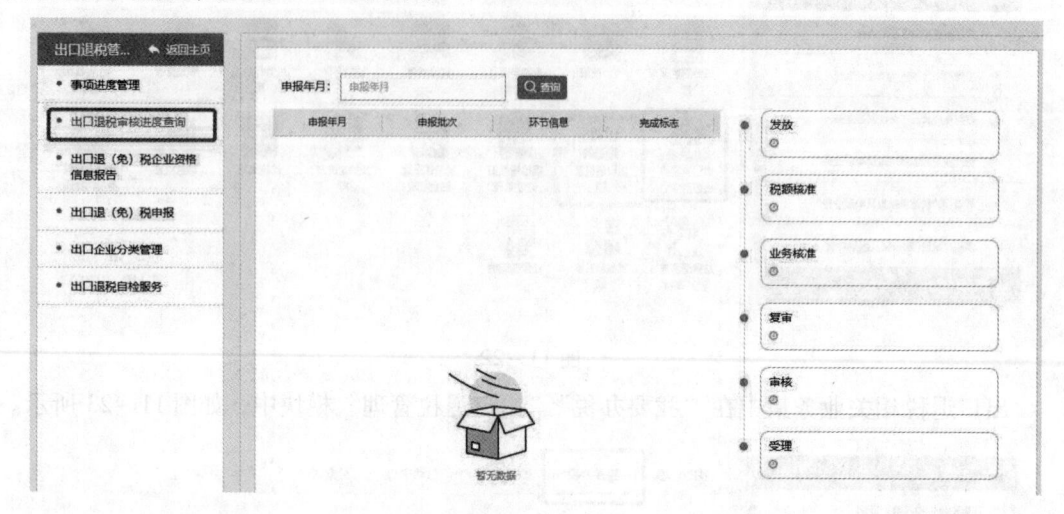

图 11-25

（三）出口退（免）税企业资格信息报告：用于申报与出口退（免）税备案有关的事项，如图 11-26 所示。

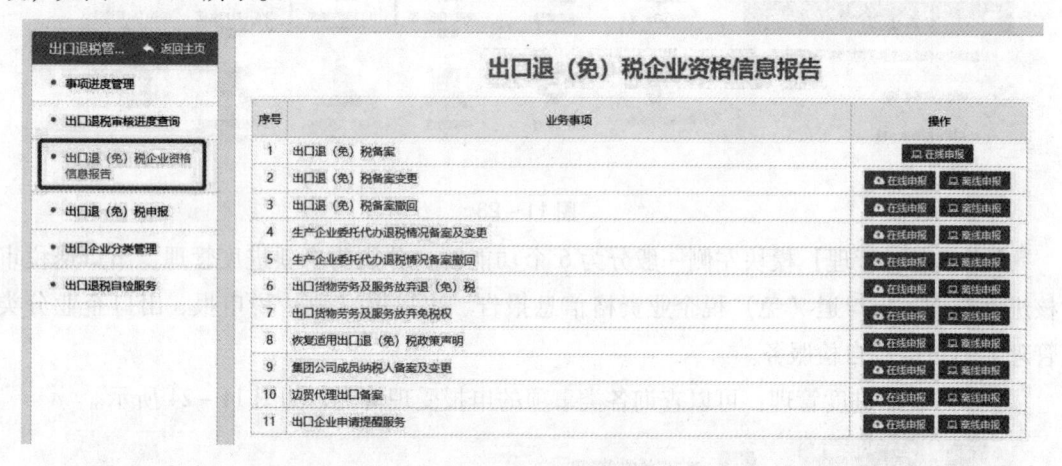

图 11-26

（四）出口退（免）税申报：用于集中办理有关出口退（免）税申报的事项，如数据自检、出口信息查询申请、进料加工核销申报等，如图 11-27 所示。

（五）出口企业分类管理：出口企业进行分类管理的评定或复评可通过此模块发起申请，分为一类出口企业评定申请和出口企业分类管理复评申请两个业务办理模块。如图 11-28 所示。

图 11－27

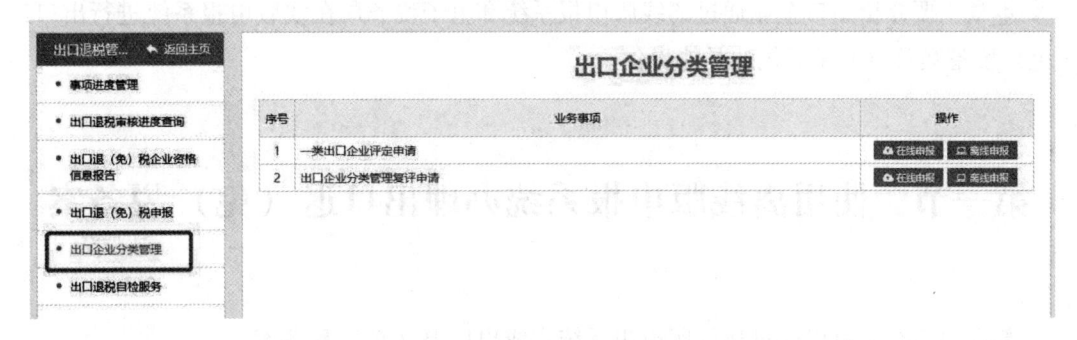

图 11－28

（六）出口退税自检服务：使用离线版申报系统的出口企业，可以把生成的退（免）税申报数据包在此模块进行数据自检及正式申报，如图 11－29 所示。

图 11－29

111

第十二章
出口退（免）税备案

出口企业或其他单位应于首次申报出口退（免）税时，填报《出口退（免）税备案表》，向主管税务机关提供相应资料，办理出口退（免）税备案手续。新办出口企业可以通过离线版申报系统或电子税务局在线版申报系统完成出口退（免）资格备案。

本章主要介绍出口企业通过离线版申报系统和电子税务局在线版申报系统进行出口退（免）税备案及申请无纸化的具体操作。

第一节 使用离线版申报系统办理出口退（免）税备案

新办出口企业可以通过离线版申报系统完成出口退（免）税备案。

登录离线版申报系统后，打开左上角的向导，找到"备案申请向导第一步"点击"退（免）税备案数据采集→出口退（免）税备案申请表"，如图12-1所示。

图 12-1

点击"增加"按钮录入出口退（免）税备案申请表。如图12-2所示。

【申请日期】：填写当前表单的录入日期即可。

【退（免）税计税方法】：内资生产企业、外商投资企业适用免抵退税政策，外贸企业适用免退税政策。

【是否提供零税率应税服务】：出口零税率应税服务，包含国际运输、港澳台运输、技术服务出口等，应该选择"是"，反之填写"否"。

图 12-2

完成数据采集后，点击"备案申请向导第二步→生成退（免）税备案申报→生成出口退（免）税备案申报数据"模块，选择"出口退（免）税备案申报"后点击确定，如图 12-3 所示。

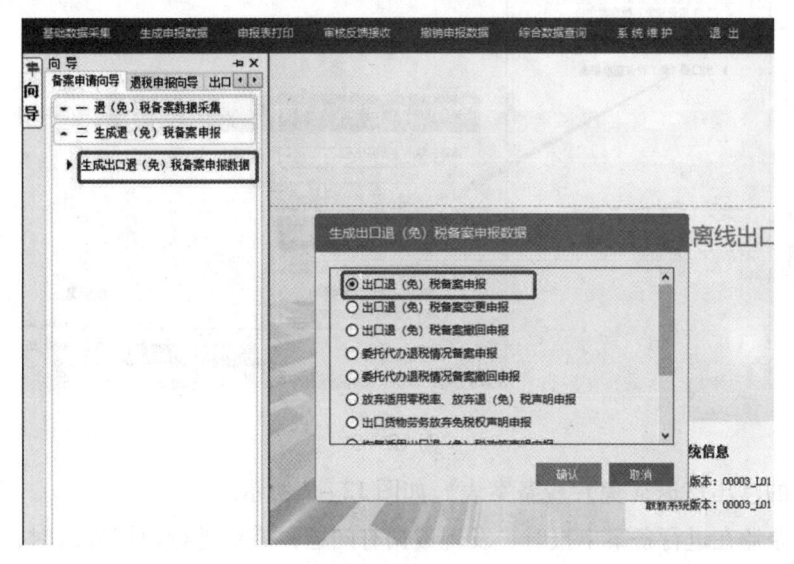

图 12-3

在"生成申报数据"提示框中点击"浏览"可以更改申报数据的存放路径，选定数据存放路径后点击"确定"即可生成备案申报数据，如图 12-4 所示。

生成申报数据的格式是以企业海关代码 + rdxx 命名的 XML 文件，数据生成后需要进行数据的申报。申报出口退（免）税备案时，企业应根据所属税务机关要求，携带相关资料去办税服务厅提交材料或通过电子税务局提交材料。如图 12-5 所示。

| 出口退（免）税常见业务申报实务与疑难速查 |

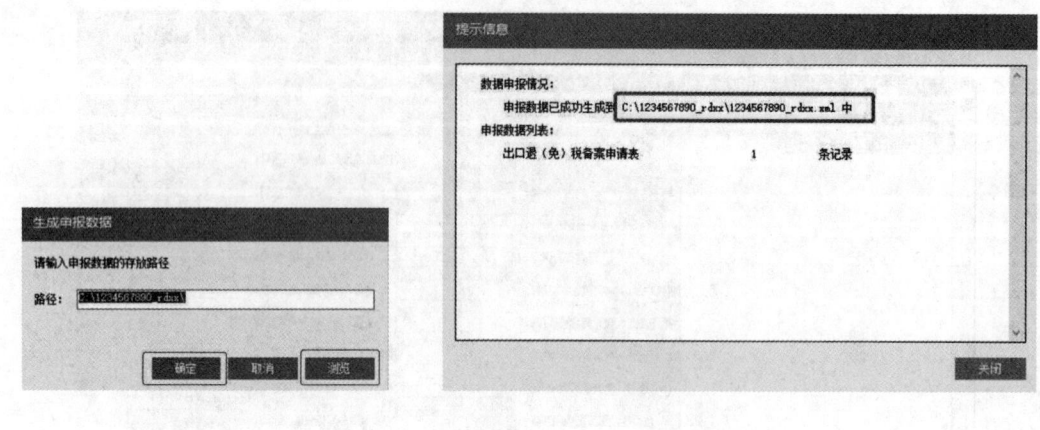

图 12-4

图 12-5

完成生成申报数据后，需要进行表单的打印，具体步骤为：在"备案申请向导第三步→打印退（免）税备案报表→出口退（免）税备案申报表"模块，选择"出口退（免）税备案申请表"后，填写申请日期后即可打印，如图 12-6 所示。

图 12-6

打印后的《出口退（免）税备案表》如图 12-7 所示。

如出口企业在进行备案申报时，发现数据有问题，需要进行数据修改时，可通过离线版申报系统进行数据的撤销和修改。在"备案申请向导第五步→退（免）税备案数据撤销→撤销出口退（免）税备案申报数据"模块下，选择"出口退（免）税备案申报"将其撤销。撤销后返回"出口退（免）税备案申请表"录入页面，点击"修改"按钮进行修改数据，如图 12-8、图 12-9 所示。

114

出口退（免）税备案表

统一社会信用代码/纳税人识别号					
纳税人名称		外贸企业			
海关企业代码					
对外贸易经营者备案登记表编号					
企业类型		内资生产企业（ ）	外商投资生产企业（ ）	外贸企业（√）	其他企业（ ）
退税开户银行					
退税开户银行账号					
办理退（免）税人员	姓名		电话		
	身份证号				
	姓名		电话		
	身份证号				
退（免）税计算方法		免抵退税（ ）	免退税（√）	免税（ ）	其他（ ）
是否提供零税率应税服务	是（ ）否（√）	提供零税率应税服务代码			
享受增值税优惠政策		先征后退（ ）	即征即退（ ）	超税负返还（ ）	其他（ ）
出口退（免）税管理类型					
附送资料					

本表是根据国家税收法律法规及相关规定填报的，我单位确定它是真实的、可靠的、完整的。

经办人：
财务负责人：
法定代表人：

（印　章）　　　　　　　　　　　　　　　　　　　　年　月　日

图 12-7

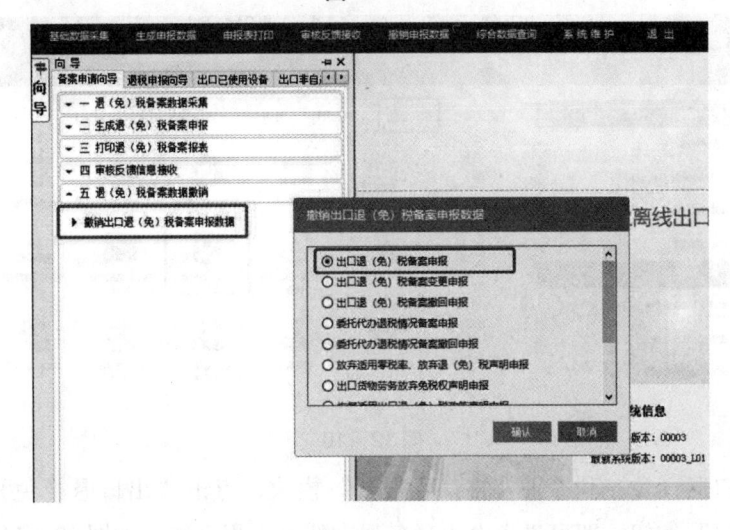

图 12-8

115

| 出口退（免）税常见业务申报实务与疑难速查 |

图 12-9

第二节 使用电子税务局在线版申报系统办理出口退（免）税备案

新办出口企业可以通过电子税务局在线版申报系统办理出口退（免）税备案。登录电子税务局，通过"我要办税→出口退税管理"进入出口退税相关业务办理页面，如图 12-10 所示。

图 12-10

选择"出口退（免）税企业资格信息报告"模块，点击"出口退（免）税备案"后方的"在线申报"按钮，即可进入电子税务局在线版申报系统，如图 12-11 所示。

| 中篇　出口退（免）税申报操作实务 |

图 12-11

在资格信息报告页面中选择"出口退（免）备案"，点击"采集"按钮，录入出口退（免）税备案表的相关信息，如图 12-12 所示。

图 12-12

| 出口退（免）税常见业务申报实务与疑难速查 |

【申请日期】：填写当前表单的录入日期即可。

【退（免）税计税方法】：内资生产企业、外商投资企业适用免抵退税政策，外贸企业适用免退税政策。

【是否提供零税率应税服务】：出口零税率应税服务包含国际运输、港澳台运输、技术服务出口等，应该选择"是"，反之填写"否"。

填写完成后，点击保存即可生成申报数据，点击操作下方的"申报文件"即可下载申报数据，点击"下载打印"即可下载申报表的EXCEL打印文件，勾选数据点击"申报上传"即可报送税务机关审核。如图12-13所示。

图 12-13

打印后的《出口退（免）税备案表》，如图12-14所示。

出口退（免）税备案表

图 12-14

118

第三节 使用离线版申报系统
办理出口退（免）税无纸化试点企业申请

无纸化试点企业进行出口退（免）税正式申报以及申请办理出口退（免）税相关证明时，不再需要报送纸质申报表和纸质凭证，只提供正式申报电子数据即可，原规定向主管税务机关报送的纸质凭证，留存企业备查。可以申请无纸化试点的企业范围为出口退（免）税分类管理类别一类、二类、三类的出口企业。

符合条件的出口企业可以向主管税务机关提出无纸化管理的申请，首次办理出口退（免）税备案的企业，可以直接在备案时申请成为无纸化试点企业，如果已经完成了出口退（免）税备案的出口企业，后期需要申请成为无纸化试点企业的，可以通过备案变更的方式申请成为无纸化试点企业。

如果无纸化试点企业的出口企业管理类别被调整为四类出口企业的，将取消其无纸化试点资格。

一、新办出口企业申请无纸化管理

新办出口企业申请无纸化管理需要在进行出口退（免）税备案时，备案为无纸化企业即可。

登录离线版申报系统，在备案申请向导下选择"出口退（免）税备案申请表"，在填报出口退（免）税备案申请表时，将"退税管理类型"选择为04"无纸化企业"，在申请出口退（免）税备案的同时完成无纸化试点企业的申请，如图12-15所示。

二、已备案出口企业申请无纸化管理

已经完成出口退（免）税备案的出口企业申请无纸化试点的，需要通过出口退（免）税备案变更实现。

登录离线版申报系统，选择"备案申报向导第一步→出口退（免）税备案采集→出口退（免）税备案变更申请表"，录入出口退（免）税备案变更申请表。出口退（免）税备案变更表中的变更事项选择"退税管理类型"，变更后的内容填写04，即为"无纸化企业"，填写完成后进行数据的保存。备案变更表中的"变更前内容"无须手动填写，由系

| 出口退（免）税常见业务申报实务与疑难速查 |

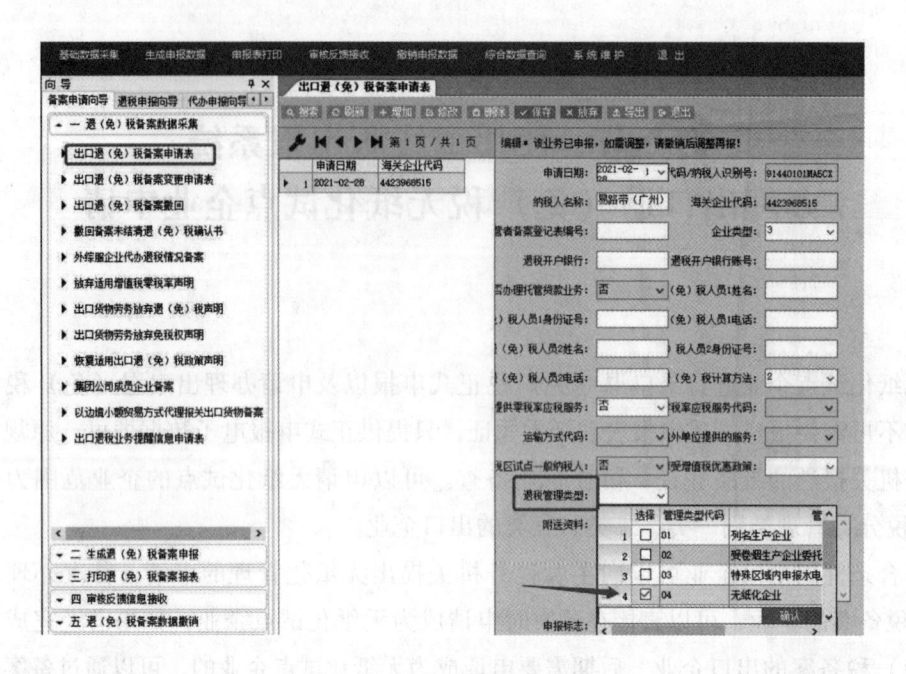

图 12-15

统根据原备案信息自动带出，如没有带出，可以通过电子税务局下载任一期间税务机关反馈信息读入离线版申报系统，点击刷新数据即可。如图 12-16 所示。

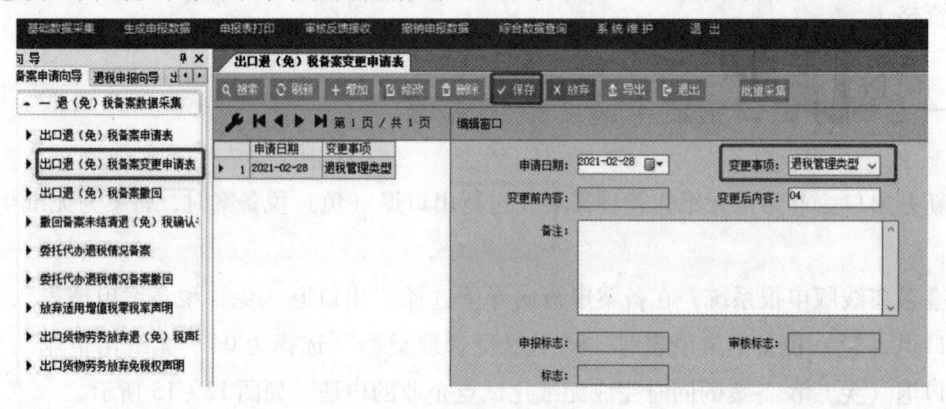

图 12-16

出口退（免）税备案变更申请表填写完成后，即可进行表单的生成。选择"备案申请向导第二步→生成退（免）税备案申报→生成出口退（免）税备案申报数据"模块中的"出口退（免）税备案变更申报"，如图 12-17 所示。

点击"浏览"按钮，可以自定义更改申报数据的存放路径，选定存放路径后点击"确定"，即可生成申报数据，如图 12-18 所示。

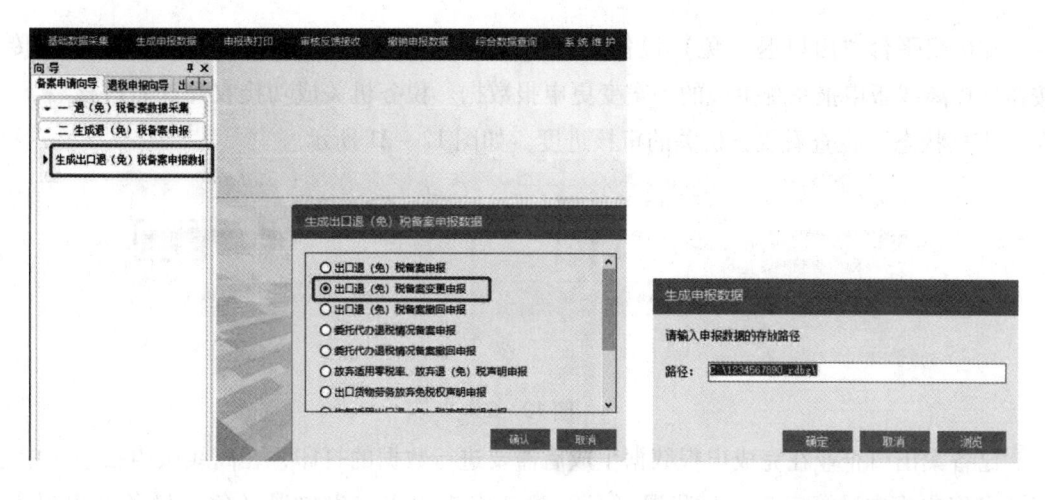

图 12 –17　　　　　　　　　　　　　图 12 –18

生成申报数据后，系统会出现信息提示框，在信息提示中可以查询申报文件的存放路径，申报数据是以企业海关代码+rdbg 命名的 xml 文件，将申报文件通过电子税务局报送至税务机关审核即可，如图 12 –19 所示。

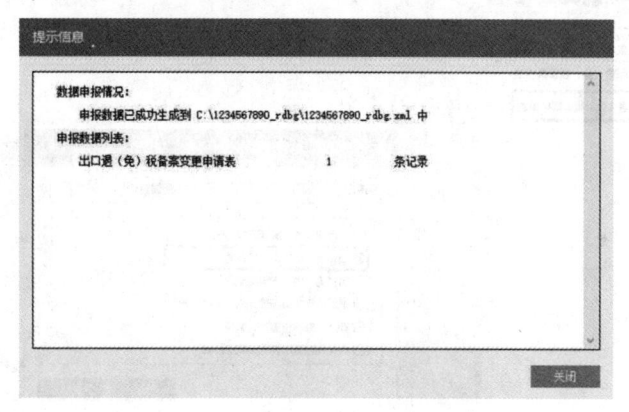

图 12 –19

出口企业登录电子税务局，选择"我要办税→出口退税管理"，在出口退税管理模块中选择"出口退（免）税企业资格信息报告→出口退（免）税备案变更"，点击后方的"离线申报"按钮进入申报平台。如图 12 –20 所示。

图 12 –20

在申报平台"出口退（免）税备案→出口退（免）税备案变更"模块点击"上传"按钮选择离线版申报系统生成的备案变更申报数据。税务机关成功接收并开始审核后，可在"审核状态"栏查看税务机关的审核进度。如图12-21所示。

图12-21

已备案出口企业在完成申报数据生成后需要进行数据的打印，在离线版申报系统中选择"备案申报向导第三步→打印退（免）税备案申报表→出口退（免）税备案申报表"模块，在弹出的对话框中输入申请日期，选中"出口退（免）税备案变更申请表"点击"确定"按钮即可进行数据的打印，如图12-22所示。

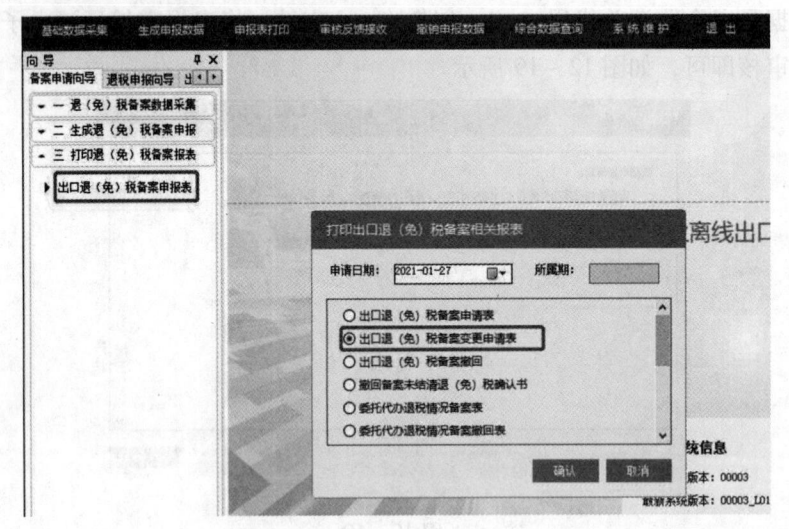

图12-22

第四节 使用电子税务局在线版申报系统办理出口退（免）税无纸化试点企业申请

一、新办出口企业申请无纸化管理

新办出口企业通过电子税务局在线版申报系统进行备案时，可以直接备案为无纸化企业。

登录电子税务局，选择"我要办税→出口退税管理"模块，选择"出口退（免）税资格信息报告"，点击出口退（免）税备案后方的"在线申报"按钮进入在线版申报系统，如图12-23所示。

图12-23

在填报出口退（免）税备案申请表时，将"退税管理类型"选择为"无纸化企业"，在申请出口退（免）税备案的同时完成无纸化试点企业的申请，如图12-24所示。

图12-24

二、已备案出口企业申请无纸化管理

已备案出口企业申请成为无纸化试点企业，需要通过变更出口退（免）税备案来实现。

登录电子税务局，选择"我要办税→出口退税管理"模块，如图12-25所示。

图 12-25

选择"出口退税管理→出口退（免）税企业资格信息报告"，点击"出口退（免）税备案变更申报"后方的"在线申报"按钮，即可进入在线版申报系统，如图12-26所示。

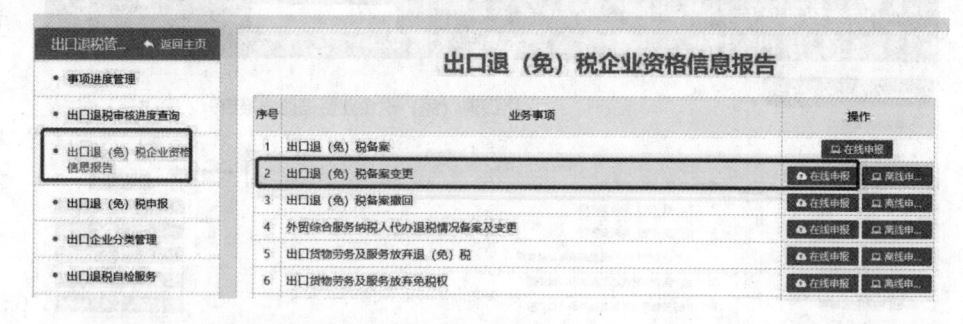

图 12-26

在"出口退（免）税备案变更→明细数据采集"点击"新建"按钮，录入数据，在出口退（免）税备案变更申请表中将"退税管理类型"更改为"无纸化企业"后，点击保存，如图12-27所示。

图 12-27

已备案出口企业在完成备案变更数据的填写后，需要将备案变更数据生成并报送税务机关审核。

选择"出口退（免）税备案变更→数据申报"模块，点击"生成申报数据"按钮，生成申报数据，再勾选生成的申报数据，点击"正式申报"按钮，即可将变更后的备案数据报送至税务机关审核。如图12-28所示。

图12-28

当税务机关成功接收申报数据并开始审核时,企业可以在"出口退(免)税备案变更→申报结果查询"模块,查询税务机关的审核进度。如图12-29所示。

图12-29

第十三章
生产企业使用离线版申报系统办理常用退税业务

本章主要介绍生产企业如何使用离线版申报系统办理常用退税业务，包括生产企业免抵退税申报、进料加工计划分配率备案与核销、证明类申报等。

第一节 免抵退税申报

生产企业使用离线版申报系统进行免抵退税申报，需要通过"明细数据采集、汇总数据采集、生成申报数据、打印申报报表、申报数据自检、数据正式申报"六个环节完成。

一、免抵退明细数据采集

（一）货物劳务明细申报数据采集

生产企业货物劳务免抵退申报，需要填写《出口货物劳务免抵退申报明细表》。

明细数据采集中可以采用两种方式进行采集，分别为外部导入报关单数据和手工采集。外部导入报关单数据是指：直接将通过电子口岸下载的报关单数据导入到离线版申报系统中，经过处理后生成免抵退申报明细数据；手工采集是指：通过电子口岸打印纸质报关单，根据报关单内容在离线版申报系统手工录入免抵退税申报明细数据。

方法一：外部导入报关单数据

1. 生产企业在进行外部导入报关单数据操作前，需先在离线版申报系统中进行电子口岸卡信息配置。具体操作步骤为：登录离线版申报系统，打开"系统维护→系统配置→系统参数设置与修改"模块，选择"功能配置Ⅰ"，如图13-1所示。

2. 进行电子口岸卡信息的填写：填写电子口岸IC卡号码及密码（IC卡号为电子口岸下载的报关单数据文件名的前13位），点击确认，如图13-2所示。

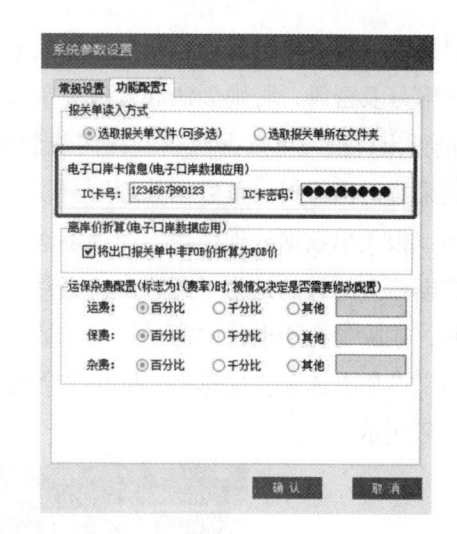

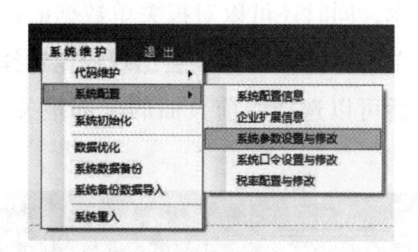

图 13-1　　　　　　　　　　图 13-2

3. 登录电子口岸下载报关单数据。登录中国电子口岸官方网站，在"电子口岸联网稽查→出口报关单查询下载"界面可以下载电子口岸的报关单数据，如图 13-3 所示。

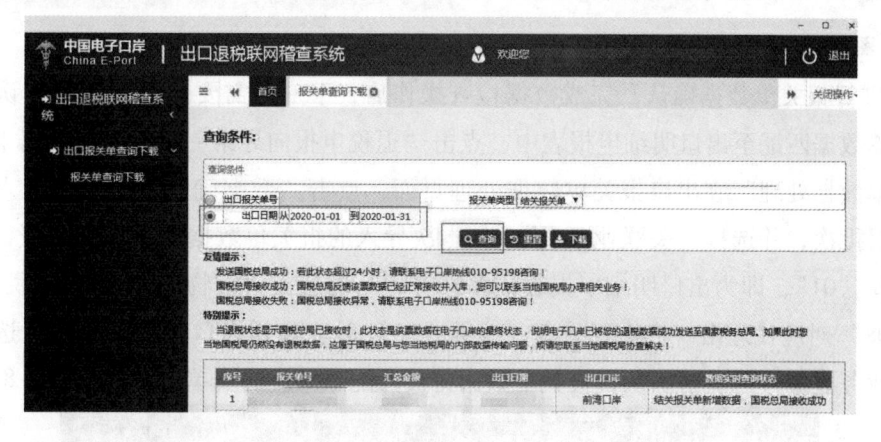

图 13-3

4. 将下载的报关单数据导入离线版申报系统中。在离线版申报系统，打开"退税申报向导第一步→外部数据采集→出口报关单数据读入"模块，点击"数据读入"按钮，选择电子口岸下载的报关单数据即可导入离线版申报系统，如图 13-4、图 13-5 所示。

图 13-4　　　　　　　　　　图 13-5

温馨提示：报关单数据导入时需要插入电子口岸卡，并提前在离线版申报系统中配置电子口岸卡号及密码，否则无法导入报关单数据。

5. 进行出口报关单数据检查。在离线版申报系统中，打开"退税申报向导第一步→外部数据采集→出口报关单数据处理"模块。如图13-6所示。

在出口报关单数据处理模块，选择本次需要申报退税的报关单数据点击"数据检查"按钮，数据检查的目的是为了配置出口当月的汇率，同时还可以对报关单数据的征免性质进行判断，剔除含有不退税的商品报关单数据，单击"选择"选项会出现快捷选择键，即为"全选""全不选""反选"。点击"全选"后可以选择当前页面的全部报关单数据，如图13-7所示。

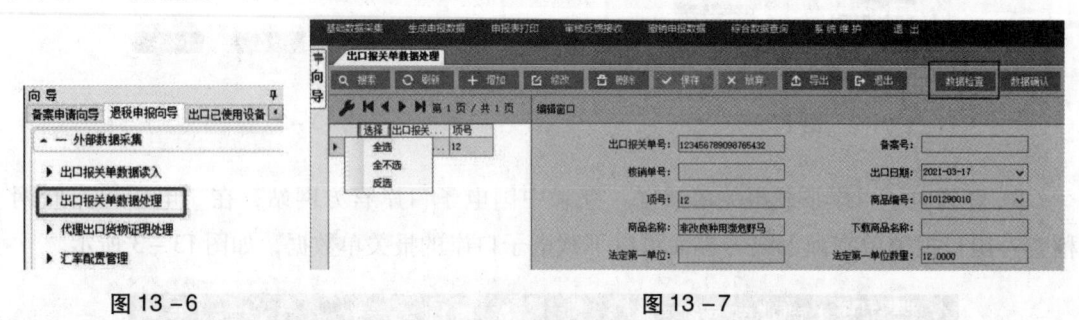

图13-6　　　　　　　　　　图13-7

6. 进行报关单数据确认。完成数据检查操作后，下一步需要通过"数据确认"功能将报关单数据匹配至出口明细申报表中，点击"退税申报向导第一步→外部数据采集→出口报关单数据处理"在出口报关单数据处理页面，点击"数据确认"按钮，输入申报年月及申报批次，并选择"关联业务表"：如本次导入的报关单数据用于退税申报，关联业务表选择"01"，即为出口明细申报表，编号"07"对应出口货物已补税/未退税证明表，编号"08"对应代理出口货物证明表，编号"13"对应委托出口货物证明表。选择对应的关联业务表编号后点击确认，报关单数据将被匹配至对应的表单中，如图13-8所示。

图13-8

点击"确定"按钮后需要填写出口发票号码，如图13-9所示。

图 13-9

点击"确认"按钮，系统会将数据确认到指定的申报明细表中，并显示确认结果，检查数据无误后关闭即可，如图13-10所示。

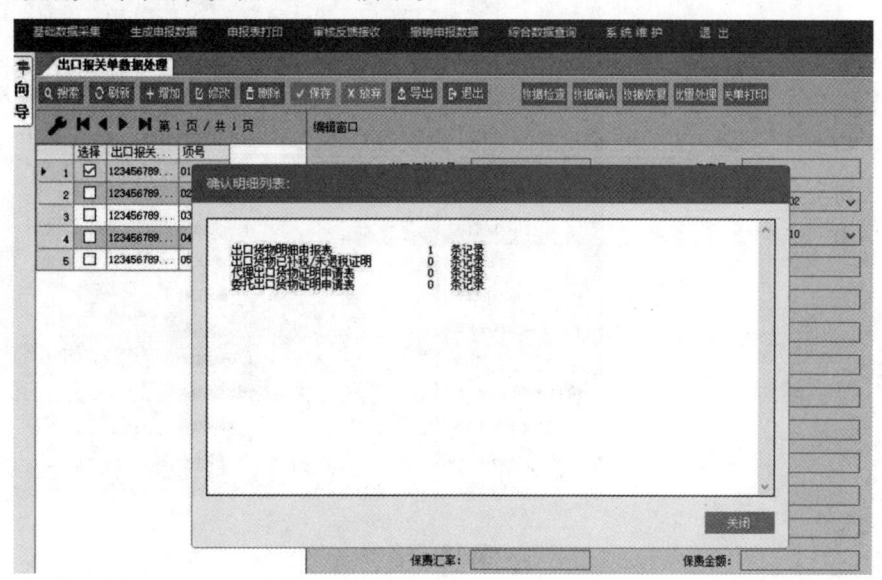

图 13-10

方式二：手工采集免抵退申报明细数据

在报关单数量较少的情况下，可以选择通过手工采集的方式，根据纸质报关单内容，直接手工录入免抵退税申报明细数据。操作步骤为：登录离线版申报系统，打开"退税申报向导第二步→免抵退税明细数据采集→出口货物免抵退税申报明细表"模块，如

图 13-11 所示。

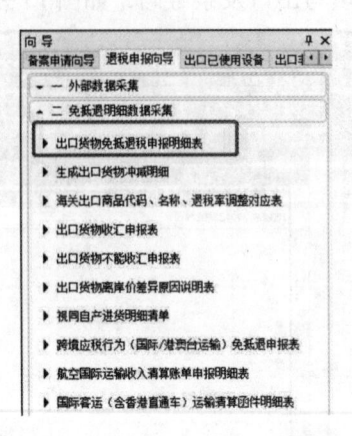

图 13-11

在"出口货物免抵退税申报明细表"界面中点击"增加"按钮录入相关的出口明细数据，如图 13-12 所示。

图 13-12

【所属期】：与纳税申报所属期一致。例如此次申报退税时间是 2020 年 12 月份，所属期填写 202011；如此次申报退税时间是 2020 年 11 月份，所属期填写 202010，依此类推。

【序号】：8 位流水号，序号是对该所属期下申报数据的默认排序，默认起始序号为 00000001，依序排列。例如当期免抵退申报明细数据共有 10 条，在明细录入时序号默认从 00000001 排到 00000010。

【出口报关单号】：参考纸质报关单填写。出口报关单右上角会有18位的海关编号，出口退税申报系统中要求录入21位，即18位的海关编号+0+两位项号。报关单号第19位始终为"0"；20、21两位项号要根据报关单中出口货物明细列表最左侧的两位"项号"数字进行录入。例如，一张报关单有3项出口商品，则在免抵退申报明细录入过程中需要录入三条数据：第一条数据出口报关单号为18位海关编号+0+01，第二条数据出口报关单号为18位海关编号+0+02，第三条数据出口报关单号为18位海关编号+0+03，以此类推。

【代理出口证明号】：代理出口证明号与出口报关单号根据实际情况选填一个即可，自营出口填写出口报关单号，委托出口填写代理出口证明号。代理出口证明号录入规则为20位，填写18位代理出口货物证明号码+两位项号。

【出口发票号】：根据出口发票填写发票号码。开具多张出口发票的，若发票号码连续的，第一张发票可录入完整的8位号码，然后用/符号分割，第二张发票只录入后两位号码。

【出口日期】：按照出口报关单上出口日期进行填写。

【进料加工手（账）册号】：有进料加工业务企业填写手账册的号码，没有进料加工业务该栏次不填写。

【出口商品代码】：按照出口报关单中的"商品代码"进行填写。

【申报商品代码】：如果属于符合按照原材料的退税率进行退税规定的出口商品，此栏填写原材料的商品代码。

【计量单位】：由申报系统根据出口商品代码在退税率文库中对应的计量单位自动带出。

【出口数量】：按照出口报关单显示的出口商品数量进行填写。出口报关单中的出口商品有多个计量单位的，应填写申报系统所带出计量单位对应的出口数量。

【原币币别】：按照出口报关单的币制进行填写。

【原币离岸价】：按出口发票上列明的原币离岸价填写，若成交方式不是FOB，含有运费及保费，需要扣除运保费换算为FOB价格填写。

【原币汇率】：填写出口当月第一个工作日的外汇中间价，按照100外币兑人民币的方式进行填写。

【人民币出口销售额】：系统根据原币离岸价及原币汇率自动计算。

【美元出口销售额】：系统根据美元汇率自动计算。

【征税率】：根据商品代码自动带出。

【退税率】：根据商品代码自动带出。

【计划分配率】：无须手工填写，针对有进料加工业务的生产企业由系统自动带出。

【进料加工保税料件组成计税价格】：无须手工填写由系统自动计算，计算公式为：进料加工保税进口料件组成计税价格＝出口销售额（人民币）×计划分配率。

【国内购进免税原材料价格】：用于加工出口货物的不计提进项税额的国内免税原材料价格（人民币）。

【不得免征和抵扣税额】：无须手工填写由系统自动计算，计算公式为：不得免征和抵扣税额＝｛出口销售额（人民币）－进料加工保税进口料件组成计税价格－国内购进免税原材料价格｝×｛征税率－退税率｝

【免抵退税额】：无须手工填写由系统自动计算，计算公式为：免抵退税额＝｛出口销售额（人民币）－进料加工保税进口料件组成计税价格－国内购进免税原材料价格｝×退税率

（二）零税率服务明细申报数据采集

增值税一般纳税人提供适用增值税零税率的应税服务，实行增值税退（免）税办法。增值税零税率应税服务包括国际运输服务、航天运输服务和向境外单位提供的完全在境外消费的特定服务。

零税率服务生产企业实行免抵退税办法。外贸企业直接将服务或自行研发的无形资产出口，视同生产企业，连同其出口货物统一实行免抵退税办法。

如果企业存在适用免抵退税办法的增值税零税率应税服务，在免抵退申报时需对应不同的服务类型选择相应免抵退申报明细表进行录入，录入完成后，与出口货物劳务免抵退申报明细数据（如有）一起参与当期免抵退汇总表的计算。

以向境外单位提供的完全在境外消费的特定服务的免抵退税申报为例，对零税率服务明细申报数据的采集进行介绍。

向境外单位提供的完全在境外消费的特定服务的免抵退税申报需要录入跨境应税行为免抵退申报明细表、跨境应税行为收讫营业款清单。

操作步骤为：登录离线版申报系统，打开"退税申报向导第二步→免抵退明细数据采集→跨境应税行为免抵退税申报明细表"模块，如图13-13所示。

在"跨境应税行为免抵退税申报明细表"录入界面，点击"增加"按钮录入数据。如图13-14所示。

【出口日期】：填写出口发票的开具日期。

【跨境应税行为代码】：按出口退税率文库中的对应编码填写，如9902000000（对外研发服务）。

【合同号】：填写与境外单位签订的提供跨境应税行为的合同编号。

【境外单位名称】：填写签订跨境应税行为合同的境外单位名称。

【合同人民币总金额】：填写美元金额与税务机关备案的汇率折算的人民币金额。

【合同美元总金额】：与境外单位签订的跨境应税行为合同的美元总金额。若为其他外

币签订的，需折算为美元金额填写。

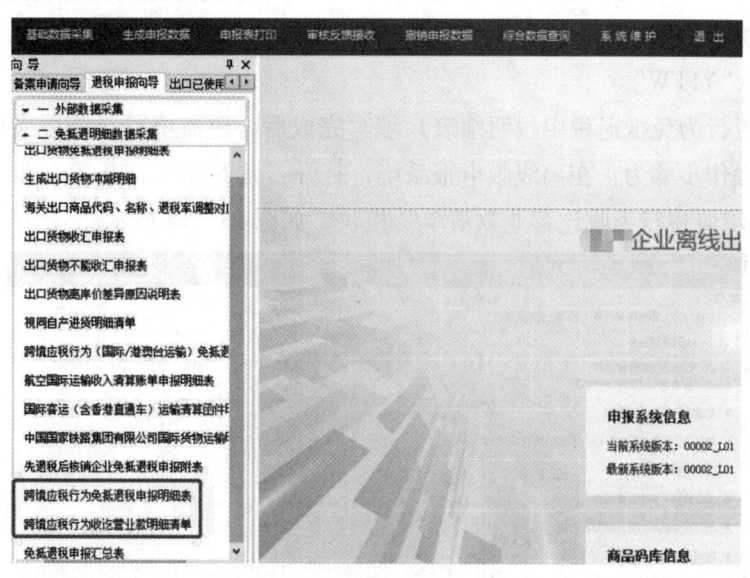

图 13-13

图 13-14

【收入原币代码】：填写收入币制的代码。

【收入原币汇率】：填写收入原币的汇率，按照 100 外币兑人民币的汇率填写。

【本期人民币收款额】：本期收款的跨境应税行为所取得的全部价款的人民币金额，以其他币种结算的填写折算人民币金额。

【跨境应税行为业务类型代码】：填写跨境应税行为对应的业务类型代码，如对外提供研发服务填写"YFFW"。

《跨境应税行为免抵退税申报明细表》填写完成后，还需填写《跨境应税行为收讫营业款清单》。操作步骤为：在离线版申报系统，打开"退税申报向导第二步→免抵退明细数据采集→跨境应税行为收讫营业款清单"模块，如图13-15所示。

图 13-15

在"跨境应税行为收讫营业款清单"录入界面中，点击"增加"按钮录入明细数据，如图13-16所示。

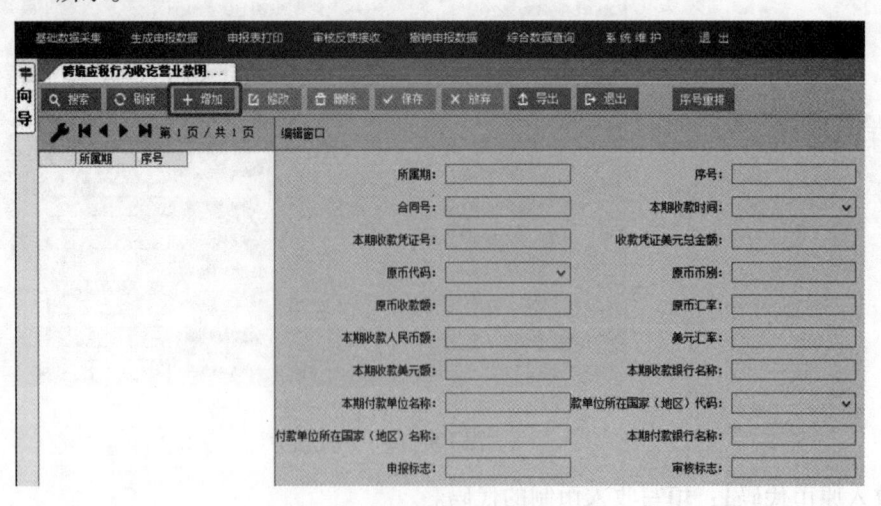

图 13-16

【合同号】：填写与境外单位签订的提供跨境应税行为的合同编号。

【本期收款时间】：填写本期收取营业款的时间。

【本期收款凭证号】：填写银行收取营业款款项的凭证号。

【收款凭证美元总金额】：银行收取款项的凭证号对应美元总金额。

【本期收款人民币额】：填写收款凭证对应的本合同号的收款金额人民币金额，以其他币种结算的填写人民币金额。

【美元汇率】：填写 100 美元兑人民币的汇率。

【本期收款美元额】：填写收款凭证上对应的本合同号的收款美元金额。以其他币种结算的，需折算为美元金额填写。

【本期收款银行名称】：填写收款的银行名称。

【本期付款单位名称】：填写支付款项单位的名称。

【付款单位所在国家（地区）代码】：填写支付该款项的单位所在国家或地区代码。

【本期付款银行名称】：填写支付该款项的银行全称。

二、免抵退汇总表补充数据采集

（一）数据采集

生产企业在完成免抵退申报明细数据采集后，需要在离线版申报系统中填写汇总表自动计算所需的补充数据，用以系统生成免抵退申报汇总表。操作步骤为：登录离线版申报系统，打开"退税申报向导第二步→免抵退明细数据采集→免抵退税申报汇总表"模块，如图 13-17 所示。

图 13-17

在"免抵退申报汇总表"录入界面,点击"增加"按钮,填写"所属期""纳税表不得抵扣累加""期末留抵税额"三项补充数据,其中"纳税表不得抵扣累加",为大于上次已申报免抵退汇总表所属期且小于等于当前所属期的若干期《增值税纳税申报表附列资料二》"免抵退税办法不得抵扣的进项税额"(第18栏)累加之和;"期末留底税额"为当期《增值税纳税申报表主表》的"期末留抵税额"(第20栏)。补充数据填写完毕后,免抵退汇总表中其他栏次的内容由申报系统自动计算得出,无须填写,如图13-18所示。对系统生成的免抵退汇总表检查无误后,保存即可。

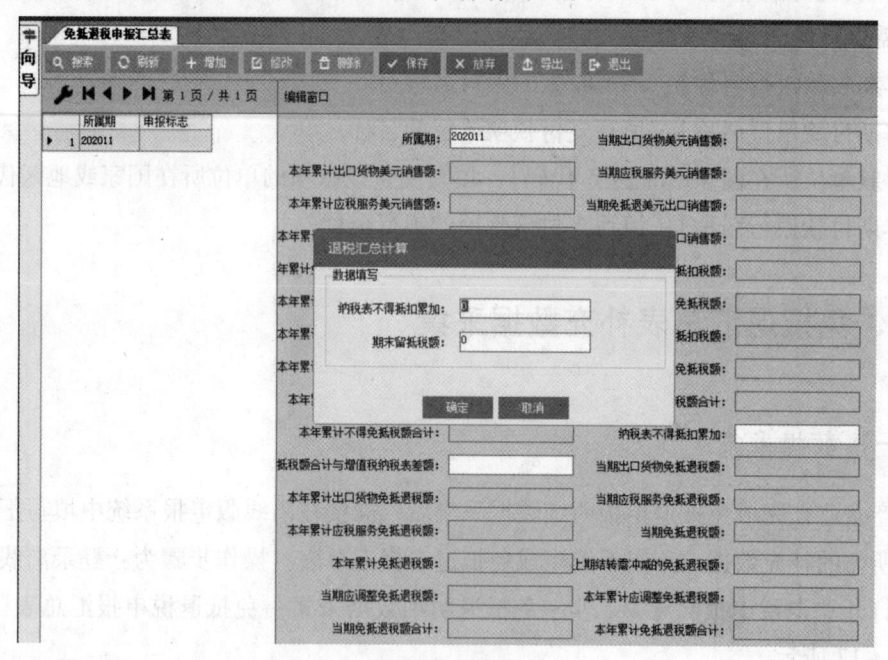

图13-18

（二）汇总表栏次说明

离线版申报系统生成的《免抵退税申报汇总表》,如图13-19所示,较以往出口企业免抵退税申报中使用的汇总表有较大变化,取消了因出口退（免）税政策发展已经不适用的单证不齐或信息不齐等相关的栏次,设计更为简捷和科学。

免抵退税申报汇总表

纳税人识别号（统一社会信用代码）：
纳税人名称：
所属期：　年　　月　　　　　　　　　　　　　　　金额单位：元（列至角分）

项目	项目	栏次	当期 (a)	本年累计 (b)	与增值税纳税申报表差额 (c)
出口销售额	免抵退税出口销售额（美元）	1=2+3			
	其中：出口货物劳务销售额（美元）	2			
	跨境应税行为销售额（美元）	3			
	免抵退税出口销售额（人民币）	4			
不得免征和抵扣税额	免抵退税不得免征和抵扣税额	5=6+7			
	其中：出口货物劳务不得免征和抵扣税额	6			
	跨境应税行为不得免征和抵扣税额	7			
	进料加工核销应调整不得免征和抵扣税额	8			
	免抵退税不得免征和抵扣税额合计	9=5+8			
应退税额和免抵税额	免抵退税额	10=11+12			
	其中：出口货物劳务免抵退税额	11			
	跨境应税行为免抵退税额	12			
	上期结转需冲减的免抵退税额	13			
	进料加工核销应调整免抵退税额	14			
	免抵退税额合计	15（如10-13+14>0则为10-13+14，否则为0）			
	结转下期需冲减的免抵退税额	16=13-10-14+15			
	增值税纳税申报表期末留抵税额	17			
	应退税额	18（如15>17则为17，否则为15）			
	免抵税额	19=15-18			

声明：此表是根据国家税收法律法规及相关规定填写的，本人（单位）对填报内容（及附带资料）的真实性、可靠性、完整性负责。
纳税人（签章）：　　　　　　　　年　月　日

经办人： 经办人身份证号： 代理机构签章： 代理机构统一社会信用代码：	受理人： 受理税务机关（章）： 受理日期：年　月　日

图 13-19

离线版申报系统《免抵退税申报汇总表》部分栏次的计算口径如下：

【当期出口货物劳务不得免征和抵扣税额】：当期《生产企业出口货物劳务免抵退税申报明细表》中"不得免征和抵扣税额"的合计数。

当期不得免征和抵扣税额＝（人民币出口销售额－当期国内购进免税原材料价格－当期进料加工保税进口料件组成计税价格）×（出口货物适用税率－出口货物退税率）

【当期跨境应税行为不得免征和抵扣税额】：当期《跨境应税行为免抵退税申报明细表》"跨境应税行为免抵退税计税金额乘征退税率之差"合计＋当期《国际运输（港澳台运输）免抵退税申报明细表》"跨境应税行为免抵退税计税金额乘征退税率之差"合计。

【当期进料加工核销应调整不得免征和抵扣税额】：最近一次免抵退税申报至本次免抵退税申报期间税务机关核销确认的《生产企业进料加工业务免抵退税核销表》"应调整不得免征和抵扣税额"合计数。

当期进料加工核销应调整不得免征和抵扣税额＝出口销售额×（计划分配率－实际分配率）×（征税率－退税率）

【当期结转下期需冲减的免抵退税额】："免抵退税额合计"栏次原则上大于等于0，若当期免抵退税额经过上期免抵退税额结转和进料加工核销的调整后，产生负数，则"免抵退税额合计"按0计，差额体现在"当期结转下期需冲减的免抵退税额"。

当期结转下期需冲减的免抵退税额＝当期"上期结转需冲减的免抵退税额"－当期"免抵退税额"－当期"进料加工核销应调整免抵退税额"＋当期"免抵退税额合计"

【当期上期结转需冲减免抵退税额】：填写上期免抵退汇总表的"结转下期需冲减的免抵退税额"。

【当期进料加工核销应调整免抵退税额】：最近一次免抵退税申报至本次免抵退税申报期间税务机关核销确认的《生产企业进料加工业务免抵退税核销表》"应调整免抵退税额"合计数。

当期进料加工核销应调整免抵退税额＝出口销售额×（计划分配率－实际分配率）×退税率计算

【当期应退税额】：当期期末留抵税额与免抵退税额合计做比较，两者较小者为应退税额。

当期免抵退税额合计＞当期增值税纳税申报表期末留抵税额，则等于"当期增值税纳税申报表期末留抵税额"，否则等于"当期免抵退税额合计"

【当期免抵税额】：当期免抵退税额合计－当期应退税额。

【免抵退税不得免征抵扣税额合计与增值税纳税申报表差额】：按当期本表"当期免抵退税不得免征和抵扣税额合计"－"纳税表不得抵扣累加"（即：大于上次已申报免抵退汇总表所属期且小于等于当前所属期的若干期《增值税纳税申报表附列资料二》"免抵退税办法不得抵扣的进项税额"（第18栏）累加之和）＋税务机关核准的最近一期本表

的"免抵退税不得免征和抵扣税额合计与增值税纳税申报表差额"计算填写。

如果此差额为负数,说明《增值税纳税申报附列资料二》"免抵退税办法不得抵扣的进项税额"(第18栏)多报,应做相应账务调整并在下期增值税纳税申报时对《增值税纳税申报附列资料二》"免抵退税办法不得抵扣的进项税额"(第18栏)进行调减;如果此差额为正数,说明《增值税纳税申报附列资料二》"免抵退税办法不得抵扣的进项税额"(第18栏)少报,应做相应账务调整并在下期增值税纳税申报时对《增值税纳税申报表附列资料二》"免抵退税办法不得抵扣的进项税额"(第18栏)进行调增。

注意事项:出口企业在离线版申报系统上线使用前,使用的旧版(俗称"单机版")出口退税申报系统,其免抵退汇总表(旧汇总表)与离线版申报系统的免抵退汇总表(新汇总表)差异较大,出口企业初次切换到离线版申报系统时,旧版出口退税申报系统汇总表如果26栏"结转下期免抵退税不得免征和抵扣税额抵减额"存在数值,会以负数形式迁移至离线版申报系统中的汇总表第8C栏处。

在离线版申报系统的汇总表中,只有当(5A栏+8A栏)大于0时,8C栏才会参与当期汇总表9A栏的计算:

若(5A+8A+8C)小于0,则9A=0,8C栏未参与9A栏(免抵退税不得免征和抵扣税额合计)计算部分结转下期汇总表8C栏继续参与计算。

若(5A+8A+8C)大于等于0,则9A=5A+8A+8C。

三、生成出口退(免)税申报数据

生产企业在完成明细申报数据采集和生成汇总表后,可以生成用于报送税务机关的出口退(免)税申报数据。

操作步骤为:登录离线版申报系统,打开"退税申报向导第三步→生成免抵退税申报→生成出口退(免)税申报数据"模块,进行申报数据生成的操作,如图13-20所示。

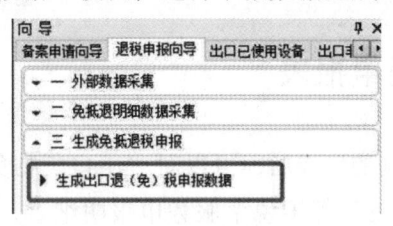

图13-20

在"生成出口退(免)税申报数据"项目列表中选择"免抵退税申报",如图13-21所示。

输入所属期,点击确认后,系统会提示申报数据列表,可在列表中核对数据条数是否正确,如图13-22所示。

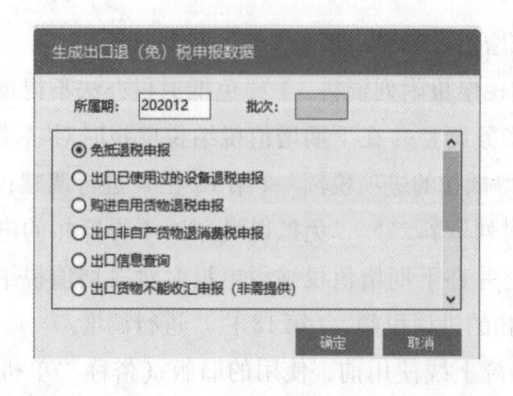

图13-21 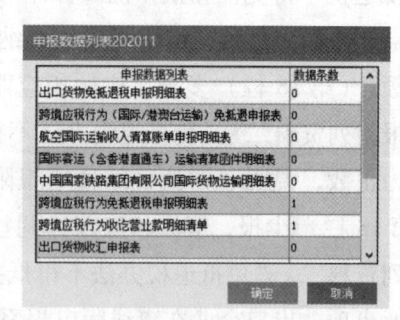　　　　　　　　　　　图13-22

核对数据条数无误后点击确定,系统会出现输入申报数据存放路径的信息提示,点击"浏览"可以自定义更改申报数据的存放路径,点击确认,数据即可生成,如图13-23所示。

数据生成成功后会有"提示信息"框,企业可以查看申报数据的存放路径,申报数据是以企业海关代码+所属期+SCSB命名的XML文件,如图13-24所示。

图13-23 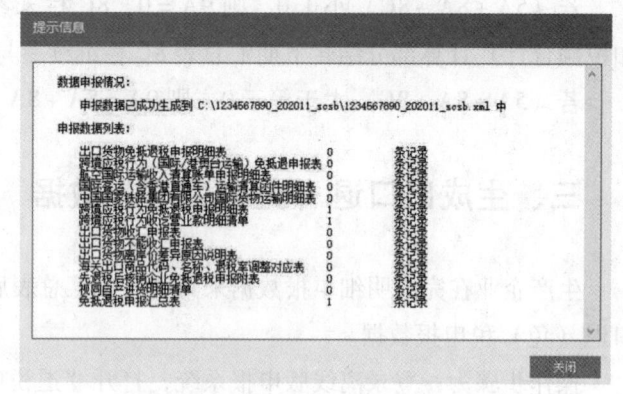　　　　　　　　　　　图13-24

四、打印免抵退税申报表

生产企业在完成申报数据的生成后,可以对"出口货物免抵退申报明细表"、"跨境应税行为免抵退税申报明细表"等零税率服务申报明细表,以及"免抵退申报汇总表"等报表进行打印。操作步骤为:登录离线版申报系统,打开"退税申报向导第四步→打印免抵退税报表→免抵退税申报表"模块,输入需要打印的所属期,选中"出口货物劳务免抵退税申报明细表"、"申报汇总表"或其他需要打印的报表,进行打印即可,如图13-25、图13-26所示。

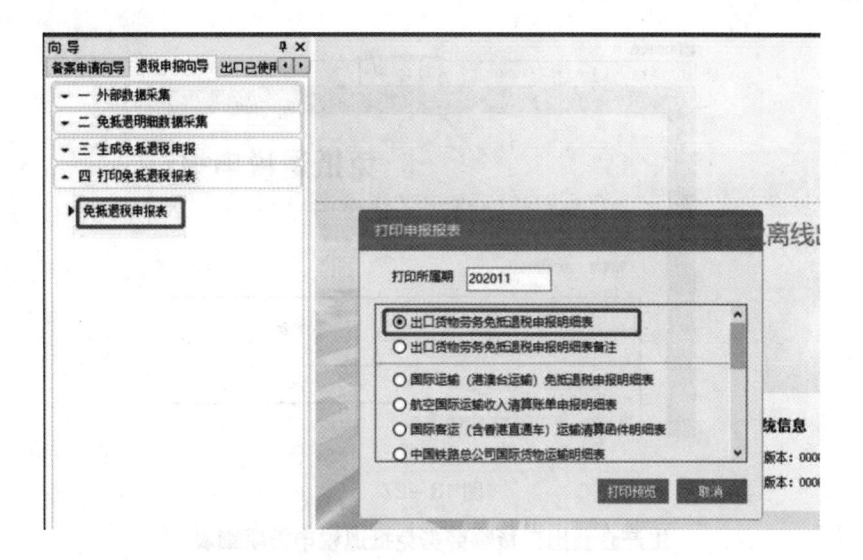

图13-25

图13-26

进入打印界面后,需要先核对表单的数据是否正确、显示是否完整。没有异常时,选择"页面设置",可以对页边距、纸张大小等进行设置,点击"打印"可直接连接打印机进行打印,选择"导出"可将报表导出为PDF、EXCEL或图片,如图13-27所示。

打印后的《生产企业出口货物劳务免抵退税申报明细表》《免抵退税申报汇总表》《跨境应税行为免抵退税申报明细表》《跨境应税行为收讫营业款清单》,如图13-28、图13-29、13-30、13-31所示。

| 出口退（免）税常见业务申报实务与疑难速查 |

免抵退税申报...

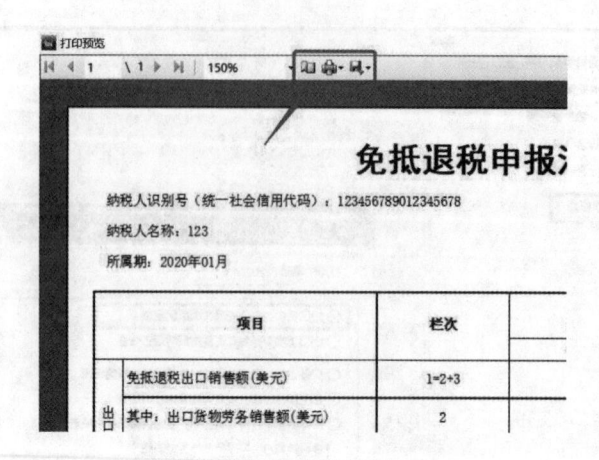

纳税人识别号（统一社会信用代码）：123456789012345678
纳税人名称：123
所属期：2020年01月

项目	栏次
免抵退税出口销售额（美元）	1=2+3
其中：出口货物劳务销售额（美元）	2

图13-27

生产企业出口货物劳务免抵退税申报明细表

纳税人识别号（统一社会信用代码）：
纳税人名称：
所属期：2020年01月　　　　　　　　　　　　　　　　　　金额单位：元（列至角分）

序号	出口发票号	出口货物报关单号	出口日期	代理出口货物证明	出口商品代码	出口商品名称	计量单位	出口数量	出口销售额 美元	出口销售额 人民币	申报商品代码	征税率	退税率	计划分配率	进料加工保税进口料件组成计税价格	国内购进免税原材	不得免征和抵扣税额	免抵退税额	进料加工手（账）册	先退税后核销出口合同号	业务类型	备注
1	2	3	4	5	6	7	8	9	10	11	12	13	14	15	16=11×15	17	18=(11-16-17)*(13-14)	19=(11-16-17)*14	20	21	22	23
小计合计																						

图13-28

免抵退税申报汇总表

纳税人识别号（统一社会信用代码）：
纳税人名称：
所属期： 年 月　　　　　　　　　　　　　　　金额单位：元（列至角分）

项目		栏次	当期 (a)	本年累计 (b)	与增值税纳税申报表差额 (c)
出口销售额	免抵退税出口销售额（美元）	1=2+3			
	其中：出口货物劳务销售额（美元）	2			
	跨境应税行为销售额（美元）	3			
	免抵退税出口销售额（人民币）	4			
不得免征和抵扣税额	免抵退税不得免征和抵扣税额	5=6+7			
	其中：出口货物劳务不得免征和抵扣税额	6			
	跨境应税行为不得免征和抵扣税额	7			
	进料加工核销应调整不得免征和抵扣税额	8			
	免抵退税不得免征和抵扣税额合计	9=5+8			
应退税额和免抵税额	免抵退税额	10=11+12			
	其中：出口货物劳务免抵退税额	11			
	跨境应税行为免抵退税额	12			
	上期结转需冲减的免抵退税额	13			
	进料加工核销应调整免抵退税额	14			
	免抵退税额合计	15（如10-13+14>0则为10-13+14，否则为0）			
	结转下期需冲减的免抵退税额	16=13-10-14+15			
	增值税纳税申报表期末留抵税额	17			
	应退税额	18（如15>17则为17，否则为15）			
	免抵税额	19=15-18			

声明：此表是根据国家税收法律法规及相关规定填写的，本人（单位）对填报内容（及附带资料）的真实性、可靠性、完整性负责。
纳税人（签章）：　　　　　年　月　日

经办人： 经办人身份证号： 代理机构签章： 代理机构统一社会信用代码：	受理人： 受理税务机关（章）： 受理日期：年　月　日

图 13-29

跨境应税行为免抵退税申报明细表

纳税人识别号（统一社会信用代码）：
纳税人名称：
所属期：　　年　　月　　　　　　　　　　　　　　　　　　　　　　　　　　　金额单位：元（列至角分）

序号	跨境应税行为名称	跨境应税行为代码	合同号	有关证明编号	境外单位名称	境外单位所在国家或地区	合同总金额 折美元	合同总金额 折人民币	本期确认跨境应税行为营业收入人民币金额	本期收款金额（美元）	跨境应税行为营业 折人民币	免抵退税计税金额	征税率	退税率	跨境应税行为免抵退税计税金额乘征退税率之差	跨境应税行为销售额乘退税率	跨境应税行为业务类型	出口发票号码	出口发票开具日期	备注
1	2	3	4	7	6	7	8	9	10	11	12	13=12	14	15	16=13*(14-15)	17=13*15	18	19	20	21
小计																				
合计																				

第　1　页／共　1　页

图 13-30

跨境应税行为收讫营业款明细清单

纳税人识别号（统一社会信用代码）：
纳税人名称：
所属期：　　年　　月　　　　　　　　　　　　　　　　　　　　　　　　　　　金额单位：元（列至角分）

序号	合同号	收款时间	收款凭证号	本期收取营业款情况 收款凭证总金额（折美元）	收款金额（折人民币）	收款金额（折美元）	收款银行名称	付款单位名称	付款单位所在国家（地区）	付款银行名称	累计已收营业款 折美元	累计已收营业款 折人民币
1	2	3	4	5	6	7	8	9	10	11	12	13
小计												
合计												

图 13-31

五、通过电子税务局进行数据自检与正式申报

生产企业在离线版申报系统生成出口退（免）税申报数据后，可以通过电子税务局对生成的退（免）税申报数据进行自检和正式申报。

（一）数据自检

登录电子税务局，选择"我要办税→出口退税管理"模块，在"出口退税管理"操作界面中选择"出口退（免）税申报"模块中的"免抵退税申报"功能，点击"离线申报"进入免抵退税申报的具体操作界面，如图13-32所示。

图13-32

在免抵退税申报操作界面，选择"数据自检"模块，点击"上传"，如图13-33所示。

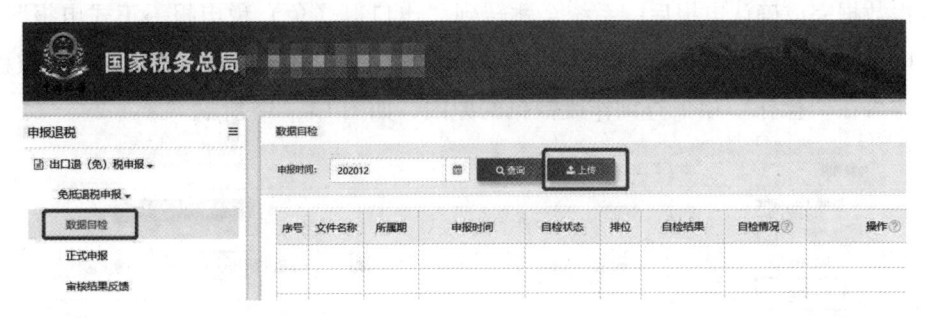

图13-33

在弹出的界面里，选择离线版申报系统事先生成的免抵退申报数据，点击"开始上传"按钮进行上传，如图13-34所示。

图13-34

申报数据上传成功后,电子税务局自动进行数据自检。当反馈状态显示已完成,说明数据自检处理成功。"自检情况"状态处会有三个数字,第一个数字代表所有疑点的数量;第二个数字代表允许挑过疑点的数量;第三个数字代表不允许挑过疑点的数量。点击对应的疑点数字可以查看具体的疑点信息,如图13-35所示。

图13-35

经过数据自检,对于符合申报条件的免抵退申报数据(没有疑点或者没有不可挑过疑点),可以直接点击"确认申报"按钮完成数据的正式申报,如图13-36所示。

图13-36

(二)正式申报

申报数据完成确认申报后,系统会跳转到"出口退(免)税申报→正式申报"界面,在正式申报操作页面"审核状态"中可以查看税务机关的审核进度,若正式申报被税务机关作废,可在"操作"项下查询作废数据的原因,如图13-37所示。

图13-37

六、免抵退申报数据修改

经过电子税务局数据自检,发现免抵退申报数据不符合申报条件的,可以在离线版申报系统中对数据进行修改后重新生成申报数据,再次通过电子税务局进行申报。离线版申报系统数据修改的操作步骤为：在离线版申报系统中，打开"退税申报向导第六步→免抵退税数据撤销"模块，选择"免抵退申报"，并点击确定，首先进行撤销申报数据的操作，如图13-38所示。然后在"退税申报向导第二步→免抵退明细数据采集"模块，选择需要修改的数据表单，在数据采集界面点击"修改"按钮后对申报数据进行修改。数据修改完成后，重新生成申报数据。

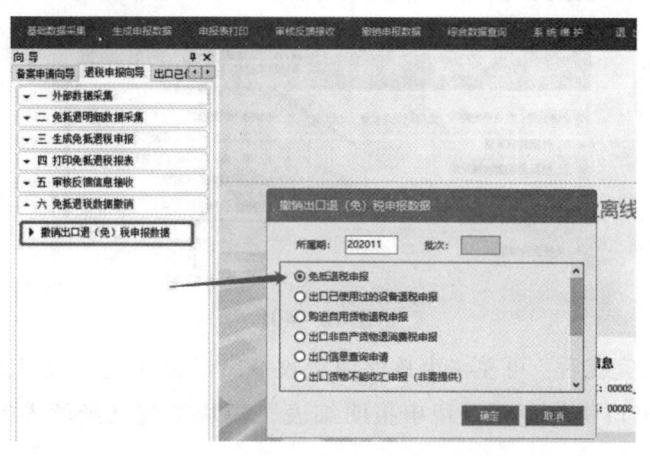

图13-38

七、下载税务机关反馈信息

税务机关审核通过后，生产企业需通过电子税务局下载审核结果反馈信息，用以读入离线版申报系统后更新已申报数据的审核状态。

反馈信息下载的操作步骤：登录电子税务局，选择"我要办税→出口退税管理"模块，在"出口退税管理"操作界面中选择"出口退（免）税申报"模块中的"免抵退税申报"功能，点击"离线申报"进入免抵退税申报的具体操作界面，选择"审核结果反馈"模块。

在"审核结果反馈"操作界面，申请类型选择"按年月"，输入需要下载反馈数据的所属期，点击"查询"按钮后再点击"申请"按钮，当状态显示"读取完成"时，说明反馈信息准备完毕，此时点击"下载"按钮即可将反馈信息下载到本地电脑备用，如图13-39所示。

图13-39

八、读入税务机关反馈信息

登录离线版申报系统,打开"审核反馈接收→读入税务机关反馈信息"模块,将之前在电子税务局下载的税务机关审核结果反馈信息读入系统中,如图13-40所示。

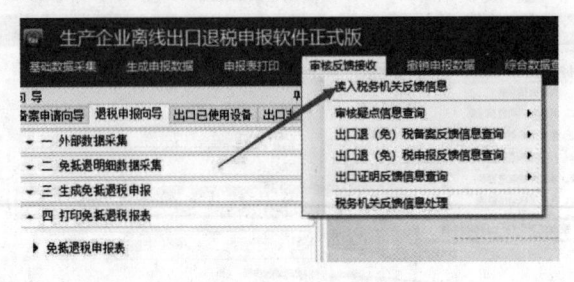

图13-40

反馈信息读入完成后,可在"审核反馈接收→出口退(免)税申报反馈信息查询→免抵退税申报→出口货物免抵退税申报明细表"模块查询已经读入的反馈信息,如图13-41所示。

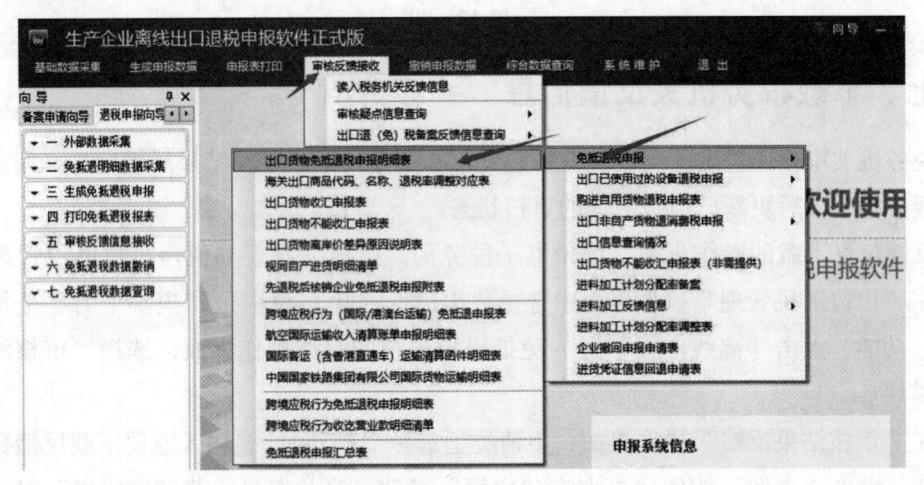

图13-41

也可以通过"退税申报向导第七步→免抵退税数据查询→出口货物劳务免抵退税申报明细表"中查询申报数据的审核结果,数据审核标志处显示"R"代表审核通过。如图13-42所示。

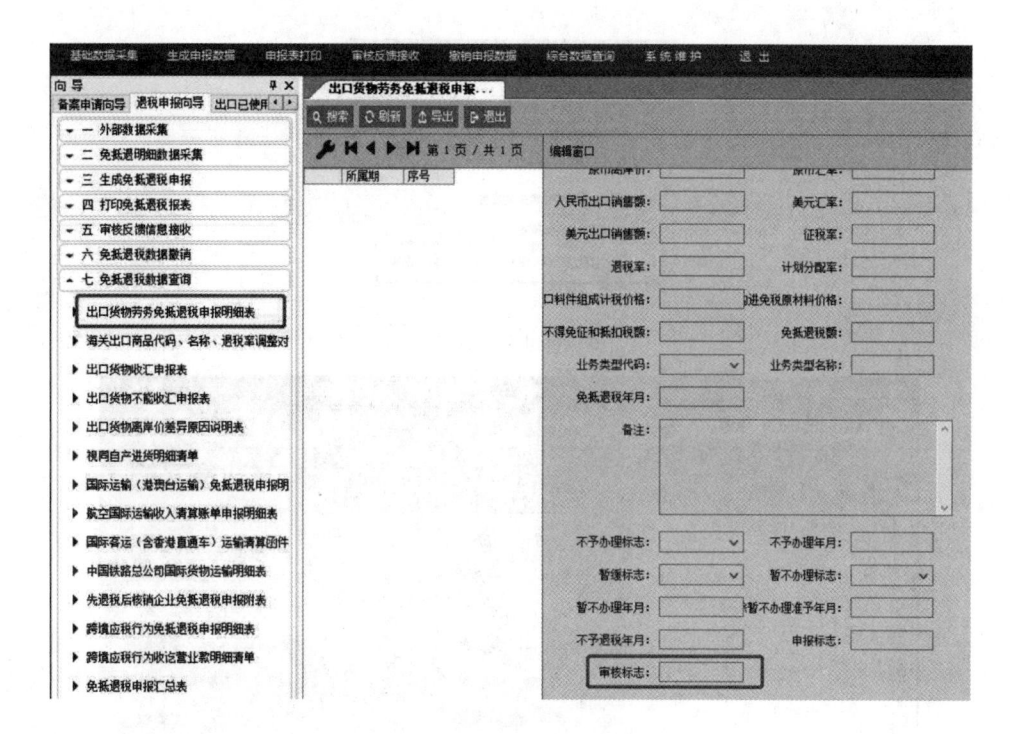

图 13-42

九、其他资料表单申报

《海关出口商品代码、名称、退税率调整对应表》《出口货物离岸价差异原因说明表》《免抵退税出口货物冲减》非必要时无须提供，只有当存在具体适用情形时才需录入此类表单，并与退（免）税申报数据生成在一个申报文件中，无须单独生成申报文件。

（一）海关出口商品代码、名称、退税率调整对应表

若生产企业的免抵退税申报中，存在出口货物报关单上的申报日期和出口日期期间，因海关调整商品代码，导致出口货物报关单上的商品代码与调整后的商品代码不一致的情况，应按照出口货物报关单上列明的商品代码申报退（免）税，在免抵退申报明细数据采集的同时，录入《海关出口商品代码、名称、退税率调整对应表》，与其他免抵退申报表数据一并生成免抵退税申报数据报送税务机关。

登录离线版申报系统，选择"退税申报向导第二步→免抵退明细数据采集→海关出口商品代码、名称、退税率调整对应表"模块，点击进入录入界面，如图 13-43 所示。

在录入界面中点击"增加"按钮录入数据，如图 13-44 所示。

149

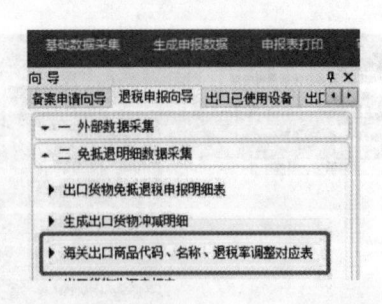

图 13-43

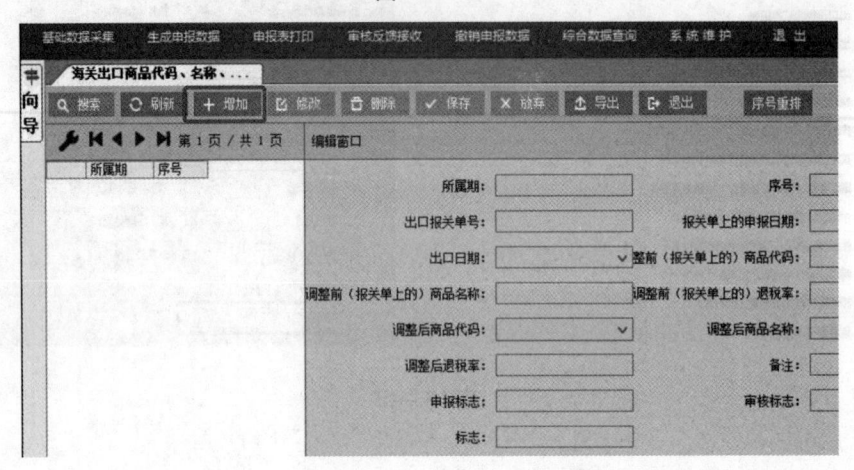

图 13-44

【所属期】：4 位年份 +2 位月份，与出口明细表中的所属期保持一致。

【序号】：填写 8 位流水号，默认 00000001 起始，与出口明细中的序号无关，此栏目仅代表海关商品代码调整对应表的序号。

【出口报关单号/代理证明号】：自营出口填写 21 位出口报关单号，委托出口填写 20 位代理出口货物证明号。

【报关单上的申报日期】：填写出口货物报关单注明的申报日期。

【出口日期】：填写出口货物报关单注明的出口日期。

【调整前商品代码】：填写报关单中的商品代码。

【调整后商品代码】：填写调整后的商品代码。

注意事项：调整前商品代码与调整后商品代码如果前八位相同，且征退税率相同，无须录入海关商品码调整对应表，可直接在免抵退申报明细表中录入使用。

打印后的《海关出口商品代码、名称、退税率调整对应表》，如图 13-45 所示。

海关出口商品代码、名称、退税率调整对应表

企业海关代码：
纳税人名称：
纳税人识别号：　　　　　　　　　　　　　　申请日期：

序号	出口报关单号	报关单上的申报日期	出口日期	调整前（报关单上列明的）			调整后			备注
				商品代码	商品名称	退税率	商品代码	商品名称	退税率	

兹声明以上申报无讹并愿意承担一切法律责任。

经办人：　　　　　　　财务负责人：　　　　　　　法定代表人：
　　　　　　　　　　　　　　　　　　　　　　　　（公章）

图 13-45

（二）出口货物离岸价差异原因说明表

若生产企业的免抵退税申报中，存在出口货物免抵退税申报明细表中的离岸价与电子口岸的出口货物报关单中的离岸价不一致的情况，应在免抵退申报明细数据采集的同时，录入《出口货物离岸价差异原因说明表》，与其他免抵退申报表数据一并生成免抵退税申报数据报送税务机关。

登录离线版申报系统，选择"退税申报向导第二步→免抵退明细数据采集→出口货物离岸价差异原因说明表"模块，点击进入录入界面，如图 13-46 所示。

在录入界面中点击"增加"按钮录入明细数据，如图 13-47 所示。

【出口发票美元离岸价】：开具出口发票的美元离岸价格。

【出口发票人民币离岸价】：开具出口发票的人民币离岸价格。

【出口报关单号/代理出口货物证明号】：自营出口的填写21位出口货物报关单号，委托出口的填写20位代理出口货物证明号码。

【出口报关单美元离岸价】：填写出口报关单上的美元离岸价，如报关单非离岸价成交，需扣除运费、保费换算为离岸价填报。

【出口报关单人民币离岸价】：填写出口报关单上的人民币离岸价

【差异原因说明】：据实填写差异的原因。

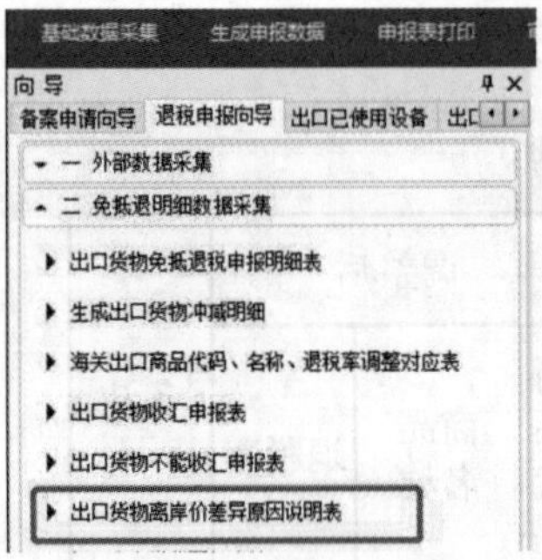

| 出口退（免）税常见业务申报实务与疑难速查 |

图 13-46

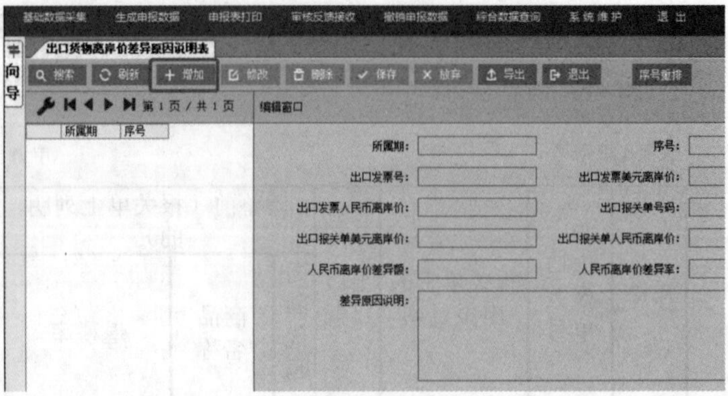

图 13-47

打印后的《出口货物离岸价差异原因说明表》，如图 13-48 所示。

出口货物离岸价差异原因说明表

企业海关代码：　　　　　　　　　　　　　　　　　　申报类型：免抵退申报（　）　免税申报（　）
纳税人名称：（盖章）　　　　　　　　　　　　　　　　　　　　　　　　　　　　　　单位：美元、元
纳税人识别号：　　　　　　　　　　　　　　　　　　　　　　　　　　　　　　填表日期：　年 月 日

序号	出口发票号码	出口发票离岸价		出口报关单号码	出口报关单离岸价		出口发票和出口报关单人民币离岸价差异额	出口发票和出口人民币报关单离岸价差异率	差异原因说明
		美元	人民币		美元	人民币			
1	2	3	4	5	6	7	8=7-4	9=8÷4	10

小计
合计
第 1 页/共 1 页

图 13-48

（三）免抵退税出口货物冲减

如果生产企业前期正式申报的免抵退税申报数据发现错误，出现需要重新申报或追缴已退税款的情形，企业应该在当期进行调整，调整方式为在当期用负数将前期错误申报数据全额冲减。企业可以直接在免抵退申报明细表中对需调整的数据全额以负数录入并填写"HZCJ"业务类型代码，也可通过离线版申报系统提供的免抵退税出口货物冲减的便捷功能进行免抵退税额的冲减。

登录离线版申报系统，选择"退税申报向导第二步→免抵退明细数据采集→生成出口货物冲减明细"模块，点击进入录入界面，如图13-49所示。

在"生成出口货物冲减明细"界面中，出口企业可以查看到所有的已申报的数据，选择需要冲减的数据，点击"冲减出口"按钮，如图13-50所示。

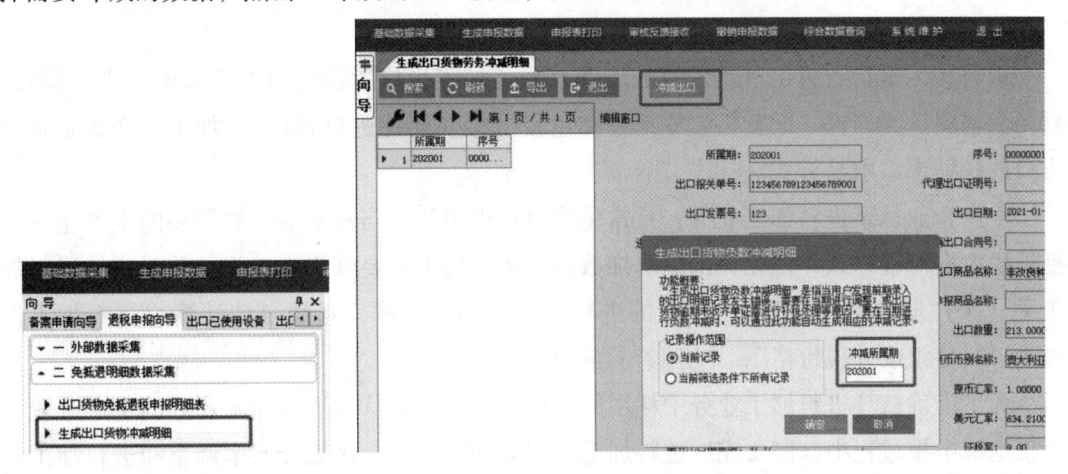

图13-49

图13-50

点击"冲减出口"按钮后，系统会要求填写冲减所属期，该所属期为冲减数据的申报所属期，点击"确定"按钮后，系统会在申报所属期的免抵退申报明细表中自动插入一条序号为00000000的冲减数据，其中数量、原币离岸价、人民币出口销售额、美元出口销售额、免抵退税额，均显示为负值，业务类型代码中会标识为"HZCJ"（红字冲减）的业务类型名称。需要注意的是，根据申报规则，明细申报数据的起始序号必须从01开始，因此，需要在免抵退申报明细采集或修改环节，通过系统提供的"序号重排"功能，对明细申报数据进行序号重排后方可保存数据用于免抵退税申报，如图13-51所示。

图13-51

第二节　进料加工计划分配率备案与核销

进料加工是指有进出口经营权的企业，为了加工出口货物而用外汇从国外进口原料、材料、辅料、元器件、配套件、零部件和包装材料（简称进口料件），加工生产成货物复出口的一种出口贸易方式。

生产企业从事进料加工业务，日常免抵退税申报流程与只从事一般贸易的生产企业免抵退税申报流程一致，但在免抵退明细数据采集过程中需要采集出口报关单对应的进料加工手（账）册号，并根据事先确认的进料加工计划分配率，系统自动计算"进料加工保税进口料件组成计税价格"，一并参与当期免抵退税计算。

为了准确核算进料加工业务中耗用的保税进口料件，从事进料加工业务的生产企业在免抵退税申报过程中，需要完成进料加工计划分配率备案、计划分配率调整和进料加工业务核销申报。

一、进料加工计划分配率备案

生产企业从事进料加工业务，首次申报免抵退税前，需要先进行进料加工计划分配率备案，其计划分配率为首份进料加工手（账）册的计划分配率。计划分配率备案只需办理一次，以后年度的计划分配率在进料加工业务核销完成后使用"已核销手（账）册综合实际分配率"作为计划分配率；如果企业认为"已核销手（账）册综合实际分配率"与企业实际情况存在较大差异时，可以向主管税务机关申请调整计划分配率。

（一）计划分配率备案表采集

登录离线版申报系统，选择"进料加工向导第一步→进料加工数据采集→进料加工计划分配率备案表"模块，如图13-52所示。

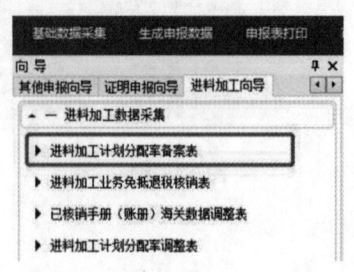

图13-52

进入"进料加工计划分配率备案表"界面,点击"增加"按钮录入数据,如图13-53所示。

图13-53

【手册(账册)号】:填写海关进料加工登记手册或者账册编号。
【币种代码】:填写进料加工手册或者合同中使用的币别代码。
【计划(备案)进口总值】:合同规定中剔除客供辅料后的进口总值。
【计划(备案)出口总值】:合同规定的出口总值。

(二)生成申报数据及数据申报

计划分配率采集完成后,下一步生成进料加工申报数据。

选择"进料加工向导第二步→生成进料加工申报→生成出口退(免)税申报数据"模块,在弹出的对话框中选择"进料加工计划分配率备案",填写所属期后点击确认即可,如图13-54所示。

图13-54

点击确认后,系统会弹出"申报数据列表"对话框,可在列表中核对数据条数是否正确,没有问题点击"确定"按钮,开始申报数据的生成,如图13-55所示。

在生成信息提示框"生成进料加工申报数据"中,点击"浏览"按钮,可以更改申报数据的存放路径,选择存放路径后点击确定即可生成数据,如图13-56所示。

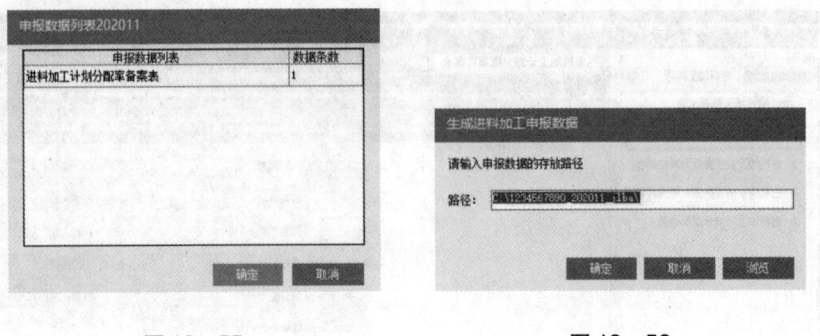

图13-55

图13-56

数据生成成功后会有"提示信息"框,企业可以查看申报数据的存放路径,申报数据是以企业海关代码+申报年月+jlba命名的XML文件,点击关闭即可,如图13-57所示。

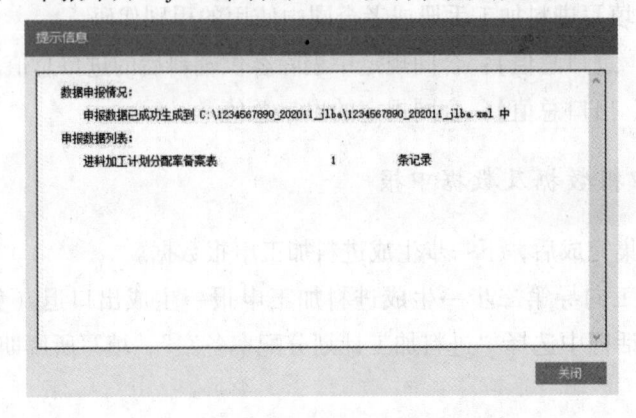

图13-57

生产企业完成上述步骤后,即可通过电子税务局进行数据的申报。登录电子税务局,选择"我要办税→出口退税管理"模块,如图13-58所示。

图13-58

在"出口退税管理"操作界面中,选择"出口退(免)税申报"模块中的"进料加工计划分配率备案"功能,点击"离线申报"按钮,进入进料加工业务具体操作界面,如图13-59所示。

图13-59

在进料加工业务操作界面,选择"进料加工企业计划分配率备案"模块,点击"上传"按钮,根据存放路径选择离线版申报系统事先生成的申报数据进行上传,如图13-60所示。

图13-60

(三)申报数据修改

如果生产企业在计划分配率备案生成申报数据后发现数据存在问题,可以在离线版申报系统中对数据进行修改后重新生成申报数据。离线版申报系统数据修改的操作步骤为:在离线版申报系统中,打开"进料加工向导第五步→进料加工数据撤销→撤销出口退(免)税申报数据"模块,首先进行撤销申报数据的操作,如图13-61所示。然后在"进料加工向导第一步→进料加工数据采集→进料加工计划分配率备案表"模块,对数据进行修改,数据修改完成后,重新生成申报数据。

(四)报表打印

出口企业在完成申报数据的申报后,需要对进料加工计划分配率备案表进行打印。

操作步骤为：在离线版申报系统，打开"进料加工向导第三步→打印进料加工报表→进料加工计划分配率备案表"模块，点击"进料加工计划分配率备案表"输入需要打印的所属期，即可进行打印，如图13-62。

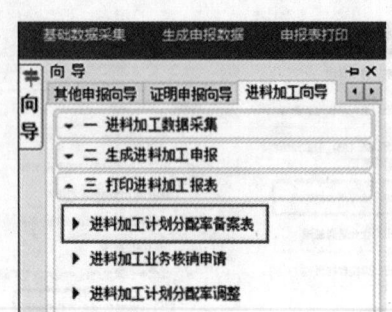

图13-61

图13-62

进入打印界面后，需要先核对表单的数据是否正确、显示是否完整。没有异常时，选择"页面设置"，可以对页边距、纸张大小等进行设置，点击"打印"可直接连接打印机进行打印，选择"导出"可将报表导出为PDF、EXCEL、图片，如图13-63所示。

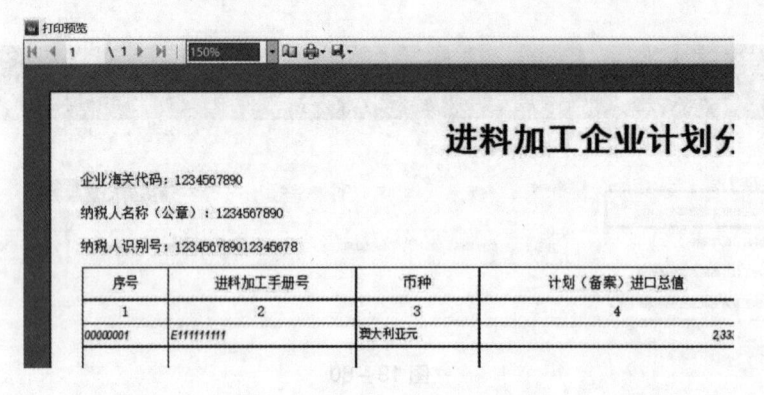

图13-63

打印后的《进料加工企业计划分配率备案表》，如图13-64所示。

进料加工企业计划分配率备案表

企业海关代码：
纳税人名称（公章）：
纳税人识别号：   单位：

序号	进料加工手册号	币种	计划（备案）进口总值	计划（备案）出口总值	进料加工备案计划分配率
1	2	3	4	5	6=4÷5
合计：					

出口企业	主管税务机关
兹声明以上申报无讹并愿意承担一切法律责任。	
经办人：	受理人：
财务负责人：	复核人：
法定代表人（负责 年 月	负责人：（公章）

图 13－64

（五）下载反馈及反馈读入

当税务机关审核通过后，需要下载申报数据的反馈信息。登录电子税务局，选择"我要办税→出口退税管理"模块，在"出口退税管理"操作界面中，选择"出口退（免）税申报"模块中的"进料加工计划分配率备案"功能，点击"离线申报"按钮，进入进料加工业务具体操作界面，在进料加工业务操作界面，选择"进料加工业务免抵退税核销反馈下载"模块，输入核销的所属年度，点击"查询"后再点击"申请"即可下载反馈信息，如图 13－65 所示。

图 13－65

下载后的反馈信息，出口企业可通过离线版申报系统上方的"审核反馈接收→读入税务机关反馈信息"模块进行数据的读入，如图13-66所示。

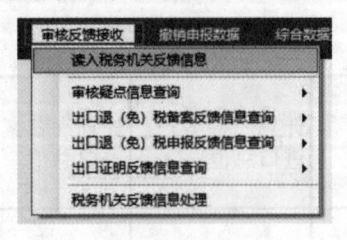

图13-66

反馈信息读入完成后，在离线版申报系统中通过"进料加工向导第六步→进料加工数据查询→进料加工计划分配率备案表"模块，可以查询已经读入的反馈结果，反馈数据带有审核标志"R"的说明正式申报审核通过，如图13-67所示。

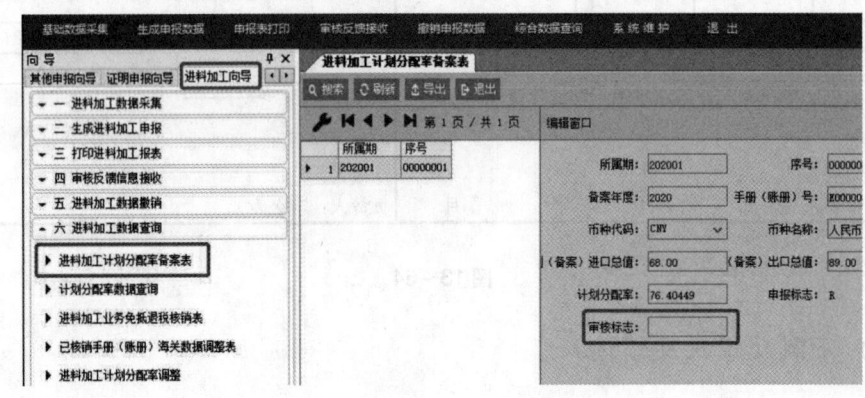

图13-67

二、进料加工计划分配率调整

生产企业在办理年度进料加工业务核销后，如认为生产企业进料加工业务免抵退税核销表中的"上年度已核销手（账）册综合实际分配率"与企业当年度实际情况差异较大的，可向主管税务机关提供当年度预计的进料加工计划分配率及合理理由，将预计的进料加工计划分配率调整为该年度的计划分配率。

（一）计划分配率调整表采集

登录离线版申报系统，选择"进料加工向导第一步→进料加工数据采集→进料加工计划分配率调整表"模块，如图13-68所示。

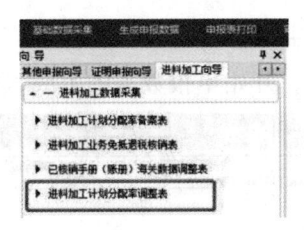

图 13-68

进入"进料加工计划分配率调整表"界面,点击"增加"按钮录入数据,如图 13-69 所示。

图 13-69

(二) 生成申报数据及数据申报

计划分配率调整表采集完成后,下一步生成进料加工申报数据。

选择"进料加工向导第二步→生成进料加工申报→生成出口退(免)税申报数据"模块,在弹出的对话框中选择"进料加工计划分配率调整申报",填写所属期后点击确认即可,如图 13-70 所示。

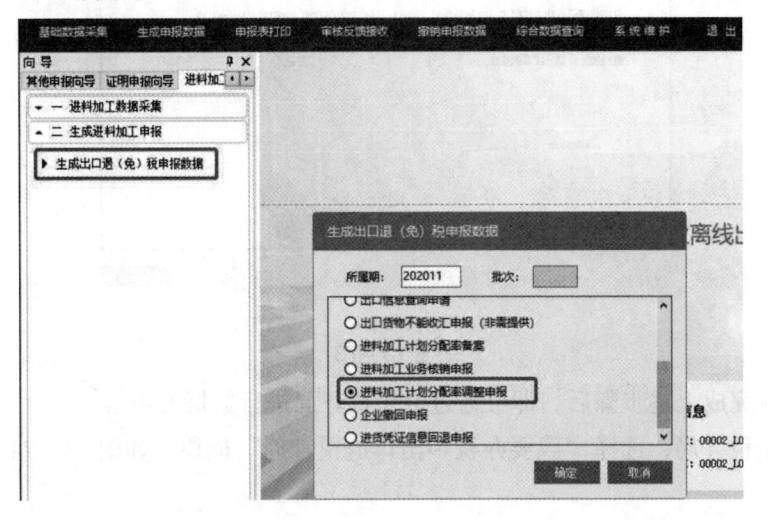

图 13-70

| 出口退（免）税常见业务申报实务与疑难速查 |

点击确认后，系统会弹出"申报数据列表"对话框，可在列表中核对数据条数是否正确，没有问题点击"确定"按钮，开始申报数据的生成，如图 13 - 71 所示。

图 13 - 71

在生成信息提示框"生成进料加工申报数据"中，点击"浏览"按钮，可以更改申报数据的存放路径，选择数据存放路径后点击确认即可生成数据，如图 13 - 72 所示。

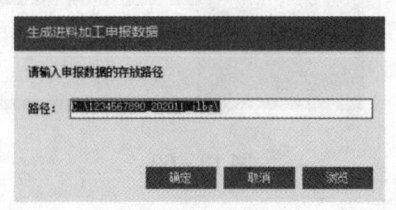

图 13 - 72

数据生成成功后会有"提示信息"框，企业可以查看申报数据的存放路径，申报数据是以企业海关代码 + 申报年月 + jlbg 命名的 XML 文件，点击关闭即可，如图 13 - 73 所示。

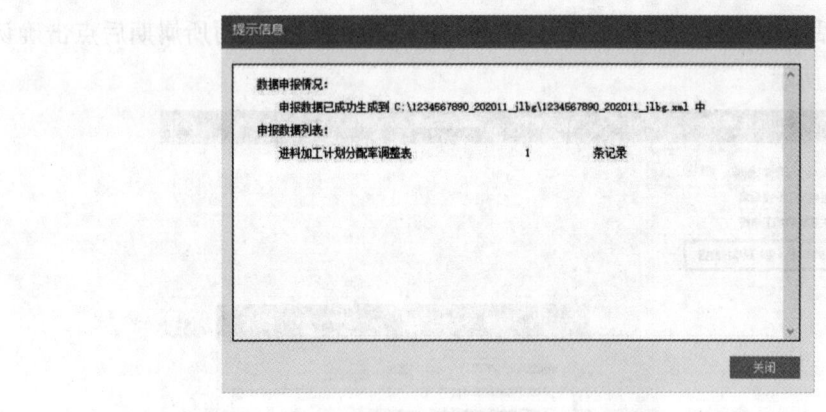

图 13 - 73

生产企业完成上述步骤后，即可通过电子税务局进行数据的申报。

登录电子税务局，选择"我要办税→出口退税管理"模块，如图 13 - 74 所示。

图 13－74

在"出口退税管理"操作界面中,选择"出口退(免)税申报"模块中的"调整年度计划分配率申请"功能,点击"离线申报"按钮,进入进料加工业务具体操作界面,如图 13－75 所示。

图 13－75

在进料加工业务操作界面,选择"年度计划分配率调整"模块,点击"上传"按钮,根据存放路径选择离线版申报系统事先生成的申报数据进行上传,在"审核状态"模块中可以查询税务机关的审核进度,如图 13－76 所示。

图 13－76

(三) 申报数据修改

如果生产企业在计划分配率备案调整表生成申报数据后发现数据存在问题,可以在离线版申报系统中对数据进行修改后重新生成申报数据。离线版申报系统数据修改的操作步骤为:在离线版申报系统中,打开"进料加工向导第五步→进料加工数据撤销→撤销出口退(免)税申报数据"模块,选择"进料加工计划分配率调整申报"首先进行撤销申报数据的操作,如图13-77所示。然后在"进料加工向导第一步→进料加工数据采集→进料加工计划分配率调整表"模块,对数据进行修改,数据修改完成后,重新生成申报数据。

图 13-77

(四) 报表打印

出口企业在完成申报数据的申报后,需要对进料加工计划分配率备案调整表进行打印。

操作步骤为:在离线版申报系统,打开"进料加工向导第三步→打印进料加工报表→进料加工计划分配率调整"模块,选择需打印的报表后输入需要打印的所属期,即可进行打印,如图13-78所示。

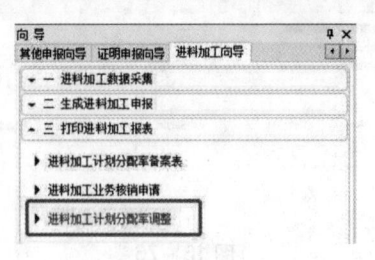

图 13-78

进入打印界面后,需要先核对表单的数据是否正确、显示是否完整。没有异常时,选择"页面设置",可以对页边距、纸张大小等进行设置,点击"打印"可直接连接打印机进行打印，选择"导出"可将报表导出为 PDF、EXCEL、图片，如图 13 - 79 所示。

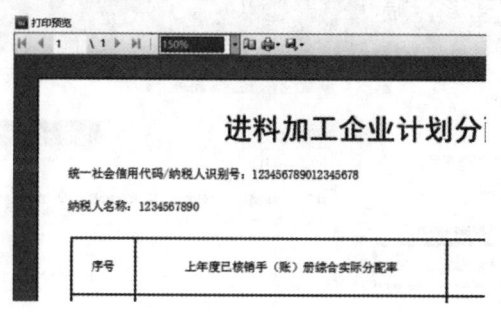

图 13 - 79

打印后的《进料加工企业计划分配率调整》，如图 13 - 80 所示

进料加工企业计划分配率调整

统一社会信用代码/纳税人识别号：
纳税人名称：

序号	上年度已核销手（账）册综合实际分配率	调整后计划分配率

调整理由：

本表是根据国家税收法律法规及相关规定填报的，我单位确定它是真实的、可靠的、完整的。

经办人：
财务负责人：
法定代表人：
（印 章）
年　月　日

图 13 - 80

（五）下载反馈及反馈读入

当税务机关审核通过后，需要下载申报数据的反馈信息。登录电子税务局，选择"我要办税→出口退税管理"模块，在"出口退税管理"操作界面中，选择"出口退（免）税申报"模块中的"调整年度计划分配率申请"功能，点击"离线申报"按钮，进入进料加工业务具体操作界面，在进料加工业务操作界面，选择"进料加工业务免抵退税核销反馈下载"模块，输入核销的所属年度，点击查询，然后下载反馈数据，如图 13 - 81 所示。

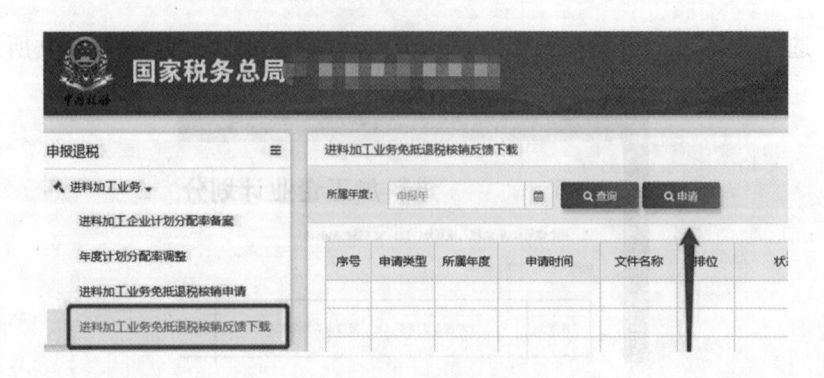

图 13-81

下载后的反馈信息，出口企业可通过离线版申报系统上方的"审核反馈接收→读入税务机关反馈信息"模块进行数据的读入，如图 13-82 所示。

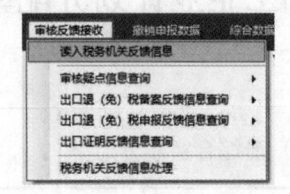

图 13-82

反馈信息读入完成后，在离线版申报系统中通过"进料加工向导第六步→进料加工数据查询→进料加工计划分配率调整"模块，可以查询已经读入的反馈数据，反馈数据带有审核标志"R"的说明正式申报审核通过，如图 13-83 所示。

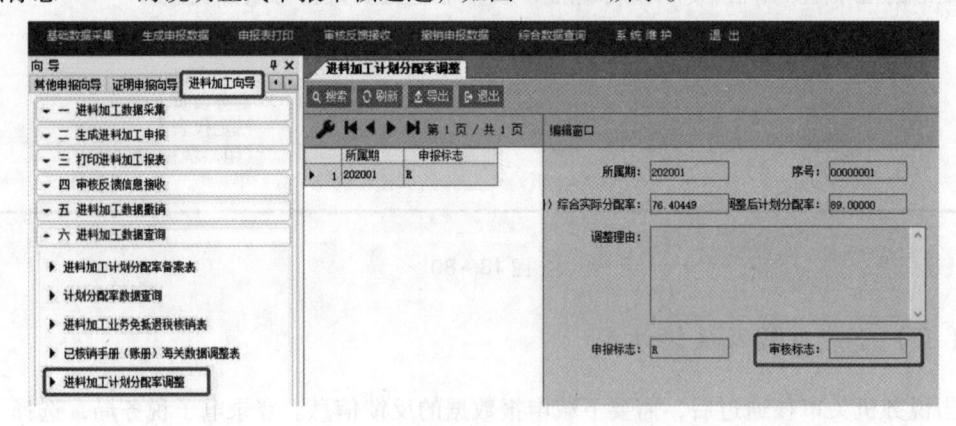

图 13-83

三、进料加工手账册核销申报

生产企业应于每年 4 月 20 日前，向主管税务机关申请办理上年度海关已核销的进料加工手册（账册）项下的进料加工业务核销手续。4 月 20 日之后未进行核销的，主管税务机关暂不办理该企业的出口退（免）税业务，待其进行核销后再办理。

进料加工核销申报流程如图 13-84 所示。

图 13-84

（一）获取加贸反馈信息

生产企业开展进料加工业务免抵退核销时，需要先从税务机关获取加贸反馈信息，加贸反馈信息中包括海关联网监管加工贸易电子数据中的进料加工电子账册（电子化手册）核销数据以及进料加工业务的进、出口货物报关单数据等。

登录电子税务局，选择"我要办税→出口退税管理"模块，如图 13-85 所示。

图 13-85

在"出口退税管理"操作界面中，选择"出口退（免）税申报"模块中的"进料加工业务核销申请"功能，点击"离线申报"按钮，进入进料加工业务具体操作界面，在进料加工业务操作界面选择"进料加工业务免抵退税核销反馈下载"模块，输入核销的所属年度，点击"查询"后点击"申请"，然后下载反馈数据，如图 13-86 所示。

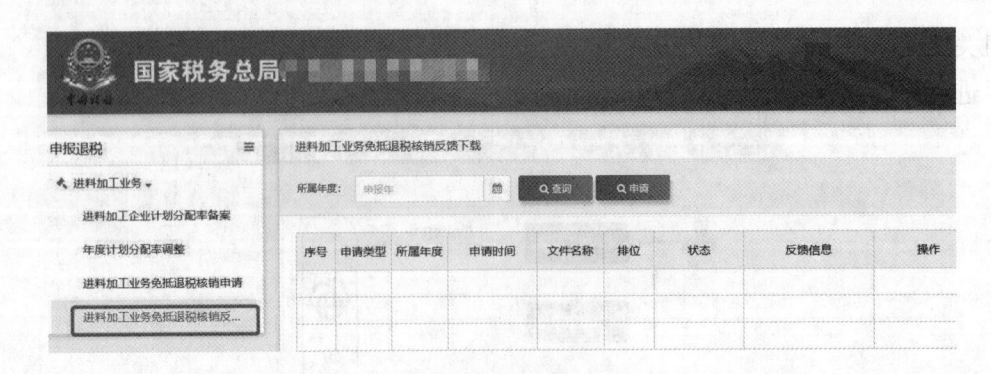

图 13-86

需要注意的是，如果待核销的手册（账册）跨越不同的年度，下载反馈信息时也要下载不同年度的数据，如账册起始日期为 2019 年 6 月 1 日，截止日期为 2020 年 1 月 29 日，在下载加贸反馈信息时，需要下载两个年度的数据，先下载所属期 2019 年的加贸反馈信息，再下载所属期 2020 年的加贸反馈信息。

（二）读入加贸反馈信息

加贸反馈信息下载完成后，需要将反馈信息读入离线版申报系统。

登录离线版申报系统，打开"进料加工向导第四步→审核反馈信息接收→读入税务机关反馈信息"模块，选择读入税务机关反馈信息，读入事先通过电子税务局获取的加贸反馈信息，如图 13-87 所示。

图 13-87

（三）核销数据调整

加贸反馈信息读入完成后，会在离线版申报系统中形成两个表单，可以在进料加工向导第四步的"手（账）册核销信息表"以及"核销报关单明细表"分别进行查询，如图 13-88 所示。

图13-88

企业根据本企业进料加工手（账）册实际发生的进出口情况，与从税务机关获取的加贸反馈信息进行比对，如果发现核销报关单明细表中的数据缺失或者存在错误，需要录入《已核销手册（账册）海关数据调整表》对核销数据进行调整：对于缺失的数据可直接在调整表录入正数然后选择对应的监管方式；对于存在错误内容的报关单数据，建议将原错误数据进行冲减后再录入正确数据。

在离线版申报系统中，选择"进料加工向导第一步→进料加工数据采集→已核销手册（账册）海关数据调整表"模块，如图13-89所示。

在已核销手账册调整表中点击"增加"按钮录入数据，如图13-90所示。

图13-89　　　　　　图13-90

【进（出）口标识】：E代表出口，I代表进口。

【美元出口销售额】：采取差额调整的，填写实际报关单美元离岸价减去"加贸反馈"美元离岸价的差额。

【人民币出口销售额】：采取差额调整的，填写实际报关单人民币离岸价减去"加贸反馈"人民币离岸价的差额。

【美元到岸价】：采取差额调整的，填写进口报关单美元到岸价减去"加贸反馈"美

169

元到岸价的差额。

【人民币到岸价】：采取差额调整的，填写进口报关单人民币到岸价减去"加贸反馈"人民币到岸价的差额。

（四）免抵退核销表数据采集

获取税务机关的加贸反馈信息，经检查无误，或者经检查存在数据错误通过《已核销手册（账册）海关数据调整表》对数据进行调整后，方可进行进料加工业务免抵退核销表的采集。

登录离线版申报系统，打开"进料加工向导第一步→进料加工数据采集→进料加工业务免抵退税核销表"录入，如图13-91所示。

在进料加工免抵退税核销申请表中点击"增加"按钮，录入相关数据，如图13-92所示。

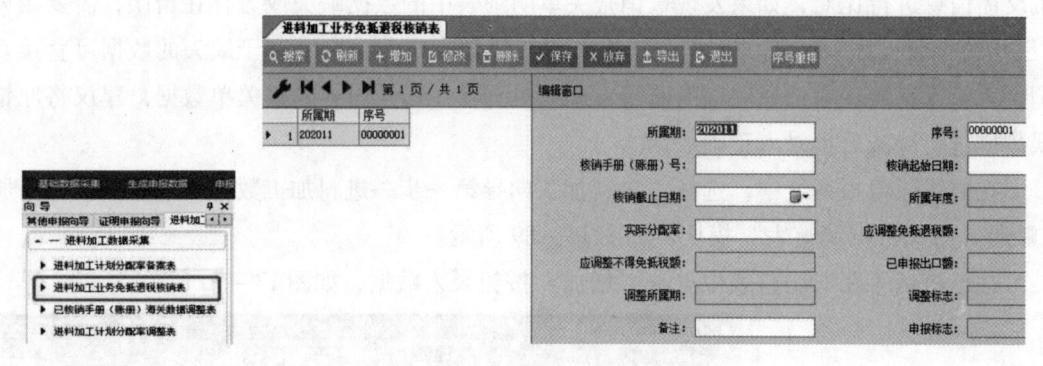

图13-91　　　　　　　　　图13-92

【核销手册（账册）号码】：填写海关进料登记手册、账册编号。

【核销起始日期】：填写本次申报账册对应海关结案通知书的起始日期。

【核销截止日期】：填写本次申报账册对应海关结案通知书的截止日期。

【实际分配率】：结合海关数据调整表、加贸反馈数据计算的实际分配率。

【应调整不得免抵税额】：Σ申报核销手册或账册报核周期对应"已核准"的《免抵退税申报明细表》数据出口额（人民币）×计划分配率×（征税率－退税率）－Σ申报核销手册或账册报核周期对应"已核准"的《免抵退税申报明细表》数据出口额（人民币）×本次申报核销的实际分配率×（征税率－退税率）

【应调整免抵退税额】：Σ申报核销手册或账册报核周期对应"已核准"的《免抵退税申报明细表》数据出口额（人民币）×计划分配率×退税率→Σ申报核销手册或账册报核周期对应"已核准"的《免抵退税申报明细表》数据出口额（人民币）×本次申报核销的实际分配率×退税率

说明："应调整不得免征和抵扣税额"参与下期免抵退汇总表计算，体现在汇总表第

8栏（进料加工核销应调整不得免征和抵扣税额）。

"应调整免抵退税额"参与下期免抵退汇总表计算，体现在汇总表第14栏（进料加工核销应调整免抵退税额）。

（五）生成申报数据及数据申报

免抵退税核销数据采集完成后，下一步生成进料加工核销申报数据。

在离线版申报系统中，选择"进料加工向导第二步→生成进料加工申报→生成出口退（免）税申报数据"模块，在弹出的对话框中选中进料加工业务核销申报，点击确定，如图13-93所示。

图13-93

生产企业完成上述步骤后，即可通过电子税务局进行进料加工免抵退核销的申报。

登录电子税务局，选择"我要办税→出口退税管理"模块，如图13-94所示。

图13-94

在"出口退税管理"操作界面中，选择"出口退（免）税申报"模块中的"进料加工业务核销申请"功能，点击"离线申报"按钮，进入进料加工业务具体操作界面，如

图13-95所示。

图13-95

在进料加工业务操作界面,选择"进料加工业务免抵退核销申请"模块,点击"上传"按钮,根据存放路径选择离线版申报系统事先生成的申报数据进行上传,如图13-96所示。

图13-96

(六)报表打印

打印进料加工核销的相关报表,需要打印的报表为《进料加工业务免抵退税核销申报表》,若存在核销数据调整的情况,还需打印《已核销手册(账册)海关数据调整表》。

在离线版申报系统中,选择"进料加工向导第三步→打印进料加工报表",分别选择上述两个需要打印的报表,输入需要打印的所属期,进行打印,如图13-97所示。

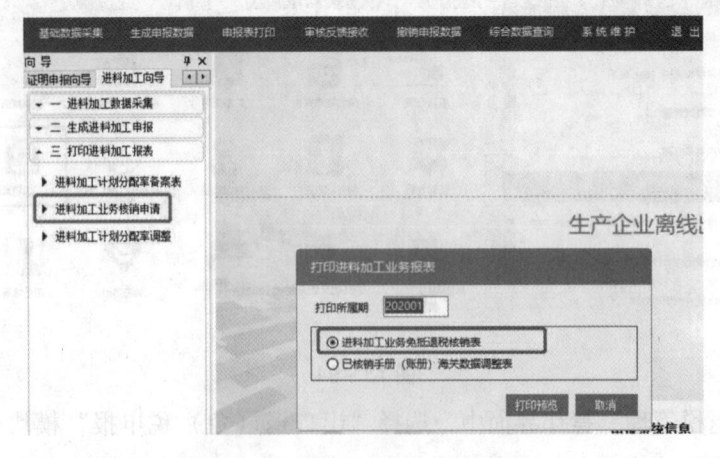

图13-97

打印后的《生产企业进料加工业务免抵退税核销表》,《已核销手册(账册)海关数据调整表》,如图13-98、图13-99所示。

生产企业进料加工业务免抵退税核销表

纳税人识别号(统一社会信用代码):
纳税人名称:　　　　　　　　　　　　　　金额单位:元(列至角分)

序号	申报核销手册(账册)号	核销起始日期	核销截止日期	实际分配率	已申报出口额	应调整免抵退税额	应调整不得免征和抵扣税额	所属年度	备注
1	2	3	4	5	6	7	8	9	10
小计									
合计									
已核销手册(账册)综合实际分配率									

声明:此表是根据国家税收法律法规及相关规定填写的,本人(单位)对填报内容(及附带资料)的真实性、可靠性、完整性负责。
　　　　　　　　　　　　　　　　　纳税人(签章):　　　　　　　年 月 日

经办人: 经办人身份证号: 代理机构签章: 代理机构统一社会信用代码:	受理人: 受理税务机关(章): 受理日期:　年 月 日

图13-98

已核销手册（账册）海关数据调整表

纳税人识别号（统一社会信用代码）：
纳税人名称：

金额单位：元（列至角分）

序号	进料加工手册（账册）号	核销起始日期	核销截止日期	进（出）口标识	报关单号	代理进（出）口货物证明号	监管方式代码	进（出）口日期	免税进口料件组成计税价格				出口销售额		所属年度	备注
									到岸价（美元）	到岸价（人民币）	海关实征关税和消费税	合计	美元	人民币		
1	2	3	4	5	6	7	8	9	10	11	12	13=11+12	14	15	16	17
小合																

声明：此表是根据国家税收法律法规及相关规定填写的，本人（单位）对填报内容（及附带资料）的真实性、可靠性、完整性负责。

纳税人（签章）： 年 月 日

经办人：　　　　　　　　　　受理人：
经办人身份证号：　　　　　　　受理税务机关（章）：
代理机构签章：　　　　　　　　受理日期： 年 月 日
代理机构统一社会信用代码：

第 1 页 / 共 1 页

图 13-99

（七）下载反馈及反馈读入

进料加工业务免抵退核销申报完成后，税务机关对企业申报数据进行审核，审核完成后，企业需下载税务反馈信息，并读入到离线版申报系统。

登录电子税务局，选择"我要办税→出口退税管理"模块，在"出口退税管理"操作界面中选择"出口退（免）税申报"模块中的"免抵退税申报"功能，点击"离线申报"进入免抵退税业务具体操作界面，选择"审核结果反馈"模块，在"审核结果反馈"操作界面，将申请类型改为"按年"输入核销所在的年份，点击"查询"按钮后再点击"申请"按钮，当状态显示"读取完成"时，说明反馈信息准备完毕，此时点击"下载"按钮，即可将反馈信息下载到本地电脑备用，如图13-100所示。

图 13-100

下载后的反馈信息，出口企业需读入离线版申报系统。在离线版申报系统中，选择

"审核反馈接收→读入税务机关反馈信息",进行数据的读入,如图13-101所示。

图13-101

在离线版申报系统中通过"进料加工向导第六步→进料加工数据查询→进料加工业务免抵退税核销表"界面,可以查看已完成进料加工免抵退税核销的手账册对应的实际分配率、应调免抵退税额、应调不得免抵税额,如图13-102所示。

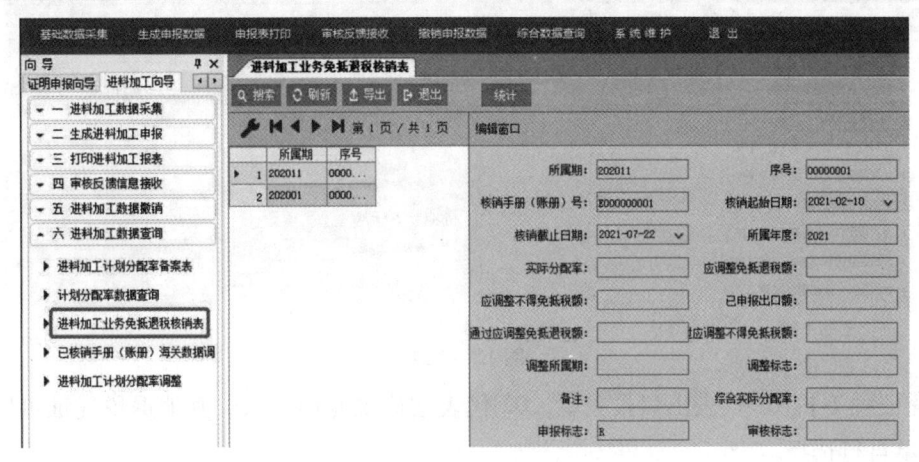

图13-102

第三节 其他业务申报

一、出口信息查询申请

出口企业日常免抵退税申报过程中,如发现出口报关单、出口货物代理证明等用于申报退(免)税的凭证长时间(一般超过三个月)没有电子信息或电子信息内容与实际不符的,可填报《出口信息查询申请表》报送主管税务机关,由主管税务机关协助解决电子信息的相关问题。

登录离线版申报系统,打开"其他申报向导第一步→其他申报数据采集→出口信息查询申请表"模块,如图 13-103 所示。

图 13-103

在"出口信息查询申请表"中,点击"增加"按钮录入申报数据,如图 13-104 所示。

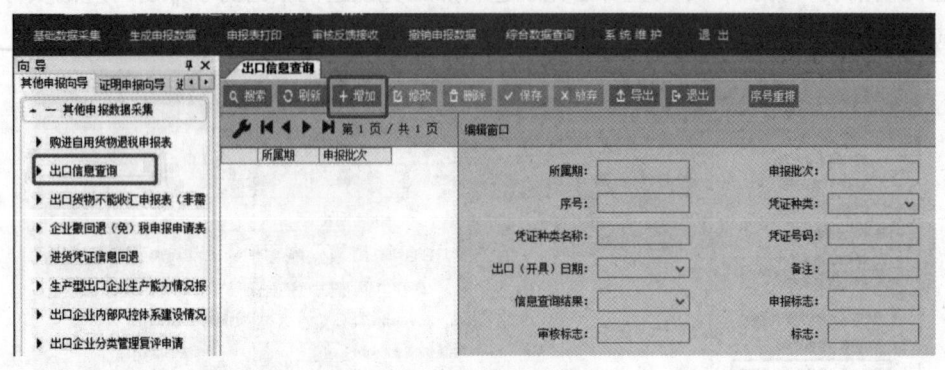

图 13-104

【凭证种类】:01 代表出口报关单,02 代表增值税专用发票。其他退税凭证可以打开下拉菜单自行选择。

【凭证号码】:查询出口报关单信息的,凭证号码填写 21 位报关单号码;查询增值税专用发票信息的,凭证号码填写发票的"10 位代码 + 8 位号码";查询海关进口增值税专用缴款书信息的,凭证号码填写 22 位缴款书号码;查询出口退(免)税相关证明的,凭证号码填写证明编号。

【出口(开具)日期】:填写出口报关单的出口日期或增值税发票等其他凭证的开具日期。

数据填写完成后进行数据的保存,下一步生成申报数据。在离线版申报系统中,选择"其他申报向导第二步→生成其他业务申报→生成出口退(免)税申报数据"模块,在弹出的对话框中选择出口信息查询申请,填写所属期后,点击确认即可,如图 13-105 所示。

数据生成成功后会有提示信息框,在提示信息框中可以查看申报数据的存放路径,申报数据是以企业海关代码 + 申报年月 + xxcx 命名的 XML 文件,如图 13-106 所示。

图 13 – 105

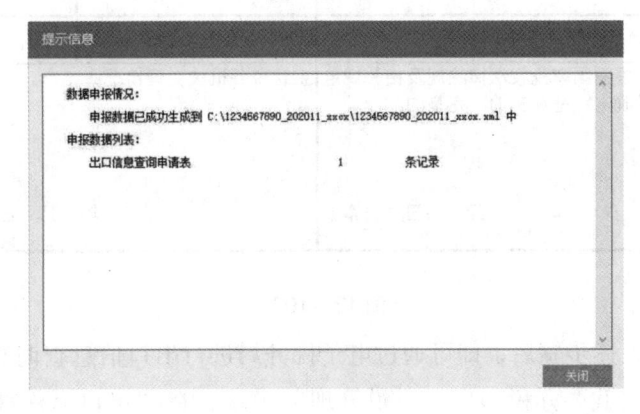

图 13 – 106

出口企业在完成申报数据的生成后,需要对出口信息查询申请表进行打印。操作步骤为:在离线版申报系统,打开"其他申报向导第三步→打印其他申报报表→出口信息查询申请表"模块,输入需要打印的所属期,进行打印,如图 13 – 107 所示。

图 13 – 107

177

打印后的《出口信息查询》，如图13-108所示。

出口信息查询

纳税人名称：
统一社会信用代码/纳税人识别号：

序号	凭证种类	凭证号码	出口（开具）日期	备注

本申请表是根据国家税收法律法规及相关规定填写的，我确定它是真实的、完整的。 申请人： 　　　　　　年　　月　　日（公章）	主管税务机关受理情况： 　　　　　　年　　月　　日（公章）

图13-108

出口企业完成上述步骤后，即可通过电子税务局进行出口信息查询数据的申报。登录电子税务局，选择"我要办税→出口退税管理"模块，在"出口退税管理"操作界面中选择"出口退（免）税申报"模块中的"出口信息查询申请"功能，点击"离线申报"按钮进入其他业务管理申报的具体操作界面，如图13-109所示。

图13-109

在信息查询申请操作界面中，选择"出口退（免）税其他业务管理→正式申报"模块，点击"上传"按钮，根据存放路径选择离线版申报系统事先生成的申报数据进行上传，如图13-110所示。

图 13-110

如果出口企业发现数据存在问题，可以在离线版申报系统中对数据进行修改后重新生成申报数据，再次通过电子税务局进行申报。离线版申报系统数据修改的操作步骤为：在离线版申报系统中，打开"其他申报向导第五步→其他申报数据撤销→撤销出口退（免）税申报数据"模块中的"出口信息查询申请"功能，首先进行撤销申报数据的操作，如图 13-111 所示。然后在"其他申报向导第一步→其他申报数据采集→出口信息查询申请表"模块进行数据的修改，数据修改完成后，重新生成申报数据。

图 13-111

通过电子税务局完成数据申报后，税务机关进行审核，审核完成后，企业需下载税务反馈信息。登录电子税务局，选择"我要办税→出口退税管理"模块，在"出口退税管理"操作界面中选择"出口退（免）税申报"模块中的"出口信息查询申报"功能，点击"离线申报"进入其他业务管理的具体操作界面，选择"出口退（免）税凭证电子信息查询→审核结果反馈"模块，输入需要下载反馈数据的所属期，点击"查询"按钮后再点击"申请"按钮，当状态显示"读取完成"时，说明反馈信息准备完毕，此时点击"下载"按钮，即可将反馈信息下载到本地电脑备用，如图 13-112 所示。

图 13-112

反馈信息下载完成后,需要将反馈信息读入到离线版申报系统中。登录离线版申报系统,打开"其他申报向导第四步→审核反馈信息接收→读入税务机关反馈信息"模块,读入事先通过电子税务局获取的审核反馈信息,如图 13-113 所示。

图 13-113

反馈信息读入完成后,在离线版申报系统中通过"其他申报向导第六步→其他申报数据查询→出口信息查询"模块,可以查询已经读入的反馈数据,反馈数据带有审核标志"R"的说明正式申报审核通过,如图 13-114 所示。

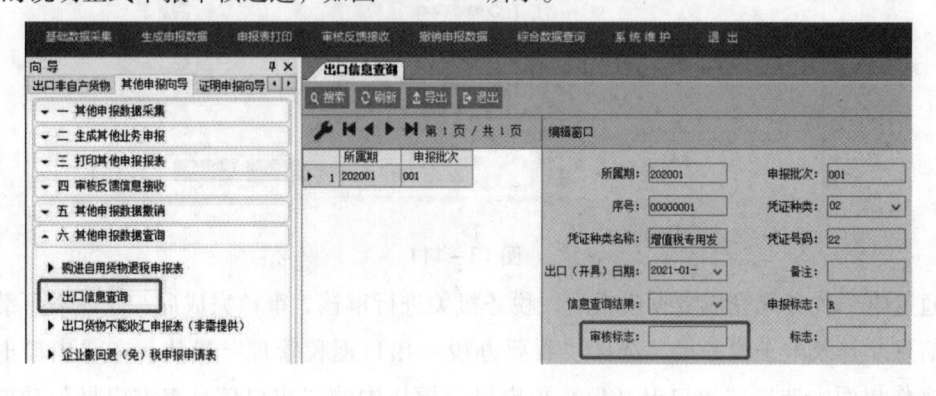

图 13-114

二、出口非自产货物消费税退税申报

生产企业出口的视同自产货物以及列名生产企业出口的非自产货物,属于消费税应税消费品,应该报送《出口非自产货物消费税退税申请表》申请消费税退税。

登录离线版申报系统,打开"非自产货物申报向导第一步→出口非自产货物数据采集→出口非自产货物消费税退税申报表"模块,如图13-115所示。

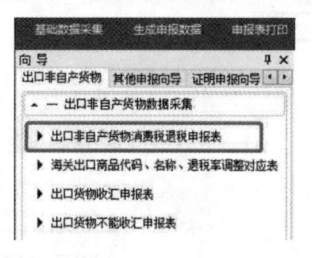

图13-115

在"出口非自产货物消费税申报表"操作界面中,点击"增加"按钮录入数据,如图13-116所示。

图13-116

【凭证种类】:根据实际情况选择海关进口消费税专用缴款书、分割单,或出口货物消费税专用缴款书。

【消费税税率】:若为消费税从价定率方式征税的,按小数的格式填写法定税率,若为消费税从量定额方式征税的,填写法定税额。

【计税金额】:消费税专用缴款书或完税分割单上的计税金额。

【征税税额】:消费税从价定率方式征税的,则征税税额=计税金额×征税税率;若为消费税从量定额方式征税的,则征税税额=数量×征税税率。

数据填写完成后进行数据的保存,下一步生成申报数据。在离线版申报系统中,选择"出口非自产货物申报向导第二步→生成出口非自产货物申报"模块,在弹出的对话框中选择生成非自产货物消费税退税申报,填写所属期后,点击确定即可,如图13-117所示。

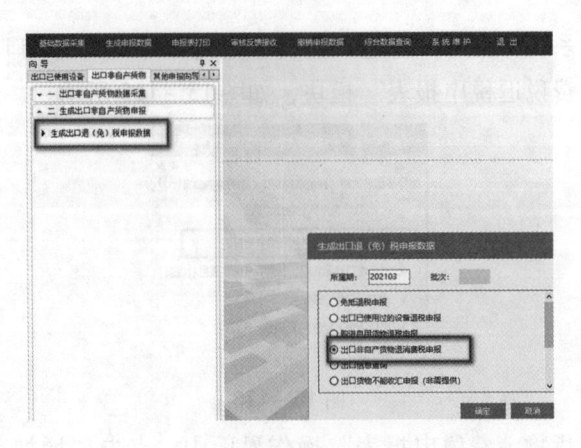

图 13-117

数据生成成功后会有提示信息框,在提示信息框中可以查看申报数据的存放路径,申报数据是以企业海关代码+申报年月+txfs 命名的 XML 文件,关闭即可,如图 13-118 所示。

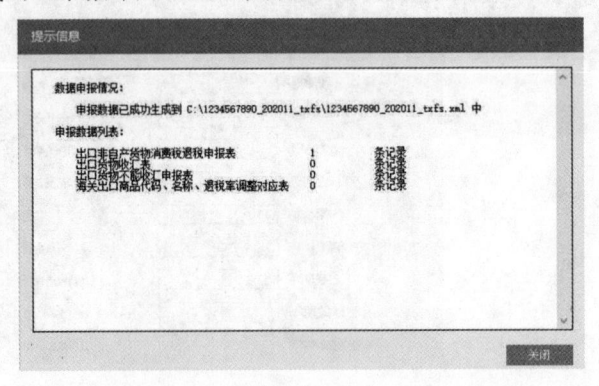

图 13-118

出口企业在完成申报数据的生成后,需要对出口非自产货物消费税退税申报表进行打印。操作步骤为:在离线版申报系统,打开"出口非自产货物申报向导第三步→打印出口非自产货物报表→出口非自产货物退消费税申报表"模块,选中出口非自产货物消费税退税申报表,输入需要打印的所属期,进行打印,如图 13-119 所示。

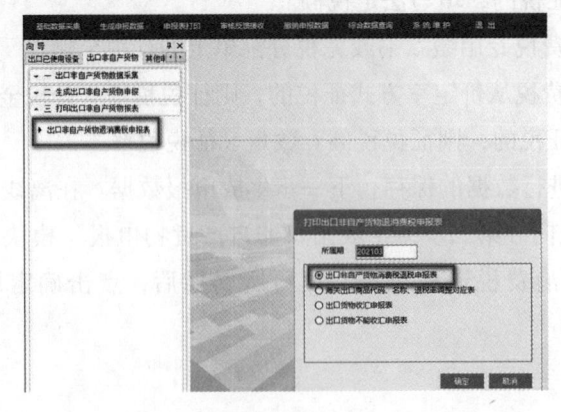

图 13-119

打印后的《生产企业出口非自产货物消费税退税申报表》,如图13-120所示。

生产企业出口非自产货物消费税退税申报表

申报年月:
纳税人识别号(统一社会信用代码):
纳税人名称:
金额单位:元(列至角分)

序号	消费税凭证号	凭证种类	出口商品代码	出口商品名称	计量单位	数量	消费税税率	计税金额	征税金额	申报消费税退税额	出口货物报关单号	代理出口货物证明号	出口日期	出口数量	退(免)税业务类型	备注
1	2	3	4	5	6	7	8	9	10	11	12	13	14	15	16	17
小计																
合计																

声明:此表是根据国家税收法律法规及相关规定填写的,本人(单位)对填报内容(及附带资料)的真实性、可靠性、完整性负责。

纳税人(签章)   年 月 日

经办人:
经办人身份证号: 代理机构签章: 代理机构统一社会信用代码:
受理人:
受理税务机关(章):   受理日期: 年 月 日

第 1 页 / 共 1 页

图 13-120

出口企业完成上述步骤后,即可通过电子税务局进行出口非自产货物消费税退税的申报。登录电子税务局后,选择"我要办税→出口退税管理"模块,在"出口退税管理"操作界面中选择"出口退(免)税申报"模块中的"出口非自产货物消费税申报"功能,点击"离线申报"按钮,进入消费税退税申报的具体操作界面,如图13-121所示。

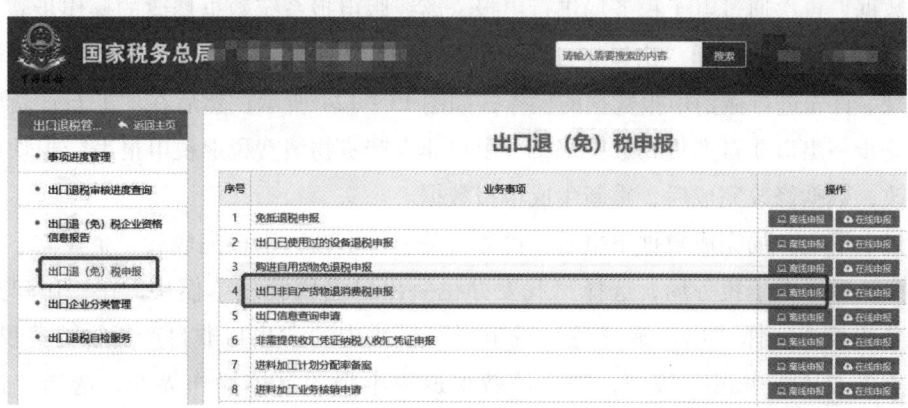

图 13-121

在消费税退税申报操作界面中,选择"出口退(免)税申报→出口非自产货物消费税退税申报→数据自检"模块,点击"上传"按钮,根据存放路径选择离线版申报系统事先生成的申报数据进行上传，如图13-122所示。

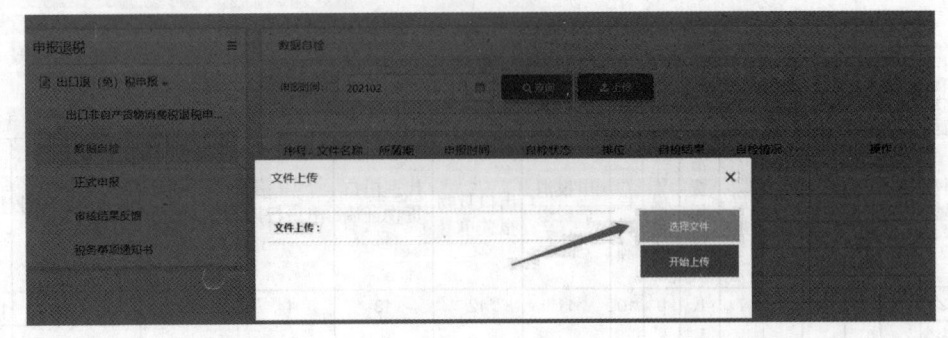

图13-122

经过数据自检，审核结果没有疑点或没有不可挑过的疑点，可以确认申报，确认申报后，数据会跳转到正式申报页面，可在正式申报页面查询税务机关的审核情况，如图13-123所示。

图13-123

如果出口企业发现数据存在问题，可以在离线版申报系统中对数据进行修改后重新生成申报数据，再次通过电子税务局进行申报。离线版申报系统数据修改的操作步骤为：在离线版申报系统中，打开"出口非自产货物申报向导第五步→出口非自产货物申报数据撤销"模块，首先进行撤销申报数据的操作，如图13-124所示；然后在"非自产货物申报向导第一步→出口非自产货物数据采集→出口非自产货物消费税退税申报表"模块中进行数据修改，数据修改完成后，重新生成申报数据。

通过电子税务局完成数据申报后，税务机关进行审核，审核完成后，企业需下载税务反馈信息。登录电子税务局，选择"我要办税→出口退税管理"模块，在"出口退税管理"操作界面中选择"出口退（免）税申报"模块中的"出口非自产货物消费税退税"功能，点击"离线申报"按钮，进入消费税退税申报的具体操作界面，选择"出口退（免）税申报→出口非自产货物消费税退税申报→审核结果反馈"模块下载，输入需要下载反馈数据的所属期，点击"查询"按钮后再点击"申请"按钮，当状态显示"读取完成"时，说明反馈信息准备完毕，此时点击"下载"按钮，即可将反馈信息下载到本地电脑备用，如图13-125所示。

| 中篇　出口退（免）税申报操作实务 |

图 13-124

图 13-125

反馈信息下载完成后，需要将反馈信息读入到离线版申报系统中。登录离线版申报系统，打开"出口非自产货物申报向导第四步→审核反馈信息接收→读入税务机关反馈信息"模块，读入事先通过电子税务局获取的审核反馈信息，如图 13-126 所示。

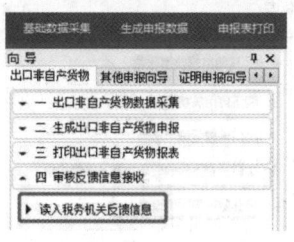

图 13-126

反馈信息读入完成后，在离线版申报系统中通过"出口非自产货物向导第六步→出口非自产货物申报数据查询→出口非自产货物消费税退税申报表"模块，可以查询已经读入的反馈数据，反馈数据带有审核标志"R"的说明正式申报审核通过，如图 13-127 所示。

185

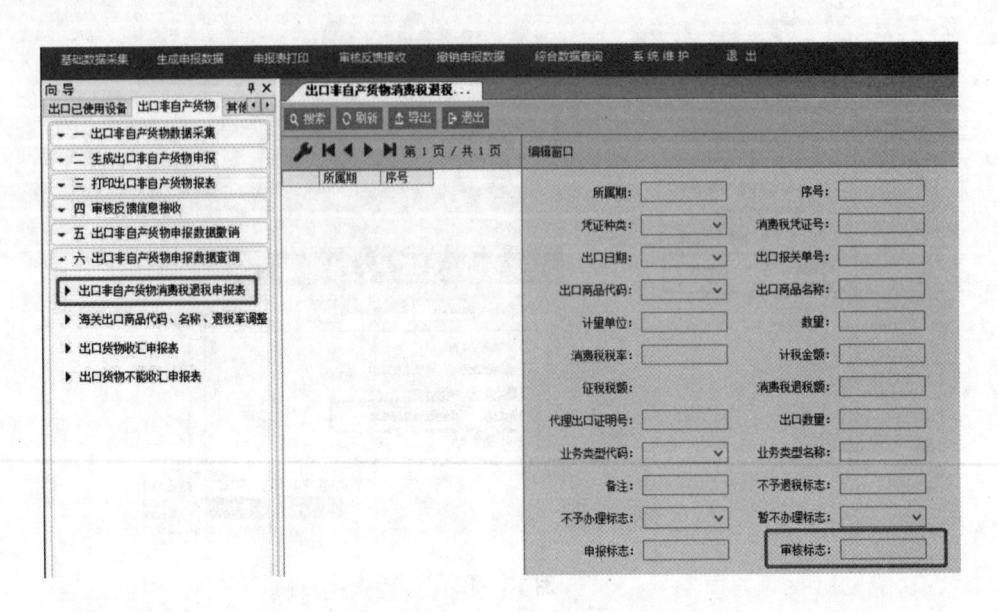

图 13-127

三、企业撤回申报申请表

企业撤回申报申请适用于两种业务场景，一是针对已经申报到税务机关的数据，企业自愿放弃退税，需要报送《企业撤回申报申请表》；二是针对税务机关已经接受申报的数据，在税务机关开具收入退还书前，企业发现有错误需要修改，也需要报送《企业撤回申报申请表》，税务机关受理此表后，将数据作废由企业修改后重新申报。

登录离线版申报系统，打开"其他申报向导第一步→其他申报数据采集→企业撤回申报申请表"模块，如图 13-128 所示。

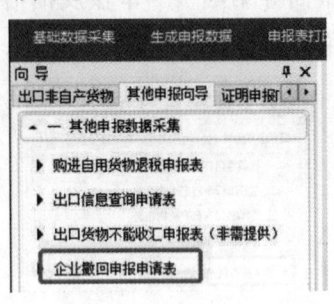

图 13-128

在"企业撤回申报申请表"界面，点击"增加"按钮录入数据，如图 13-129 所示。

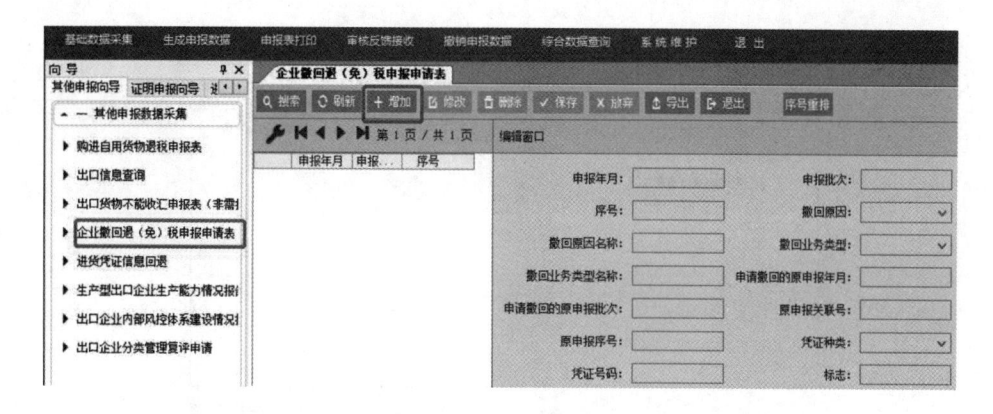

图 13－129

【撤回原因】：分为 1. 申报错误申请撤回、2. 自愿放弃申请撤回两种。撤回原因选择 2 自愿放弃的，还需要录入原申报关联号/原申报序号、凭证种类、凭证号码。

【撤回业务类型】：按照撤回申报的对象的原申报类型填写，具体分为：免抵退税申报、购进自用货物申报、出口已使用旧设备申报、非自产消费税特准退税申报、代办退税申报、横琴平潭退税业务（货物）申报。

数据填写完成后进行数据的保存，下一步生成申报数据。在离线版申报系统中，选择"其他申报向导第二步→生成其他业务申报→生成退（免）税申报数据"模块，在弹出的对话框中选择企业撤回申报，填写所属期后，点击确认即可，如图 13－130 所示。

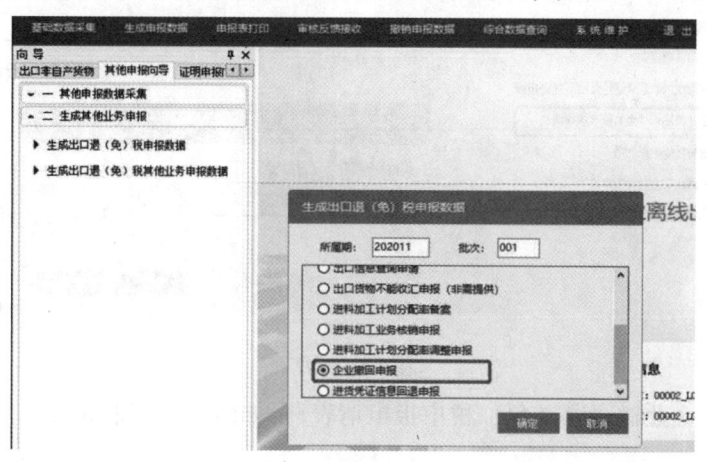

图 13－130

数据生成成功后会有提示信息框，在提示信息框中可以查看申报数据的存放路径，申报数据是以企业海关代码＋申报年月＋chsbsj 命名的 XML 文件，如图 13－131 所示。

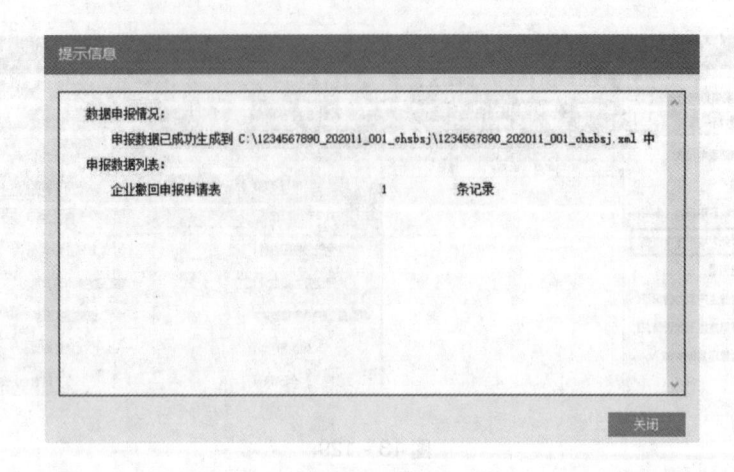

图 13-131

出口企业在完成申报数据的生成后,需要对《企业撤回申报申请表》进行打印。操作步骤为:在离线版申报系统,打开"其他申报向导第三步→打印其他申报报表→企业撤回退(免)税申报申请表"模块,输入需要打印的所属期,进行打印,如图 13-132 所示。

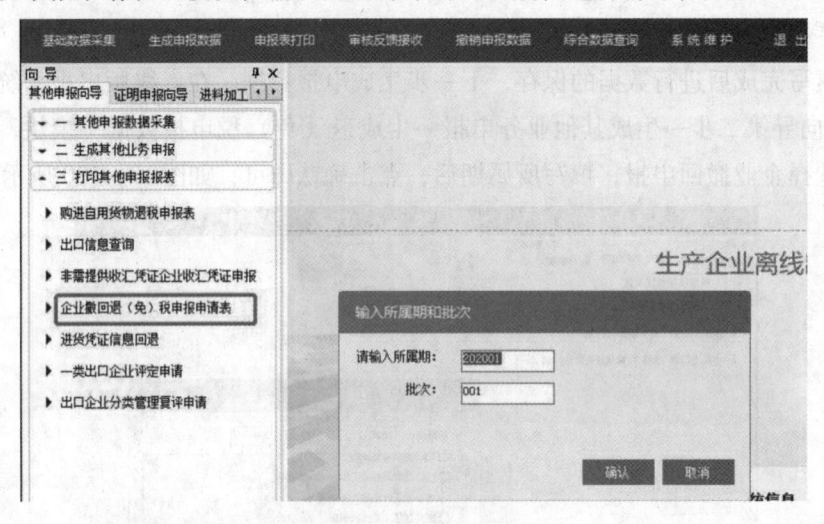

图 13-132

打印后的《企业撤回退(免)税申报申请表》,如图 13-133 所示。

企业撤回退（免）税申报申请表

纳税人识别号（统一社会信用代码）：　　申报年月：　年　月　　申报批次：
纳税人名称：

序号	申请撤回的原申报业务类型	申报撤回的原申报年月	申报撤回的原申报批次	撤回原因	原申报关联号/原申报序号	凭证种类	凭证号码
1	2	3	4	5	6	7	8

声明：此表是根据国家税收法律法规及相关规定填写的，本人（单位）对填报内容（及附带资料）的真实性、可靠性、完整性负责。
纳税人（签章）：　　　　　　　　年　月　日

经办人： 经办人身份证号： 代理机构签章： 代理机构统一社会信用代码：	受理人： 受理税务机关（章）： 受理日期：　　年　月　日

图 13-133

出口企业完成上述步骤后，即可通过电子税务局进行撤回退（免）税的申报。登录电子税务局，选择"我要办税→出口退税管理"模块，在"出口退税管理"操作界面中选择"企业撤回申报数据申请"功能，点击"离线申报"，进入撤回申报申请具体操作界面，如图 13-134 所示。

图 13-134

在撤回申报申请操作界面中，选择"出口退（免）税其他业务管理→企业撤回申报数据"模块，点击"上传"按钮，根据存放路径选择离线版申报系统事先生成的申报数据进行上传，上传后可通过"审核状态"模块查询税务机关的是审核进度，如图13-135所示。

图13-135

如果出口企业发现数据存在问题，可以在离线版申报系统中对数据进行修改后重新生成申报数据，再次通过电子税务局进行申报。离线版申报系统数据修改的操作步骤为：在离线版申报系统中，打开"其他申报向导第五步→其他申报数据撤销→撤销出口退（免）税申报数据"模块中的"企业撤回申报"功能，首先进行撤销申报数据的操作，如图13-136所示。然后在"其他申报向导第一步→其他申报数据采集→企业撤回申报申请表"模块进行数据的修改，数据修改完成后，重新生成申报数据。

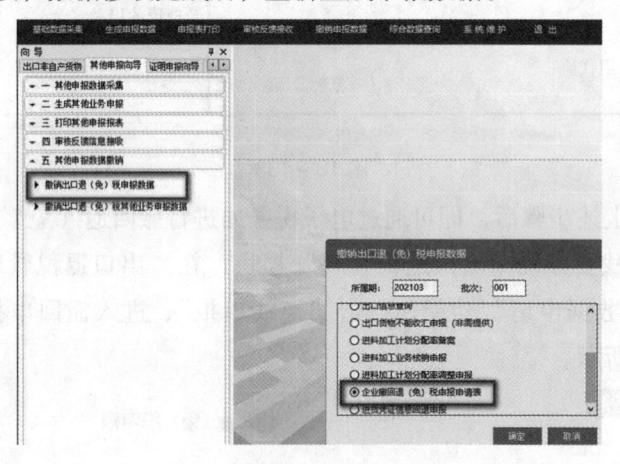

图13-136

四、出口退（免）税分类管理相关申请

出口企业管理类别评定工作每年进行1次，税务机关应于企业纳税信用级别评定结果确定后1个月内完成。自评定工作完成的次月起，税务机关对出口企业按照不同管理类别实施相应的分类管理措施。

出口企业申请管理类别评定为一类时，应于企业纳税信用级别评定结果确定的当月，向税务机关报送《生产型出口企业生产能力情况报告》和《出口退（免）税企业内部风险控制体系建设情况报告》。

（一）一类企业评定申请

登录离线版申报系统，打开"其他申报向导第一步→其他申报数据采集→生产型出口企业生产能力情况报告"模块，如图 13 - 137 所示。

图 13 - 137

在"生产型出口企业生产能力情况报告"界面中，点击"增加"按钮录入相关信息，如图 13 - 138 所示。

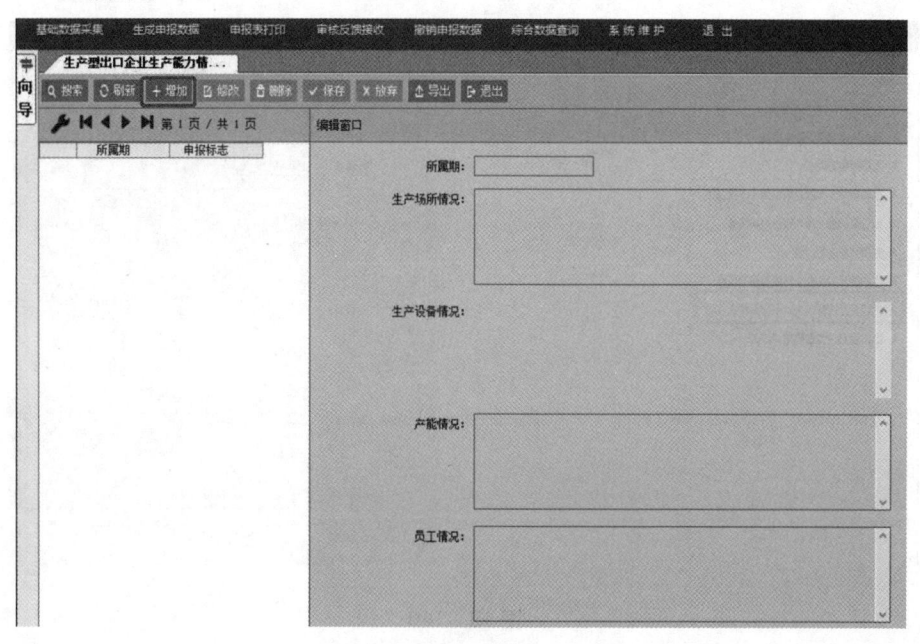

图 13 - 138

【生产场所情况】：填写生产企业经营场所的情况。

【生产设备情况】：填写生产企业生产设备情况。

【产能情况】：填写生产企业产能情况。

【员工情况】：填写生产企业员工情况。

【资金流情况】：填写生产企业资金流情况。

登录离线版申报系统，打开"其他申报向导第一步→其他申报数据采集→出口企业内部风控体系建设情况报告"模块，如图13-139所示。

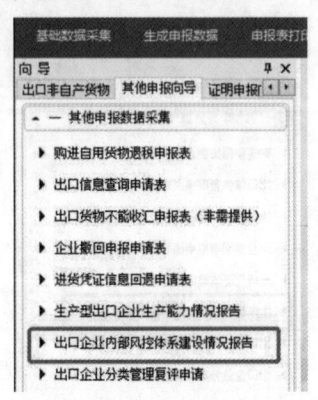

图13-139

在"出口企业内部风控体系建设情况报告"界面中，点击"增加"按钮录入相关信息，如图13-140所示。

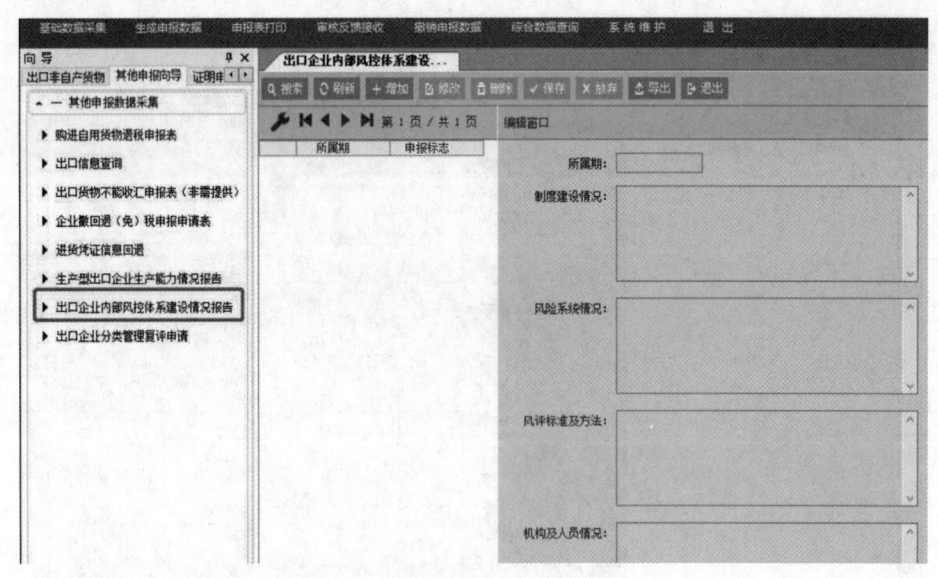

图13-140

数据填写完成后进行数据的保存，下一步生成申报数据。在离线版申报系统中，选择"其他申报向导第二步→生成其他业务申报→生成出口退（免）税申报数据"模块，在弹出的对话框中选择一类企业评定申请，填写所属期后，点击确认即可，如图 13 – 141 所示。

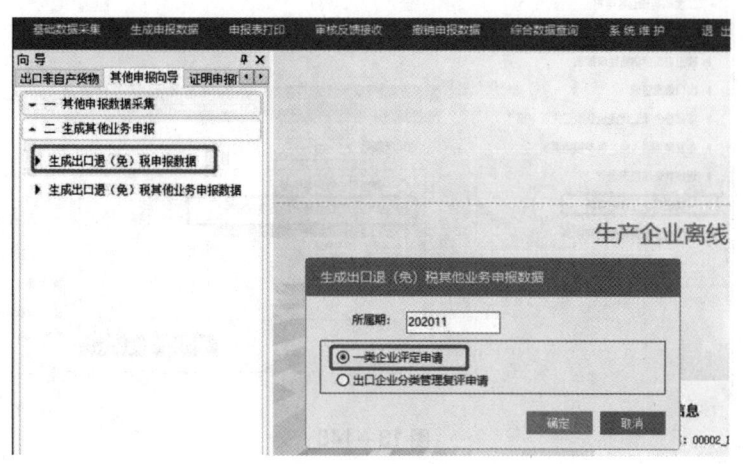

图 13 –141

数据生成成功后会有提示信息框，在提示信息框中可以查看申报数据的存放路径，申报数据是以企业海关代码 + 申报年月 + qkbg 命名的 XML 文件，如图 13 – 142 所示。

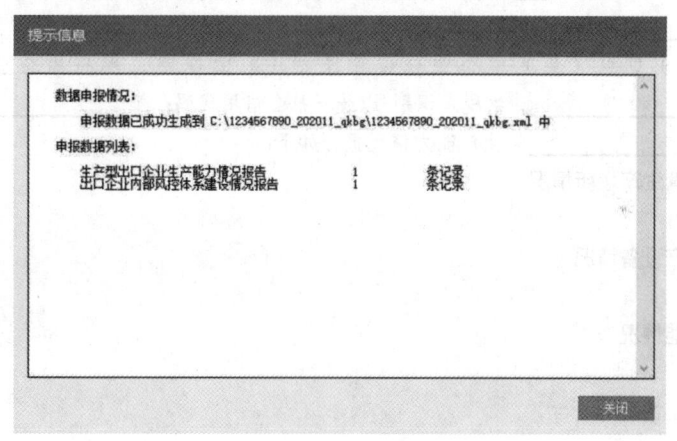

图 13 –142

出口企业在完成申报数据的生成后，需要对一类企业评定申请的报表进行打印。操作步骤为：在离线版申报系统，打开"其他申报向导第三步→打印其他申报报表→一类出口企业评定申请"模块，分别选择"出口企业内部风险体系建设情况报告""生产型出口企业生产能力情况报告"，输入需要打印的所属期，进行打印，如图 13 – 143 所示。

193

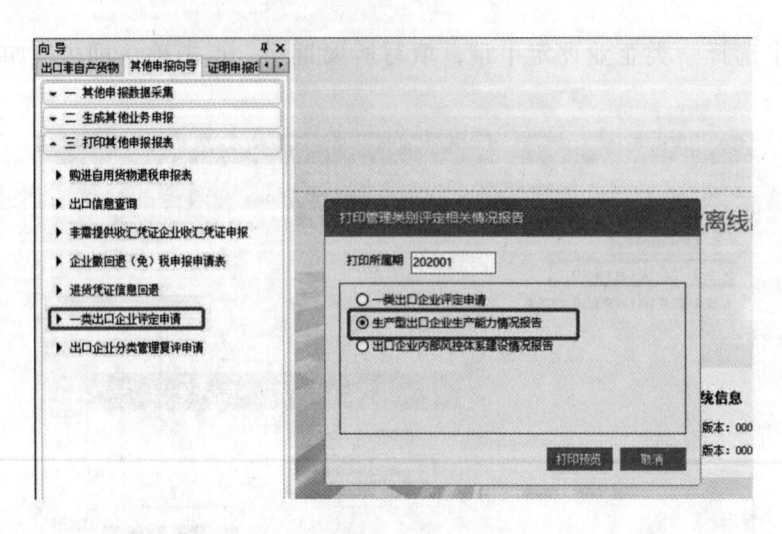

图 13 – 143

打印后的《生产型出口企业生产能力情况报告》，《出口退（免）税企业内部风险控制体系建设情况报告》，如图 13 – 144、图 13 – 145 所示。

生产型出口企业生产能力情况报告

_____ 税务局：

按照《出口退（免）税企业分类管理办法》的规定，现将本企业（企业名称：_____，纳税人识别号/统一社会信用代码：_____，海关企业代码：_____）生产能力情况报告如下：

一、经营生产场所情况

二、生产设备情况

三、产能情况

四、员工情况

五、资金流情况

六、附送证明材料清单

本公司承诺：以上报告内容是真实、可靠的，并愿意承担由此产生的相关责任。

法定代表人：（签字） （企业公章）

年 月 日

图 13 – 144

```
          出口退（免）税企业内部风险控制体系建设情况报告
_____税务局：
        按照《出口退（免）税企业分类管理办法》的规定，现将本企业（企业名
称：_____，纳税人识别号/统一社会信用代码：_____，海
关企业代码：_____）内部出口退（免）税风险控制体系建设情况报告如下：
        一、制度建设情况

        二、风险管理信息系统建设情况

        三、风险自评标准及方法

        四、专职机构设置及专职人员配备情况

        五、附送证明材料清单

        本公司承诺：以上报告内容是真实、可靠的，并愿意承担由此产生的相关责任。
        法定代表人：（签字）        （企业公章）
                                年  月  日
```

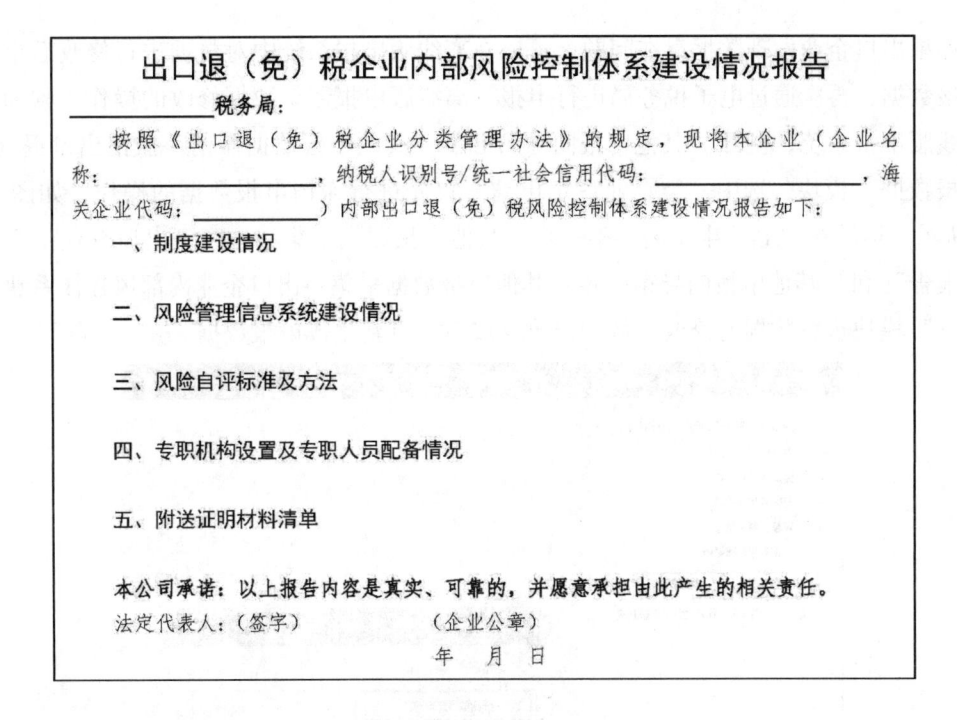

图 13-145

出口企业完成上述步骤后，即可通过电子税务局进行一类企业评定申请的申报。登录电子税务局，选择"我要办税→出口退税管理"模块，在"出口退税管理"操作界面中选择"出口企业分类管理"模块中的"一类出口企业评定申请"功能，点击"离线申报"按钮进入出口企业分类管理的具体操作界面，如图 13-146 所示。

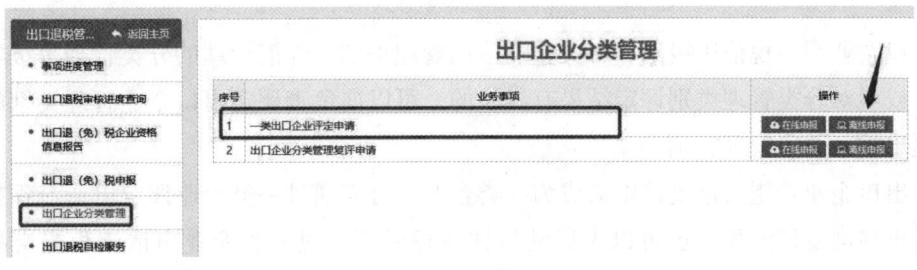

图 13-146

在出口企业分类管理操作界面，选择"申报退税→出口退（免）税其他业务管理→一类出口企业评定申请"模块，点击"上传"按钮，根据存放路径选择离线版申报系统事先生成的申报数据进行上传，如图 13-147 所示。

图 13-147

| 出口退（免）税常见业务申报实务与疑难速查 |

如果出口企业发现数据存在问题，可以在离线版申报系统中对数据进行修改后重新生成申报数据，再次通过电子税务局进行申报。离线版申报系统数据修改的操作步骤为：登录离线版申报系统，打开"其他申报向导第五步→其他申报数据撤销→撤销出口退（免）税申报数据"模块，选中一类企业评定申请，首先进行撤销申报数据的操作，如图13-148所示。然后在"其他申报向导第一步→其他申报数据采集→生产型出口企业生产能力情况报告"和"其他申报向导第一步→其他申报数据采集→出口企业内部风控体系建设情况报告"模块进行数据的修改，数据修改完成后，重新生成申报数据。

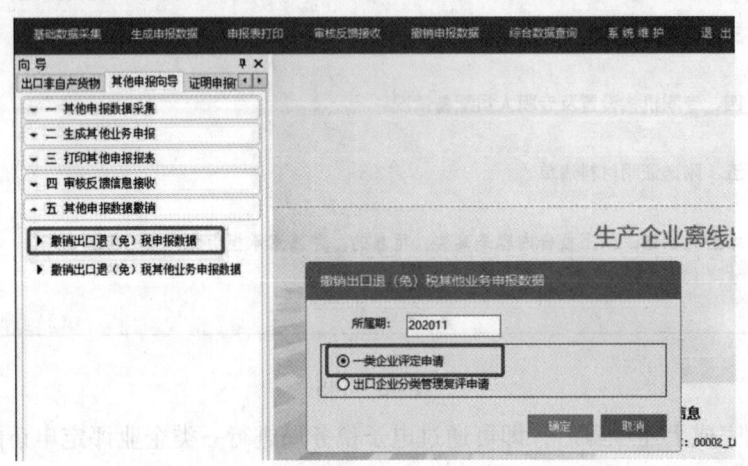

图 13-148

（二）出口企业分类管理复评申请

出口企业因纳税信用级别、海关企业信用管理类别、外汇管理的分类管理等级等发生变化，或者对分类管理类别评定结果有异议的，可以向负责评定出口企业管理类别的税务机关提出重新评定管理类别。

如出口企业希望通过复评申请成为一类企业，可先通过一类企业评定申请流程提交相关材料再启动复评流程；也可以先启动复评流程后再通过一类企业申请流程提交相关材料，但必须在税务机关复评流程的采集评定节点完成前提交一类企业评定申请的相关材料，如果没有按照规定提交，则无法评定为一类企业。

进行出口企业分类管理复评申请时，登录离线版申报系统，打开"其他申报向导第一步→其他申报数据采集→出口企业分类管理复评申请"模块，如图13-149所示。

在出口企业分类管理复评申请表中，点击"增加"按钮输入相关信息，如图13-150所示。

| 中篇 出口退（免）税申报操作实务 |

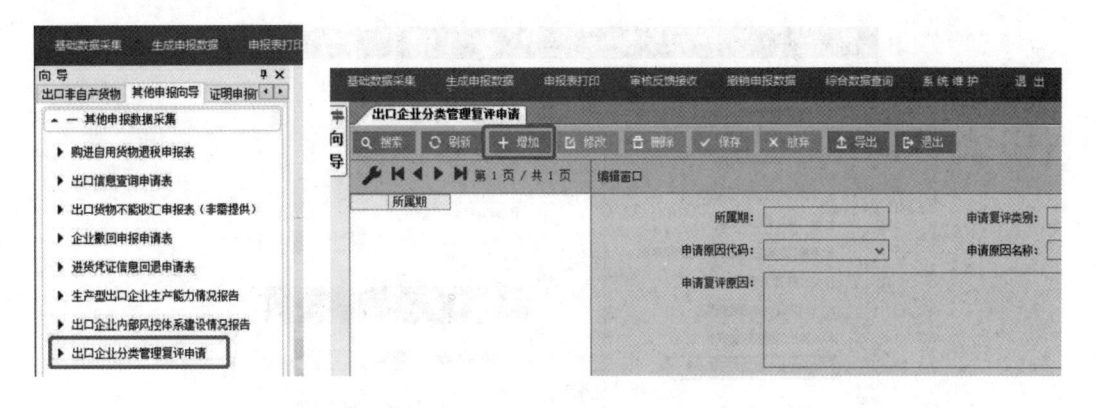

图 13－149

图 13－150

数据填写完成后进行数据的保存，下一步生成申报数据。在离线版申报系统中，选择"其他申报向导第二步→生成其他业务申报→生成出口退（免）税其他业务申报数据"模块，在弹出的对话框中选择出口企业分类管理复评申请，填写所属期后，点击确认即可，如图 13－151 所示。

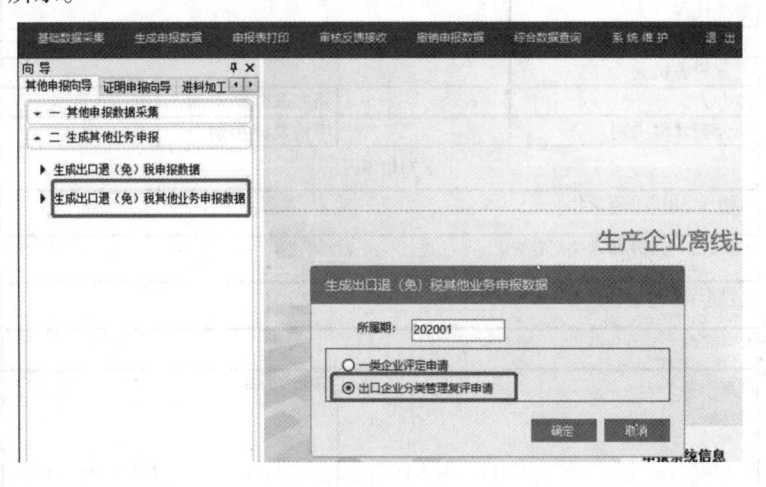

图 13－151

出口企业在完成申报数据的生成后，需要对出口企业分类管理复评申请表进行打印。操作步骤为：在离线版申报系统，打开"其他申报向导第三步→打印其他申报报表→出口企业分类管理复评申请"模块，输入需要打印的所属期，进行打印，如图 13－152 所示。

打印后的《出口企业分类管理复评申请》，如图 13－153 所示。

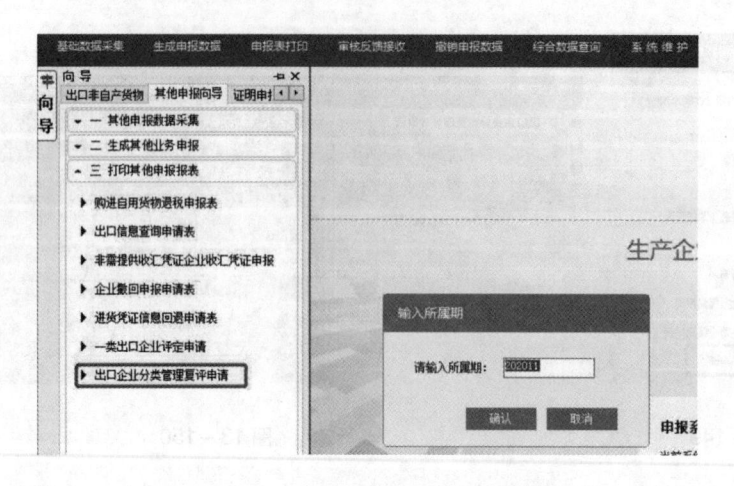

图 13-152

出口企业分类管理复评申请

统一社会信用代码/纳税人识别号			
海关代码			
纳税人名称			
主管税务机关			
经办人		经办人联系电话	
现分类管理类别		申请复评类别	
申请原因			
1.纳税信用级别有变化			
2.海关企业信用管理类别有变化			
3.外汇管理的分类管理等级有变化			
4.其它:			
经办人签章: 年 月 日		纳税人公章: 年 月 日	

经办人:　　　财务负责人:　　　法定代表人:　　　填表日期:

图 13-153

出口企业完成上述步骤后，即可通过电子税务局进行出口企业分类复评的申报。登录电子税务局，选择"我要办税→出口退税管理"模块，在"出口企业分类管理"操作界面中选择"出口企业分类管理复评申请"功能，点击"离线申报"按钮，进入出口企业分类管理的具体操作界面，如图 13-154 所示。

中篇 出口退（免）税申报操作实务

图 13-154

在出口企业分类管理操作界面中，选择"出口退（免）税其他业务管理→分类管理复评申请"模块，点击"上传"按钮，根据存放路径选择离线版申报系统事先生成的申报数据进行上传，如图 13-155 所示。

图 13-155

如果出口企业发现数据存在问题，可以在离线版申报系统中对数据进行修改后重新生成申报数据，再次通过电子税务局进行申报。离线版申报系统数据修改的操作步骤为：在离线版申报系统中，打开"其他申报第五步→其他申报数据撤销→撤销出口退（免）税其他业务申报数据"模块，选中出口企业分类管理复评申请，首先进行撤销申报数据的操作，如图 13-156 所示；然后在"其他业务向导第一步→其他申报数据采集→出口企业分类管理复评申请"模块进行数据的修改，数据修改完成后，重新生成申报数据。

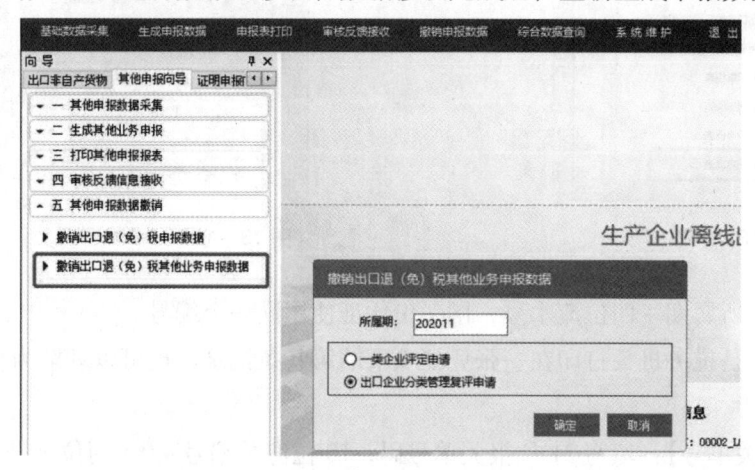

图 13-156

199

第四节 出口退（免）税常用证明申报

一、委托出口货物证明

如果出口企业委托出口的货物，是国家取消出口退（免）税的货物（即出口退税率为0的货物），委托方需要开具《委托出口货物证明》。开具委托出口货物证明的，委托方应自货物报关出口之日起至次年3月15日前，凭委托代理出口协议（复印件）向主管税务机关报送委托出口货物证明及其电子数据，主管税务机关审核委托代理出口协议后，在委托出口货物证明签章，受托方申请开具代理出口货物证明时，应提供规定的凭证资料及委托方主管税务机关签章的委托出口货物证明。

《委托出口货物证明》的申报办理流程如下：

登录离线版申报系统，打开"证明申报向导第二步→证明申报数据录入→委托出口货物证明申请表"模块，如图13-157所示。

在"委托出口货物证明申请表"中，点击"增加"按钮录入申报数据，如图13-158所示。

图13-157　　　　　　　　　　　图13-158

【编号】：所属期+四位流水号，同一份凭证使用同一个编号。

【项号】：是税务机关打印在一张凭证项下的第几条记录，也可以理解为相同编号下的序号。

【出口报关单号】：填写21位报关单号码，18位海关编号+0+两位项号。

数据填写完成后进行数据的保存，下一步生成申报数据。在离线版申报系统中，选择

"证明申报向导第三步→生成证明申报数据→生成出口证明申报数据"模块,在弹出的对话框中选择委托出口货物证明申请,填写所属期后,点击确认即可,如图13-159所示。

图 13-159

数据生成成功后会有提示信息框,在提示信息框中可以查看申报数据的存放路径,申报数据是以企业海关代码+申报年月+wtck 命名的 XML 文件,如图13-160所示。

图 13-160

数据生成成功后可以进行报表打印。操作步骤为:在离线版申报系统,打开"证明申报向导第四步→打印证明申请表→出口证明申请表"模块,选中委托出口货物证明申请表,输入需要打印的所属期,进行打印,如图13-161所示。

打印后的《委托出口货物证明》,如图13-162所示。

图 13-161

委托出口货物证明

税务局：

委托企业名称：			受托企业名称：			
委托纳税人识别号：			受托纳税人识别号：			
委托企业海关代码：			受托企业海关代码：			
序号	代理出口协议号	出口货物报关单号	出口商品代码	出口商品名称	出口额[元（至角分）]	
					币种	金额
出口企业						
上表所列出口业务为受托企业受我公司委托代理出口，需申请开具《代理出口货物证明》。兹声明以上申报无讹并愿意承担一切法律责任。						
经办人： 财务负责人： 企业负责人： 填报日期： （公章）						
主管税务机关						
经办人： 复核人： 负责人： （公章） 年　　月　　日						

图 13-162

出口企业完成上述步骤后,即可通过电子税务局进行数据申报。登录电子税务局,选择"我要办税→证明开具→开具出口退(免)税证明"模块,在证明开具操作界面中,选择委托出口货物证明开具功能,点击"离线申报"按钮进入证明开具的具体操作界面,如图13-163所示。

图13-163

在证明开具界面,选择"申报退税→出口证明管理→委托出口货物证明→数据自检"模块,点击"上传"按钮,根据存放路径选择离线版申报系统事先生成的申报数据进行上传,等待审核结果,审核结果没有疑点或没有不可挑过的疑点,需确认申报,确认申报后数据会报送至税务机关审核,如图13-164所示。

图13-164

确认申报后,数据会跳转至正式申报页面,可在正式申报页面查询税务机关的审核进度,如图13-165所示。

| 出口退（免）税常见业务申报实务与疑难速查 |

图13-165

如果出口企业经数据自检发现数据存在问题，可以在离线版申报系统中对数据进行修改后重新生成申报数据，再次通过电子税务局进行申报。离线版申报系统数据修改的操作步骤为：在离线版申报系统中，打开"证明申报向导第六步→证明申报数据撤销→撤销出口证明申报数据"模块，选中委托出口货物证明申请，首先进行撤销申报数据的操作，如图13-166所示；然后在"证明申报向导第二步→证明申报数据录入→委托出口货物证明申请表"模块进行数据的修改，数据修改完成后，重新生成申报数据。

图13-166

通过电子税务局完成数据申报后，税务机关进行审核，审核完成后，企业需下载税务反馈信息。登录电子税务局选择"我要办税→证明开具→开具出口退（免）税证明"模块，在证明开具操作界面中，选择委托出口货物证明开具功能，点击"离线申报"按钮进入证明开具的具体操作界面，选择"申报退税→出口证明管理→委托出口货物证明→审核结果反馈"模块，输入需要下载反馈数据的所属期，点击"查询"按钮后再点击"申请"按钮，当状态显示"读取完成"时，说明反馈信息准备完毕，此时点击"下载"按钮，即可将反馈信息下载到本地电脑备用，如图13-167所示。

图 13–167

反馈信息下载完成后，需要将反馈信息读入到离线版申报系统中。登录离线版申报系统，打开"证明申报向导第五步→审核反馈信息接收→读入税务机关反馈信息"模块，读入事先通过电子税务局获取的审核反馈信息，如图 13–168 所示。

图 13–168

反馈信息读入完成后，在离线版申报系统中通过"证明申报向导第七步→证明申报数据查询→委托出口货物证明申请表"模块，可以查询已经读入的反馈数据，反馈数据带有审核标志"R"的说明正式申报审核通过，如图 13–169 所示。

图 13–169

二、代理出口货物证明

代理出口业务主要是指出口企业与代理公司签订代理协议，以代理公司的名义报关出口并收汇。委托出口的货物，由代理公司（受托方）向所在地主管税务机关申请办理《代理出口货物证明》并及时转交给出口企业（委托方），由委托方办理出口退（免）税。

《代理出口货物证明》的申报办理流程如下：

登录离线版申报系统，打开"证明申报向导第二步→证明申报数据录入→代理出口货物证明申请表"模块，如图13-170所示。

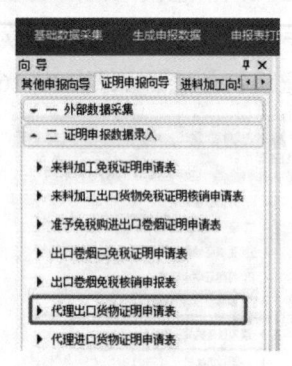

图13-170

在"代理出口货物证明申请表"中，点击"增加"按钮录入申报数据，如图13-171所示。

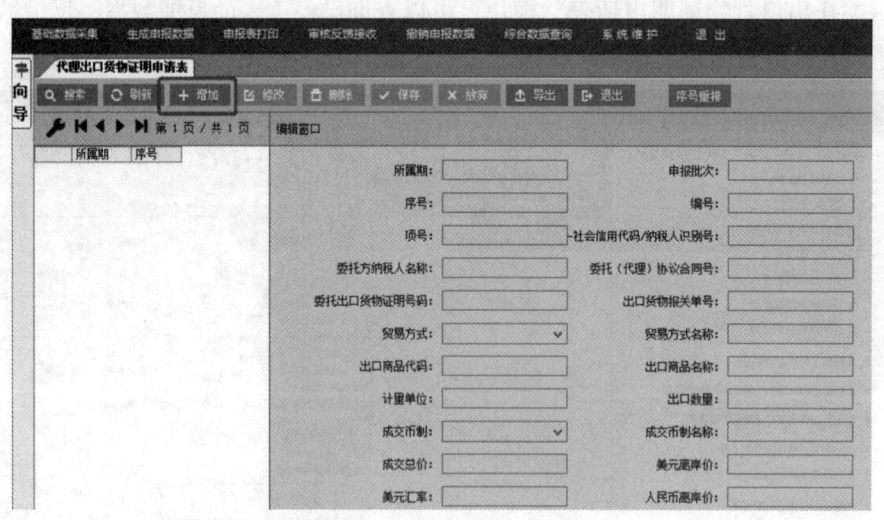

图13-171

【编号】：六位所属期+四位流水号组成。

【贸易方式】：填写该笔出口业务注明的贸易方式。

【出口商品代码】：填写报关单注明的出口商品代码。

【计量单位】：填写报关单中注明的法定计量单位。

【美元离岸价】：填写美元 FOB 价格，若以其他方式成交，需扣除运保费换算为 FOB 填写。

数据填写完成后进行数据的保存，下一步生成申报数据。在离线版申报系统中，选择"证明申报向导第三步→生成证明申报数据→生成出口证明申报数据"模块，在弹出的对话框中选择代理出口货物证明申请，填写所属期后，点击确认即可，如图 13-172 所示。

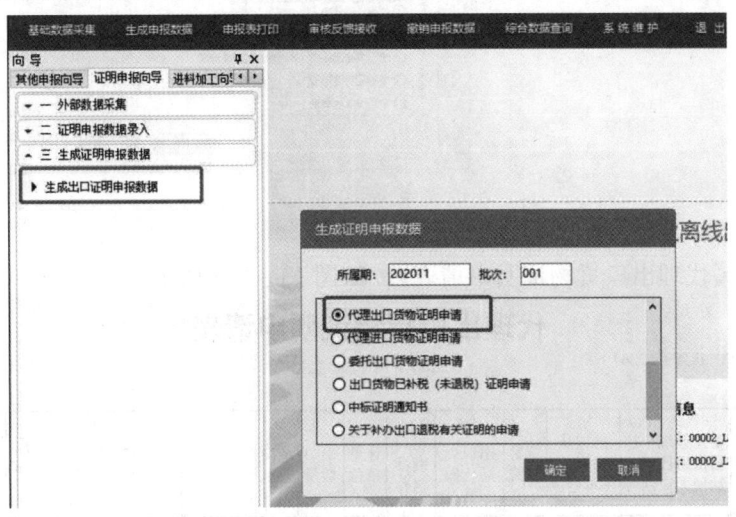

图 13-172

数据生成成功后会有提示信息框，在提示信息框中可以查看申报数据的存放路径，申报数据是以企业海关代码 + 申报年月 + dlzm 命名的 XML 文件，如图 13-173 所示。

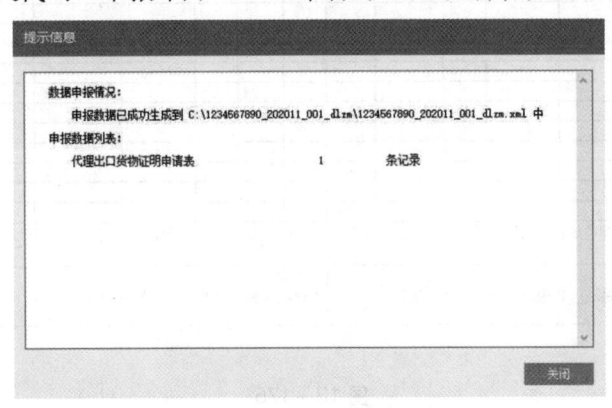

图 13-173

数据生成成功后可以进行报表打印。操作步骤为：在离线版申报系统，打开"证明申报向导第四步→打印证明申请表→出口证明申报表"模块，选中代理出口货物证明申请表，输入需要打印的所属期，进行打印，如图 13-174 所示。

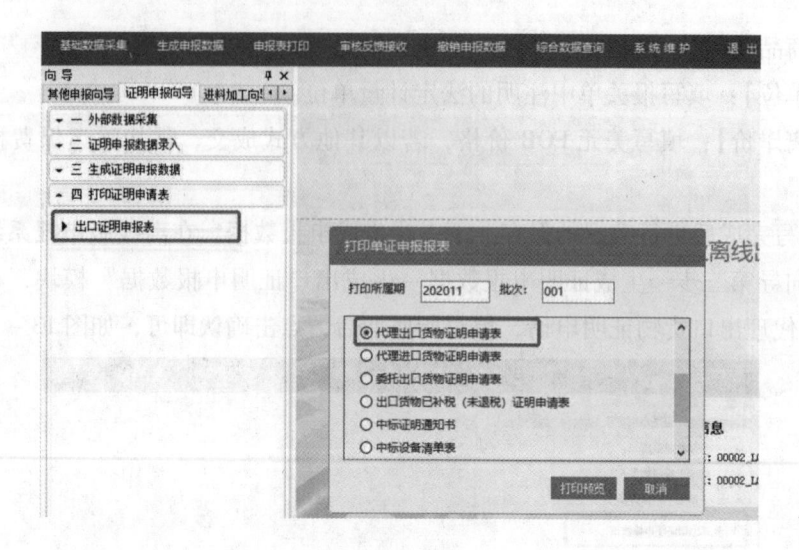

图 13－174

打印后的《代理出口货物证明申请表》，如图 13－175 所示。

代理出口货物证明申请表

受托方纳税人识别号（统一社会信用代码）：
受托方纳税人名称：
金额单位：元（列至角分）

序号	编号	委托方纳税人名称	委托方统一社会信用代码/纳税人识别号	出口货物报关单号	贸易方式	出口商品代码	出口商品名称	计量单位	出口数量	成交币制	成交总价	美元离岸价	委托（代理）协议合同号	委托出口货物证明号码	备注
1	2	3	4	5	6	7	8	9	10	11	12	13	14	15	16
小计															
合计															

声明：此表是根据国家税收法律法规及相关规定填写的，本人（单位）对填报内容（及附带资料）的真实性、可靠性、完整性负责。
纳税人（签章）：　　　　　　　　年　　月　　日
经办人：
经办人身份证号：　　代理机构签章：　　代理机构统一社会信用代码：
受理人：
受理税务机关（章）：　　受理日期：　　年　　月　　日

第　1　页／共 1 页

图 13－175

出口企业完成上述步骤后，即可通过电子税务局进行数据申报。登录电子税务局，选择"我要办税→证明开具→开具出口退（免）税证明"模块，在证明开具操作界面中，选择代理出口货物证明开具功能，点击"离线申报"按钮进入证明开具的具体操作界面，如图 13－176 所示。

208

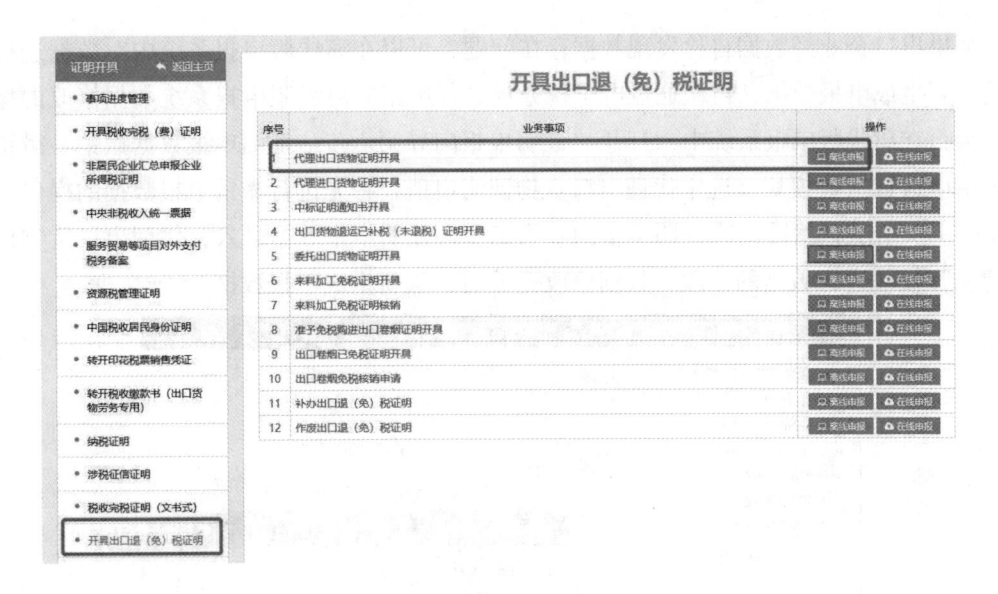

图 13-176

在证明开具界面,选择"出口证明管理→代理出口货物证明→数据自检"模块,点击"上传"按钮,根据存放路径选择离线版申报系统事先生成的申报数据进行上传,等待审核结果,审核结果没有疑点或没有不可挑过的疑点,需确认申报,确认申报后数据会报送至税务机关审核,如图 13-177 所示。

图 13-177

确认申报后,数据会跳转至正式申报页面,可在正式申报页面查询税务机关审核进度,如图 13-178 所示。

图 13-178

| 出口退（免）税常见业务申报实务与疑难速查 |

如果出口企业经数据自检发现数据存在问题，可以在离线版申报系统中对数据进行修改后重新生成申报数据，再次通过电子税务局进行申报。离线版申报系统数据修改的操作步骤为：在离线版申报系统中，打开"证明申报向导第六步→证明申报数据撤销→撤销出口证明申报数据"模块，选中代理出口货物证明申请，首先进行撤销申报数据的操作，如图13-179所示；然后在"证明申报向导第二步→证明申报数据录入→代理出口货物证明申请表"模块进行数据的修改，数据修改完成后，重新生成申报数据。

图13-179

通过电子税务局完成数据申报后，税务机关进行审核，审核完成后，企业需下载税务反馈信息。登录电子税务局选择"我要办税→证明开具→开具出口退（免）税证明"模块，在证明开具操作界面中，选择代理出口货物证明开具功能，点击"离线申报"按钮进入证明开具的具体操作界面，选择"出口证明管理→代理出口货物证明→审核结果反馈"模块，输入需要下载反馈数据的所属期，点击"查询"按钮后再点击"申请"按钮，当状态显示"读取完成"时，说明反馈信息准备完毕，此时点击"下载"按钮，即可将反馈信息下载到本地电脑备用，如图13-180所示。

图13-180

反馈信息下载完成后，需要将反馈信息读入到离线版申报系统中。登录离线版申报系统，打开"证明申报向导第五步→审核反馈信息接收→读入税务机关反馈信息"模块，读入事先通过电子税务局获取的审核反馈信息，如图13-181所示。

图13-181

反馈信息读入完成后，在离线版申报系统中通过"证明申报向导第七步→证明申报数据查询→代理出口货物证明申请表"模块，可以查询已经读入的反馈数据，反馈数据带有审核标志"R"的说明正式申报审核通过，如图13-182所示。

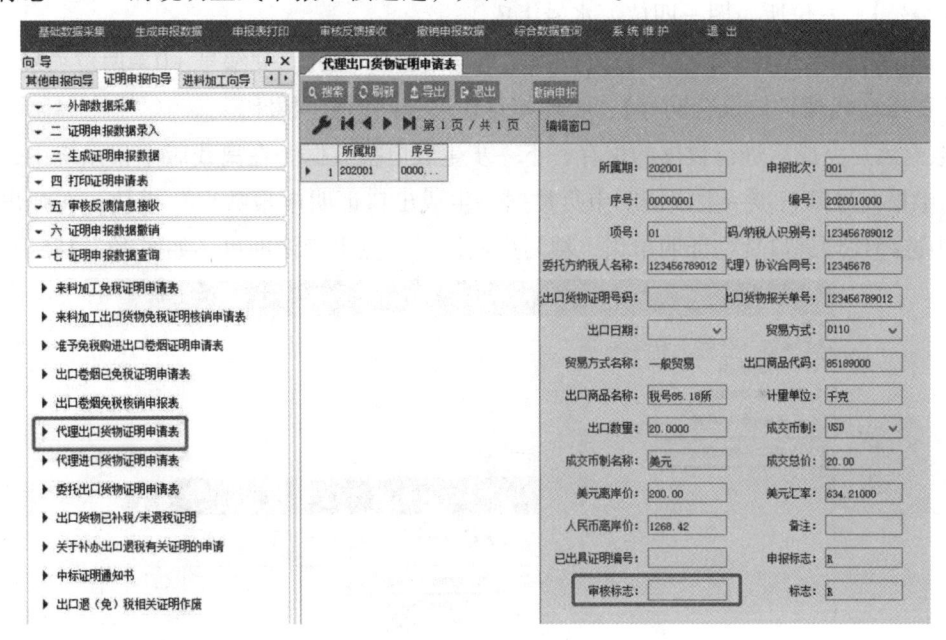

图13-182

三、代理进口货物证明

委托进口加工贸易料件，受托方应及时向主管税务机关申请开具《代理进口货物证明》，并及时转交委托方。

《代理进口货物证明》的申报办理流程如下：

登录离线版申报系统，打开"证明申报向导第二步→证明申报数据录入→代理进口货物证明申请表"模块，如图13-183所示。

在"代理进口货物证明表"界面点击"增加"按钮录入数据,如图13-184所示。

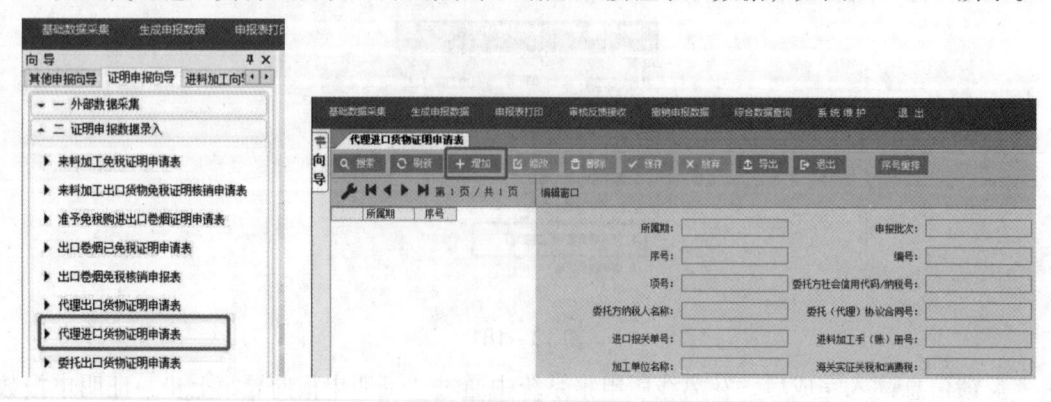

图13-183　　　　　　　　　　　　　　图13-184

【编号】：六位所属期+四位流水号组成。

【进口报关单号】：填写21位进口报关单号码,18位的海关编号+0+两位项号。

【委托（代理）协议合同号】：企业签订代理合同的合同号码。

数据填写完成后进行数据的保存,下一步生成申报数据。在离线版申报系统中,选择"证明申报向导第三步→生成证明申报数据→生成出口证明申报数据"模块,在弹出的对话框中选择代理进口货物证明申请,填写所属期后,点击确认即可,如图13-185所示。

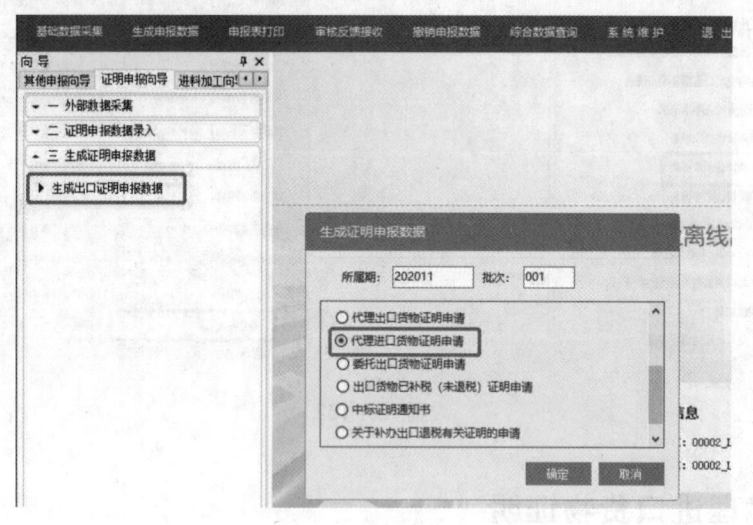

图13-185

数据生成成功后会有提示信息框,在提示信息框中可以查看申报数据的存放路径,申报数据是以企业海关代码+申报年月+dljk命名的XML文件,如图13-186所示。

212

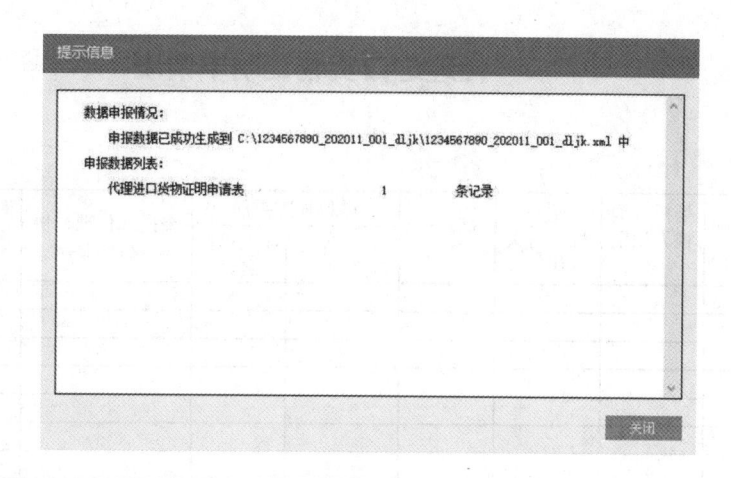

图 13－186

数据生成成功后可以进行报表打印。操作步骤为：在离线版申报系统，打开"证明申报向导第四步→打印证明申请表→出口证明申报表"模块，选中代理进口货物证明申请表，输入需要打印的所属期，进行打印，如图 13－187 所示。

图 13－187

打印后的《代理进口货物证明申请表》，如图 13－188 所示。

代理进口货物证明申请表

纳税人名称：
纳税人识别号：
海关企业代码：

序号	编号	委托方纳税人名称	委托方纳税人识别号	委托方纳税人海关代码	进口货物报关单号	进料加工手册 手（账）册号	进料加工手册 加工单位名称	委托（代理）协议合同号	海关实证关税和消费税	备注
小计										
合计										

兹声明以上申报真实、可靠、完整，并愿意承担一切法律责任。

经办人：　　　　　　　　　财务负责人：　　　　　　　　法定代表人：

图 13－188

出口企业完成上述步骤后，即可通过电子税务局进行数据申报。登录电子税务局，选择"我要办税→证明开具→开具出口退（免）税证明"模块，在证明开具操作界面中，选择代理进口货物证明开具功能，点击"离线申报"按钮进入证明开具的具体操作界面，如图 13－189 所示。

图 13－189

在证明开具界面,选择"申报退税→出口证明管理→代理进口货物证明→数据自检"模块,点击"上传"按钮,根据存放路径选择离线版申报系统事先生成的申报数据进行上传,等待审核结果,审核结果没有疑点或没有不可挑过的疑点,需确认申报,确认申报后数据会报送至税务机关审核,如图13-190所示。

图13-190

确认申报后,数据会跳转至正式申报页面,可在正式申报页面查询税务机关的审核进度,如图13-191所示。

图13-191

如果出口企业经数据自检发现数据存在问题,可以在离线版申报系统中对数据进行修改后重新生成申报数据,再次通过电子税务局进行申报。离线版申报系统数据修改的操作步骤为:在离线版申报系统中,打开"证明申报向导第六步→证明申报数据撤销→撤销出口证明申报数据"模块,选中代理进口货物证明申请,首先进行撤销申报数据的操作,如图13-192所示;然后在"证明申报向导第二步→证明申报数据录入→代理进口货物证明申请表"模块进行数据的修改,数据修改完成后,重新生成申报数据。

通过电子税务局完成数据申报后,税务机关进行审核,审核完成后,企业需下载税务反馈信息。登录电子税务局选择"我要办税→证明开具→开具出口退(免)税证明"模块,在证明开具操作界面中,选择代理进口货物证明开具功能,点击"离线申报"按钮进入证明开具的具体操作界面,选择"申报退税→出口证明管理→代理进口货物证明→审核结果反馈"模块,输入需要下载反馈数据的所属期,点击"查询"按钮后再点击"申请"按钮,当状态显示"读取完成"时,说明反馈信息准备完毕,此时点击"下载"按钮,即可将反馈信息下载到本地电脑备用，如图13-193所示。

图13-192

图13-193

反馈信息下载完成后，需要将反馈信息读入到离线版申报系统中。登录离线版申报系统，打开"证明申报向导第五步→审核反馈信息接收→读入税务机关反馈信息"模块，读入事先通过电子税务局获取的审核反馈信息，如图13-194所示。

图13-194

反馈信息读入完成后，在离线版申报系统中通过"证明申报向导第七步→证明申报数据查询→代理进口货物证明申请表"模块，可以查询已经读入的反馈数据，反馈数据带有审核标志"R"的说明正式申报审核通过，如图13-195所示。

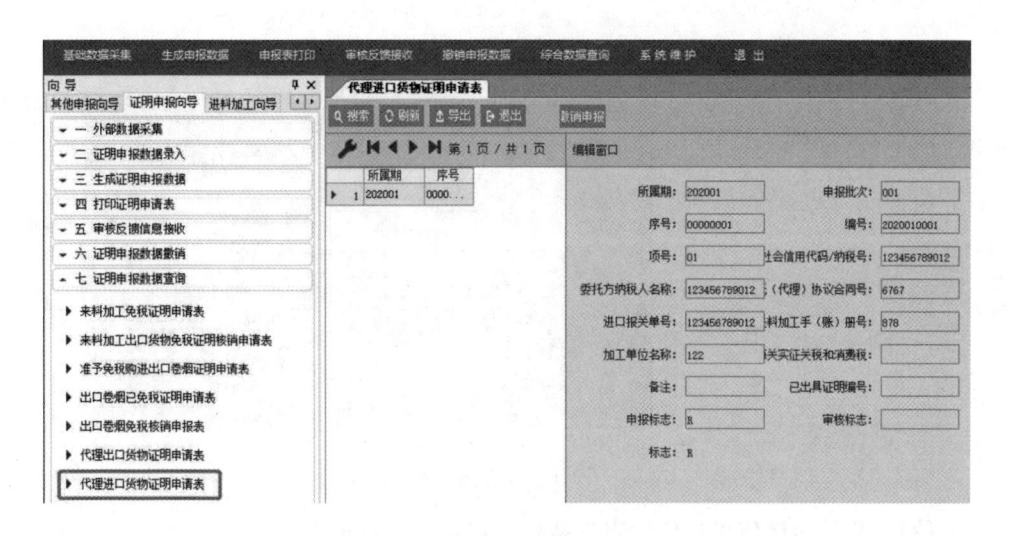

图 13-195

四、出口货物已补税（未退税）证明

出口货物发生退运或者需要更改、撤销报关单的，出口企业应先向主管税务机关申请开具《出口货物已补税（未退税）证明申请》（之前称为《出口货物退运已补税（未退税）证明》），并携其到海关申请办理出口货物退运手续。

《出口货物已补税（未退税）证明申请表》的申报办理流程如下：

登录离线版申报系统，打开"证明申报向导第二步→证明申报数据录入→出口货物已补税（未退税）证明申请表"模块，如图 13-196 所示。

图 13-196

在出口货物已补税（未退税）证明申请表界面中，点击"增加"按钮录入明细数据，如图 13-197 所示。

217

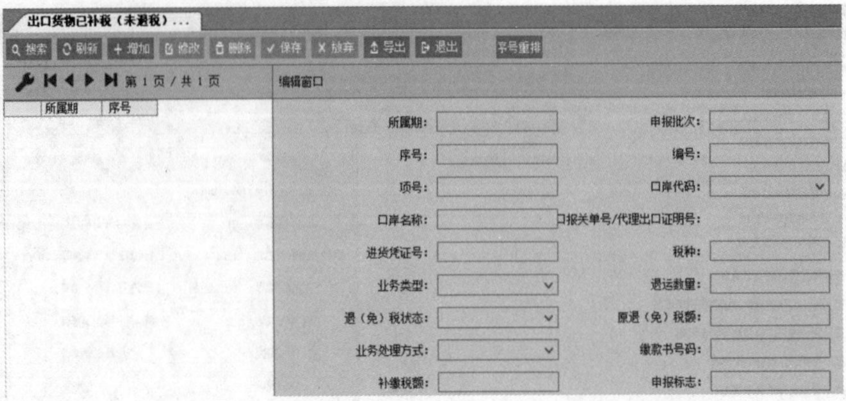

图 13-197

【税种】：V 代表增值税，C 代表消费税，根据实际业务选择。

【业务类型】：根据实际业务情况选择退运、修改报关单、撤销报关单。

【退运数量】：选择"退运"，填写退运数量，但不得大于报关单上注明的出口数量；选择"改单"或者"撤单"，默认为 0。

【退（免）税状态】：分为尚未申报退（免）税、已办理退（免）税两种，根据实际情况选择。

【原退（免）税额】：业务类型选择"退运"，填写退运部分对应的退（免）税额；业务类型选择"改单"或"撤单"，填写报关单对应的全部退（免）税额。

【退（免）税额】：生产企业填写免抵退税额。

【业务处理方式】：生产企业选择"冲减"。

【缴款书号码】：选择"补税"，本栏次填写已补缴税款的缴款书号码。

【补缴税额】：选择"补税"，本栏次填写已补缴的税额。

数据填写完成后进行数据的保存，下一步生成申报数据。在离线版申报系统中，选择"证明申报向导第三步→生成证明申报数据→生成出口证明申报数据"模块，在弹出的对话框中选择出口货物已补税（未退税）证明申请，填写所属期后，点击确认即可，如图 13-198 所示。

数据生成成功后会有提示信息框，在提示信息框中可以查看申报数据的存放路径，申报数据是以企业海关代码 + 申报年月 + tybs 命名的 XML 文件，如图 13-199 所示。

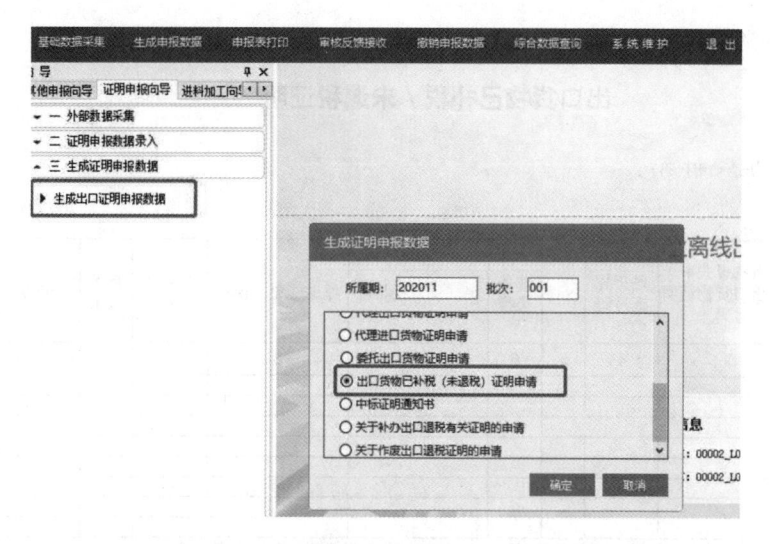

图 13-198

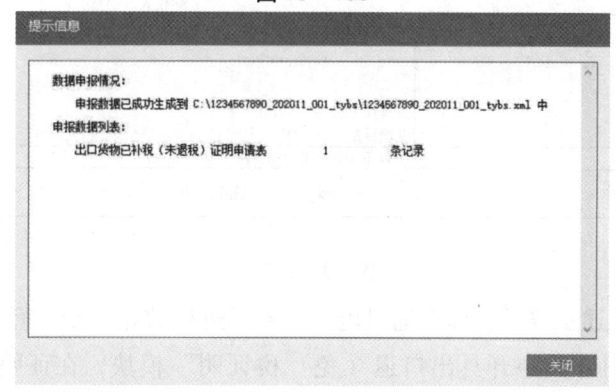

图 13-199

数据生成成功后可以进行报表打印。操作步骤为：在离线版申报系统，打开"证明申报向导第四步→打印证明申请表→出口证明申报表"模块，选中出口货物已补税（未退税）证明申请表，输入需要打印的所属期，进行打印，如图 13-200 所示。

图 13-200

打印后的《出口货物已补税/未退税证明》，如图13-201所示。

出口货物已补税／未退税证明

申请编号：

纳税人识别号（统一社会信用代码）：
纳税人名称：　　　　　　所属期：　　　　　　金额单位：元（列至角分）

序号	口岸名称	出口货物报关单/代理出口货物证明号码	进货凭证号码	税种	业务类型	退（免）税状态	原退（免）税额	业务处理方式	退运数量	缴款书号码	补缴税额
1	2	3	4	5	6	7	8	9	10	11	12
小计											
合计											

声明：此表是根据国家税收法律法规及相关规定填写的，本人（单位）对填报内容（及附带资料）的真实性、可靠性、完整性负责。

纳税人（签章）：　　　　年　月　日

经办人：
经办人身份证号：　　　　　　　受理人：
代理机构签章：
代理机构统一社会信用代码：
　　　　　　　　　　　　　　　受理税务机关（章）：
　　　　　　　　　　　　　　　受理日期：　年　月　日

以下由税务机关填写

办理情况：　　　　核实结果：　未返税 □　已补税 □

年　月　日（公章）

图13-201

出口企业完成上述步骤后，即可通过电子税务局进行数据申报。登录电子税务局，选择"我要办税→证明开具→开具出口退（免）税证明"模块，在证明开具操作界面中，选择出口货物退运已补税（未退税）证明开具功能，点击"离线申报"按钮进入证明开具的具体操作界面，如图13-202所示。

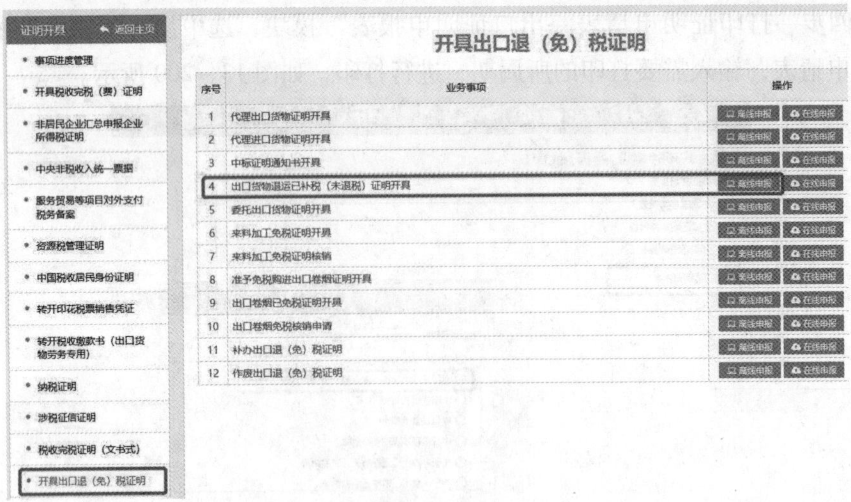

图13-202

在证明开具界面，选择"出口证明管理→退运已补税（未退税）证明→数据自检"模块，点击"上传"按钮，根据存放路径选择离线版申报系统事先生成的申报数据进行上传，等待审核结果，审核结果没有疑点或没有不可挑过的疑点，需确认申报，确认申报后数据会报送至税务机关审核，如图13-203所示。

图13-203

确认申报后，数据会跳转至正式申报页面，可在正式申报页面查询税务机关的审核进度，如图13-204所示。

图13-204

如果出口企业经数据自检发现数据存在问题，可以在离线版申报系统中对数据进行修改后重新生成申报数据，再次通过电子税务局进行申报。离线版申报系统数据修改的操作步骤为：在离线版申报系统中，打开"证明申报向导第六步→证明申报数据撤销→撤销出口证明申报数据"模块，选中出口货物已补税（未退税）证明申请，首先进行撤销申报数据的操作，如图13-205所示；然后在"证明申报向导第二步→证明申报数据录入→出口货物已补税（未退税）证明申请"模块进行数据的修改，数据修改完成后，重新生成申报数据。

通过电子税务局完成数据申报后，税务机关进行审核，审核完成后，企业需下载税务反馈信息。登录电子税务局选择"我要办税→证明开具→开具出口退（免）税证明"模块，在证明开具操作界面中，选择出口货物退运已补税（未退税）证明开具功能，点击"离线申报"按钮进入证明开具的具体操作界面，选择"申报退税→出口证明管理→退运已补税（未退税）证明→审核结果反馈"模块，输入需要下载反馈数据的所属期，点击"查询"按钮后再点击"申请"按钮，当状态显示"读取完成"时，说明反馈信息准备完毕，此时点击"下载"按钮，即可将反馈信息下载到本地电脑备用，如图13-206所示。

| 出口退（免）税常见业务申报实务与疑难速查 |

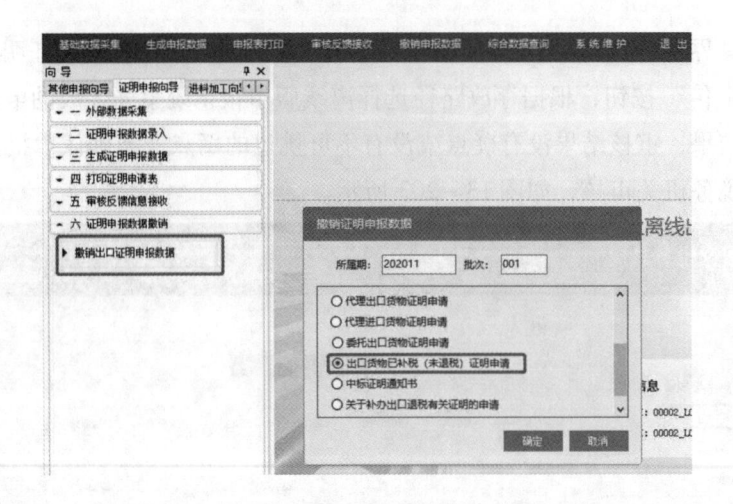

图 13-205

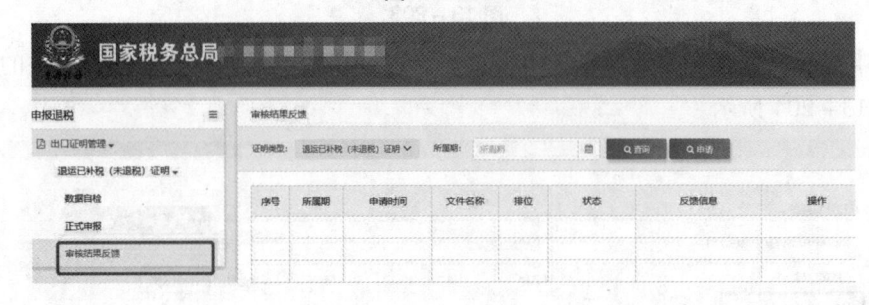

图 13-206

反馈信息下载完成后，需要将反馈信息读入到离线版申报系统中。登录离线版申报系统，打开"证明申报向导第五步→审核反馈信息接收→读入税务机关反馈信息"模块，读入事先通过电子税务局获取的审核反馈信息，如图 13-207 所示。

反馈信息读入完成后，在离线版申报系统中通过"证明申报向导第七步→证明申报数据查询→出口货物已补税（未退税）证明"模块，可以查询已经读入的反馈数据，反馈数据带有审核标志"R"的说明正式申报审核通过，如图 13-208 所示。

图 13-207

图 13-208

五、出口退（免）税相关证明作废

原出口退（免）税证明出现错误或其他情形需作废证明的，出口企业可持原出具的纸质证明全部联次，向原出具证明的税务机关申报办理证明作废。税务机关通过税务信息系统作废已出具证明的电子数据，并在原出具的纸质证明全部联次上加盖"已作废"戳记，同时传递已作废证明的电子信息。证明作废后，出口企业如需重新申请出具的，按照相关证明办理规定重新办理。

关于作废出口退税证明的申报办理流程如下：

登录离线版申报系统，打开"证明申报向导第二步→证明申报数据录入→关于作废出口退税证明的申请"模块，如图13-209所示。

在"关于作废出口退税证明"的申请界面中，点击"增加"按钮录入数据，如图13-210所示。

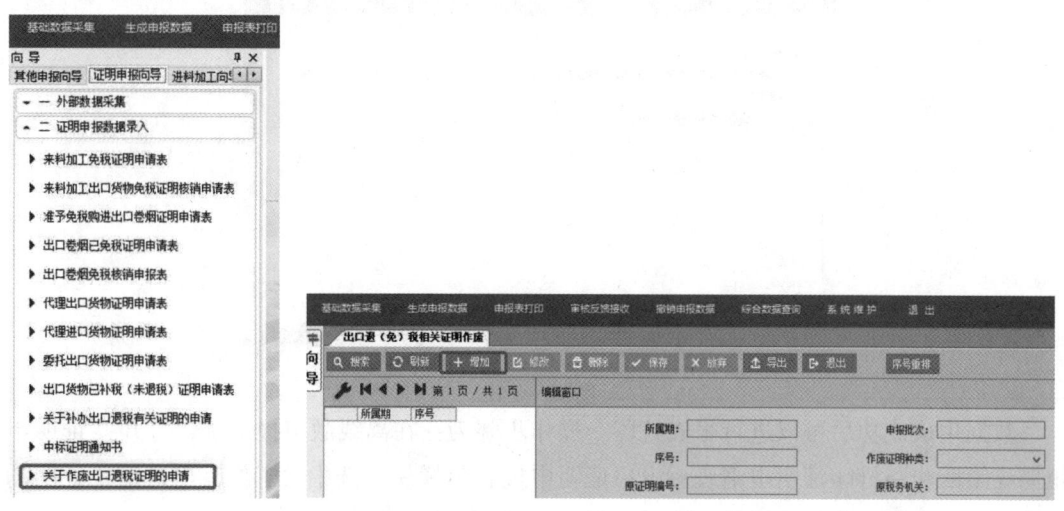

图13-209   图13-210

【作废证明种类】：根据实际情况，在下拉菜单中选择，需要作废的为何种证明。

【原证明编号】：填写原证明的编号。

【原税务机关】：填写原证明开具的税务机关名称。

数据填写完成后进行数据的保存，下一步生成申报数据。在离线版申报系统中，选择"证明申报向导第三步→生成证明申报数据→生成出口证明申报数据"模块，在弹出的对话框中选择关于作废出口退税证明的申请，填写所属期后，点击确认即可，如图13-211所示。

数据生成成功后会有提示信息框，在提示信息框中可以查看申报数据的存放路径，申报数据是以企业海关代码+申报年月+zfzm命名的XML文件，如图13-212所示。

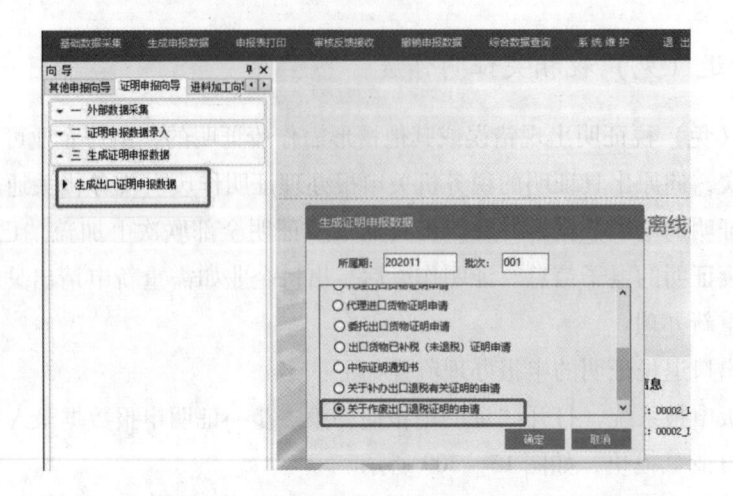

图 13-211

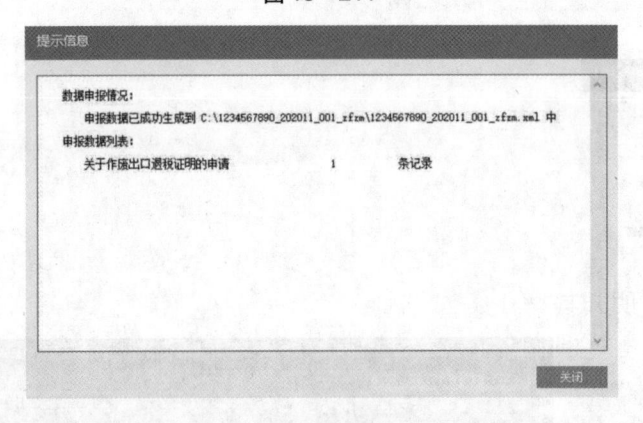

图 13-212

数据生成成功后可以进行报表打印。操作步骤为：在离线版申报系统，打开"证明申报向导第四步→打印证明申请表→出口证明申报表"模块，选中关于作废出口退税证明的申请，输入需要打印的所属期，进行打印，如图 13-213 所示。

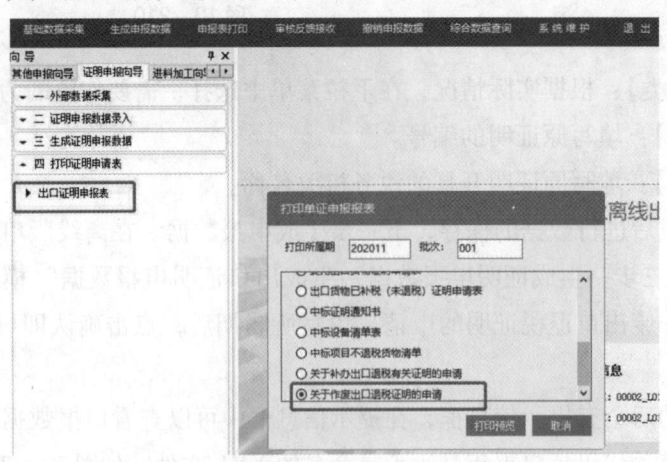

图 13-213

打印后的《出口退（免）税相关证明作废》，如图 13-214 所示。

出口退（免）税相关证明作废

社会信用代码 / 纳税人识别号：
纳税人名称：
　　　　　税务局：
　　我单位需作废下表所列出口退（免）税证明，特申请作废。如因作废该证明导致多退税及相关法律责任，我单位愿接受税务机关处理。

　　　　　　　　　　　　　　　　　　　法定代表人（申明签章）：
　　　　　　　　　　　　　　　　　　　　　　纳税人公章：
　　　　　　　　　　　　　　　　　　　　　年　　月　　日

序号	作废证明种类	作废证明编号	原证明开具税务机关

图 13-214

出口企业完成上述步骤后，即可通过电子税务局进行数据申报。登录电子税务局，选择"我要办税→证明开具→开具出口退（免）税证明"模块，在证明开具操作界面中，选择作废出口退（免）税证明功能，点击"离线申报"按钮进入证明开具的具体操作界面，如图 13-215 所示。

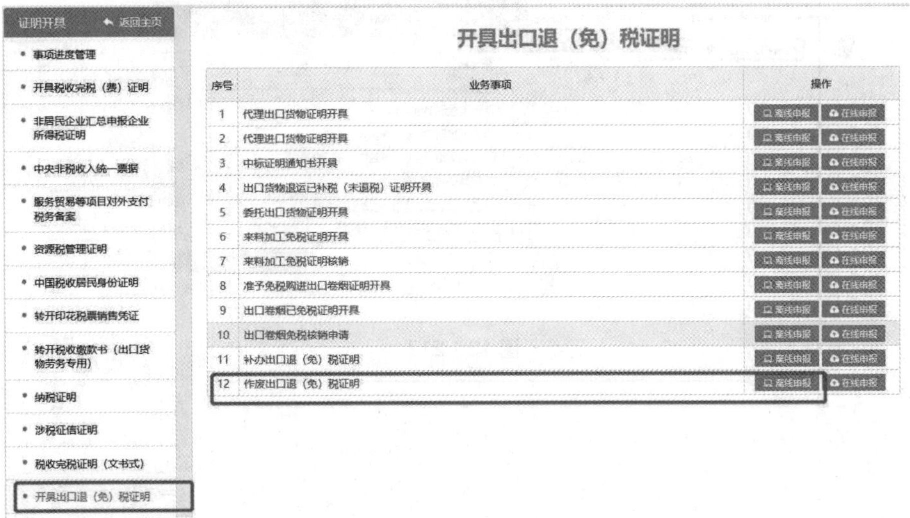

图 13-215

在证明开具界面，选择"出口证明管理→作废退（免）税有关证明"模块，点击

| 出口退（免）税常见业务申报实务与疑难速查 |

"上传"按钮，根据存放路径选择离线版申报系统事先生成的申报数据进行上传，等待审核结果，审核结果没有疑点或没有不可挑过的疑点，需确认申报，确认申报后数据会报送至税务机关审核，如图13-216所示。

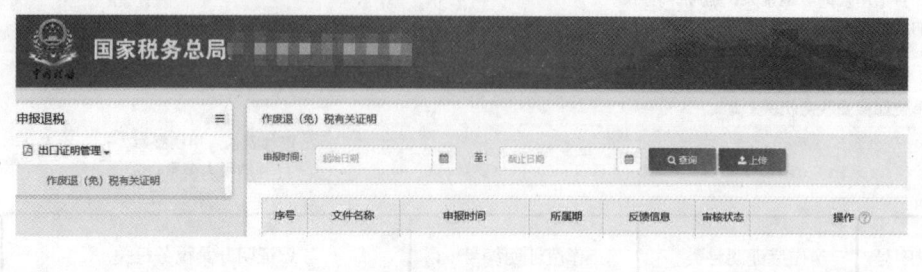

图13-216

如果出口企业经数据自检发现数据存在问题，可以在离线版申报系统中对数据进行修改后重新生成申报数据，再次通过电子税务局进行申报。离线版申报系统数据修改的操作步骤为：在离线版申报系统中，打开"证明申报向导第六步→证明申报数据撤销→撤销出口证明申报数据"模块，选中关于作废出口退税证明的申请，首先进行撤销申报数据的操作，如图13-217所示；然后在"证明申报向导第二步→证明申报数据录入→关于作废出口退税证明的申请"模块进行数据的修改，数据修改完成后，重新生成申报数据。

图13-217

第十四章

生产企业使用电子税务局在线版申报系统办理常用退税业务

电子税务局在线版申报系统,是以互联网为载体、免安装、免维护,可自动联网升级的出口退税申报系统。出口企业可通过电子税务局进入在线版申报系统进行出口退税的申报。本章主要介绍生产企业如何使用电子税务局在线版申报系统办理常用退税业务,包括生产企业免抵退税申报、进料加工计划分配率备案与核销、证明类申报等。

第一节 免抵退税申报

生产企业使用电子税务局在线版申报系统进行免抵退税申报,需要通过"明细数据采集、汇总表单采集、生成免抵退税申报、打印免抵退税报表、申报数据自检、数据正式申报"六个环节完成。

一、电子税务局在线版申报系统的登录

电子税务局中的出口退税功能,根据不同的业务种类,划分在不同的功能区域中:申报办理出口退(免)税事项,可通过"电子税务局→我要办税→出口退税管理"模块进入在线版申报系统后操作;查询申报数据的审核进度、报关单信息接收状态、已申报退(免)税数据等,可通过"电子税务局→我要查询→出口退税信息查询"进行操作,如图14-1所示。

生产企业使用的在线版申报系统集成在"电子税务局→我要办税→出口退税管理"模块中。出口企业登录电子税局后,选择"我要办税→出口退税管理→出口退(免)税申报"模块,点击"免抵退税申报"后方的"在线申报"按钮即可进入在线版申报系统中,如图14-2所示。

| 出口退（免）税常见业务申报实务与疑难速查 |

图 14-1

图 14-2

二、免抵退税明细数据采集

（一）货物劳务明细申报数据采集

生产企业货物劳务免抵退申报，需要填写《出口货物劳务免抵退申报明细表》。

明细数据采集中可以采用两种方式进行采集，分别为外部导入报关单数据和手工采集。外部导入报关单数据是指：直接将通过电子口岸下载的报关单数据导入到在线版申报系统中，经过处理后生成免抵退申报明细数据；手工采集是指：通过电子口岸打印纸质报关单，根据报关单内容在在线版申报系统手工录入免抵退税申报明细数据。

方法一：外部导入报关单数据

1. 登录电子口岸下载报关单数据。登录中国电子口岸官方网站，在"电子口岸联网稽查→出口报关单查询下载"界面可以下载电子口岸的报关单数据，如图14-3所示。

图 14-3

2. 下载客户端工具，解密电子口岸报关单数据。在线版申报系统仅支持导入通过客户端工具解密后的电子口岸数据，如果未对电子口岸数据解密，应先下载"解密工具"完成报关单数据解密。进入在线版申报系统后打开"货物劳务及服务退税申报→明细数据采集→出口货物报关单管理"，如图 14-4 所示。

图 14-4

点击"报关单导入"按钮，点击"下载"按钮即可下载报关单解密软件，如图 14-5 所示。

图 14-5

下载后的客户端工具为 ZIP 格式的压缩文件，解压后双击运行后缀为 exe 的应用程序，如图 14-6 所示。

图 14-6

在出口退税客户端工具中，填写电子口岸的 IC 卡密码，并插入电子口岸 IC 卡，选择下载的电子口岸报关单数据，点击"开始解密"按钮即可，电子口岸数据解密成功后系统会有"解密完成"字样的信息提示。如图 14-7 所示。解密成功的电子口岸报关单数据会覆盖原文件，不会生成新的文件也不会更改文件名称。

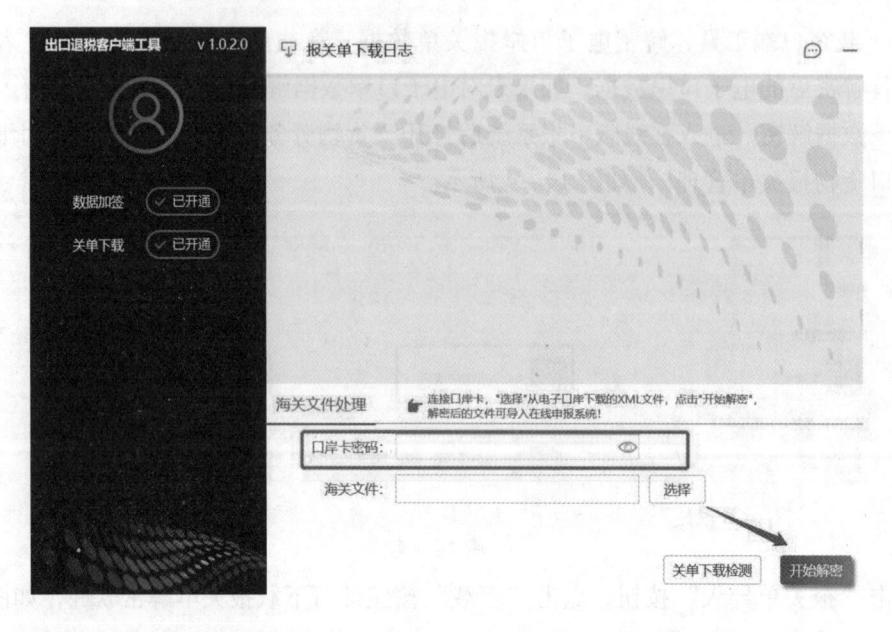

图 14－7

3. 将解密后的电子口岸数据导入在线版申报系统中，选择"货物劳务及服务退税申报→明细数据采集→出口货物报关单管理"点击"报关单导入"按钮，选择解密后的报关单数据，如图 14－8 所示。

图 14－8

4. 通过报关单使用状态、报关单信息状态判断是否满足申报要求。导入成功的报关单数据前方会有两个"圆点"状态标识。第一个"圆点"显示此报关单数据是否已用于生成免抵退申报明细的状态：红色表示报关单尚未用于生成明细申报数据；绿色表示报关单已用于生成明细申报数据。第二个圆点显示税务机关审核系统是否已经接收到电子口岸传递的此报关单电子信息：绿色表示税务机关已经接收到报关单信息，该报关单可以用于免抵退税申报；红色表示税务机关尚未接收到相应报关单信息，应待税务机关接收信息后才可用于免抵退税申报。如图 14－9 所示。

图 14-9

5. 进行出口报关单数据检查。在"出口货物报关单管理"页面勾选本次需要申报退税的报关单数据,点击"数据检查"按钮进行数据检查。出口货物报关单数据检查的目的是为了配置出口当月的汇率,也可以判断报关单数据的征免性质,剔除不退税的商品,如图 14-10 所示。

图 14-10

6. 进行报关单数据确认。完成数据检查操作后,再次勾选用于本次申报退税的报关单点击"报关单生成明细"按钮。在"报关单生成明细"提示框中将业务名称选为"退税申报",如图 14-11 所示。

图 14-11

下一步在"生成出口明细"提示框中填写"所属期""出口发票号码",填写完成后,勾选用于本次申报退税的报关单数据点击"确认生成"按钮,数据将匹配到"明细数据采集→生产企业出口货物劳务免抵退申报明细表"中,如图 14-12 所示

| 出口退（免）税常见业务申报实务与疑难速查 |

图 14-12

方法二：手工采集免抵退申报明细数据

在报关单数量较少的情况下，可以选择通过手工采集的方式，根据纸质报关单内容，直接手工录入免抵退税申报明细数据。操作步骤为：选择"货物劳务及服务退税申报→明细数据采集"，点击"生产企业出口货物免抵退申报明细表"，如图 14-13 所示。

图 14-13

在"生产企业出口货物免抵退税申报明细表"界面中点击"新建"按钮，录入相关出口明细数据，如图 14-14 所示。

【所属期】：与纳税申报所属期一致。例如此次申报退税时间是 2020 年 12 月份，所属期填写 202011；如此次申报退税时间是 2020 年 11 月份，所属期填写 202010，依此类推。

【序号】：8 位流水号，序号是对该所属期下申报数据的默认排序，默认起始序号为 00000001，依序排列。例如当期免抵退申报明细数据共有 10 条，在明细录入时序号默认从 00000001 排到 00000010。

232

| 中篇　出口退（免）税申报操作实务 |

图 14-14

【出口报关单号】：参考纸质报关单填写。出口报关单右上角会有18位的海关编号，出口退税申报系统中要求录入21位，即18位的海关编号+0+两位项号。报关单号第19位始终为"0"；20、21两位项号要根据报关单中出口货物明细列表最左侧的两位"项号"数字进行录入。例如，一张报关单有3项出口商品，则在免抵退申报明细录入过程中需要录入三条数据：第一条数据出口报关单号为18位海关编号+0+01，第二条数据出口报关单号为18位海关编号+0+02，第三条数据出口报关单号为18位海关编号+0+03，以此类推。

【代理出口证明号】：代理出口证明号与出口报关单号根据实际情况选填一个即可，自营出口填写出口报关单号，委托出口填写代理出口证明号。代理出口证明号录入规则为20位，填写18位代理出口货物证明号码+两位项号。

【出口发票号】：根据出口发票填写发票号码。开具多张出口发票的，若发票号码连续，第一张发票可录入完整的8位号码，然后用/符号分割，第二张发票只录入后两位号码。

【出口日期】：按照出口报关单上出口日期进行填写。

【进料加工手（账）册号】：有进料加工业务企业填写手账册的号码，没有进料加工业务该栏次不填写。

【出口商品代码】：按照出口报关单中的"商品代码"进行填写。

【申报商品代码】：如果属于符合按照原材料的退税率进行退税规定的出口商品，此栏填写原材料的商品代码。

【计量单位】：由申报系统根据出口商品代码在退税率文库中对应的计量单位自动

233

带出。

【出口数量】：按照出口报关单显示的出口商品数量进行填写。出口报关单中的出口商品有多个计量单位的，应填写申报系统所带出计量单位对应的出口数量。

【原币币别】：按照出口报关单的币制进行填写。

【原币离岸价】：按出口发票上列名的原币离岸价填写，若成交方式不是FOB，含有运费及保费，需要扣除换算为FOB价格填写。

【原币汇率】：填写出口当月第一个工作日的外汇中间价，按照100外币兑人民币的方式进行填写。

【人民币出口销售额】：系统根据原币离岸价及原币汇率自动计算。

【美元出口销售额】：系统根据美元汇率自动计算。

【征税率】：根据商品代码自动带出。

【退税率】：根据商品代码自动带出。

【计划分配率】：无须手工填写，针对有进料加工业务的生产企业由系统自动带出。

【进料加工保税料件组成计税价格】：无须手工填写由系统自动计算，计算公式为：进料加工保税进口料件组成计税价格 = 出口销售额（人民币）× 计划分配率。

【国内购进免税原材料价格】：用于加工出口货物的不计提进项税额的国内免税原材料价格（人民币）。

【不得免征和抵扣税额】：无须手工填写由系统自动计算，计算公式为：不得免征和抵扣税额 = ｛出口销售额（人民币）- 进料加工保税进口料件组成计税价格 - 国内购进免税原材料价格｝×｛征税率 - 退税率｝。

【免抵退税额】：无须手工填写由系统自动计算，计算公式为：免抵退税额 = ｛出口销售额（人民币）- 进料加工保税进口料件组成计税价格 - 国内购进免税原材料价格｝× 退税率

(二) 零税率服务明细申报数据采集

增值税一般纳税人提供适用增值税零税率的应税服务，实行增值税退（免）税办法。增值税零税率应税服务包括国际运输服务、航天运输服务和向境外单位提供的完全在境外消费的特定服务。

零税率服务生产企业实行免抵退税办法。外贸企业直接将服务或自行研发的无形资产出口，视同生产企业，连同其出口货物统一实行免抵退税办法。

如果企业存在适用免抵退税办法的增值税零税率应税服务，在免抵退申报时需对应不同的服务类型选择相应免抵退申报明细表进行录入，录入完成后，与出口货物劳务免抵退申报明细数据（如有）一起参与当期免抵退汇总表的计算。

以向境外单位提供的完全在境外消费的特定服务的免抵退税申报为例，对零税率服务

明细申报数据的采集进行介绍。

向境外单位提供的完全在境外消费的特定服务的免抵退税申报需要录入跨境应税行为免抵退申报明细表、跨境应税行为收讫营业款清单。

操作步骤为：登录在线版申报系统，选择"货物劳务及服务退税申报→明细数据采集"点击"增值税跨境其他应税行为免抵退税申报"处的"跨境应税行为免抵退税申报明细表"，进入录入界面，如图14-15所示。

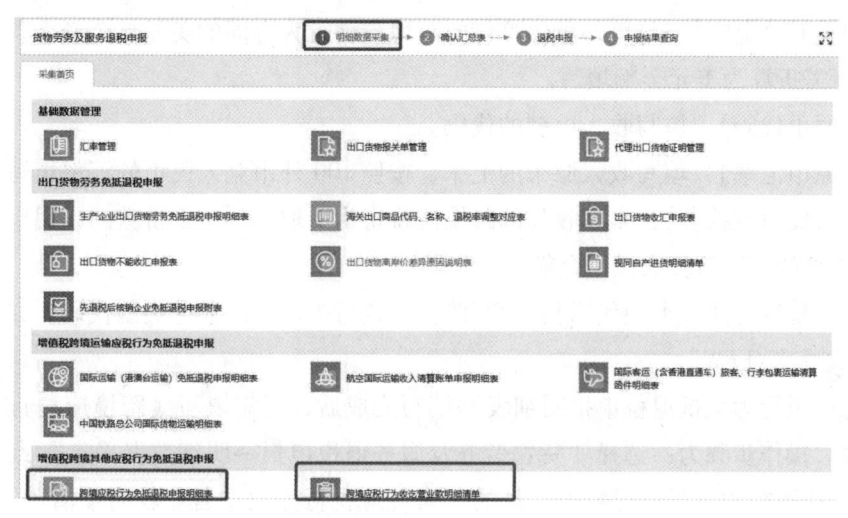

图 14-15

在"跨境应税行为免抵退申报明细表"录入界面，点击"新建"按钮录入数据。如图14-16所示。

图 14-16

【出口日期】：填写出口发票的开具日期。

【跨境应税行为代码】：按出口退税率文库中的对应编码填写，如9902000000（对外研发服务）。

【合同号】：填写与境外单位签订的提供跨境应税行为的合同编号。

【境外单位名称】：填写签订跨境应税行为合同的境外单位名称。

【合同人民币总金额】：填写美元金额与税务机关备案的汇率折算的人民币金额。

【合同美元总金额】：与境外单位签订的跨境应税行为合同的美元总金额。若为其他外币签订的，需折算为美元金额填写。

【收入原币代码】：填写收入币制的代码。

【收入原币汇率】：填写收入原币的汇率，按照100外币兑人民币的汇率填写。

【本期人民币收款额】：本期收款的跨境应税行为所取得的全部价款的人民币金额，以其他币种结算的填写折算人民币金额。

【跨境应税行为业务类型代码】：填写跨境应税行为对应的业务类型代码，如对外提供研发服务填写"YFFW"。

《跨境应税行为免抵退税申报明细表》填写完成后，还需填写《跨境应税行为收讫营业款清单》。操作步骤为：选择"货物劳务及服务退税申报→明细数据采集"点击"增值税跨境其他应税行为免抵退税申报"处的"跨境应税行为收讫营业款明细清单"，进入录入界面，如图14-17所示。

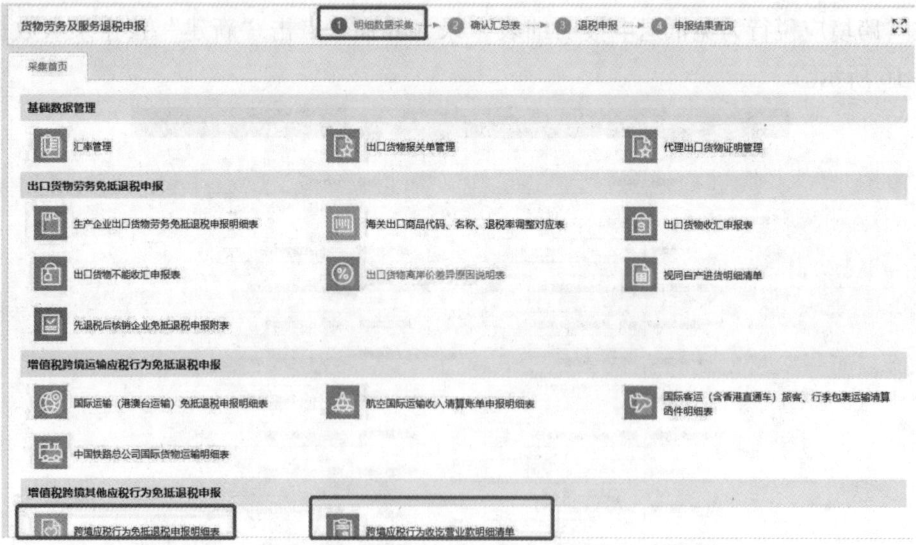

图14-17

在"跨境应税行为收讫营业款明细清单采集"点击"新建"按钮录入数据，如图14-18所示。

图 14-18

【合同号】：填写与境外单位签订的提供跨境应税行为的合同编号。

【本期收款时间】：填写本期收取营业款的时间。

【本期收款凭证号】：填写银行收取营业款款项的凭证号。

【收款凭证美元总金额】：银行收取款项的凭证号对应美元总金额。

【本期收款人民币额】：填写收款凭证对应的本合同号的收款金额人民币金额，以其他币种结算的填写人民币金额。

【美元汇率】：填写 100 美元兑人民币的汇率。

【本期收款美元额】：填写收款凭证上对应的本合同号的收款美元金额。以其他币种结算的，需折算为美元金额填写。

【本期收款银行名称】：填写收款的银行名称。

【本期付款单位名称】：填写支付款项单位的名称。

【付款单位所在国家（地区）代码】：填写支付该款项的单位所在国家或地区代码。

【本期付款银行名称】：填写支付该款项的银行全称。

三、免抵退汇总表补充数据采集

（一）数据采集

生产企业在完成免抵退申报明细数据采集后，需要通过在线版申报系统中填写汇总表自动计算所需的补充数据，用以系统生成免抵退申报汇总表。操作步骤为：登录在线版申报系统，选择"货物劳务及服务退税申报→确认汇总表"模块。

在"免抵退申报汇总表"录入界面，填写"所属期""不得抵扣累加""期末留抵税额"三项补充数据，其中"不得抵扣累加"，为大于上次已申报免抵汇总表所属期且小于等于当前所属期的若干期《增值税纳税申报表附列资料二》"免抵退税办法不得抵扣的进项税额"（第18栏）累加之和；"期末留底税额"为当期《增值税纳税申报表主表》的"期末留抵税额"（第20栏）。补充数据填写完毕后，免抵退汇总表中其他栏次的内容由申报系统自动计算得出，无须填写，对系统生成的免抵退汇总表检查无误后，保存即可。如图14-19所示。

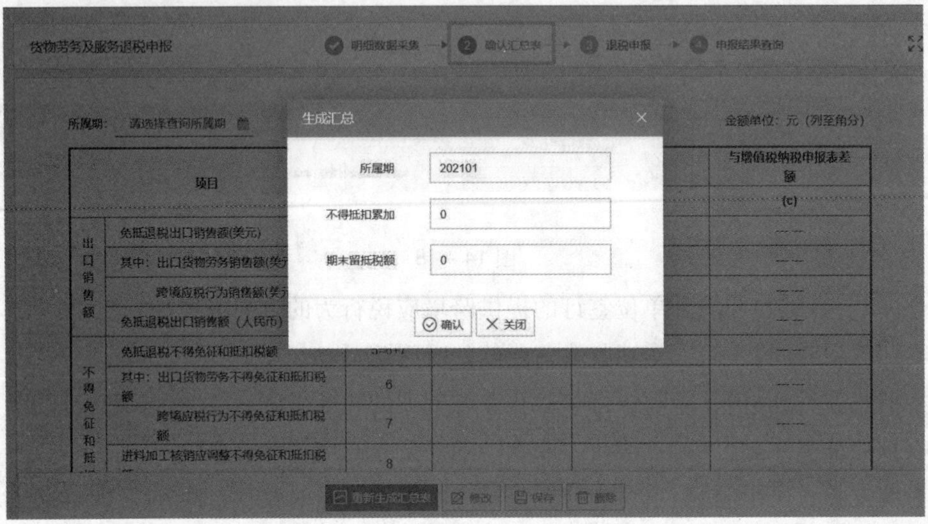

图14-19

（二）汇总表栏次说明

在线版申报系统生成的《免抵退税申报汇总表》，如图14-20所示，较以往出口企业免抵退税申报中使用的汇总表有较大变化，取消了因出口退（免）税政策发展已经不适用的单证不齐或信息不齐等相关的栏次，设计更为简捷和科学。

在线版申报系统《免抵退税申报汇总表》部分栏次的计算口径如下：

【当期出口货物劳务不得免征和抵扣税额】：当期《生产企业出口货物劳务免抵退税申报明细表》中"不得免征和抵扣税额"的合计数。

当期不得免征和抵扣税额 =（人民币出口销售额 - 当期国内购进免税原材料价格 - 当期进料加工保税进口料件组成计税价格）×（出口货物适用税率 - 出口货物退税率）

【当期跨境应税行为不得免征和抵扣税额】：当期《跨境应税行为免抵退税申报明细表》"跨境应税行为免抵退税计税金额乘征退税率之差"合计 + 当期《国际运输（港澳台运输）免抵退税申报明细表》"跨境应税行为免抵退税计税金额乘征退税率之差"合计。

【当期进料加工核销应调整不得免征和抵扣税额】：最近一次免抵退税申报至本次免抵退税申报期间税务机关核销确认的《生产企业进料加工业务免抵退税核销表》"应调整不得免征和抵扣税额"合计数。

免抵退税申报汇总表

纳税人识别号（统一社会信用代码）：
纳税人名称：
所属期： 年 月　　　　　　　　　　　　　金额单位：元（列至角分）

项目		栏次	当期 (a)	本年累计 (b)	与增值税纳税申报表差额 (c)
出口销售额	免抵退税出口销售额（美元）	1=2+3			
	其中：出口货物劳务销售额（美元）	2			
	跨境应税行为销售额（美元）	3			
	免抵退税出口销售额（人民币）	4			
不得免征和抵扣税额	免抵退税不得免征和抵扣税额	5=6+7			
	其中：出口货物劳务不得免征和抵扣税额	6			
	跨境应税行为不得免征和抵扣税额	7			
	进料加工核销应调整不得免征和抵扣税额	8			
	免抵退税不得免征和抵扣税额合计	9=5+8			
应退税额和免抵税额	免抵退税额	10=11+12			
	其中：出口货物劳务免抵退税额	11			
	跨境应税行为免抵退税额	12			
	上期结转需冲减的免抵退税额	13			
	进料加工核销应调整免抵退税额	14			
	免抵退税额合计	15（如10-13+14>0则为10-13+14，否则为0）			
	结转下期需冲减的免抵退税额	16=13-10-14+15			
	增值税纳税申报表期末留抵税额	17			
	应退税额	18（如15>17则为17，否则为15）			
	免抵税额	19=15-18			

声明：此表是根据国家税收法律法规及相关规定填写的，本人（单位）对填报内容（及附带资料）的真实性、可靠性、完整性负责。
纳税人（签章）：　　　　　　　年 月 日

经办人： 经办人身份证号： 代理机构签章： 代理机构统一社会信用代码：	受理人： 受理税务机关（章）： 受理日期：年 月 日

图14-20

当期进料加工核销应调整不得免征和抵扣税额=出口销售额×（计划分配率－实际分配率）×（征税率－退税率）

【当期结转下期需冲减的免抵退税额】："免抵退税额合计"栏次原则上大于等于0，若当期免抵退税额经过上期免抵退税额结转和进料加工核销的调整后，产生负数，则"免抵退税额合计"按0计，差额体现在"当期结转下期需冲减的免抵退税额"。

当期结转下期需冲减的免抵退税额=当期"上期结转需冲减的免抵退税额"－当期"免抵退税额"－当期"进料加工核销应调整免抵退税额"＋当期"免抵退税额合计"

【当期上期结转需冲减免抵退税额】：填写上期免抵退汇总表的"结转下期需冲减的免抵退税额"。

【当期进料加工核销应调整免抵退税额】：最近一次免抵退税申报至本次免抵退税申报期间税务机关核销确认的《生产企业进料加工业务免抵退税核销表》"应调整免抵退税额"合计数。

当期进料加工核销应调整免抵退税额=出口销售额×（计划分配率－实际分配率）×退税率计算。

【当期应退税额】：当期期末留抵税额与免抵退税额合计做比较，两者较小者为应退税额。当期免抵退税额合计＞当期增值税纳税申报表期末留抵税额，则等于"当期增值税纳税申报表期末留抵税额"，否则等于"当期免抵退税额合计"

【当期免抵税额】：当期免抵退税额合计－当期应退税额。

【免抵退税不得免征抵扣税额合计与增值税纳税申报表差额】：按当期本表"当期免抵退税不得免征和抵扣税额合计"－"纳税表不得抵扣累加"（即：大于上次已申报免抵汇总表所属期且小于等于当前所属期的若干期《增值税纳税申报表附列资料二》"免抵退税办法不得抵扣的进项税额"（第18栏）累加之和）＋税务机关核准的最近一期本表的"免抵退税不得免征和抵扣税额合计与增值税纳税申报表差额"计算填写。

如果此差额为负数，说明《增值税纳税申报附列资料二》"免抵退税办法不得抵扣的进项税额"（第18栏）多报，应做相应账务调整并在下期增值税纳税申报时对《增值税纳税申报附列资料二》"免抵退税办法不得抵扣的进项税额"（第18栏）进行调减；如果此差额为正数，说明《增值税纳税申报附列资料二》"免抵退税办法不得抵扣的进项税额"（第18栏）少报，应做相应账务调整并在下期增值税纳税申报时对《增值税纳税申报表附列资料二》"免抵退税办法不得抵扣的进项税额"（第18栏）进行调增。

注意事项：出口企业在新版电子税务局在线版申报系统上线使用前，使用的旧版电子税务局在线版申报系统，其免抵退汇总表（旧汇总表）与新版在线申报系统的免抵退汇总表（新汇总表）差异较大，出口企业初次切换时，旧版汇总表如果26栏"结转下期免抵退税不得免征和抵扣税额抵减额"存在数值，会以负数形式迁移至新版汇总表第8C栏处。

在新版汇总表中，只有当（5A栏＋8A栏）大于0时，8C栏才会参与当期汇总表9A

栏的计算：

若（5A+8A+8C）小于0，则9A=0，8C栏未参与9A（免抵退税不得免征和抵扣税额合计）计算部分结转下期汇总表8C栏继续参与计算。

若（5A+8A+8C）大于等于0，则9A=5A+8A+8C

四、生成退税申报数据及数据申报

生产企业在完成明细申报数据采集和生成汇总表后，可以生成用于报送税务机关的出口退（免）税申报数据。

选择"货物劳务及服务退税申报→退税申报"模块，点击"生成申报数据"按钮，如图14-21所示。

图14-21

数据生成成功后会在下方显示生成记录，申报文件是以企业社会信用代码+所属期命名的XML文件。勾选生成的申报数据，点击"数据自检"按钮，进行数据的自检。数据自检相当于在正式申报前由系统对申报数据进行的"预审核"，可检查本次申报数据是否满足申报规则，并显示不符合申报规则的数据列表，用户可根据自检结果中的信息描述，进行数据的调整。如图14-22所示。

图14-22

数据自检审核完成后，在自检情况中会显示三个数字：第一个数字代表所有疑点的数量；第二个数字代表可挑过疑点的数量；第三个数字代表不允许挑过疑点的数量。点击对应的数字可查看疑点列表，如图14-23所示。

图14-23

241

五、免抵退申报数据修改

经过电子税务局数据自检，发现免抵退申报数据不符合申报条件的，可以对数据进行修改后重新生成申报数据，再次进行申报。操作步骤为：打开"货物劳务及服务退税申报→退税申报"模块，勾选需要修改的申报数据，点击"撤销申报数据"按钮，首先进行撤销申报数据的操作，如图14-24所示；然后在"货物劳务及服务退税申报→明细数据采集"模块，选择需要修改的数据表单，在数据采集界面点击"修改"按钮后对申报数据进行修改。数据修改完成后，重新生成申报数据。

图14-24

六、数据正式申报及申报进度查询

数据自检显示没有疑点或没有不可挑过的疑点，需要进行"正式申报"，打开"货物劳务及服务退税申报→退税申报"模块，勾选申报数据，点击"正式申报"按钮，即可报送至税务机关审核，如图14-25所示。

图14-25

数据正式申报后可通过在线版申报系统查询税务机关的审核进度，选择"货物劳务及服务退税申报→申报结果查询"模块，可在此模块查询税务机关的审核情况，如图14-26所示。

图14-26

七、已申报数据查询

正式申报的免抵退数据税务机关审核通过后，在线版申报系统可自动获取反馈信息，可通过电子税务局查询已申报数据。登录电子税务局后打开"我要查询→出口退税信息查询→出口退税申报信息查询→生产企业出口货物劳务免抵退税申报明细表"模块，可以查询税务机关审核通过的免抵退申报数据，如图14-27、图14-28所示。

图 14-27

图 14-28

八、打印免抵退税申报表

生产企业完成免抵退数据的申报后，可以对"出口货物免抵退申报明细表""跨境应税行为免抵退税申报明细表"等零税率服务申报明细表，以及"免抵退申报汇总表"等报表进行打印。具体操作步骤为：打开"货物劳务及服务退税申报→退税申报"页面，勾选对应的申报数据，点击"打印报表下载"按钮，即可进入报表下载页面。在报表下载页面，勾选对应的报表，点击报表下载，即可下载报表的EXCEL文件或PDF文件用于存储或打印，如图14-29所示。

图 14-29

打印后的《生产企业出口货物劳务免抵退税申报明细表》《免抵退税申报汇总表》《跨境应税行为免抵退税申报明细表》《跨境应税行为收讫营业款清单》,如图 14-30、图 14-31、图 14-32、图 14-33 所示。

生产企业出口货物劳务免抵退税申报明细表

纳税人识别号（统一社会信用代码）：
纳税人名称：
所属期：2020年01月　　　　　　　　　　　　　　　　　　　　金额单位：元（列至角分）

序号	出口发票号	出口货物报关单号	出口日期	代理出口货物证明	出口商品代码	出口商品名称	计量单位	出口数量	出口销售额美元	出口销售额人民币	申报商品代码	征税率	退税率	计划分配率	进料加工保税进口料件组成计税价格	国内购进免税原材	不得免征和抵扣税额	免抵退税额	进料加工手（账）册	先退税后核销出口合同号	业务类型	备注
1	2	3	4	5	6	7	8	9	10	11	12	13	14	15	16=11×15	17	18=(11-16-17)*(13-14)	19=(11-16-17)*14	20	21	22	23
小计合计																						

图 14-30

免抵退税申报汇总表

纳税人识别号（统一社会信用代码）：
纳税人名称：
所属期：　年　　月　　　　　　　　　　　　　　　金额单位：元（列至角分）

项目		栏次	当期 (a)	本年累计 (b)	与增值税纳税申报表差额 (c)
出口销售额	免抵退税出口销售额（美元）	1=2+3			
	其中：出口货物劳务销售额（美元）	2			
	跨境应税行为销售额（美元）	3			
	免抵退税出口销售额（人民币）	4			
不得免征和抵扣税额	免抵退税不得免征和抵扣税额	5=6+7			
	其中：出口货物劳务不得免征和抵扣税额	6			
	跨境应税行为不得免征和抵扣税额	7			
	进料加工核销应调整不得免征和抵扣税额	8			
	免抵退税不得免征和抵扣税额合计	9=5+8			
应退税额和免抵税额	免抵退税额	10=11+12			
	其中：出口货物劳务免抵退税额	11			
	跨境应税行为免抵退税额	12			
	上期结转需冲减的免抵退税额	13			
	进料加工核销应调整免抵退税额	14			
	免抵退税额合计	15（如10-13+14>0则为10-13+14，否则为0）			
	结转下期需冲减的免抵退税额	16=13-10-14+15			
	增值税纳税申报表期末留抵税额	17			
	应退税额	18（如15>17则为17，否则为15）			
	免抵税额	19=15-18			

声明：此表是根据国家税收法律法规及相关规定填写的，本人（单位）对填报内容（及附带资料）的真实性、可靠性、完整性负责。
纳税人（签章）：　　　　　　　　　年　月　日

经办人：
经办人身份证号：　　　　　　　　　　　　　　　　受理人：
代理机构签章：　　　　　　　　　　　　　　　　　受理税务机关（章）：
代理机构统一社会信用代码：　　　　　　　　　　　受理日期：年　月　日

图 14-31

跨境应税行为免抵退税申报明细表

纳税人识别号（统一社会信用代码）：
纳税人名称：
所属期：　　年　　月　　　　　　　　　　　　　　　　　　　　　　　　　　金额单位：元（列至角分）

序号	跨境应税行为名称	跨境应税行为代码	合同号	有关证明编号	境外单位名称	境外单位所在国家或地区	合同总金额 折美元	合同总金额 折人民币	本期确认跨境应税行为营业收入人民币金额	本期收款金额（美元）	跨境应税行为营业 折人民币	免抵退税计税金额	征税率	退税率	跨境应税行为免抵退税计税金额乘征退税率之差	跨境应税行为销售额乘退税率	跨境应税行为业务类型	出口发票号码	出口发票开具日期	备注
1	2	3	4	7	6	7	8	9	10	11	12	13=12	14	15	16=13*(14-15)	17=13*15	18	19	20	21
小计合计																				

第　1　页／共　1　页

图 14-32

跨境应税行为收讫营业款明细清单

纳税人识别号（统一社会信用代码）：
纳税人名称：
所属期：　　年　　月　　　　　　　　　　　　　　　　　　　　　　　　　　金额单位：元（列至角分）

序号	合同号	本期收取营业款情况									累计已收营业款	
		收款时间	收款凭证号	收款凭证总金额（折美元）	收款金额（折人民币）	收款金额（折美元）	收款银行名称	付款单位名称	付款单位所在国家（地区）	付款银行名称	折美元	折人民币
1	2	3	4	5	6	7	8	9	10	11	12	13
小计合计												

图 14-33

九、其他资料表单申报

《海关出口商品代码、名称、退税率调整对应表》《出口货物离岸价差异原因说明表》《免抵退税出口货物冲减》非必要时无须提供,只有当存在具体适用情形时才需录入此类表单,并与退(免)税申报数据生成在一个申报文件中,无须单独生成申报文件。

(一)海关出口商品代码、名称、退税率调整对应表

若生产企业的免抵退税申报中,存在出口货物报关单上的申报日期和出口日期期间,因海关调整商品代码,导致出口货物报关单上的商品代码与调整后的商品代码不一致的情况,应按照出口货物报关单上列明的商品代码申报退(免)税,在免抵退申报明细数据采集的同时,录入《海关出口商品代码、名称、退税率调整对应表》,与其他免抵退申报表数据一并生成免抵退税申报数据报送税务机关。

登录在线版申报系统后,选择"货物劳务及服务退税申报→明细数据采集"点击"海关出口商品代码、名称、退税率调整对应表"进入录入界面,如图14-34所示。

图14-34

在录入界面中点击"新建"按钮录入数据,如图14-35所示。

图14-35

【所属期】：4位年份+2位月份，与出口明细表中的所属期保持一致。

【序号】：填写8位流水号，默认00000001起始，与出口明细中的序号无关，此栏目仅代表海关商品代码调整对应表的序号。

【出口报关单号/代理证明号】：自营出口填写21位出口报关单号，委托出口填写20位代理出口货物证明号。

【报关单上的申报日期】：填写出口货物报关单注明的申报日期。

【出口日期】：填写出口货物报关单注明的出口日期。

【调整前商品代码】：填写报关单中的商品代码。

【调整后商品代码】：填写调整后的商品代码。

注意事项：调整前商品代码与调整后商品代码如果前八位相同，且征退税率相同，无须录入海关商品码调整对应表，可直接在免抵退申报明细表中录入使用。

打印后的《海关出口商品代码、名称、退税率、调整对应表》，如图14-36所示。

海关出口商品代码、名称、退税率调整对应表

企业海关代码：
纳税人名称：
纳税人识别号：　　　　　　　　　　　　　　　申请日期：

序号	出口报关单号	报关单上的申报日期	出口日期	调整前（报关单上列明的）			调整后			备注
				商品代码	商品名称	退税率	商品代码	商品名称	退税率	
兹声明以上申报无讹并愿意承担一切法律责任。										
经办人：				财务负责人：				法定代表人：（公章）			

图14-36

（二）出口货物离岸价差异原因说明表

若生产企业的免抵退税申报中，存在出口货物免抵退税申报明细表中的离岸价与电子口岸的出口货物报关单中的离岸价不一致的情况，应在免抵退申报明细数据采集的同时，录入《出口货物离岸价差异原因说明表》，与其他免抵退申报表数据一并生成免抵退税申

报数据报送税务机关。

登录在线版申报系统后,选择"货物劳务及服务退税申报→明细数据采集"点击"出口货物离岸价差异原因说明表",进入录入界面,如图14-37所示。

图 14-37

在录入界面中点击"增加"按钮录入明细数据,如图14-38所示。

图 14-38

【出口发票美元离岸价】：开具出口发票的美元离岸价格。

【出口发票人民币离岸价】：开具出口发票的人民币离岸价格。

【出口报关单号/代理出口货物证明号】：自营出口的填写21位出口货物报关单号,委托出口的填写20位代理出口货物证明号码。

【出口报关单美元离岸价】：填写出口报关单上的美元离岸价,如报关单非离岸价成交,需扣除运费、保费换算为离岸价填报。

【出口报关单人民币离岸价】：填写出口报关单上的人民币离岸价。

【差异原因说明】：据实填写差异的原因。

打印后的《出口货物离岸价差异原因说明表》,如图14-39所示。

249

出口货物离岸价差异原因说明表

企业海关代码：　　　　　　　　　　　　　　　　　　　申报类型：免抵退申报（　）　　免税申报（　）
纳税人名称：（盖章）　　　　　　　　　　　　　　　　　　　　　　　　　　　　单位：美元、元
纳税人识别号：　　　　　　　　　　　　　　　　　　　　　　　　　填表日期：　年　月　日

序号	出口发票号码	出口发票离岸价		出口报关单号码	出口报关单离岸价		出口发票和出口报关单人民币离岸价差异额	出口发票和出口人民币报关单离岸价差异率	差异原因说明
		美元	人民币		美元	人民币			
1	2	3	4	5	6	7	8=7-4	9=8÷4	10
小计									
合计									

第　1　页／共　1　页

图 14-39

（三）免抵退税出口货物冲减

如果生产企业前期正式申报的免抵退税申报数据发现错误，出现需要重新申报或追缴已退税款的情形，企业应该在当期进行调整，调整方式为在当期用负数将前期错误申报数据全额冲减。企业可以直接在免抵退申报明细表中对需调整的数据全额以负数录入并填写"HZCJ"业务类型代码，也可通过在线版申报系统提供的免抵退税出口货物冲减的便捷功能进行免抵退税额的冲减。

登录在线版申报系统，选择"货物劳务及服务退税申报→明细数据采集"点击"生产企业出口货物免抵退申报明细表"，进入录入界面，如图 14-40 所示。

图 14-40

在"生产企业出口货物免抵退申报明细表"界面中，出口企业可以查看到所有的已申报的数据，选择需要冲减的数据，点击"货物冲减"按钮，如图14-41所示。

图14-41

点击"货物冲减"按钮后，系统会要求填写所属期，该所属期为冲减数据的申报所属期，点击"确认"按钮后，系统会在申报所属期的免抵退申报明细表中自动插入一条序号为00000000的冲减数据，其中数量、原币离岸价、人民币出口销售额、美元出口销售额、免抵退税额，均显示为负值，业务类型代码中会标识为"HZCJ"（红字冲减）的业务类型名称。需要注意的是，根据申报规则，明细申报数据的起始序号必须从01开始，因此，需要在免抵退申报明细采集或修改环节，通过系统提供的"序号重排"功能，对明细申报数据进行序号重排后方可保存数据用于免抵退税申报，如图14-42所示。

图14-42

第二节 进料加工计划分配率备案与核销

进料加工是指有进出口经营权的企业，为了加工出口货物而用外汇从国外进口原料、材料、辅料、元器件、配套件、零部件和包装材料（简称进口料件），加工生产成货物复出口的一种出口贸易方式。

生产企业从事进料加工业务，日常免抵退税申报流程与只从事一般贸易的生产企业免抵退税申报流程一致，但在免抵退明细数据采集过程中需要采集出口报关单对应的进料加工手（账）册号，并根据事先确认的进料加工计划分配率，系统自动计算"进料加工保税进口料件组成计税价格"，一并参与当期免抵退税计算。

为了准确核算进料加工业务中耗用的保税进口料件，从事进料加工业务的生产企业在免抵退税申报过程中，需要完成进料加工计划分配率备案、计划分配率调整和进料加工业务核销申报。

一、进料加工计划分配率备案

生产企业从事进料加工业务,首次申报免抵退税前,需要先进行进料加工计划分配率备案,其计划分配率为首份进料加工手(账)册的计划分配率。计划分配率备案只需办理一次,以后年度的计划分配率在进料加工业务核销完成后使用"已核销手(账)册综合实际分配率"作为计划分配率;如果企业认为"已核销手(账)册综合实际分配率"与企业实际情况存在较大差异时,可以向主管税务机关申请调整计划分配率。

(一)计划分配率备案表采集

登录电子税务局,选择"我要办税→出口退税管理→出口退(免)税申报",点击"进料加工计划分配率备案"后方的"在线申报"按钮,进入在线申报系统,如图14-43所示。

图 14-43

选择"进料加工计划分配率备案表→明细数据采集"进入数据的录入页面,如图14-44所示。

图 14-44

在数据采集界面点击"新建"录入明细数据,如图14-45所示。

图 14-45

【手册（账册）号码】：填写海关进料加工登记手册或者账册编号。

【币种代码】：填写进料加工手册或者合同中使用的币别代码。

【计划（备案）进口总值】：合同规定中剔除客供辅料后的进口总值。

【计划（备案）出口总值】：合同规定的出口总值。

（二）生成申报数据及数据申报

计划分配率数据录入完成后，需要进行数据的生成，选择"进料加工企业计划分配率备案表→数据申报"，点击"生成申报数据"按钮，数据生成后，勾选申报数据点击"正式申报"按钮，即可报送至税务机关审核，如图 14-46 所示。

图 14-46

正式申报后，可通过在线版申报系统查询税务机关的审核进度，选择"进料加工企业计划分配率备案表→申报结果查询"查询税务机关的审核进度，如图 14-47 所示。

图 14-47

（三）申报数据修改

如果生产企业在计划分配率备案生成申报数据发现数据存在问题，可以在申报系统中对数据进行修改后重新生成申报数据。选择"进料加工计划分配率备案表→数据申报"点击"撤销申报数据"按钮,首先进行撤销申报数据的操作,如图 14-48 所示。然后在"进料加工计划分配率备案表→明细数据采集"对数据进行修改,数据修改完成后,重新生成申报数据。

图 14-48

(四) 已申报数据查询

正式申报的进料加工计划分配率备案税务机关审核通过后,在线版申报系统可自动获取反馈信息,可通过电子税务局查询已申报数据。登录电子税务局后打开"我要查询→出口退税信息查询→出口退税申报信息查询→进料加工计划分配率备案表"模块,可以查询税务机关审核通过的计划分配率备案数据,如图 14-49 所示。

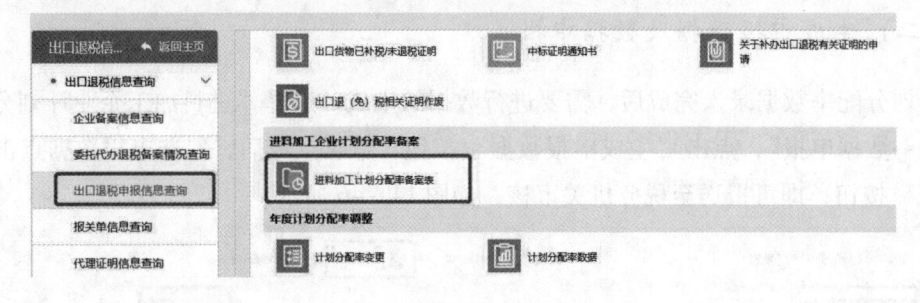

图 14-49

(五) 报表打印

出口企业完成数据申报后,需要进行报表的打印。具体操作步骤为:选择"进料加工企业计划分配率备案表→数据申报"点击"打印报表下载"按钮,即可进入报表下载页面。在报表下载页面,勾选对应的报表,点击报表下载,即可下载报表的 EXCEL 文件或 PDF 文件用于存储或打印,如图 14-50 所示。

图 14-50

打印后的《进料加工企业计划分配率备案表》,如图 14-51 所示。

进料加工企业计划分配率备案表

企业海关代码：
纳税人名称（公章）：
纳税人识别号： 单位：

序号	进料加工手册号	币种	计划（备案）进口总值	计划（备案）出口总值	进料加工备案计划分配率
1	2	3	4	5	6=4÷5
合计					

出口企业	主管税务机关
兹声明以上申报无讹并愿意承担一切法律责任。 经办人： 财务负责人： 法定代表人（负责 年 月	受理人： 复核人： 负责人：（公章）

图 14-51

二、计划分配率调整

生产企业在办理年度进料加工业务核销后，如认为生产企业进料加工业务免抵退税核销表中的"上年度已核销手（账）册综合实际分配率"与企业当年度实际情况差异较大的，可向主管税务机关提供当年度预计的进料加工计划分配率及合理理由，将预计的进料加工计划分配率调整为该年度的计划分配率。

（一）计划分配率调整表采集

登录电子税务局，选择"我要办税→出口退税管理→出口退（免）税申报"，点击"调整年度计划分配率申请"后方的"在线申报"按钮，进入在线版申报系统，如图 14-52所示。

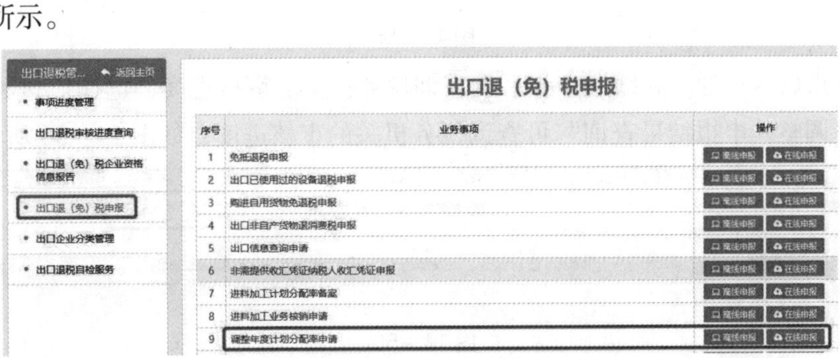

图 14-52

选择"进料加工计划分配率调整→明细数据采集"进入数据的录入页面，如图 14-53 所示。

图 14-53

在录入页面点击"新建"按钮录入明细数据，如图 14-54 所示。

图 14-54

（二）生成申报数据及数据申报

完成计划分配率调整表录入后，需要生成申报数据。选择"进料加工企业计划分配率调整表→数据申报"点击"生成申报数据"按钮，即可生成申报数据。数据生成成功后，勾选申报数据，点击"正式申报"按钮，数据即可报送税务机关审核，如图 14-55 所示。

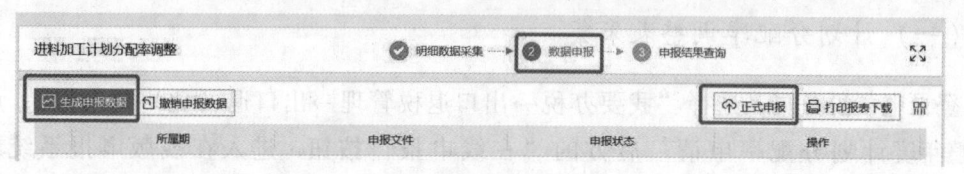

图 14-55

正式申报后，可通过在线版申报系统查询税务机关的审核进度，选择"进料加工企业计划分配率调整→申报结果查询"可查询税务机关的审核进度，如图 14-56 所示。

图 14-56

（三）申报数据修改

如果生产企业在计划分配率调整生成申报数据发现数据存在问题，可以在申报系统中对数据进行修改后重新生成申报数据。打开"进料加工企业计划分配率调整表→数据申报"点击"撤销申报数据"按钮，首先进行撤销申报数据的操作，如图14-57所示；然后在"进料加工计划分配率备案表→明细数据采集"对数据进行修改，数据修改完成后，重新生成申报数据。

图 14-57

（四）已申报数据查询

正式申报的计划分配率调整税务机关审核通过后，在线版申报系统可自动获取反馈信息，可通过电子税务局查询已申报数据。登录电子税务局后打开"我要查询→出口退税信息查询→计划分配率变更"模块，可以查询税务机关审核通过的申报数据，如图14-58所示。

图 14-58

（五）报表打印

出口企业完成数据申报后，需要进行报表的打印。具体操作步骤为：打开"进料加工企业计划分配率调整表→数据申报"页面，勾选对应的申报数据，点击"打印报表下载"按钮，即可进入报表下载页面。在报表下载页面，勾选对应的报表，点击报表下载，即可下载报表的EXCEL文件或PDF文件用于存储或打印，如图14-59所示。

图 14-59

257

打印后的《进料加工企业计划分配率调整表》，如图 14-60 所示。

进料加工企业计划分配率调整

统一社会信用代码／纳税人识别号：
纳税人名称：

序号	上年度已核销手（账）册综合实际分配率	调整后计划分配率

调整理由：

本表是根据国家税收法律法规及相关规定填报的，我单位确定它是真实的、可靠的、完整的。

经办人：
财务负责人：
法定代表人：
（印　章）
年　　月　　日

图 14-60

三、进料加工手账册核销申报

生产企业应于每年 4 月 20 日前，向主管税务机关申请办理上年度海关已核销的进料加工手册（账册）项下的进料加工业务核销手续。4 月 20 日之后未进行核销的，主管税务机关暂不办理该企业的出口退（免）税业务，待其进行核销后再办理。进料加工核销申报流程如图 14-61 所示。

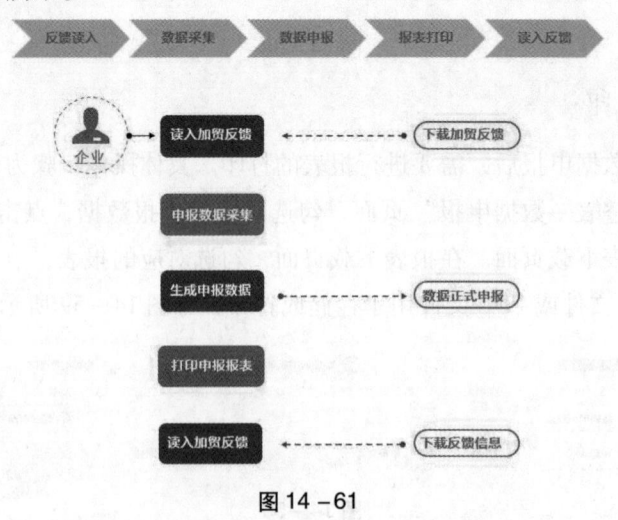

图 14-61

(一) 获取加贸反馈信息

生产企业开展进料加工业务免抵退核销时，需要先从税务机关获取加贸反馈信息，加贸反馈信息中包括海关联网监管加工贸易电子数据中的进料加工电子账册（电子化手册）核销数据以及进料加工业务的进、出口货物报关单数据等。

登录电子税务局后选择"我要办税→出口退税管理→出口退（免）税申报"模块，点击"进料加工业务核销申请"后方的"在线申报"按钮，进入在线版申报系统，如图14-62所示。

图14-62

选择"生产企业进料加工免抵退核销表→加贸数据查询"模块下的"加贸数据下载"功能，如图14-63所示。

图14-63

点击加贸数据下载界面的"数据下载"按钮，输入核销数据的年度，下载加贸反馈信息。如图14-64所示。

需要注意的是，如果待核销的手册（账册）跨越不同的年度，下载反馈信息时也要下载不同年度的数据，如账册起始日期为2019年6月1日，截止日期为2020年1月29日，在下载加贸反馈信息时，需要下载两个年度的数据，先下载所属期2019年的加贸反馈信息，再下载所属期2020年的加贸反馈信息。

图 14-64

生产企业完成加贸反馈信息下载操作后,可以查询已经读入的加贸反馈数据,具体操作步骤为:选择"生产企业进料加工业务免抵退核销申请表→加贸数据查询"模块下的"已核销手册数据查询""已核销账册数据查询""已核销进口报关单数据查询"和"已核销出口报关单查询"功能,可以查询加贸反馈中的具体进出口数据,如图 14-65 所示。

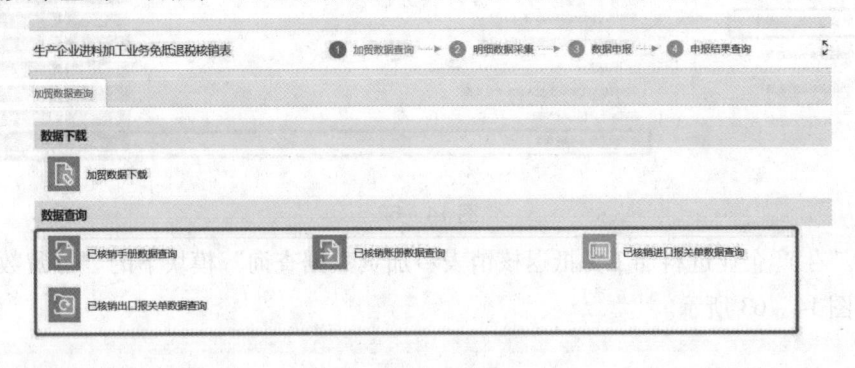

图 14-65

(二)核销数据调整

企业根据本企业进料加工手(账)册实际发生的进出口情况,与从税务机关获取的加贸反馈信息进行比对,如果发现核销报关单明细表中的数据缺失或者存在错误,需要录入《已核销手册(账册)海关数据调整表》对核销数据进行调整:对于缺失的数据可直接在调整表录入正数然后选择对应的监管方式;对于存在错误内容的报关单数据,建议将原错误数据进行冲减后再录入正确数据。录入已核销海关数据调整表具体操作步骤为:选择"生产企业进料加工业务免抵退税核销表→明细数据采集→已核销手册(账册)海关数据调整表",如图 14-66 所示。

图 14-66

在录入页面点击"新建"按钮录入明细数据,如图14-67所示。

图14-67

【进(出)口标识】:E代表出口,I代表进口。

【美元出口销售额】:采取差额调整的,填写实际报关单美元离岸价减去"加贸反馈"美元离岸价的差额。

【人民币出口销售额】:采取差额调整的,填写实际报关单人民币离岸价减去"加贸反馈"人民币离岸价的差额。

【美元到岸价】:采取差额调整的,填写进口报关单美元到岸价减去"加贸反馈"美元到岸价的差额。

【人民币到岸价】:采取差额调整的,填写进口报关单人民币到岸价减去"加贸反馈"人民币到岸价的差额。

(三)免抵退核销表数据采集

获取税务机关的加贸反馈信息,经检查无误,或者经检查存在数据错误通过《已核销手册(账册)海关数据调整表》对数据进行调整后,方可进行进料加工业务免抵退核销表的采集。

选择"生产企业进料加工业务免抵退税核销表→明细数据采集→生产企业进料加工业务免抵退核销表",如图14-68所示。

图14-68

在录入页面点击"新建"按钮录入数据，如图 14-69 所示。

图 14-69

【核销手册（账册）号码】：填写海关进料登记手册、账册编号。

【核销起始日期】：填写本次申报账册对应海关结案通知书的起始日期。

【核销截止日期】：填写本次申报账册对应海关结案通知书的截止日期。

【实际分配率】：结合海关数据调整表、加贸反馈数据计算的实际分配率。

【应调整不得免抵税额】：Σ申报核销手册或账册报核周期对应"已核准"的《免抵退税申报明细表》数据出口额（人民币）×计划分配率×（征税率－退税率）－Σ申报核销手册或账册报核周期对应"已核准"的《免抵退税申报明细表》数据出口额（人民币）×本次申报核销的实际分配率×（征税率－退税率）

【应调整免抵退税额】：Σ申报核销手册或账册报核周期对应"已核准"的《免抵退税申报明细表》数据出口额（人民币）×计划分配率×退税率→Σ申报核销手册或账册报核周期对应"已核准"的《免抵退税申报明细表》数据出口额（人民币）×本次申报核销的实际分配率×退税率；

说明："应调整不得免征和抵扣税额"参与下期免抵退汇总表计算，体现在汇总表第 8 栏（进料加工核销应调整不得免征和抵扣税额）。

"应调整免抵退税额"参与下期免抵退汇总表计算，体现在汇总表第 14 栏（进料加工核销应调整免抵退税额）。

（四）生成申报数据及数据申报

选择"生产企业进料加工业务免抵退税核销表→数据申报"点击"生成申报数据"按钮，申报数据生成成功后，需要进行数据的申报，勾选申报数据，点击"正式申报"按钮，即可报送税务机关审核，如图 14-70 所示。

图 14-70

正式申报后，可通过在线版申报系统查询税务机关的审核情况，选择"生产企业进料加工业务免抵退税核销表→申报结果查询"可查询税务机关的审核进度，如图14-71所示。

图14-71

（五）申报数据修改

如果生产企业在免抵退核销申报后发现数据存在问题，可以在申报系统中对数据进行修改后重新生成申报数据。打开"生产企业进料加工业务免抵退税核销表→数据申报"点击"撤销申报数据"按钮，首先进行撤销申报数据的操作，如图14-72所示；然后在"生产企业进料加工业务免抵退核销表→明细数据采集"中对数据进行修改，数据修改完成后，重新生成申报数据。

图14-72

（六）已申报数据查询

正式申报的免抵退核销申报税务机关审核通过后，在线版申报系统可自动获取反馈信息，可通过电子税务局查询已申报数据。登录电子税务局后，打开"我要查询→出口退税信息查询→出口退税申报信息查询→免抵退核销申报"模块，可以查询税务机关审核通过的申报数据，如图14-73所示。

图14-73

（七）报表打印

出口企业完成数据申报后，需要进行报表的打印。具体操作步骤为：打开"生产企业进料加工业务免抵退税核销表→数据申报"页面。在报表下载页面，勾选对应的报表，点击报表下载，即可下载报表的 EXCEL 文件或 PDF 文件用于存储或打印，如图 14-74 所示。

图 14-74

打印后的《生产企业进料加工业务免抵退税核销表》及《已核销手册（账册）海关数据调整表》，如图 14-75、图 14-76 所示。

生产企业进料加工业务免抵退税核销表

纳税人识别号（统一社会信用代码）：
纳税人名称：　　　　　　　　　　金额单位：元（列至角分）

序号	申报核销手册（账册）号	核销起始日期	核销截止日期	实际分配率	已申报出口额	应申报免抵退税额	应调整免征和抵扣税额	所属年度	备注
1	2	3	4	5	6	7	8	9	10
小计									
合计									

已核销手册（账册）综合实际分配率

声明：此表是根据国家税收法律法规及相关规定填写的，本人（单位）对填报内容（及附带资料）的真实性、可靠性、完整性负责。

　　　　　　　　　　　　　　　　　　纳税人（签章）：　　　　　年　月　日

经办人：　　　　　　　　　　　　受理人：
经办人身份证号：　　　　　　　　受理税务机关（章）：
代理机构签章：　　　　　　　　　受理日期：　　年　月　日
代理机构统一社会信用代码：

图 14-75

已核销手册（账册）海关数据调整表

纳税人识别号（统一社会信用代码）：
纳税人名称：

金额单位：元（列至角分）

序号	进料加工手册（账册）号	核销起始日期	核销截止日期	进(出)口标识	报关单号	代理进(出)口货物证明号	监管方式代码	进(出)口日期	免税进口料件组成计税价格				出口销售额		所属年度	备注
									到岸价（美元）	到岸价（人民币）	海关实征关税和消费税	合计	美元	人民币		
1	2	3	4	5	6	7	8	9	10	11	12	13=11+12	14	15	16	17
小合																

声明：此表是根据国家税收法律法规及相关规定填写的，本人（单位）对填报内容（及附带资料）的真实性、可靠性、完整性负责。

纳税人（签章）：　　　　　　　　　　　　　年　月　日

经办人：	受理人：
经办人身份证号：	受理税务机关（章）：
代理机构签章：	受理日期：　年　月　日
代理机构统一社会信用代码：	

第 1 页/共 1 页

图 14-76

第三节　其他业务申报

一、出口信息查询申请

出口企业日常免抵退税申报过程中，如发现出口报关单、出口货物代理证明等用于申报退（免）税的凭证长时间（一般超过三个月）没有电子信息或电子信息内容与实际不符的，可填报《出口信息查询申请表》报送主管税务机关，由主管税务机关协助解决电子信息的相关问题。

具体操作步骤为：登录电子税务局，选择"我要办税→出口退税管理→出口退（免）税申报"模块，点击"出口信息查询申请"后方的"在线申报"按钮，进入在线申报系统，如图 14-77 所示。

图 14-77

选择"出口信息查询→明细数据采集"进入数据的录入界面,如图 14-78 所示。

图 14-78

在录入页面点击"新建"按钮录入明细数据,如图 14-79 所示。

图 14-79

【凭证种类】:01 代表出口报关单,02 代表增值税专用发票。其他退税凭证可以打开下拉菜单自行选择。

【凭证号码】:查询出口报关单信息的,凭证号码填写 21 位报关单号码;查询增值税专用发票信息的,凭证号码填写发票的"10 位代码+8 位号码";查询海关进口增值税专用缴款书信息的,凭证号码填写 22 位缴款书号码;查询出口退(免)税相关证明的,凭证号码填写证明编号。

【出口(开具)日期】:填写出口报关单的出口日期或增值税发票等其他凭证的开具日期。

完成出口企业信息查询申请的采集后,需要进行数据的生成,选择"出口信息查询→数据申报"点击"生成申报数据"按钮,数据生成完成后勾选申报数据,点击"正式申报"按钮,即可报送至税务机关审核。如图 14-80 所示。

图 14-80

正式申报后,可通过在线版申报系统查询税务机关的审核进度,选择"出口信息查询→申报结果查询"查询税务机关的审核情况,如图 14-81 所示。

图 14 –81

如果生产企业在数据生成后发现数据存在问题,可以在申报系统中对数据进行修改后重新生成申报数据。打开"出口信息查询→数据申报"点击"撤销申报数据"按钮,首先进行撤销申报数据的操作,如图 14 – 82 所示;然后在"出口信息查询→明细数据采集"中对数据进行修改,数据修改完成后,重新生成申报数据。

图 14 –82

正式申报的出口企业信息查询申请税务机关审核通过后,在线版申报系统可自动获取反馈信息,可通过电子税务局查询已申报数据。登录电子税务局后打开"我要查询→出口退税信息查询→出口退税申报信息查询→出口信息查询"模块,可以查询税务机关审核通过的申报数据,如图 14 – 83 所示。

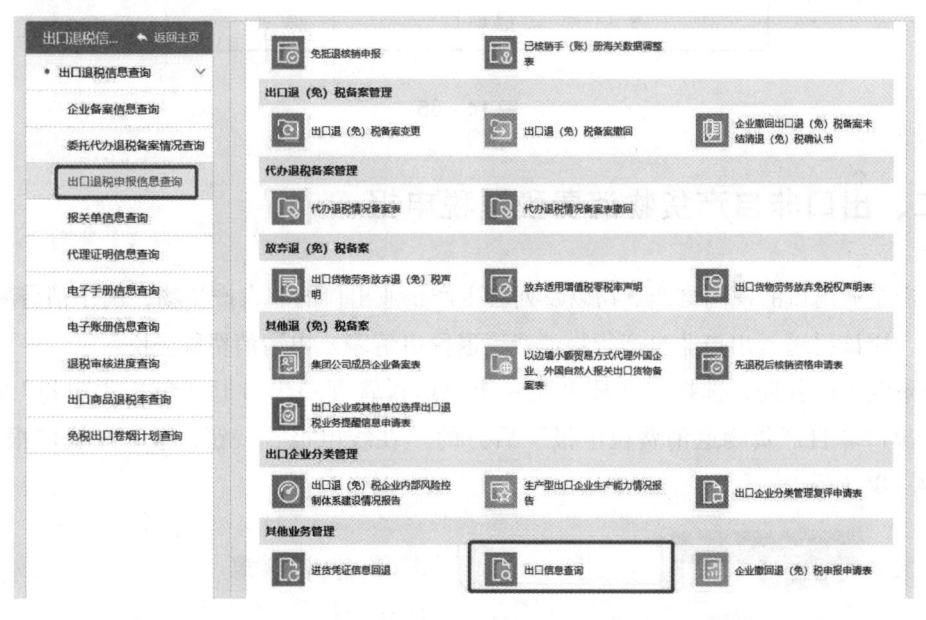

图 14 –83

当数据成功申报后,需要进行报表的打印,具体操作步骤为:打开"出口信息查询→数据申报"页面,勾选对应的申报数据,点击"打印报表下载"按钮,即可进入报表下载页面。在报表下载页面,勾选对应的报表,点击报表下载,即可下载报表的 EXCEL 文件或 PDF 文件用于存储或打印，如图 14-84 所示。

图 14-84

打印后的《出口信息查询》，如图 14-85 所示。

图 14-85

二、出口非自产货物消费税退税申报

生产企业出口的视同自产货物以及列名生产企业出口的非自产货物，属于消费税应税消费品，应该报送《出口非自产货物消费税退税申请表》申请消费税退税。

登录电子税务局，选择"我要办税→出口退税管理→出口退（免）税申报"模块，点击"出口非自产货物退消费税申报"后方的"在线申报"按钮，进入在线申报系统，如图 14-86 所示。

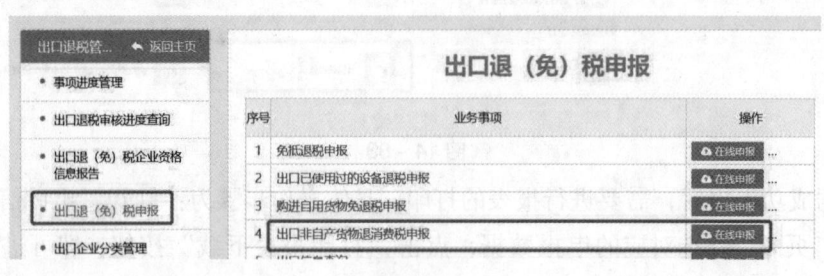

图 14-86

在"生产企业出口非自产货物消费税退税申报表"界面,选择"明细数据采集"模块,点击"新建"按钮采集明细数据,如图 14-87 所示。

图 14-87

【凭证种类】:根据实际情况选择海关进口消费税专用缴款书、分割单,或出口货物消费税专用缴款书。

【消费税税率】:若为消费税从价定率方式征税的,按小数的格式填写法定税率,若为消费税从量定额方式征税的,填写法定税额。

【计税金额】:消费税专用缴款书或完税分割单上的计税金额。

【征税税额】:消费税从价定率方式征税的,则征税税额=计税金额×征税税率;若为消费税从量定额方式征税的,则征税税额=数量×征税税率。

完成出口非自产货物采集后,需要进行数据的生成,选择"生产企业出口非自产货物消费税退税申报表→数据申报"点击"生成申报数据"按钮,即可生成申报数据。数据生成后,勾选数据点击"数据自检"进行数据的"预审核",当数据自检审核完成后,可在"自检情况"中查询自检结果,当自检情况中没有疑点,或没有不可挑过的疑点时,需要勾选数据点击"正式申报"即可报送至税务机关审核。如图 14-88 所示。

图 14-88

正式申报后,可通过在线版申报系统中,查询税务机关的审核进度,选择"生产企业出口非自产货物消费税退税申报表→申报结果查询"即可查询税务机关的审核情况,如

图 14-89 所示。

图 14-89

如果生产企业在出口非自产货物消费税退税申报表生成后，发现申报数据存在问题，可以在申报系统中对数据进行修改后重新生成申报数据。打开"生产企业出口非自产货物消费税退税申报表→数据申报"，点击"撤销申报数据"按钮，首先进行撤销申报数据的操作，如图 14-90 所示；然后在"生产企业出口非自产货物消费税退税申报表→明细数据采集"中对数据进行修改，数据修改完成后，重新生成申报数据。

图 14-90

正式申报的出口非自产货物消费税退税申报税务机关审核通过后，在线版申报系统可自动获取反馈信息，可通过电子税务局查询已申报数据。登录电子税务局后打开"我要查询→出口退税信息查询→出口退税申报信息查询→出口非自产货物申请表"模块，可以查询税务机关审核通过的申报数据，如图 14-91 所示。

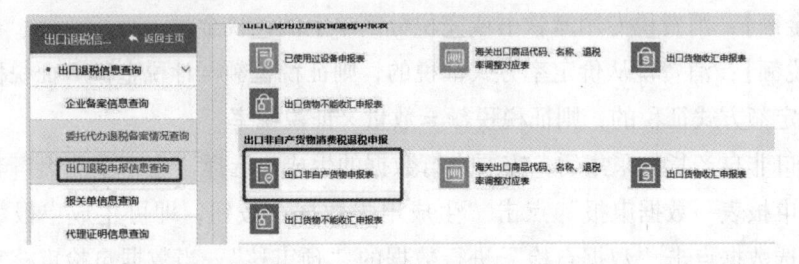

图 14-91

当数据申报成功后需要进行报表的打印，具体操作步骤为：打开"生产企业出口非自产货物消费税退税申报表→数据申报"页面，勾选对应的申报数据，点击"打印报表下载"按钮，即可进入报表下载页面。在报表下载页面，勾选对应的报表，点击报表下载，即可下载报表的 EXCEL 文件或 PDF 文件用于存储或打印，如图 14-92 所示。

图 14-92

打印后的《生产企业出口非自产货物消费税退税申报表》，如图14-93所示。

生产企业出口非自产货物消费税退税申报表

申报年月：
纳税人识别号（统一社会信用代码）：
纳税人名称：
金额单位：元（列至角分）

序号	消费税凭证号	凭证种类	出口商品代码	出口商品名称	计量单位	数量	消费税税率	计税金额	征税税额	申报消费税退税额	出口货物报关单号	代理出口货物证明号	出口日期	出口数量	退（免）税业务类型	备注
1	2	3	4	5	6	7	8	9	10	11	12	13	14	15	16	17
小计																
合计																

声明：此表是根据国家税收法律法规及相关规定填写的，本人（单位）对填报内容（及附带资料）的真实性、可靠性、完整性负责。
纳税人（签章）   年 月 日

经办人：   受理人：
经办人身份证号：   代理机构签章：   代理机构统一   受理税务机关（章）：   受理日期：   年 月 日
社会信用代码：

第1页/共1页

图14-93

三、企业撤回申报申请表

企业撤回申报申请适用于两种业务场景，一是针对已经申报到税务机关的数据，企业自愿放弃退税，需要报送《企业撤回申报申请表》；二是针对税务机关已经接受申报的数据，在税务机关开具收入退还书前，企业发现有错误需要修改，也需要报送《企业撤回申报申请表》，税务机关受理此表后，将数据作废由企业修改后重新申报。

登录电子税务局，选择"我要办税→出口退税管理→出口退（免）税申报"模块，点击"企业撤回申报数据申请"后方的"在线申报"按钮，进入在线版申报系统，如图14-94所示。

图14-94

选择"企业撤回退（免）税申报申请表→明细数据采集"进入数据录入页面，如图14-95所示。

图14-95

在录入页面点击"新建"按钮录入明细数据，如图14-96所示。

图14-96

【撤回原因】：分为1.申报错误申请撤回、2.自愿放弃申请撤回两种。撤回原因选择2自愿放弃的，还需要录入原申报关联号/原申报序号、凭证种类、凭证号码。

【撤回业务类型】：按照撤回申报的对象的原申报类型填写，具体分为：免抵退税申报、购进自用货物申报、出口已使用旧设备申报、非自产消费税特准退税申报、代办退税申报、横琴平潭退税业务（货物）申报。

完成企业撤回申报申请表的数据采集后，需进行数据的生成，选择"企业撤回申报申请表→数据申报"点击"生成申报数据"按钮，即可生成申报数据，数据生成后，勾选申报数据点击"正式申报"即可报送税务机关审核。如图14-97所示。

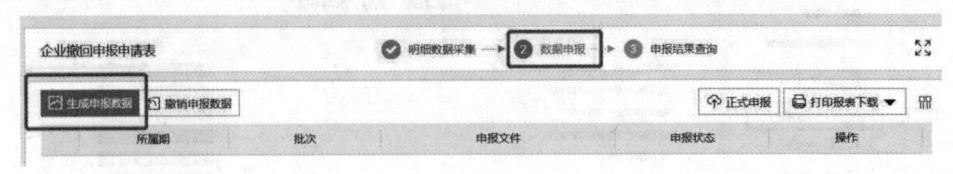

图14-97

正式申报后，可通过在线版申报系统查询税务机关的审核进度，选择"企业撤回申报申请表→申报结果查询"可查询税务机关的审核情况，如图14-98所示。

| 中篇 出口退（免）税申报操作实务 |

图 14-98

如果生产企业在撤回申报数据生成后，发现数据存在错误，可以在申报系统中对数据进行修改后重新生成申报数据。打开"企业撤回申报申请表→数据申报"，点击"撤销申报数据"按钮，首先进行撤销申报数据的操作，然后在"企业撤回申报申请表→明细数据采集"中对数据进行修改，数据修改完成后，重新生成申报数据。如图 14-99 所示。

图 14-99

正式申报的企业撤回退（免）税申报申请表税务机关审核通过后，在线版申报系统可自动获取反馈信息，可通过电子税务局查询已申报数据。登录电子税务局后打开"我要查询→出口退税信息查询→出口退税申报信息查询→企业撤回申报申请表"模块，可以查询税务机关审核通过的申报数据，如图 14-100 所示。

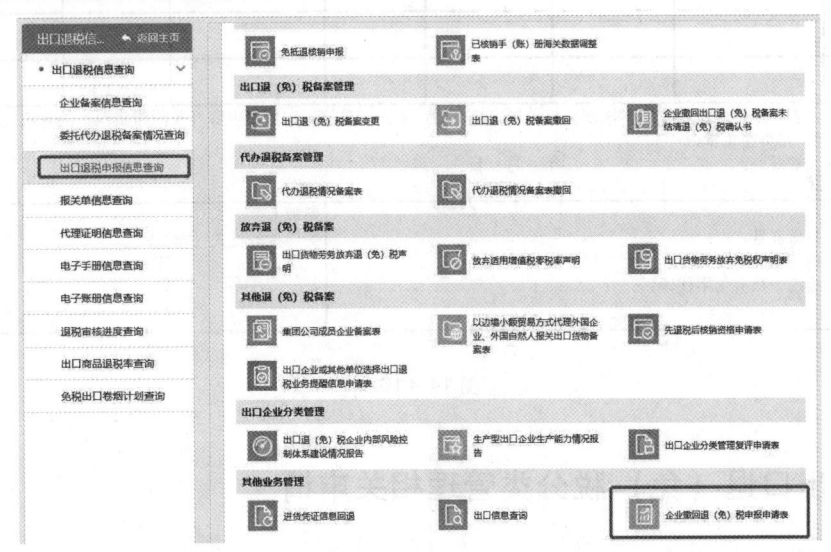

图 14-100

当数据申报成功后需要进行报表的打印，具体操作步骤为：打开"企业撤回申报申请表→数据申报"页面，勾选对应的申报数据，点击"打印报表下载"按钮，即可进入报表下载页面。在报表下载页面，勾选对应的报表，点击报表下载，即可下载报表的 EXCEL 文件或 PDF 文件用于存储或打印，如图 14-101 所示。

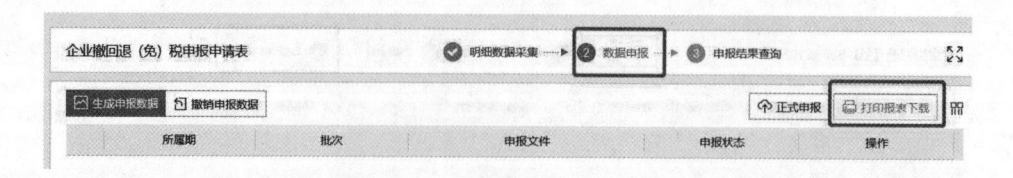

图 14-101

打印后的《企业撤回退（免）税申报申请表》，如图 14-102 所示。

企业撤回退（免）税申报申请表

纳税人识别号（统一社会信用代码）：　　申报年月：　年　月　　申报批次：

纳税人名称：

序号	申请撤回的原申报业务类型	申报撤回的原申报年月	申报撤回的原申报批次	撤回原因	原申报关联号/原申报序号	凭证种类	凭证号码
1	2	3	4	5	6	7	8

声明：此表是根据国家税收法律法规及相关规定填写的，本人（单位）对填报内容（及附带资料）的真实性、可靠性、完整性负责。

纳税人（签章）：　　　　　　年　月　日

经办人： 经办人身份证号： 代理机构签章： 代理机构统一社会信用代码：	受理人： 受理税务机关（章）： 受理日期：　　年　月　日

图 14-102

四、出口退（免）税分类管理相关申请

出口企业管理类别评定工作每年进行 1 次，税务机关应于企业纳税信用级别评定结果确定后 1 个月内完成。自评定工作完成的次月起，税务机关对出口企业按照不同管理类别实施相应的分类管理措施。

出口企业申请管理类别评定为一类时，应于企业纳税信用级别评定结果确定的当月，向税务机关报送《生产型出口企业生产能力情况报告》和《出口退（免）税企业内部风

险控制体系建设情况报告》。

(一) 一类企业评定申请

登录电子税务局，选择"我要办税→出口退税管理→出口企业分类管理"模块，点击"一类出口企业评定申请"后方的"在线申报"按钮，进入在线版申报系统，如图 14-103 所示。

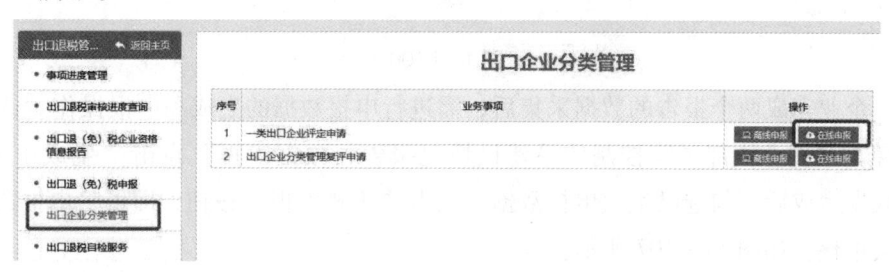

图 14-103

在出口企业分类管理操作界面，选择"明细数据采集"模块，点击"出口退（免）税企业内部风险控制体系建设情况报告"标签页进入数据采集页面，如图 14-104 所示。

图 14-104

在录入页面点击"新建"按钮，录入明细数据，如图 14-105 所示。

图 14-105

数据填写完成后进行保存，然后选择"生产型出口企业生产能力情况报告"标签页进入数据采集页面，点击"新建"按钮录入明细数据，如图14－106所示。

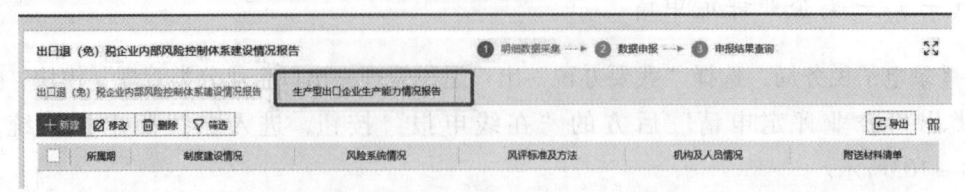

图14－106

生产企业完成两个报告的数据采集后，需进行申报数据的生成和申报操作。选择"出口退（免）税企业内部风险控制体系建设情况报告→数据申报"点击"生成申报数据"按钮，数据生成后，勾选已生成申报数据，点击"正式申报"按钮，即可将申报数据报送税务机关审核，如图14－107所示。

图14－107

数据报送税务机关机关审核后，可通过在线版申报系统查询税务机关的审核进度，选择"出口退（免）税企业内部风控体系建设情况报告→申报结果查询"，如图14－108所示。

图14－108

如果生产企业在一类企业评定申请生成后发现存在问题，可以在申报系统中对数据进行修改后重新生成申报数据。选择"出口退（免）税企业内部风控体系建设情况报告→数据申报"点击"撤销申报数据"按钮，首先进行撤销申报数据的操作，如图14－109所示。然后在"出口退（免）税企业内部风控体系建设情况报告→明细数据采集"中分别对"出口（免）税企业内部风险控制体系建设情况报告"和"生产型出口企业生产能力情况报告"的数据进行修改，数据修改完成后，重新生成申报数据。

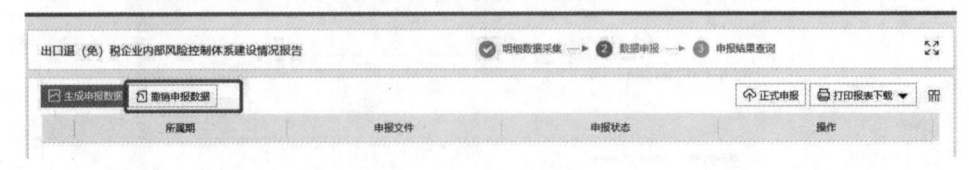

图14－109

| 中篇 出口退（免）税申报操作实务 |

正式申报的一类企业评定申请税务机关审核通过后，在线版申报系统可自动获取反馈信息，可通过电子税务局查询已申报数据。登录电子税务局后打开"我要查询→出口退税信息查询→出口退税申报信息查询→出口退（免）税企业内部风险控制体系建设情况报告/生产型出口企业生产能力情况报告"模块，可以查询税务机关审核通过的申报数据，如图14-110所示。

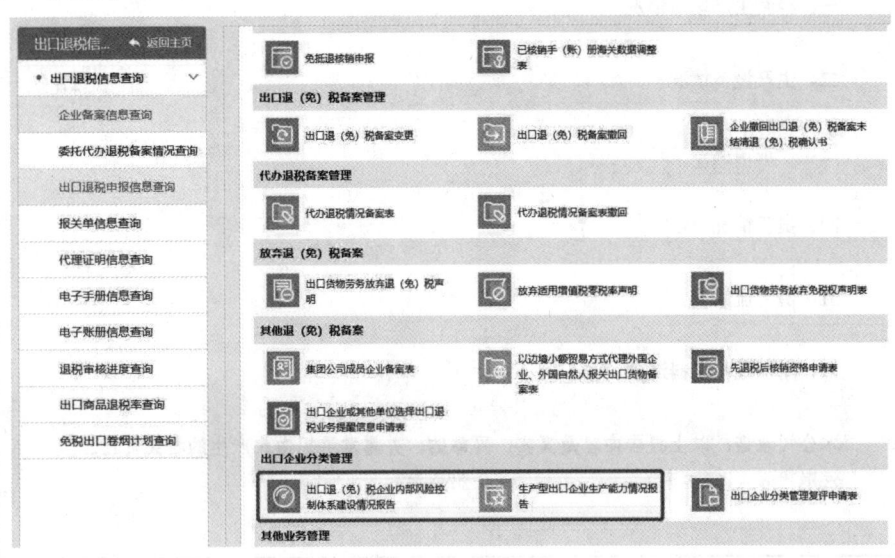

图 14-110

数据申报成功后即可进行报表的打印，具体操作步骤为：打开"出口退（免）税企业内部风险控制体系建设情况报告→数据申报"页面，勾选对应的申报数据，点击"打印报表下载"按钮，即可进入报表下载页面。在报表下载页面，勾选对应的报表，点击报表下载，即可下载报表的EXCEL文件或PDF文件用于存储或打印，如图14-111所示。

图 14-111

打印后的《生产型出口企业生产能力情况报告》及《出口退（免）税企业内部风险控制体系建设情况报告》，如图14-112、图14-113所示。

生产型出口企业生产能力情况报告

_____税务局：

按照《出口退（免）税企业分类管理办法》的规定，现将本企业（企业名称：_____，纳税人识别号/统一社会信用代码：_____，海关企业代码：_____）生产能力情况报告如下：

一、经营生产场所情况

二、生产设备情况

三、产能情况

四、员工情况

五、资金流情况

六、附送证明材料清单

本公司承诺：以上报告内容是真实、可靠的，并愿意承担由此产生的相关责任。

法定代表人：（签字）　　　　（企业公章）

　　　　　　　　　　　年　月　日

图 14-112

出口退（免）税企业内部风险控制体系建设情况报告

_____税务局：

按照《出口退（免）税企业分类管理办法》的规定，现将本企业（企业名称：_____，纳税人识别号/统一社会信用代码：_____，海关企业代码：_____）内部出口退（免）税风险控制体系建设情况报告如下：

一、制度建设情况

二、风险管理信息系统建设情况

三、风险自评标准及方法

四、专职机构设置及专职人员配备情况

五、附送证明材料清单

本公司承诺：以上报告内容是真实、可靠的，并愿意承担由此产生的相关责任。

法定代表人：（签字）　　　　（企业公章）

　　　　　　　　　　　年　月　日

图 14-113

(二) 出口企业分类管理复评

出口企业因纳税信用级别、海关企业信用管理类别、外汇管理的分类管理等级等发生变化，或者对分类管理类别评定结果有异议的，可以向负责评定出口企业管理类别的税务机关提出重新评定管理类别。

如出口企业希望通过复评申请成为一类企业，可先通过一类企业评定申请流程提交相关材料再启动复评流程；也可以先启动复评流程后再通过一类企业申请流程提交相关材料，但必须在税务机关复评流程的采集评定节点完成前提交一类企业评定申请的相关材料，如果没有按照规定提交，则无法评定为一类企业。

进行出口企业分类管理复评申请时，需要先登录电子税务局，选择"我要办税→出口退税管理→出口企业分类管理"模块，点击"出口企业分类管理复评申请"后方的"在线申报"按钮，进入在线版申报系统，如图14－114所示。

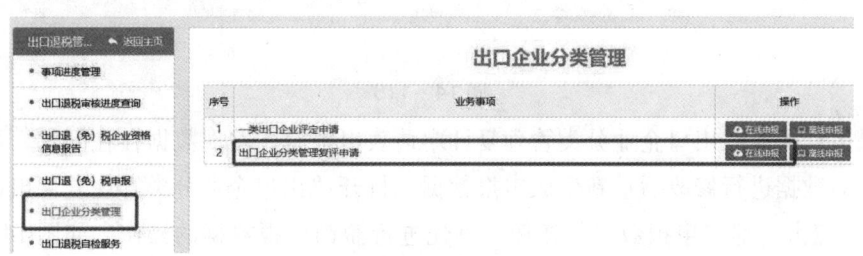

图14－114

选择"出口企业分类管理复评申请表→明细数据采集"进入数据的录入页面，如图14－115所示。

图14－115

在录入页面点击"新建"按钮录入明细数据，如图14－116所示。

图14－116

完成分类管理复评申请表的采集后,需要进行数据的生成,选择"出口企业分类管理复评申请表→数据申报"点击"生成申报数据"按钮,数据生成后,勾选生成的申报数据,点击"正式申报"按钮,数据即报送至税务机关审核,如图14-117所示。

图14-117

数据报送税务机关审核后,可通过在线版申报系统查询税务机关的审核进度,点击"出口企业分类管理复评申请表→申报结果查询",如图14-118所示。

图14-118

如果生产企业在出口企业分类管理复评申请表申报后,发现数据存在问题,可以在申报系统中对数据进行修改后重新生成申报数据。打开"出口企业分类管理复评申请表→数据申报",点击"撤销申报数据"按钮,首先进行撤销申报数据的操作,如图14-119所示。然后在"出口企业分类管理复评申请表→明细数据采集"中对数据进行修改,数据修改完成后,重新生成申报数据。

图14-119

正式申报的出口企业分类管理复评数据税务机关审核通过后,在线版申报系统可自动获取反馈信息,可通过电子税务局查询已申报数据。登录电子税务局后打开"我要查询→出口退税信息查询→出口退税申报信息查询→出口企业分类管理复评申请表"模块,可以查询税务机关审核通过的申报数据,如图14-120所示。

当数据申报成功后需要进行报表的打印,具体操作步骤为:打开"出口企业分类管理复评申请表→数据申报"页面,勾选对应的申报数据,点击"打印报表下载"按钮,即可进入报表下载页面。在报表下载页面,勾选对应的报表,点击报表下载,即可下载报表的EXCEL文件或PDF文件用于存储或打印,如图14-121所示。

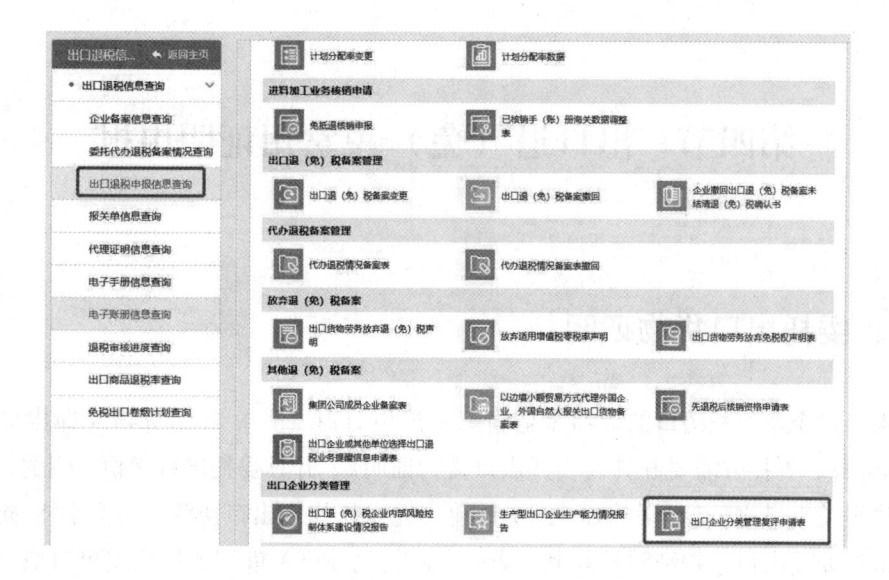

图 14 – 120

图 14 – 121

打印后的《出口企业分类管理复评申请》,如图 14 – 122 所示。

出口企业分类管理复评申请

统一社会信用代码/纳税人识别号			
海关代码			
纳税人名称			
主管税务机关			
经办人		经办人联系电话	
现分类管理类别		申请复评类别	
申请原因			
1.纳税信用级别有变化			
2.海关企业信用管理类别有变化			
3.外汇管理的分类管理等级有变化			
4.其它:			
经办人签章: 年　月　日		纳税人公章: 年　月　日	

经办人:　　　财务负责人:　　　法定代表人:　　　填表日期:

图 14 – 122

第四节 出口退（免）税常用证明申报

一、委托出口货物证明

如果出口企业委托出口的货物，是国家取消出口退（免）税的货物（即出口退税率为0的货物），委托方需要开具《委托出口货物证明》。开具委托出口货物证明的，委托方应自货物报关出口之日起至次年3月15日前，凭委托代理出口协议（复印件）向主管税务机关报送委托出口货物证明及其电子数据，主管税务机关审核委托代理出口协议后，在委托出口货物证明签章，受托方申请开具代理出口货物证明时，应提供规定的凭证资料及委托方主管税务机关签章的委托出口货物证明。

《委托出口货物证明》的申报办理流程如下：

登录电子税务局，选择"我要办税→证明开具→开具出口退（免）税证明"模块，点击"委托出口货物证明开具"后方的"在线申报"按钮，进入在线版申报系统，如图14-123所示。

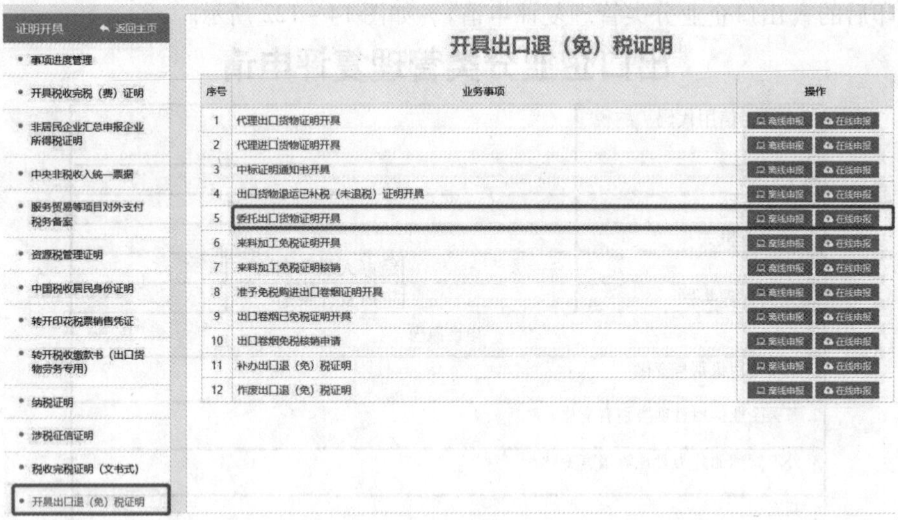

图14-123

选择"委托出口货物证明→明细数据采集"进入数据的录入页面，如图14-124所示。

图 14-124

在录入页面点击"新建"按钮录入明细数据,如图 14-125 所示。

图 14-125

【编号】:所属期+四位流水号,同一份凭证使用同一个编号。

【项号】:是税务机关打印在一张凭证项下的第几条记录,也可以理解为相同编号下的序号。

【出口报关单号】:填写 21 位海关编号,18 位海关编号+0+两位项号。

完成委托出口货物证明的采集后,需要进行数据的生成,选择"委托出口货物证明→证明申请"点击"生成申报数据"按钮,数据生成后,即可进行数据自检,勾选生成的申报数据点击"数据自检"按钮进行数据的预审核,当数据自检没有疑点或没有不可挑过疑点时,方可进行正式申报。再次勾选申报数据,点击"证明申请"按钮,进行数据的正式申报,如图 14-126 所示。

图 14-126

正式申报后,可通过在线版申报系统查询税务机关的审核进度,选择"委托出口货物证明→申报结果查询",在"审核情况"中可查询税务机关的审核进度,如图 14-127 所示。

283

图 14-127

如果生产企业在委托出口货物证明生成后，发现数据存在问题，可以在申报系统中对数据进行修改后重新生成申报数据。打开"委托出口货物证明→证明申请"，点击"撤销申报数据"按钮，首先进行撤销申报数据的操作，如图 14-128 所示。然后在"委托出口货物证明→明细数据采集"中对数据进行修改，数据修改完成后，重新生成申报数据。

图 14-128

正式申报的委托出口货物证明税务机关审核通过后，在线版申报系统可自动获取反馈信息，可通过电子税务局查询已申报数据。登录电子税务局后打开"我要查询→出口退税信息查询→出口退税申报信息查询→委托出口货物证明"模块，可以查询税务机关审核通过的申报数据，如图 14-129 所示。

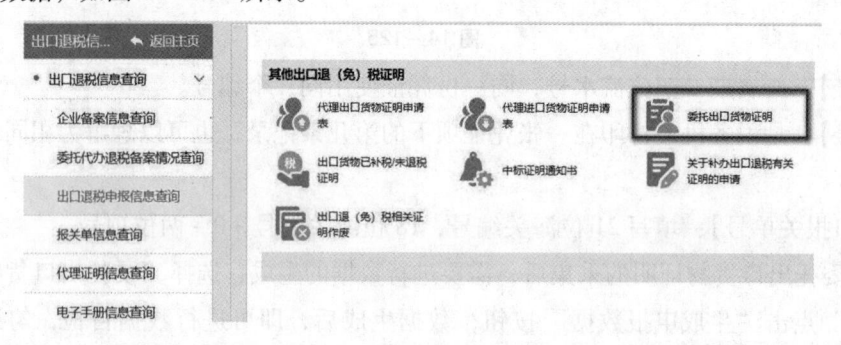

图 14-129

当数据申报成功后需要进行报表的打印，具体操作步骤为：打开"委托出口货物证明→证明申请"页面，勾选对应的申报数据，点击"打印报表下载"按钮，即可进入报表下载页面。在报表下载页面，勾选对应的报表，点击报表下载，即可下载报表的 EXCEL 文件或 PDF 文件用于存储或打印，如图 14-130 所示。

图 14-130

打印后的《委托出口货物证明》,如图 14-131 所示。

委托出口货物证明

税务局:

委托企业名称:			受托企业名称:				
委托纳税人识别号:			受托纳税人识别号:				
委托企业海关代码:			受托企业海关代码:				
序号	代理出口协议号	出口货物报关单号	出口商品代码	出口商品名称	出口额[元(至角分)]	
					币种	金额
出口企业							
上表所列出口业务为受托企业受我公司委托代理出口,需申请开具《代理出口货物证明》。兹声明以上申报无讹并愿意承担一切法律责任。 经办人: 财务负责人: 企业负责人: 填报日期: (公章)							
主管税务机关							
经办人: 复核人: 负责人: (公章) 年 月 日							

图 14-131

二、代理出口货物证明

代理出口业务主要是指出口企业与代理公司签订代理协议,以代理公司的名义报关出口并收汇。委托出口的货物,由代理公司(受托方)向所在地主管税务机关申请办理《代理出口货物证明》并及时转交给出口企业(委托方),由委托方办理出口退(免)税。

《代理出口货物证明》的申报办理流程如下:

登录电子税务局,选择"我要办税→证明开具→开具出口退(免)税证明"模块,点击"代理出口货物证明开具"后方的"在线申报"按钮,进入在线版申报系统中,如图 14-132 所示。

| 出口退（免）税常见业务申报实务与疑难速查 |

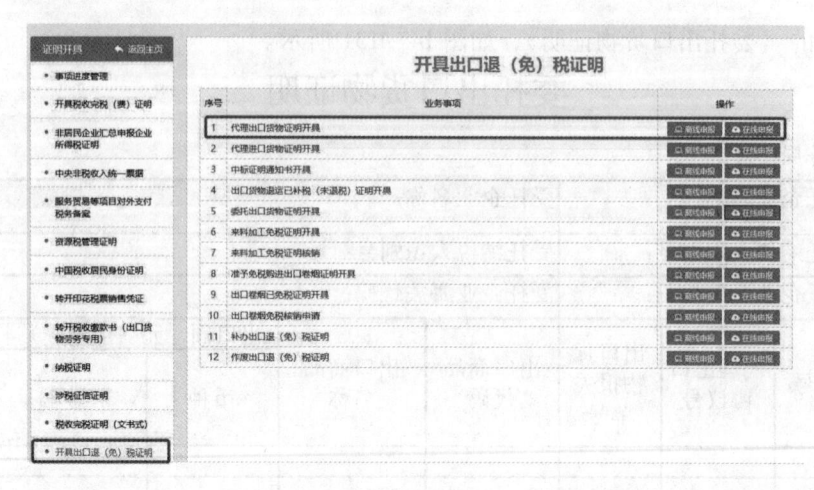

图 14 – 132

选择"代理出口货物证明申请表→明细数据采集"进入数据的录入页面，如图 14 – 133 所示。

图 14 – 133

在录入页面点击"新建"按钮录入明细数据，如图 14 – 134 所示。

图 14 – 134

【编号】：六位所属期 + 四位流水号组成。

【贸易方式】：填写该笔出口业务注明的贸易方式。

【出口商品代码】：填写报关单注明的出口商品代码。

【计量单位】：填写报关单中注明的法定计量单位。

【美元离岸价】：填写美元FOB价格，若以其他方式成交，需扣除运保费换算为FOB填写。

完成代理出口货物证明的采集后，需要进行数据的生成，选择"代理出口货物证明申请表→证明申请"点击"生成申报数据"按钮，数据生成后，即可进行数据自检，勾选生成的申报数据点击"数据自检"按钮进行数据的预审核，当数据自检没有疑点或没有不可挑过疑点时，方可进行正式申报，再次勾选申报数据，点击"证明申请"按钮，进行数据的正式申报，如图14－135所示。

图14－135

正式申报后，可通过在线版申报系统查询税务机关的审核进度，选择"代理出口货物证明申请表→申报结果查询"，在"审核情况"中可查询税务机关的审核进度，如图14－136所示。

图14－136

如果生产企业在"代理出口货物证明申请表"生成后发现数据存在问题，可以在申报系统中对数据进行修改后重新生成申报数据。打开"代理出口货物证明申请表→证明申请"点击"撤销申报数据"按钮，首先进行撤销申报数据的操作，如图14－137所示；然后在"代理出口货物证明申请表→明细数据采集"中对数据进行修改，数据修改完成后，重新生成申报数据。

图14－137

正式申报的代理出口货物证明申请表税务机关审核通过后，在线版申报系统可自动获取反馈信息，可通过电子税务局查询已申报数据。登录电子税务局后打开"我要查询→出口退税信息查询→出口退税申报信息查询→代理出口货物证明申请表"模块，可以查询税务机关审核通过的申报数据，如图14-138所示。

图14-138

当数据申报成功后需要进行报表的打印，具体操作步骤为：打开"代理出口货物证明申请表→退税申报"页面，勾选对应的申报数据，点击"打印报表下载"按钮，即可进入报表下载页面。在报表下载页面，勾选对应的报表，点击报表下载，即可下载报表的EXCEL文件或PDF文件用于存储或打印，如图14-139所示。

图14-139

打印后的《代理出口货物证明申请表》，如图14-140所示。

代理出口货物证明申请表

受托方纳税人识别号（统一社会信用代码）：
受托方纳税人名称：
金额单位：元（列至角分）

序号	编号	委托方纳税人名称	委托方统一社会信用代码/纳税人识别号	出口货物报关单号	贸易方式	出口商品代码	出口商品名称	计量单位	出口数量	成交币制	成交总价	美元离岸价	委托（代理）协议合同号	委托出口货物证明号码	备注
1	2	3	4	5	6	7	8	9	10	11	12	13	14	15	16
小计合计															

声明：此表是根据国家税收法律法规及相关规定填写的，本人（单位）对填报内容（及附带资料）的真实性、可靠性、完整性负责。

纳税人（签章）： 年 月 日

经办人：
经办人身份证号： 代理机构签章： 代理机构统一社会信用代码：

受理人：
受理税务机关（章）： 受理日期： 年 月 日

第 1 页 / 共 1 页

图14-140

三、代理进口货物证明

委托进口加工贸易料件,受托方应及时向主管税务机关申请开具《代理进口货物证明》,并及时转交委托方。

《代理进口货物证明》的申报办理流程如下:

登录电子税务局,选择"我要办税→证明开具→开具出口退(免)税证明"模块,点击"代理进口货物证明开具"后方的"在线申报"按钮,进入在线版申报系统,如图14-141所示。

图 14-141

选择"代理进口货物证明申请表→明细数据采集"进入数据的录入页面,如图14-142所示。

图 14-142

在录入页面点击"新建"按钮录入明细数据,如图14-143所示。

【编号】:六位所属期+四位流水号组成。

【进口报关单号】:填写21位进口报关单号码,18位的海关编号+0+两位项号。

【委托(代理)协议合同号】:企业签订代理合同的合同号码。

完成代理进口货物证明申请表的采集后,需要进行数据的生成,选择"代理进口货物证明申请表→证明申请"点击"生成申报数据"按钮,数据生成后,即可进行数据自检,

图 14-143

勾选生成的申报数据点击"数据自检"按钮进行数据的预审核，当数据自检没有疑点或没有不可挑过疑点时，方可进行正式申报，再次勾选申报数据，点击"证明申请"按钮，进行数据的正式申报，如图 14-144 所示。

图 14-144

正式申报后，可通过在线版申报系统查询税务机关的审核进度，选择"代理进口货物证明申请表→申报结果查询"，在"审核情况"中可查询税务机关的审核进度，如图 14-145 所示。

图 14-145

如果生产企业在代理进口货物证明申请表生成后发现数据存在问题，可以在申报系统中对数据进行修改后重新生成申报数据。打开"代理进口货物证明申请表→证明申请"点击"撤销申报数据"按钮，首先进行撤销申报数据的操作，如图 14-146 所示。然后在"代理进口货物证明申请表→明细数据采集"中对数据进行修改，数据修改完成后，重新生成申报数据。

图 14-146

正式申报的代理进口货物证明申请表税务机关审核通过后，在线版申报系统可自动获取反馈信息，可通过电子税务局查询已申报数据。登录电子税务局后打开"我要查询→出口退税信息查询→出口退税申报信息查询→代理进口货物证明申请表"模块，可以查询税务机关审核通过的申报数据，如图 14-147 所示。

图 14-147

当数据申报成功后需要进行报表的打印，具体操作步骤为：打开"代理进口货物证明申请表→退税申报"页面，勾选对应的申报数据，点击"打印报表下载"按钮，即可进入报表下载页面。在报表下载页面，勾选对应的报表，点击报表下载，即可下载报表的 EXCEL 文件或 PDF 文件用于存储或打印，如图 14-148 所示。

图 14-148

打印后的《代理进口货物证明申请表》，如图 14-149 所示。

代理进口货物证明申请表

纳税人名称：

纳税人识别号：

海关企业代码：

序号	编号	委托方纳税人名称	委托方纳税人识别号	委托方纳税人海关代码	进口货物报关单号	进料加工手册 手（账）册号	进料加工手册 加工单位名称	委托（代理）协议合同号	海关实征关税和消费税	备注
小计										
合计										

兹声明以上申报真实、可靠、完整，并愿意承担一切法律责任。

经办人： 　　　　　　　　财务负责人： 　　　　　　　　法定代表人：

图 14-149

四、出口货物已补税（未退税）证明

出口货物发生退运或者需要更改、撤销报关单的，出口企业应先向主管税务机关申请开具《出口货物已补税（未退税）证明申请》（之前称为《出口货物退运已补税（未退税）证明》），并携其到海关申请办理出口货物退运手续。

《出口货物已补税（未退税）证明申请表》的申报办理流程如下：

登录电子税务局，选择"我要办税→证明开具→开具出口退（免）税证明"模块，点击"出口货物退运已补税（未退税）证明开具"后方的"在线申报"按钮，进入在线版申报系统，如图 14-150 所示。

选择"出口货物已补税/未退税证明→明细数据采集"进入数据的录入页面，如图 14-151 所示。

图 14-150

图 14-151

在录入页面点击"新建"录入明细数据,如图 14-152 所示。

图 14-152

【税种】：V代表增值税，C代表消费税，根据实际业务选择。

【业务类型】：根据实际业务情况选择退运、修改报关单、撤销报关单。

【退运数量】：选择"退运"，填写退运数量，但不得大于报关单上注明的出口数量；选择"改单"或者"撤单"，默认为0。

【退（免）税状态】：分为尚未申报退（免）税、已办理退（免）税两种，根据实际情况选择。

【原退（免）税额】：业务类型选择"退运"，填写退运部分对应的退（免）税额；业务类型选择"改单"或"撤单"，填写报关单对应的全部退（免）税额。

【退（免）税额】：生产企业填写免抵退税额。

【业务处理方式】：生产企业选择"冲减"。

【缴款书号码】：选择"补税"，本栏次填写已补缴税款的缴款书号码。

【补缴税额】：选择"补税"，本栏次填写已补缴的税额。

完成出口货物已补税（未退税）证明申请表的采集后，需要进行数据的生成，选择"出口货物已补税（未退税）证明申请表→证明申请"点击"生成申报数据"按钮，数据生成后，即可进行数据自检，勾选生成的申报数据点击"数据自检"按钮进行数据的预审核，当数据自检没有疑点或没有不可挑过疑点时，方可进行正式申报，再次勾选申报数据，点击"证明申请"按钮，进行数据的正式申报，如图14-153所示。

图14-153

正式申报后，可通过在线版申报系统查询税务机关的审核进度，选择"出口货物已补税/未退运证明→申报结果查询"，在"审核情况"中可查询税务机关的审核进度，如图14-154所示。

图14-154

如果生产企业在出口货物已补税（未退税）证明申请表生成后发现数据存在问题，可以在申报系统中对数据进行修改后重新生成申报数据。打开"出口货物已补税（未退税）证明申请表→证明申请"点击"撤销申报数据"按钮，首先进行撤销申报数据的操作，如图14-155所示。然后在"出口货物已补税（未退税）证明申请表→明细数据采集"

中对数据进行修改，数据修改完成后，重新生成申报数据。

图 14-155

正式申报的出口货物已补税（未退税）证明税务机关审核通过后，在线版申报系统可自动获取反馈信息，可通过电子税务局查询已申报数据，登录电子税务局后打开"我要查询→出口退税信息查询→出口退税申报信息查询→出口货物已补税/未退税证明"模块，可以查询税务机关审核通过的申报数据，如图 14-156 所示。

图 14-156

当数据申报成功后需要进行报表的打印，具体操作步骤为：打开"出口货物已补税（未退税）证明申请表→证明申报"页面，勾选对应的申报数据，点击"打印报表下载"按钮，即可进入报表下载页面。在报表下载页面，勾选对应的报表，点击报表下载，即可下载报表的 EXCEL 文件或 PDF 文件用于存储或打印，如图 14-157 所示。

图 14-157

打印后的《出口货物已补税/未退税证明》，如图 14-158 所示。

出口货物已补税／未退税证明

申请编号：

纳税人识别号（统一社会信用代码）：
纳税人名称：　　　　　　　　　所属期：　　　　　　　　　金额单位：元（列至角分）

序号	口岸名称	出口货物报关单／代理出口货物证明号码	进货凭证号码	税种	业务类型	退（免）税状态	原退（免）税额	业务处理方式	退运数量	缴款书号码	补缴税额
1	2	3	4	5	6	7	8	9	10	11	12
小计											
合计											

声明：此表是根据国家税收法律法规及相关规定填写的，本人（单位）对填报内容（及附带资料）的真实性、可靠性、完整性负责。

纳税人（签章）：　　　　　年　月　日

经办人：
经办人身份证号：　　　　　　　　　　　受理人：
代理机构签章：
代理机构统一社会信用代码：

受理税务机关（章）：
受理日期：　年　月　日

以下由税务机关填写

办理情况：　　　　核实结果：未返税 □　已补税 □　　　　年　月　日（公章）

图 14-158

五、出口退（免）税相关证明作废

原出口退（免）税证明出现错误或其他情形需作废证明的，出口企业可持原出具的纸质证明全部联次，向原出具证明的税务机关申报办理证明作废。税务机关通过税务信息系统作废已出具证明的电子数据，并在原出具的纸质证明全部联次上加盖"已作废"戳记，同时传递已作废证明的电子信息。证明作废后，出口企业如需重新申请出具的，按照相关证明办理规定重新办理。

关于作废出口退税证明的申报办理流程如下：

登录电子税务局，选择"我要办税→证明开具→开具出口退（免）税证明"模块，点击"作废出口退（免）税证明"后方的"在线申报"按钮，进入在线版申报系统，如图 14-159 所示。

选择"出口退（免）税相关证明作废→明细数据采集"进入数据的录入页面，如图 14-160 所示。

在录入页面点击"新建"按钮录入明细申报数据，如图 14-161 所示。

| 中篇 出口退（免）税申报操作实务 |

图 14-159

图 14-160

图 14-161

【作废证明种类】：根据实际情况，在下拉菜单中选择，需要作废的为何种证明。

【原证明编号】：填写原证明的编号。

【原税务机关】：填写原证明开具的税务机关名称。

完成出口退（免）税相关证明作废的采集后，需要进行数据的生成，选择"出口退（免）税相关证明作废→证明申请"点击"生成申报数据"按钮，数据生成后，即可进行数据自检，勾选生成的申报数据点击"数据自检"按钮进行数据的预审核，当数据自检没有疑点或没有不可挑过疑点时，方可进行正式申报，再次勾选申报数据，点击"证明申

297

| 出口退（免）税常见业务申报实务与疑难速查 |

请"按钮，进行数据的正式申报，如图 14-162 所示。

图 14-162

正式申报后，可通过在线版申报系统查询税务机关的审核进度，选择"出口退（免）税相关证明作废→申报结果查询"，在"审核情况"中可查询税务机关的审核进度，如图 14-163 所示。

图 14-163

如果生产企业在出口退（免）税相关证明作废生成后发现存在问题，可以在申报系统中对数据进行修改后重新生成申报数据。打开"出口退（免）税相关证明作废→证明申请"点击"撤销申报数据"按钮，首先进行撤销申报数据的操作，如图 14-164 所示。然后在"出口退（免）税相关证明作废→明细数据采集"中对数据进行修改，数据修改完成后，重新生成申报数据。

图 14-164

正式申报的作废出口退（免）税相关证明税务机关审核通过后，在线版申报系统可自动获取反馈信息，可通过电子税务局查询已申报数据，登录电子税务局后打开"我要查询→出口退税信息查询→出口退税申报信息查询→出口退（免）税相关证明作废"模块，可以查询税务机关审核通过的申报数据，如图 14-165 所示。

图 14-165

298

| 中篇　出口退（免）税申报操作实务 |

当数据申报成功后需要进行报表的打印，具体操作步骤为：打开"出口退（免）税相关证明作废→证明申请"页面，勾选对应的申报数据，点击"打印报表下载"按钮，即可进入报表下载页面。在报表下载页面，勾选对应的报表，点击报表下载，即可下载报表的 EXCEL 文件或 PDF 文件用于存储或打印，图 14 – 166 所示。

图 14 –166

打印后的《出口退（免）税相关证明作废》，如图 14 – 167 所示。

出口退（免）税相关证明作废

社会信用代码/纳税人识别号：
纳税人名称：
　　　　税务局：
　　我单位需作废下表所列出口退（免）税证明，特申请作废。如因作废该证明导致多退税及相关法律责任，我单位愿接受税务机关处理。

　　　　　　　　　　　　　　　　　　　　　法定代表人（申明签章）：
　　　　　　　　　　　　　　　　　　　　　　　纳税人公章：
　　　　　　　　　　　　　　　　　　　　　　　年　　月　　日

序号	作废证明种类	作废证明编号	原证明开具税务机关

图 14 –167

299

第十五章
外贸企业使用离线版申报系统办理常用退税业务

本章主要介绍外贸企业如何使用离线版申报系统办理常用退税业务，包括外贸企业免退税申报、其他业务申报、证明申报和代办退税申报等。

第一节 免退税申报

外贸企业使用离线版申报系统进行免退税申报，需要通过"明细数据采集、生成申报数据、打印申报报表、申报数据自检、数据正式申报"五个环节完成。

一、免退税明细数据采集

（一）货物劳务明细申报数据采集

外贸企业货物劳务免退税申报，需要填写《外贸企业出口退税出口明细申报表》和《外贸企业出口退税进货明细申报表》。

明细数据采集中可以采用两种方式进行采集，分别为外部导入报关单数据和增值税专用发票数据；手工采集报关单数据和增值税专用发票数据。外部导入数据是指：直接将通过电子口岸下载的报关单数据和通过电子税务局下载的增值税专用发票数据，导入到离线版申报系统中，经过处理后生成免退税申报明细数据；手工采集是指：根据报关单和增值税专用发票的票面内容，在离线版申报系统手工录入免退税申报明细数据。

方法一：外部导入免退税明细申报数据

1. 外部导入报关单数据

（1）外贸企业在进行外部导入报关单数据操作前，需先在离线版申报系统中进行电子口岸卡信息配置。具体操作步骤为：登录离线版申报系统，打开"系统维护→系统配置→系统参数设置与修改"模块，选择"功能配置I"，如图15-1所示。

(2) 进行电子口岸卡信息的填写：填写电子口岸 IC 卡号码及密码（IC 卡号为电子口岸下载的报关单数据文件名的前 13 位），点击确认，如图 15-2 所示。

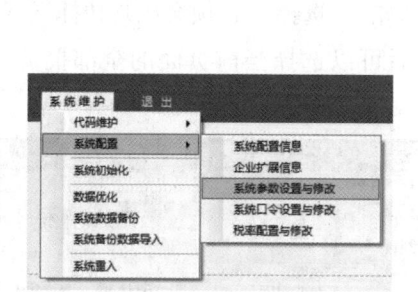

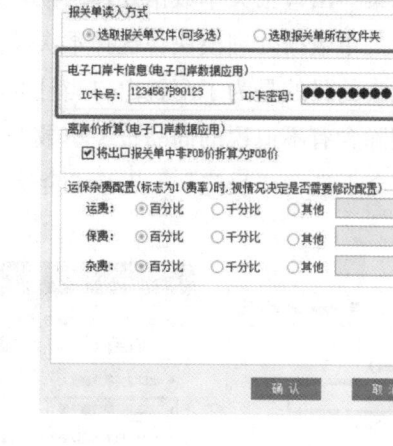

图 15-1　　　　　　　　　　　图 15-2

(3) 登录电子口岸下载报关单数据。登录中国电子口岸官方网站，在"电子口岸联网稽查→出口报关单查询下载"界面可以下载电子口岸的报关单数据，如图 15-3 所示。

图 15-3

(4) 将下载的报关单数据导入离线版申报系统中。在离线版申报系统，打开"退税申报向导第一步→外部数据采集→出口报关单数据读入"模块，可以将电子口岸下载的报关单数据导入申报系统中，如图 15-4、图 15-5 所示。

图 15-4　　　　　　　　　　　图 15-5

报关单数据导入时需要插入电子口岸卡,并提前在离线版申报系统中配置电子口岸卡号及密码,否则无法导入报关单数据。

(5) 进行出口报关单数据检查。在离线版申报系统中,打开"退税申报向导第一步→外部数据采集→出口报关单数据处理"模块,如图 15-6 所示。

在出口报关单数据处理模块,选择本次需要申报退税的报关单数据点击"数据检查"按钮,数据检查的目的是为了配置出口当月的汇率,同时还可以对报关单数据的征免性质进行判断,剔除含有不退税的商品报关单数据,单击"选择"选项会出现快捷选择键,即为"全选""全不选""反选",点击"全选"后可以选择当前页面的全部报关单数据,如图 15-7 所示。

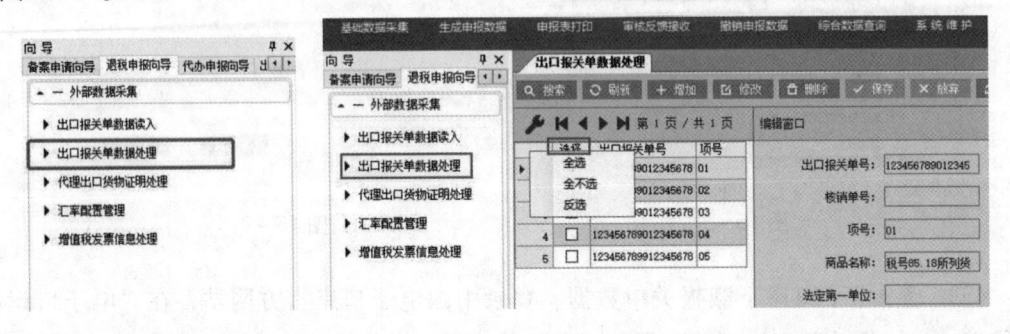

图 15-6

图 15-7

(6) 进行报关单数据确认。完成数据检查操作后,下一步需要通过"数据确认"功能将报关单数据匹配至出口明细申报表中,点击"退税申报向导第一步→外部数据采集→出口报关单数据处理"在出口报关单数据处理页面,点击"数据确认"按钮,输入申报年月及申报批次,并选择"关联业务表":如本次导入的报关单数据进行退税申报,关联业务表选择"01"即为出口明细申报表,关联业务表"02"对应代理出口货物证明表,编号"04"对应出口货物已补税/未退税证明表,编号"09"对应委托出口货物证明表。选择对应的关联业务表编号后点击确认,报关单数据将被匹配至对应的表单中,如图 15-8 所示。

图 15-8

点击"确定"按钮后需要填写出口发票号码，如图15-9。

图 15-9

点击"确认"按钮，系统会将数据确认到指定的申报明细表中，并显示确认结果，检查数据无误后关闭即可，如图15-10。

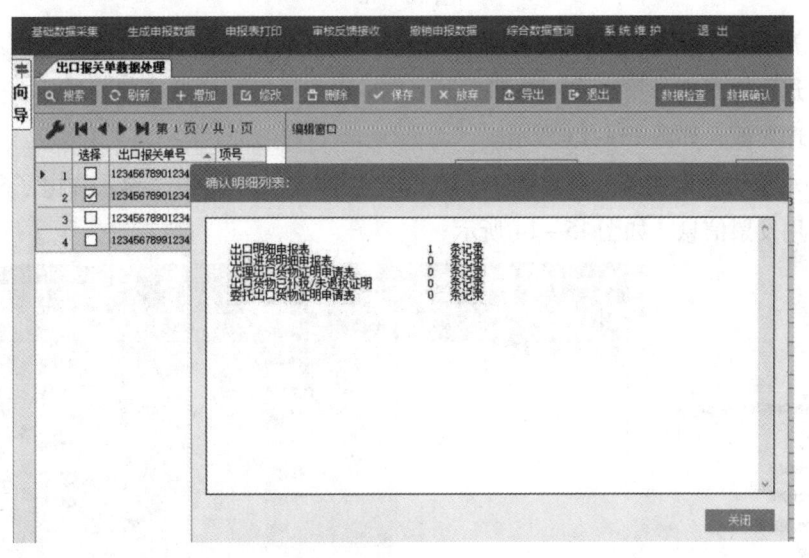

图 15-10

2. 外部导入增值税专用发票

（1）外贸企业登录电子税务局，选择"我要办税→出口退税管理→出口退（免）税申报"模块中的"出口货物劳务免退税申报"功能，点击"离线申报"按钮，进入免退税申报具体操作界面，如图15-11所示。

303

图 15-11

(2) 在免退税申报界面中,打开"增值税专用发票下载"模块,输入发票的开具日期起、止日期,点击"查询"按钮后,点击"申请"按钮即可下载增值税专用发票信息,如图 15-12 所示。

图 15-12

(3) 在离线版申报系统中完成下载的增值税专用发票信息导入工作。登录离线版申报系统,打开"退税申报向导第一步→外部数据采集→增值税发票信息处理"模块,进入增值税发票信息处理界面,如图 15-13 所示。

(4) 在增值税发票信息处理界面中,点击"数据读入"按钮,导入在电子税务局下载的增值税专用发票信息,如图 15-14 所示。

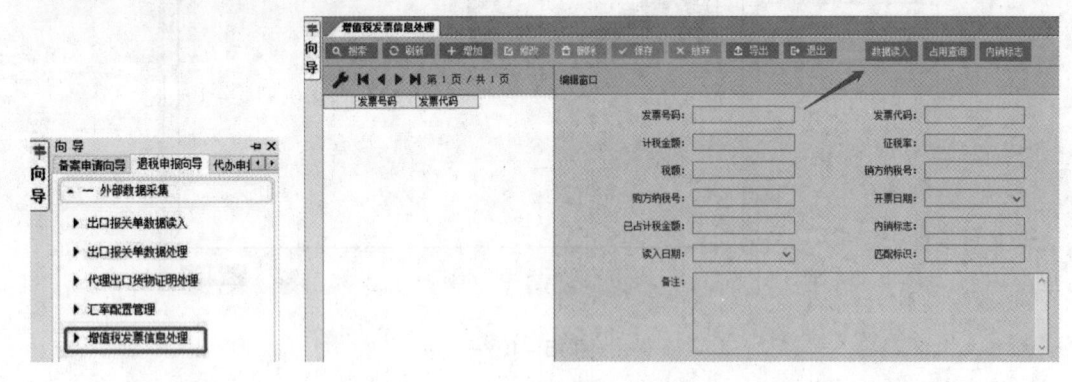

图 15-13   图 15-14

(5) 数据读入后,外贸企业打开"退税申报向导第二步→免退税明细数据采集→出口退税进货明细申报表"模块,进入进货明细申报表界面,只需录入发票号码,点击回车键后,该发票对应的发票代码、税额、供货方纳税人识别号、计税金额、开票日期等字段内容可由系统自动带出。

方法二：手工采集免退税明细数据

在报关单数量较少的情况下，可以选择通过手工采集的方式，根据纸质报关单内容，直接在出口退税出口明细申报表中录入明细数据。操作步骤为：登录离线版申报系统，打开"退税申报向导第二步→免退税明细数据采集→出口退税出口明细申报表"模块，如图15-15所示。

在"出口退税出口明细申报表"界面中点击"增加"录入相关的出口明细数据，如图15-16所示。

图15-15　　　　　　　　　图15-16

【申报年月】：本年度出口的按申报期年月填写，以前年度出口的按出口所在年的12月填写。

【申报批次】：按申报年月的第几次申报填写。

【申报序号】：8位流水号，序号是对该所属期下申报数据的默认排序，默认起始序号为00000001，依序排列。例如当期免退税申报明细数据共有10条，在明细录入时序号默认从00000001排到00000010。

【关联号】：是进货和出口数据关联的标志。按"申报年月（6位数字）+申报批次（3位数字）+关联号流水号（1-8位数字）"的规则进行填写；每21位出口货物报关单号作为一个关联号编写单位。代理出口货物证明编写规则同出口货物报关单。

【报关单号】：参考纸质报关单填写。出口报关单右上角会有18位的海关编号，出口退税申报系统中要求录入21位，即18位的海关编号+0+两位项号。报关单号第19位始终为"0"；20、21两位项号要根据报关单中出口货物明细列表最左侧的两位"项号"数字进行录入。例如，一张报关单有3项出口商品，则在免退税申报明细录入过程中需要录入三条数据：第一条数据出口报关单号为18位海关编号+0+01，第二条数据出口报关单号为18位海关编号+0+02，第三条数据出口报关单号为18位海关编号+0+03，以此类推。

【代理证明号】：代理出口证明号与出口报关单号根据实际情况选填一个即可，自营出口填写出口报关单号，委托出口填写代理出口证明号。代理出口证明号录入规则为20位，填写18位代理出口货物证明号码+两位项号。

【出口发票号码】：根据出口发票填写发票号码。开具多张出口发票的，若发票号码连续的，第一张发票可录入完整的8位号码，然后用/符号分割，第二张发票只录入后两位号码。

【出口日期】：按照出口报关单上出口日期进行填写。

【商品代码】：按照出口报关单中的"商品代码"进行填写。

【商品名称】：录入商品代码后，商品名称由系统自动带出。

【出口数量】：按照出口报关单显示的出口商品数量进行填写。出口报关单中的出口商品有多个计量单位的，应填写申报系统所带出计量单位对应的出口数量。

【美元离岸价】：按出口报关单的美元FOB价格填写，若成交方式不是FOB，含有运费及保费，需要扣除换算为FOB价格填写；若以非美元价格成交的需折算成美元价格。

外贸企业出口明细数据采集完成后，需要采集进货明细。在离线版申报系统中，打开"退税申报向导第二步→免退税明细数据采集→出口退税进货明细申报表"模块，如图15-17所示。

在出口退税进货明细申报表中点击"增加"按钮，录入明细数据，如图15-18所示。

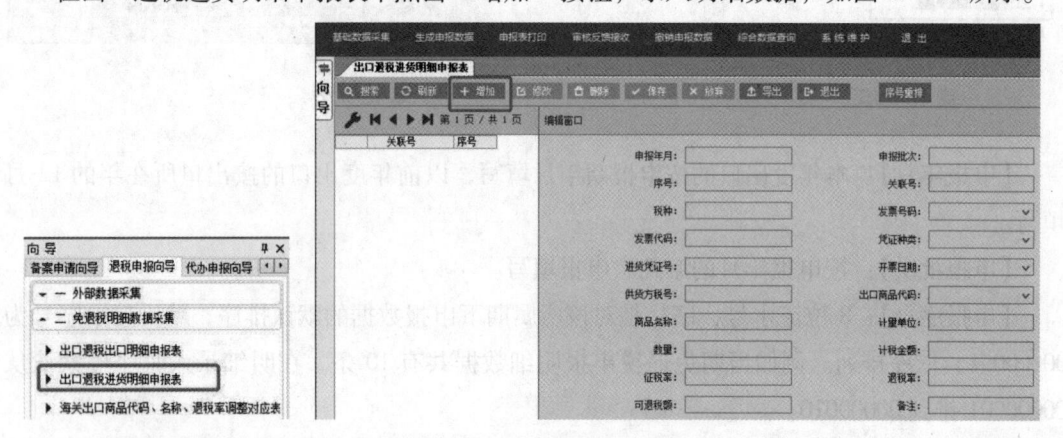

图15-17　　　　　图15-18

【关联号】：是进货和出口数据关联的标志。按"申报年月（6位数字）+申报批次（3位数字）+关联号流水号（1-8位数字）"的规则进行填写；每21位出口货物报关单号作为一个关联号编写单位。代理出口货物证明编写规则同出口货物报关单。

【税种】：消费税填写C，增值税填写V。

【发票号码】：已经完成增值税发票信息外部导入的，填写增值税专用发票右上角8位发票号码；手工录入进货明细时，无须填写发票号码，直接录入进货凭证号。

【发票代码】：已经完成增值税发票信息外部导入的，填写增值税专用发票左上角10位发票代码；手工录入进货明细时，无须填写发票代码，直接录入进货凭证号。

【进货凭证号】：按申报的进货凭证号码如实填写，如进货凭证为增值税专用发票，填写10位发票代码+8位发票号码。

【开票日期】：按进货凭证的开具日期填写。

【计税金额】：按进货凭证本次申报的计税金额或完税价格分项填写；如果进货凭证上多项货物或应税劳务对应的出口货物报关单上同一项商品，可填写计税金额或完税价格总和。

【征税率】：按进货凭证上的征税率据实填写。若为增值税，则按百分比的格式填写进货凭证上的税率；若为消费税从价定率方式征税的，按百分比的格式填写法定税率；若为消费税从量定额方式征税的，填写法定税额。

【可退税额】：由系统自动计算，税种为增值税的，按计税金额×退税率计算；税种为消费税时，从价定率方式征税的按计税金额×退税率计算，从量定额征税的按数量×退税率计算。

注意事项：退消费税时，若出口货物为从价定率方式征税的，征税率为系统根据商品代码库中的消费税征税率自动带出；若出口货物为从量定额方式征税的，征税率应根据货物实际缴纳的消费税税额填写；若为从量从价复合的计税的商品，需要在退税率文库中核实该商品的从量定额及从价定率，然后在进货明细中分别录入两条进货明细数据，第一条按从价定率填写，第二条按从量定额填写。

关联号编写规则及出口明细、进货明细关联关系介绍

关联号编写规则

由六位申报年月+三位申报批次+一至八位流水号组成。

报关单发票匹配规则

出口明细中：每21位报关单号应作为一个关联号编写单位，不同的报关单或同一报关单上项号不同的出口货物不得使用同一个关联号；进货明细中：一个关联号下仍然可以存在多税种、多张进货凭证的情形。

示例1：一个报关单号的出口商品对应一张进货凭证时的录入

此情形较为简单，先在出口明细中根据关联号编写规则录入关联号，例如：202101001000000001，出口明细录入完成后录入进货明细，与出口明细数据对应的进货明细在录入时应使用与出口明细相同的关联号，即为202101001000000001。

示例2：一个报关单号的出口商品对应多张进货凭证时的录入

此情形先在出口明细中录入关联号，例如202101001000000001，然后录入进货明细，在进货明细中一个关联号下可以存在多张进货凭证的情形，因此与出口明细中报关单对应的所有进货凭证都应使用与出口明细相同的关联号，即为202101001000000001。

示例3：多个报关单号的出口商品对应一张进货凭证时的录入

出口明细要求每21位报关单号作为一个关联号的编写单位，因此如果一宗进货的商品

分两批出口，即有两张报关单申报退税，出口明细中应录入两个关联号，例如20210100100000001、20210100100000002。对应的进货凭证在进货明细中也需要对应出口明细的关联号录入两条，录入时增值税发票的商品数量和计税金额要按照不同批次出口商品的数量比例进行拆分。

业务描述	情形	出口明细填写示意	进货明细填写示意
国内采购货物 A 10 个，取得增值税专用发票 1 张；一次性报关出口。	一个报关单号的出口商品对应一张进货凭证	20210100100000001 商品 A 10 个	20210100100000001 商品 A 10 个
国内一批采购货物 A 4 个，二批采购货物 A 6 个，共取得增值税专用发票 2 张；一次性报关出口。	一个报关单号的出口商品对应多张进货凭证	20210100100000001 商品 A 10 个	20210100100000001 商品 A 4 个（发票1） 20210100100000001 商品 A 6 个（发票2）
国内采购货物 A 10 个，取得增值税专用发票 1 张；分两批报关出口，一批出口货物 A 3 个，二批出口货物 A 7 个。	多个报关单号的出口商品对应一张进货凭证	20210100100000001 商品 A 3 个（报关单1） 20210100100000002 商品 A 7 个（报关单2）	20210100100000001 商品 A 3 个 20210100100000002 商品 A 7 个

（二）零税率服务明细申报数据采集

增值税一般纳税人提供适用增值税零税率的应税服务，实行增值税退（免）税办法。外贸企业外购服务或者无形资产出口实行免退税办法，免退税申报需要录入《跨境应税行为免退税申报明细表》。

操作步骤为：登录离线版申报系统，打开"退税申报向导第二步→免退税明细数据采集→跨境应税行为免退税申报明细表"模块，如图15-19所示。

图 15-19

在"跨境应税行为免退税申报明细表"录入界面，点击"增加"按钮录入数据，如图15-20所示。

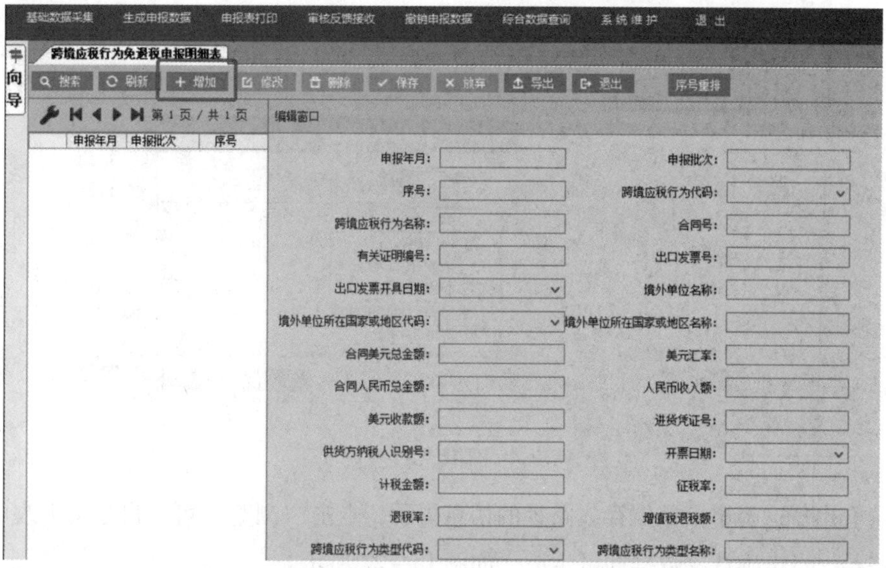

图15-20

【跨境应税行为代码】：按出口退税率文库中的对应编码填写，如9902000000（对外研发服务）。

【合同号】：填写与境外单位签订的提供跨境应税行为的合同编号。

【出口发票号】：填写销项发票的发票号码。

【出口日期】：填写出口发票的开票日期。

【境外单位名称】：填写签订跨境应税行为合同的境外单位名称。

【进货凭证号】：如果是增值税专用发票，填写18位进货凭证号，即为10位发票代码＋8位发票号码。

【计税金额】：按进货凭证本次申报退税的计税金额填写。

【征税率】：按进货凭证上的征税率据实填写。

二、生成退（免）税申报数据

外贸企业在完成明细数据采集后，使用离线版申报系统生成退（免）税申报数据。离线版申报系统已经取消了《外贸企业出口退（免）税汇总申报表》数据采集的操作，明细数据采集完成后可以直接生成用于报送税务机关的出口退（免）税申报数据。

操作步骤为：登录离线版申报系统，打开"退税申报向导第三步→生成出口退（免）税申报→生成出口退（免）税申报数据"模块中的"退（免）税申报"功能，填写所属期和批次后，进行申报数据生成的操作，如图15-21所示。

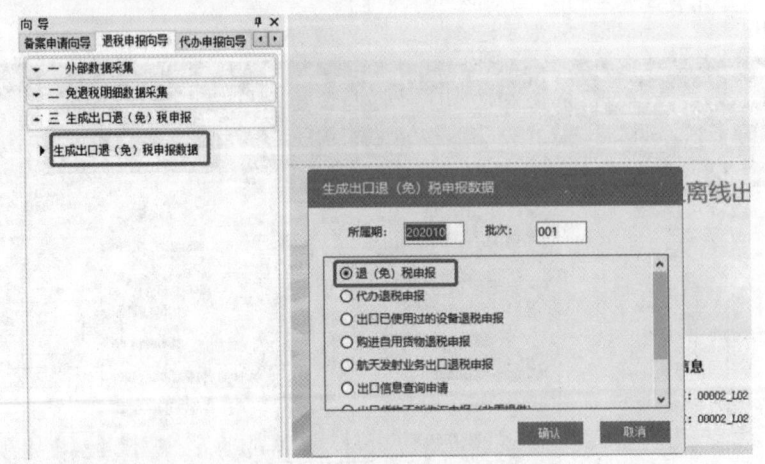

图15-21

系统会出现选择申报数据存放路径的信息提示，点击"浏览"可以自定义更改申报数据的存放路径，点击确认，数据即可生成，如图15-22所示。

数据生成成功后会有"提示信息"框，企业可以查看申报数据的存放路径，申报数据是以企业海关代码+申报年月+wmsb命名的XML文件，如图15-23所示。

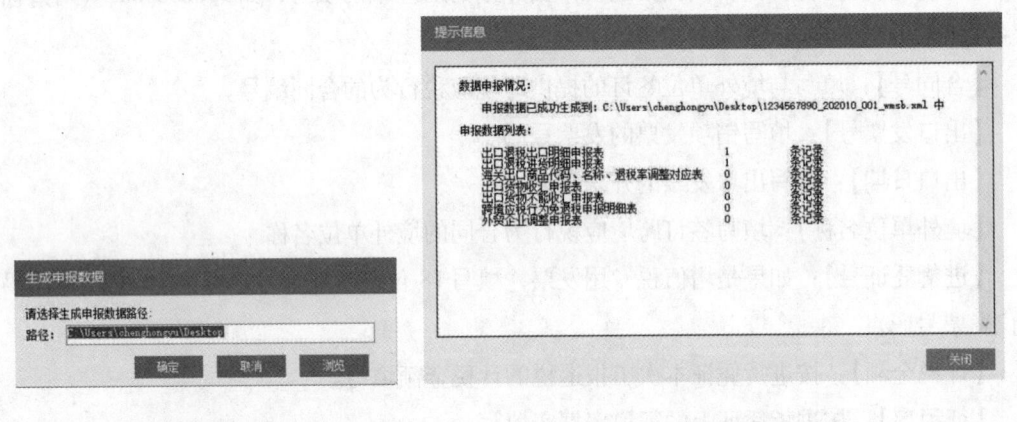

图15-22

图15-23

三、打印免退税申报表

外贸企业在完成申报数据的生成后，需要对"出口退税出口明细申报表""出口退税进货明细申报表"两个报表进行打印。操作步骤为：登录离线版申报系统，打开"退税申报向导第四步→打印出口退（免）税报表→免退税申报表"模块，输入需要打印的所属期，选中"出口退税出口明细申报表"或"出口退税进货明细申报表"打印即可，如图15-24所示。（如申报增值税零税率服务免退税，需打印《跨境应税行为免退税申报明细表》，操作步骤为：打开"退税申报向导第四步→打印出口退（免）税报表→免退税申报表"模块，输入需要打印的所属期，选中"跨境应税行为免退税申报明细表"，打印即可。）

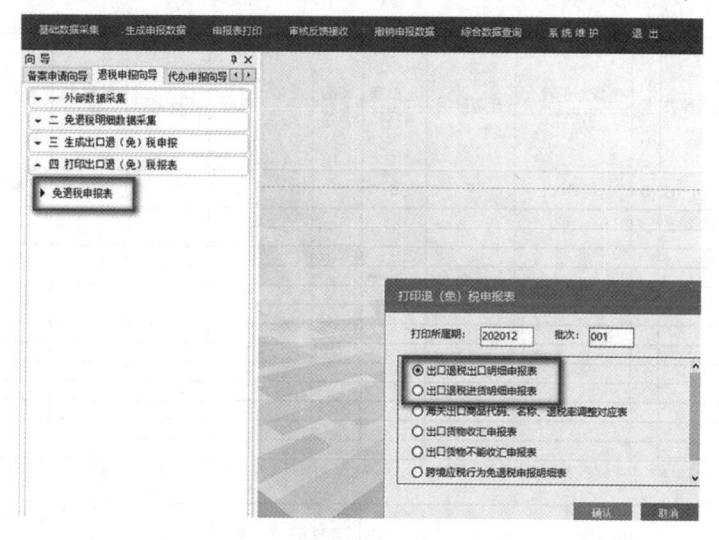

图15-24

打印后的《外贸企业出口退税出口明细申报表》《外贸企业出口退税进货明细申报表》《跨境应税行为免退税申报明细表》，如图15-25、图15-26、图15-27所示。

外贸企业出口退税出口明细申报表

纳税人识别号（统一社会信用代码）：　　　　　　　申报年月：　年　月　　　　申报批次：
纳税人名称：
申报退税额：
　其中：增值税　　　　　　　　　　消费税　　　　　　　　　　　　　　　金额单位：元（列至角分）

序号	关联号	出口发票号	出口货物报关单号	代理出口货物证明号	出口日期	出口商品代码	出口商品名称	计量单位	出口数量	美元离岸价	申报商品代码	退（免）税业务类型	备注
1	2	3	4	5	6	7	8	9	10	11	12	13	14
小计合计													

　　声明：此表是根据国家税收法律法规及相关规定填写的，本人（单位）对填报内容（及附带资料）的真实性、可靠性、完整性负责。
　　　　　　　　　　　　　　　　　　　　　　　　　纳税人（签章）：　　　　　　　年　月　日

经办人：　　　　　　　　　　　　　　受理人：
经办人身份证号：　　　　　　　　　　受理税务机关（章）：
代理机构签章：　　　　　　　　　　　受理日期：　年　月　日
代理机构统一社会信用代码：

第1页/共1页

图15-25

外贸企业出口退税进货明细申报表

纳税人识别号（统一社会信用代码）： 申报年月： 年 月 申报批次：
纳税人名称：
申报退税额：
其中：增值税 消费税 0.00 金额单位：元（列至角分）

序号	关联号	税种	凭证种类	进货凭证号	供货方纳税人识别号	开票日期	出口商品代码	商品名称	计量单位	数量	计税金额	征税率（%）	退税率（%）	可退税额	备注
1	2	3	4	5	6	7	8	9	10	11	12	13	14	15	16
小计															
合计															

声明：此表是根据国家税收法律法规及相关规定填写的，本人（单位）对填报内容（及附带资料）的真实性、可靠性、完整性负责。
纳税人（签章）： 年 月 日

经办人： 受理人：
经办人身份证号： 受理税务机关（章）：
代理机构签章： 受理日期： 年 月 日
代理机构统一社会信用代码：

第 1 页 / 共 1 页

图 15-26

跨境应税行为免退税申报明细表

纳税人识别号（统一社会信用代码）： 申报年月： 申报批次：
纳税人名称：
申报增值税退税额合计： 金额单位：元（列至角分）

序号	跨境应税行为名称	跨境应税行为代码	合同号	有关证明编号	出口发票号码	出口发票开具日期	境外单位名称	境外单位所在国家或地区	合同总金额 折美元	合同总金额 折人民币	已确认跨境应税行为营业收入人民币金额	实际收款金额（美元）	进货凭证号	供货方纳税人识别号	开票日期	计税金额	征税税率	退税率	申报增值税退税额	跨境应税行为类型	备注
1	2	3	4	5	6	7	8	9	10	11	12	13	14	15	16	17	18	19	20	21	22

声明：此表是根据国家税收法律法规及相关规定填写的，本人（单位）对填报内容（及附带资料）的真实性、可靠性、完整性负责。
纳税人

经办人： 受理人：
经办人身份证号： 受理税务机关（章）：
代理机构签章： 受理日期： 年 月 日
代理机构统一社会信用代码：

第 1 页 / 共

图 15-27

四、通过电子税务局进行数据自检与申报

外贸企业在离线版申报系统生成出口退（免）税申报数据后，可以通过电子税务局对生成的退（免）税申报数据进行自检和正式申报。

（一）数据自检

登录电子税务局，选择"我要办税→出口退税管理"模块，在"出口退税管理"操作界面中选择"出口退（免）税申报"模块中的"出口货物劳务免退税申报"功能，点击"离线申报"进入免退税申报的具体操作界面，如图15-28所示。

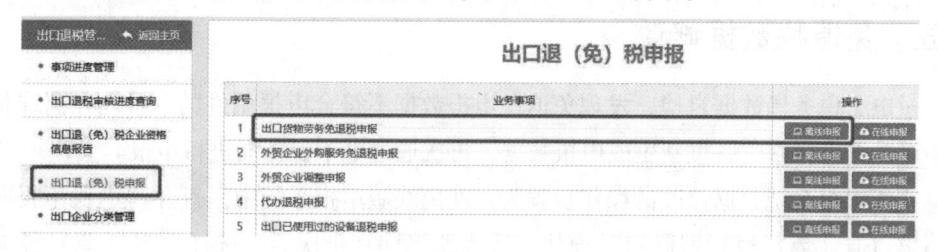

图15-28

在免退税申报操作界面，选择"数据自检"模块，点击"上传"，选择离线版申报系统事先生成的免退税申报数据，点击"开始上传"按钮进行上传。申报数据上传成功后，电子税务局自动进行数据自检。当反馈状态显示已完成，说明数据自检处理成功。"自检情况"状态处会有三个数字，第一个数字代表所有疑点的数量；第二个数字代表允许挑过疑点的数量；第三个数字代表不允许挑过疑点的数量。点击对应的疑点数字可以查看具体的疑点信息。经过数据自检，对于符合申报条件的免退税申报数据（没有疑点或者没有不可挑过疑点），可以直接点击"确认申报"完成数据的正式申报。如图15-29所示。

图15-29

（二）正式申报

申报数据完成确认申报后，系统会跳转到"出口退（免）税申报→正式申报"界面，

在正式申报操作页面"审核状态"中可以查看税务机关的审核进度，若正式申报被税务机关作废，可在"操作"项下查询作废数据的原因，如图 15-30 所示。

图 15-30

五、免退税数据修改

经过电子税务局数据自检，发现免退税申报数据不符合申报条件的，可以在离线版申报系统中对数据进行修改后重新生成申报数据，再次通过电子税务局进行申报。

离线版申报系统数据修改的操作步骤为：在离线版申报系统中，打开"退税申报向导第六步→出口退（免）税数据撤销"模块，输入所属期和批次后，选择"退（免）税申报"，并点击确定，首先进行撤销申报数据的操作，如图 15-31 所示。然后在"退税申报向导第二步→免退税明细数据采集→出口退税出口明细申报表"和"退税申报向导第二步→免退税明细数据采集→出口退税进货明细申报表"模块，选择需要修改的数据表单，在数据采集界面点击"修改"按钮后对申报数据进行修改。数据修改完成后，重新生成申报数据。（如申报增值税零税率服务免退税，修改数据通过"退税申报向导第六步→出口退（免）税数据撤销"模块，输入所属期和批次后，选择"退（免）税申报"首先进行撤销申报数据的操作，然后在"退税申报向导第二步→免退税明细数据采集→跨境应税行为免退税申报明细表"模块，选择需要修改的数据表单，在数据采集界面点击"修改"按钮后对申报数据进行修改。）

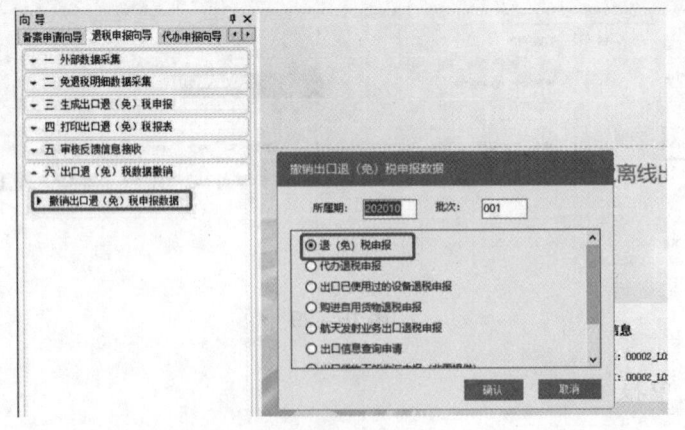

图 15-31

六、下载税务机关反馈信息

税务机关审核通过后，外贸企业需通过电子税务局下载审核结果反馈信息，用以读入离线版申报系统后更新已申报数据的审核状态。

反馈信息的下载的操作步骤：登录电子税务局，选择"我要办税→出口退税管理"模块，在"出口退税管理"操作界面中选择"出口退（免）税申报"模块中的"出口货物劳务免退税申报"功能，点击"离线申报"进入免退税申报的具体操作界面，选择"审核结果反馈"模块。

在"审核结果反馈"操作界面，申请类型选择"按年月"，输入需要下载反馈数据的所属期，点击"查询"按钮后再点击"申请"按钮，当状态显示"读取完成"时，说明反馈信息准备完毕，此时点击"下载"按钮即可将反馈信息下载到本地电脑备用，如图15-32所示。

图15-32

七、读入税务机关反馈信息

登录离线版申报系统，打开"审核反馈接收→读入税务机关反馈信息"模块，将之前在电子税务局下载的税务机关审核结果反馈信息读入系统中，如图15-33所示。

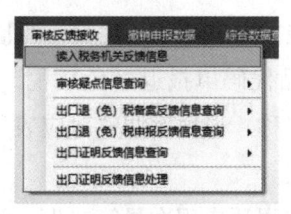

图15-33

反馈信息读入成功后，可在"退税申报向导第七步→出口退（免）税数据查询→已申报出口退税出口明细申报表"和"退税申报向导第七步→出口退（免）税数据查询→已申报出口退税进货明细申报表"中查询申报数据的审核结果（如申报增值税零税率服务免退税可通过"退税申报向导第七步→出口退（免）税数据查询→已申报跨境应税行为免退税申报明细表"中查询申报数据的审核结果），数据审核标志处显示"R"代表审核通过，如图15-34所示。

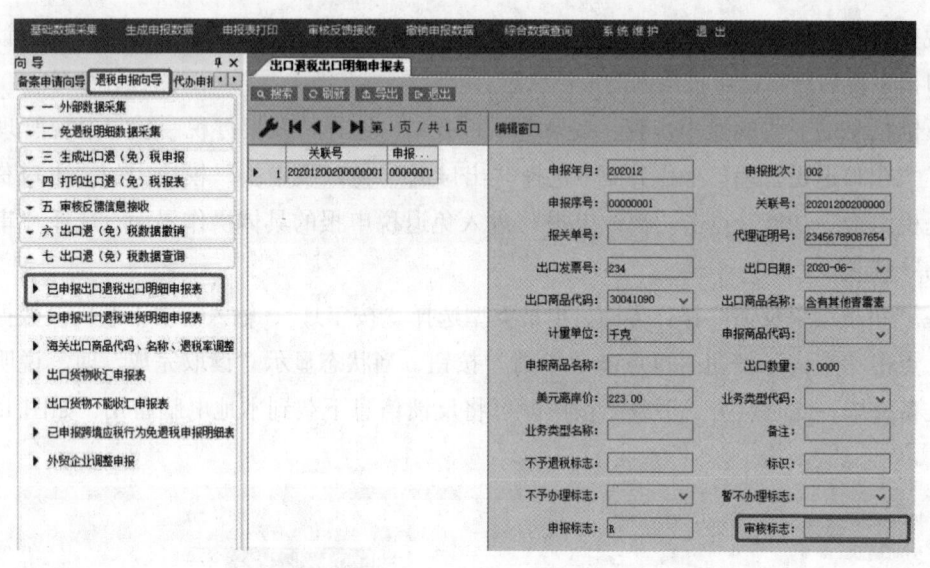

图15-34

八、其他资料表单申报

《海关出口商品代码、名称、退税率调整对应表》和《外贸企业调整申报表》非必要时无须提供，只有当存在具体适用情形时才需录入此类表单，并与退（免）税申报数据生成在一个申报文件中，无须单独生成申报文件。

（一）海关出口商品代码、名称、退税率调整对应表

若外贸企业的免退税申报中，存在出口货物报关单上的申报日期和出口日期期间，因海关调整商品代码，导致出口货物报关单上的商品代码与调整后的商品代码不一致的情况，应按照出口货物报关单上列明的商品代码申报退（免）税，在免退税申报明细数据采集的同时，录入《海关出口商品代码、名称、退税率调整对应表》，与其他免退税申报表数据一并生成免退税申报数据报送税务机关。

登录离线版申报系统，选择"退税申报向导第二步→免退税明细数据采集→海关出口商品代码、名称、退税率调整对应表"模块，点击进入录入界面，如15-35所示。

| 中篇　出口退（免）税申报操作实务 |

图 15-35

在录入界面点击"增加"按钮录入明细数据，如图 15-36 所示。

图 15-36

【所属期】：4 位年份 +2 位月份，与出口明细表中的所属期保持一致

【序号】：填写 8 位流水号，默认 00000001 起始，与出口明细中的序号无关，此栏目仅代表海关商品代码调整对应表的序号。

【出口报关单号/代理证明号】：自营出口填写 21 位出口报关单号，委托出口填写 20 位代理出口货物证明号。

【报关单上的申报日期】：填写出口货物报关单注明的申报日期。

【出口日期】：填写出口货物报关单注明的出口日期。

【调整前商品代码】：填写报关单中的商品代码。

【调整后商品代码】：填写调整后的商品代码。

注意事项：调整前商品代码与调整后商品代码如果前八位相同，且征退税率相同，无须录入海关商品码调整对应表，可直接在出口明细申报明中录入使用。

打印后的《海关出口商品代码、名称、退税率调整对应表》，如图 15-37 所示。

海关出口商品代码、名称、退税率调整对应表

企业海关代码：
纳税人名称：
纳税人识别号：　　　　　　　　　　　　　　　　　　申请日期：

序号	出口报关单号	报关单上的申报日期	出口日期	调整前（报关单上列明的）			调整后			备注
				商品代码	商品名称	退税率	商品代码	商品名称	退税率	

兹声明以上申报无讹并愿意承担一切法律责任。

经办人：　　　　　　　财务负责人：　　　　　　　法定代表人：
　　　　　　　　　　　　　　　　　　　　　　　　（公章）

图 15-37

（二）外贸企业调整申报表

外贸企业调整申报，主要适用于已经正式申报的数据进行冲减申报的情形。目前需要通过《外贸企业调整申报表》调整的业务有出口货物劳务免退税申报、外贸企业外购服务免退税申报、横琴平潭业务免退税申报，其他业务需要调整申报的，使用负数申报进行冲减。需要注意调整申报表，税务机关审核后，会将表中注明关联号的所有正式申报数据冲减，如只是需要部分冲减，可在税务机关审核调整申报表后，重新申报其余数据。

登录离线版申报系统，选择"退税申报向导第二步→免退税明细数据采集→外贸企业调整申报表"模块，点击进入录入界面，如图 15-38 所示。

在外贸企业调整申报表中点击"增加"按钮，录入明细数据，如图 15-39 所示。

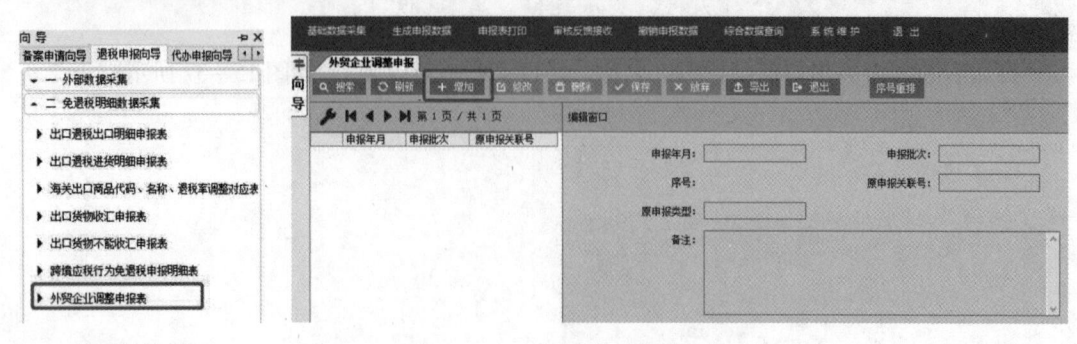

图 15-38　　　　　　　　　　　　　　　　　图 15-39

【申报年月】：按申报期年月填写，对跨年度的按上年12月份填写。
【申报批次】：所属年月的第几个批次。
【序号】：本次申报数据的物理顺序，从00000001默认排序到最后。
【原申报关联号】：按照调整对象的原申报类型填写。

外贸企业调整申报表保存完成后，会与其他免退税明细申报数据一并生成免退税申报数据报送税务机关。

第二节 其他业务申报

一、出口信息查询申请

出口企业日常免退税申报过程中，如发现出口报关单、进货凭证等用于申报退（免）税的凭证长时间（一般超过三个月）没有电子信息或电子信息内容与实际不符的，可填报《出口信息查询申请表》报送主管税务机关，由主管税务机关协助解决电子信息的相关问题。

登录离线版申报系统，打开"其他申报向导第一步→其他申报数据采集→出口信息查询申请表"模块，如图15-40所示。

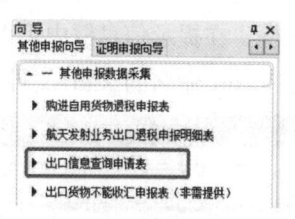

图15-40

在出口信息查询申请表中点击"增加"按钮录入申报数据，如图15-41所示。

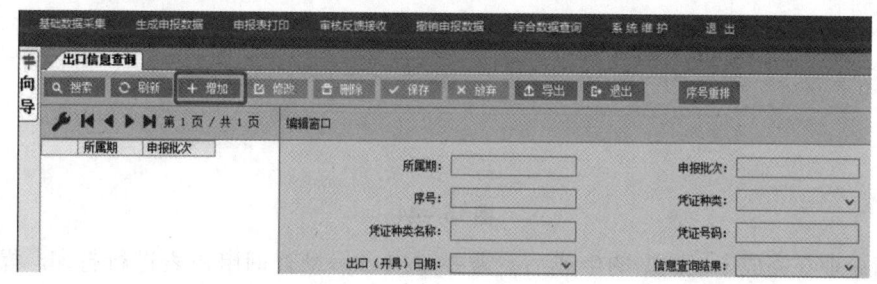

图15-41

【凭证种类】：01代表出口报关单，02代表增值税专用发票。其他凭证可以打开下拉菜单自行选择。

【凭证号码】：如查询出口报关单填写21位的出口报关单号，查询增值税发票填写18位

出口退（免）税常见业务申报实务与疑难速查

进货凭证号，10位发票代码+8位发票号码。

【出口（开具）日期】：填写出口报关单的出口日期与增值税发票的开具日期。

数据填写完成后进行数据的保存，并生成申报数据。出口企业选择"其他申报向导第二步→生成其他业务申报→生成出口退（免）税申报数据"模块，在弹出的对话框中选择出口信息查询申请，填写所属期和批次后，点击确认即可，如图15-42所示。

在生成信息提示框中，点击"浏览"按钮可以更改申报数据的存放路径。确定存放路径后点击确定即可生成数据，如图15-43所示。

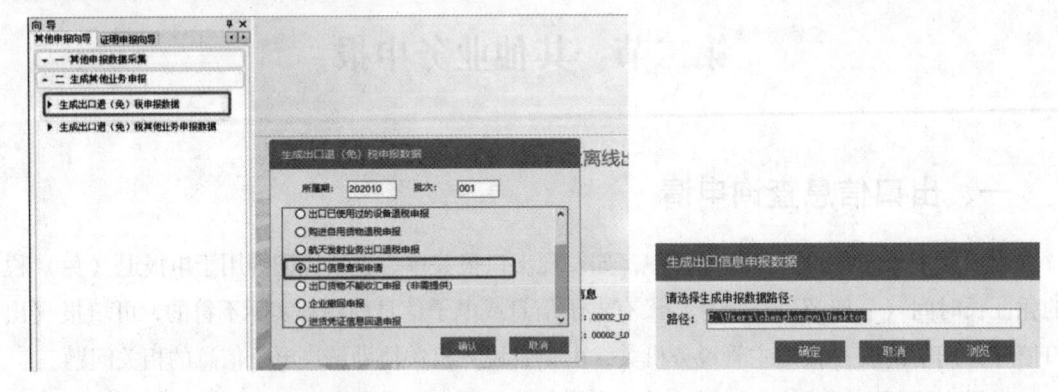

图15-42   图15-43

数据生成成功后会有提示信息框，在提示信息框中可以查看申报数据的存放路径，申报数据是以企业海关代码+申报年月+xxcx命名的XML文件，关闭即可，如图15-44所示。

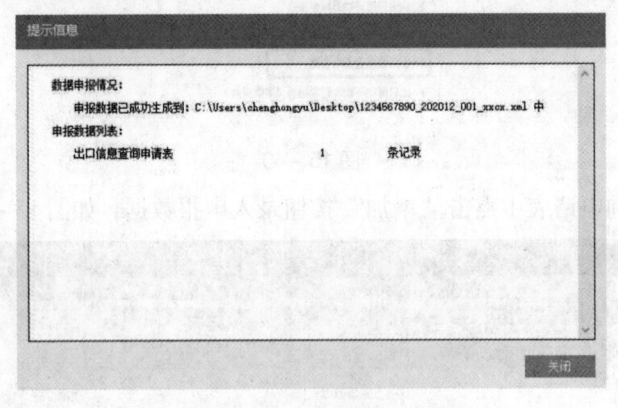

图15-44

出口企业在完成申报数据的生成后，需要对出口信息查询申请表进行打印。操作步骤为：在离线版申报系统，打开"其他申报向导第三步→打印其他申报报表→出口信息查询申请表"模块，输入需要打印的所属期，进行打印，如图15-45所示。

图 15-45

打印后的《出口信息查询申请表》，如图 15-46 所示。

出口信息查询

纳税人名称：
统一社会信用代码/纳税人识别号：

序号	凭证种类	凭证号码	出口（开具）日期	备注

本申请表是根据国家税收法律法规及相关规定填写的，我确定它是真实的、完整的。 申请人： 年　　月　　日（公章）	主管税务机关受理情况： 年　　月　　日（公章）

图 15-46

出口企业完成上述步骤后，即可通过电子税务局进行出口信息查询数据的申报。登录电子税务局，选择"我要办税→出口退税管理"模块，在"出口退税管理"操作界面中选择"出口退（免）税申报"模块中的"出口信息查询申请"功能，点击"离线申报"按钮进入其他业务申报的具体操作界面，如图 15-47 所示。

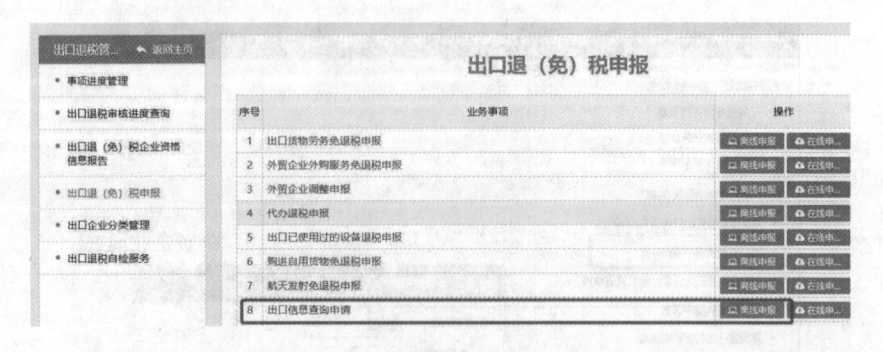

图 15-47

在其他信息申报操作界面中,选择"出口退免税其他业务管理→出口退(免)税凭证电子信息申报→正式申报"模块,点击"上传"按钮,根据存放路径选择离线版申报系统事先生成的申报数据进行上传,如图 15-48 所示。

图 15-48

如果出口企业发现数据存在问题,可以在离线版申报系统中对数据进行修改后重新生成申报数据,再次通过电子税务局进行申报。离线版申报系统数据修改的操作步骤为:在离线版申报系统中,打开"其他业务向导第五步→其他申报数据撤销→撤销出口退(免)税申报数据"模块中的"出口信息查询申请"功能,首先进行撤销申报数据的操作,如图 15-49 所示;然后在"其他申报向导第一步→其他申报数据采集→出口信息查询申请表"模块进行数据的修改,数据修改完成后,重新生成申报数据。

图 15-49

| 中篇 出口退（免）税申报操作实务 |

通过电子税务局完成数据申报后，税务机关进行审核，审核完成后，企业需下载税务反馈信息。登录电子税务局，选择"我要办税→出口退税管理"模块，在"出口退税管理"操作界面中选择"出口退（免）税申报"模块中的"出口信息查询申请"功能，点击"离线申报"进入其他业务管理的具体操作界面，选择"出口退（免）税凭证电子信息查询→审核结果反馈"模块，输入需要下载反馈数据的所属期，点击"查询"按钮后再点击"申请"按钮，当状态显示"读取完成"时，说明反馈信息准备完毕，此时点击"下载"按钮，即可将反馈信息下载到本地电脑备用，如图15-50所示。

图 15-50

反馈信息下载完成后，需要将反馈信息读入到离线版申报系统中。登录离线版申报系统，打开"其他申报向导第四步→审核反馈信息接收→读入税务机关反馈信息"模块，读入事先通过电子税务局获取的审核反馈信息，如图15-51所示。

反馈信息读入完成后，在离线版申报系统中通过"其他申报向导第六步→其他申报数据查询→出口信息查询"模块，可以查询已经读入的反馈数据，反馈数据带有审核标志"R"的说明正式申报审核通过，如图15-52所示。

图 15-51

图 15-52

二、企业撤回申报申请表

企业撤回申报申请适用于两种业务场景，一是针对已经申报到税务机关的数据，企业自愿放弃退税，需要报送《企业撤回申报申请表》；二是针对税务机关已经接受申报的数据，在税务机关开具收入退还书前，企业发现有错误需要修改，也需要报送《企业撤回申报申请表》，税务机关受理此表后，将数据作废由企业修改后重新申报。

登录离线版申报系统，打开"其他申报向导第一步→其他申报数据采集→企业撤回申报申请表"模块，如图15-53所示。

在企业撤回申报申请表中点击"增加"按钮录入数据，如图15-54所示。

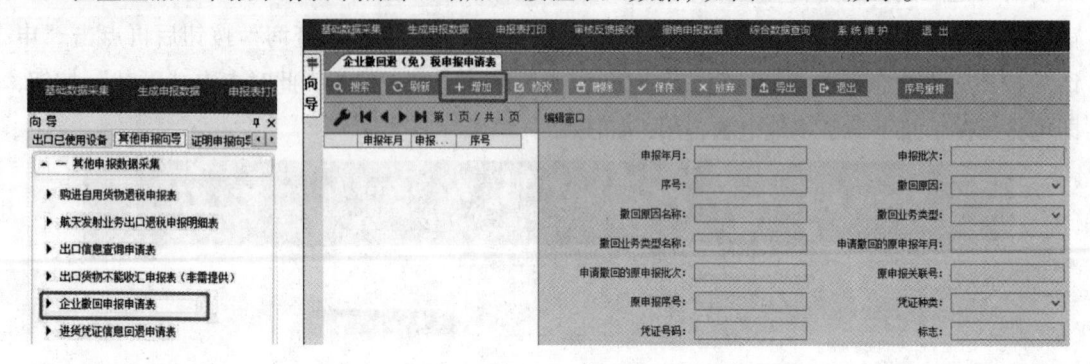

图15-53　　　　　　　　　　　　　图15-54

【撤回原因】：分为1.申报错误申请撤回、2.自愿放弃申请撤回两种。撤回原因选择2自愿放弃的，还需要录入原申报关联号/原申报序号、凭证种类、凭证号码。

【撤回业务类型】：按照撤回申报的对象的原申报类型填写。

数据填写完成后进行数据的保存，下一步生成申报数据。在离线版申报系统中，选择"其他申报向导第二步→生成其他业务申报→生成退（免）税申报数据"模块，在弹出的对话框中选择企业撤回申报，填写所属期后，点击确认即可，如图15-55所示。

图15-55

数据生成成功后会有提示信息框，在提示信息框中可以查看申报数据的存放路径，申报数据是以企业海关代码+申报年月+chsbsj命名的XML文件，如图15-56所示。

324

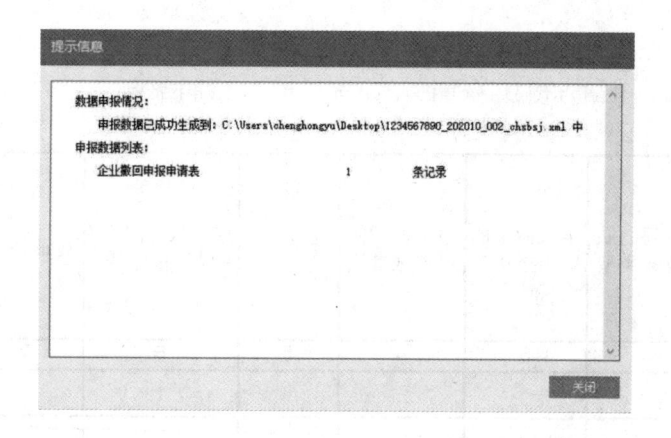

图15-56

出口企业在完成申报数据的生成后,需要对《企业撤回退(免)税申报申请表》进行打印。操作步骤为:在离线版申报系统,打开"其他申报向导第三步→打印其他申报报表→企业撤回退(免)税申报申请表",输入需要打印的所属期和批次,进行打印,如图15-57所示。

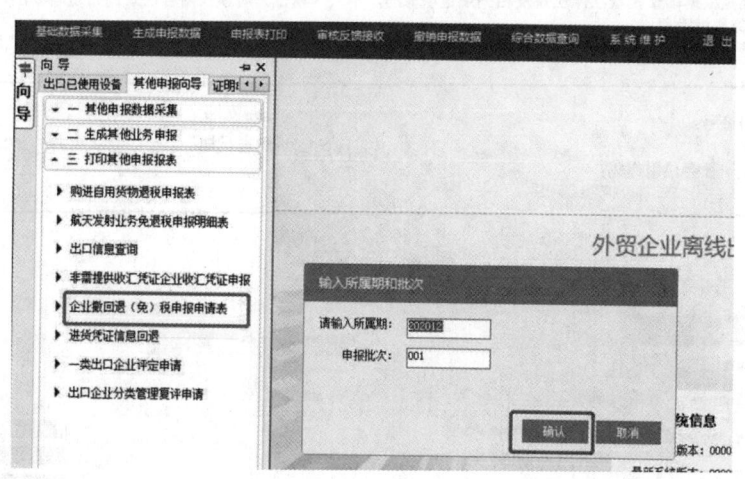

图15-57

打印后的《企业撤回退(免)税申报申请表》,如图15-58所示。

出口企业完成上述步骤后,即可通过电子税务局进行撤回退(免)税的申报。登录电子税务局,选择"我要办税→出口退税管理"模块,在"出口退税管理"操作界面中选择"企业撤回申报数据申请"功能,点击"离线申报",进入退税申报的具体操作界面,如图15-59所示。

| 出口退（免）税常见业务申报实务与疑难速查 |

企业撤回退（免）税申报申请表

纳税人识别号（统一社会信用代码）：　　申报年月：　年　月　　申报批次：
纳税人名称：

序号	申请撤回的原申报业务类型	申报撤回的原申报年月	申报撤回的原申报批次	撤回原因	原申报关联号/原申报序号	凭证种类	凭证号码
1	2	3	4	5	6	7	8

声明：此表是根据国家税收法律法规及相关规定填写的，本人（单位）对填报内容（及附带资料）的真实性、可靠性、完整性负责。

纳税人（签章）：　　　　　　年　月　日

经办人：　　　　　　　　　　　　　　　　　受理人：
经办人身份证号：　　　　　　　　　　　　　受理税务机关（章）：
代理机构签章：　　　　　　　　　　　　　　受理日期：　　年　月　日
代理机构统一社会信用代码：

图 15-58

图 15-59

在撤回申报操作界面中，选择"申报退税→出口退（免）税其他业务管理→企业撤回申报数据"模块，点击"上传"按钮，根据存放路径选择离线版申报系统事先生成的申报数据进行上传，通过"审核状态"模块可以查询税务机关的审核进度，如图 15-60 所示。

326

图 15-60

如果出口企业发现数据存在问题,可以在离线版申报系统中对数据进行修改后重新生成申报数据,再次通过电子税务局进行申报。离线版申报系统数据修改的操作步骤为:在离线版申报系统中,打开"其他申报向导第五步→其他申报数据撤销→撤销出口退(免)税申报数据"模块中的"企业撤回申报"功能,首先进行撤销申报数据的操作,如图 15-61 所示。然后在"其他申报向导第一步→其他申报数据采集→企业撤回申报申请表"模块进行数据的修改,数据修改完成后,重新生成申报数据。

图 15-61

三、出口退(免)税分类管理相关申请

出口企业管理类别评定工作每年进行 1 次,税务机关应于企业纳税信用级别评定结果确定后 1 个月内完成。自评定工作完成的次月起,税务机关对出口企业按照不同管理类别实施相应的分类管理措施。

出口企业申请管理类别评定为一类时,应于企业纳税信用级别评定结果确定的当月,向税务机关报送《出口退(免)税企业内部风险控制体系建设情况报告》。

(一) 一类企业评定申请

登录离线版申报系统,打开"其他申报向导第一步→其他申报数据采集→出口企业内部风控体系建设情况报告"模块录入数据,点击增加按钮录入数据,如图15-62所示。

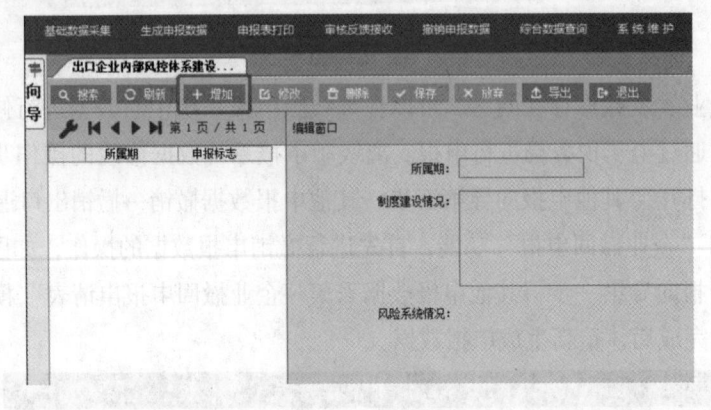

图15-62

数据填写完成后进行数据的保存,下一步生成申报数据。在离线版申报系统中,选择"其他申报向导第二步→生成其他业务申报→生成出口退(免)税申报数据"模块,在弹出的对话框中选择一类企业评定申请,填写所属期后,点击确认即可,如图15-63所示。

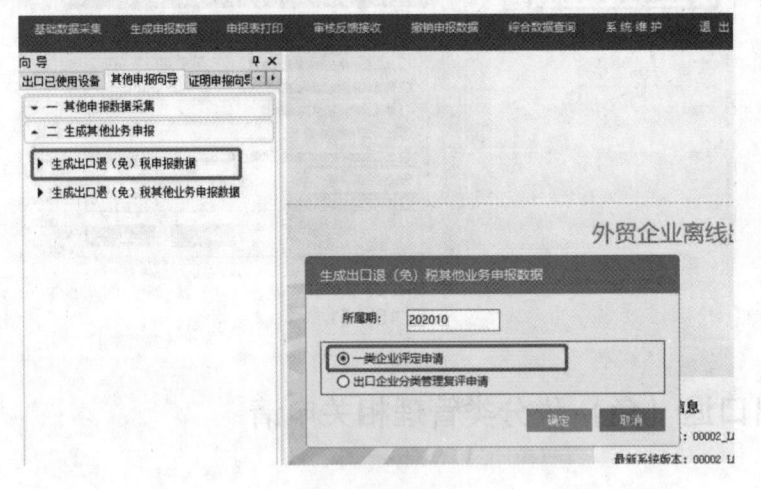

图15-63

在生成信息提示框中,点击"浏览"按钮可以更改申报数据的存放路径。选定存放路径后,即可生成申报数据,如图15-64所示。

图 15 -64

数据生成成功后会有提示信息框,在提示信息框中可以查看申报数据的存放路径,申报数据是以企业海关代码 + 申报年月 + qkbg 命名的 XML 文件,如图 15 -65 所示。

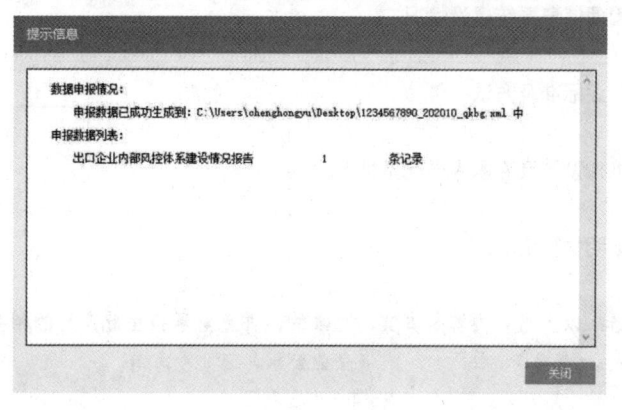

图 15 -65

出口企业在完成申报数据的生成后,需要对一类企业评定申请的报表进行打印。操作步骤为:在离线版申报系统,打开"其他业务申报第三步→打印其他申报报表→一类出口企业评定申请"模块,选择"出口企业内部风控体系建设情况报告",输入需要打印的所属期,进行打印,如图 15 -66 所示。

图 15 -66

打印后的《出口退(免)税企业内部风险控制体系建设情况报告》,如图 15 -67 所示。

出口退（免）税企业内部风险控制体系建设情况报告

_____税务局：

按照《出口退（免）税企业分类管理办法》的规定，现将本企业（企业名称：_____，纳税人识别号/统一社会信用代码：_____，海关企业代码：_____）内部出口退（免）税风险控制体系建设情况报告如下：

一、制度建设情况

二、风险管理信息系统建设情况

三、风险自评标准及方法

四、专职机构设置及专职人员配备情况

五、附送证明材料清单

本公司承诺：以上报告内容是真实、可靠的，并愿意承担由此产生的相关责任。

法定代表人：（签字）　　　　　（企业公章）

　　　　　　　　　　　　　　　年　　月　　日

图 15-67

出口企业完成上述步骤后，即可通过电子税务局进行一类企业评定申请的申报。登录电子税务局，选择"我要办税→出口退税管理"模块，在"出口退税管理"操作界面中选择"出口企业分类管理"模块中的"一类出口企业评定申请"功能，点击"离线申报"按钮进入出口企业分类管理的具体操作界面，如图 15-68 所示。

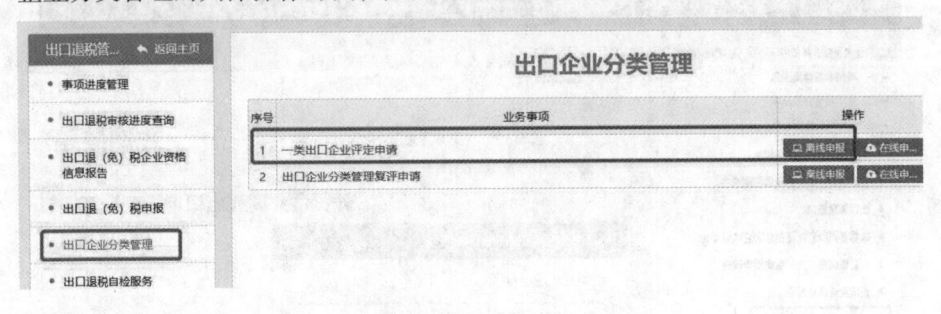

图 15-68

在出口企业分类管理操作界面，选择"申报退税→出口退（免）税其他业务管理→一类出口企业评定申请"模块，点击"上传"按钮，根据存放路径选择离线版申报系统事先生成的申报数据进行上传，如图 15-69 所示。

图 15-69

如果出口企业发现数据存在问题，可以在离线版申报系统中对数据进行修改后重新生成申报数据，再次通过电子税务局进行申报。离线版申报系统数据修改的操作步骤为：登录离线版申报系统，打开"其他业务申报第五步→其他申报数据撤销→撤销出口退（免）税申报数据"模块，选中一类企业评定申请，首先进行撤销申报数据的操作，如图 15-70 所示。然后在"其他申报向导第一步→其他申报数据采集→出口企业内部风控体系建设情况报告"模块进行数据的修改，数据修改完成后，重新生成申报数据。

图 15-70

（二）出口企业分类管理复评申请

出口企业因纳税信用级别、海关企业信用管理类别、外汇管理的分类管理等级等发生变化，或者对分类管理类别评定结果有异议的，可以向负责评定出口企业管理类别的税务机关提出重新评定管理类别。

如出口企业希望通过复评申请成为一类企业，可先通过一类企业评定申请流程提交相关材料再启动复评流程；也可以先启动复评流程后再通过一类企业申请流程提交相关材料，但必须在税务机关复评流程的采集评定节点完成前提交一类企业评定申请的相关材料，如果没有按照规定提交，则无法评定为一类企业。

| 出口退（免）税常见业务申报实务与疑难速查 |

进行出口企业分类管理复评申请时，登录离线版申报系统，打开"其他业务向导第一步→其他申报数据采集→出口企业分类管理复评申请"模块，如图 15-71 所示。

图 15-71

在出口企业分类管理复评申请中点击"增加"按钮，输入相关信息，如图 15-72 所示。

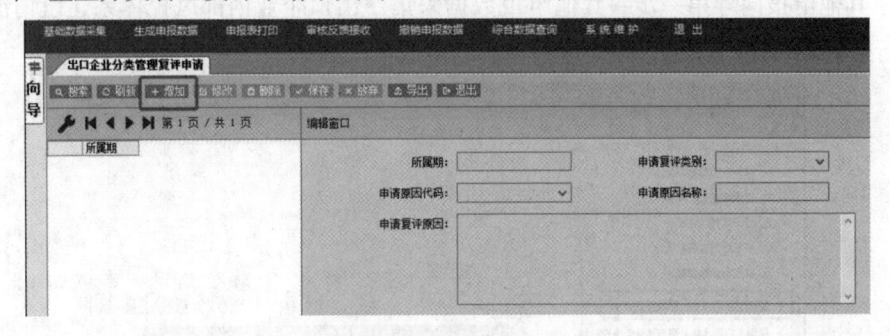

图 15-72

数据填写完成后进行数据的保存，下一步生成申报数据。在离线版申报系统中，选择"其他申报向导第二步→生成其他业务申报→生成出口退（免）税其他业务申报数据"模块，在弹出的对话框选择出口企业分类管理复评申请，填写所属期后，点击确认即可，如图 15-73所示。

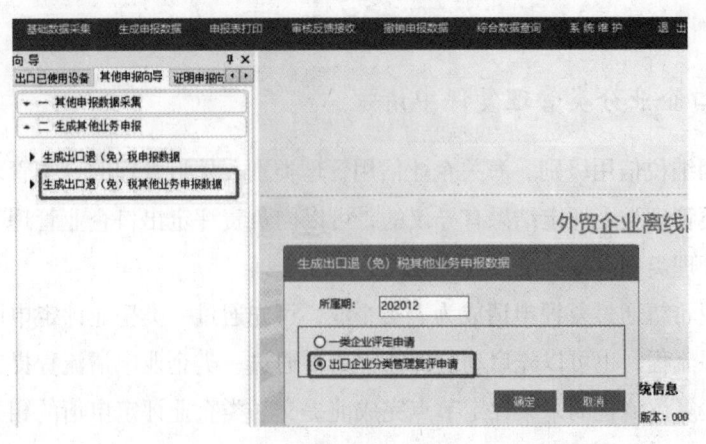

图 15-73

出口企业在完成申报数据的生成后,需要对出口企业分类管理复评申请表进行打印。操作步骤为:在离线版申报系统,打开"其他申报向导第三步→打印其他申报报表→出口企业分类管理复评申请"模块,输入需要打印的所属期,进行打印,如图15-74所示。

图15-74

打印后的《出口企业分类管理复评申请》,如图15-75所示。

出口企业分类管理复评申请

统一社会信用代码/纳税人识别号	
海关代码	
纳税人名称	
主管税务机关	
经办人	经办人联系电话
现分类管理类别	申请复评类别
申请原因	
1. 纳税信用级别有变化	
2. 海关企业信用管理类别有变化	
3. 外汇管理的分类管理等级有变化	
4. 其它:	
经办人签章: 年　月　日	纳税人公章: 年　月　日

经办人:　　　财务负责人:　　　法定代表人:　　　填表日期:

图15-75

出口企业完成上述步骤后,即可通过电子税务局进行出口企业分类复评的申报。登录电子税务局,选择"我要办税→出口退税管理"模块,在"出口企业分类管理"操作界面中选择"出口企业分类管理复评申请"功能,点击"离线申报"按钮,进入出口企业分类管

333

理的具体操作界面，如图15-76所示。

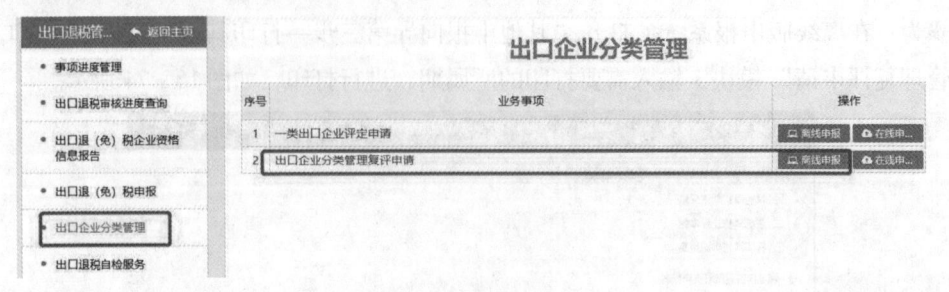

图15-76

在出口企业分类管理操作界面中，选择"申报退税→出口退（免）税其他业务管理→分类管理复评申请"模块，点击"上传"按钮，根据存放路径选择离线版申报系统事先生成的申报数据进行上传，如图15-77所示。

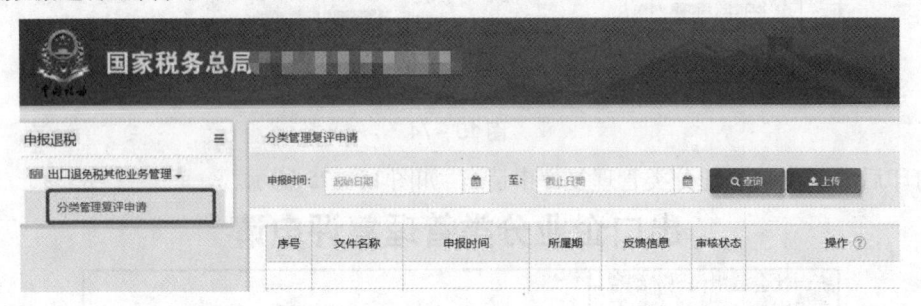

图15-77

如果出口企业发现数据存在问题，可以在离线版申报系统中对数据进行修改后重新生成申报数据，再次通过电子税务局进行申报。离线版申报系统数据修改的操作步骤为：在离线版申报系统中，打开"其他业务申报第五步→其他申报数据撤销→撤销出口退（免）税其他业务申报数据"模块，选中出口企业分类管理复评申请，首先进行撤销申报数据的操作，如图15-78所示。然后在"其他业务向导第一步→其他申报数据采集→出口企业分类管理复评申请"模块进行数据的修改，数据修改完成后，重新生成申报数据。

图15-78

第三节 出口退（免）税常用证明申报

一、委托出口货物证明

如果出口企业委托出口的货物，是国家取消出口退（免）税的货物（即出口退税率为0的货物），委托方需要开具《委托出口货物证明》。开具委托出口货物证明的，委托方应自货物报关出口之日起至次年3月15日前，凭委托代理出口协议（复印件）向主管税务机关报送委托出口货物证明及其电子数据，主管税务机关审核委托代理出口协议后，在委托出口货物证明签章，受托方申请开具代理出口货物证明时，应提供规定的凭证资料及委托方主管税务机关签章的委托出口货物证明。

《委托出口货物证明》的申报办理流程如下：

登录离线版申报系统，打开"证明申报向导第二步→证明申报数据录入→委托出口货物证明申请表"模块，如图15-79所示。

在委托出口货物证明申请表中点击"增加"按钮录入申报数据，如图15-80所示。

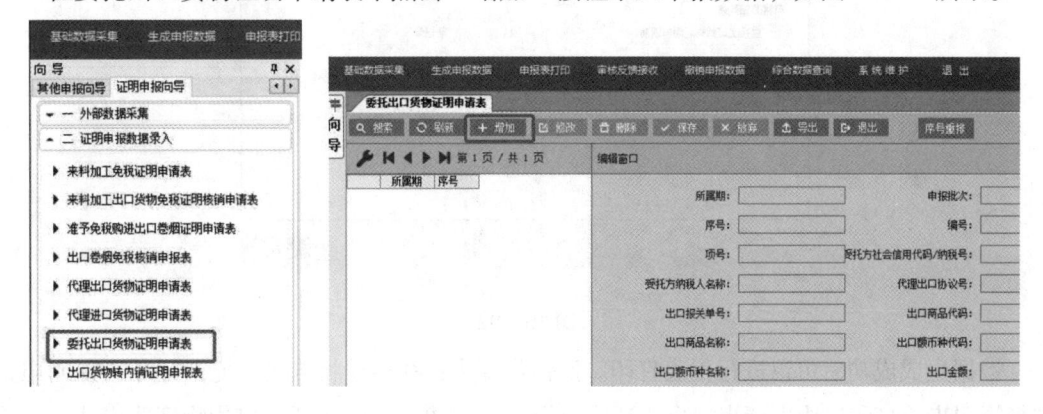

图15-79   图15-80

【编号】：所属期+四位流水号，同一份凭证使用同一个编号。

【项号】：是税务机关打印在一张凭证项下的第几条记录，也可以理解为相同编号下的序号。

【出口报关单号】：填写21位报关单号码，18位海关编号+0+两位项号。

数据填写完成后进行数据的保存，下一步生成申报数据。在离线版申报系统中，选择"证明申报向导第三步→生成证明申报数据→生成出口证明申报数据"模块，在弹出的对话框中选择委托出口货物证明申请，填写所属期后，点击确认即可，如图15-81所示。

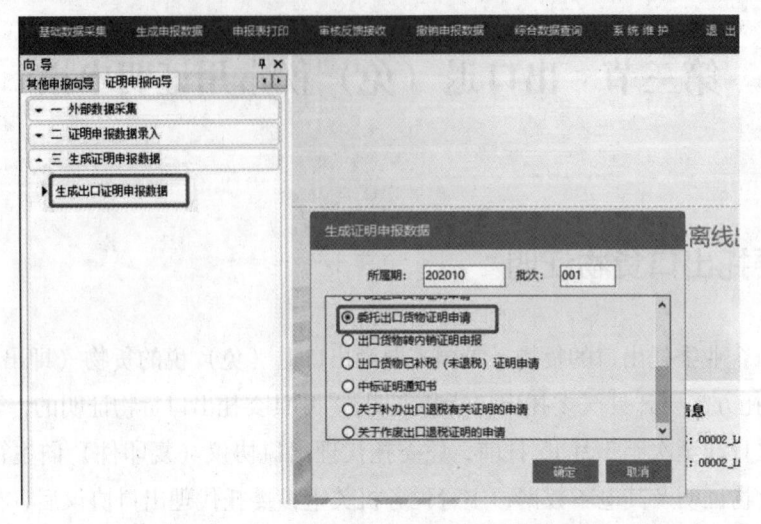

图15-81

数据生成成功后会有提示信息框，在提示信息框中可以查看申报数据的存放路径，申报数据是以企业海关代码+申报年月+wtck命名的XML文件，如图15-82所示。

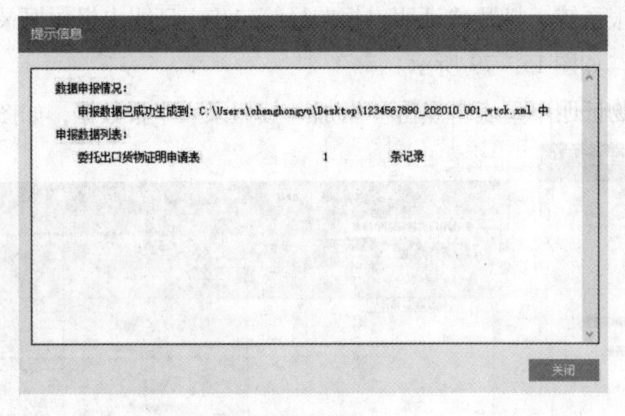

图15-82

数据生成成功后可以进行报表打印。操作步骤为：在离线版申报系统，打开"证明申报向导第四步→打印证明申请表→出口证明申报表"模块，选中委托出口货物证明申请表，输入需要打印的所属期，进行打印，如图15-83所示。

打印后的《委托出口货物证明》，如图15-84所示。

图 15–83

委托出口货物证明

税务局：

委托企业名称：	受托企业名称：
委托纳税人识别号：	受托纳税人识别号：
委托企业海关代码：	受托企业海关代码：

序号	代理出口协议号	出口货物报关单号	出口商品代码	出口商品名称	出口额［元（至角分）］	
					币种	金额
出口企业						

上表所列出口业务为受托企业受我公司委托代理出口，需申请开具《代理出口货物证明》。兹声明以上申报无讹并愿意承担一切法律责任。

经办人：　　　　　　财务负责人：　　　　　　企业负责人：

　　　　　　　　　　　　　　　　　　　　　　　填报日期：
　　　　　　　　　　　　　　　　　　　　　　　（公章）

主管税务机关

经办人：　　　　　　复核人：　　　　　　负责人：
　　　　　　　　　　　　　　　　　　　　（公章）
　　　　　　　　　　　　　　　　　　　年　　月　　日

图 15–84

337

出口企业完成上述步骤后，即可通过电子税务局进行数据申报。登录电子税务局，选择"我要办税→证明开具→开具出口退（免）税证明"模块，在证明开具操作界面中，选择委托出口货物证明开具功能，点击"离线申报"按钮进入证明开具的具体操作界面，如图15-85所示。

图15-85

在证明开具界面，选择"申报退税→出口证明管理→委托出口货物证明→数据自检"模块，点击"上传"按钮，根据存放路径选择离线版申报系统事先生成的申报数据进行上传，等待审核结果，审核结果没有疑点或没有不可挑过的疑点，需确认申报，确认申报后数据会报送至税务机关审核，如图15-86所示。

图15-86

确认申报后，数据会跳转至正式申报页面，可在正式申报页面查询税务机关的审核进度，如图15-87所示。

图 15-87

如果出口企业经数据自检发现数据存在问题，可以在离线版申报系统中对数据进行修改后重新生成申报数据，再次通过电子税务局进行申报。离线版申报系统数据修改的操作步骤为：在离线版申报系统中，打开"证明申报向导第六步→证明申报数据撤销→撤销出口证明申报数据"模块，选中委托出口货物证明申请，首先进行撤销申报数据的操作，如图 15-88 所示。然后在"证明申报向导第二步→证明申报数据录入→委托出口货物证明申请表"模块进行数据的修改，数据修改完成后，重新生成申报数据。

图 15-88

通过电子税务局完成数据申报后，税务机关进行审核，审核完成后，企业需下载税务反馈信息。登录电子税务局选择"我要办税→证明开具→开具出口退（免）税证明"模块，在证明开具操作界面中，选择委托出口货物证明开具功能，点击"离线申报"按钮进入证明开具的具体操作界面，选择"申报退税→出口证明管理→委托出口货物证明→审核结果反馈"模块，输入需要下载反馈数据的所属期，点击"查询"按钮后再点击"申请"按钮，当状态显示"读取完成"时，说明反馈信息准备完毕，此时点击"下载"按钮，即可将反馈信息下载到本地电脑备用，如图 15-89 所示。

图15-89

反馈信息下载完成后，需要将反馈信息读入到离线版申报系统中。登录离线版申报系统，打开"证明申报向导第五步→审核反馈信息接收→读入税务机关反馈信息"模块，读入事先通过电子税务局获取的审核反馈信息，如图15-90所示。

图15-90

反馈信息读入完成后，在离线版申报系统中通过"证明申报向导第七步→证明申报数据查询→委托出口货物证明申请表"模块，可以查询已经读入的反馈数据，反馈数据带有审核标志"R"的说明正式申报审核通过，如图15-91所示。

图15-91

二、代理出口货物证明

代理出口业务主要是指出口企业与代理公司签订代理协议,以代理公司的名义报关出口并收汇。委托出口的货物,由代理公司(受托方)向所在地主管税务机关申请办理《代理出口货物证明》并及时转交给出口企业(委托方),由委托方办理出口退(免)税。

《代理出口货物证明》的申报办理流程如下:

登录离线版申报系统,打开"证明申报向导第二步→证明申报数据录入→代理出口货物证明申请表"模块,如图 15-92 所示。

在代理出口货物证明表中点击"增加"按钮录入数据,如图 15-93 所示。

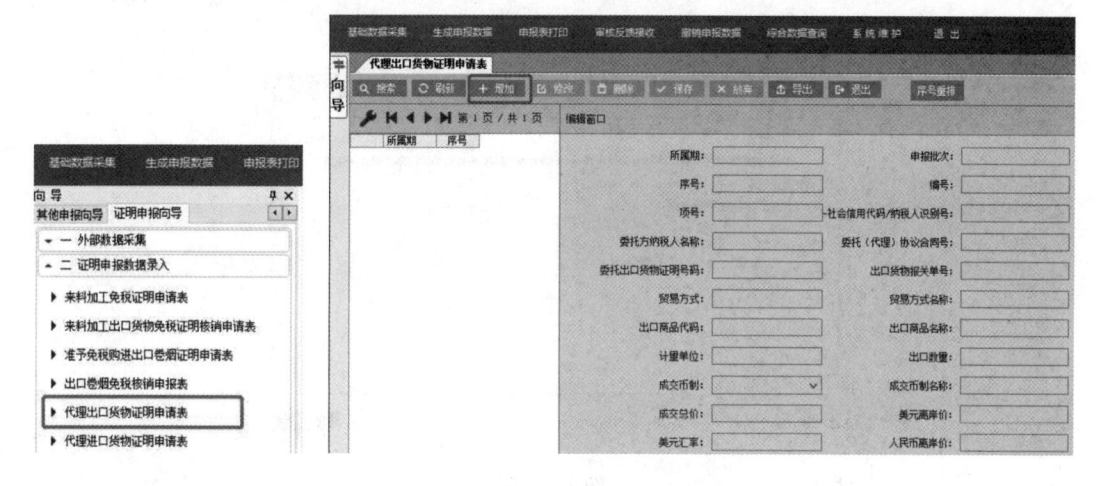

图 15-92

图 15-93

【编号】:六位所属期+四位流水号组成。
【贸易方式】:填写该笔出口业务注明的贸易方式。
【出口商品代码】:填写报关单注明的出口商品代码。
【计量单位】:填写报关单中注明的法定计量单位。
【美元离岸价】:填写美元 FOB 价格,若以其他方式成交,需扣除运保费换算为 FOB 填写。

数据填写完成后进行数据的保存,下一步生成申报数据。在离线版申报系统中,选择"证明申报向导第三步→生成证明申报数据→生成出口证明申报数据"模块,在弹出的对话框中选择代理出口货物证明申请,填写所属期后,点击确认即可,如图 15-94 所示。

数据生成成功后会有提示信息框,在提示信息框中可以查看申报数据的存放路径,申报数据是以企业海关代码+申报年月+dlzm 命名的 XML 文件,如图 15-95 所示。

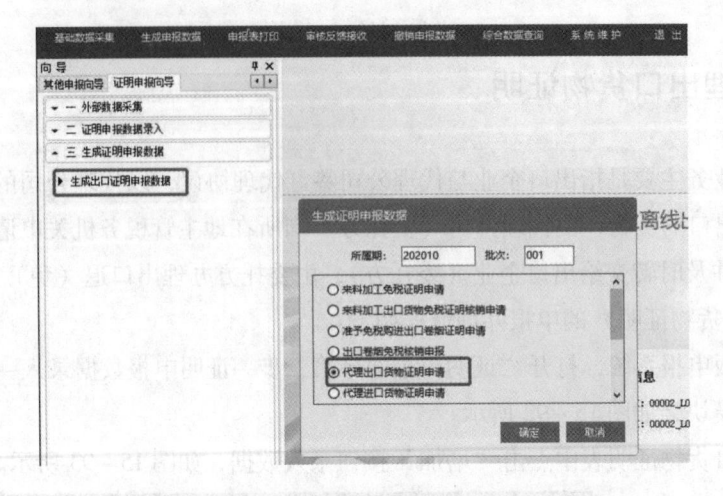

图 15-94

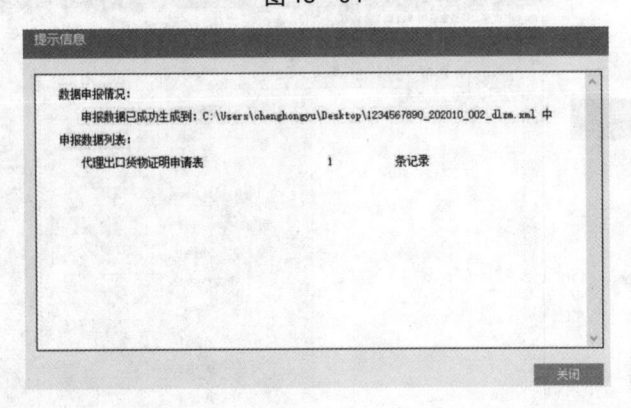

图 15-95

数据生成成功后可以进行报表打印。操作步骤为：在离线版申报系统，打开"证明申报向导第四步→打印证明申请表→出口证明申报表"模块，选中代理出口货物证明申请表，输入需要打印的所属期和批次，进行打印，如图 15-96 所示。

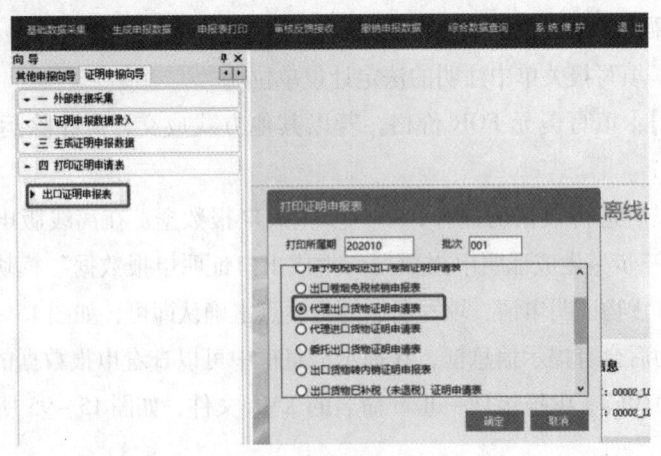

图 15-96

打印后的《代理出口货物证明申请表》，如图15-97所示。

代理出口货物证明申请表

受托方纳税人识别号（统一社会信用代码）：
受托方纳税人名称：
金额单位：元（列至角分）

序号	编号	委托方纳税人名称	委托方统一社会信用代码/纳税人识别号	出口货物报关单号	贸易方式	出口商品代码	出口商品名称	计量单位	出口数量	成交币制	成交总价	美元离岸价	委托（代理）协议合同号	委托出口货物证明号码	备注
1	2	3	4	5	6	7	8	9	10	11	12	13	14	15	16

小计
合计
声明：此表是根据国家税收法律法规及相关规定填写的，本人（单位）对填报内容（及附带资料）的真实性、可靠性、完整性负责。
纳税人（签章）：　　　　年　　　月　　　日
经办人：　　　　　　　　　　　　　　　　　　　　　　　受理人：
经办人身份证号：　代理机构签章：　代理机构统一社会信用代码：　　　受理税务机关（章）：　受理日期：　年　月　日

第 1 页 / 共 1 页

图 15-97

出口企业完成上述步骤后，即可通过电子税务局进行数据申报。登录电子税务局，选择"我要办税→证明开具→开具出口退（免）税证明"模块，在证明开具操作界面中，选择代理出口货物证明开具功能，点击"离线申报"按钮进入证明开具的具体操作界面，如图15-98所示。

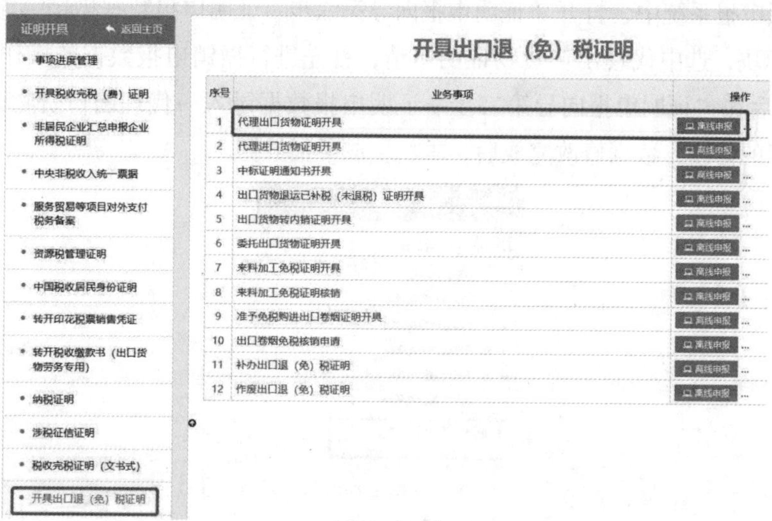

图 15-98

在证明开具界面，选择"申报退税→出口证明管理→代理出口货物证明→数据自检"模块，点击"上传"按钮，根据存放路径选择离线版申报系统事先生成的申报数据进行上传，等待审核结果，审核结果没有疑点或没有不可挑过的疑点，需确认申报，确认申报后数据会报送至税务机关审核，如图15-99所示。

图 15-99

确认申报后，数据会跳转至正式申报页面，可在正式申报页面查询税务机关审核进度，如图15-100所示。

图 15-100

如果出口企业经数据自检发现数据存在问题，可以在离线版申报系统中对数据进行修改后重新生成申报数据，再次通过电子税务局进行申报。离线版申报系统数据修改的操作步骤为：在离线版申报系统中，打开"证明申报向导第六步→证明申报数据撤销→撤销出口证明申报数据"模块，选中代理出口货物证明申请，首先进行撤销申报数据的操作，如图15-101所示。然后在"证明申报向导第二步→证明申报数据录入→代理出口货物证明申请表"模块进行数据的修改，数据修改完成后，重新生成申报数据。

图 15-101

通过电子税务局完成数据申报后，税务机关进行审核，审核完成后，企业需下载税务反馈信息。登录电子税务局选择"我要办税→证明开具→开具出口退（免）税证明"模块，在证明开具操作界面中，选择代理出口货物证明开具功能，点击"离线申报"按钮进入证明开具的具体操作界面，选择"申报退税→出口证明管理→代理出口货物证明→审核结果反馈"模块，输入需要下载反馈数据的所属期，点击"查询"按钮后再点击"申请"按钮，当状态显示"读取完成"时，说明反馈信息准备完毕，此时点击"下载"按钮，即可将反馈信息下载到本地电脑备用，如图15–102所示。

图 15–102

反馈信息下载完成后，需要将反馈信息读入到离线版申报系统中。登录离线版申报系统，打开"证明申报向导第五步→审核反馈信息接收→读入税务机关反馈信息"模块，读入事先通过电子税务局获取的审核反馈信息，如图15–103所示。

反馈信息读入完成后，在离线版申报系统中通过"证明申报向导第七步→证明申报数据查询→代理出口货物证明申请表"模块，可以查询已经读入的反馈数据，反馈数据带有审核标志"R"的说明正式申报审核通过，如图15–104所示。

图 15–103　　　　图 15–104

三、代理进口货物证明

委托进口加工贸易料件，受托方应及时向主管税务机关申请开具《代理进口货物证明》，并及时转交委托方。

《代理进口货物证明》的申报办理流程如下：

登录离线版申报系统，打开"证明申报向导第二步→证明申报数据录入→代理进口货物证明申请表"模块，如图15-105所示。

在代理进口货物证明申请表中点击"增加"按钮录入数据，如图15-106所示。

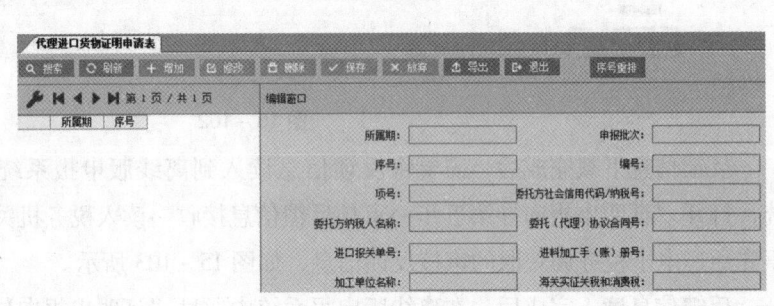

图15-105

图15-106

【编号】：六位所属期+四位流水号组成。

【进口报关单号】：填写21位进口报关单号码，18位的海关编号+0+两位项号。

【委托（代理）协议合同号】：企业签订代理合同的合同号码。

数据填写完成后进行数据的保存，下一步生成申报数据。在离线版申报系统中，选择"证明申报向导第三步→生成证明申报数据→生成出口证明申报数据"模块，在弹出的对话框中选择代理进口货物证明申请，填写所属期及批次后，点击确认即可，如图15-107所示。

图15-107

数据生成成功后会有提示信息框，在提示信息框中可以查看申报数据的存放路径，申报数据是以企业海关代码+申报年月+dljk命名的XML文件，如图15-108所示。

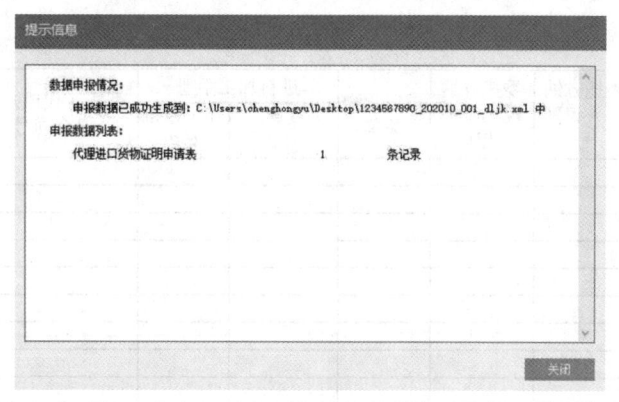

图15-108

数据生成成功后可以进行报表打印。操作步骤为：在离线版申报系统，打开"证明申报向导第四步→打印证明申请表→出口证明申报表"模块，选中代理进口货物证明申请表，输入需要打印的所属期，进行打印，如图15-109所示。

图15-109

打印后的《代理进口货物证明申请表》，如图15-110所示。

出口企业完成上述步骤后，即可通过电子税务局进行数据申报。登录电子税务局，选择"我要办税→证明开具→开具出口退（免）税证明"模块，在证明开具操作界面中，选择代理进口货物证明开具功能，点击"离线申报"按钮进入证明开具的具体操作界面，如图15-111所示。

代理进口货物证明申请表

纳税人名称：

纳税人识别号：

海关企业代码：

序号	编号	委托方纳税人名称	委托方纳税人识别号	委托方纳税人海关代码	进口货物报关单号	进料加工手册 手(账)册号	进料加工手册 加工单位名称	委托（代理）协议合同号	海关实证关税和消费税	备注
小计										
合计										

兹声明以上申报真实、可靠、完整，并愿意承担一切法律责任。

经办人： 财务负责人： 法定代表人：

图 15-110

图 15-111

在证明开具界面，选择"申报退税→出口证明管理→代理进口货物证明→数据自检"模块，点击"上传"按钮，根据存放路径选择离线版申报系统事先生成的申报数据进行上传，等待审核结果，审核结果没有疑点或没有不可挑过的疑点，需确认申报，确认申报后数据会报送至税务机关审核，如图 15-112 所示。

| 中篇 出口退（免）税申报操作实务 |

图 15-112

确认申报后，数据会跳转至正式申报页面，可在正式申报页面查询税务机关的审核进度，如图 15-113 所示。

图 15-113

如果出口企业经数据自检发现数据存在问题，可以在离线版申报系统中对数据进行修改后重新生成申报数据，再次通过电子税务局进行申报。离线版申报系统数据修改的操作步骤为：在离线版申报系统中，打开"证明申报向导第六步→证明申报数据撤销→撤销出口证明申报数据"模块，选中代理进口货物证明申请，首先进行撤销申报数据的操作，如图 15-114 所示。然后在"证明申报向导第二步→证明申报数据录入→代理进口货物证明申请表"模块进行数据的修改，数据修改完成后，重新生成申报数据。

图 15-114

349

通过电子税务局完成数据申报后，税务机关进行审核，审核完成后，企业需下载税务反馈信息。登录电子税务局选择"我要办税→证明开具→开具出口退（免）税证明"模块，在证明开具操作界面中，选择代理进口货物证明开具功能，点击"离线申报"按钮进入证明开具的具体操作界面，选择"申报退税→出口证明管理→代理进口货物证明→审核结果反馈"模块，输入需要下载反馈数据的所属期，点击"查询"按钮后再点击"申请"按钮，当状态显示"读取完成"时，说明反馈信息准备完毕，此时点击"下载"按钮，即可将反馈信息下载到本地电脑备用，如图15-115所示。

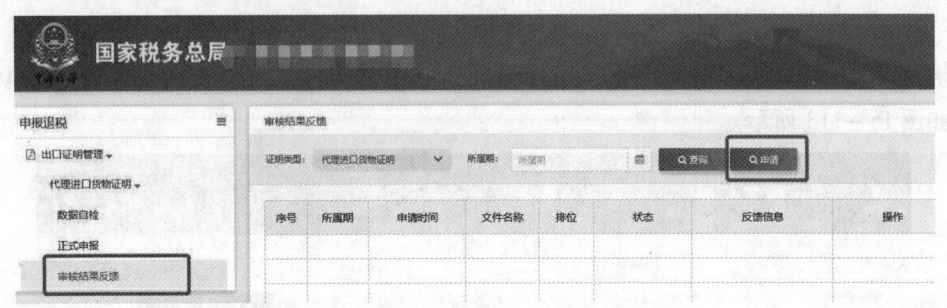

图15-115

反馈信息下载完成后，需要将反馈信息读入到离线版申报系统中。登录离线版申报系统，打开"证明申报向导第五步→审核反馈信息接收→读入税务机关反馈信息"模块，读入事先通过电子税务局获取的审核反馈信息，如图15-116所示。

反馈信息读入完成后，在离线版申报系统中通过"证明申报向导第七步→证明申报数据查询→代理进口货物证明申请表"模块，可以查询已经读入的反馈数据，反馈数据带有审核标志"R"的说明正式申报审核通过，如图15-117所示。

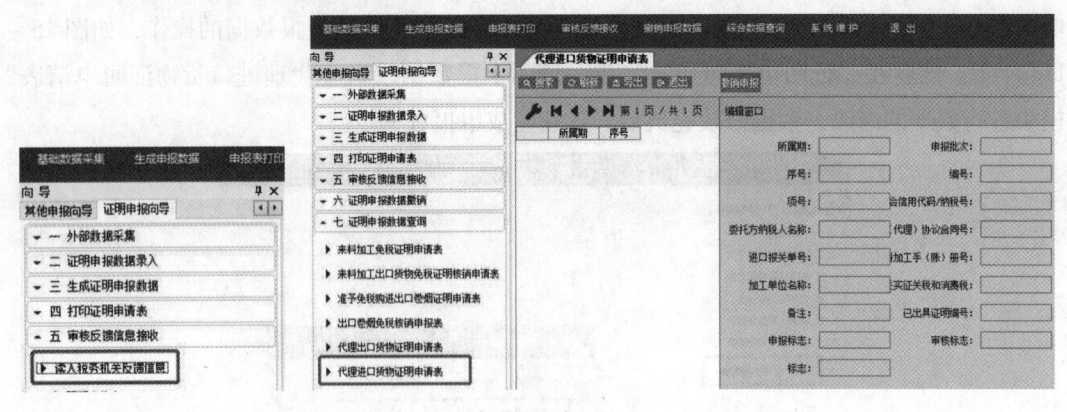

图15-116　　　　　　　　　　图15-117

四、出口货物已补税（未退税）证明

出口货物发生退运或者需要更改、撤销报关单的，出口企业应先向主管税务机关申请开具《出口货物已补税（未退税）证明》（之前称为《出口货物退运已补税（未退税）证明》），并携其到海关申请办理出口货物退运手续。

《出口货物已补税（未退税）证明申请表》的申报办理流程如下：

登录离线版申报系统，打开"证明申报向导第二步→证明申报数据录入→出口货物已补税（未退税）证明申请表"模块，如图15-118所示。

图15-118

在"出口货物已补税/未退税证明申请表"界面中，点击"增加"按钮录入明细数据，如图15-119所示。

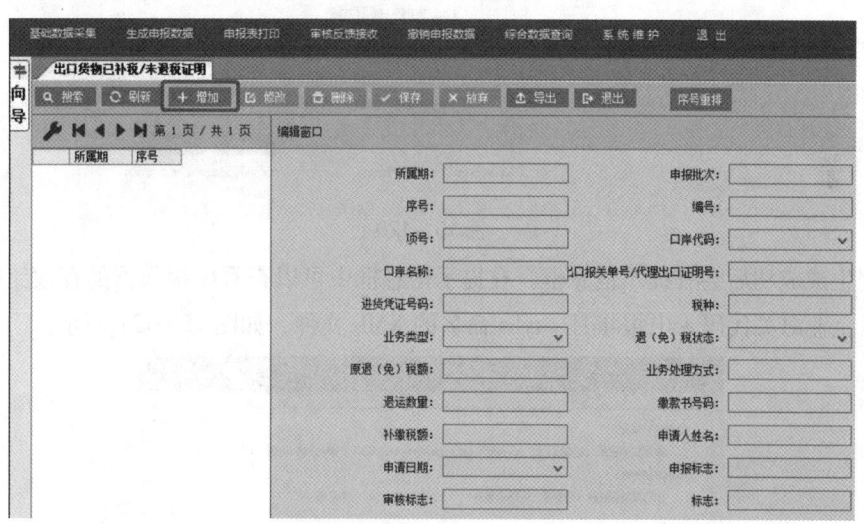

图15-119

【税种】：V代表增值税，C代表消费税，根据实际业务选择。

【业务类型】：根据实际业务情况选择退运、修改报关单、撤销报关单。

【退运数量】：选择"退运"，填写退运数量，但不得大于报关单上注明的出口数量；选择"改单"或者"撤单"，默认为0。

【退（免）税状态】：分为尚未申报退（免）税、已办理退（免）税两种，根据实际情况选择。

【原退（免）税额】：业务类型选择"退运"，填写退运部分对应的退（免）税额；业务类型选择"改单"或"撤单"，填写报关单对应的全部退（免）税额。

【业务处理方式】：外贸企业选择"补税"。

【缴款书号码】：选择"补税"，本栏次填写已补缴税款的缴款书号码。

【补缴税额】：选择"补税"，本栏次填写已补缴的税额。

数据填写完成后进行数据的保存，下一步生成申报数据。在离线版申报系统中，选择"证明申报向导第三步→生成证明申报数据→生成出口证明申报数据"模块，在弹出的对话框中选择出口货物已补税（未退税）证明申请，填写所属期后，点击确认即可，如图15-120所示。

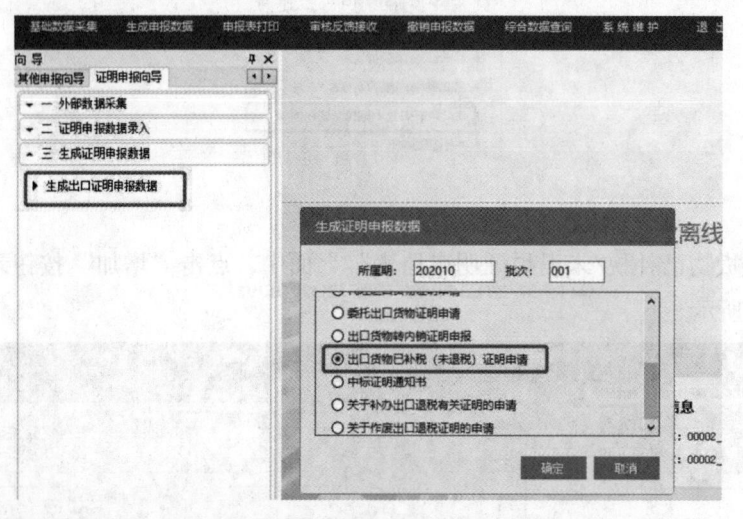

图15-120

数据生成成功后会有提示信息框，在提示信息框中可以查看申报数据的存放路径，申报数据是以企业海关代码+申报年月+tybs命名的XML文件，如图15-121所示。

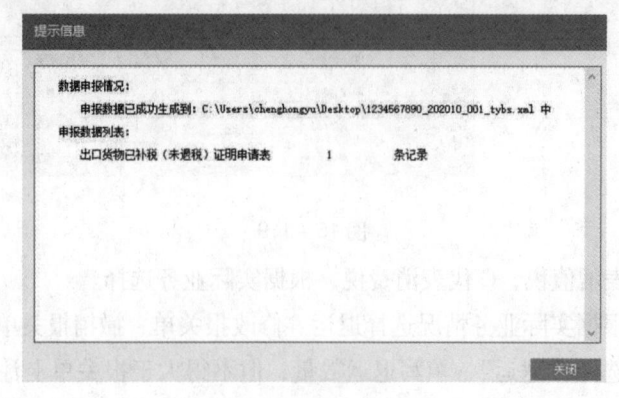

图15-121

数据生成成功后可以进行报表打印。操作步骤为：在离线版申报系统，打开"证明申报向导第四步→打印证明申请表→出口证明申报表"模块，选中出口货物已补税（未退税）证明申请表，输入需要打印的所属期，进行打印，如图15-122所示。

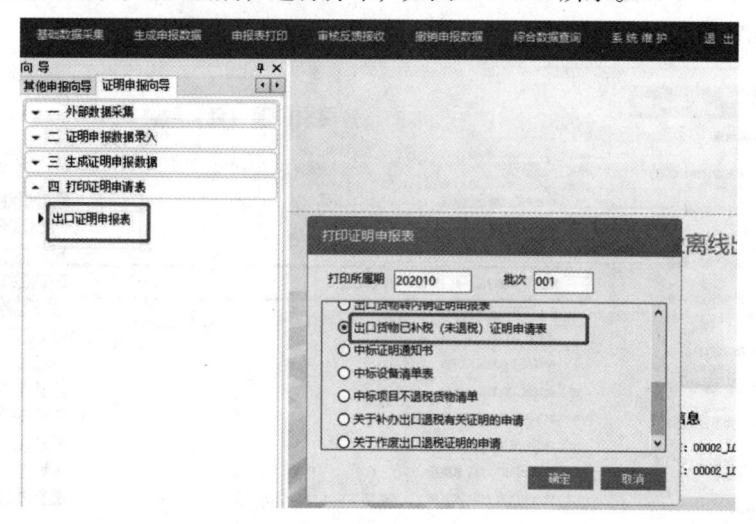

图 15-122

打印后的《出口货物已补税/未退税证明》，如图15-123所示。

出口货物已补税/未退税证明

申请编号：

纳税人识别号（统一社会信用代码）：
纳税人名称：
所属期：
金额单位：元（列至角分）

序号	口岸名称	出口货物报关单/代理出口货物证明号码	进货凭证号码	税种	业务类型	退（免）税状态	原退（免）税额	业务处理方式	退运数量	缴款书号码	补缴税额
1	2	3	4	5	6	7	8	9	10	11	12
小计											
合计											

声明：此表是根据国家税收法律法规及相关规定填写的，本人（单位）对填报内容（及附带资料）的真实性、可靠性、完整性负责。
纳税人（签章）： 　　　年　月　日

经办人：
经办人身份证号：
代理机构签章：
代理机构统一社会信用代码：

受理人：

受理税务机关（章）：
受理日期： 　年　月　日

以下由税务机关填写

办理情况：
核实结果：　未返税 □　已补税 □
年　月　日（公章）

图 15-123

| 出口退（免）税常见业务申报实务与疑难速查 |

出口企业完成上述步骤后，即可通过电子税务局进行数据申报。登录电子税务局，选择"我要办税→证明开具→开具出口退（免）税证明"模块，在证明开具操作界面中，选择出口货物退运已补税（未退税）证明开具功能，点击"离线申报"按钮进入证明开具的具体操作界面，如图15-124所示。

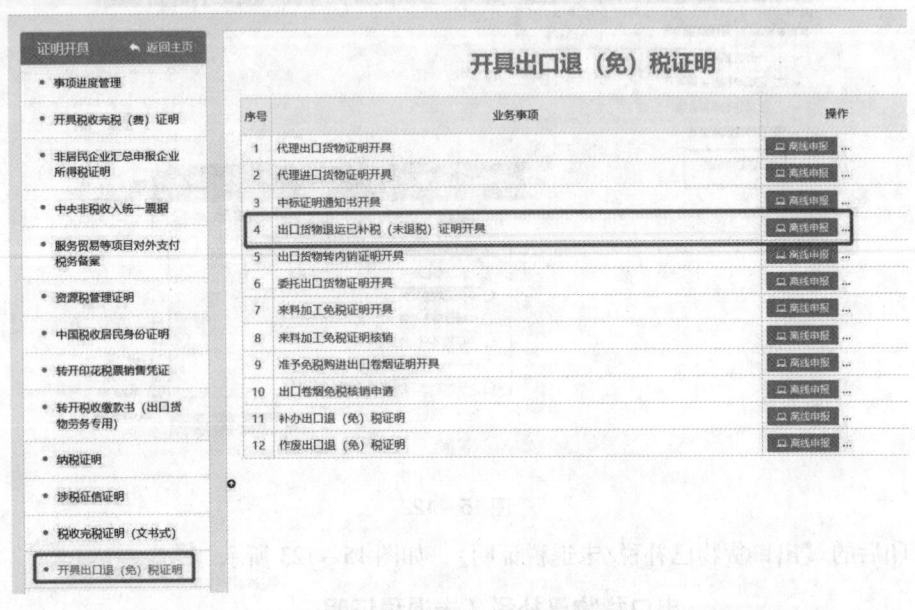

图 15-124

在证明开具界面，选择"申报退税→出口证明管理→退运已补税（未退税）证明→数据自检"模块，点击"上传"按钮，根据存放路径选择离线版申报系统事先生成的申报数据进行上传，等待审核结果，审核结果没有疑点或没有不可挑过的疑点，需确认申报，确认申报后数据会报送至税务机关审核，如图15-125所示。

图 15-125

确认申报后，数据会跳转至正式申报页面，可在正式申报页面查询税务机关的审核进度，如图15-126所示。

| 中篇 出口退（免）税申报操作实务 |

图 15-126

如果出口企业经数据自检发现数据存在问题，可以在离线版申报系统中对数据进行修改后重新生成申报数据，再次通过电子税务局进行申报。离线版申报系统数据修改的操作步骤为：在离线版申报系统中，打开"证明申报向导第六步→证明申报数据撤销→撤销出口证明申报数据"模块，选中出口货物已补税（未退税）证明申请，首先进行撤销申报数据的操作，如图 15-127 所示。然后在"证明申报向导第二步→证明申报数据录入→出口货物已补税（未退税）证明申请"模块进行数据的修改，数据修改完成后，重新生成申报数据。

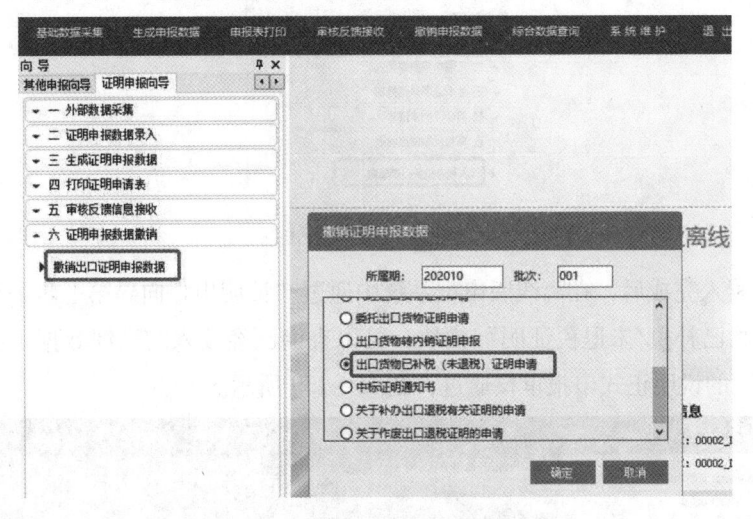

图 15-127

通过电子税务局完成数据申报后，税务机关进行审核，审核完成后，企业需下载税务反馈信息。登录电子税务局选择"我要办税→证明开具→开具出口退（免）税证明"模块，在证明开具操作界面中，选择出口货物退运已补税（未退税）证明开具功能，点击"离线申报"按钮进入证明开具的具体操作界面，选择"申报退税→出口证明管理→退运已补税（未退税）证明→审核结果反馈"模块，输入需要下载反馈数据的所属期，点击"查询"按钮后再点击"申请"按钮，当状态显示"读取完成"时，说明反馈信息准备完毕，此时点击"下载"按钮，即可将反馈信息下载到本地电脑备用，如图 15-128 所示。

图 15－128

反馈信息下载完成后，需要将反馈信息读入到离线版申报系统中。登录离线版申报系统，打开"证明申报向导第五步→审核反馈信息接收→读入税务机关反馈信息"模块，读入事先通过电子税务局获取的审核反馈信息，如图 15－129 所示。

图 15－129

反馈信息读入完成后，在离线版申报系统中通过"证明申报向导第七步→证明申报数据查询→出口货物已补税/未退税证明"模块，可以查询已经读入的反馈数据，反馈数据带有审核标志"R"的说明正式申报审核通过，图 15－130 所示。

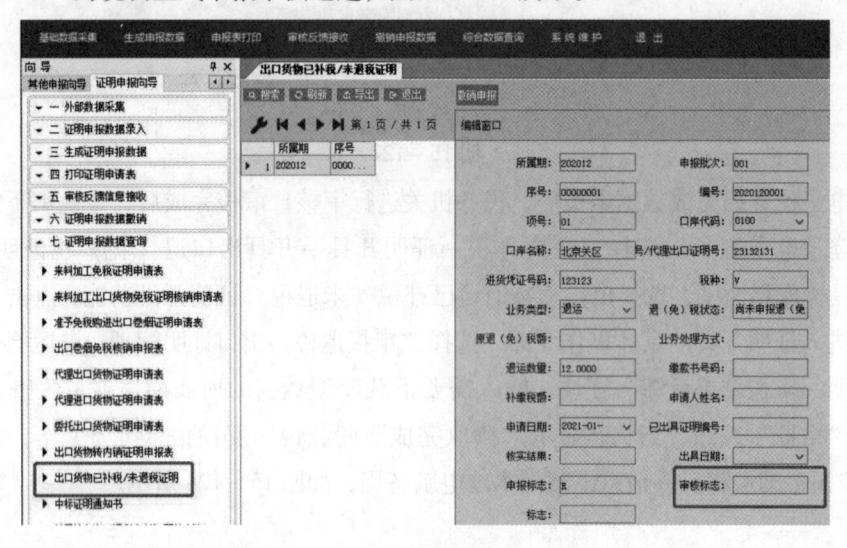

图 15－130

五、出口货物转内销证明

外贸企业发生原记入出口库存账的出口货物转内销或视同内销货物征税的,以及已申报退(免)税的出口货物发生退运并转内销的,外贸企业应于发生内销或视同内销货物的当月向主管税务机关申请开具出口货物转内销证明。申请开具出口货物转内销证明时,应填报《出口货物转内销证明申报表》。

《出口货物转内销证明申报表》的申报办理流程如下:

登录离线版申报系统,打开"证明申报向导第二步→证明申报数据录入→出口货物转内销证明申报表"模块,如图 15-131 所示。

图 15-131

在出口货物转内销证明申报表中点击"增加"按钮录入数据,如图 15-132 所示。

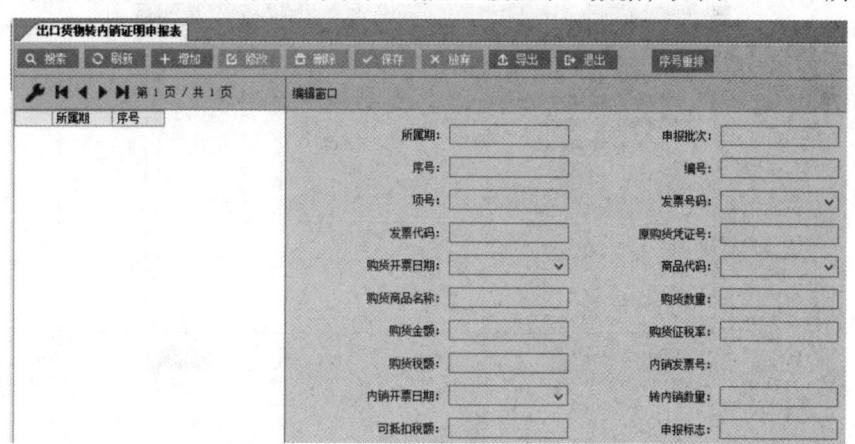

图 15-132

【编号】:六位所属期+四位流水号组成。

【内销发票号】:视同内销征税的情况不填写此项。

【内销开票日期】:视同内销征税的情况不填写此项。

【可抵扣税额】：可抵扣税额=购货税额÷购货数量×转内销数量。

数据填写完成后进行数据的保存，下一步生成申报数据。在离线版申报系统中，选择"证明申报向导第三步→生成证明申报数据→生成出口证明申报数据"模块，在弹出的对话框中选择出口货物转内销证明申报，填写所属期及批次后，点击确认即可，如图15-133所示。

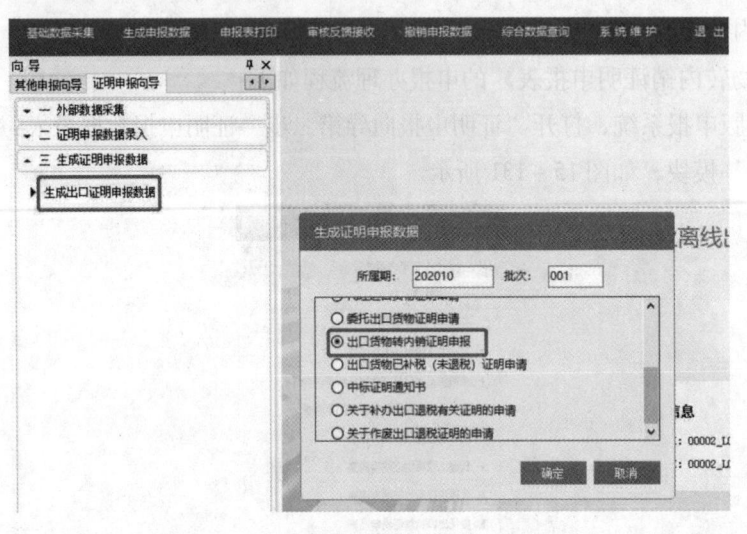

图15-133

数据生成成功后会有提示信息框，在提示信息框中可以查看申报数据的存放路径，申报数据是以企业海关代码+申报年月+CK2NX命名的XML文件，如图15-134所示。

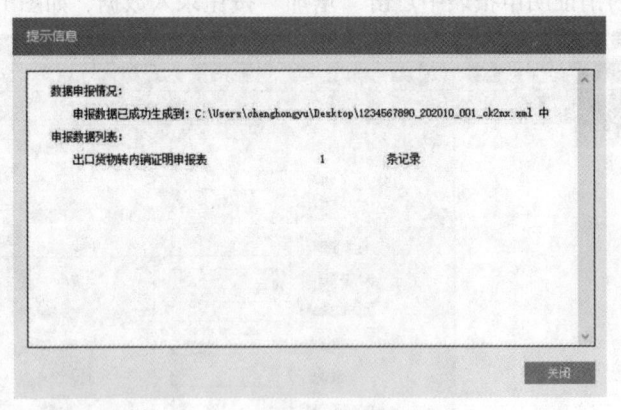

图15-134

数据生成成功后可以进行报表打印。操作步骤为：在离线版申报系统，打开"证明申报向导第四步→打印证明申请表→出口证明申报表"模块，选中出口货物转内销证明申报表，输入需要打印的所属期及批次，进行打印，如图15-135所示。

图 15-135

打印后的《出口货物转内销证明申请表》，如图 15-136 所示。

出口货物转内销证明申请表

海关企业代码：
纳税人名称（公章）：
纳税人识别号：
金额单位：元至角分

序号	购货情况							内销情况			可抵扣税额
	原购货凭证号	开票日期	商品名称	数量	金额	征税率	税额	销货发票号	开票日期	转内销数量	
1	2	3	4	5	6	7	8	9	10	11	12
小计											
合计											

经办人：　　　　　财务负责人：　　　　　企业负责人：　　　　　填

图 15-136

出口企业完成上述步骤后，即可通过电子税务局进行数据申报。登录电子税务局，选择"我要办税→证明开具→开具出口退（免）税证明"模块，在证明开具操作界面中，选择出口货物转内销证明开具功能，点击"离线申报"按钮进入证明开具的具体操作界面，如图 15-137 所示。

359

| 出口退（免）税常见业务申报实务与疑难速查 |

图 15－137

在证明开具界面，选择"申报退税→出口证明管理→出口货物转内销证明→数据自检"模块，点击"上传"按钮，根据存放路径选择离线版申报系统事先生成的申报数据进行上传，等待审核结果，审核结果没有疑点或没有不可挑过的疑点，需确认申报，确认申报后数据会报送至税务机关审核，如图 15－138 所示。

图 15－138

确认申报后，数据会跳转至正式申报页面，可在正式申报页面查询税务机关的审核进度，如图 15－139 所示。

图 15－139

如果出口企业经数据自检发现数据存在问题，可以在离线版申报系统中对数据进行修改后重新生成申报数据,再次通过电子税务局进行申报。离线版申报系统数据修改的操作步骤为:在离线版申报系统中,打开"证明申报向导第六步→证明申报数据撤销→撤销出口证明申报数据"模块,选中出口货物转内销申报,首先进行撤销申报数据的操作,如图15－140所示。然后在"证明申报向导第二步→证明申报数据录入→出口货物转内销证明申报"模块进行数据的修改,数据修改完成后,重新生成申报数据。

图 15－140

通过电子税务局完成数据申报后,税务机关进行审核,审核完成后,企业需下载税务反馈信息。登录电子税务局选择"我要办税→证明开具→开具出口退(免)税证明"模块,在证明开具操作界面中,选择出口货物转内销证明开具功能,点击"离线申报"按钮进入证明开具的具体操作界面,选择"申报退税→出口证明管理→出口货物转内销证明→审核结果反馈"模块,输入需要下载反馈数据的所属期,点击"查询"按钮后再点击"申请"按钮,当状态显示"读取完成"时,说明反馈信息准备完毕,此时点击"下载"按钮,即可将反馈信息下载到本地电脑备用,如图15－141所示。

图 15－141

反馈信息下载完成后,需要将反馈信息读入到离线版申报系统中。登录离线版申报系统,打开"证明申报向导第五步→审核反馈信息接收→读入税务机关反馈信息"模块,读入事先通过电子税务局获取的审核反馈信息,如图15-142所示。

图 15-142

反馈信息读入完成后,在离线版申报系统中通过"证明申报向导第七步→证明申报数据查询→出口货物转内销证明申请表"模块,可以查询已经读入的反馈数据,反馈数据带有审核标志"R"的说明正式申报审核通过,如图15-143所示。

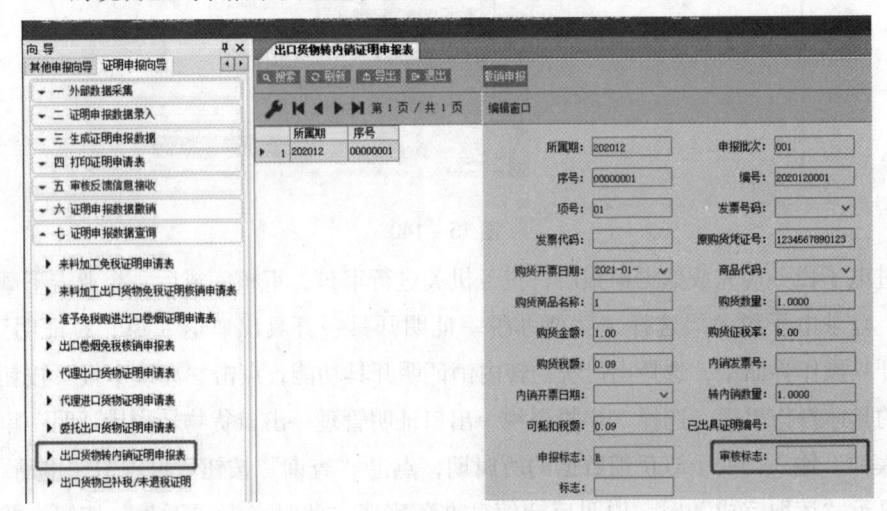

图 15-143

六、出口退(免)税相关证明作废

原出口退(免)税证明出现错误或其他情形需作废证明的,出口企业可持原出具的纸质证明全部联次,向原出具证明的税务机关申报办理证明作废。税务机关通过税务信息系统作废已出具证明的电子数据,并在原出具的纸质证明全部联次上加盖"已作废"戳记,同时传递已作废证明的电子信息。证明作废后,出口企业如需重新申请出具的,按照相关证明办理规定重新办理。

关于作废出口退税证明的申报办理流程如下:

登录离线版申报系统,打开"证明申报向导第二步→证明申报数据录入→关于作废出口退税证明的申请"模块，如图15-144所示。

在作废出口退税证明申请表中点击"增加"按钮录入数据，如图15-145所示。

图15-144

图15-145

【作废证明种类】：根据实际情况，在下拉菜单中选择，需要作废的为何种证明。

【原证明编号】；填写原证明的编号。

【原税务机关】：填写原证明开具的税务机关名称。

数据填写完成后进行数据的保存，下一步生成申报数据。在离线版申报系统中，选择"证明申报向导第三步→生成证明申报数据→生成出口证明申报数据"模块，在弹出的对话框中选择关于作废出口退税证明的申请，填写所属期后，点击确认即可，如图15-146所示。

图15-146

数据生成成功后会有提示信息框，在提示信息框中可以查看申报数据的存放路径，申报数据是以企业海关代码+申报年月+zfzm命名的XML文件，如图15-147所示。

363

| 出口退（免）税常见业务申报实务与疑难速查 |

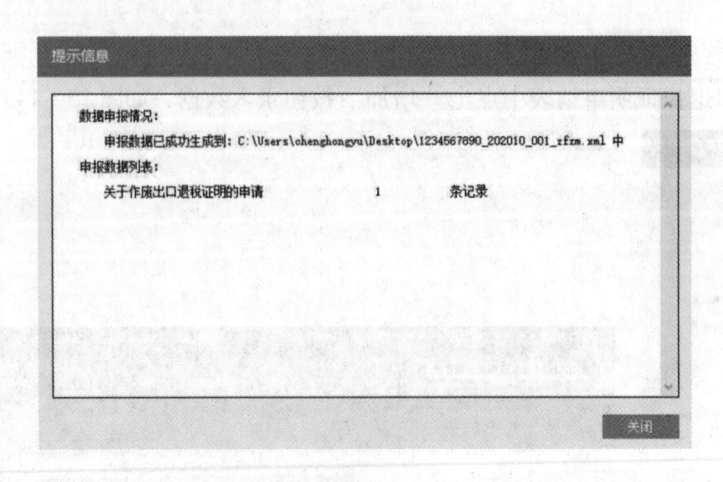

图 15-147

数据生成成功后可以进行报表打印。操作步骤为：在离线版申报系统，打开"证明申报向导第四步→打印证明申请表→出口证明申报表"模块，选中关于作废出口退税证明的申请，输入需要打印的所属期，进行打印，如图 15-148 所示。

图 15-148

打印后的《出口退（免）税相关证明作废》，如图 15-149 所示。

出口企业完成上述步骤后，即可通过电子税务局进行数据申报。登录电子税务局，选择"我要办税→证明开具→开具出口退（免）税证明"模块，在证明开具操作界面中，选择作废出口退（免）税证明功能，点击"离线申报"按钮进入证明开具的具体操作界面，如图 15-150 所示。

364

出口退（免）税相关证明作废

社会信用代码/纳税人识别号：
纳税人名称：
　　　　　税务局：
　　我单位需作废下表所列出口退（免）税证明，特申请作废。如因作废该证明导致多退税及相关法律责任，我单位愿接受税务机关处理。

法定代表人（申明签章）：
纳税人公章：
年　　月　　日

序号	作废证明种类	作废证明编号	原证明开具税务机关

图 15-149

图 15-150

在证明开具界面，选择"申报退税→出口证明管理→作废退（免）税有关证明"模块，点击"上传"按钮，根据存放路径选择离线版申报系统事先生成的申报数据进行上传，等待审核结果，审核结果没有疑点或没有不可挑过的疑点，需确认申报，确认申报后数据会报送至税务机关审核，如图 15-151 所示。

图 15－151

如果出口企业经数据自检发现数据存在问题，可以在离线版申报系统中对数据进行修改后重新生成申报数据，再次通过电子税务局进行申报。离线版申报系统数据修改的操作步骤为：在离线版申报系统中，打开"证明申报向导第六步→证明申报数据撤销→撤销出口证明申报数据"模块，选中关于作废出口退税证明的申请，首先进行撤销申报数据的操作，如图15－152所示。然后在"证明申报向导第二步→证明申报数据录入→关于作废出口退税证明的申请"模块进行数据的修改，数据修改完成后，重新生成申报数据。

图 15－152

第四节　代办退税申报

符合商务部等部门规定的外贸综合服务企业（以下简称综服企业），在企业内部已建立较为完善的代办退税内部风险管控制度并已向主管税务机关备案的前提下，可向综服企业所在地主管税务机关集中代为办理国内生产企业出口退（免）税事项。

国内生产企业代办退税的出口货物，应先按出口货物离岸价和增值税适用税率计算销项税额，向外综服企业开具代办退税专用发票（备注栏内注明"代办退税专用"的增值税专用发票），作为综服企业代办退税的凭证。

综服企业既可以作为外贸企业从事自营出口和受托出口业务，办理退（免）税；也可以作为为国内生产企业代为办理报关报检、物流、退税、结算、信保等在内的综合服务业务和协助办理融资业务的专业服务型企业，在申报退（免）税时，适用代办退税管理办法。

综服企业使用离线版申报系统进行代办退税申报，需要通过"代办退税申报数据采集、生成申报数据、打印申报报表、申报数据自检、数据正式申报"五个环节完成。

一、代办退税申报数据采集

登录离线版申报系统，打开"代办申报向导第一步→代办退税明细数据采集→外综服企业代办退税申报表"模块，如图15-153所示。

在外综服企业代办退税申报表中点击"增加"按钮录入明细数据，如图15-154所示。

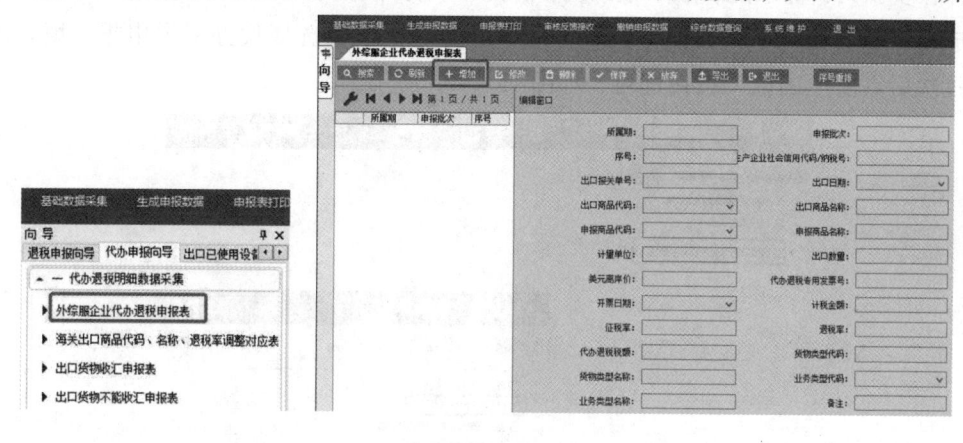

图15-153   图15-154

【生产企业社会信用代码】：填写委托代办退税的生产企业纳税人识别号或统一社会信用代码。

【出口报关单号码】：参考纸质报关单填写。出口报关单右上角会有18位的海关编号，出口退税申报系统中要求录入21位，即18位的海关编号+0+两位项号。报关单号第19位始终为"0"；20、21两位项号要根据报关单中出口货物明细列表最左侧的两位"项号"数字进行录入。例如，一张报关单有3项出口商品，则在免退税申报明细录入过程中需要录入三条数据：第一条数据出口报关单号为18位海关编号+0+01，第二条数据出口报关单号为18位海关编号+0+02，第三条数据出口报关单号为18位海关编号+0+03，以此类推。

【出口日期】：按照出口报关单上出口日期进行填写。

【出口商品代码】：按照出口报关单中的"商品代码"进行填写。

【申报商品代码】：出口商品需按照主要原材料退税率申报退税的，填写主要原材料商品代码，其他不填写。

【计量单位】：填写出口报关单的第一单位。

【出口数量】：按照出口报关单显示的出口商品数量进行填写。出口报关单中的出口商品有多个计量单位的,应填写申报系统所带出计量单位对应的出口数量。

【美元离岸价】:按出口报关单的美元 FOB 价格填写,若成交方式不是 FOB,含有运费及保费,需要扣除换算为 FOB 价格填写;若以非美元价格成交的需折算成美元价格。

【代办退税专用发票】:填写代办退税发票 10 位发票代码 +8 位发票号码录入。

二、生成代办退税申报数据

综服企业在完成代办退税申报数据采集后,可以生成用于报送税务机关的代办退税申报数据。

操作步骤为:登录离线版申报系统,打开"代办申报向导第二步→生成代办退税申报→生成出口退(免)申报数据"模块,在弹出的对话框中选择代办退税申报,填写所属期和批次后点击"确认"按钮即可,如图 15-155 所示。

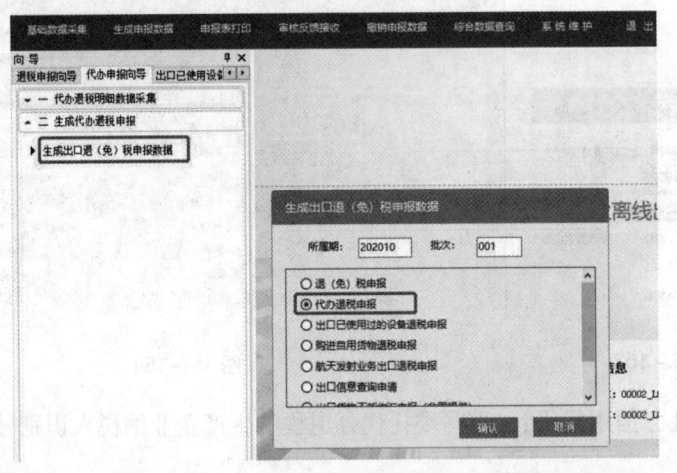

图 15-155

数据生成成功后会有"提示信息"框,企业可以查看申报数据的存放路径,申报数据是以企业海关代码+申报年月+dbts_ sb 命名的 XML 文件,如图 15-156 所示。

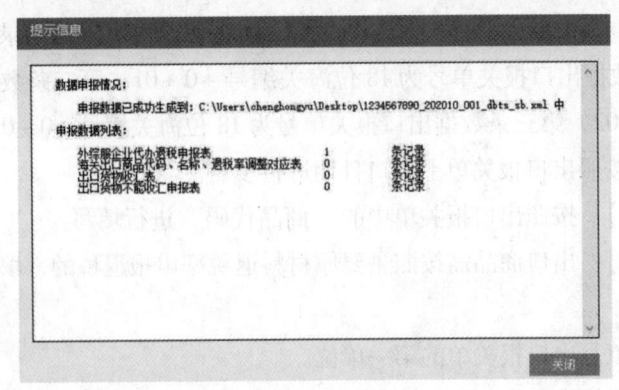

图 15-156

三、打印代办退税申报表

综服企业在完成申报数据生成后,可以对"外贸综合服务企业代办退税申报表"进行打印。操作步骤为:登录离线版申报系统,打开"代办申报向导第三步→打印代办退税报表→代办退税申报表"模块,输入需要打印的所属期和批次后,选中"外综服企业代办退税申报表",进行打印即可,如图15-157所示。

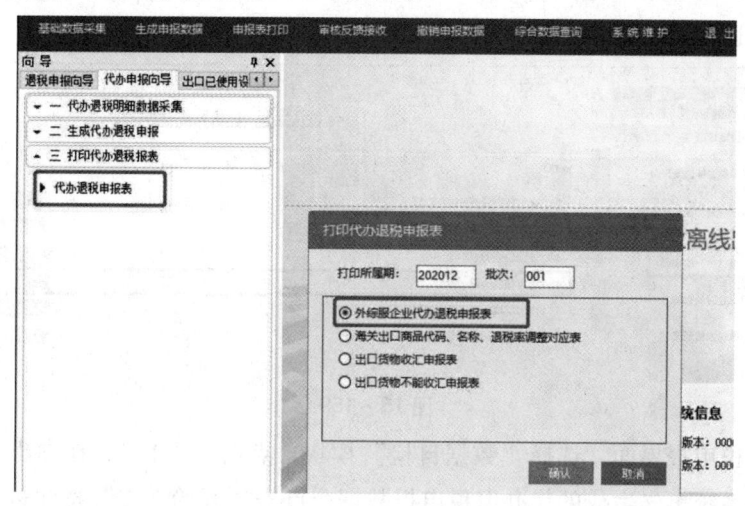

图 15-157

打印后的《外贸综合服务企业代办退税申报表》,如图15-158所示。

外贸综合服务企业代办退税申报表

综服企业海关企业代码:(公章)
综服企业纳税人名称:
综服企业纳税人识别号(统一社会信用代码):
代办退税专用发票张数: 申报年月: 申报批次: 金额单位:元至角分

序号	生产企业纳税人识别号(统一社会信用代码)	出口货物报关单号	出口日期	出口商品代码	申报商品代码	出口商品名称	计量单位	出口数量	美元离岸价	代办退税专用发票号码	开票日期	出口退税计税金额	征税率	退税率	申报代办退税税额	业务类型	备注
1	2	3	4	5	6	7	8	9	10	11	12	13	14	15	16	17	18
小合																	

申报人申明	授权人申明
此表各栏填报内容是真实、口法的,与实际出口货物情况相符。否则,本企业愿意承担由此产生的相关责任。 经办人: 财务负责人: 法定代表人(负责人): 年 月	(如果你已委托代理申报人,请填写下列资料)为代理出口货物退税申报事宜,现授权 为本纳税人的代理申报人,任何与本申报表有关的往来文件都可寄于此人。 授权人签字 (盖章) 年 月 日

第1页/共1页

图 15-158

四、通过电子税务局进行数据自检与申报

综服企业在离线版申报系统生成代办退税申报数据后，可以通过电子税务局对生成的代办退税申报数据进行自检和正式申报。

登录电子税务局，选择"我要办税→出口退税管理"模块，在"出口退税管理"操作界面中选择"出口退（免）税申报"模块中的"代办退税申报"功能，点击"离线申报"进入代办退税申报的具体操作界面，如图 15-159 所示。

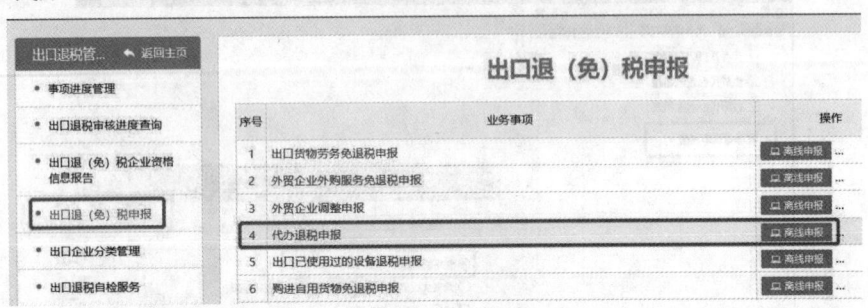

图 15-159

在代办退税申报界面，选择"数据自检"模块，点击"上传"，在弹出的界面里，选择离线版申报系统事先生成的代办退税申报数据，点击"开始上传"按钮进行上传。申报数据上传成功后，电子税务局自动进行数据自检。当反馈状态显示已完成，说明数据自检处理成功。"自检情况"状态处会有三个数字，第一个数字代表所有疑点的数量；第二个数字代表允许挑过疑点的数量；第三个数字代表不允许挑过疑点的数量。点击对应的疑点数字可以查看具体的疑点信息，如图 15-160 所示。

图 15-160

经过数据自检，对于符合申报条件的代办退税申报数据（没有疑点或者没有不可挑过疑点），可以直接点击"确认申报"完成数据的正式申报，确认申报后，数据会转至正式申报页面，在正式申报页面可以查询税务机关的审核情况，如图 15-161 所示。

图 15 –161

五、代办退税数据修改

经过电子税务局数据自检，发现代办退税申报数据不符合申报条件的，可以在离线版申报系统中对数据进行修改后重新生成申报数据，再次通过电子税务局进行申报。离线版申报系统数据修改的操作步骤为：在离线版申报系统中，打开"代办退税向导第五步→代办退税申报数据撤销→撤销出口退（免）税申报数据"模块，选择"代办退税申报"，并点击确定，首先进行撤销申报数据的操作，如图 15 – 162 所示。然后在"代办申报向导第一步→代办退税明细数据采集→外综服企业代办退税申报表"模块，选择需要修改的数据表单，在数据采集界面点击"修改"按钮后对申报数据进行修改。数据修改完成后，重新生成申报数据。

图 15 –162

六、下载税务机关反馈信息

税务机关审核通过后，综服企业需通过电子税务局下载审核结果反馈信息，用以读入离线版申报系统后更新已申报数据的审核状态。

反馈信息的下载的操作步骤：登录电子税务局，选择"我要办税→出口退税管理"模块，在"出口退税管理"操作界面中选择"出口退（免）税申报"模块中的"代办退税申报"功能，点击"离线申报"进入代办退税申报的具体操作界面，选择"审核结果反馈"模块。

在"审核结果反馈"操作界面，申请类型选择"按年月"，输入需要下载反馈数据的所属期，点击"查询"按钮后再点击"申请"按钮，当状态显示"读取完成"时，说明反馈信息准备完毕，此时点击"下载"按钮即可将反馈信息下载到本地电脑备用，如图15-163所示。

图 15-163

七、读入税务机关反馈信息

登录离线版申报系统，打开"代办申报向导第四步→审核反馈信息接收→读入税务机关反馈信息"模块，将之前在电子税务局下载的税务机关审核结果反馈信息读入系统中，如图15-164所示。

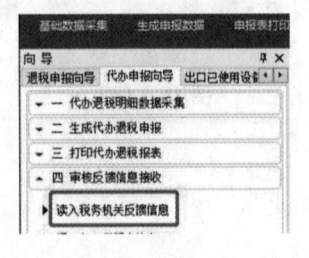

图 15-164

反馈信息读入成功后，可在"代办申报向导第六步→代办退税申报数据查询→外综服企业代办退税申报表"中查询申报数据的审核结果，数据审核标志处显示"R"代表审核通过，如图 15 - 165 所示。

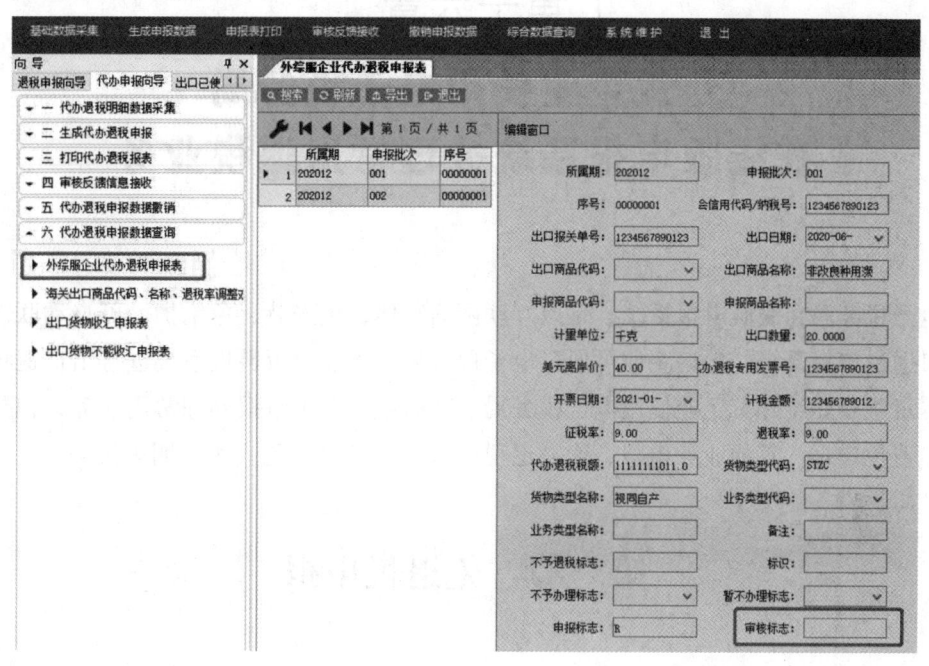

图 15 - 165

第十六章

外贸企业使用电子税务局在线版申报系统办理常用退税业务

电子税务局在线版申报系统，是以互联网为载体，免安装、免维护，可自动联网升级的出口退税申报系统。出口企业可通过电子税务局进入在线版申报系统进行出口退税的申报。本章主要介绍外贸企业使用电子税务局在线版申报系统申报办理常用业务，包括外贸企业免退税申报、其他业务申报、代办退税申报、出口退（免）税证明申报等。

第一节 免退税申报

外贸企业使用电子税务局在线版申报系统进行出口货物免退税申报，需要通过"明细数据采集、生成退（免）税申报、打印免退税报表、申报数据自检、数据正式申报"五个环节完成。

一、电子税务局在线版申报系统的登录

电子税务局中的出口退税功能，根据不同的业务种类，划分在不同的功能区域中：申报办理出口退（免）税事项，可通过"电子税务局→我要办税→出口退税管理"模块进入在线版申报系统后操作；查询申报数据的审核进度、报关单信息接收状态、已申报退（免）税数据等，可通过"电子税务局→我要查询→出口退税信息查询"进行操作，如图16-1所示。

图16-1

外贸企业使用在线版申报系统集成在"电子税务局→我要办税→出口退税管理"模块中。出口企业登录电子税局后，选择"我要办税→出口退税管理→出口退（免）税申报"模块，点击"出口货物劳务免退税申报"后方的"在线申报"按钮即可进入在线版申报系统中，如图 16-2 所示。

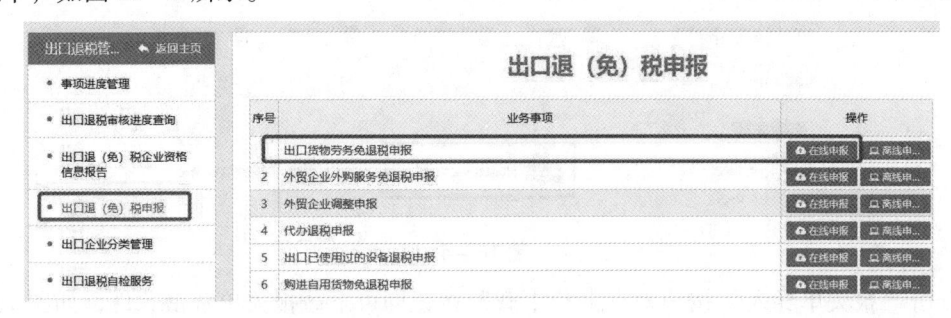

图 16-2

二、免退税明细数据采集

（一）货物劳务明细申报数据采集

外贸企业货物劳务免退税申报，需要填写《外贸企业出口退税出口明细申报表》和《外贸企业出口退税进货明细申报表》。

明细数据采集中可以采用两种方式进行采集，分别为外部导入报关单数据和手工采集。外部导入是指：直接将通过电子口岸下载的报关单数据导入在线版申报系统中，然后与接收的增值税发票进行匹配，经过处理后生成免退税出口明细数据和免退税进货明细数据；手工采集是指：通过电子口岸打印纸质报关单，根据报关单内容在在线版申报系统手工录入出口明细数据，参考纸质增值税专用发票手动录入进货明细数据。

方法一：外部导入申报数据

1. 登录电子口岸下载报关单数据。登录中国电子口岸官方网站，在"电子口岸联网稽查→出口报关单查询下载"界面可以下载电子口岸的报关单数据，如图 16-3 所示。

图 16-3

2. 下载客户端工具，解密电子口岸报关单数据。在线版申报系统仅支持导入通过客户端工具解密后的电子口岸数据，如果未对电子口岸数据解密，应先下载"解密工具"完成报关单数据解密。进入在线版申报系统后打开"货物劳务及服务退税申报→智能配单→出口货物报关单管理"，如图16-4所示。

图16-4

点击"报关单导入"按钮，点击"下载"按钮即可下载报关单解密软件，如图16-5所示。

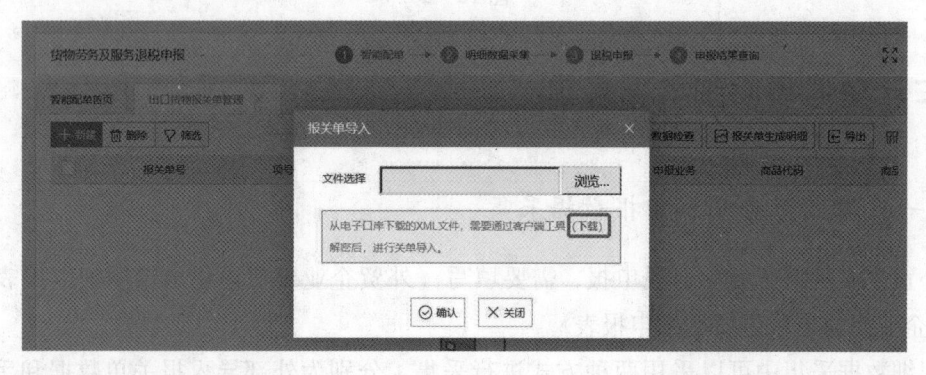

图16-5

下载后的客户端工具为ZIP格式的压缩文件，解压后双击运行后缀为exe的应用程序，如图16-6所示

图16-6

在出口退税客户端工具中，填写电子口岸的IC卡密码，并插入电子口岸IC卡，选择下载的电子口岸报关单数据，点击"开始解密"按钮即可，电子口岸数据解密成功后系统会有"解密完成"字样的信息提示，如图16-7所示。解密成功的电子口岸报关单数据会覆盖原文件，不会生成新的文件也不会更改文件名称。

3. 将解密后的电子口岸数据导入在线版申报系统中，选择"货物劳务及服务退税申报→智能配单→出口货物报关单管理"点击"报关单导入"按钮，选择解密后的报关单数据，如图16-8所示。

4. 通过报关单使用状态、报关单信息状态判断是否满足申报要求。导入成功的报关

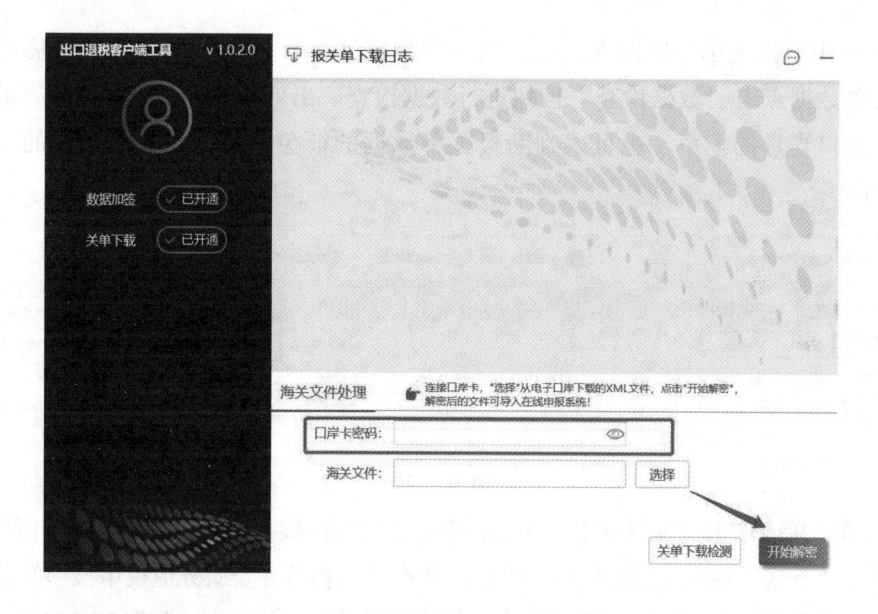

图 16－7

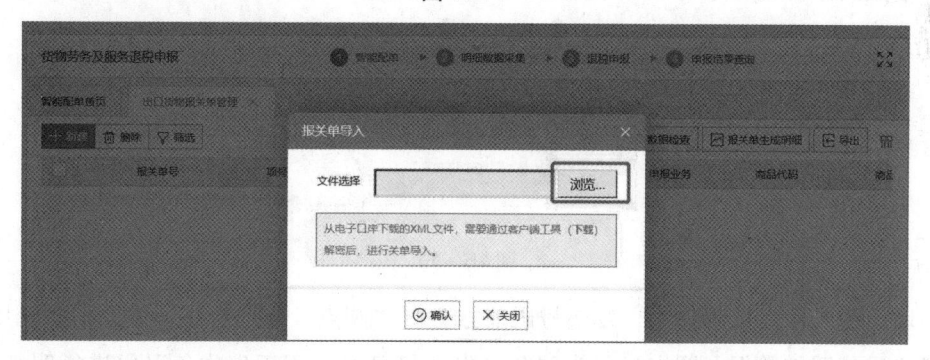

图 16－8

单数据前方会有两个"圆点"状态标识。第一个"圆点"显示此报关单数据是否已用于生成免退税申报明细的状态：红色表示报关单尚未用于生成明细申报数据；绿色表示报关单已用于生成明细申报数据。第二个圆点显示税务机关审核系统是否已经接收到电子口岸传递的此报关单电子信息：绿色表示税务机关已经接收到报关单信息，该报关单可以用于免退税申报；红色表示税务机关尚未接收到相应报关单信息，应待税务机关接收信息后才可用于免退税申报。如图 16－9 所示。

图 16－9

5. 进行出口报关单数据检查。在"出口货物报关单管理"页面勾选本次需要申报退税的报关单数据点击"数据检查"按钮进行数据检查。出口货物报关单数据检查的目的是为了配置出口当月的汇率，也可以判断报关单数据的征免性质，剔除不退税的商品，如图 16-10 所示。

图 16-10

6. 查询已接收增值税发票信息。在线版申报系统自动接收税务机关反馈的增值税发票信息，无须手动下载再导入。数据检查完成后，选择"货物劳务及服务退税申报→智能配单"，点击"增值税专用发票管理"查询系统自动接收的增值税发票信息，如图 16-11 所示。

图 16-11

在增值税专用发票管理中，发票号码前方会有"圆点"状态标识：发票信息已用于生成免退税进货明细数据，圆点显示为绿色；发票信息尚未用于生成免退税进货明细数据，圆点显示为红色。同时还应注意区分发票状态，目前发票状态分为两种，已认证/未稽核、已认证/已稽核。分类管理类别为一类、二类的出口企业发票状态显示为"已认证/未稽核"或"已认证/已稽核"均可申报退税，即在发票状态栏中显示已认证即可，对是否稽核不做强制要求；分类管理类别为三类、四类的出口企业，发票状态显示为"已认证/已稽核"才可申报退税。如图 16-12 所示。

图 16-12

7. 进行出口报关单与增值税发票的配单。选择"货物劳务及服务退税申报→智能配单"点击"报关单逐项配单"进入匹配界面，如图16-13所示。

图 16-13

在报关单逐项配单界面，会显示所有"数据检查"通过的报关单，选择需申报退税的报关单，点击后方的"配单"按钮，如图16-14所示。

图 16-14

在"智能配单"界面需要填写"基本信息"，如所属期、出口发票号码、关联号等，下一步参考"出口信息"中显示的报关单信息，选择对应的增值税发票，点击"选择发票信息"按钮，如图16-15所示。

图 16-15

在发票信息列表中可以通过输入发票号码或开票日期的方式快速查找增值税发票，找到与拟申报的报关单出口商品对应的增值税发票后点击"选择"按钮，即完成出口报关单

| 出口退（免）税常见业务申报实务与疑难速查 |

与增值税发票的匹配，如图16-16所示。

图 16-16

若选择的增值税发票还对应其他的出口报关单，在选择后需要对增值税发票的"出口进货数量"和"计税金额"按照不同批次出口商品的数量比例进行拆分；若出口报关单还对应其他的增值税发票，可以再次点击"选择发票信息"继续添加其他发票。需要注意：选择多张增值税发票的"出口进货数量"合计不得超过对应出口报关单的"出口数量"。如图16-17所示。

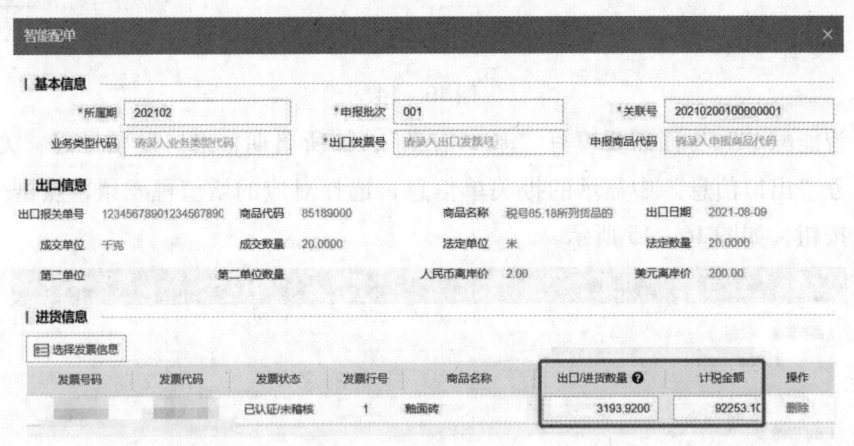

图 16-17

8. 生成出口明细表和进货明细表。配单完成后点击"提交"按钮，出口报关单数据及增值税发票数据会自动匹配至"货物劳务及服务退税申报→明细数据采集→外贸企业出口退税出口明细表/外贸企业出口退税进货明细表"中，如图16-18、16-19所示。

图 16 – 18

图 16 – 19

方法二：手工采集免退税明细申报数据。

在报关单数量较少的情况下，可以选择通过手工采集的方式，根据纸质报关单、纸质增值税专用发票的内容，直接手工录入外贸企业出口退税出口明细表和进货明细表。操作步骤为：选择"货物劳务及服务退税申报→明细数据采集"，点击"外贸企业出口退税出口明细申报表"，如图 16 – 20 所示。

图 16 – 20

在外贸企业出口退税出口明细申报采集界面，点击"新建"按钮录入明细数据，如图 16 – 21 所示。

图 16-21

【申报年月】：本年度出口的按申报期年月填写，以前年度出口的按出口所在年的 12 月填写。

【申报批次】：按申报年月的第几次申报填写。

【申报序号】：8 位流水号，序号是对该所属期下申报数据的默认排序，默认起始序号为 00000001，依序排列。例如当期免退税申报明细数据共有 10 条，在明细录入时序号默认从 00000001 排到 00000010。

【关联号】：是进货和出口数据关联的标志。按"申报年月（6 位数字）+申报批次（3 位数字）+关联号流水号（1-8 位数字）"的规则进行填写；每 21 位出口货物报关单号作为一个关联号编写单位。代理出口货物证明编写规则同出口货物报关单。

【报关单号】：参考纸质报关单填写。出口报关单右上角会有 18 位的海关编号，出口退税申报系统中要求录入 21 位，即 18 位的海关编号+0+两位项号。报关单号第 19 位始终为"0"；20、21 两位项号要根据报关单中出口货物明细列表最左侧的两位"项号"数字进行录入。例如，一张报关单有 3 项出口商品，则在免退税申报明细录入过程中需要录入三条数据：第一条数据出口报关单号为 18 位海关编号+0+01，第二条数据出口报关单号为 18 位海关编号+0+02，第三条数据出口报关单号为 18 位海关编号+0+03，以此类推。

【代理证明号】：代理出口证明号与出口报关单号根据实际情况选填一个即可，自营出口填写出口报关单号，委托出口填写代理出口证明号。代理出口证明号录入规则为 20 位，填写 18 位代理出口货物证明号码+两位项号。

【出口发票号码】：根据出口发票填写发票号码。开具多张出口发票的，若发票号码连续的，第一张发票可录入完整的 8 位号码，然后用/符号分割，第二张发票只录入后两位号码。

【出口日期】：按照出口报关单上出口日期进行填写。

【商品代码】：按照出口报关单中的"商品代码"进行填写。

【商品名称】：录入商品代码后，商品名称由系统自动带出。

【出口数量】：按照出口报关单显示的出口商品数量进行填写。出口报关单中的出口商品有多个计量单位的，应填写申报系统所带出计量单位对应的出口数量。

【美元离岸价】：按出口报关单的美元 FOB 价格填写，若成交方式不是 FOB，含有运费及保费，需要扣除换算为 FOB 价格填写；若以非美元价格成交的需折算成美元价格。

完成"外贸企业出口退税出口明细申报表"的采集后，需要采集进货明细数据，选择"货物劳务及服务退税申报→明细数据采集"点击"外贸企业出口退税进货明细申报表"，如图 16-22 所示。

图 16-22

在外贸企业出口退税进货明细申报采集界面，点击"新建"按钮录入明细数据，如图 16-23 所示。如果在线版申报系统中已经接收到需录入的增值税发票信息时（已接收到的增值税发票信息可在"货物劳务及服务退税申报→智能配单"的"增值税专用发票管理"处查询），在录入进货凭证号后，点击"回车"键，增值税发票票面数据会自动带出。

图 16-23

383

【关联号】：是进货和出口数据关联的标志。按"申报年月（6位数字）+申报批次（3位数字）+关联号流水号（1-8位数字）"的规则进行填写；每21位出口货物报关单号作为一个关联号编写单位。代理出口货物证明编写规则同出口货物报关单。

【税种】：消费税填写C，增值税填写V。

【进货凭证号】：按申报的进货凭证号码如实填写，如进货凭证为增值税专用发票，填写10位发票代码+8位发票号码。

【开票日期】：按进货凭证的开具日期填写。

【计税金额】：按进货凭证本次申报的计税金额或完税价格分项填写；如果进货凭证上多项货物或应税劳务对应的出口货物报关单上同一项商品，可填写计税金额或完税价格总和。

【征税率】：按进货凭证上的征税率据实填写。若为增值税，则按百分比的格式填写进货凭证上的税率；若为消费税从价定率方式征税的，按百分比的格式填写法定税率；若为消费税从量定额方式征税的，填写法定税额。

【可退税额】：由系统自动计算，税种为增值税的，按计税金额×退税率计算；税种为消费税时，从价定率方式征税的按计税金额×退税率计算，从量定额征税的按数量×退税率计算。

注意事项：退消费税时，若出口货物为从价定率方式征税的，征税率为系统根据商品代码库中的消费税征税率自动带出；若出口货物为从量定额方式征税的，征税率应根据货物实际缴纳的消费税税额填写；若为从量从价复合的计税的商品，需要在退税率文库中核实该商品的从量定额及从价定率，然后在进货明细中分别录入两条进货明细数据，第一条按从价定率填写，第二条按从量定额填写。

关联号编写规则及出口明细进货明细关联关系介绍

关联号编写规则

由六位申报年月+三位申报批次+一至八位流水号组成。

报关单发票匹配规则

出口明细中：每21位报关单号应作为一个关联号编写单位，不同的报关单或同一报关单上项号不同的出口货物不得使用同一个关联号；进货明细中：一个关联号下仍然可以存在多税种、多张进货凭证的情形。

示例1：一个报关单号的出口商品对应一张进货凭证时的录入

此情形较为简单，先在出口明细中根据关联号编写规则录入关联号，例如：20210100100000001，出口明细录入完成后录入进货明细，与出口明细数据对应的进货明细在录入时应使用与出口明细相同的关联号，即为20210100100000001。

示例2：一个报关单号的出口商品对应多张进货凭证时的录入

此情形先在出口明细中录入关联号，例如20210100100000001，然后录入进货明细，在进货明细中一个关联号下可以存在多张进货凭证的情形，因此与出口明细中报关单对应的所有进货凭证都应使用与出口明细相同的关联号，即为20210100100000001。

示例3：多个报关单号的出口商品对应一张进货凭证时的录入

出口明细要求每21位报关单号作为一个关联号的编写单位，因此如果一宗进货的商品分两批出口，即有两张报关单申报退税，出口明细中应录入两个关联号，例如20210100100000001、20210100100000002。对应的进货凭证在进货明细中也需要对应出口明细的关联号录入两条，录入时增值税发票的商品数量和计税金额要按照不同批次出口商品的数量比例进行拆分。

业务描述	情形	出口明细填写示意	进货明细填写示意
国内采购货物A 10个，取得增值税专用发票1张；一次性报关出口。	一个报关单号的出口商品对应一张进货凭证	20210100100000001 商品A 10个	20210100100000001 商品A 10个
国内一批采购货物A 4个，二批采购货物A 6个，共取得增值税专用发票2张；一次性报关出口。	一个报关单号的出口商品对应多张进货凭证	20210100100000001 商品A 10个	20210100100000001 商品A 4个（发票1） 20210100100000001 商品A 6个（发票2）
国内采购货物A 10个，取得增值税专用发票1张；分两批报关出口，一批出口货物A 3个，二批出口货物A 7个。	多个报关单号的出口商品对应一张进货凭证	20210100100000001 商品A 3个（报关单1） 20210100100000002 商品A 7个（报关单2）	20210100100000001 商品A 3个 20210100100000002 商品A 7个

（二）零税率服务明细申报数据采集

增值税一般纳税人提供适用增值税零税率的应税服务，实行增值税退（免）税办法。外贸企业外购服务或者无形资产出口实行免退税办法，免退税申报需要录入《跨境应税行为免退税申报明细表》。

操作步骤为：登录在线版申报系统，选择"货物劳务及服务退税申报→明细数据采集"点击"跨境应税行为免退税申报明细表"，进入录入界面，如图16-24所示。

图 16-24

在"跨境应税行为免退税申报明细采集"录入界面,点击"新建"按钮录入数据。如图 16-25 所示。

图 16-25

【跨境应税行为代码】:按出口退税率文库中的对应编码填写,如 9902000000(对外研发服务)。

【合同号】:填写与境外单位签订的提供跨境应税行为的合同编号。

【出口发票号】:填写销项发票的发票号码。

【出口日期】:填写出口发票的开票日期。

【境外单位名称】:填写签订跨境应税行为合同的境外单位名称。

【进货凭证号】:如果是增值税专用发票,填写 18 位进货凭证号,即为 10 位发票代码 +8 位发票号码。

【计税金额】：按进货凭证本次申报退税的计税金额填写。

【征税率】：按进货凭证上的征税率据实填写。

三、生成退税申报数据及数据申报

外贸企业在完成明细申报数据采集后，可以生成用于报送税务机关的出口退（免）税申报数据。

选择"货物劳务及服务退税申报→退税申报"模块，点击"生成申报数据"按钮，如图 16 -26 所示。

图 16 -26

数据生成成功后会在下方显示生成记录，申报文件是以企业社会信用代码 + 所属期命名的 XML 文件。勾选生成的申报数据，点击"数据自检"按钮，进行数据的自检。数据自检相当于在正式申报前由系统对申报数据进行的"预审核"，可检查本次申报数据是否满足申报规则，并显示不符合申报规则的数据列表，用户可根据自检结果中的信息描述，进行数据的调整。如图 16 -27 所示。

图 16 -27

数据自检审核完成后，在自检情况中会显示三个数字：第一个数字代表所有疑点的数量；第二个数字代表可挑过疑点的数量；第三个数字代表不允许挑过疑点的数量，点击对应的数字可查看疑点列表，如图 16 -28 所示。

图 16 -28

四、免退税申报数据修改

经过电子税务局数据自检，发现免退税申报数据不符合申报条件的，可以对数据进行修改后重新生成申报数据，再次进行申报。操作步骤为：打开"货物劳务及服务退税申报→退税申报"模块，勾选需要修改的申报数据，点击"撤销申报数据"按钮，首先进行撤销申报数据的操作，如图16-29所示。然后在"货物劳务及服务退税申报→明细数据采集"模块，选择需要修改的数据表单，在数据采集界面点击"修改"按钮后对申报数据进行修改。数据修改完成后，重新生成申报数据。

图16-29

五、数据正式申报及申报进度查询

数据自检显示没有疑点或没有不可挑过的疑点，需要进行"正式申报"，打开"货物劳务及服务退税申报→退税申报"模块，勾选申报数据，点击正式申报，即可报送至税务机关审核，如图16-30所示。

图16-30

数据正式申报后可通过在线版申报系统查询税务机关的审核进度，选择"货物劳务及服务退税申报→申报结果查询"模块，可在此模块查询税务机关的审核情况，如图16-31所示。

图16-31

六、已申报数据查询

正式申报的免退税数据税务机关审核通过后，在线版申报系统可自动获取反馈信息，可通过电子税务局查询已申报数据。登录电子税务局后打开"我要查询→出口退税信息查询→出口退税申报信息查询→外贸企业出口退税出口明细申报表/外贸企业出口退税进货明细申报表"模块，可以查询税务机关审核通过的免退税申报数据，如图16-32、图16-33所示。

图 16-32

图 16-33

七、打印免退税申报表

外贸企业完成免退税数据的申报后，可以对"外贸企业出口退税出口明细申报表""外贸企业出口退税进货明细申报表""跨境应税行为免退税申报明细表"等报表进行打印。具体操作步骤为：打开"货物劳务及服务退税申报→退税申报"页面，勾选对应的申报数据，点击"打印报表下载"按钮，即可进入报表下载页面。在报表下载页面，勾选对应的报表，点击报表下载，即可下载报表的 EXCEL 文件或 PDF 文件用于存储或打印，如图 16-34 所示。

图 16-34

打印后的《外贸企业出口退税出口明细申报表》《外贸企业出口退税进货明细申报表》《跨境应税行为免退税申报明细表》，如图16-35、图16-36、图16-37所示。

外贸企业出口退税出口明细申报表

纳税人识别号（统一社会信用代码）：　　　　　申报年月：　年　月　　　　申报批次：
纳税人名称：
申报退税额：
其中：增值税　　　　　　　　　消费税　　　　　　　　　　　　　金额单位：元（列至角分）

序号	关联号	出口发票号	出口货物报关单号	代理出口货物证明号	出口日期	出口商品代码	出口商品名称	计量单位	出口数量	美元离岸价	申报商品代码	退（免）税业务类型	备注
1	2	3	4	5	6	7	8	9	10	11	12	13	14

小计
合计

声明：此表是根据国家税收法律法规及相关规定填写的，本人（单位）对填报内容（及附带资料）的真实性、可靠性、完整性负责。

纳税人（签章）：　　　　年　月　日

经办人：　　　　　　　　　　　　　　受理人：
经办人身份证号：　　　　　　　　　　受理税务机关（章）：
代理机构签章：　　　　　　　　　　　受理日期：　年　月　日
代理机构统一社会信用代码：

第1页/共1页

图 16-35

外贸企业出口退税进货明细申报表

纳税人识别号（统一社会信用代码）：　　　　　申报年月：　年　月　　　　申报批次：
纳税人名称：
申报退税额：
其中：增值税　　　　　　　　　消费税 0.00　　　　　　　　　　金额单位：元（列至角分）

序号	关联号	税种	凭证种类	进货凭证号	供货方纳税人识别号	开票日期	出口商品代码	商品名称	计量单位	数量	计税金额	征税率（%）	退税率（%）	可退税额	备注
1	2	3	4	5	6	7	8	9	10	11	12	13	14	15	16

小计
合计

声明：此表是根据国家税收法律法规及相关规定填写的，本人（单位）对填报内容（及附带资料）的真实性、可靠性、完整性负责。

纳税人（签章）：　　　　年　月　日

经办人：　　　　　　　　　　　　　　受理人：
经办人身份证号：　　　　　　　　　　受理税务机关（章）：
代理机构签章：　　　　　　　　　　　受理日期：　年　月　日
代理机构统一社会信用代码：

第1页/共1页

图 16-36

跨境应税行为免退税申报明细表

纳税人识别号（统一社会信用代码）： 申报年月： 申报批次：
纳税人名称：
申报增值税退税额合计： 金额单位：元（列至角分）

序号	跨境应税行为名称	跨境应税行为代码	合同号	有关证明编号	出口发票号码	出口发票开具日期	境外单位名称	境外单位所在国家或地区	合同总金额 折美元	合同总金额 折人民币	已确认跨境应税行为营业收入人民币金额	实际收款金额（美元）	进货凭证号	供货方纳税人识别号	开票日期	计税金额	征税税率	退税率	申报增值税退税额	跨境应税行为类型	备注
1	2	3	4	5	6	7	8	9	10	11	12	13	14	15	16	17	18	19	20	21	22

声明：此表是根据国家税收法律法规及相关规定填写的，本人（单位）对填报内容（及附带资料）的真实性、可靠性、完整性负责。
纳税人

经办人： 受理人：
经办人身份证号： 受理税务机关（章）：
代理机构签章： 受理日期： 年 月 日
代理机构统一社会信用代码：

第 1 页／共 页

图 16-37

八、其他资料表单申报

《海关出口商品代码、名称、退税率调整对应表》《外贸企业调整申报表》非必要时无须提供，只有当存在具体适用情形时才需录入此类表单，并与退（免）税申报数据生成在一个申报文件中，无须单独生成申报文件。

（一）海关出口商品代码、名称、退税率调整对应表

若外贸企业的免退税申报中，存在出口货物报关单上的申报日期和出口日期期间，因海关调整商品代码，导致出口货物报关单上的商品代码与调整后的商品代码不一致的情况，应按照出口货物报关单上列明的商品代码申报退（免）税，在免退税申报明细数据采集的同时，录入《海关出口商品代码、名称、退税率调整对应表》，与其他免退税申报表数据一并生成免退税申报数据报送税务机关。

登录在线版申报系统后，选择"货物劳务及服务退税申报→明细数据采集"点击"海关出口商品代码、名称、退税率调整对应表"进入录入界面，如图 16-38 所示。

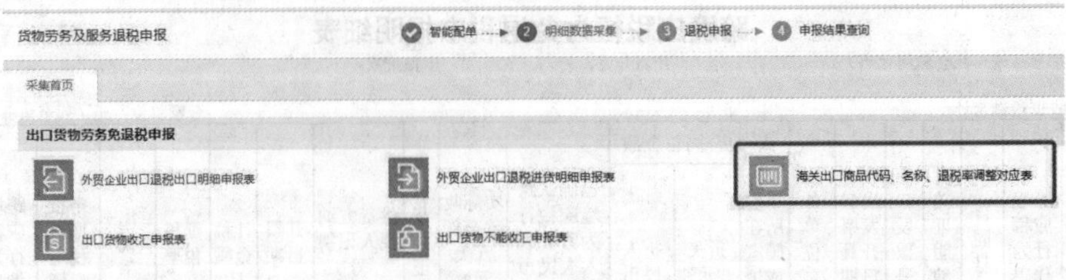

图 16-38

在录入界面中点击"新建"按钮录入数据，如图 16-39 所示。

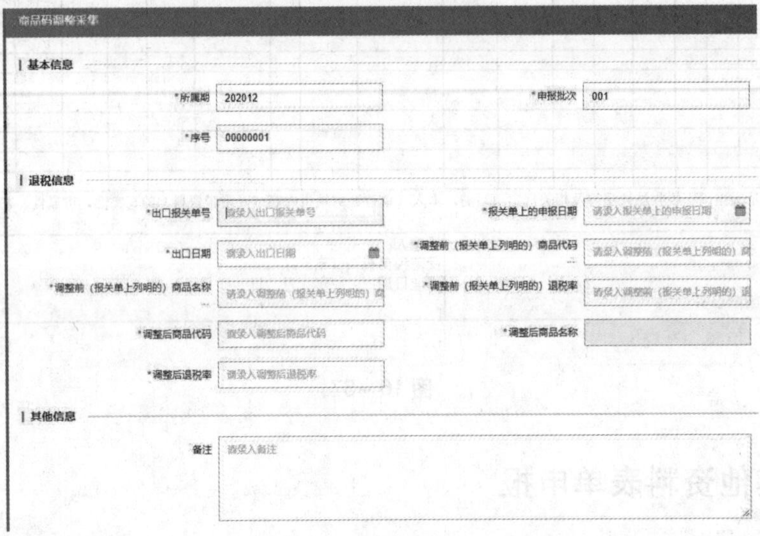

图 16-39

【所属期】：4 位年份+2 位月份，与出口明细表中的所属期保持一致。

【序号】：填写 8 位流水号，默认 00000001 起始，与出口明细中的序号无关，此栏目仅代表海关商品代码调整对应表的序号。

【出口报关单号/代理证明号】：自营出口填写 21 位出口报关单号，委托出口填写 20 位代理出口货物证明号。

【报关单上的申报日期】：填写出口货物报关单注明的申报日期。

【出口日期】：填写出口货物报关单注明的出口日期。

【调整前商品代码】：填写报关单中的商品代码。

【调整后商品代码】：填写调整后的商品代码。

注意事项：调整前商品代码与调整后商品代码如果前八位相同，且征税率相同，无须录入海关商品码调整对应表，可直接在免抵退申报明细表中录入使用。

打印后的《海关出口商品代码、名称、退税率、调整对应表》，如图 16-40 所示。

海关出口商品代码、名称、退税率调整对应表

企业海关代码：
纳税人名称：
纳税人识别号：　　　　　　　　　　　　　　申请日期：

序号	出口报关单号	报关单上的申报日期	出口日期	调整前（报关单上列明的）			调整后			备注
				商品代码	商品名称	退税率	商品代码	商品名称	退税率	

兹声明以上申报无讹并愿意承担一切法律责任。

经办人：　　　　　　　财务负责人：　　　　　　　法定代表人：
　　　　　　　　　　　　　　　　　　　　　　　（公章）

图 16-40

（二）外贸企业调整申报表

外贸企业调整申报，主要适用于已经正式申报的数据进行冲减申报的情形。目前需要通过《外贸企业调整申报表》调整的业务有出口货物劳务免退税申报、外贸企业外购服务免退税申报、横琴平潭业务免退税申报，其他业务需要调整申报的，使用负数申报进行冲减，需要注意调整申报表，税务机关审核后，会将表中注明关联号的所有正式申报数据冲减，如只是需要部分冲减，可在税务机关审核调整申报表后，重新申报其余数据。

登录在线版申报系统后，选择"货物劳务及服务退税申报→明细数据采集"点击"外贸企业调整申报"进入录入界面，如图16-41所示。

图 16-41

在录入界面中点击"新建"按钮录入数据,如图 16-42 所示。

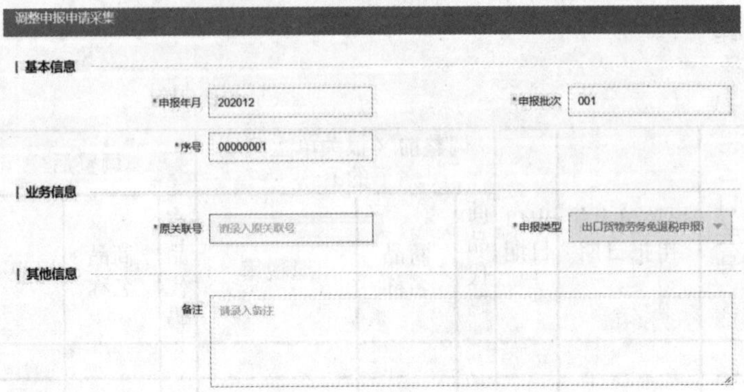

图 16-42

【申报年月】:按申报期年月填写,对跨年度的按上年 12 月份填写。
【申报批次】:所属年月的第几个批次。
【序号】:本次申报数据的物理顺序,从 00000001 默认排序到最后。
【原申报关联号】:按照调整对象的原申报类型填写。

第二节　其他业务申报

一、出口信息查询申请

出口企业日常免退税申报过程中,如发现出口报关单、出口货物代理证明、增值税专用发票等用于申报退(免)税的凭证长时间(一般超过三个月)没有电子信息或电子信息内容与实际不符的,可填报《出口信息查询申请表》报送主管税务机关,由主管税务机关协助解决电子信息的相关问题。

具体操作步骤为:登录电子税务局,选择"我要办税→出口退税管理→出口退(免)税申报"模块,点击"出口信息查询申请"后方的"在线申报"按钮,进入在线申报系统,如图 16-43 所示。

图 16-43

选择"出口信息查询→明细数据采集"进入数据的录入界面，如图 16-44 所示。

图 16-44

在录入页面点击"新建"按钮，录入明细数据，如图 16-45 所示。

图 16-45

【凭证种类】：01 代表出口报关单，02 代表增值税专用发票。其他退税凭证可以打开下拉菜单自行选择。

【凭证号码】：查询出口报关单信息的，凭证号码填写 21 位报关单号码；查询增值税专用发票信息的，凭证号码填写发票的"10 位代码 + 8 位号码"；查询海关进口增值税专用缴款书信息的，凭证号码填写 22 位缴款书号码；查询出口退（免）税相关证明的，凭证号码填写证明编号。

【出口（开具）日期】：填写出口报关单的出口日期或增值税发票等其他凭证的开具日期。

完成出口企业信息查询申请的采集后，需要进行数据的生成，选择"出口信息查询→数据申报"点击"生成申报数据"按钮，数据生成完成后勾选申报数据，点击"正式申报"按钮，即可报送至税务机关审核。如图16-46所示。

图 16-46

正式申报后，可通过在线版申报系统查询税务机关的审核进度，选择"出口信息查询→申报结果查询"查询税务机关的审核情况，如图16-47所示。

图 16-47

如果外贸企业在数据生成后发现数据存在问题，可以在申报系统中对数据进行修改后重新生成申报数据。打开"出口信息查询→数据申报"点击"撤销申报数据"按钮，首先进行撤销申报数据的操作，如图16-48所示。然后在"出口信息查询→明细数据采集"中对数据进行修改，数据修改完成后，重新生成申报数据。

图 16-48

正式申报的出口企业信息查询申请税务机关审核通过后，在线版申报系统可自动获取反馈信息，可通过电子税务局查询已申报数据，登录电子税务局后打开"我要查询→出口退税信息查询→出口退税申报信息查询→出口信息查询"模块，可以查询税务机关审核通过的申报数据，如图16-49所示。

当数据成功申报后，需要进行报表的打印，具体操作步骤为：打开"出口信息查询→数据申报"页面，勾选对应的申报数据，点击"打印报表下载"按钮，即可进入报表下载页面。在报表下载页面，勾选对应的报表，点击报表下载，即可下载报表的EXCEL文件或PDF文件用于存储或打印，如图16-50所示。

| 中篇 出口退（免）税申报操作实务 |

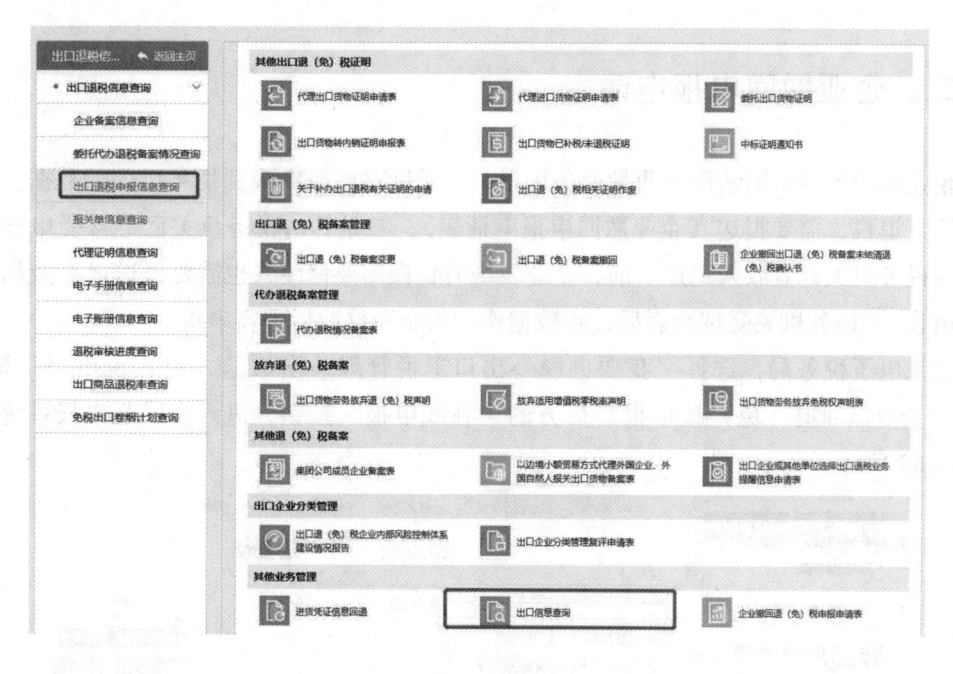

图 16-49

图 16-50

打印后的《出口信息查询》，如图 16-51 所示。

出口信息查询

纳税人名称：
统一社会信用代码/纳税人识别号：

序号	凭证种类	凭证号码	出口（开具）日期	备注

本申请表是根据国家税收法律法规及相关规定填写的，我确定它是真实的、完整的。

申请人：

年　月　日（公章）　　　　主管税务机关受理情况：

年　月　日（公章）

图 16-51

二、企业撤回申报申请表

企业撤回申报申请适用于两种业务场景，一是针对已经申报到税务机关的数据，企业自愿放弃退税，需要报送《企业撤回申报申请表》；二是针对税务机关已经接受申报的数据，在税务机关开具收入退还书前，企业发现有错误需要修改，也需要报送《企业撤回申报申请表》，税务机关受理此表后，将数据作废由企业修改后重新申报。

登录电子税务局，选择"我要办税→出口退税管理→出口退（免）税申报"模块，点击"企业撤回退（免）税申报"后方的"在线申报"按钮，进入在线版申报系统，如图16–52所示。

图16–52

选择"企业撤回退（免）税申报申请表→明细数据采集"进入数据录入页面，如图16–53所示。

图16–53

在录入页面点击"新建"按钮录入数据，如图16–54所示。

【撤回原因】：分为1.申报错误申请撤回、2.自愿放弃申请撤回两种。撤回原因选择2自愿放弃的，还需要录入原申报关联号/原申报序号、凭证种类、凭证号码。

【撤回业务类型】：按照撤回申报的对象的原申报类型填写，具体分为：免退税申报、购进自用货物申报、出口已使用旧设备申报、非自产消费税特准退税申报、代办退税申报、横琴平潭退税业务（货物）申报。

图 16-54

完成企业撤回申报申请表的数据采集后，需进行数据的生成，选择"企业撤回退（免）税申报申请表→数据申报"，点击"生成申报数据"按钮，即可生成申报数据。数据生成后，勾选申报数据点击"正式申报"即可报送税务机关审核。如图 16-55 所示。

图 16-55

正式申报后，可通过在线版申报系统查询税务机关的审核进度，选择"企业撤回退（免）税申报申请表→申报结果查询"可查询税务机关的审核情况，如图 16-56 所示。

图 16-56

如果外贸企业在撤回申报数据生成后，发现数据存在错误，可以在申报系统中对数据进行修改后重新生成申报数据。打开"企业撤回退（免）税申报申请表→数据申报"，点击"撤销申报数据"按钮，首先进行撤销申报数据的操作，如图 16-57 所示。然后在"企业撤回退（免）税申报申请表→明细数据采集"中对数据进行修改，数据修改完成后，重新生成申报数据。

399

| 出口退（免）税常见业务申报实务与疑难速查 |

图 16-57

正式申报的企业撤回退（免）税申报申请表税务机关审核通过后，在线版申报系统可自动获取反馈信息，可通过电子税务局查询已申报数据，登录电子税务局后打开"我要查询→出口退税信息查询→出口退税申报信息查询→企业撤回退（免）税申报申请表"模块，可以查询税务机关审核通过的申报数据，如图 16-58 所示。

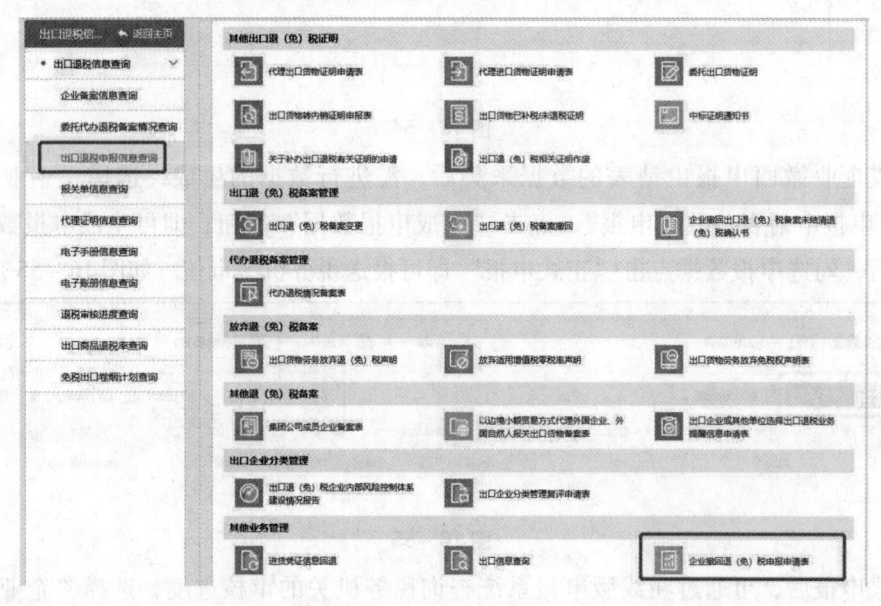

图 16-58

当数据申报成功后需要进行报表的打印，具体操作步骤为：打开"企业撤回退（免）税申报申请表→数据申报"页面，勾选对应的申报数据，点击"打印报表下载"按钮，即可进入报表下载页面。在报表下载页面，勾选对应的报表，点击报表下载，即可下载报表的 EXCEL 文件或 PDF 文件用于存储或打印，如图 16-59 所示。

图 16-59

打印后的《企业撤回退（免）税申报申请表》，如图 16-60 所示。

企业撤回退（免）税申报申请表

纳税人识别号（统一社会信用代码）：　　申报年月：　年　月　　申报批次：
纳税人名称：

序号	申请撤回的原申报业务类型	申报撤回的原申报年月	申报撤回的原申报批次	撤回原因	原申报关联号/原申报序号	凭证种类	凭证号码
1	2	3	4	5	6	7	8

声明：此表是根据国家税收法律法规及相关规定填写的，本人（单位）对填报内容（及附带资料）的真实性、可靠性、完整性负责。 纳税人（签章）：　　　　　　　　　　年　月　日	
经办人： 经办人身份证号： 代理机构签章： 代理机构统一社会信用代码：	受理人： 受理税务机关（章）： 受理日期：　　年　月　日

图 16-60

三、出口退（免）税分类管理相关申请

出口企业管理类别评定工作每年进行1次，税务机关应于企业纳税信用级别评定结果确定后1个月内完成。自评定工作完成的次月起，税务机关对出口企业按照不同管理类别实施相应的分类管理措施。

出口企业申请管理类别评定为一类时，应于企业纳税信用级别评定结果确定的当月，向税务机关报送《出口退（免）税企业内部风险控制体系建设情况报告》。

（一）一类企业评定申请

登录电子税务局，选择"我要办税→出口退税管理→出口企业分类管理"模块，点击"一类出口企业评定申请"后方的"在线申报"按钮，进入在线版申报系统，如图16-61所示。

图 16-61

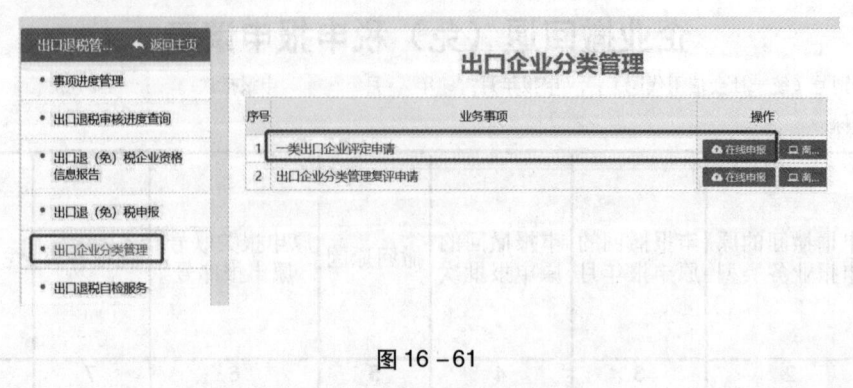

选择"出口退(免)税企业内部风险控制体系建设情况报告→明细数据采集",进入数据采集页面,如图 16-62 所示。

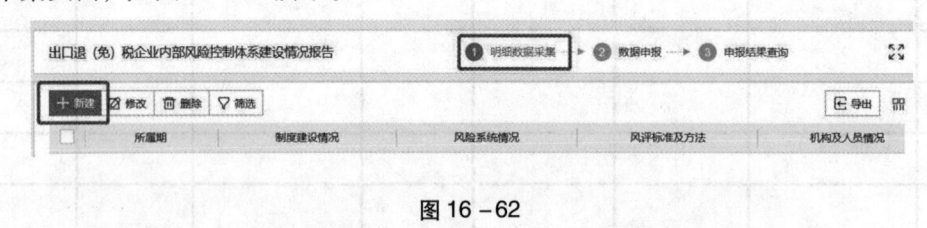

图 16-62

在录入页面点击"新建"按钮,录入明细数据,如图 16-63 所示。

图 16-63

外贸企业完成数据采集后,需进行申报数据的生成和申报操作。选择"出口退(免)税企业内部风险控制体系建设情况报告→数据申报"点击"生成申报数据"按钮,数据生成后,勾选已生成申报数据,点击"正式申报"按钮,即可将申报数据报送税务机关审核,如图 16-64 所示。

图 16-64

数据报送税务机关机关审核后，可通过在线版申报系统查询税务机关的审核进度，选择"出口退（免）税企业内部风险控制体系建设情况报告→申报结果查询"，如图 16-65 所示。

图 16-65

如果外贸企业在一类企业评定申请生成后发现存在问题，可以在申报系统中对数据进行修改后重新生成申报数据。选择"出口退（免）税企业内部风险控制体系建设情况报告→数据申报"点击"撤销申报数据"按钮，首先进行撤销申报数据的操作，如图 16-66 所示。然后在"出口退（免）税企业内部风险控制体系建设情况报告→明细数据采集"中对数据进行修改，数据修改完成后，重新生成申报数据。

图 16-66

正式申报的一类企业评定申请税务机关审核通过后，在线版申报系统可自动获取反馈信息，可通过电子税务局查询已申报数据，登录电子税务局后打开"我要查询→出口退税信息查询→出口退税申报信息查询→出口退（免）税企业内部风险控制体系建设情况报告"模块，可以查询税务机关审核通过的申报数据，如图 16-67 所示。

图 16-67

数据申报成功后即可进行报表的打印，具体操作步骤为：打开"出口退（免）税企业内部风险控制体系建设情况报告→数据申报"页面，勾选对应的申报数据，点击"打印报表下载"按钮，即可进入报表下载页面。在报表下载页面，勾选对应的报表，点击报表下载，即可下载报表的 EXCEL 文件或 PDF 文件用于存储或打印，如图 16-68 所示。

图 16-68

打印后的《出口退（免）税企业内部风险控制体系建设情况报告》，如图 16-69 所示。

出口退（免）税企业内部风险控制体系建设情况报告

_____税务局：

按照《出口退（免）税企业分类管理办法》的规定，现将本企业（企业名称：_____，纳税人识别号/统一社会信用代码：_____，海关企业代码：_____）内部出口退（免）税风险控制体系建设情况报告如下：

一、制度建设情况

二、风险管理信息系统建设情况

三、风险自评标准及方法

四、专职机构设置及专职人员配备情况

五、附送证明材料清单

本公司承诺：以上报告内容是真实、可靠的，并愿意承担由此产生的相关责任。

法定代表人：（签字）　　　　　（企业公章）
　　　　　　　　　　　年　月　日

图 16-69

（二）出口企业分类管理复评

出口企业因纳税信用级别、海关企业信用管理类别、外汇管理的分类管理等级等发生变化，或者对分类管理类别评定结果有异议的，可以向负责评定出口企业管理类别的税务机关提出重新评定管理类别。

如出口企业希望通过复评申请成为一类企业，可先通过一类企业评定申请流程提交相

| 中篇　出口退（免）税申报操作实务 |

关材料再启动复评流程；也可以先启动复评流程后再通过一类企业申请流程提交相关材料，但必须在税务机关复评流程的采集评定节点完成前提交一类企业评定申请的相关材料，如果没有按照规定提交，则无法评定为一类企业。

进行出口企业分类管理复评申请时，需要先登录电子税务局，选择"我要办税→出口退税管理→出口企业分类管理"模块，点击"出口企业分类管理复评申请"后方的"在线申报"按钮，进入在线版申报系统，如图 16-70 所示。

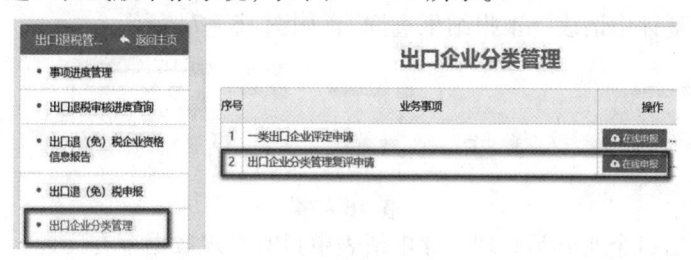

图 16-70

选择"出口企业分类管理复评申请表→明细数据采集"进入数据的录入页面，如图 16-71 所示。

图 16-71

在录入页面点击"新建"按钮，录入明细数据，如图 16-72 所示。

图 16-72

完成分类管理复评申请表的采集后，需要进行数据的生成，选择"出口企业分类管理复评申请表→数据申报"点击"生成申报数据"按钮，数据生成后，勾选生成的申报数据，点击"正式申报"按钮，数据即报送至税务机关审核，如图 16-73 所示。

405

图 16-73

数据报送税务机关审核后，可通过在线版申报系统查询税务机关审核进度，点击"出口企业分类管理复评申请表→申报结果查询"，如图 16-74 所示。

图 16-74

如果企业在出口企业分类管理复评申请表申报时发现数据存在问题，可以在申报系统中对数据进行修改后重新生成申报数据。打开"出口企业分类管理复评申请表→数据申报"，点击"撤销申报数据"按钮，首先进行撤销申报数据的操作，如图 16-75 所示。然后在"出口企业分类管理复评申请表→明细数据采集"中对数据进行修改，数据修改完成后，重新生成申报数据。

图 16-75

正式申报的出口企业分类管理复评数据税务机关审核通过后，在线版申报系统可自动获取反馈信息，可通过电子税务局查询已申报数据，登录电子税务局后打开"我要查询→出口退税信息查询→出口退税申报信息查询→出口企业分类管理复评申请表"模块，可以查询税务机关审核通过的申报数据，如图 16-76 所示。

图 16-76

当数据申报成功后需要进行报表的打印,具体操作步骤为:打开"出口企业分类管理复评申请表→数据申报"页面,勾选对应的申报数据,点击"打印报表下载"按钮,即可进入报表下载页面。在报表下载页面,勾选对应的报表,点击报表下载,即可下载报表的 EXCEL 文件或 PDF 文件用于存储或打印,如图 16 - 77 所示。

图 16 - 77

打印后的《出口企业分类管理复评申请》,如图 16 - 78 所示。

出口企业分类管理复评申请

统一社会信用代码/纳税人识别号	
海关代码	
纳税人名称	
主管税务机关	
经办人	经办人联系电话
现分类管理类别	申请复评类别

申请原因
1. 纳税信用级别有变化
2. 海关企业信用管理类别有变化
3. 外汇管理的分类管理等级有变化
4. 其它:

经办人签章:	纳税人公章:
年 月 日	年 月 日

经办人:　　　　财务负责人:　　　　法定代表人:　　　　填表日期:

图 16 - 78

第三节　出口退(免)税证明申报

一、委托出口货物证明

如果出口企业委托出口的货物,是国家取消出口退(免)税的货物(即出口退税率为 0 的货物),委托方需要开具《委托出口货物证明》。开具委托出口货物证明的,委托方应自货物报关出口之日起至次年 3 月 15 日前，凭委托代理出口协议（复印件）向主管税务机关报送委托出口货物证明及其电子数据，主管税务机关审核委托代理出口协议后，在委托出口货物证明签章，受托方申请开具代理出口货物证明时，应提供规定的凭证资料及委托方主管税务机关签章的委托出口货物证明。

《委托出口货物证明》的申报办理流程如下：

登录电子税务局，选择"我要办税→证明开具→开具出口退（免）税证明"模块，点击"委托出口货物证明开具"后方的"在线申报"按钮，进入在线版申报系统，如图 16-79 所示。

图 16-79

选择"委托出口货物证明→明细数据采集"进入数据的录入页面，如图 16-80 所示。

图 16-80

在录入页面点击"新建"按钮录入明细数据，如图 16-81 所示。

【编号】：所属期+四位流水号，同一份凭证使用同一个编号。

【项号】：是税务机关打印在一张凭证项下的第几条记录，也可以理解为相同编号下的序号。

【出口报关单号】：填写 21 位海关编号，18 位海关编号+0+两位项号。

完成委托出口货物证明的采集后，需要进行数据的生成，选择"委托出口货物证明→证明申请"点击"生成申报数据"按钮，数据生成后，即可进行数据自检，勾选生成的申报数据点击"数据自检"按钮进行数据的预审核，当数据自检没有疑点或没有不可挑过

图 16-81

疑点时，方可进行正式申报，再次勾选申报数据，点击"证明申请"按钮，进行数据的正式申报，如图 16-82 所示。

图 16-82

正式申报后，可通过在线版申报系统查询税务机关的审核进度，选择"委托出口货物证明→申报结果查询"，在"审核情况"中可查询税务机关的审核进度，如图 16-83 所示。

图 16-83

如果外贸企业在委托出口货物证明生成后，发现数据存在问题，可以在申报系统中对数据进行修改后重新生成申报数据。打开"委托出口货物证明→证明申请"，点击"撤销申报数据"按钮，首先进行撤销申报数据的操作，如图 16-84 所示。然后在"委托出口货物证明→明细数据采集"中对数据进行修改，数据修改完成后，重新生成申报数据。

图 16-84

409

正式申报的委托出口货物证明税务机关审核通过后，在线版申报系统可自动获取反馈信息，可通过电子税务局查询已申报数据，登录电子税务局后打开"我要查询→出口退税信息查询→出口退税申报信息查询→委托出口货物证明"模块，可以查询税务机关审核通过的申报数据，如图16-85所示。

图 16-85

当数据申报成功后需要进行报表的打印，具体操作步骤为：打开"委托出口货物证明→证明申请"页面，勾选对应的申报数据，点击"打印报表下载"按钮，即可进入报表下载页面。在报表下载页面，勾选对应的报表，点击报表下载，即可下载报表的EXCEL文件或PDF文件用于存储或打印，如图16-86所示。

图 16-86

打印后的《委托出口货物证明》，如图16-87所示。

二、代理出口货物证明

代理出口业务主要是指出口企业与代理公司签订代理协议，以代理公司的名义报关出口并收汇。委托出口的货物，由代理公司（受托方）向所在地主管税务机关申请办理《代理出口货物证明》并及时转交给出口企业（委托方），由委托方办理出口退（免）税。

《代理出口货物证明》的申报办理流程如下：

登录电子税务局，选择"我要办税→证明开具→开具出口退（免）税证明"模块，点击"代理出口货物证明开具"后方的"在线申报"按钮，进入在线版申报系统中，如图16-88所示。

委托出口货物证明

税务局：

委托企业名称：			受托企业名称：			
委托纳税人识别号：			受托纳税人识别号：			
委托企业海关代码：			受托企业海关代码：			
序号	代理出口协议号	出口货物报关单号	出口商品代码	出口商品名称	出口额〔元（至角分）〕	
					币种	金额
出口企业						

上表所列出口业务为受托企业受我公司委托代理出口，需申请开具《代理出口货物证明》。兹声明以上申报无讹并愿意承担一切法律责任。

经办人：　　　　　　财务负责人：　　　　　　企业负责人：

填报日期：
（公章）

主管税务机关
经办人：　　　　复核人：　　　　负责人： 　　　　　　　　　　　　　　　　（公章） 　　　　　　　　　　　　　　　　年　月　日

图 16-87

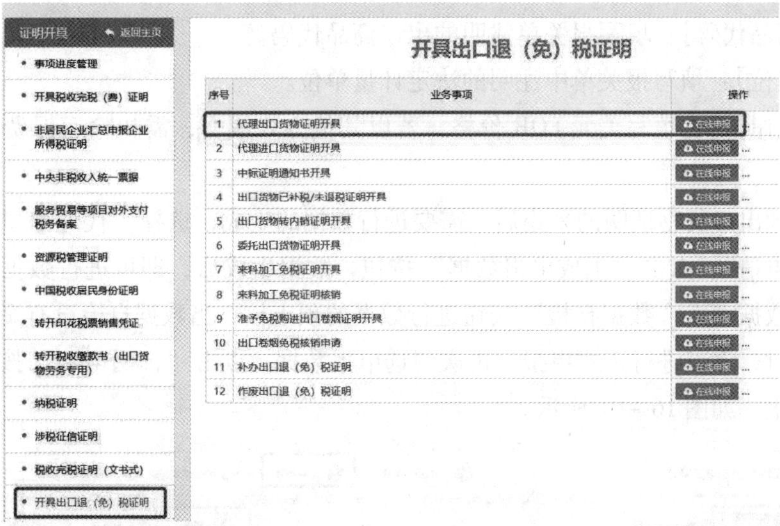

开具出口退（免）税证明

序号	业务事项	操作
1	代理出口货物证明开具	在线申报
2	代理进口货物证明开具	在线申报
3	中标证明通知书开具	在线申报
4	出口货物已补税/未退税证明开具	在线申报
5	出口货物转内销证明开具	在线申报
6	委托出口货物证明开具	在线申报
7	来料加工免税证明开具	在线申报
8	来料加工免税证明核销	在线申报
9	准予免税购进出口卷烟证明开具	在线申报
10	出口卷烟免税核销申请	在线申报
11	补办出口退（免）税证明	在线申报
12	作废出口退（免）税证明	在线申报

证明开具　返回主页
- 事项进度管理
- 开具税收完税（费）证明
- 非居民企业汇总申报企业所得税证明
- 中央非税收入统一票据
- 服务贸易等项目对外支付税务备案
- 资源税管理证明
- 中国税收居民身份证明
- 转开印花税票销售凭证
- 转开税收缴款书（出口货物劳务专用）
- 纳税证明
- 涉税证信证明
- 税收完税证明（文书式）
- 开具出口退（免）税证明

图 16-88

选择"代理出口货物证明申请表→明细数据采集"进入数据的录入页面，如图16-89所示。

图16-89

在录入页面点击"新建"按钮录入明细数据，如图16-90所示。

图16-90

【编号】：六位所属期+四位流水号组成。
【贸易方式】：填写该笔出口业务注明的贸易方式。
【出口商品代码】：填写报关单注明的出口商品代码。
【计量单位】：填写报关单中注明的法定计量单位。
【美元离岸价】：填写美元FOB价格，若以其他方式成交，需扣除运保费换算为FOB填写。

完成代理出口货物证明的采集后，需要进行数据的生成，选择"代理出口货物证明申请表→证明申请"，点击"生成申报数据"按钮，数据生成后，即可进行数据自检。勾选生成的申报数据点击"数据自检"按钮进行数据的预审核，当数据自检没有疑点或没有不可挑过疑点时，方可进行正式申报。再次勾选申报数据，点击"证明申请"按钮，进行数据的正式申报，如图16-91所示。

图16-91

正式申报后，可通过在线版申报系统查询税务机关的审核进度，选择"代理出口货物证明申请表→申报结果查询"，在"审核情况"中可查询税务机关的审核进度，如图16－92所示。

图 16－92

如果外贸企业在"代理出口货物证明申请表"生成后发现数据存在问题，可以在申报系统中对数据进行修改后重新生成申报数据。打开"代理出口货物证明申请表→证明申请"点击"撤销申报数据"按钮，首先进行撤销申报数据的操作，如图16－93所示。然后在"代理出口货物证明申请表→明细数据采集"中对数据进行修改，数据修改完成后，重新生成申报数据。

图 16－93

正式申报的代理出口货物证明申请表税务机关审核通过后，在线版申报系统可自动获取反馈信息，登录电子税务局后打开"我要查询→出口退税信息查询→出口退税申报信息查询→代理出口货物证明申请表"模块，可以查询税务机关审核通过的申报数据，如图16－94所示。

图 16－94

当数据申报成功后需要进行报表的打印，具体操作步骤为：打开"代理出口货物证明申请表→证明申请"页面，勾选对应的申报数据，点击"打印报表下载"按钮，即可进入报表下载页面。在报表下载页面，勾选对应的报表，点击报表下载，即可下载报表的EXCEL文件或PDF文件用于存储或打印，如图16－95所示。

413

图 16-95

打印后的《代理出口货物证明申请表》，如图 16-96 所示。

代理出口货物证明申请表

受托方纳税人识别号（统一社会信用代码）：
受托方纳税人名称：
金额单位：元（列至角分）

序号	编号	委托方纳税人名称	委托方统一社会信用代码/纳税人识别号	出口货物报关单号	贸易方式	出口商品代码	出口商品名称	计量单位	出口数量	成交币制	成交总价	美元离岸价	委托（代理）协议合同号	委托出口货物证明号码	备注
1	2	3	4	5	6	7	8	9	10	11	12	13	14	15	16
小计															
合计															

声明：此表是根据国家税收法律法规及相关规定填写的，本人（单位）对填报内容（及附带资料）的真实性、可靠性、完整性负责。
纳税人（签章）：　　　　　　　　　　年　　　月　　　日

| 经办人：经办人身份证号：　　代理机构签章：　代理机构统一社会信用代码： | 受理人：受理税务机关（章）：　受理日期：　年　月　日 |

第 1 页/共 1 页

图 16-96

三、代理进口货物证明

委托进口加工贸易料件，受托方应及时向主管税务机关申请开具《代理进口货物证明》，并及时转交委托方。

《代理进口货物证明》的申报办理流程如下：

登录电子税务局，选择"我要办税→证明开具→开具出口退（免）税证明"模块，点击"代理进口货物证明开具"后方的"在线申报"按钮，进入在线版申报系统，如图 16-97所示。

图16-97

选择"代理进口货物证明申请表→明细数据采集"进入数据的录入页面,如图16-98所示。

图16-98

在录入页面点击"新建"按钮录入明细数据,如图16-99所示。

图16-99

【编号】：六位所属期+四位流水号组成。
【进口报关单号】：填写21位进口报关单号码，18位的海关编号+0+两位项号。
【委托（代理）协议合同号】：企业签订代理合同的合同号码。

完成代理进口货物证明申请表的采集后，需要进行数据的生成，选择"代理进口货物证明申请表→证明申请"，点击"生成申报数据"按钮，数据生成后，即可进行数据自检。勾选生成的申报数据点击"数据自检"按钮进行数据的预审核，当数据自检没有疑点或没有不可挑过疑点时，方可进行正式申报。再次勾选申报数据，点击"证明申请"按钮，进行数据的正式申报，如图16-100所示。

图16-100

正式申报后，可通过在线版申报系统查询税务机关的审核进度，选择"代理进口货物证明申请表→申报结果查询"，在"审核情况"中可查询税务机关的审核进度，如图16-101所示。

图16-101

如果外贸企业在代理进口货物证明申请表生成后发现数据存在问题，可以在申报系统中对数据进行修改后重新生成申报数据。打开"代理进口货物证明申请表→证明申请"点击"撤销申报数据"按钮，首先进行撤销申报数据的操作，如图16-102所示。然后在"代理进口货物证明申请表→明细数据采集"中对数据进行修改，数据修改完成后，重新生成申报数据。

图16-102

正式申报的代理进口货物证明申请表税务机关审核通过后，在线版申报系统可自动获取反馈信息，可通过电子税务局查询已申报数据。登录电子税务局后打开"我要查询→出口退税信息查询→出口退税申报信息查询→代理进口货物证明申请表"模块，可以查询税务机关审核通过的申报数据，如图16-103所示。

图 16-103

当数据申报成功后需要进行报表的打印,具体操作步骤为:打开"代理进口货物证明申请表→证明申请"页面,勾选对应的申报数据,点击"打印报表下载"按钮,即可进入报表下载页面。在报表下载页面,勾选对应的报表,点击报表下载,即可下载报表的EXCEL文件或PDF文件用于存储或打印,如图16-104所示。

图 16-104

打印后的《代理进口货物证明申请表》,如图16-105所示。

代理进口货物证明申请表

纳税人名称:

纳税人识别号:

海关企业代码:

序号	编号	委托方纳税人名称	委托方纳税人识别号	委托方纳税人海关代码	进口货物报关单号	进料加工手册		委托(代理)协议合同号	海关实征关税和消费税	备注
						手(账)册号	加工单位名称			
小计										
合计										

兹声明以上申报真实、可靠、完整,并愿意承担一切法律责任。

经办人: 财务负责人: 法定代表人:

图 16-105

417

四、出口货物已补税（未退税）证明

出口货物发生退运或者需要更改、撤销报关单的，出口企业应先向主管税务机关申请开具《出口货物已补税（未退税）证明》（之前称为《出口货物退运已补税（未退税）证明》），并携其到海关申请办理出口货物退运手续。

《出口货物已补税（未退税）证明申请表》的申报办理流程如下：

登录电子税务局，选择"我要办税→证明开具→开具出口退（免）税证明"模块，点击"出口货物已补税/未退税证明开具"后方的"在线申报"按钮，进入在线版申报系统，如图16-106所示。

图 16-106

选择"出口货物已补税/未退税证明→明细数据采集"进入数据的录入页面，如图16-107所示。

图 16-107

在录入页面点击"新建"录入明细数据，如图16-108所示。

| 中篇 出口退（免）税申报操作实务 |

图 16-108

【税种】：V代表增值税，C代表消费税，根据实际业务选择。

【业务类型】：根据实际业务情况选择退运、修改报关单、撤销报关单。

【退运数量】：选择"退运"，填写退运数量，但不得大于报关单上注明的出口数量；选择"改单"或者"撤单"，默认为0。

【退（免）税状态】：分为尚未申报退（免）税、已办理退（免）税两种，根据实际情况选择。

【原退（免）税额】：业务类型选择"退运"，填写退运部分对应的退（免）税额；业务类型选择"改单"或"撤单"，填写报关单对应的全部退（免）税额。

【退（免）税额】：外贸企业填写免退税额。

【业务处理方式】：外贸企业选择"冲减"。

【缴款书号码】：选择"补税"，本栏次填写已补缴税款的缴款书号码。

【补缴税额】：选择"补税"，本栏次填写已补缴的税额。

完成出口货物已补税（未退税）证明申请表的采集后，需要进行数据的生成，选择"出口货物已补税/未退税证明→证明申请"，点击"生成申报数据"按钮，数据生成后，即可进行数据自检。勾选生成的申报数据点击"数据自检"按钮进行数据的预审核，当数据自检没有疑点或没有不可挑过疑点时，方可进行正式申报。再次勾选申报数据，点击"证明申请"按钮，进行数据的正式申报，如图 16-109 所示。

图 16-109

419

| 出口退（免）税常见业务申报实务与疑难速查 |

正式申报后，可通过在线版申报系统查询税务机关的审核进度，选择"出口货物已补税/未退运证明→申报结果查询"，在"审核情况"中可查询税务机关的审核进度，如图16-110所示。

图 16-110

如果外贸企业在出口货物已补税（未退税）证明申请表生成后发现数据存在问题，可以在申报系统中对数据进行修改后重新生成申报数据。打开"出口货物已补税/未退税证明→证明申请"，点击"撤销申报数据"按钮，首先进行撤销申报数据的操作，如图16-111所示。然后在"出口货物已补税/未退税证明→明细数据采集"中对数据进行修改，数据修改完成后，重新生成申报数据。

图 16-111

正式申报的出口货物已补税（未退税）证明税务机关审核通过后，在线版申报系统可自动获取反馈信息，可通过电子税务局查询已申报数据。登录电子税务局后打开"我要查询→出口退税信息查询→出口退税申报信息查询→出口货物已补税/未退税证明"模块，可以查询税务机关审核通过的申报数据，如图16-112所示。

图 16-112

当数据申报成功后需要进行报表的打印，具体操作步骤为：打开"出口货物已补税/未退税证明→证明申请"页面，勾选对应的申报数据，点击"打印报表下载"按钮，即可进入报表下载页面。在报表下载页面，勾选对应的报表，点击报表下载，即可下载报表的EXCEL文件或PDF文件用于存储或打印，如图16-113所示。

图16-113

打印后的《出口货物已补税/未退税证明》，如图16-114所示。

出口货物已补税/未退税证明

申请

编号：

纳税人识别号（统一社会信用代码）：
纳税人名称：

所属期：　　　　　　　　　　　　　　　　　金额单位：元（列至角分）

序号	口岸名称	出口货物报关单/代理出口货物证明号码	进货凭证号码	税种	业务类型	退（免）税状态	原退（免）税额	业务处理方式	退运数量	缴款书号码	补缴税额
1	2	3	4	5	6	7	8	9	10	11	12
小计											
合计											

声明：此表是根据国家税收法律法规及相关规定填写的，本人（单位）对填报内容（及附带资料）的真实性、可靠性、完整性负责。

　　　　　　　　　　　　　　　　　　　　　　　　　　纳税人（签章）：　　　　　　　年　月　日

经办人：
经办人身份证号：　　　　　　　　　　　受理人：
代理机构签章：
代理机构统一社会信用代码：　　　　　　受理税务机关（章）：
　　　　　　　　　　　　　　　　　　　受理日期：　　年　月　日

以下由税务机关填写

办理情况：　　　　　　核实结果：未返税 □　已补税 □　　　　　　　年　月　日（公章）

图16-114

五、出口货物转内销证明

外贸企业发生原记入出口库存账的出口货物转内销或视同内销货物征税的，以及已申报退（免）税的出口货物发生退运并转内销的，外贸企业应于发生内销或视同内销货物的当月向主管税务机关申请开具出口货物转内销证明。申请开具出口货物转内销证明时，应填报《出口货物转内销证明申报表》。

《出口货物转内销证明申报表》的申报办理流程如下：

出口企业登录电子税务局，通过"我要办税→证明开具→开具出口退（免）税证明"模块，点击"出口货物转内销证明开具"后方的"在线申报"按钮，进入在线版申报系统，如图16-115所示。

| 出口退（免）税常见业务申报实务与疑难速查 |

图 16-115

选择"出口货物转内销明申报表→明细数据采集"进入数据的录入页面，如图 16-116 所示。

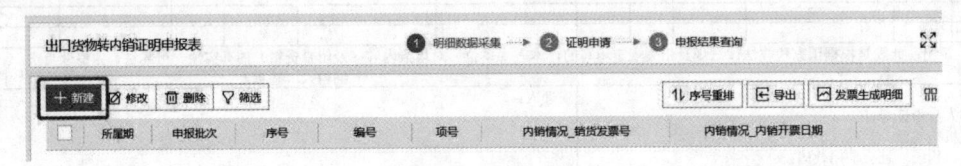

图 16-116

在录入页面点击"新建"按钮，录入明细申报数据，如图 16-117 所示。

图 16-117

【编号】：六位所属期 + 四位流水号组成。

【内销发票号】：视同内销征税的情况不填写此项。

【内销开票日期】：视同内销征税的情况不填写此项。

【可抵扣税额】：可抵扣税额＝购货税额÷购货数量×转内销数量。

完成出口货物转内销证明的采集后，需要进行数据的生成，选择"出口货物转内销证明申报表→证明申请"，点击"生成申报数据"按钮，数据生成后，即可进行数据自检。勾选生成的申报数据点击"数据自检"按钮进行数据的预审核，当数据自检没有疑点或没有不可挑过疑点时，方可进行正式申报。再次勾选申报数据，点击"证明申请"按钮，进行数据的正式申报，如图16－118所示。

图16－118

正式申报后，可通过在线版申报系统查询税务机关的审核进度，选择"出口货物转内销证明申报表→申报结果查询"，在"审核情况"中可查询税务机关的审核进度，如图16－119所示。

图16－119

如果外贸企业在出口货物转内销证明申报表生成后发现存在问题，可以在申报系统中对数据进行修改后重新生成申报数据。打开"出口货物转内销证明申报表→证明申请"点击"撤销申报数据"按钮，首先进行撤销申报数据的操作，如图16－120所示。然后在"出口货物转内销证明申报表→明细数据采集"中对数据进行修改，数据修改完成后，重新生成申报数据。

图16－120

正式申报的出口货物转内销证明税务机关审核通过后，在线版申报系统可自动获取反馈信息，可通过电子税务局查询已申报数据。登录电子税务局后打开"我要查询→出口退税信息查询→出口退税申报信息查询→出口货物转内销证明申报表"模块，可以查询税务机关审核通过的申报数据，如图16－121所示。

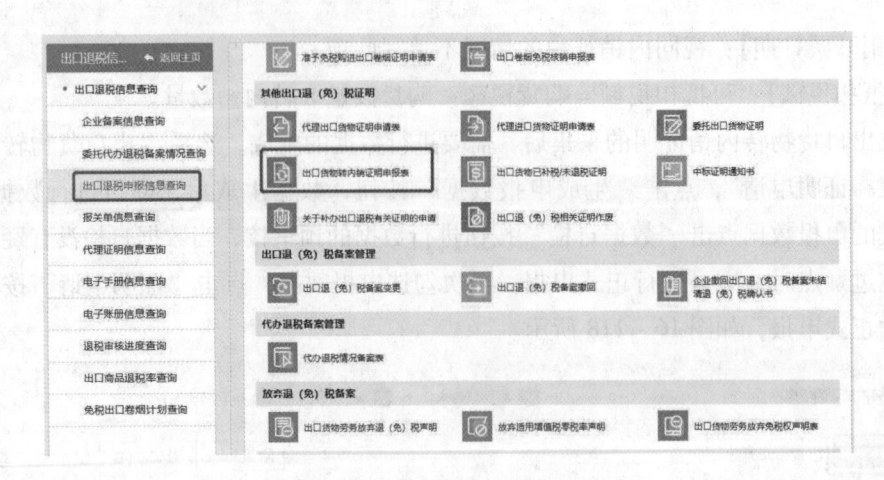

图 16-121

当数据申报成功后需要进行报表的打印,具体操作步骤为:打开"出口货物转内销证明申报表→证明申请"页面,勾选对应的申报数据,点击"打印报表下载"按钮,即可进入报表下载页面。在报表下载页面,勾选对应的报表,点击报表下载,即可下载报表的 EXCEL 文件或 PDF 文件用于存储或打印,图 16-122 所示。

图 16-122

打印后的《出口货物转内销证明申请表》,如图 16-123 所示。

出口货物转内销证明申请表

海关企业代码:
纳税人名称(公章):
纳税人识别号:
金额单位:元至角分

序号	购货情况							内销情况				可抵扣税额
	原购货凭证号	开票日期	商品名称	数量	金额	征税率	税额	销货发票号	开票日期	转内销数量	
1	2	3	4	5	6	7	8	9	10	11	12
小计											
合计											

经办人: 财务负责人: 企业负责人: 填

图 16-123

六、出口退（免）税相关证明作废

原出口退（免）税证明出现错误或其他情形需作废证明的，出口企业可持原出具的纸质证明全部联次，向原出具证明的税务机关申报办理证明作废。税务机关通过税务信息系统作废已出具证明的电子数据，并在原出具的纸质证明全部联次上加盖"已作废"戳记，同时传递已作废证明的电子信息。证明作废后，出口企业如需重新申请出具的，按照相关证明办理规定重新办理。

《出口退（免）税相关证明作废》的申报办理流程如下：

登录电子税务局，选择"我要办税→证明开具→开具出口退（免）税证明"模块，点击"作废出口退（免）税证明"后方的"在线申报"按钮，进入在线版申报系统，如图 16-124 所示。

图 16-124

选择"出口退（免）税相关证明作废→明细数据采集"进入数据的录入页面，如图 16-125 所示。

图 16-125

在录入页面点击"新建"按钮录入明细申报数据，如图 16-126 所示。

【作废证明种类】：根据实际情况，在下拉菜单中选择，需要作废的为何种证明。

【原证明编号】：填写原证明的编号。

【原税务机关】：填写原证明开具的税务机关名称。

| 出口退（免）税常见业务申报实务与疑难速查 |

图 16-126

完成出口退（免）税相关证明作废的采集后，需要进行数据的生成，选择"出口退（免）税相关证明作废→证明申请"，点击"生成申报数据"按钮，数据生成后，即可进行数据自检。勾选生成的申报数据点击"数据自检"按钮进行数据的预审核，当数据自检没有疑点或没有不可挑过疑点时，方可进行正式申报。再次勾选申报数据，点击"证明申请"按钮，进行数据的正式申报，如图 16-127 所示。

图 16-127

正式申报后，可通过在线版申报系统查询税务机关的审核进度，选择"出口退（免）税相关证明作废→申报结果查询"，在"审核情况"中可查询税务机关的审核进度，如图 16-128 所示。

图 16-128

如果外贸企业在出口退（免）税相关证明作废生成后发现存在问题，可以在申报系统中对数据进行修改后重新生成申报数据。打开"出口退（免）税相关证明作废→证明申请"，点击"撤销申报数据"按钮，首先进行撤销申报数据的操作，如图 16-129 所示。然后在"出口退（免）税相关证明作废→明细数据采集"中对数据进行修改，数据修改完成后，重新生成申报数据。

图 16-129

正式申报的作废出口退（免）税相关证明税务机关审核通过后，在线版申报系统可自动获取反馈信息，可通过电子税务局查询已申报数据。登录电子税务局后打开"我要查询→出口退税信息查询→出口退税申报信息查询→出口退（免）税相关证明作废"模块，可以查询税务机关审核通过的申报数据，如图 16-130 所示。

图 16-130

当数据申报成功后需要进行报表的打印，具体操作步骤为：打开"出口退（免）税相关证明作废→证明申请"页面，勾选对应的申报数据，点击"打印报表下载"按钮，即可进入报表下载页面。在报表下载页面，勾选对应的报表，点击报表下载，即可下载报表的 EXCEL 文件或 PDF 文件用于存储或打印，图 16-131 所示。

图 16-131

打印后的《出口退（免）税相关证明作废》，如图 16-132 所示。

出口退（免）税相关证明作废

社会信用代码/纳税人识别号：
纳税人名称：
　　　　税务局：
　　我单位需作废下表所列出口退（免）税证明，特申请作废。如因作废该证明导致多退税及相关法律责任，我单位愿接受税务机关处理。

法定代表人（申明签章）：
纳税人公章：
年　　月　　日

序号	作废证明种类	作废证明编号	原证明开具税务机关

图 16-132

第四节 代办退税申报

符合商务部等部门规定的外贸综合服务企业（以下简称综服企业），在企业内部已建立较为完善的代办退税内部风险管控制度并已向主管税务机关备案的前提下，可向综服企业所在地主管税务机关集中代为办理国内生产企业出口退（免）税事项。

国内生产企业代办退税的出口货物，应先按出口货物离岸价和增值税适用税率计算销项税额，向外综服企业开具代办退税专用发票（备注栏内注明"代办退税专用"的增值税专用发票），作为综服企业代办退税的凭证。

综服企业既可以作为外贸企业从事自营出口和受托出口业务，办理退（免）税；也可以作为为国内生产企业代为办理报关报检、物流、退税、结算、信保等在内的综合服务业务和协助办理融资业务的专业服务型企业，在申报退（免）税时，适用代办退税管理办法。

综服企业使用在线版申报系统进行代办退税申报，需要通过"代办退税申报数据采集、生成申报数据、打印申报报表、申报数据自检、数据正式申报"五个环节完成。

一、代办退税申报数据采集

登录电子税务局，选择"我要办税→出口退税管理→出口退（免）税申报"点击"代办退税申报"后方的"在线申报"按钮，进入在线版申报系统，如图16-133所示。

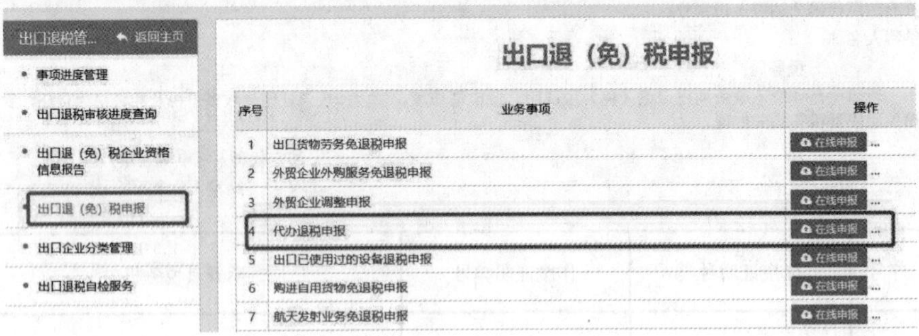

图16-133

"代办退税申报"的数据采集分为两种采集方式，分别为外部导入和手工采集。外部导入是指：直接将通过电子口岸下载的报关单数据导入在线版申报系统中，然后与接收的增值税发票进行匹配，经过处理后生成外贸综合服务企业代办退税申报表；手工采集是指：通过电子口岸打印纸质报关单，根据报关单内容及增值税发票内容，在在线版申报系统手工录入代办退税申报表。代办退税申报中使用外部导入方法生成代办退税申报表的操作，与免退税明细采集中报关单与增值税发票匹配操作基本一致，此处不再重复介绍，可以查阅免退税明细数据采集中的相关章节。

选择"外贸综合服务企业代办退税申报表→明细数据采集"进入数据的录入页面，如图 16－134 所示。

图 16－134

在录入页面点击"新建"按钮，录入明细数据，如图 16－135 所示。

图 16－135

【委托代办退税生产企业纳税人识别号】：填写委托代办退税的生产企业纳税人识别号或统一社会信用代码。

【出口报关单号码】：参考纸质报关单填写。出口报关单右上角会有 18 位的海关编号，出口退税申报系统中要求录入 21 位，即 18 位的海关编号 + 0 + 两位项号。报关单号第 19 位始终为"0"；20、21 两位项号要根据报关单中出口货物明细列表最左侧的两位"项号"数字进行录入。例如，一张报关单有 3 项出口商品，则在免退税申报明细录入过程中需要录入三条数据：第一条数据出口报关单号为 18 位海关编号 + 0 + 01，第二条数据出口报关单号为

429

18位海关编号+0+02，第三条数据出口报关单号为18位海关编号+0+03，以此类推。

【出口日期】：按照出口报关单上出口日期进行填写。

【出口商品代码】：按照出口报关单中的"商品代码"进行填写。

【申报商品代码】：出口商品需按照主要原材料退税率申报退税的，填写主要原材料商品代码，其他不填写。

【计量单位】：填写出口报关单的第一单位。

【出口数量】：按照出口报关单显示的出口商品数量进行填写。出口报关单中的出口商品有多个计量单位的，应填写申报系统所带出计量单位对应的出口数量。

【美元离岸价】：按出口报关单的美元FOB价格填写，若成交方式不是FOB，含有运费及保费，需要扣除换算为FOB价格填写；若以非美元价格成交的需折算成美元价格。

【代办退税专用发票号码】：填写代办退税发票10位发票代码+8位发票号码录入。

二、生成代办退税申报数据及数据申报

完成外贸综合服务企业代办退税申报表的采集后，需要进行数据的生成，选择"外贸综合服务企业代办退税申报表→退税申报"，点击"生成申报数据"按钮，数据生成后，即可进行数据自检。勾选生成的申报数据点击"数据自检"按钮进行数据的预审核，当数据自检没有疑点或没有不可挑过疑点时，方可进行正式申报。再次勾选申报数据，点击"正式申报"按钮，进行数据的正式申报，如图16-136所示。

图16-136

三、查询税务机关审核进度

正式申报后，可通过在线版申报系统查询税务机关的审核进度，选择"外贸综合服务企业代办退税申报表→申报结果查询"，在"审核情况"中可查询税务机关的审核进度，如图16-137所示。

图16-137

四、代办退税数据修改

如果综服企业在外贸综合服务企业代办退税申报表生成后发现数据存在问题,可以在申报系统中对数据进行修改后重新生成申报数据。打开"外贸综合服务企业代办退税申报表→退税申报",点击"撤销申报数据"按钮,首先进行撤销申报数据的操作,如图 16 – 138 所示。然后在"外贸综合服务企业代办退税申报表→明细数据采集"中对数据进行修改,数据修改完成后,重新生成申报数据。

图 16 – 138

五、已申报数据查询

正式申报的外贸综合服务企业代办退税申报表,税务机关审核通过后,在线版申报系统可自动获取反馈信息,可通过电子税务局查询已申报数据。登录电子税务局后打开"我要查询→出口退税信息查询→出口退税申报信息查询→外贸综合服务企业代办退税申报表"模块,可以查询税务机关审核通过的申报数据,如图 16 – 139、16 – 140 所示。

图 16 – 139

图 16 – 140

六、打印代办退税申报表

综服企业在完成申报数据生成后，可以对"外贸综合服务企业代办退税申报表"进行打印。具体操作步骤为：打开"外贸综合服务企业代办退税申报表→退税申报"页面，勾选对应的申报数据，点击"打印报表下载"按钮，即可进入报表下载页面。在报表下载页面，勾选对应的报表，点击报表下载，即可下载报表的 EXCEL 文件或 PDF 文件用于存储或打印，如图 16-141 所示。

图 16-141

打印后的《外贸综合服务企业代办退税申报表》，如图 16-142 所示。

外贸综合服务企业代办退税申报表

综服企业海关企业代码：（公章）
综服企业纳税人名称：
综服企业纳税人识别号（统一社会信用代码）：
代办退税专用发票张数：　　　　　　　　　　申报年月：　申报批次：　　　　　　　　金额单位：元至角分

序号	生产企业纳税人识别号（统一社会信用代码）	出口货物报关单号	出口日期	出口商品代码	申报商品代码	出口商品名称	计量单位	出口数量	美元离岸价	代办退税专用发票号码	开票日期	出口退税计税金额	征税率	退税率	申报代办退税额	业务类型	备注
1	2	3	4	5	6	7	8	9	10	11	12	13	14	15	16	17	18
小合																	

申报人申明	授权人申明
此表各栏填报内容是真实、□法的，与实际出口货物情况相符。否则，本企业愿意承担由此产生的相关责任。 经办人： 财务负责人： 法定代表人（负责人）：　　　　　年　　月	（如果你已委托代理申报人，请填写下列资料）为代理出口货物退税申报事宜，现授权　　　　　　　　为本纳税人的代理申报人，任何与本申报表有关的往来文件都可寄于此人。 授权人签字　　　　　　（盖章） 年　　月　　日

第 1 页 / 共 1 页

图 16-142

下 篇
出口退（免）税常见问题速查

第十七章

出口退（免）税政策常见问题速查

第一节 出口退（免）税综合性政策常见问题

一、如何确认出口企业出口货物的增值税退税率？

答：一般情况下，出口货物的退税率为其适用税率。

根据《财政部 国家税务总局关于出口货物劳务增值税和消费税政策的通知》（财税〔2012〕39号）第三条第（一）项规定：除财政部和国家税务总局根据国务院决定而明确的增值税出口退税率（以下称退税率）外，出口货物的退税率为其适用税率。国家税务总局根据上述规定将退税率通过出口货物劳务退税率文库予以发布，供征纳双方执行。退税率有调整的，除另有规定外，其执行时间以货物（包括被加工修理修配的货物）出口货物报关单（出口退税专用）上注明的出口日期为准。

根据《财政部 国家税务总局关于出口货物劳务增值税和消费税政策的通知》（财税〔2012〕39号）第三条第（二）项，退税率的特殊规定如下：

1. 外贸企业购进按简易办法征税的出口货物、从小规模纳税人购进的出口货物，其退税率分别为简易办法实际执行的征收率、小规模纳税人征收率。上述出口货物取得增值税专用发票的，退税率按照增值税专用发票上的税率和出口货物退税率孰低的原则确定。

2. 出口企业委托加工修理修配货物，其加工修理修配费用的退税率，为出口货物的退税率。

3. 中标机电产品、出口企业向海关报关进入特殊区域销售给特殊区域内生产企业生产耗用的列名原材料、输入特殊区域的水电气，其退税率为适用税率。如果国家调整列名原材料的退税率，列名原材料应当自调整之日起按调整后的退税率执行。

根据《财政部 国家税务总局关于出口货物劳务增值税和消费税政策的通知》（财税〔2012〕39号）第三条第（三）项规定：适用不同退税率的货物劳务，应分开报关、核算并申报退（免）税，未分开报关、核算或划分不清的，从低适用退税率。

二、出口消费税应税消费品的政策是如何规定的？

答：根据《财政部国家税务总局关于出口货物劳务增值税和消费税政策的通知》（财税〔2012〕39号）第八条第（一）项规定：

1. 出口企业出口或视同出口适用增值税退（免）税的货物，免征消费税，如果属于购进出口的货物，退还前一环节对其已征的消费税。

2. 出口企业出口或视同出口适用增值税免税政策的货物，免征消费税，但不退还其以前环节已征的消费税，且不允许在内销应税消费品应纳消费税款中抵扣。

3. 出口企业出口或视同出口适用增值税征税政策的货物，应按规定缴纳消费税，不退还其以前环节已征的消费税，且不允许在内销应税消费品应纳消费税款中抵扣。

三、纳税人出口应税消费品是否需要缴纳消费税？

答：不需要，除国务院另有规定外，对纳税人出口应税消费品免征消费税。

根据《中华人民共和国消费税暂行条例》（中华人民共和国国务院令第539号）第十一条规定：对纳税人出口应税消费品，免征消费税，国务院另有规定的除外。出口应税消费品的免税办法，由国务院财政、税务主管部门规定。

四、减免增值税而发生退税是否同时退还已征的教育费附加？

答：根据《财政部关于征收教育费附加几个具体问题的通知》（〔1986〕财税字第120号）第三条规定：根据《征收教育费附加的暂行规定》第三条规定，"教育费附加，以各单位和个人实际缴纳的产品税、增值税、营业税的税额为计征依据"。因此，对由于减免产品税、增值税、营业税而发生退税的，同时退还已征的教育费附加。但对出口产品退还产品税、增值税的，不退还已征的教育费附加。

（根据《国务院关于修改〈征收教育费附加的暂行规定〉的决定》（中华人民共和国国务院令第448号）的规定，教育费附加的计征依据已修改为：单位和个人实际缴纳的增值税、营业税、消费税的税额。）

五、出口企业委托加工修理修配货物如何确定退税率？

答：根据《财政部 国家税务总局关于出口货物劳务增值税和消费税政策的通知》（财税〔2012〕39号）第三条第二项第2目规定：出口企业委托加工修理修配货物，其加工修理修配费用的退税率，为出口货物的退税率。

六、某企业为增值税一般纳税人，从事集成电路设计，其出口的适用增值税退（免）税政策的货物，实行哪种退（免）税办法？

答：根据《国家税务总局关于〈出口货物劳务增值税和消费税管理办法〉有关问题的公告》（国家税务总局公告2013年第12号）第二条第（八）项规定：属于增值税一般纳税人的集成电路设计、软件设计、动漫设计企业及其他高新技术企业出口适用增值税退（免）税政策的货物，实行免抵退税办法，按有关规定申报出口退（免）税。

七、出口进项税额未计算抵扣的已使用过的设备，增值税退（免）税的计税依据如何计算？

答：根据《财政部 国家税务总局关于出口货物劳务增值税和消费税政策的通知》（财税〔2012〕39号）第四条（六）规定：出口进项税额未计算抵扣的已使用过的设备增值税退（免）税的计税依据，按下列公式确定：

退（免）税计税依据＝增值税专用发票上的金额或海关进口增值税专用缴款书注明的完税价格×已使用过的设备固定资产净值÷已使用过的设备原值

已使用过的设备固定资产净值＝已使用过的设备原值－已使用过的设备已提累计折旧

已使用过的设备，是指出口企业根据财务会计制度已经计提折旧的固定资产。

例如：某生产企业出口已使用过的设备一台，其进项税额未计算抵扣，该设备原值11300元，已计提折旧2000元，购进时增值税专用发票的金额为10000元，则退（免）税计税依据＝10000×（11300－2000）÷11300

八、出口企业和其他单位出口的哪些货物应执行原材料的增值税、消费税政策？

答：根据《财政部 国家税务总局关于以贵金属和宝石为主要原材料的货物出口退税政策的通知》（财税〔2014〕98号）第一条规定：

出口企业和其他单位出口的货物，如果其原材料成本80%以上为以下所列原材料的，应按照成本占比最高的原材料的增值税、消费税政策执行。原材料的增值税、消费税政策是指本通知附件所列该原材料对应的商品编码在出口退税率文库中适用的增值税、消费税政策。

原材料和商品编码表

原材料	商品编码
珍珠	71012290
天然钻石	71021000
工业用和人造钻石	71022100
宝石	71059000
银	71069190
金	71081200
铂	71101100
钯	71102100
铑	71103100
铱、锇、钌	71104100

九、适用增值税免税政策的出口货物劳务，出口企业或其他单位放弃免税的，应如何处理？

答：根据《国家税务总局关于发布〈出口货物劳务增值税和消费税管理办法〉的公告》（国家税务总局公告 2012 年第 24 号）第十一条第（八）项规定：适用增值税免税政策的出口货物劳务，出口企业或其他单位如果放弃免税，实行按内销货物征税的，应向主管税务机关提出书面报告，一旦放弃免税，36 个月内不得更改。

根据《国家税务总局关于〈出口货物劳务增值税和消费税管理办法〉有关问题的公告》（国家税务总局公告 2013 年第 12 号）第三条第（六）项规定：出口企业或其他单位按照《管理办法》第十一条第（八）项规定放弃免税的，应向主管税务机关报送《出口货物劳务放弃免税权声明表》，办理备案手续。自备案次月起执行征税政策，36 个月内不得变更。

需注意的是，根据《国家税务总局关于支持个体工商户复工复业等税收征收管理事项的公告》（国家税务总局公告 2020 年第 5 号）第六条规定：已放弃适用出口退（免）税政策未满 36 个月的纳税人，在出口货物劳务的增值税税率或出口退税率发生变化后，可以向主管税务机关声明，对其自发生变化之日起的全部出口货物劳务，恢复适用出口退（免）税政策。

出口货物劳务的增值税税率或出口退税率在 2020 年 3 月 1 日前发生变化的，已放弃适用出口退（免）税政策的纳税人，无论是否已恢复退（免）税，均可以向主管税务机关声明，对其自 2019 年 4 月 1 日起的全部出口货物劳务，恢复适用出口退（免）税政策。

符合上述规定的纳税人，可在增值税税率或出口退税率发生变化之日起［自 2019 年 4 月 1 日起恢复适用出口退（免）税政策的，自 2020 年 3 月 1 日之日起］的任意增值税纳税申报期内，按照现行规定申报出口退（免）税，同时一并提交《恢复适用出口退（免）税政策声明》。

十、企业或其他单位放弃全部适用退（免）税政策出口货物劳务的退（免）税的，应如何办理？

答：根据《国家税务总局关于出口货物劳务增值税和消费税有关问题的公告》（国家税务总局公告 2013 年第 65 号）第二条规定：出口企业或其他单位可以放弃全部适用退（免）税政策出口货物劳务的退（免）税，并选择适用增值税免税政策或征税政策。放弃适用退（免）税政策的出口企业或其他单位，应向主管税务机关报送《出口货物劳务放弃退（免）税声明》，办理备案手续。自备案次日起 36 个月内，其出口的适用增值税退（免）税政策的出口货物劳务，适用增值税免税政策或征税政策。

根据《国家税务总局关于支持个体工商户复工复业等税收征收管理事项的公告》（国家税务总局公告 2020 年第 5 号）第六条规定：已放弃适用出口退（免）税政策未满 36 个月的纳税人，在出口货物劳务的增值税税率或出口退税率发生变化后，可以向主管税务机关声明，对其自发生变化之日起的全部出口货物劳务，恢复适用出口退（免）税政策。

出口货物劳务的增值税税率或出口退税率在 2020 年 3 月 1 日前发生变化的，已放弃适用出口退（免）税政策的纳税人，无论是否已恢复退（免）税，均可以向主管税务机关声明，对其自 2019 年 4 月 1 日起的全部出口货物劳务，恢复适用出口退（免）税政策。

符合上述规定的纳税人，可在增值税税率或出口退税率发生变化之日起〔自 2019 年 4 月 1 日起恢复适用出口退（免）税政策的，自 2020 年 3 月 1 日之日起〕的任意增值税纳税申报期内，按照现行规定申报出口退（免）税，同时一并提交《恢复适用出口退（免）税政策声明》。

十一、某企业出口的已使用过的设备，购进时未取得增值税专用发票但其他单证齐全，适用增值税免税政策吗？

答：购进时未取得增值税专用发票、海关进口增值税专用缴款书但其他相关单证齐全的已使用过的设备属于增值税免税政策的出口货物劳务范围，适用增值税免税政策。根据《财政部 国家税务总局关于出口货物劳务增值税和消费税政策的通知》（财税〔2012〕39号）第六条"适用增值税免税政策的出口货物劳务"第（一）项第（6）目规定：已使用过的设备，其具体范围是指购进时未取得增值税专用发票、海关进口增值税专用缴款书但其他相关单证齐全的已使用过的设备。

十二、出口企业或其他单位出口的适用增值税退（免）税政策的货物劳务服务，价格明显偏高且无正当理由的应如何处理？如何确定货物劳务服务价格是否偏高？

答：该出口货物劳务服务适用增值税免税政策。

根据《财政部 国家税务总局关于防范税收风险若干增值税政策的通知》（财税〔2013〕112号）第五条规定：出口企业或其他单位出口的适用增值税退（免）税政策的货物劳务服务，如果货物劳务服务的国内收购价格或出口价格明显偏高且无正当理由的，该出口货物劳务服务适用增值税免税政策。主管税务机关按照下列方法确定货物劳务服务价格是否偏高：

1. 按照该企业最近时期购进或出口同类货物劳务服务的平均价格确定。
2. 按照其他企业最近时期购进或出口同类货物劳务服务的平均价格确定。
3. 按照组成计税价格确定。组成计税价格的公式为：

组成计税价格 = 成本 ×（1 + 成本利润率）

成本利润率由国家税务总局统一确定并公布。

十三、某公司在国外开设维修工厂进行的加工修理修配业务适用退（免）税政策吗？

答：在国外开设维修工厂进行的加工修理修配业务不属于对外提供加工修理修配劳务范围，不适用退（免）税政策。

根据《财政部 国家税务总局关于出口货物劳务增值税和消费税政策的通知》（财税〔2012〕39号）第一条"适用增值税退（免）税政策的出口货物劳务"第（三）项规定：

对外提供加工修理修配劳务，是指对进境复出口货物或从事国际运输的运输工具进行的加工修理修配。在国外开设维修工厂进行加工修理修配业务不属于对外提供加工修理修配劳务的范围。

十四、免税品经营企业销售的货物增值税退（免）税的计税依据是如何确定的？

答：根据《财政部 国家税务总局关于出口货物劳务增值税和消费税政策的通知》（财税〔2012〕39号）第四条第（七）项规定：免税品经营企业销售的货物增值税退（免）税的计税依据，为购进货物的增值税专用发票注明的金额或海关进口增值税专用缴款书注明的完税价格。

十五、出口企业或其他单位视同出口货物的范围包括哪些？

答：根据《财政部 国家税务总局关于出口货物劳务增值税和消费税政策的通知》（财税〔2012〕39号）第一条第（二）项规定：出口企业或其他单位视同出口货物具体是指：

1. 出口企业对外援助、对外承包、境外投资的出口货物。

2. 出口企业经海关报关进入国家批准的出口加工区、保税物流园区、保税港区、综合保税区、珠澳跨境工业区（珠海园区）、中哈霍尔果斯国际边境合作中心（中方配套区域）、保税物流中心（B型）（以下统称特殊区域）并销售给特殊区域内单位或境外单位、个人的货物。

3. 免税品经营企业销售的货物〔国家规定不允许经营和限制出口的货物、卷烟和超出免税品经营企业《企业法人营业执照》规定经营范围的货物除外〕。具体是指：（1）中国免税品（集团）有限责任公司向海关报关运入海关监管仓库，专供其经国家批准设立的统一经营、统一组织进货、统一制定零售价格、统一管理的免税店销售的货物；（2）国家批准的除中国免税品（集团）有限责任公司外的免税品经营企业，向海关报关运入海关监管仓库，专供其所属的首都机场口岸海关隔离区内的免税店销售的货物；（3）国家批准的除中国免税品（集团）有限责任公司外的免税品经营企业所属的上海虹桥、浦东机场海关隔离区内的免税店销售的货物。

4. 出口企业或其他单位销售给用于国际金融组织或外国政府贷款国际招标建设项目的中标机电产品（以下称中标机电产品）。上述中标机电产品，包括外国企业中标再分包给出口企业或其他单位的机电产品。

5. 出口企业或其他单位销售给国际运输企业用于国际运输工具上的货物。上述规定暂仅适用于外轮供应公司、远洋运输供应公司销售给外轮、远洋国轮的货物，国内航空供应公司生产销售给国内和国外航空公司国际航班的航空食品。

6. 出口企业或其他单位销售给特殊区域内生产企业生产耗用且不向海关报关而输入特殊区域的水（包括蒸汽）、电力、燃气（以下称输入特殊区域的水电气）。

除财政部和国家税务总局另有规定外，视同出口货物适用出口货物的各项规定。

十六、输入特殊区域的水电气的增值税退（免）税的计税依据是如何确定的？

答：根据《财政部 国家税务总局关于出口货物劳务增值税和消费税政策的通知》（财税〔2012〕39号）第四条规定：

出口货物劳务的增值税退（免）税的计税依据，按出口货物劳务的出口发票（外销发票）、其他普通发票或购进出口货物劳务的增值税专用发票、海关进口增值税专用缴款书确定。

其中，第四条（十）项规定：输入特殊区域的水电气增值税退（免）税的计税依据，为作为购买方的特殊区域内生产企业购进水（包括蒸汽）、电力、燃气的增值税专用发票注明的金额。

比如，某保税港区生产企业主要加工生产出口手套，所耗用的水、电和燃气分别从国内购进。2020年5月份，取得生产用水、用电、用气的增值税专用发票，适用税率为13%。其中，水电费计税价格为2000元，税额260元，按照政策规定，由购买水电气的特殊区域内的生产企业申报退税，应退税额=2000×13%=260元。

十七、适用增值税免税政策的出口货物劳务，其进项税额应当如何处理？

答：根据《财政部 国家税务总局关于出口货物劳务增值税和消费税政策的通知》（财税〔2012〕39号）第六条第（二）项规定：

1. 适用增值税免税政策的出口货物劳务，其进项税额不得抵扣和退税，应当转入成本。

2. 出口卷烟，依下列公式计算：

不得抵扣的进项税额=出口卷烟含消费税金额÷（出口卷烟含消费税金额+内销卷烟销售额）×当期全部进项税额

（1）当生产企业销售的出口卷烟在国内有同类产品销售价格时

出口卷烟含消费税金额=出口销售数量×销售价格

"销售价格"为同类产品生产企业国内实际调拨价格。如实际调拨价格低于税务机关公示的计税价格的，"销售价格"为税务机关公示的计税价格；高于公示计税价格的，销售价格为实际调拨价格。

（2）当生产企业销售的出口卷烟在国内没有同类产品销售价格时：

出口卷烟含税金额=（出口销售额+出口销售数量×消费税定额税率）÷（1-消费税比例税率）

"出口销售额"以出口发票上的离岸价为准。若出口发票不能如实反映离岸价，生产企业应按实际离岸价计算，否则，税务机关有权按照有关规定予以核定调整。

3. 除出口卷烟外，适用增值税免税政策的其他出口货物劳务的计算，按照增值税免税政策的统一规定执行。其中，如果涉及销售额，除来料加工复出口货物为其加工费收入外，其他均为出口离岸价或销售额。

十八、适用增值税征税政策的出口货物劳务包括哪些?

答:(一)根据《财政部 国家税务总局关于出口货物劳务增值税和消费税政策的通知》(财税〔2012〕39号)第七条第(一)项规定:

下列出口货物劳务,不适用增值税退(免)税和免税政策,按下列规定及货物征税的其他规定征收增值税(以下称增值税征税)。

适用增值税征税政策的出口货物劳务,是指:

1. 出口企业出口或视同出口财政部和国家税务总局根据国务院决定明确的取消出口退(免)税的货物〔不包括来料加工复出口货物、中标机电产品、列名原材料、输入特殊区域的水电气、海洋工程结构物〕。

2. 出口企业或其他单位销售给特殊区域内的生活消费用品和交通运输工具。

3. 出口企业或其他单位因骗取出口退税被税务机关停止办理增值税退(免)税期间出口的货物。

4. 出口企业或其他单位提供虚假备案单证的货物。

5. 出口企业或其他单位增值税退(免)税凭证有伪造或内容不实的货物。

6. 出口企业或其他单位具有以下情形之一的出口货物劳务:

(1)将空白的出口货物报关单、出口收汇核销单等退(免)税凭证交由除签有委托合同的货代公司、报关行,或由境外进口方指定的货代公司(提供合同约定或者其他相关证明)以外的其他单位或个人使用的。

(2)以自营名义出口,其出口业务实质上是由本企业及其投资的企业以外的单位或个人借该出口企业名义操作完成的。

(3)以自营名义出口,其出口的同一批货物既签订购货合同,又签订代理出口合同(或协议)的。

(4)出口货物在海关验放后,自己或委托货代承运人对该笔货物的海运提单或其他运输单据等上的品名、规格等进行修改,造成出口货物报关单与海运提单或其他运输单据有关内容不符的。

(5)以自营名义出口,但不承担出口货物的质量、收款或退税风险之一的,即出口货物发生质量问题不承担购买方的索赔责任(合同中有约定质量责任承担者除外);不承担未按期收款导致不能核销的责任(合同中有约定收款责任承担者除外);不承担因申报出口退(免)税的资料、单证等出现问题造成不退税责任的。

(6)未实质参与出口经营活动、接受并从事由中间人介绍的其他出口业务,但仍以自营名义出口的。

《国家税务总局关于〈出口货物劳务增值税和消费税管理办法〉有关问题的公告》(国家税务总局公告〔2013〕12号)规定:出口企业或其他单位出口的货物劳务,主管税务机关如果发现有下列情形之一的,按上述第4和第5条规定,适用增值税征税政策。查实属于偷骗税的，应按相应的规定处理。

1. 提供的增值税专用发票、海关进口增值税专用缴款书等进货凭证为虚开或伪造；

2. 提供的增值税专用发票是在供货企业税务登记被注销或被认定为非正常户之后开具；

3. 提供的增值税专用发票抵扣联上的内容与供货企业记账联上的内容不符；

4. 提供的增值税专用发票上载明的货物劳务与供货企业实际销售的货物劳务不符；

5. 提供的增值税专用发票上的金额与实际购进交易的金额不符；

6. 提供的增值税专用发票上的货物名称、数量与供货企业的发货单、出库单及相关国内运输单据等凭证上的相关内容不符，数量属合理损溢的除外；

7. 出口货物报关单上的出口日期早于申报退税匹配的进货凭证上所列货物的发货时间（供货企业发货时间）或生产企业自产货物发货时间；

8. 出口货物报关单上载明的出口货物与申报退税匹配的进货凭证上载明的货物或生产企业自产货物不符；

9. 出口货物报关单上的商品名称、数量、重量与出口运输单据载明的不符，数量、重量属合理损溢的除外；

10. 生产企业出口自产货物的，其生产设备、工具不能生产该种货物；

11. 供货企业销售的自产货物，其生产设备、工具不能生产该种货物；

12. 供货企业销售的外购货物，其购进业务为虚假业务；

13. 供货企业销售的委托加工收回货物，其委托加工业务为虚假业务；

14. 出口货物的提单或运单等备案单证为伪造、虚假；

15. 出口货物报关单是通过报关行等单位将他人出口的货物虚构为本企业出口货物的手段取得。

（二）根据《国家税务总局关于出口货物劳务增值税和消费税有关问题的公告》（国家税务总局公告 2013 年第 65 号）第十三条规定：出口企业按规定向国家商检、海关、外汇管理等对出口货物相关事项实施监管核查部门报送的资料中，属于申报出口退（免）税规定的凭证资料及备案单证的，如果上述部门或主管税务机关发现为虚假或其内容不实的，其对应的出口货物不适用增值税退（免）税和免税政策，适用增值税征税政策。查实属于偷骗税的按照相应的规定处理。

十九、一般纳税人生产企业出口适用增值税征税政策的货物劳务，其应纳增值税是如何计算的？

答：根据《财政部 国家税务总局关于出口货物劳务增值税和消费税政策的通知》（财税〔2012〕39 号）第七条第（二）项规定：

适用增值税征税政策的出口货物劳务，一般纳税人出口货物其应纳增值税按下列办法计算：

销项税额 =（出口货物离岸价 - 出口货物耗用的进料加工保税进口料件金额）÷（1 + 适用税率）× 适用税率

出口货物若已按征退税率之差计算不得免征和抵扣税额并已经转入成本的，相应的税额应转回进项税额。

（1）出口货物耗用的进料加工保税进口料件金额 = 主营业务成本 ×（投入的保税进口料件金额 ÷ 生产成本）

主营业务成本、生产成本均为不予退（免）税的进料加工出口货物的主营业务成本、生产成本。当耗用的保税进口料件金额大于不予退（免）税的进料加工出口货物金额时，耗用的保税进口料件金额为不予退（免）税的进料加工出口货物金额。

（2）出口企业应分别核算内销货物和增值税征税的出口货物的生产成本、主营业务成本。未分别核算的，其相应的生产成本、主营业务成本由主管税务机关核定。

进料加工手册海关核销后，出口企业应对出口货物耗用的保税进口料件金额进行清算。清算公式为：

清算耗用的保税进口料件总额 = 实际保税进口料件总额 - 退（免）税出口货物耗用的保税进口料件总额 - 进料加工副产品耗用的保税进口料件总额

若耗用的保税进口料件总额与各纳税期扣减的保税进口料件金额之和存在差额时，应在清算的当期相应调整销项税额。当耗用的保税进口料件总额大于出口货物离岸金额时，其差额部分不得扣减其他出口货物金额。

二十、零税率应税服务提供者办理出口退（免）税备案前提供的零税率应税服务是否可以申报退（免）税？

答：可以，在办理出口退（免）税备案后，可按规定申报退（免）税。根据《国家税务总局关于发布〈适用增值税零税率应税服务退（免）税管理办法〉的公告》（国家税务总局公告2014年第11号）第八条规定：增值税零税率应税服务提供者办理出口退（免）税备案后，方可申报增值税零税率应税服务退（免）税。如果提供的适用增值税零税率应税服务发生在办理出口退（免）税备案前，在办理出口退（免）税备案后，可按规定申报退（免）税。

二十一、境外投资的货物能否适用增值税退（免）税政策？

答：境外投资的出口货物视同出口货物适用增值税退（免）税政策。

根据《财政部 国家税务总局关于出口货物劳务增值税和消费税政策的通知》（财税〔2012〕39号）第一条规定：对下列出口货物劳务，除适用本通知第六条和第七条规定的外，实行免征和退还增值税政策：……（二）出口企业或其他单位视同出口货物。具体是指：1. 出口企业对外援助、对外承包、境外投资的出口货物。

二十二、零税率应税服务增值税退（免）税额应如何计算？

答：根据《国家税务总局关于发布〈适用增值税零税率应税服务退（免）税管理办

法〉的公告》（国家税务总局公告 2014 年第 11 号）第四条规定：增值税零税率应税服务退（免）税办法包括免抵退税办法和免退税办法，具体办法及计算公式按《财政部 国家税务总局关于出口货物劳务增值税和消费税政策的通知》（财税〔2012〕39 号）有关出口货物劳务退（免）税的规定执行。

实行免抵退税办法的增值税零税率应税服务提供者如果同时出口货物劳务且未分别核算的，应一并计算免抵退税。税务机关在审批时，应按照增值税零税率应税服务、出口货物劳务免抵退税额的比例划分其退税额和免抵税额。

根据《国家税务总局关于发布〈适用增值税零税率应税服务退（免）税管理办法〉的公告》（国家税务总局公告 2014 年第 11 号）第五条规定：增值税零税率应税服务的退税率为对应服务提供给境内单位适用的增值税税率。

二十三、零税率应税服务增值税退（免）税的计税依据是什么？

答：根据《国家税务总局关于发布〈适用增值税零税率应税服务退（免）税管理办法〉的公告》（国家税务总局公告 2014 年第 11 号）第六条规定，

（一）实行免抵退税办法的退（免）税计税依据

1. 以铁路运输方式载运旅客的，为按照铁路合作组织清算规则清算后的实际运输收入；

2. 以铁路运输方式载运货物的，为按照铁路运输进款清算办法，对"发站"或"到站（局）"名称包含"境"字的货票上注明的运输费用以及直接相关的国际联运杂费清算后的实际运输收入；

3. 以航空运输方式载运货物或旅客的，如果国际运输或港澳台运输各航段由多个承运人承运的，为中国航空结算有限责任公司清算后的实际收入；如果国际运输或港澳台运输各航段由一个承运人承运的，为提供航空运输服务取得的收入；

4. 其他实行免抵退税办法的增值税零税率应税服务，为提供增值税零税率应税服务取得的收入。

（二）实行免退税办法的退（免）税计税依据

为购进应税服务的增值税专用发票或解缴税款的中华人民共和国税收缴款凭证上注明的金额。

二十四、出口企业或其他单位销售给国际运输企业用于国际运输工具上的货物包括哪些？

答：根据《财政部 国家税务总局关于出口货物劳务增值税和消费税政策的通知》（财税〔2012〕39 号）第一条第（二）项第 6 目中规定：出口企业或其他单位销售给国际运输企业用于国际运输工具上的货物。上述规定暂仅适用于外轮供应公司、远洋运输供应公司销售给外轮、远洋国轮的货物，国内航空供应公司生产销售给国内和国外航空公司国际航班的航空食品。

二十五、什么是海关保税进口料件？

答：根据《财政部 国家税务总局关于出口货物劳务增值税和消费税政策的通知》（财税〔2012〕39 号）第四条第（二）项规定：……本通知所称海关保税进口料件，是指海关以进料加工贸易方式监管的出口企业从境外和特殊区域等进口的料件。包括出口企业从境外单位或个人购买并从海关保税仓库提取且办理海关进料加工手续的料件，以及保税区外的出口企业从保税区内的企业购进并办理海关进料加工手续的进口料件。

二十六、什么是海关特殊区域？

答：根据《财政部国家税务总局关于出口货物劳务增值税和消费税政策的通知》（财税〔2012〕39 号）第一条第（二）项第 2 目规定，海关特殊区域指国家批准的出口加工区、保税物流园区、保税港区、综合保税区、珠澳跨境工业区（珠海园区）、中哈霍尔果斯国际边境合作中心（中方配套区域）、保税物流中心（B 型），统称特殊区域。

二十七、享受入仓退税政策的出口监管仓库，应具备哪些条件？

答：根据《海关总署国家税务总局关于在深圳、厦门关区符合条件的出口监管仓库进行入仓退税政策试点的通知》（署加发〔2005〕39 号）附件《出口监管仓库货物入仓即予退税暂行管理办法》第三条规定：享受入仓退税政策的出口监管仓库，除了具备一般出口监管仓库条件外，还需具备以下条件：

1. 经营出口监管仓库的企业经营情况正常，无走私或重大违规行为，具备向海关缴纳税款的能力；
2. 上一年度入仓货物的实际出仓离境率不低于 99%；
3. 对入仓货物实行全程计算机管理，具有符合海关监管要求的计算机管理系统；
4. 不得存放用于深加工结转的货物；
5. 具有符合海关监管要求的隔离设施、监管设施及其他必要的设施。

二十八、如何理解国家税务总局公告 2013 年第 12 号中所述的"出口货物报关单上的出口日期早于申报退税匹配的进货凭证上所列货物的发货时间"？"申报退税匹配的进货凭证"指的是什么？"发货时间"应如何理解？

答：根据《国家税务总局关于〈出口货物劳务增值税和消费税管理办法〉有关问题的公告》（国家税务总局公告 2013 年第 12 号）第五条第（九）项第 7 目规定：

出口货物报关单上的出口日期早于申报退税匹配的进货凭证上所列货物的发货时间（供货企业发货时间）或生产企业自产货物发货时间，按财税〔2012〕39 号文件第七条第（一）项第 4 目和第 5 目规定，适用增值税征税政策。查实属于偷骗税的，应按相应的规定处理。

本条所述的"申报退税匹配的进货凭证"是指申报退税匹配的增值税专用发票、海关进口增值税专用缴款书等。该条所指为出口日期早于增值税专用发票等进货凭证上所载明货物的发货时间。"发货时间"一般是指运输凭据、供货方出库单等凭证上所载明的时间。

比如，某外贸企业出口一批货物，出口报关单上载明的出口日期是当年 8 月 1 日，但主管税务机关在日常检查中发现，该企业的无法提供相应的运输凭证，通过向上游供货企业延伸检查，发现供货企业发出货物的出库单证为当年 10 月 20 日，据此，税务机关作出该笔出口货物不予退税的判定，并将相关线索移交稽查部门继续查处。

需要注意的是，此处规定的供货企业发货时间与供货企业开具增值税专用发票的时间不是同一概念，外贸实务中，多数外贸企业由于付款账期或收汇时间的问题，往往是先出口后付款，而供货企业一般也是收到货款后才向外贸企业开具增值税专用发票，此时增值税专用发票的开票时间晚于出口报关单上的出口时间，这种情况并不影响外贸企业的退税申报。

二十九、中标机电产品、出口企业销售给特殊区域内生产企业的列名原材料、输入特殊区域的水电气的退税率是如何规定的？

答：根据《财政部 国家税务总局关于出口货物劳务增值税和消费税政策的通知》（财税〔2012〕39 号）第三条第（二）项第 3 目规定：

中标机电产品、出口企业向海关报关进入特殊区域销售给特殊区域内生产企业生产耗用的列名原材料（其具体范围见财税〔2012〕39 号附件 6）、输入特殊区域的水电气，其退税率为适用税率。如果国家调整列名原材料的退税率，列名原材料应当自调整之日起按调整后的退税率执行。

三十、生产企业出口的中标机电产品，属于从非生产企业购进的，能否申请退税？

答：可以申请退税。

根据《财政部 国家税务总局关于出口货物劳务增值税和消费税政策的通知》（财税〔2012〕39 号）附件 4 第二条规定：持续经营以来从未发生骗取出口退税、虚开增值税专用发票或农产品收购发票、接受虚开增值税专用发票（善意取得虚开增值税专用发票除外）行为但不能同时符合本附件第一条规定的条件的生产企业，出口的外购货物符合下列条件之一的，可视同自产货物申报适用增值税退（免）税政策：……（五）用于本企业中标项目下的机电产品。

三十一、如何计算免税出口卷烟转入成本的不得抵扣的进项税额？

答：根据《财政部 国家税务总局关于出口货物劳务增值税和消费税政策的通知》（财税〔2012〕39 号）第六条第二项规定：

1. 适用增值税免税政策的出口货物劳务，其进项税额不得抵扣和退税，应当转入成本。

2. 出口卷烟，依下列公式计算：

不得抵扣的进项税额＝出口卷烟含消费税金额÷（出口卷烟含消费税金额＋内销卷烟销售额）×当期全部进项税额

（1）当生产企业销售的出口卷烟在国内有同类产品销售价格时

出口卷烟含消费税金额＝出口销售数量×销售价格

"销售价格"为同类产品生产企业国内实际调拨价格。如实际调拨价格低于税务机关公示的计税价格的，"销售价格"为税务机关公示的计税价格；高于公示计税价格的，销售价格为实际调拨价格。

（2）当生产企业销售的出口卷烟在国内没有同类产品销售价格时

出口卷烟含税金额＝（出口销售额＋出口销售数量×消费税定额税率）÷（1－消费税比例税率）

"出口销售额"以出口发票上的离岸价为准。若出口发票不能如实反映离岸价，生产企业应按实际离岸价计算，否则，税务机关有权按照有关规定予以核定调整。

例如，某卷烟生产企业购进原材料一批用于生产卷烟，取得增值税专用发票400万元，2020年7月内销卷烟含消费税金额5000万元，外销卷烟含消费税金额为3000万元，则不得抵扣的进项税额＝400×3000／（3000＋5000）＝150万元。

三十二、卷烟出口企业免税核销需要提供哪些资料？

答：根据《国家税务总局关于发布〈出口货物劳务增值税和消费税管理办法〉的公告》（国家税务总局公告2012年第24号）第九条第四项1目规定：……申报核销时，应填报《出口卷烟免税核销申报表》，提供正式申报电子数据及下列资料：

1. 出口货物报关单；
2. 出口发票；
3. 出口合同；
4. 《出口卷烟已免税证明》（购进免税卷烟出口的企业提供）；
5. 代理出口货物证明，以及代理出口协议副本（委托出口自产卷烟的生产企业提供）；
6. 主管税务机关要求提供的其他资料。

三十三、中标机电产品具体范围是什么？

答：根据《财政部 国家税务总局关于出口货物劳务增值税和消费税政策的通知》（财税〔2012〕39号）第一条第（二）项第4目项规定：出口企业或其他单位销售给用于国际金融组织或外国政府贷款国际招标建设项目的中标机电产品（以下称中标机电产品）。上述中标机电产品，包括外国企业中标再分包给出口企业或其他单位的机电产品。

中标机电产品的具体范围为海关出口货物税则号第84－90章所列的货物，但不包括海关总署发布的《外商投资项目不予免税的进口商品目录》所列的货物。

三十四、中标机电产品的增值税退（免）税的计税依据是如何确定的？

答：根据《财政部 国家税务总局关于出口货物劳务增值税和消费税政策的通知》（财税〔2012〕39号）第四条规定：

出口货物劳务的增值税退（免）税的计税依据，按出口货物劳务的出口发票（外销发票）、其他普通发票或购进出口货物劳务的增值税专用发票、海关进口增值税专用缴款书确定。

其中，第四条（八）项规定：中标机电产品增值税退（免）税的计税依据，生产企业为销售机电产品的普通发票注明的金额，外贸企业为购进货物的增值税专用发票注明的金额或海关进口增值税专用缴款书注明的完税价格。

需要注意的是，生产企业与外贸企业的计税依据是不同的，生产企业销售机电产品可以使用普通发票注明的金额作为计税依据。

三十五、出口企业未在规定期限内收汇的出口货物适用增值税免税政策的，出口企业前期已申报退（免）税的，应如何处理？

答：根据《国家税务总局关于出口企业申报出口货物退（免）税提供收汇资料有关问题的公告》（国家税务总局公告 2013 年第 30 号）第七条规定：本公告规定的适用增值税免税政策的出口货物，出口企业应在退（免）税申报期截止之日的次月或在确定免税的次月的增值税纳税申报期，按规定向主管税务机关申报免税，前期已申报退（免）税的，出口企业应用负数申报冲减原退（免）税申报数据，并按现行会计制度的有关规定进行相应调整，出口企业当期免抵退税额（外贸企业为退税额，本条下同）不足冲减的，应补缴差额部分的税款。出口企业如果未按上述规定申报冲减的，一经主管税务机关发现，除按规定补缴已办理的免抵退税额，对出口货物增值税实行免税或征税外，还应接受主管税务机关按《中华人民共和国税收征收管理法》做出的处罚。

《关于明确国有农用地出租等增值税政策的公告》（财政部 税务总局公告 2020 年第 2 号），纳税人出口货物劳务、发生跨境应税行为，未在规定期限内收汇或者办理不能收汇手续的，在收汇或者办理不能收汇手续后，仍可申报办理退（免）税。

上述出口货物，不包括《财政部国家税务总局关于出口货物劳务增值税和消费税政策的通知》（财税〔2012〕39 号）第一条第（二）项（第 2 目除外）、第（三）项所列的视同出口货物，如：出口企业对外援助、对外承包、境外投资的出口货物，免税品经营企业销售的货物，出口企业或其他单位销售给用于国际金融组织或外国政府贷款国际招标建设项目的中标机电产品，生产企业向海上石油天然气开采企业销售的自产的海洋工程结构物，出口企业或其他单位销售给国际运输企业用于国际运输工具上的货物，出口企业或其他单位销售给特殊区域内生产企业生产耗用且不向海关报关而输入特殊区域的水（包括蒸汽）、电力、燃气，对外提供加工修理修配劳务。以及易货贸易出口货物、委托出口货物，暂不包括边境小额贸易出口货物。

上述出口企业，不包括委托出口的企业。

三十六、增值税纳税人发生虚开增值税专用发票或者其他增值税扣税凭证、骗取国家出口退税款行为，被税务机关行政处罚或审判机关刑事处罚的，能否享受增值税即征即退或者先征后退优惠政策？

答：自税务机关行政处罚决定或审判机关判决或裁定生效的次月起 36 个月内，暂停其享受增值税即征即退或者先征后退优惠政策。纳税人自恢复享受增值税优惠政策之月起36个月内再次发生增值税违法行为的，自税务机关行政处罚决定或审判机关判决或裁定生效的次月起停止其享受增值税即征即退或者先征后退优惠政策。

根据《财政部 国家税务总局关于防范税收风险若干增值税政策的通知》（财税〔2013〕112号）第一条规定：增值税纳税人发生虚开增值税专用发票或者其他增值税扣税凭证、骗取国家出口退税款行为（以下简称增值税违法行为），被税务机关行政处罚或审判机关刑事处罚的，其销售的货物、提供的应税劳务和营业税改征增值税应税服务（以下统称货物劳务服务）执行以下政策：

享受增值税即征即退或者先征后退优惠政策的纳税人，自税务机关行政处罚决定或审判机关判决或裁定生效的次月起36个月内，暂停其享受上述增值税优惠政策。纳税人自恢复享受增值税优惠政策之月起36个月内再次发生增值税违法行为的，自税务机关行政处罚决定或审判机关判决或裁定生效的次月起停止其享受增值税即征即退或者先征后退优惠政策。

上述所称虚开增值税专用发票或其他增值税扣税凭证，是指有为他人虚开、为自己虚开、让他人为自己虚开、介绍他人虚开增值税专用发票或其他增值税扣税凭证行为之一的，但纳税人善意取得虚开增值税专用发票或其他增值税扣税凭证的除外。

三十七、有增值税违法行为的企业或税务机关重点监管企业，出口或销售给出口企业出口的货物劳务服务，在出口环节退（免）税或销售环节征税时，应如何进行管理？

答：根据《财政部 国家税务总局关于防范税收风险若干增值税政策的通知》（财税〔2013〕112号）第三条规定：有增值税违法行为的企业或税务机关重点监管企业，出口或销售给出口企业出口的货物劳务服务，在出口环节退（免）税或销售环节征税时，除按现行规定管理外，还应实行增值税"税收（出口货物专用）缴款书"管理。有增值税违法行为的企业或税务机关重点监管企业的名单，由国家税务总局根据实际情况进行动态管理，并通过国家税务总局网站等方式向社会公告。

三十八、出口企业或其他单位法定代表人为限制民事行为能力人的，其出口适用增值税退（免）税政策的货物劳务服务，适用何种增值税政策？

答：适用增值税免税政策。

根据《财政部 国家税务总局关于防范税收风险若干增值税政策的通知》（财税〔2013〕112号）第六条规定：出口企业或其他单位存在下列情况之一的，其出口适用增值税退（免）税政策的货物劳务服务，一律适用增值税免税政策：

1. 法定代表人不知道本人是法定代表人的；
2. 法定代表人为无民事行为能力人或限制民事行为能力人的。

三十九、纳税人取得虚开的增值税专用发票，能否作为抵扣凭证抵扣进项税额？

答：纳税人取得虚开的增值税专用发票，不得作为增值税合法有效的扣税凭证抵扣其进项税额,购货方已经抵扣的进项税款,应依法追缴。

根据《国家税务总局关于纳税人虚开增值税专用发票征补税款问题的公告》(国家税务总局公告 2012 年第 33 号)规定:纳税人虚开增值税专用发票,未就其虚开金额申报并缴纳增值税的,应按照其虚开金额补缴增值税;已就其虚开金额申报并缴纳增值税的,不再按照其虚开金额补缴增值税。税务机关对纳税人虚开增值税专用发票的行为,应按《中华人民共和国税收征收管理法》及《中华人民共和国发票管理办法》的有关规定给予处罚。纳税人取得虚开的增值税专用发票,不得作为增值税合法有效的扣税凭证抵扣其进项税额。

四十、我公司是一家集团公司,如果我公司集团总部收购子公司所生产的产品出口,是否能够按照视同自产适用增值税退(免)税政策?

答:您公司是一家集团企业,根据上述情形,符合《财政部 国家税务总局关于出口货物劳务增值税和消费税政策的通知》(财税〔2012〕39 号)附件 4 视同自产的相关规定,可以按照视同自产适用增值税退(免)税政策。

根据《财政部 国家税务总局关于出口货物劳务增值税和消费税政策的通知》(财税〔2012〕39 号)附件 4,视同自产货物的具体范围第二条规定:

持续经营以来从未发生骗取出口退税、虚开增值税专用发票或农产品收购发票、接受虚开增值税专用发票(善意取得虚开增值税专用发票除外)行为但不能同时符合本附件第一条规定的条件的生产企业,出口的外购货物符合下列条件之一的,可视同自产货物申报适用增值税退(免)税政策:

……经集团公司总部所在地的地级以上税务局认定的集团公司,其控股(按照《公司法》第二百一十七条规定的口径执行)的生产企业之间收购的自产货物以及集团公司与其控股的生产企业之间收购的自产货物。

四十一、我公司是免税品经营企业,请问我们销售的货物增值税退(免)税的计税依据是如何确定的?

答:根据《财政部 国家税务总局关于出口货物劳务增值税和消费税政策的通知》(财税〔2012〕39 号)第四条第(七)项规定:免税品经营企业销售的货物增值税退(免)税的计税依据,为购进货物的增值税专用发票注明的金额或海关进口增值税专用缴款书注明的完税价格。

四十二、被停止出口退税权的纳税人在停止出口退税权期间,如果变更《税务登记证》纳税人名称或法定代表人担任新成立企业的法定代表人的企业,其出口货物劳务及服务适用何种税收政策?

答:实行增值税征税政策。根据《财政部 国家税务总局关于防范税收风险若干增值税政策的通知》(财税〔2013〕112 号)第四条规定:

被停止出口退税权的纳税人在停止出口退税权期间,如果变更《税务登记证》纳税人名称或法定代表人担任新成立企业的法定代表人的企业，在被停止出口退税权的纳税人停止出口退税权期间出口的货物劳务服务，实行增值税征税政策。

四十三、我公司是外贸综合服务企业，为一家生产企业代办退税，请问外贸综合服务企业应履行代办退税内部风险管控职责有哪些？

答：根据《国家税务总局关于调整完善外贸综合服务企业办理出口货物退（免）税有关事项的公告》（国家税务总局2017年第35号）第九条规定：

综服企业应履行代办退税内部风险管控职责，严格审核委托代办退税的生产企业生产经营情况、生产能力及出口业务的真实性。代办退税内部风险管控职责包括：

1. 制定代办退税内部风险管控制度，包括风险控制流程、规则、管理制度等。

2. 建立代办退税风险管控信息系统，对生产企业的经营情况和生产能力进行分析，对代办退税的出口业务进行事前、事中、事后的风险识别、分析。

3. 对年度内委托代办退税税额超过100万元的生产企业，应实地核查其经营情况和生产能力，核查内容包括货物出口合同或订单、生产设备、经营场所、企业人员、会计账簿、生产能力等，对有关核查情况应有完备记录和留存相关资料。

4. 对年度内委托代办退税税额超过100万元的生产企业，应进行出口货物的贸易真实性核查。核查内容包括出口货物真实性，出口货物与报关单信息一致性，与生产企业生产能力的匹配性，有相应的物流凭证和出口收入凭证等。每户委托代办退税的生产企业核查覆盖率不应低于其代办退税业务的75%，对有关核查情况应有完备记录和留存相关资料。

四十四、我公司是一家出口企业，请问我公司进出口产品是否需要征收城市维护建设税？

答：根据《财政部关于贯彻执行〈中华人民共和国城市维护建设税暂行条例〉几个具体问题的规定》（（1985）财税字第69号）第三条规定：海关对进口产品代征的产品税、增值税，不征收城市维护建设税。

根据《财政部 国家税务总局关于生产企业出口货物实行免抵退税办法后有关城市维护建设税、教育费附加政策的通知》（财税〔2005〕25号）第一条规定：经税务局正式审核批准的当期免抵的增值税税额应纳入城市维护建设税和教育费附加的计征范围，分别按规定的税（费）率计算缴纳城市维护建设税和教育费附加。

需要注意的是，根据《财政部关于城市维护建设税几个具体业务问题的补充规定》（（1985）财税字第143号）第三条规定："对出口产品退还产品税、增值税的，不退还已纳的城市维护建设税。"（说明：从1994年1月1日起，城市维护建设税以增值税、消费税、营业税三税为计征依据。）。城市维护建设税的计税依据是纳税人实际缴纳的增值税、消费税，不包括被加收的滞纳金和被处的罚款等非税款项；纳税人进口环节被海关代征的增值税、消费税不作为城市维护建设税的计税依据，"进口不征，出口不退"。

四十五、我公司是一家卷烟出口企业,请问从哪些海关出口免税卷烟可以享受免税政策?

答:根据《国家税务总局关于发布〈出口货物劳务增值税和消费税管理办法〉的公告》(国家税务总局公告 2012 年第 24 号)第十一条第(九)项规定:除经国家税务总局批准销售给免税店的卷烟外,免税出口的卷烟须从指定口岸(附件 43)直接报关出口。

附件 43 规定的免税卷烟指定出口口岸有:

1. 上海海关及其所属外港海关(即上海外高桥港口办事处)、浦江海关、吴淞海关
2. 北京海关所属首都机场海关
3. 厦门海关所属东渡办事处
4. 深圳海关下属大鹏海关
5. 大连海关(不包括其下属海关,下同)
6. 天津海关
7. 宁波海关
8. 满洲里海关
9. 霍尔果斯海关
10. 阿拉山口海关
11. 瑞丽海关
12. 打洛海关
13. 晖春海关
14. 丹东海关
15. 青岛海关
16. 黄埔海关
17. 土尔尕特海关

四十六、我公司是一家生产企业,如果想找外贸综合服务企业代办退税,需要满足什么条件?

答:根据《国家税务总局关于调整完善外贸综合服务企业办理出口货物退(免)税有关事项的公告》(国家税务总局 2017 年第 35 号)第二条规定:

生产企业出口货物,同时符合以下条件的,可由综服企业代办退税:

1. 出口货物为生产企业的自产货物或视同自产货物。
2. 生产企业为增值税一般纳税人并已按规定办理出口退(免)税备案。
3. 生产企业已与境外单位或个人签订出口合同。
4. 生产企业已与综服企业签订外贸综合服务合同(协议),约定由综服企业提供包括报关报检、物流、代办退税、结算等在内的综合服务,并明确相关法律责任。
5. 生产企业向主管税务机关提供代办退税的开户银行和账号。

四十七、我公司为新办出口企业，出口退（免）税分类管理类别为三类，我公司是否能够享受启运港退税，如果不能，需满足什么条件？

答：您公司出口退（免）税分类管理类别为三类，不能适用启运港退（免）税政策。

根据《国家税务总局关于发布〈启运港退（免）税管理办法（2018年12月28日修订）〉的公告》（国家税务总局公告2018年第66号）第二条规定：

出口企业适用启运港退（免）税政策须同时满足以下条件：

1. 出口企业的出口退（免）税分类管理类别为一类或二类，并且在海关的信用等级为一般信用企业或认证企业（以税务总局清分的企业海关信用等级信息为准）；

2. 出口企业出口适用退（免）税政策的货物，并且能够取得海关提供的启运港出口货物报关单电子信息；

3. 除本公告另有规定外，出口货物自启运日（以启运港出口货物报关单电子信息上注明的出口日期为准）起2个月内办理结关核销手续。

四十八、应交税费科目如何进行会计核算？

答：1. 本科目核算企业按照税法等规定计算应交纳的各种税费，包括增值税、消费税、所得税、资源税、土地增值税、城市维护建设税、房产税、土地使用税、车船使用税、教育费附加等。

企业代扣代交的个人所得税等，也通过本科目核算。

2. 本科目可按应交的税费项目进行明细核算。

应交增值税还应分别"进项税额""销项税额""出口退税""进项税额转出""已交税金"等设置专栏。

3. 应交增值税的主要账务处理。

（1）企业采购物资等，按应计入采购成本的金额，借记"材料采购""在途物资"或"原材料""库存商品"等科目，按可抵扣的增值税额，借记本科目（应交增值税——进项税额），按应付或实际支付的金额，贷记"应付账款""应付票据""银行存款"等科目。购入物资发生退货做相反的会计分录。

（2）销售物资或提供应税劳务，按营业收入和应收取的增值税额，借记"应收账款""应收票据""银行存款"等科目，按专用发票上注明的增值税额，贷记本科目（应交增值税——销项税额），按确认的营业收入，贷记"主营业务收入""其他业务收入"等科目。发生销售退回做相反的会计分录。

（3）出口产品按规定退税的，借记"应收出口退税款"科目，贷记本科目（应交增值税——出口退税）。

（4）交纳的增值税，借记本科目（应交增值税——已交税金），贷记"银行存款"科目。

企业（小规模纳税人）以及购入材料不能抵扣增值税的，发生的增值税计入材料成本，借记"材料采购""在途物资"等科目，贷记本科目。

4. 企业按规定计算应交的消费税、资源税、城市维护建设税、教育费附加等，借记"税金及附加"科目，贷记本科目。实际交纳时，借记本科目，贷记"银行存款"等科目。

出售不动产计算应交的增值税，借记"固定资产清理"等科目，贷记本科目（应交增值税）。

5. 企业转让土地使用权应交的土地增值税，土地使用权与地上建筑物及其附着物一并在"固定资产"等科目核算的，借记"固定资产清理"等科目，贷记本科目（应交土地增值税）。土地使用权在"无形资产"科目核算的，按实际收到的金额，借记"银行存款"科目，按应交的土地增值税，贷记本科目（应交土地增值税），同时冲销土地使用权的账面价值，贷记"无形资产"科目，按其差额，借记"营业外支出"科目或贷记"营业外收入"科目。实际交纳土地增值税时，借记本科目，贷记"银行存款"等科目。

企业按规定计算应交的房产税、土地使用税、车船使用税，借记"管理费用"科目，贷记本科目。实际交纳时，借记本科目，贷记"银行存款"等科目。

6. 企业按照税法规定计算应交的所得税，借记"所得税费用"等科目，贷记本科目（应交所得税）。交纳的所得税，借记本科目，贷记"银行存款"等科目。

7. 本科目期末贷方余额，反映企业尚未交纳的税费；期末如为借方余额，反映企业多交或尚未抵扣的税费。

四十九、应交增值税如何进行会计核算？

答：1. 国内采购物资

借：物资采购

　　生产成本

　　管理费用等

　　应交税金——应交增值税（进项税额）

　　贷：应付账款

　　　　应付票据

　　　　银行存款等

2. 接受投资转入的物资

借：原材料等

　　应交税金——应交增值税（进项税额）

　　贷：实收资本（或股本）

　　　　资本公积

3. 接受应税劳务

借：生产成本

委托加工物资

管理费用等

应交税金——应交增值税（进项税额）

贷：应付账款

银行存款

4. 进口物资

借：物资采购

库存商品等

应交税金——应交增值税（进项税额）

贷：应付账款

银行存款

5. 购进免税农业产品

借：物资采购（买价扣除按规定计算的进项税额后的差额）

库存商品等（买价扣除按规定计算的进项税额后的差额）

应交税金——应交增值税（进项税额）（购入农业产品的买价和规定的扣除率计算的进项税额）

贷：应付账款（应支付的价款）

银行存款（实际支付的价款）

6. 销售物资或提供应税劳务（包括将自产、委托加工或购买的货物分配给股东）

借：应收账款

应收票据

银行存款

应付股利等

贷：主营业务收入

应交税金——应交增值税（销项税额）

7. 实行"免、抵、退"办法有进出口经营权的生产性企业，按规定计算的当期出口物资不予免征抵扣税额，记入出口物资成本

借：主营业务成本

贷：应交税金——应交增值税（进项税额转出）

按规定计算的当期免抵税额

借：应交税金——应交增值税（出口抵减内销产品应纳税额）

贷：应交税金——应交增值税（出口退税）

因留抵税额小于免抵退税额，按规定应予退回的税款

借：应收出口退税款

　　　　贷：应交税金——应交增值税（出口退税）
　　　　　　收到退回的税款
　借：银行存款
　　　　贷：应收出口退税款

8. 实行"免退"办法的外贸企业，物资出口销售时：
　借：应收账款（当期出口物资应收的款项）
　　　　贷：主营业务收入（当期出口物资实现的营业收入）
计算退税及征退税率之差：
　借：应收出口退税款
　　　主营业务成本
　　　　贷：应交税金——应交增值税（进项税额转出）
　　　　　　应交税金——应交增值税（出口退税）
收到退回的税款：
　借：银行存款
　　　　贷：应收出口退税款

9. 企业将自产或委托加工的货物用于非应税项目、作为投资、集体福利消费、赠送他人等，应视同销售物资计算应交增值税
　借：在建工程
　　　长期股权投资
　　　应付福利费
　　　营业外支出等
　　　　贷：应交税金——应交增值税（销项税额）

10. 随同商品出售但单独计价的包装物，按规定收取的增值税
　借：应收账款
　　　　贷：应交税金——应交增值税（销项税额）
　　　　　　出租、出借包装物逾期未收回而没收的押金应交的增值税
　借：其他应付款
　　　　贷：应交税金——应交增值税（销项税额）

11. 购进的物资、在产品、产成品发生非正常损失，以及购进物资改变用途等原因，其进项税额应相应转入有关科目
　借：待处理财产损溢
　　　在建工程
　　　应付福利费等
　　　　贷：应交税金——应交增值税（进项税额转出）

12. 本月上交本月的应交增值税

借：应交税金——应交增值税（已交税金）

　　贷：银行存款

13. 未交增值税

（1）月度终了，将本月应交未交增值税额自"应交税金——应交增值税"科目转入"未交增值税"明细科目

借：应交税金——应交增值税（转出未交增值税）

　　贷：应交税金——未交增值税

（2）将本月多交的增值税自"应交税金——应交增值税"科目转入"未交增值税"明细科目

借：应交税金——未交增值税

　　贷：应交税金——应交增值税（转出多交增值税）

（3）本月上交上期应交未交的增值税

借：应交税金——未交增值税

　　贷：银行存款

例如，某生产型出口企业，对自产货物经营出口销售及国内销售。该企业2020年5月份购进所需原材料等货物500万元，允许抵扣的进项税额65万元，内销产品取得销售额300万元，出口货物离岸价折合人民币2400万元。假设上期留抵税款5万元，增值税征、退税率均为13%，假设各项信息齐全并于2020年6月份申报审核通过。相应会计分录为：

①外购原辅材料、备件、能耗等，分录为：

借：原材料等科目 5000000

　　应交税费——应交增值税（进项税额）650000

　　贷：银行存款 5650000

②内销产品，分录为：

借：银行存款 3390000

　　贷：主营业务收入 3000000

　　　　应交税费——应交增值税（销项税额）390000

③计算应免抵税额、退税额，分录为：

借：应交税费——应交增值税（出口抵减内销产品应纳税额）2810000

　　应收出口退税款 310000

　　贷：应交税费——应交增值税（出口退税）3120000

五十、应交消费税如何进行会计核算？

答：1. 销售需要交纳消费税的物资应交的消费税

借：主营业务税金及附加
  贷：应交税金——应交消费税
    退货时作相反会计分录。

2. 随同商品出售单独计价的包装物，按规定应交纳的消费税
借：其他业务支出
  贷：应交税金——应交消费税

3. 需要交纳消费税的委托加工物资，由受托方代收代交税款（除受托加工或翻新改制金银首饰按规定由受托方交纳消费税外）

委托加工物资收回后直接用于销售的，将代收代交的消费税计入委托加工物资的成本
借：委托加工物资
 贷：应付账款
   银行存款等

委托加工物资收回后用于连续生产，按规定准予抵扣的，对于代收代交准予抵扣的消费税
借：应交税金——应交消费税
  贷：应付账款
    银行存款

4. 需要交纳消费税的进口物资，其交纳的消费税应计入该项物资的成本
借：固定资产
  材料
  库存商品等
 贷：银行存款等

5. 生产性企业直接出口或通过外贸企业代理出口的物资，按规定直接予以免税的，可不计算应交消费税。

6. 生产性企业将物资销售给外贸企业，由外贸企业自营出口的，其交纳的消费税应计入主营业务税金及附加
借：主营业务税金及附加
  贷：应交税金——应交消费税

7. 交纳消费税
借：应交税金——应交消费税
  贷：银行存款

第二节 外贸企业出口退（免）税政策常见问题

一、外贸企业出口货物增值税退（免）税计税依据是什么？

答：根据《财政部 国家税务总局关于出口货物劳务增值税和消费税政策的通知》（财税〔2012〕39号）第四条规定：

出口货物劳务的增值税退（免）税的计税依据，按出口货物劳务的出口发票（外销发票）、其他普通发票或购进出口货物劳务的增值税专用发票、海关进口增值税专用缴款书确定。

外贸企业出口货物（委托加工修理修配货物除外）增值税退（免）税的计税依据，为购进出口货物的增值税专用发票注明的金额或海关进口增值税专用缴款书注明的完税价格。

外贸企业出口委托加工修理修配货物增值税退（免）税的计税依据，为加工修理修配费用增值税专用发票注明的金额。外贸企业应将加工修理修配使用的原材料（进料加工海关保税进口料件除外）作价销售给受托加工修理修配的生产企业，受托加工修理修配的生产企业应将原材料成本并入加工修理修配费用开具发票。

免税品经营企业销售的货物增值税退（免）税的计税依据，为购进货物的增值税专用发票注明的金额或海关进口增值税专用缴款书注明的完税价格。

中标机电产品增值税退（免）税的计税依据，外贸企业为购进货物的增值税专用发票注明的金额或海关进口增值税专用缴款书注明的完税价格。

二、如何计算外贸企业出口委托加工修理修配货物退（免）税？

答：根据《财政部 国家税务总局关于出口货物劳务增值税和消费税政策的通知》（财税〔2012〕39号）第五条第（二）项第2目规定：出口委托加工修理修配货物的增值税应退税额＝委托加工修理修配的增值税退（免）税计税依据×出口货物退税率。

例如，A公司为外贸企业，2020年9月份，A公司从国内B公司购进服装原材料，取得增值税专用发票，注明的不含税金额为150000元。A公司将该批原材料以购进价格销售给B公司（生产企业），委托B公司将其加工成童装，并向其开具增值税专用发票。童装收回时，A公司向B公司支付加工费，不含税金额为50000元，取得增值税专用发票，注明的计税金额为200000元。10月份，A公司将该批童装以300000元出口给日本。

按规定：外贸企业出口委托加工修理修配货物增值税退（免）税的计税依据，为加工修理修配费用增值税专用发票注明的金额。外贸企业应将加工修理修配使用的原材料（进料加工海关保税进口料件除外）作价销售给受托加工修理修配的生产企业，受托加工修理修配的生产企业应将原材料成本并入加工修理修配费用开具发票。因此，A公司的应退税额 = 200000 × 13% = 26000 元。

三、某外贸企业购进货物的供货纳税人A办理税务登记2年内被税务机关认定为非正常户，且该外贸企业使用A开具的增值税专用发票连续12个月内申报退税额占该期间全部申报退税额30%以上，应如何处理？

答：自主管该外贸企业出口退税的税务机关书面通知之日起，在24个月内出口的适用增值税退（免）税政策的货物劳务服务，改为适用增值税免税政策。

根据《财政部 国家税务总局关于防范税收风险若干增值税政策的通知》（财税〔2013〕112号）第二条规定：出口企业购进货物的供货纳税人有属于办理税务登记2年内被税务机关认定为非正常户或被认定为增值税一般纳税人2年内注销税务登记，且符合下列情形之一的，自主管其出口退税的税务机关书面通知之日起，在24个月内出口的适用增值税退（免）税政策的货物劳务服务，改为适用增值税免税政策。

1. 外贸企业使用上述供货纳税人开具的增值税专用发票申报出口退税，在连续12个月内达到200万元以上（含本数，下同）的，或使用上述供货纳税人开具的增值税专用发票，连续12个月内申报退税额占该期间全部申报退税额30%以上的。

2. 外贸企业连续12个月内使用3户以上上述供货纳税人开具的增值税专用发票申报退税，且占该期间全部供货纳税人户数20%以上的。

上述所称"连续12个月内"，外贸企业自使用上述供货纳税人开具的增值税专用发票申报退税的当月开始计算。

四、外贸企业出口消费税应税货物，应退消费税如何计算？

答：根据《财政部 国家税务总局关于出口货物劳务增值税和消费税政策的通知》（财税〔2012〕39号）第八条第（三）项规定：

消费税应退税额 = 从价定率计征消费税的退税计税依据 × 比例税率 + 从量定额计征消费税的退税计税依据 × 定额税率

出口货物的消费税应退税额的计税依据，按购进出口货物的消费税专用缴款书和海关进口消费税专用缴款书确定。

属于从价定率计征消费税的，为已征且未在内销应税消费品应纳税额中抵扣的购进出口货物金额；属于从量定额计征消费税的，为已征且未在内销应税消费品应纳税额中抵扣的购进出口货物数量；属于复合计征消费税的，按从价定率和从量定额的计税依据分别确定。

例如，某外贸企业从摩托车厂购进摩托车100辆，直接报关离境出口，取得的消费税专用缴款书注明的单价为20000元/辆。摩托车消费税税率为10%，则应退消费税税款为：100 × 20000 × 10% = 200000元。

五、外贸企业出口货物劳务适用增值税征税政策的，应如何计算销项税额？

答：根据《财政部 国家税务总局关于出口货物劳务增值税和消费税政策的通知》（财税〔2012〕39号）第七条第（二）项规定：

1. 一般纳税人出口货物销项税额 =（出口货物离岸价 - 出口货物耗用的进料加工保税进口料件金额）÷（1 + 适用税率）× 适用税率

2. 小规模纳税人出口货物应纳税额 = 出口货物离岸价 ÷（1 + 征收率）× 征收率

例如，某增值税一般纳税人2020年3月1日出口货物一批，该批货物（征退税率均为13%）出口离岸价为200万元，税务机关抽查发现该批货物备案单证为虚假的，4月份视同内销处理，该笔业务项税额为200/（1 + 13%）× 13% = 23.01万元。

六、从事来料加工委托加工业务的外贸企业，应如何办理《来料加工免税证明》？

答：根据《国家税务总局关于发布〈出口货物劳务增值税和消费税管理办法〉的公告》（国家税务总局公告2012年第24号）第九条第（四）项第2目规定：

从事来料加工委托加工业务的出口企业，在取得加工企业开具的加工费的普通发票后，应在加工费的普通发票开具之日起至次月的增值税纳税申报期内，填报《来料加工免税证明申请表》，提供正式申报电子数据，及下列资料向主管税务机关办理《来料加工免税证明》。

1. 进口货物报关单原件及复印件；

2. 加工企业开具的加工费的普通发票原件及复印件；

3. 主管税务机关要求提供的其他资料。

出口企业应将《来料加工免税证明》转交加工企业，加工企业持此证明向主管税务机关申报办理加工费的增值税、消费税免税手续。

根据《国家税务总局关于出口货物劳务增值税和消费税有关问题的公告》（国家税务总局公告2013年第65号）第四条规定：出口企业将加工贸易进口料件，采取委托加工收回出口的，在申报退（免）税或申请开具《来料加工免税证明》时，如提供的加工费发票不是由加工贸易手（账）册上注明的加工单位开具的，出口企业须向主管税务机关书面说明理由，并提供主管海关出具的书面证明。否则，属于进料加工委托加工业务的，对应的加工费不得抵扣或申报退（免）税；属于来料加工委托加工业务的，不得申请开具《来料加工免税证明》，相应的加工费不得申报免税。

七、从事来料加工委托加工业务的外贸企业，应如何办理来料加工出口货物免税核销手续？

答：1. 根据《国家税务总局关于发布〈出口货物劳务增值税和消费税管理办法〉的公告》（国家税务总局公告2012年第24号）第九条第（四）项第2目规定，来料加工委托加工出口的货物免税证明及核销办理：

（1）从事来料加工委托加工业务的出口企业，在取得加工企业开具的加工费的普通发票后，应在加工费的普通发票开具之日起至次月的增值税纳税申报期内，填报《来料加工免税证明申请表》，提供正式申报电子数据，及下列资料向主管税务机关办理《来料加工免税证明》。

①进口货物报关单原件及复印件；

②加工企业开具的加工费的普通发票原件及复印件；

③主管税务机关要求提供的其他资料。

（2）出口企业以"来料加工"贸易方式出口货物并办理海关核销手续后，持海关签发的核销结案通知书、《来料加工出口货物免税证明核销申请表》和下列资料及正式申报电子数据，向主管税务机关办理来料加工出口货物免税核销手续。

①出口货物报关单原件及复印件（可提供通过电子口岸打印的报关单）；

②来料加工免税证明；

③加工企业开具的加工费的普通发票原件及复印件；

④主管税务机关要求提供的其他资料。

出口企业应将《来料加工免税证明》转交加工企业，加工企业持此证明向主管税务机关申报办理加工费的增值税、消费税免税手续。"

2. 根据《国家税务总局关于出口退（免）税有关问题的公告》（国家税务总局公告2015年第29号）第五条：出口企业从事来料加工委托加工业务的，应当在海关办结核销手续的次年5月15日前，办理来料加工出口货物免税核销手续；属于2014年及以前海关办理核销的，免税核销期限延长至2015年6月30日。未按规定办理来料加工出口货物免税核销手续或者不符合办理免税核销规定的，委托方应按规定补缴增值税、消费税。

八、某外贸企业出口货物一批，报关单上计量单位是"个""件"，增值税专用发票上计量单位是"千克"，能否申报退（免）税？

答：出口货物报关单与其匹配的增值税专用发票上的计量单位不相符的，不得申报出口退（免）税。如属同一货物的多种零部件需要合并报关为同一商品名称的，企业应将出口货物报关单、增值税专用发票上不同商品名称的相关性及不同计量单位的折算标准向主管税务机关书面报告，经主管税务机关确认后，可申报退（免）税。

根据《国家税务总局关于〈出口货物劳务增值税和消费税管理办法〉有关问题的公告》（国家税务总局公告2013年第12号）第二条第（五）项规定：2013年5月1日以后报关出口的货物（以出口货物报关单上的出口日期为准），除下款规定以外，出口企业或其他单位申报出口退（免）税提供的出口货物报关单上的第一计量单位、第二计量单位，及出口企业申报的计量单位，至少有一个应同与其匹配的增值税专用发票上的计量单位相符，且上述出口货物报关单、增值税专用发票上的商品名称须相符，否则不得申报出口退（免）税。

如属同一货物的多种零部件需要合并报关为同一商品名称的，企业应将出口货物报关单、增值税专用发票上不同商品名称的相关性及不同计量单位的折算标准向主管税务机关书面报告，经主管税务机关确认后，可申报退（免）税。

九、某外贸企业前期出口货物一批，出口货物报关单申报日期为 2020 年 11 月 10 日，出口日期为 2020 年 11 月 12 日，海关于 2020 年 11 月 11 日对海关商品代码进行调整，导致出口货物报关单上的商品代码与调整后的商品代码不一致，可以申报出口退税吗？应如何处理？

答：在出口货物报关单上的申报日期和出口日期期间，若海关调整商品代码，导致出口货物报关单上的商品代码与调整后的商品代码不一致的，可以申报退（免）税。根据《国家税务总局关于〈出口货物劳务增值税和消费税管理办法〉有关问题的公告》（国家税务总局公告 2013 年第 12 号）第二条第（三）项规定：在出口货物报关单上的申报日期和出口日期期间，若海关调整商品代码，导致出口货物报关单上的商品代码与调整后的商品代码不一致的，出口企业或其他单位应按照出口货物报关单上列明的商品代码申报退（免）税，并同时报送《海关出口商品代码、名称、退税率调整对应表》及电子数据。

第三节　生产企业出口退（免）税政策常见问题

一、生产企业出口货物退（免）税方法是如何规定的？

答：1. 根据《财政部 国家税务总局关于出口货物劳务增值税和消费税政策的通知》（财税〔2012〕39 号）第二条第（一）项规定：免抵退税办法。生产企业出口自产货物和视同自产货物及对外提供加工修理修配劳务，以及列名生产企业出口非自产货物，免征增值税，相应的进项税额抵减应纳增值税额（不包括适用增值税即征即退、先征后退政策的应纳增值税额），未抵减完的部分予以退还。

2. 根据《财政部 国家税务总局关于出口货物劳务增值税和消费税政策的通知》（财税〔2012〕39 号）第八条规定：适用本通知第一条、第六条或第七条规定的出口货物，如果属于消费税应税消费品，实行下列消费税政策：出口企业出口或视同出口适用增值税退（免）税的货物，免征消费税，如果属于购进出口的货物，退还前一环节对其已征的消费税。

二、生产企业以一般贸易方式出口货物劳务增值税退（免）税的计税依据是什么？

答：根据《财政部 国家税务总局关于出口货物劳务增值税和消费税政策的通知》（财税〔2012〕39 号）第四条第（一）项规定：

出口货物劳务的增值税退（免）税的计税依据，按出口货物劳务的出口发票（外销发票）、其他普通发票或购进出口货物劳务的增值税专用发票、海关进口增值税专用缴款书确定。

生产企业出口货物劳务（进料加工复出口货物除外）增值税退（免）税的计税依据，为出口货物劳务的实际离岸价（FOB）。实际离岸价应以出口发票上的离岸价为准，但如果出口发票不能反映实际离岸价，主管税务机关有权予以核定。

三、生产企业以进料加工方式出口货物劳务增值税退（免）税的计税依据是如何规定的？

答：根据《财政部 国家税务总局关于出口货物劳务增值税和消费税政策的通知》（财税〔2012〕39号）第四条第（二）项规定：

出口货物劳务的增值税退（免）税的计税依据，按出口货物劳务的出口发票（外销发票）、其他普通发票或购进出口货物劳务的增值税专用发票、海关进口增值税专用缴款书确定。

生产企业进料加工复出口货物增值税退（免）税的计税依据，按出口货物的离岸价（FOB）扣除出口货物所含的海关保税进口料件的金额后确定。

本通知所称海关保税进口料件，是指海关以进料加工贸易方式监管的出口企业从境外和特殊区域等进口的料件。包括出口企业从境外单位或个人购买并从海关保税仓库提取且办理海关进料加工手续的料件，以及保税区外的出口企业从保税区内的企业购进并办理海关进料加工手续的进口料件。

例如，某生产企业2021年1月进料加工进口海关保税料件50万元，进料加工计划分配率为30%，进料加工出口货物的离岸价（FOB）为200万人民币，该企业1月的退（免）税的计税依据是200×（1-30%）=140万元。

四、"免抵退税办法"中免税购进原材料的价格是如何构成的？

答：根据《财政部 国家税务总局关于出口货物劳务增值税和消费税政策的通知》（财税〔2012〕39号）规定第五条第（一）项第4目规定：当期免税购进原材料价格包括当期国内购进的无进项税额且不计提进项税额的免税原材料的价格和当期进料加工保税进口料件的价格，其中当期进料加工保税进口料件的价格为组成计税价格。

五、从事进料加工业务的生产企业，应如何确定进料加工计划分配率？

答：进料加工计划分配率的确定，分为首次申报进料加工业务和非首次申报进料加工业务两种情况。

1. 对于首次申报进料加工业务的企业，根据《国家税务总局关于〈出口货物劳务增值税和消费税管理办法〉有关问题的公告》（国家税务总局公告2013年第12号）第二条第（十）项第1目规定：2012年1月1日至2013年6月15日未在税务机关办理进料加工业务手（账）册核销的企业，当年进料加工业务的计划分配率为2013年7月1日后首份进料加工手（账）册的计划分配率。企业应在首次申报2013年7月1日以后进料加工手（账）册的进料加工出口货物免抵退税前，向主管税务机关报送《进料加工企业计划分配率备案表》及其电子数据。

2. 对于非首次申报进料加工业务的企业，根据《国家税务总局关于出口货物劳务增值税和消费税有关问题的公告》（国家税务总局公告 2013 年第 65 号）第三条规定：从事进料加工业务的生产企业，因上年度无海关已核销手（账）册不能确定本年度进料加工业务计划分配率的，应使用最近一次确定的"上年度已核销手（账）册综合实际分配率"作为本年度的计划分配率。

生产企业在办理年度进料加工业务核销后，如认为《生产企业进料加工业务免抵退税核销表》中的"上年度已核销手（账）册综合实际分配率"与企业当年度实际情况差别较大的，可在向主管税务机关提供当年度预计的进料加工计划分配率及书面合理理由后，将预计的进料加工计划分配率作为该年度的计划分配率。

例如，某假发生产企业开展进料加工业务，A 手册计划进口 100 万美元，计划出口 120 万美元，2020 年 10 月从国外以进料对口贸易方式购进原材料金额 700 万元，11 月加工完成假发成品后出口，离岸价 500 万美元，当月申报免抵退税。12 月，海关对该手册进行了核销，剩余进口料件 300 万元结转至该企业 B 手册，剩余 20 万元边角余料，则该手册实际分配率为（700 - 300 - 20）/500×100% = 76%。

六、从事进料加工业务的生产企业，应如何进行年度进料加工业务的核销？

答：根据《国家税务总局关于出口退（免）税申报有关问题的公告》（国家税务总局公告 2018 年第 16 号）第九条规定：

生产企业应于每年 4 月 20 日前，按以下规定向主管税务机关申请办理上年度海关已核销的进料加工手册（账册）项下的进料加工业务核销手续。4 月 20 日前未进行核销的，对该企业的出口退（免）税业务，主管税务机关暂不办理，在其进行核销后再办理。

1. 生产企业申请核销前，应从主管税务机关获取海关联网监管加工贸易电子数据中的进料加工"电子账册（电子化手册）核销数据"以及进料加工业务的进口和出口货物报关单数据。

生产企业将获取的反馈数据与进料加工手册（账册）实际发生的进口和出口情况核对后，填报《生产企业进料加工业务免抵退税核销表》向主管税务机关申请核销。如果核对发现，实际业务与反馈数据不一致的，生产企业还应填写《已核销手册（账册）海关数据调整表》连同电子数据和证明材料一并报送主管税务机关。

2. 主管税务机关应将企业报送的电子数据读入出口退税审核系统，对《生产企业进料加工业务免抵退税核销表》和《已核销手册（账册）海关数据调整表》及证明资料进行审核。

3. 主管税务机关确认核销后，生产企业应以《生产企业进料加工业务免抵退税核销表》中的"已核销手册（账册）综合实际分配率"，作为当年度进料加工计划分配率。同时，应在核销确认的次月，根据《生产企业进料加工业务免抵退税核销表》确认的不得免征和抵扣税额在纳税申报时申报调整；应在确认核销后的首次免抵退税申报时，根据《生产企业进料加工业务免抵退税核销表》确认的调整免抵退税额申报调整当期免抵退税额。

4. 生产企业发现核销数据有误的，应在发现次月按照本条第（一）项至第（三）项的有关规定向主管税务机关重新办理核销手续。

七、生产企业国内购进免税原材料加工后出口货物的计税依据是如何确定的？

答：根据《财政部 国家税务总局关于出口货物劳务增值税和消费税政策的通知》（财税〔2012〕39号）第四条第（三）项规定：生产企业国内购进无进项税额且不计提进项税额的免税原材料加工后出口的货物的计税依据，按出口货物的离岸价（FOB）扣除出口货物所含的国内购进免税原材料的金额后确定。

例如，某生产企业2021年1月购进免税农产品20万元，取得普通发票，该农产品全部用于生产出口货物（该出口货物有出口退税率），出口货物的离岸价（FOB）为250万人民币，该企业该批出口货物的退（免）税的计税依据是250－20＝230万元。

八、生产企业进料加工保税进口料件的组成计税价格是如何计算的？

答：根据《财政部 国家税务总局关于出口货物劳务增值税和消费税政策的通知》（财税〔2012〕39号）第五条第（一）项第4目规定：

当期进料加工保税进口料件的组成计税价格＝当期进口料件到岸价格＋海关实征关税＋海关实征消费税

采用"实耗法"的，当期进料加工保税进口料件的组成计税价格为当期进料加工出口货物耗用的进口料件组成计税价格。其计算公式为：

当期进料加工保税进口料件的组成计税价格＝当期进料加工出口货物离岸价×外汇人民币折合率×计划分配率

计划分配率＝计划进口总值÷计划出口总值×100％

实行纸质手册和电子化手册的生产企业，应根据海关签发的加工贸易手册或加工贸易电子化纸质单证所列的计划进出口总值计算计划分配率。

实行电子账册的生产企业，计划分配率按前一期已核销的实际分配率确定；新启用电子账册的，计划分配率按前一期已核销的纸质手册或电子化手册的实际分配率确定。

九、生产企业出口适用增值税征税政策的货物耗用的进料加工保税进口件金额是如何确定的？

答：根据《财政部 国家税务总局关于出口货物劳务增值税和消费税政策的通知》（财税〔2012〕39号）第七条第（二）项规定：

下列出口货物劳务，不适用增值税退（免）税和免税政策，按下列规定及视同内销货物征税的其他规定征收增值税（以下称增值税征税）：

对于一般纳税人出口货物：

销项税额＝（出口货物离岸价－出口货物耗用的进料加工保税进口料件金额）÷（1

+适用税率)×适用税率

出口货物若已按征退税率之差计算不得免征和抵扣税额并已经转入成本的,相应的税额应转回进项税额。

1. 出口货物耗用的进料加工保税进口料件金额=主营业务成本×(投入的保税进口料件金额÷生产成本)

主营业务成本、生产成本均为不予退(免)税的进料加工出口货物的主营业务成本、生产成本。当耗用的保税进口料件金额大于不予退(免)税的进料加工出口货物金额时,耗用的保税进口料件金额为不予退(免)税的进料加工出口货物金额。

2. 出口企业应分别核算内销货物和增值税征税的出口货物的生产成本、主营业务成本。未分别核算的,其相应的生产成本、主营业务成本由主管税务机关核定。

进料加工手册海关核销后,出口企业应对出口货物耗用的保税进口料件金额进行清算。清算公式为:

清算耗用的保税进口料件总额=实际保税进口料件总额-退(免)税出口货物耗用的保税进口料件总额-进料加工副产品耗用的保税进口料件总额

若耗用的保税进口料件总额与各纳税期扣减的保税进口料件金额之和存在差额时,应在清算的当期相应调整销项税额。当耗用的保税进口料件总额大于出口货物离岸金额时,其差额部分不得扣减其他出口货物金额。

例如,A公司是一家生产塑料管的出口企业,产品远销欧美各地。该公司原材料采用进料加工的方式进来,生产之后再出口销售,2020年4月保税购进原材料金额100万元开始生产,5月该手册出口货物50万元,6月该手册出口货物70万元,货物征税率13%、退税率13%。

7月税务机关检查该企业发现5月1笔出口货物提供虚假单证,离岸价10万元,6月1笔出口货物提供虚假单证,离岸价30万元,以上2笔业务不予退(免)税。5月不予退(免)税货物的生产成本9万元,主营业务成本8万元,投入的保税进口料件金额7万元。6月不予退(免)税货物的生产成本24万元,主营业务成本23万元,投入的保税进口料件金额22万元。请计算这两笔业务需计提的销项税额?

第一笔:出口货物耗用的进料加工保税进口料件金额=8×(7÷9)=6.22万元

销项税额=(10-6.22)÷(1+13%)×13%=0.43万元

第二笔:出口货物耗用的进料加工保税进口料件金额=23×(22÷24)=21.08万元

销项税额=(30-21.08)÷(1+13%)×13%=1.03万元

合计销项税额:0.43+1.03=1.46万元

十、生产企业既有增值税免抵退项目,也有增值税即征即退、先征后退项目的,其增值税退(免)税政策是如何规定的?进项税额如何确定?

答:根据《财政部 国家税务总局关于出口货物劳务增值税和消费税政策的通知》(财

税〔2012〕39 号）第五条第（四）项规定：

出口企业既有适用增值税免抵退项目，也有增值税即征即退、先征后退项目的，增值税即征即退和先征后退项目不参与出口项目免抵退税计算。出口企业应分别核算增值税免抵退项目和增值税即征即退、先征后退项目，并分别申请享受增值税即征即退、先征后退和免抵退税政策。

用于增值税即征即退或者先征后退项目的进项税额无法划分的，按照下列公式计算：

无法划分进项税额中用于增值税即征即退或者先征后退项目的部分 = 当月无法划分的全部进项税额 × 当月增值税即征即退或者先征后退项目销售额 ÷ 当月全部销售额、营业额合计。

十一、生产企业实行免抵退税办法，免抵的增值税额是否作为计征城建税和教育费附加的依据？

答：根据《财政部 国家税务总局关于生产企业出口货物实行免抵退税办法后有关城市维护建设税、教育费附加政策的通知》（财税〔2005〕25 号）第一条规定：经税务局正式审核批准的当期免抵的增值税税额应纳入城市维护建设税和教育费附加的计征范围，分别按规定的税（费）率计算缴纳城市维护建设税和教育费附加。

十二、列名生产企业出口非自产货物的退（免）税政策是如何规定的？

答：1. 根据《财政部 国家税务总局关于出口货物劳务增值税和消费税政策的通知》（财税〔2012〕39 号）第二条第（一）项规定：生产企业出口自产货物和视同自产货物及对外提供加工修理修配劳务，以及列名生产企业出口非自产货物，实行免抵退税办法，免征增值税，相应的进项税额抵减应纳增值税额（不包括适用增值税即征即退、先征后退政策的应纳增值税额），未抵减完的部分予以退还。

2. 根据《财政部 国家税务总局关于出口货物劳务增值税和消费税政策的通知》（财税〔2012〕39 号）第八条规定，列名生产企业出口非自产货物，如果属于购进出口的货物且属于消费税应税消费品的，退还前一环节对其已征的消费税。

十三、符合哪些条件的生产企业可以依照已签订出口合同的交通运输工具和机器设备办理出口免抵退税申报、核销？

答：根据《财政部 国家税务总局关于出口货物劳务增值税和消费税政策的通知》（财税〔2012〕39 号）第九条第（四）项规定：符合条件的生产企业已签订出口合同的交通运输工具和机器设备，在其退税凭证尚未收集齐全的情况下，可凭出口合同、销售明细账等，向主管税务机关申报免抵退税。在货物向海关报关出口后，应按规定申报退（免）税，并办理已退（免）税的核销手续。多退（免）的税款，应予追回。生产企业申请时应同时满足以下条件：

1. 已取得增值税一般纳税人资格。
2. 已持续经营 2 年及 2 年以上。

3. 生产的交通运输工具和机器设备生产周期在 1 年及 1 年以上。

4. 上一年度净资产大于同期出口货物增值税、消费税退税额之和的 3 倍。

5. 持续经营以来从未发生逃税、骗取出口退税、虚开增值税专用发票或农产品收购发票、接受虚开增值税专用发票（善意取得虚开增值税专用发票除外）行为。

十四、生产企业购进货物的供货纳税人有哪些情形的，该生产企业原适用增值税退（免）税政策的货物劳务服务改为适用增值税免税政策？

答：生产企业购进货物的供货纳税人有属于办理税务登记 2 年内被税务机关认定为非正常户或被认定为增值税一般纳税人 2 年内注销税务登记，且符合下列情形之一的，自主管其出口退税的税务机关书面通知之日起，在 24 个月内出口的适用增值税退（免）税政策的货物劳务服务，改为适用增值税免税政策。

1. 生产企业在连续 12 个月内申报出口退税额达到 200 万元以上，且从上述供货纳税人取得的增值税专用发票税额达到 200 万元以上或占该期间全部进项税额 30% 以上的。

2. 生产企业连续 12 个月内有 3 户以上上述供货纳税人，且占该期间全部供货纳税人户数 20% 以上的。

上述"连续 12 个月内"，自生产企业从上述供货纳税人取得的增值税专用发票认证当月开始计算。

十五、生产企业向海上石油天然气开采企业销售的自产的海洋工程结构物增值税退（免）税的计税依据是如何确定的？

答：1. 根据《财政部 国家税务总局关于出口货物劳务增值税和消费税政策的通知》（财税〔2012〕39 号）第四条规定：

出口货物劳务的增值税退（免）税的计税依据，按出口货物劳务的出口发票（外销发票）、其他普通发票或购进出口货物劳务的增值税专用发票、海关进口增值税专用缴款书确定。

其中，第四条（九）项规定：生产企业向海上石油天然气开采企业销售的自产的海洋工程结构物增值税退（免）税的计税依据，为销售海洋工程结构物的普通发票注明的金额。

2. 根据《关于明确金融 房地产开发 教育辅助服务等增值税政策的通知》（财税〔2016〕140 号）第十七条规定：

自 2017 年 1 月 1 日起，生产企业销售自产的海洋工程结构物，或者融资租赁企业及其设立的项目子公司、金融租赁公司及其设立的项目子公司购买并以融资租赁方式出租的国内生产企业生产的海洋工程结构物，应按规定缴纳增值税，不再适用《财政部国家税务总局关于出口货物劳务增值税和消费税政策的通知》（财税〔2012〕39 号）或者《财政部国家税务总局关于在全国开展融资租赁货物出口退税政策试点的通知》（财税〔2014〕62 号）规定的增值税出口退税政策，但购买方或者承租方为按实物征收增值税的中外合作油（气）田开采企业的除外。

2017年1月1日前签订的海洋工程结构物销售合同或者融资租赁合同，在合同到期前，可继续按现行相关出口退税政策执行。

海洋工程结构物和海上石油天然气开采企业是指《财政部 国家税务总局关于出口货物劳务增值税和消费税政策的通知》（财税〔2012〕39号）附件3中所列明的海洋工程结构物和海上石油天然气开采企业。需要注意的是，《财税〔2017〕10号 财政部 国家税务总局关于调整中外合作海上油（气）田开采企业名单的通知》：根据我国海洋石油工业发展变化情况，为确保政策落实到位，现对《财政部 国家税务总局关于出口货物劳务增值税和消费税政策的通知》（财税〔2012〕39号）附件3第二条"（二）中国海洋石油对外合作公司"项下企业名单进行调整，《财政部 国家税务总局关于明确金融 房地产开发 教育辅助服务等增值税政策的通知》（财税〔2016〕140号）第十七条"中外合作油（气）田开采企业"按调整后的名单执行。

十六、我公司是一家生产企业，主要生产劳保手套，纳税信用等级为B级，持续经营一年以来从未发生骗取出口退税等违法行为，如果我公司向其他公司购进一批服装以一般贸易方式出口，是否能够按照视同自产适用增值税退（免）税政策？

答：由于您公司外购货物不符合《财政部 国家税务总局关于出口货物劳务增值税和消费税政策的通知》（财税〔2012〕39号）附件4中所列视同自产货物规定，不能按照视同自产享受增值税退（免）税政策。

（一）根据《财政部 国家税务总局关于出口货物劳务增值税和消费税政策的通知》（财税〔2012〕39号）附件4：视同自产货物的具体范围第一条规定：

持续经营以来从未发生骗取出口退税、虚开增值税专用发票或农产品收购发票、接受虚开增值税专用发票（善意取得虚开增值税专用发票除外）行为且同时符合下列条件的生产企业出口的外购货物，可视同自产货物适用增值税退（免）税政策：

1. 已取得增值税一般纳税人资格。
2. 已持续经营2年及2年以上。
3. 纳税信用等级A级。
4. 上一年度销售额5亿元以上。
5. 外购出口的货物与本企业自产货物同类型或具有相关性。

（二）根据《财政部 国家税务总局关于出口货物劳务增值税和消费税政策的通知》（财税〔2012〕39号）附件4：视同自产货物的具体范围第二条规定：

持续经营以来从未发生骗取出口退税、虚开增值税专用发票或农产品收购发票、接受虚开增值税专用发票（善意取得虚开增值税专用发票除外）行为但不能同时符合本附件第一条规定的条件的生产企业，出口的外购货物符合下列条件之一的，可视同自产货物申报适用增值税退（免）税政策：

1. 同时符合下列条件的外购货物：
（1）与本企业生产的货物名称、性能相同。
（2）使用本企业注册商标或境外单位或个人提供给本企业使用的商标。
（3）出口给进口本企业自产货物的境外单位或个人。

2. 与本企业所生产的货物属于配套出口，且出口给进口本企业自产货物的境外单位或个人的外购货物，符合下列条件之一的：
（1）用于维修本企业出口的自产货物的工具、零部件、配件。
（2）不经过本企业加工或组装，出口后能直接与本企业自产货物组合成成套设备的货物。

3. 经集团公司总部所在地的地级以上国家税务局认定的集团公司，其控股（按照《公司法》第二百一十七条规定的口径执行）的生产企业之间收购的自产货物以及集团公司与其控股的生产企业之间收购的自产货物。

4. 同时符合下列条件的委托加工货物：
（1）与本企业生产的货物名称、性能相同，或者是用本企业生产的货物再委托深加工的货物。
（2）出口给进口本企业自产货物的境外单位或个人。
（3）委托方与受托方必须签订委托加工协议，且主要原材料必须由委托方提供，受托方不垫付资金，只收取加工费，开具加工费（含代垫的辅助材料）的增值税专用发票。

5. 用于本企业中标项目下的机电产品。

6. 用于对外承包工程项目下的货物。

7. 用于境外投资的货物。

8. 用于对外援助的货物。

9. 生产自产货物的外购设备和原材料（农产品除外）。

十七、我公司是一家生产企业，主要生产劳保手套，纳税信用等级为B级，持续经营一年以来从未发生骗取出口退税等违法行为，如果我公司委托其他公司加工一批手套并出口，原材料由受托方提供，我公司是否能够按照视同自产适用增值税退（免）税政策？

答：由于您公司委托加工货物的原材料是由受托方提供，不符合《财政部 国家税务总局关于出口货物劳务增值税和消费税政策的通知》（财税〔2012〕39号）附件4中所列视同自产货物规定，不能按照视同自产，享受增值税退（免）税政策。

根据《财政部 国家税务总局关于出口货物劳务增值税和消费税政策的通知》（财税〔2012〕39号）附件4：视同自产货物的具体范围第二条第（四）项规定：

持续经营以来从未发生骗取出口退税、虚开增值税专用发票或农产品收购发票、接受虚开增值税专用发票（善意取得虚开增值税专用发票除外）行为但不能同时符合本附件第一条规定的条件的生产企业，出口的外购货物符合下列条件之一的，可视同自产货物申报适用增值税退（免）税政策：

同时符合下列条件的委托加工货物：

1. 与本企业生产的货物名称、性能相同，或者是用本企业生产的货物再委托深加工的货物。

2. 出口给进口本企业自产货物的境外单位或个人。

3. 委托方与受托方必须签订委托加工协议，且主要原材料必须由委托方提供，受托方不垫付资金，只收取加工费，开具加工费（含代垫的辅助材料）的增值税专用发票。

第四节　出口退（免）税备案常见问题

一、出口企业或其他单位需变更退（免）税办法的，应如何办理？

答：根据《国家税务总局关于部分税务行政审批事项取消后有关管理问题的公告》（国家税务总局公告 2015 年第 56 号）第三条第（三）项规定：《出口退（免）税备案表》中的内容发生变更的，出口企业或其他单位须自变更之日起 30 日内，向主管税务机关提供相关资料，办理备案内容的变更。出口企业或其他单位需要变更"退（免）税方法"的，主管税务机关应按规定结清退（免）税款后办理变更。

根据《国家税务总局关于〈出口货物劳务增值税和消费税管理办法〉有关问题的公告》（国家税务总局公告 2013 年第 12 号）第一条第（二）项规定：出口企业或其他单位申请变更退（免）税办法的，经主管税务机关批准变更的次月起按照变更后的退（免）税办法申报退（免）税。企业应将批准变更前全部出口货物按变更前退（免）税办法申报退（免）税，变更后不得申报变更前出口货物退（免）税。

原执行免退税办法的企业，在批准变更次月的增值税纳税申报期内可将原计入出口库存账的且未申报免退税的出口货物向主管税务机关申请开具《出口转内销证明》。

原执行免抵退税办法的企业，应将批准变更当月的《免抵退税申报汇总表》中"当期应退税额"填报在批准变更次月的《增值税纳税申报表》"免、抵、退应退税额"栏中。

企业按照变更前退（免）税办法已申报但在批准变更前未审核办理的退（免）税，主管税务机关对其按照原退（免）税办法单独审核、审批办理。对原执行免抵退税办法的企业，主管税务机关对已按免抵退税办法申报的退（免）税应全部按规定审核通过后，一次性审批办理退（免）税。

退（免）税办法由免抵退税变更为免退税的，批准变更前已通过认证的增值税专用发票或取得的海关进口增值税专用缴款书，出口企业或其他单位不得作为申报免退税的原始凭证。

根据《国家税务总局关于发布〈适用增值税零税率应税服务退（免）税管理办法〉的公告》（国家税务总局公告2014年第11号）第十一条规定：增值税零税率应税服务提供者按规定需变更增值税退（免）税办法的，主管税务机关应按照现行规定进行退（免）税清算，在结清税款后方可办理变更。

二、需要注销税务登记或者出口退（免）税备案的出口企业和其他单位，应注意哪些事项？

答：根据《国家税务总局关于部分税务行政审批事项取消后有关管理问题的公告》（国家税务总局公告2015年第56号）第三条第（四）项规定：出口企业或其他单位撤回出口退（免）税备案的，主管税务机关应按规定结清退（免）税款后办理。出口企业或其他单位申请注销税务登记的，应先向主管税务机关申请撤回出口退（免）税备案。

三、零税率应税服务提供者应于何时办理出口退（免）税备案？办理备案应提供哪些资料？

答：零税率应税服务提供者应于首次申报出口退（免）税时，向主管税务机关提供以下资料，办理出口退（免）税备案手续。根据《国家税务总局关于部分税务行政审批事项取消后有关管理问题的公告》（国家税务总局公告2015年第56号）第三条第（一）项规定：出口企业或其他单位应于首次申报出口退（免）税时，向主管税务机关提供以下资料，办理出口退（免）税备案手续，申报退（免）税。

办理备案时应根据《国家税务总局关于发布〈适用增值税零税率应税服务退（免）税管理办法〉的公告》（国家税务总局公告2014年第11号）第九条规定，按照下列要求，向主管税务机关申请办理出口退（免）税备案：

1. 填报《出口退（免）税备案申请表》及电子数据；《出口退（免）税备案申请表》中的"退税开户银行账号"，必须填写办理税务登记时向主管税务机关报备的银行账号之一。

2. 根据所提供的适用增值税零税率应税服务，提供以下对应资料的原件及复印件：

（1）提供国际运输服务。以水路运输方式的，应提供《国际船舶运输经营许可证》；以航空运输方式的，应提供经营范围包括"国际航空客货邮运输业务"的《公共航空运输企业经营许可证》或经营范围包括"公务飞行"的《通用航空运输经营许可证》；以公路运输方式的，应提供经营范围包括"国际运输"的《道路运输经营许可证》和《国际汽车运输行车许可证》；以铁路运输方式的，应提供经营范围包括"许可经营项目：铁路客货运输"的《企业法人营业执照》或其他具有提供铁路客货运输服务资质的证明材料；提供航天运输服务的，应提供经营范围包括"商业卫星发射服务"的《企业法人营业执照》或其他具有提供商业卫星发射服务资质的证明材料。

（2）提供港澳台运输服务。以公路运输方式提供内地往返香港、澳门的交通运输服务的，应提供《道路运输经营许可证》及持《道路运输证》的直通港澳运输车辆的物权证明；以水路运输方式提供内地往返香港、澳门交通运输服务的，应提供获得港澳线路运营许可船舶的物权证明；以水路运输方式提供中国大陆往返中国台湾交通运输服务的，应提供《台湾海峡两岸间水路运输许可证》及持《台湾海峡两岸间船舶营运证》船舶的物权证明；以航空运输方式提供港澳台运输服务的，应提供经营范围包括"国际、国内（含港澳）航空客货邮运输业务"的《公共航空运输企业经营许可证》或者经营范围包括"公务飞行"的《通用航空经营许可证》；以铁路运输方式提供内地往返香港的交通运输服务的，应提供经营范围包括"许可经营项目：铁路客货运输"的《企业法人营业执照》或其他具有提供铁路客货运输服务资质的证明材料。

（3）采用程租、期租和湿租方式租赁交通运输工具用于国际运输服务和港澳台运输服务的，应提供程租、期租和湿租合同或协议。

（4）对外提供研发服务或设计服务的，应提供《技术出口合同登记证》。

3. 增值税零税率应税服务提供者出口货物劳务，且未办理过出口退（免）税备案的，除提供上述资料外，还应提供加盖备案登记专用章的《对外贸易经营者备案登记表》和《中华人民共和国海关进出口货物收发货人报关注册登记证书》的原件及复印件。

已办理过出口退（免）税备案的出口企业，提供增值税零税率应税服务的，应填报《出口退（免）税备案变更申请表》及电子数据，提供第九条所列的增值税零税率应税服务对应的资料，向主管税务机关申请办理出口退（免）税备案变更。

四、我公司是一家集团公司，视同自产符合增值税退（免）税政策规定，我们集团公司总部在申报退（免）税备案时应提供哪些资料？

答：根据《国家税务总局关于部分税务行政审批事项取消后有关管理问题的公告》（国家税务总局公告2015年第56号）第三条第（六）项和第（七）项规定：

集团公司需要按收购视同自产货物申报免抵退税的，集团公司总部需提供以下资料，向主管税务机关备案：

1. 《集团公司成员企业备案表》及电子申报数据；
2. 集团公司总部及其控股的生产企业的营业执照副本复印件；
3. 集团公司总部及其控股的生产企业的《出口退（免）税备案表》或《出口退（免）税备案表》复印件［根据《国家税务总局关于进一步加强出口退（免）税事中事后管理有关问题的公告》（国家税务总局公告2016年第1号）第一条规定：集团公司需要按收购视同自产货物申报免抵退税的，集团公司总部或其控股的生产企业向主管税务机关备案时，不再提供集团公司总部及其控股的生产企业的《出口退（免）税备案表》或《出口退（免）税备案表》复印件］；
4. 集团公司总部及其控股生产企业的章程复印件；
5. 主管税务机关要求报送的其他资料。

对集团公司总部提供上述备案资料齐全、《集团公司成员企业备案表》填写内容符合要求的，主管税务机关应当场予以备案。对不符合上述要求的，主管税务机关应一次性告知企业，待其补正后备案。

按收购视同自产货物申报免抵退税的集团公司备案后，主管税务机关按照集团公司总部和成员企业所在地情况，传递《集团公司成员企业备案表》。

1. 在同一地市的，集团公司总部所在地主管税务机关应将《集团公司成员企业备案表》传递至地市税务局报备，并同时抄送集团公司总部、成员企业所在地税务局；

2. 在同一省（自治区、直辖市、计划单列市，下同）但不在同一地市的，集团公司总部所在地主管税务机关，应将《集团公司成员企业备案表》逐级传递至省税务局报备，省税务局应清分至集团公司总部、成员企业所在地税务局；

3. 不在同一省的，集团公司总部所在地主管税务机关，应将《集团公司成员企业备案表》逐级传递至国家税务总局，由国家税务总局逐级清分至集团公司总部、成员企业所在地税务局。

五、购买国产设备退税的研发机构，如何办理退税备案手续？

答：根据《国家税务总局关于发布〈研发机构采购国产设备增值税退税管理办法〉的公告》（国家税务总局公告2020年第6号）第五条规定：

研发机构享受采购国产设备退税政策，应于首次申报退税时，持以下资料向主管税务机关办理退税备案手续：

1. 符合91号公告（财政部公告2019年第91号）第一条、第二条规定的研发机构资质证明资料。

2. 内容填写真实、完整的《出口退（免）税备案表》。该备案表在《国家税务总局关于出口退（免）税申报有关问题的公告》（2018年第16号）发布。其中，"企业类型"选择"其他单位"；"出口退（免）税管理类型"依据资质证明材料填写"内资研发机构（简写：内资机构）"或"外资研发中心（简写：外资中心）"；其他栏次按填表说明填写。

3. 主管税务机关要求提供的其他资料。

本办法下发前，已办理采购国产设备退税备案的研发机构，无须再次办理备案。

（本办法施行期限为2019年1月1日至2020年12月31日，以增值税发票的开具日期为准。）

六、某外贸企业因跨区迁移，主管税务机关发生变化，应何时办理出口退（免）税备案变更？

答：根据《国家税务总局关于部分税务行政审批事项取消后有关管理问题的公告》（国家税务总局公告2015年第56号）第三条第（三）项规定：《出口退（免）税备案表》中的内容发生变更的，出口企业或其他单位须自变更之日起30日内，向主管税务机关提供相关资料，办理备案内容的变更。出口企业或其他单位需要变更"退（免）税方法"

的，主管税务机关应按规定结清退（免）税款后办理变更。

出口企业在办理跨区迁移前，应先办理退（免）税备案变更。

企业跨区迁移主管税务机关发生变化的，应自注册地变更之日起30日内，在出口退税申报系统的备案变更模块中，生成并打印《出口退（免）税备案变更申请表》，同时报送电子数据，并携带《出口退（免）税备案变更申请表》、迁入地新办的《营业执照》原件及复印件、税务机关要求报送的其他资料，向迁出地税务机关办理备案内容的变更。

七、某公司声明放弃已申报但尚未办理的出口退（免）税并按规定申报免税，可以办理撤回出口退（免）税备案吗？

答：该公司视同已结清出口退税款，可以办理撤回出口退（免）税备案。根据《国家税务总局关于进一步加强出口退（免）税事中事后管理有关问题的公告》（国家税务总局公告2016年第1号）第二条规定：

出口企业或其他单位办理撤回出口退（免）税备案事项时，如果向主管税务机关声明放弃未申报或已申报但尚未办理的出口退（免）税并按规定申报免税的，视同已结清出口退税款。

因合并、分立、改制重组等原因撤回出口退（免）税备案的出口企业或其他单位（以下简称撤回备案企业），可向主管税务机关提供以下资料，经主管税务机关核对无误后，视同已结清出口退（免）税款：

1. 企业撤回出口退（免）税备案未结清退（免）税确认书；
2. 合并、分立、改制重组企业决议、章程及相关部门批件；
3. 承继撤回备案企业权利和义务的企业（以下简称承继企业）在撤回备案企业所在地的开户银行名称及账号。

撤回备案事项办结后，主管税务机关将撤回备案企业的应退税款退还至承继企业账户，如发生需要追缴多退税款的，向承继企业追缴。

第五节　出口退（免）税申报常见问题

一、我公司是一家出口企业，在出口退（免）税申报时，请问税务机关对于出口企业和其他单位提供的复印件资料有哪些要求？

答：根据《国家税务总局关于〈出口货物劳务增值税和消费税管理办法〉有关问题的公告》（国家税务总局公告2013年第12号）第五条第（十五）项规定：《管理办法》及本公告中要求同时提供原件和复印件的资料，出口企业或其他单位提供的复印件上应注明"与原件相符"字样，并加盖企业公章。主管税务机关在核对复印件与原件相符后，将原件退回，留存复印件。

二、我公司是一家生产企业，请问出口货物办理免抵退税申报程序和申报期限是如何规定的？

答：1. 根据《国家税务总局关于发布〈出口货物劳务增值税和消费税管理办法〉的公告》（国家税务总局公告 2012 年第 24 号）第四条第（一）项规定：

企业应在货物报关出口之日（以出口货物报关单〈出口退税专用〉上的出口日期为准）次月起至次年 4 月 30 日前的各增值税纳税申报期内收齐有关凭证，向主管税务机关申报办理出口货物增值税免抵退税及消费税退税。逾期的，企业不得申报免抵退税。

2. 根据《国家税务总局关于〈出口货物劳务增值税和消费税管理办法〉有关问题的公告》（国家税务总局公告 2013 年第 12 号）第二条第（七）项规定：

出口企业或其他单位出口并按会计规定做销售的货物，须在做销售的次月进行增值税纳税申报。生产企业还需办理免抵退税相关申报及消费税免税申报（属于消费税应税货物的）。

3. 根据《财政部 税务总局关于明确国有农用地出租等增值税政策的公告》（财政部 税务总局公告 2020 年第 2 号）第四条规定，自 2020 年 1 月 20 日起，纳税人出口货物劳务、发生跨境应税行为，未在规定期限内申报出口退（免）税，在收齐退（免）税凭证及相关电子信息后，即可申报办理出口退（免）税。

三、我公司是一家新办出口企业，主要加工出口服装，适用免抵退办法，请问在办理出口货物免抵退税申报时，应提供哪些凭证资料？

答：未实行无纸化管理试点的出口企业应根据《国家税务总局关于发布〈出口货物劳务增值税和消费税管理办法〉的公告》（国家税务总局公告 2012 年第 24 号）第四条第（二）项规定：

1. 企业向主管税务机关办理增值税免抵退税申报，应提供下列凭证资料：

（1）《免抵退税申报汇总表》及其附表（已经上线出口退税管理新系统的地区不再报送附表）；

（2）《免抵退税申报资料情况表》（已经上线出口退税管理新系统的地区不再报送此表）；

（3）《生产企业出口货物免抵退税申报明细表》；

（4）出口货物退（免）税正式申报电子数据；

（5）下列原始凭证：

①出口货物报关单（可提供通过电子口岸打印的报关单）

[2015 年 5 月 1 日（以海关出口报关单电子信息注明的出口日期为准）以后，仅申报适用启运港退税政策的货物提供纸质出口货物报关单。2018 年 4 月 10 日（含）以后，实施起运港退税政策的出口货物，不再提供纸质出口货物报关单证明联（出口退税专用）。]

保税区内的出口企业可提供中华人民共和国海关保税区出境货物备案清单,简称出境货物备案清单;

②出口发票;

③委托出口的货物,还应提供受托方主管税务机关签发的代理出口货物证明,以及代理出口协议复印件;

④主管税务机关要求提供的其他资料。

2. 生产企业出口的视同自产货物以及列名生产企业出口的非自产货物,属于消费税应税消费品(以下简称应税消费品)的,还应提供下列资料:

(1)《生产企业出口非自产货物消费税退税申报表》;

(2)消费税专用缴款书或分割单、海关进口消费税专用缴款书、委托加工收回应税消费品的代扣代收税款凭证原件或复印件。

出口企业如属于无纸化管理试点企业,办理出口退(免)税时,提供正式申报电子数据,无需报送纸质申报表和纸质凭证,原规定向主管税务机关报送的纸质凭证留存备查。

四、我公司是一家新办出口企业,主要批发出口机械设备,适用免退税办法,请问在办理出口货物免退税申报时,应提供哪些凭证资料?

答:(一)未实行无纸化管理试点的企业应根据《国家税务总局关于发布〈出口货物劳务增值税和消费税管理办法〉的公告》(国家税务总局公告2012年第24号)第五条第(二)项规定提供申报资料:

外贸企业出口货物免退税的申报资料:

1.《外贸企业出口退税汇总申报表》(已经上线出口退税管理新系统的地区不再报送此表);

2.《外贸企业出口退税进货明细申报表》;

3.《外贸企业出口退税出口明细申报表》;

4. 出口货物退(免)税正式申报电子数据;

5. 下列原始凭证:

(1)出口货物报关单(可提供通过电子口岸打印的报关单);

[2015年5月1日(以海关出口报关单电子信息注明的出口日期为准)以后,仅申报适用启运港退税政策的货物提供纸质出口货物报关单;2018年4月10日(含)以后,实施启运港退税政策的出口货物,不再提供纸质出口货物报关单证明联(出口退税专用)。]

保税区内的出口企业可提供中华人民共和国海关保税区出境货物备案清单,简称出境货物备案清单;

(2)增值税专用发票(抵扣联)、海关进口增值税专用缴款书

(3)委托出口的货物,还应提供受托方主管税务机关签发的代理出口货物证明,以及代理出口协议副本;

（4）属应税消费品的，还应提供消费税专用缴款书或分割单、海关进口消费税专用缴款书；

（5）主管税务机关要求提供的其他资料。

根据《国家税务总局关于〈出口货物劳务增值税和消费税管理办法〉有关问题的公告》（国家税务总局公告2013年第12号）第二条第（六）项规定：受托方将代理多家企业出口的货物集中一笔报关出口的，委托方可提供该出口货物报关单的复印件申报出口退（免）税。

（二）实行无纸化管理试点的企业办理出口退（免）税时，提供正式申报电子数据，无须报送纸质申报表和纸质凭证，原规定向主管税务机关报送的纸质凭证留存备查。

五、从事进料加工业务的生产企业，应如何进行进料加工出口货物的免抵退税申报？

答：（一）根据国家税务总局关于《出口货物劳务增值税和消费税管理办法》有关问题的公告（国家税务总局公告2013年第12号）第二条第（十）项规定：

从事进料加工业务的生产企业，自2013年7月1日起，按下列规定办理进料加工出口货物退（免）税的申报及手（账）册核销业务。《管理办法》第四条第（三）项停止执行。2013年7月1日以前，企业已经在主管税务机关办理登记手续的进料加工手（账）册，按原办法办理免抵退税申报、进口料件申报、手（账）册核销（电子账册核销指海关办结一个周期核销手续后的核销）。

1. 进料加工计划分配率的确定

2012年1月1日至2013年6月15日已在税务机关办理过进料加工手（账）册核销的企业，2013年度进料加工业务的计划分配率为该期间税务机关已核销的全部手（账）册的加权平均实际分配率。主管税务机关应在2013年7月1日以前，计算并与企业确认2013年度进料加工业务的计划分配率。

2012年1月1日至2013年6月15日未在税务机关办理进料加工业务手（账）册核销的企业，当年进料加工业务的计划分配率为2013年7月1日后首份进料加工手（账）册的计划分配率。企业应在首次申报2013年7月1日以后进料加工手（账）册的进料加工出口货物免抵退税前，向主管税务机关报送《进料加工企业计划分配率备案表》及其电子数据。

2. 进料加工出口货物的免抵退税申报

对进料加工出口货物，企业应以出口货物人民币离岸价扣除出口货物耗用的保税进口料件金额的余额为增值税退（免）税的计税依据。按《管理办法》第四条的有关规定，办理免抵退税相关申报。

进料加工出口货物耗用的保税进口料件金额 = 进料加工出口货物人民币离岸价 × 进料加工计划分配率

计算不得免征和抵扣税额时，应按当期全部出口货物的离岸价扣除当期全部进料加工出口货物耗用的保税进口料件金额后的余额乘以征退税率之差计算。进料加工出口货物收齐有关凭证申报免抵退税时，以收齐凭证的进料加工出口货物人民币离岸价扣除其耗用的保税进口料件金额后的余额计算免抵退税额。

（二）根据《国家税务总局关于出口退（免）税申报有关问题的公告》（国家税务总局公告2018年第16号）第九条规定：

生产企业应于每年4月20日前，按以下规定向主管税务机关申请办理上年度海关已核销的进料加工手册（账册）项下的进料加工业务核销手续。4月20日前未进行核销的，对该企业的出口退（免）税业务，主管税务机关暂不办理，在其进行核销后再办理。

1. 生产企业申请核销前，应从主管税务机关获取海关联网监管加工贸易电子数据中的进料加工"电子账册（电子化手册）核销数据"以及进料加工业务的进口和出口货物报关单数据。

生产企业将获取的反馈数据与进料加工手册（账册）实际发生的进口和出口情况核对后，填报《生产企业进料加工业务免抵退税核销表》向主管税务机关申请核销。如果核对发现，实际业务与反馈数据不一致的，生产企业还应填写《已核销手册（账册）海关数据调整表》连同电子数据和证明材料一并报送主管税务机关。

2. 主管税务机关应将企业报送的电子数据读入出口退税审核系统，对《生产企业进料加工业务免抵退税核销表》和《已核销手册（账册）海关数据调整表》及证明资料进行审核。

3. 主管税务机关确认核销后，生产企业应以《生产企业进料加工业务免抵退税核销表》中的"已核销手册（账册）综合实际分配率"，作为当年度进料加工计划分配率。同时，应在核销确认的次月，根据《生产企业进料加工业务免抵退税核销表》确认的不得免征和抵扣税额在纳税申报时申报调整；应在确认核销后的首次免抵退税申报时，根据《生产企业进料加工业务免抵退税核销表》确认的调整免抵退税额申报调整当期免抵退税额。

4. 生产企业发现核销数据有误的，应在发现次月按照本条第1项至第3项的有关规定向主管税务机关重新办理核销手续。

为什么要进行进料加工核销呢？是因为由于料件加工过程中，存在边角料＋剩余料件＋残次品＋副产品等不确定因素，在货物全部出口完之前，无法准确确定单笔出口货物到底耗用了多少进口料件，因此，就必须核销，计算出实际分配率，多退少补。

例如，某生产企业，自营出口自产的一批手套，出口货物的离岸价（FOB）为1000万元，计划分配率30%，实际分配率50%，进项税额100万元，假设该公司无上期留抵税额，无内销收入，出口货物征税率13%、退税率为10%。试计算其不得免征和抵扣税额核销前后的差异。

①核销前

进料加工出口货物耗用的保税进口料件金额＝进料加工出口货物人民币离岸价×进料

加工计划分配率=1000×30%=300万元

不得免征和抵扣税额=（1000-300）×（13%-10%）=21万元

②核销后

进料加工出口货物耗用的保税进口料件金额=进料加工出口货物人民币离岸价×进料加工实际分配率=1000×50%=500万元

不得免征和抵扣税额=（1000-500）×（13%-10%）=15万元

通过案例可知，如果该企业不进行进料加工核销，那么出口货物不得免征和抵扣的税额就多了，造成抵扣税款减少，负担成本增加。

六、生产企业视同自产货物申报退（免）税时应如何填写申报表？

答：根据《国家税务总局关于出口货物劳务增值税和消费税有关问题的公告》（国家税务总局公告2013年第65号）第七条规定：

生产企业外购的不经过本企业加工或组装，出口后能直接与本企业自产货物组合成成套产品的货物，如配套出口给进口本企业自产货物的境外单位或个人，可作为视同自产货物申报退（免）税。生产企业申报出口视同自产的货物退（免）税时，应按《生产企业出口视同自产货物业务类型对照表》，在《生产企业出口货物免、抵、退税申报明细表》的"业务类型"栏内填写对应标识，主管税务机关如发现企业填报错误的，应及时要求企业改正。

七、生产企业对前期申报错误的免抵退税数据应如何调整？

答：对前期申报错误的，根据《国家税务总局关于发布〈出口货物劳务增值税和消费税管理办法〉的公告》（国家税务总局公告2012年第24号）规定第四条第（五）项规定：对前期申报错误的，在当期进行调整。在当期用负数将前期错误申报数据全额冲减，再重新全额申报。

八、生产企业出口货物发生退运的免抵退税数据应如何调整？

答：根据《国家税务总局关于〈出口货物劳务增值税和消费税管理办法〉有关问题的公告》（国家税务总局公告2013年第12号）第二条第（十二）项规定：已申报免抵退税的出口货物发生退运，及需改为免税或征税的，应在上述情形发生的次月增值税纳税申报期内用负数申报冲减原免抵退税申报数据，并按现行会计制度的有关规定进行相应调整。

九、某生产企业申报免抵退税时，报送的《生产企业出口货物免、抵、退税申报明细表》中的离岸价与相应出口货物报关单上的离岸价不一致，应如何处理？

答：根据《国家税务总局关于〈出口货物劳务增值税和消费税管理办法〉有关问题的公告》（国家税务总局公告2013年第12号）第二条第（九）项规定：生产企业申报免抵退税时，若报送的《生产企业出口货物免、抵、退税申报明细表》中的离岸价与相应出口货物报关单上的离岸价不一致的，应按主管税务机关的要求填报《出口货物离岸价差异原因说明表》及电子数据。

十、生产企业购进不计提进项税额的国内免税原材料用于加工出口货物的，应如何向主管税务机关办理申报手续？

答：根据《国家税务总局关于发布〈出口货物劳务增值税和消费税管理办法〉的公告》（国家税务总局公告2012年第24号）第四条第（四）项规定：购进不计提进项税额的国内免税原材料用于加工出口货物的，企业应单独核算用于加工出口货物的免税原材料，并在免税原材料购进之日起至次月的增值税纳税申报期内，填报《生产企业出口货物扣除国内免税原材料申请表》，提供正式申报电子数据，向主管税务机关办理申报手续。

已经上线出口退税管理新系统的地区，采用新版《免抵退税申报汇总表》和《生产企业出口货物劳务免抵退税申报明细表》申报免抵退税的，不再报送《生产企业出口货物扣除国内免税原材料申请表》，而是将相关内容填写新版《生产企业出口货物劳务免抵退税申报明细表》的第17栏"国内购进免税原材料价格"。

十一、符合条件的生产企业如何办理已签订出口合同的交通运输工具和机器设备的免抵退税申报与核销？

答：根据《国家税务总局关于〈出口货物劳务增值税和消费税管理办法〉有关问题的公告》（国家税务总局公告2013年第12号）第二条第（十一）项规定：符合《财政部 国家税务总局关于出口货物劳务增值税和消费税政策的通知》（财税〔2012〕39号）第九条第（四）项规定的生产企业，应在交通运输工具和机器设备出口合同签订后，报送《先退税后核销资格申请表》及电子数据，经主管税务机关审核同意后，按照以下规定办理出口免抵退税申报、核销：

1. 企业应在交通运输工具或机器设备自会计上做销售后，与其他出口货物劳务一并向主管税务机关办理免抵退税申报（在《生产企业出口货物免、抵、退税申报明细表》"出口收汇核销单号"栏中填写出口合同号；已经上线出口退税管理新系统的地区申报时，出口合同号填写栏次变为先退税后核销出口合同号栏次，"业务类型"栏填写"XTHH"），并附送下列资料：

（1）出口合同（复印件，仅第一次申报时提供）；
（2）企业财务会计制度（复印件，仅第一次申报时提供）；
（3）出口销售明细账（复印件）；
（4）《先退税后核销企业免抵退税申报附表》及其电子数据；
（5）年度财务报表（年度结束后至4月30日前报送）；
（6）收款凭证（复印件，取得预付款的提供）；
（7）主管税务机关要求提供的其他资料。

2. 交通工具或机器设备报关出口之日起3个月内，企业应在增值税纳税申报期，按生产企业有关规定收齐有关单证，申报免抵退税，办理已退（免）税的核销。

十二、我公司是一家商贸企业,未做出口退(免)税备案,请问我公司委托出口的货物劳务办理出口免税的期限是如何规定的?

答:根据《国家税务总局关于发布〈出口货物劳务增值税和消费税管理办法〉的公告》(国家税务总局公告 2012 年第 24 号)第九条第(二)项规定:

非出口企业委托出口的货物,委托方应在货物劳务免税业务发生的次月(按季度进行增值税纳税申报的为次季度)的增值税纳税申报期内,凭受托方主管税务机关签发的代理出口货物证明以及代理出口协议副本等资料,向主管税务机关办理增值税、消费税免税申报。

十三、适用增值税征税政策的出口货物劳务,出口企业或其他单位应如何申报缴纳增值税?

答:根据《国家税务总局关于发布〈出口货物劳务增值税和消费税管理办法〉的公告》(国家税务总局公告 2012 年第 24 号)第十二条规定:

适用增值税征税政策的出口货物劳务,出口企业或其他单位申报缴纳增值税,按内销货物缴纳增值税的统一规定执行。

十四、我公司是一家生产企业,提供零税率应税服务办理增值税退(免)税申报时应提供哪些凭证资料?

答:根据《国家税务总局关于发布〈适用增值税零税率应税服务退(免)税管理办法〉的公告》(国家税务总局公告 2014 年第 11 号)第十二、十三条规定:

增值税零税率应税服务提供者提供增值税零税率应税服务,应在财务作销售收入次月(按季度进行增值税纳税申报的为次季度首月,下同)的增值税纳税申报期内,向主管税务机关办理增值税纳税和退(免)税相关申报。

实行免抵退税办法的增值税零税率应税服务提供者应按照下列要求向主管税务机关办理增值税免抵退税申报:

1. 填报《免抵退税申报汇总表》及其附表(已经上线出口退税管理新系统的地区不再报送附表);

2. 提供免抵退税正式申报电子数据;

3. 提供增值税零税率应税服务所开具的发票(经主管税务机关认可,可只提供电子数据,原始凭证留存备查);

4. 根据所提供的适用增值税零税率应税服务,提供以下对应资料凭证:

(1)提供国际运输服务、港澳台运输服务的,需填报《增值税零税率应税服务(国际运输/港澳台运输)免抵退税申报明细表》,并提供下列原始凭证的原件及复印件:

①以水路运输、航空运输、公路运输方式的,提供增值税零税率应税服务的载货、载客舱单或其他能够反映收入原始构成的单据凭证。以航空运输方式且国际运输和港澳台运输各航段由多个承运人承运的,还需提供《航空国际运输收入清算账单申报明细表》。

②采用程租、期租、湿租服务方式租赁交通运输工具从事国际运输服务和港澳台运输服务的，还应提供程租、期租、湿租的合同或协议复印件。向境外单位和个人提供期租、湿租服务，按规定由出租方申报退（免）税的，可不提供第①项原始凭证。

上述原始凭证（不包括《航空国际运输收入清算账单申报明细表》），经主管税务机关批准，增值税零税率应税服务提供者可只提供电子数据，原始凭证留存备查。

根据《国家税务总局关于〈适用增值税零税率应税服务退（免）税管理办法〉的补充公告》（国家税务总局公告2015年第88号）第四条规定：

实行免抵退办法的增值税零税率应税服务提供者，向境外单位提供研发服务、设计服务、新纳入零税率范围的应税服务的，应在申报免抵退税时，向主管税务机关提供以下申报资料：

1. 《增值税零税率应税服务免抵退税申报明细表》。
2. 《提供增值税零税率应税服务收讫营业款明细清单》。
3. 《免抵退税申报汇总表》及其附表（已经上线出口退税管理新系统的地区不再报送附表）。
4. 免抵退税正式申报电子数据。
5. 下列资料及原始凭证的原件及复印件：

（1）提供增值税零税率应税服务所开具的发票（经主管税务机关认可，可只提供电子数据，原始凭证留存备查）。

（2）与境外单位签订的提供增值税零税率应税服务的合同。

提供软件服务、电路设计及测试服务、信息系统服务、业务流程管理服务，以及离岸服务外包业务的，同时提供合同已在商务部"服务外包及软件出口管理信息系统"中登记并审核通过，由该系统出具的证明文件；提供广播影视节目（作品）的制作和发行服务的，同时提供合同已在商务部"文化贸易管理系统"中登记并审核通过，由该系统出具的证明文件。

（3）提供电影、电视剧的制作服务的，应提供行业主管部门出具的在有效期内的影视制作许可证明；提供电影、电视剧的发行服务的，应提供行业主管部门出具的在有效期内的发行版权证明、发行许可证明。

（4）提供研发服务、设计服务、技术转让服务的，应提供与提供增值税零税率应税服务收入相对应的《技术出口合同登记证》及其数据表。

（5）从与之签订提供增值税零税率应税服务合同的境外单位取得收入的收款凭证。

（6）跨国公司经外汇管理部门批准实行外汇资金集中运营管理或经中国人民银行批准实行经常项下跨境人民币集中收付管理的，其成员公司在批准的有效期内，可凭银行出具给跨国公司资金集中运营（收付）公司符合下列规定的收款凭证，向主管税务机关申报退（免）税：

①收款凭证上的付款单位须是与成员公司签订提供增值税零税率应税服务合同的境外单位或合同约定的跨国公司的境外成员企业。

②收款凭证上的收款单位或附言的实际收款人须载明有成员公司的名称。

6. 主管税务机关要求提供的其他资料及凭证。

十五、我公司是一家外贸企业，提供零税率应税服务办理增值税退（免）税申报时应提供哪些凭证资料？

答：根据《国家税务总局关于〈适用增值税零税率应税服务退（免）税管理办法〉的补充公告》（国家税务总局公告2015年第88号）第五条规定：

实行免退税办法的增值税零税率应税服务提供者，应在申报免退税时，向主管税务机关提供以下申报资料：

1. 《外贸企业外购应税服务出口明细申报表》。（已经上线出口退税管理新系统的地区变更为《跨境应税行为免退税申报明细表》）

2. 《外贸企业出口退税进货明细申报表》（需填列外购对应的增值税零税率应税服务取得增值税专用发票情况）。（已经上线出口退税管理新系统的地区不再报送此表）

3. 《外贸企业出口退税汇总申报表》。（已经上线出口退税管理新系统的地区不再报送此表）

4. 免退税正式申报电子数据。

5. 从境内单位或者个人购进增值税零税率应税服务出口的，提供应税服务提供方开具的增值税专用发票；从境外单位或者个人购进增值税零税率应税服务出口的，提供取得的解缴税款的中华人民共和国税收缴款凭证。

6. 下列资料及原始凭证的原件及复印件：

（1）提供增值税零税率应税服务所开具的发票（经主管税务机关认可，可只提供电子数据，原始凭证留存备查）。

（2）与境外单位签订的提供增值税零税率应税服务的合同。

提供软件服务、电路设计及测试服务、信息系统服务、业务流程管理服务，以及离岸服务外包业务的，同时提供合同已在商务部"服务外包及软件出口管理信息系统"中登记并审核通过，由该系统出具的证明文件；提供广播影视节目（作品）的制作和发行服务的，同时提供合同已在商务部"文化贸易管理系统"中登记并审核通过，由该系统出具的证明文件。

（3）提供电影、电视剧的制作服务的，应提供行业主管部门出具的在有效期内的影视制作许可证明；提供电影、电视剧的发行服务的，应提供行业主管部门出具的在有效期内的发行版权证明、发行许可证明。

（4）提供研发服务、设计服务、技术转让服务的，应提供与提供增值税零税率应税服务收入相对应的《技术出口合同登记证》及其数据表。

(5) 从与之签订提供增值税零税率应税服务合同的境外单位取得收入的收款凭证。

跨国公司经外汇管理部门批准实行外汇资金集中运营管理或经中国人民银行批准实行经常项下跨境人民币集中收付管理的，其成员公司在批准的有效期内，可凭银行出具给跨国公司资金集中运营（收付）公司符合下列规定的收款凭证，向主管税务机关申报退（免）税：

①收款凭证上的付款单位须是与成员公司签订提供增值税零税率应税服务合同的境外单位或合同约定的跨国公司的境外成员企业。

②收款凭证上的收款单位或附言的实际收款人须载明有成员公司的名称。

十六、我公司主要从事对进境复出口货物或从事国际运输的运输工具进行的加工修理修配，请问申报退（免）税时须提供哪些补充资料？

答：根据《国家税务总局关于发布〈出口货物劳务增值税和消费税管理办法〉的公告》（国家税务总局公告2012年第24号）第六条第（九）项规定：

出口企业和其他单位还须提供下列对应的补充资料，其中，对外提供加工修理修配劳务，应提供下列资料：

1. 修理修配船舶以外其他物品的提供贸易方式为"修理物品"的出口货物报关单；
2. 与境外单位、个人签署的修理修配合同；
3. 维修工作单（对外修理修配飞机业务提供）。

根据《国家税务总局关于〈出口货物劳务增值税和消费税管理办法〉有关问题的公告》（国家税务总局公告2013年第12号）第二条第（十六）项和第（十七）项规定：

申报修理修配船舶退（免）税的，应提供在修理修配业务中使用零部件、原材料的贸易方式为"一般贸易"的出口货物报关单。出口货物报关单中"标记唛码及备注"栏注明修理船舶或被修理船舶名称的，以被修理船舶作为出口货物。

为国外（地区）企业的飞机（船舶）提供航线维护（航次维修）的货物劳务，出口企业（维修企业）申报退（免）税时应将国外（地区）企业名称、航班号（船名）填写在《生产企业出口货物免、抵、退税申报明细表》的第22栏"备注"中，并提供以下资料：

1. 与被维修的国外（地区）企业签订的维修合同；
2. 出口发票；
3. 国外（地区）企业的航班机长或外轮船长签字确认的维修单据〔须注明国外（地区）企业名称和航班号（船名）〕。

十七、出口企业和其他单位销售给外轮、远洋国轮的货物，申报退（免）税时，应当提供哪些资料？

答：根据《国家税务总局关于发布〈出口货物劳务增值税和消费税管理办法〉的公告》（国家税务总局公告2012年第24号）第六条规定：

申报退（免）税时，生产企业、外贸企业和没有生产能力的其他单位除按规定申报

〔非报关出口销售的不提供出口货物报关单和出口发票,属于生产企业销售地提供普通发票〕外,下列货物劳务,出口企业和其他单位还须提供下列对应的补充资料:

销售给外轮、远洋国轮的货物,应提供列明销售货物名称、数量、销售金额并经外轮、远洋国轮船长签名的出口发票。

需要注意的是,出口企业或其他单位销售给国际运输企业用于国际运输工具上的货物,具体是指外轮供应公司、远洋运输供应公司销售给外轮、远洋国轮的货物,以及国内航空供应公司生产销售给国内和国外航空公司国际航班的航空食品。比如某航食企业销售给某航空公司国际航班的食品,如果该航线全程为国际航线,则全程航空食品退税;如果为国内国际联航,那么则只有用于国际航段的航空食品可以退税。

十八、出口企业和其他单位生产并销售给国内和国外航空公司国际航班的航空食品申报退(免)税时,应当提供哪些资料?

答:根据《国家税务总局关于发布〈出口货物劳务增值税和消费税管理办法〉的公告》(国家税务总局公告2012年第24号)第六条第(八)项规定,申报退(免)税时,生产企业、外贸企业和没有生产能力的其他单位除按规定申报〔非报关出口销售的不提供出口货物报关单和出口发票,属于生产企业销售地提供普通发票〕外,出口企业和其他单位还须提供对应的补充资料。生产并销售给国内和国外航空公司国际航班的航空食品,应提供下列资料:

1. 与航空公司签订的配餐合同;
2. 航空公司提供的配餐计划表(须注明航班号、起降城市等内容);
3. 国际航班乘务长签字的送货清单(须注明航空公司名称、航班号等内容)。

十九、主管税务机关在接受零税率应税服务提供者退(免)税申报后,会对哪些内容进行人工审核?

答:根据《国家税务总局关于发布〈适用增值税零税率应税服务退(免)税管理办法〉的公告》(国家税务总局公告2014年第11号)第十五条规定:

主管税务机关受理增值税零税率应税服务退(免)税申报后,应对下列内容人工审核无误后,使用出口退税审核系统进行审核。对属于实行免退税办法的增值税零税率应税服务的进项一律使用交叉稽核、协查信息审核出口退税。如果在审核中有疑问的,可对企业进项增值税专用发票进行发函调查或核查。

其中,第十五条第(一)项中规定,提供国际运输、港澳台运输的,应从增值税零税率应税服务提供者申报中抽取若干申报记录审核以下内容:

1. 所申报的国际运输、港澳台运输服务是否符合适用增值税零税率应税服务的规定;
2. 所抽取申报记录申报应税服务收入是否小于或等于该申报记录所对应的载货或载客舱单上记载的国际运输、港澳台运输服务收入;
3. 采用期租、程租和湿租方式租赁交通运输工具用于国际运输服务和港澳台运输服务的，重点审核期租、程租和湿租的合同或协议，审核申报退（免）税的企业是否符合适用增值税零税率应税服务的规定。"

根据《国家税务总局关于〈适用增值税零税率应税服务退（免）税管理办法〉的补充公告》（国家税务总局公告2015年第88号）第七条规定：

主管税务机关对申报的对外提供研发、设计服务以及新纳入零税率范围的应税服务退（免）税，应审核以下内容：

1. 申报的增值税零税率应税服务应符合适用增值税零税率应税服务规定。

2. 增值税零税率应税服务合同签订的对方应为境外单位。

3. 增值税零税率应税服务收入的支付方应为与之签订增值税零税率应税服务合同的境外单位。对跨国公司的成员公司申报退（免）税时提供的收款凭证是银行出具给跨国公司资金集中运营（收付）公司的，应要求企业补充提供中国人民银行或国家外汇管理局的批准文件，且企业提供的收款凭证应符合本公告的规定。

4. 申报的增值税零税率应税服务收入应小于或等于从与之签订增值税零税率应税服务合同的境外单位取得的收款金额；大于收款金额的，应要求企业补充提供书面说明材料及相应的证明材料。

5. 外贸企业外购应税服务出口的，除应符合上述规定外，其申报退税的进项税额还应与增值税零税率应税服务对应。

二十、出口企业和其他单位销售给海上石油天然气开采企业的自产的海洋工程结构物申报退（免）税时，应当提供哪些资料？

答：根据《国家税务总局关于发布〈出口货物劳务增值税和消费税管理办法〉的公告》（国家税务总局公告2012年第24号）第六条第（六）项规定：

申报退（免）税时，生产企业除按本办法第四条，外贸企业和没有生产能力的其他单位除按本办法第五条的规定申报〔非报关出口销售的不提供出口货物报关单和出口发票，属于生产企业销售地提供普通发票〕外，下列货物劳务，出口企业和其他单位还须提供下列对应的补充资料：

销售给海上石油天然气开采企业的自产的海洋工程结构物，应提供销售合同。

根据《国家税务总局关于〈出口货物劳务增值税和消费税管理办法〉有关问题的公告》（国家税务总局公告2013年第12号）第二条第（十五）项规定：

销售给海上石油天然气开采企业自产的海洋工程结构物，生产企业申报出口退（免）税时，应在《生产企业出口货物免、抵、退税申报明细表》的'备注栏'中填写购货企业的纳税人识别号和购货企业名称。

需要注意的是，根据《关于明确金融 房地产开发 教育辅助服务等增值税政策的通知》（财税〔2016〕140号）第十七条规定：自2017年1月1日起，生产企业销售自产的海洋工程结构物，或者融资租赁企业及其设立的项目子公司、金融租赁公司及其设立的项目子公司购买并以融资租赁方式出租的国内生产企业生产的海洋工程结构物，应按规定缴纳增值税，不再适用《财政部国家税务总局关于出口货物劳务增值税和消费税政策的通知》（财税〔2012〕39号）或者《财政部国家税务总局关于在全国开展融资租赁货物出口退税政策试点的通知》（财税〔2014〕62号）规定的增值税出口退税政策，但购买方或者承租方为按实物征收增值税的中外合作油（气）田开采企业的除外。2017年1月1日前签订的海洋工程结构物销售合同或者融资租赁合同，在合同到期前，可继续按现行相关出口退税政策执行。

二十一、购买输入特殊区域的水电气的生产企业，向主管税务机关申报退税的期限是如何规定的？需要提供哪些资料？

答：（一）根据《国家税务总局关于发布〈出口货物劳务增值税和消费税管理办法〉的公告》（国家税务总局公告2012年第24号）第七条第（一）项规定：

输入特殊区域的水电气，由购买水电气的特殊区域内的生产企业申报退税。企业应在购进货物增值税专用发票的开具之日次月起至次年4月30日前的各增值税纳税申报期内向主管税务机关申报退税。逾期的，企业不得申报退税。

依据《财政部 税务总局关于明确国有农用地出租等增值税政策的公告》（财政部 税务总局公告2020年第2号）第四条，自2020年1月20日起，纳税人出口货物劳务、发生跨境应税行为，未在规定期限内申报出口退（免）税，在收齐退（免）税凭证及相关电子信息后，即可申报办理出口退（免）税。

（二）申报退税时，应填报《购进自用货物退税申报表》，提供正式电子申报数据及下列资料：

1. 增值税专用发票（抵扣联）；
2. 支付水、电、气费用的银行结算凭证（加盖银行印章的复印件）。

需要注意的是，出口货物劳务除输入特殊区域内的水电气或综合保税区内一般纳税人试点外，向文件规定海关特殊监管区域销售货物不得开具增值税专用发票。

二十二、我公司是特殊监管区域内的生产企业，如果我公司将从区外企业购进的水电气，用于出租、出让厂房的，能否申报办理退税？如果不能，进项税额如何处理？

答：您公司将输入特殊区域的水电气，用于出租、出让厂房，不能申报办理退税。

根据《国家税务总局关于〈出口货物劳务增值税和消费税管理办法〉有关问题的公告》（国家税务总局公告2013年第12号）第五条第（十二）项规定：

输入特殊区域的水电气，区内生产企业用于出租、出让厂房的，不得申报退税，进项税额须转入成本。

二十三、出口企业销售给境外单位、个人并通过保税区内仓储企业报关离境的货物，区外企业如何申报办理申报退（免）税？

答：根据《国家税务总局关于发布〈出口货物劳务增值税和消费税管理办法〉的公

告》（国家税务总局公告 2012 年第 24 号）第七条第（二）项规定：

运入保税区的货物，如果属于出口企业销售给境外单位、个人，境外单位、个人将其存放在保税区内的仓储企业，离境时由仓储企业办理报关手续，海关在其全部离境后，签发进入保税区的出口货物报关单的，保税区外的生产企业和外贸企业申报退（免）税时，除分别提供规定的资料外，还须提供仓储企业的出境货物备案清单。确定申报退（免）税期限的出口日期以最后一批出境货物备案清单上的出口日期为准。

二十四、我公司是一家运输企业，在退税申报期内，需要什么资料办理船舶退税手续？

答：根据《国家税务总局关于发布〈国际运输船舶增值税退税管理办法〉的公告》（国家税务总局公告 2020 年第 18 号）第九条规定，运输企业在退税申报期内，凭下列资料及电子数据向主管税务机关申请办理船舶退税：

1. 财税〔2020〕41 号文件第三条第 1 项、第 2 项规定的资料复印件，或者财税〔2020〕52 号文件第三条第 1 项、第 2 项规定的资料复印件。其中，已向主管税务机关提供过的资料，如无变化，可不再重复提供。

2. 《购进自用货物退税申报表》及其电子数据。该表在《国家税务总局关于发布〈出口货物劳务增值税和消费税管理办法〉的公告》（2012 年第 24 号）发布。填写该表时，应在业务类型栏填写"CBTS"，备注栏填写"船舶退税"。

3. 境内建造船舶企业开具的增值税专用发票及其电子信息。

4. 主管税务机关要求提供的其他资料。

上述增值税专用发票，应当已通过增值税发票综合服务平台确认用途为"用于出口退税"。上述资料运输企业可通过电子化方式提交。

二十五、什么是对外承包工程？出口企业和其他单位用于对外承包工程项目的出口货物申报退（免）税时，应当提供哪些资料？

答：对外承包工程是指我国对外承包公司承揽的外国政府、国际组织或国外客户、公司为主的建设项目，以及物资采购和其他承包业务。对外承包工程公司运出境外用于工程项目的设备、原材料、施工机械等货物，可在货物报关离境后，凭有关凭证在规定的期限内向所在地主管税务机关退税部门申报退税。

根据《国家税务总局关于发布〈出口货物劳务增值税和消费税管理办法〉的公告》（国家税务总局公告 2012 年第 24 号）第六条规定：

申报退（免）税时，生产企业、外贸企业和没有生产能力的其他单位除按规定申报〔非报关出口销售的不提供出口货物报关单和出口发票，属于生产企业销售地提供普通发票〕外，下列货物劳务，出口企业和其他单位还须提供下列对应的补充资料：

用于对外承包工程项目的出口货物，应提供对外承包工程合同。

根据《国家税务总局关于〈出口货物劳务增值税和消费税管理办法〉有关问题的公

告》（国家税务总局公告2013年第12号）第二条第（十四）项规定：

用于对外承包工程项目的出口货物，由出口企业申请退（免）税。出口企业如属于分包单位的，申请退（免）税时，须补充提供分包合同（协议）。

二十六、我公司是一家生产企业，为响应国家"走出去"号召，在泰国成立了一家公司F公司，我公司对该境外F公司投资了一批资产，请问我公司用于境外投资的出口货物申报退（免）税时，应当提供哪些资料？

答：根据《国家税务总局关于发布〈出口货物劳务增值税和消费税管理办法〉的公告》（国家税务总局公告2012年第24号）第六条第（三）项规定：

申报退（免）税时，生产企业、外贸企业和没有生产能力的其他单位除按规定申报〔非报关出口销售的不提供出口货物报关单和出口发票，属于生产企业销售地提供普通发票〕外，下列货物劳务，出口企业和其他单位还须提供下列对应的补充资料：

用于境外投资的出口货物，应提供商务部及其授权单位批准其在境外投资的文件副本。

二十七、出口企业和其他单位对外援助的出口货物申报退（免）税时，应当提供哪些资料？

答：根据《国家税务总局关于发布〈出口货物劳务增值税和消费税管理办法〉的公告》（国家税务总局公告2012年第24号）第六条规定，出口企业和其他单位对外援助的出口货物申报退（免）税时，生产企业按生产企业出口货物免抵退税的规定进行申报，外贸企业和没有生产能力的其他单位按外贸企业免退税的规定申报〔非报关出口销售的不提供出口货物报关单和出口发票，属于生产企业销售地提供普通发票〕。在申报明细表的"业务类型"栏内填写"DWYZ"标识。

根据国家税务总局公告2013年第65号《国家税务总局关于出口货物劳务增值税和消费税有关问题的公告》，出口企业或其他单位申报对外援助出口货物退（免）税时，不需要提供商务部批准使用援外优惠贷款的批文（"援外任务书"）复印件和商务部批准使用援外合资合作项目基金的批文（"援外任务书"）复印件。

二十八、我公司为符合启运港退税政策条件的出口企业，我公司有一批货物从启运地口岸启运报关出口，由符合条件的运输企业承运，从水路转关直航或经停指定口岸，自离境地口岸离境，请问启运港退税主要流程是什么？

答：根据《财政部 海关总署 税务总局关于完善启运港退税政策的通知》（财税〔2018〕5号）第三条规定：

1. 启运地海关依出口企业申请，对从启运港启运的符合条件的货物办理放行手续后，生成启运港出口货物报关单电子信息。以经停港作为货物启运港的，经停地海关依出口企业申请，对从经停港加装的符合条件的货物办理放行手续后，生成启运港出口货物报关单电子信息。

2. 海关总署按日将启运港出口货物报关单电子信息（加启运港退税标识）通过电子口岸传输给税务总局。

3. 出口企业凭启运港出口货物报关单电子信息及相关材料到主管退税的税务机关申请办理退税。出口企业首次申请办理退税前，应向主管出口退税的税务机关进行启运港退税备案。

4. 主管出口退税的税务机关，根据企业出口退（免）税分类管理类别信息、税务总局清分的企业海关信用等级信息和启运港出口货物报关单信息，为出口企业办理退税。出口企业在申请退税时，上述信息显示其不符合启运港退税条件的，主管税务机关根据税务总局清分的结关核销的报关单数据（加启运港退税标识）办理退税。

5. 启运港启运以及经停港加装的出口货物自离境港实际离境后，海关总署按日将正常结关核销的报关单数据（加启运港退税标识）传送给税务总局，税务总局按日将已退税的报关单数据（加启运港退税标识）反馈海关总署。

二十九、我公司有一批货物入仓已签发退税出口专用报关单，但是部分货物发生退运，请问我公司该如何办理相关手续？

答：根据《海关总署国家税务总局关于在深圳、厦门关区符合条件的出口监管仓库进行入仓退税政策试点的通知》（署加发〔2005〕39号）附件《出口监管仓库货物入仓即予退税暂行管理办法》第七条规定：已签发退税出口专用报关单的入仓货物，原则上不允许再转为境内销售，因特殊原因确需退运或转为境内销售的，按以下规定办理相关手续：

1. 对退运、退关货物，出口企业必须向注册地主管税务部门申请证明，证明其货物未办理出口退税，或所退税款已退还主管税务部门。企业凭有关证明材料和出口单证向主管海关申请办理相关手续，主管海关对企业提供的证明材料向主管税务部门核实无误后予以办理。

转关入仓货物申请退运的，出口企业应凭启运地海关和企业注册地主管税务部门有关证明材料和出口单证向主管海关办理相关手续。

2. 转入国内市场销售的货物，主管海关应按照国货复进口货物的有关规定进行管理和验放。

三十、某企业出口销售的中标机电产品，在申报退（免）税时，应当提供哪些资料？

答：根据《国家税务总局关于发布〈出口货物劳务增值税和消费税管理办法〉的公告》（国家税务总局公告2012年第24号）规定第六条规定：

出口企业和其他单位出口的视同出口货物及对外提供加工修理修配劳务的退（免）税申报。

……申报退（免）税时，生产企业、外贸企业和没有生产能力的其他单位除按规定申报〔非报关出口销售的不提供出口货物报关单和出口发票，属于生产企业销售地提供普通发票〕外，下列货物劳务，出口企业和其他单位还须提供下列对应的补充资料：

......

5. 销售的中标机电产品，应提供下列资料：

（1）招标单位所在地主管税务机关签发的《中标证明通知书》；

（2）由中国招标公司或其他国内招标组织签发的中标证明（正本）；

（3）中标人与中国招标公司或其他招标组织签订的供货合同（协议）；

（4）中标人按照标书规定及供货合同向用户发货的发货单；

（5）中标机电产品用户收货清单；

（6）外国企业中标再分包给国内企业供应的机电产品，还应提供与中标企业签署的分包合同（协议）。

三十一、卷烟出口企业应何时办理出口卷烟的免税核销手续？

答：根据《国家税务总局关于发布〈出口货物劳务增值税和消费税管理办法〉的公告》（国家税务总局公告2012年第24号）第九条第（四）项规定：卷烟出口企业（包括购进免税卷烟出口的企业、直接出口自产卷烟的生产企业、委托出口自产卷烟的生产企业）应在卷烟报关出口之日次月起至次年4月30日前的各增值税纳税申报期内，向主管税务机关办理出口卷烟的免税核销手续。

根据《财政部 税务总局关于明确国有农用地出租等增值税政策的公告》（财政部 税务总局公告2020年第2号）规定，纳税人未在规定期限内办理出口卷烟免税核销手续的，待收齐免税凭证及相关电子信息后，即可按规定向主管税务机关办理出口卷烟免税核销手续。

三十二、出口企业和其他单位向海关报关运入海关监管仓库供海关隔离区内免税店销售的货物申报退（免）税时，应当提供哪些资料？

答：根据《国家税务总局关于发布〈出口货物劳务增值税和消费税管理办法〉的公告》（国家税务总局公告2012年第24号）第六条第（四）项规定，生产企业、外贸企业和没有生产能力的其他单位除按规定申报〔非报关出口销售的不提供出口货物报关单和出口发票，属于生产企业销售地提供普通发票〕外，出口企业和其他单位还须提供对应的补充资料。向海关报关运入海关监管仓库供海关隔离区内免税店销售的货物，提供的出口货物报关单应加盖有免税品经营企业报关专用章。上海虹桥、浦东机场海关国际隔离区内的免税店销售的货物，提供的出口货物报关单应加盖免税店报关专用章，并提供海关对免税店销售货物的核销证明。

根据《国家税务总局关于〈出口货物劳务增值税和消费税管理办法〉有关问题的公告》（国家税务总局公告2013年第12号）第二条第（十三）项规定：免税品经营企业应根据《企业法人营业执照》规定的经营货物范围，填写《免税品经营企业销售货物退税备案表》并生成电子数据，报主管税务机关备案。如企业的经营范围发生变化，应在变化之日后的首个增值税纳税申报期内进行补充填报。

三十三、我公司是小规模纳税人，出口货物劳务适用增值税征税政策的，请问应纳税款如何申报计算？

答：根据《财政部 国家税务总局关于出口货物劳务增值税和消费税政策的通知》（财税〔2012〕39号）第七条第（二）项第2目规定：

适用增值税征税政策的出口货物劳务应纳增值税的计算。

小规模纳税人出口货物，应纳税额 = 出口货物离岸价 ÷（1 + 征收率）× 征收率

例如，A公司是一家小规模生产企业，2019年3月出口货物一批，该批货物出口额130万美元，发生海运费22万美元，运杂费8万美元，汇率6.96，该批货物已取消退税率。那么该企业应纳增值税 = 出口货物离岸价 ÷（1 + 征收率）× 征收率 =（130 − 22）× 6.96/1.03 × 0.03 = 21.89万元

三十四、我公司是小规模纳税人，出口货物后是否需要留存免税资料，如果需要，留存企业备查的资料有哪些？

答：根据您所述情况，您公司需要留存免税资料备查。

根据《国家税务总局关于〈出口货物劳务增值税和消费税管理办法〉有关问题的公告》（国家税务总局公告2013年第12号）第三条第（二）项规定：

出口企业或其他单位在按《管理办法》第九条第（二）项规定办理免税申报手续时，应将以下凭证按《免税出口货物劳务明细表》载明的申报顺序装订成册，留存企业备查：

1. 出口货物报关单（2015年5月1日（以海关出口报关单电子信息注明的出口日期为准）以后，仅申报适用启运港退税政策的货物提供纸质出口货物报关单。2018年4月10日（含）以后，实施起运港退税政策的出口货物，不再提供纸质出口货物报关单证明联（出口退税专用））；

2. 出口发票；

3. 委托出口的货物，还应提供受托方主管税务机关出具的代理出口货物证明；

4. 属购进货物直接出口的，还应提供相应的合法有效的进货凭证。合法有效的进货凭证包括增值税专用发票、增值税普通发票及其他普通发票、海关进口增值税专用缴款书、农产品收购发票、政府非税收入票据；

5. 以旅游购物贸易方式报关出口的货物暂不提供上述第2、4项凭证。

三十五、我公司是一家出口企业，在报关出口时，由于海关调整商品代码，导致出口报关单上的商品代码与调整后的商品代码不一致，该如何申报出口退（免）税？

答：根据《国家税务总局关于〈出口货物劳务增值税和消费税管理办法〉有关问题的公告》（国家税务总局公告2013年第12号）第二条第（三）项规定：在出口货物报关单上的申报日期和出口日期期间，若海关调整商品代码，导致出口货物报关单上的商品代码与调整后的商品代码不一致的，出口企业或其他单位应按照出口货物报关单上列明的商品代码申报退（免）税，并同时报送《海关出口商品代码、名称、退税率调整对应表》

及电子数据。

三十六、某出口企业出口货物适用不同退税率，未分开报关，适用何种退税率？

答：根据《财政部国家税务总局关于出口货物劳务增值税和消费税政策的通知》（财税〔2012〕39号）第三条第（三）项规定：适用不同退税率的货物劳务，应分开报关、核算并申报退（免）税，未分开报关、核算或划分不清的，从低适用退税率。

三十七、出口企业将不得申报退（免）税的出口业务申报办理出口货物退（免）税，税务机关应如何处理？

答：根据《国家税务总局 商务部关于进一步规范外贸出口经营秩序切实加强出口货物退（免）税管理的通知》（国税发〔2006〕24号）第二条和第三条规定：

为维护我国正常外贸经营秩序，确保国家出口退税机制的平稳运行，避免国家财产损失，凡自营或委托出口业务具有以下情况之一者，出口企业不得将该业务向税务机关申报办理出口货物退（免）税：

1. 出口企业将空白的出口货物报关单、出口收汇核销单等出口退（免）税单证交由除签有委托合同的货代公司、报关行，或由国外进口方指定的货代公司（提供合同约定或者其他相关证明）以外的其他单位或个人使用的；

2. 出口企业以自营名义出口，其出口业务实质上是由本企业及其投资的企业以外的其他经营者（或企业、个体经营者及其他个人）假借该出口企业名义操作完成的；

3. 出口企业以自营名义出口，其出口的同一批货物既签订购货合同，又签订代理出口合同（或协议）的；

4. 出口货物在海关验放后，出口企业自己或委托货代承运人对该笔货物的海运提单（其他运输方式的，以承运人交给发货人的运输单据为准，下同）上的品名、规格等进行修改，造成出口货物报关单与海运提单有关内容不符的；

5. 出口企业以自营名义出口，但不承担出口货物的质量、结汇或退税风险的，即出口货物发生质量问题不承担外方的索赔责任（合同中有约定质量责任承担者除外）；不承担未按期结汇导致不能核销的责任（合同中有约定结汇责任承担者除外）；不承担因申报出口退税的资料、单证等出现问题造成不退税责任的；

6. 出口企业未实质参与出口经营活动、接受并从事由中间人介绍的其他出口业务，但仍以自营名义出口的；

7. 其他违反国家有关出口退税法律法规的行为。

出口企业凡从事本通知第二条所述业务之一并申报退（免）税的，一经发现，该业务已退（免）税款予以追回，未退（免）税款不再办理。骗取出口退税款的，由税务机关追缴其骗取的退税款，并处骗取退税款一倍以上五倍以下罚款；并由省级以上（含省级）税务机关批准，停止其半年以上出口退税权。在停止出口退税权期间，对该企业自营、委托或代理出口的货物，一律不予办理出口退（免）税。涉嫌构成犯罪的，移送司法机关依法追究刑事责任。

根据《财政部 国家税务总局关于出口货物劳务增值税和消费税政策的通知》（财税〔2012〕39号）第七条第（一）项第7目规定：

下列出口货物劳务，不适用增值税退（免）税和免税政策，按下列规定及视同内销货物征税的其他规定征收增值税（以下称增值税征税）：

出口企业或其他单位具有以下情形之一的出口货物劳务：

1. 将空白的出口货物报关单、出口收汇核销单等退（免）税凭证交由除签有委托合同的货代公司、报关行，或由境外进口方指定的货代公司（提供合同约定或者其他相关证明）以外的其他单位或个人使用的。

2. 以自营名义出口，其出口业务实质上是由本企业及其投资的企业以外的单位或个人借该出口企业名义操作完成的。

3. 以自营名义出口，其出口的同一批货物既签订购货合同，又签订代理出口合同（或协议）的。

4. 出口货物在海关验放后，自己或委托货代承运人对该笔货物的海运提单或其他运输单据等上的品名、规格等进行修改，造成出口货物报关单与海运提单或其他运输单据有关内容不符的。

5. 以自营名义出口，但不承担出口货物的质量、收款或退税风险之一的，即出口货物发生质量问题不承担购买方的索赔责任（合同中有约定质量责任承担者除外）；不承担未按期收款导致不能核销的责任（合同中有约定收款责任承担者除外）；不承担因申报出口退（免）税的资料、单证等出现问题造成不退税责任的。

6. 未实质参与出口经营活动、接受并从事由中间人介绍的其他出口业务，但仍以自营名义出口的。

三十八、我公司是一家出口企业，由于财务人员失误，丢失了增值税专用发票抵扣联，请问是否可以继续申报出口退（免）税，该如何办理？

答：1. 您公司丢失增值税专用发票抵扣联，可以继续申报出口退（免）税，在增值税专用发票认证相符后，可凭增值税专用发票的发票联复印件向主管出口退税的税务机关申报退（免）税。

根据《国家税务总局关于发布〈出口货物劳务增值税和消费税管理办法〉的公告》（国家税务总局公告2012年第24号）第八条第（一）项规定：

出口企业和其他单位丢失增值税专用发票的发票联和抵扣联的，经认证相符后，可凭增值税专用发票记账联复印件及销售方所在地主管税务机关出具的丢失增值税专用发票已报税证明单，向主管税务机关申报退（免）税。

出口企业和其他单位丢失增值税专用发票抵扣联的，在增值税专用发票认证相符后，可凭增值税专用发票的发票联复印件向主管出口退税的税务机关申报退（免）税。

2. 根据《国家税务总局关于增值税发票综合服务平台等事项的公告》(国家税务总局公告 2020 年第 1 号) 第四条规定:

纳税人同时丢失已开具增值税专用发票或机动车销售统一发票的发票联和抵扣联,可凭加盖销售方发票专用章的相应发票记账联复印件,作为增值税进项税额的抵扣凭证、退税凭证或记账凭证。

纳税人丢失已开具增值税专用发票或机动车销售统一发票的抵扣联,可凭相应发票的发票联复印件,作为增值税进项税额的抵扣凭证或退税凭证;纳税人丢失已开具增值税专用发票或机动车销售统一发票的发票联,可凭相应发票的抵扣联复印件,作为记账凭证。

故自 2020 年 1 月 8 日起,出口企业和其他单位丢失增值税专用发票的发票联和抵扣联的,不再需要提供销售方所在地主管税务机关出具的丢失增值税专用发票已报税证明单,经认证相符后,可凭增值税专用发票记账联复印件,向主管税务机关申报退(免)税。

三十九、经税务机关审核发现疑点的,出口企业或其他单位哪些情况下应向主管税务机关填报自查表?供货企业哪些情况下应填报自查表?

答:根据《国家税务总局关于〈出口货物劳务增值税和消费税管理办法〉有关问题的公告》(国家税务总局公告 2013 年第 12 号) 第五条第 (四) 项规定:

经税务机关审核发现的出口退(免)税疑点,出口企业或其他单位应按照主管税务机关的要求接受约谈、提供书面说明情况、报送《生产企业出口业务自查表》或《外贸企业出口业务自查表》及电子数据。

出口货物的供货企业主管税务机关按照规定需要对供货的真实性及纳税情况进行核实的,供货企业应填报《供货企业自查表》,具备条件的,应按照主管税务机关的要求同时报送电子数据。

根据《国家税务总局关于出口企业申报出口货物退(免)税提供收汇资料有关问题的公告》(国家税务总局公告 2013 年第 30 号) 第四条规定:

……主管税务机关在出口退(免)税审核中,发现前款出口企业申报退(免)税的出口货物存在需要进一步核实出口业务真实性的,出口企业在接到主管税务机关通知后,应填报《生产企业出口业务自查表》或《外贸企业出口业务自查表》《出口货物收汇申报表》或《出口货物不能收汇申报表》及相关证明材料。主管税务机关对企业报送的申报表和相关资料,按有关规定核查无误后,方可办理该笔出口货物退(免)税。

第六节 出口退（免）税证明管理常见问题

一、我公司为委托方代理进口了一批货物，请问该如何办理《代理进口货物证明》，需要哪些资料？

答：根据《国家税务总局关于发布〈出口货物劳务增值税和消费税管理办法〉的公告》（国家税务总局公告2012年第24号）第十条第（二）项规定：受托方申请开具代理进口货物证明时，应填报《代理进口货物证明申请表》，提供正式申报电子数据及下列资料：

1. 加工贸易手册及复印件；
2. 进口货物报关单（加工贸易专用）［根据《国家税务总局关于出口退（免）税申报有关问题的公告》（国家税务总局公告2018年第16号）规定：出口企业按规定申请开具代理进口货物证明时，不再提供进口货物报关单（加工贸易专用）］；
3. 代理进口协议原件及复印件；
4. 主管税务机关要求报送的其他资料。

二、出口企业申请办理《代理出口货物证明》的时限是如何规定的？需要提供哪些资料？

答：（一）根据《国家税务总局关于发布〈出口货物劳务增值税和消费税管理办法〉的公告》（国家税务总局公告2012年第24号）第十条第（一）项规定：

委托出口的货物，受托方须自货物报关出口之日起至次年4月15日前，向主管税务机关申请开具《代理出口货物证明》，并将其及时转交委托方，逾期的，受托方不得申报开具《代理出口货物证明》。

根据《财政部 税务总局关于明确国有农用地出租等增值税政策的公告》（财政部 税务总局公告2020年第2号）第四条规定：纳税人出口货物劳务、发生跨境应税行为，未在规定期限内申报出口退（免）税或者开具《代理出口货物证明》的，在收齐退（免）税凭证及相关电子信息后，即可申报办理出口退（免）税；未在规定期限内收汇或者办理不能收汇手续的，在收汇或者办理不能收汇手续后，即可申报办理退（免）税。

（二）申请开具代理出口货物证明时应填报《代理出口货物证明申请表》，提供正式申报电子数据及下列资料：

1. 代理出口协议原件及复印件；
2. 出口货物报关单（可提供通过电子口岸打印的报关单）；
3. 委托方税务登记证副本复印件；

4. 主管税务机关要求报送的其他资料。

受托方被停止退（免）税资格的，不得申请开具代理出口货物证明。

根据《国家税务总局关于出口退（免）税有关问题的公告》（国家税务总局公告2015年第29号）第三条规定：

委托出口的货物，除国家取消出口退税的货物外，委托方不再向主管税务机关报送《委托出口货物证明》，此前未报送《委托出口货物证明》的不再报送；受托方申请开具《代理出口货物证明》时，不再提供委托方主管税务机关签章的《委托出口货物证明》。

三、出口企业被停止出口退（免）税资格期间能否向税务机关申请开具《代理出口货物证明》？

答：根据《国家税务总局关于发布〈出口货物劳务增值税和消费税管理办法〉的公告》（国家税务总局公告2012年第24号）第十条第（一）项规定：受托方被停止退（免）税资格的，不得申请开具代理出口货物证明。

四、我公司是一家生产企业，已做出口退（免）税备案，上月我们出口的一批手套，发生退运，海关要求我们开具《出口货物退运已补税（未退税）证明》才能办理出口货物退运手续，请问我们该如何申请开具？

答：根据《国家税务总局关于发布〈出口货物劳务增值税和消费税管理办法〉的公告》（国家税务总局公告2012年第24号）第十条第（三）项规定：

出口货物发生退运的，出口企业应先向主管税务机关申请开具《出口货物退运已补税（未退税）证明》，并携其到海关申请办理出口货物退运手续。申请开具《出口货物退运已补税（未退税）证明》时应填报《退运已补税（未退税）证明申请表》，提供正式申报电子数据及下列资料：

1. 出口货物报关单（退运发生时已申报退税的，不需提供；可提供通过电子口岸打印的报关单）；

2. 出口发票（外贸企业不需提供）；

3. 税收通用缴款书原件及复印件（退运发生时未申报退税的，以及生产企业本年度发生退运的不需提供）；

4. 主管税务机关要求报送的其他资料。

根据《国家税务总局关于〈出口货物劳务增值税和消费税管理办法〉有关问题的公告》（国家税务总局公告2013年第12号）第四条规定：

委托出口货物发生退运的，应由委托方向主管税务机关申请开具《出口货物退运已补税（未退税）证明》转交受托方，受托方凭该证明向主管税务机关申请开具《出口货物退运已补税（未退税）证明》。

五、外贸企业申请开具出口货物转内销证明时需要提供哪些资料？

答：（一）根据《国家税务总局关于发布〈出口货物劳务增值税和消费税管理办法〉

的公告》(国家税务总局公告 2012 年第 24 号)第十条第(六)项规定：申请开具出口货物转内销证明时，应填报《出口货物转内销证明申报表》，提供正式申报电子数据及下列资料：

1. 增值税专用发票（抵扣联）、海关进口增值税专用缴款书、进货分批申报单、出口货物退运已补税（未退税）证明原件及复印件；

2. 内销货物发票（记账联）原件及复印件；

3. 主管税务机关要求报送的其他资料。

(二)根据《国家税务总局关于出口货物劳务增值税和消费税有关问题的公告》(国家税务总局公告 2013 年第 65 号)第十二条规定：外贸企业出口视同内销征税的货物，申请开具《出口货物转内销证明》时，需提供规定的凭证资料及计提销项税的记账凭证复印件。

六、我公司出口一批服装发生退运并转内销，是否需要开具出口货物转内销证明？

答：您公司出口货物发生退运并转内销这种情形，需要开具《出口货物转内销证明》。

根据《国家税务总局关于发布〈出口货物劳务增值税和消费税管理办法〉的公告》(国家税务总局公告 2012 年第 24 号)第十条第(六)项规定：

外贸企业发生原记入出口库存账的出口货物转内销或视同内销货物征税的，以及已申报退（免）税的出口货物发生退运并转内销的，外贸企业应于发生内销或视同内销货物的当月向主管税务机关申请开具出口货物转内销证明。

七、税务机关不得出具《出口货物转内销证明》的情形有哪些？

答：根据《国家税务总局关于出口货物劳务增值税和消费税有关问题的公告》(国家税务总局公告 2013 年第 65 号)第十二条规定：

主管税务机关在审核外贸企业《出口货物转内销证明申报表》时，对增值税专用发票交叉稽核信息比对不符，以及发现提供的增值税专用发票或者其他增值税扣税凭证存在以下情形之一的，不得出具《出口货物转内销证明》：

1. 提供的增值税专用发票或海关进口增值税专用缴款书为虚开、伪造或内容不实；

2. 提供的增值税专用发票是在供货企业税务登记被注销或被认定为非正常户之后开具；

3. 外贸企业出口货物转内销时申报的《出口货物转内销证明申报表》的进货凭证上载明的货物与申报免退税匹配的出口货物报关单上载明的出口货物名称不符。属同一货物的多种零部件合并报关为同一商品名称的除外；

4. 供货企业销售的自产货物，其生产设备、工具不能生产该种货物；

5. 供货企业销售的外购货物，其购进业务为虚假业务；

6. 供货企业销售的委托加工收回货物，其委托加工业务为虚假业务。

主管税务机关在开具《出口货物转内销证明》后，发现外贸企业提供的增值税专用发票或者其他增值税扣税凭证存在以上情形之一的，主管税务机关应通知外贸企业将原取得的《出口货物转内销证明》涉及的进项税额做转出处理。

八、我公司是卷烟出口企业，请问我们该如何申请开具《准予免税购进出口卷烟证明》？

答：根据《国家税务总局关于发布〈出口货物劳务增值税和消费税管理办法〉的公告》(国家税务总局公告2012年第24号)第九条第(四)项规定：

卷烟出口企业向卷烟生产企业购进卷烟时，应先在免税出口卷烟计划内向主管税务机关申请开具《准予免税购进出口卷烟证明申请表》，然后将《准予免税购进出口卷烟证明》转交卷烟生产企业，卷烟生产企业据此向主管税务机关申报办理免税手续。

九、招标机构应如何申请办理《中标证明通知书》？

答：根据《国家税务总局关于发布〈出口货物劳务增值税和消费税管理办法〉的公告》(国家税务总局公告2012年第24号)第十条(七)项规定：

利用外国政府贷款或国际金融组织贷款建设的项目，招标机构须在招标完毕并待中标企业签订的供货合同生效后，向其所在地主管税务机关申请办理《中标证明通知书》。招标机构应向主管税务机关报送《中标证明通知书》及中标设备清单表，并提供下列资料和信息：

1. 国家评标委员会《评标结果通知》；[《国家税务总局关于出口货物劳务退(免)税管理有关问题的公告》(国家税务总局公告2014年第51号)，第三条，利用国际金融组织或外国政府贷款通过国际招标建设的项目，招标单位向其所在地主管税务机关申请开具《中标证明通知书》时，应提供财政部门《关于外国政府贷款备选项目的通知》或财政部门与项目的主管部门或政府签订的《关于××行(国际金融组织)贷款"××项目"转贷协议(或分贷协议、执行协议)》的原件和注明有与原件一致字样的复印件(经主管税务机关审核原件与复印件一致后，原件退回)，不再提供国家评标委员会《评标结果通知》。此前已提供国家评标委员会《评标结果通知》的，可按原规定办理《中标证明通知书》。]

2. 中标项目不退税货物清单；

3. 中标企业所在地主管税务机关的名称、地址、邮政编码；

4. 贷款项目中，属于外国企业中标再分包给国内企业供应的机电产品，还应提供招标机构对分包合同出具的验证证明；

5. 贷款项目中属于联合体中标的，还应提供招标机构对联合体协议出具的验证证明；

6. 税务机关要求提供的其他资料。

十、我公司是一家出口企业，由于财务人员失误，丢失了部分出口退税有关证明，应如何补办？

答：根据《国家税务总局关于发布〈出口货物劳务增值税和消费税管理办法〉的公

告》（国家税务总局公告2012年第24号）第十条第（八）项规定：

出口企业或其他单位丢失出口退税有关证明的，应向原出具证明的税务机关填报《关于补办出口退税有关证明的申请》，提供正式申报电子数据。原出具证明的税务机关在核实确曾出具过相关证明后，重新出具有关证明，但需注明'补办'字样。

十一、我公司是出口企业，由于财务人员失误，导致部分出口退（免）税证明出现错误需要作废，该如何处理？

答：原证明出现错误或其他情形需作废证明的，出口企业可持原出具的纸质证明全部联次向原出具证明的税务机关申报办理作废。如果出口企业认为《出口货物转内销证明》出具有误需作废的，还需要提供主管税务机关征税部门出具的未使用原证明申报抵扣税款的证明。

作废证明后出口企业申请需重新出具的，按照相关证明办理规定重新办理。

原出具证明的税务机关，需通过审核系统作废已出具证明的电子数据，并在原出具的纸质证明全部联次上加盖"已作废"戳记，同时传递已作废证明的电子信息。使用证明的税务机关应根据已作废证明的电子信息进行相应的处理。

第七节 出口退（免）税单证备案管理常见问题

一、出口货物备案的单证资料有哪些？

答：根据《国家税务总局关于发布〈出口货物劳务增值税和消费税管理办法〉的公告》（国家税务总局公告2012年第24号）第八条第（四）项规定：出口企业应在申报出口退（免）税后15日内，将所申报退（免）税货物的下列单证，按申报退（免）税的出口货物顺序，填写《出口货物备案单证目录》，注明备案单证存放地点，以备主管税务机关核查。

1. 外贸企业购货合同、生产企业收购非自产货物出口的购货合同，包括一笔购销合同下签订的补充合同等。该合同是指国内出卖人转移标的物的所有权于国内买受人，买受人支付价款的合同。

2. 出口货物装货单。是出口货物托运中的一张重要单据，它既是托运人向船方（或陆路运输单位）交货的凭证，也是海关凭以验关放行的证件。只有经海关签章后的装货单，船方（或陆路运输单位）才能收货装船、装车等。根据《国家税务总局关于出口货物退〔免〕税实行有关单证备案管理制度的补充通知》（国税函〔2006〕904号）第二条规定，考虑到出口企业难以取得签章的"出口货物装货单"，在实际工作中只要出口企业备案的"出口货物装货单"是《通知》规定的含义，可不需要海关签章。

3. 出口货物运输单据（包括：海运提单、航空运单、铁路运单、货物承运单据、邮政收据等承运人出具的货物单据，以及出口企业承付运费的国内运输单证）。

（1）海运提单，是承运人或其代理人收到货物后签发给托运人的，允诺将该批货物运至指定目的港交付给收货人的一张书面凭证。每份正本提单的效力是同等的，只要其中一份凭以提货，其他各份立即失效。它是国际运输中十分重要的单据，也是买卖双方货物交接、货款结算最基本的单据。

（2）航空运单，是托运人和承运人之间就航空运输货物运输所订立的运输契约，是承运人出具的货物收据，不是货物所有权的凭证，不能转让流通。

（3）铁路运单，是铁路部门与货主之间缔结的运输契约，不代表货物所有权，不能流通转让，不能凭以提取货物；其中的"货物交付单"随同货物至到站，并留存到达站；其中的"运单正本""货物到达通知单"联次随同货物至到站，和货物一同交给收货人；该单上面载出口合同号。

（4）货物承运收据，是托运人和承运人之间订立的运输契约，是我国内地运往港澳地区货物所使用的一种运输单据，是承运人出具的货物收据，上面载有出口发票号、出口合同号；其中的"收货人签收"由收货人在提货时签收，表明已收到货物。

（5）邮政收据，是货物收据，是收件人凭以提取邮件的凭证。

（6）出口企业承付运费的国内运输单证。

若有无法取得上述原始单证情况的，出口企业可用具有相似内容或作用的其他单证进行单证备案。除另有规定外，备案单证由出口企业存放和保管，不得擅自损毁，保存期为5年。

二、出口货物单证备案的时间及方式是如何规定的？

答：根据《国家税务总局关于发布〈出口货物劳务增值税和消费税管理办法〉的公告》（国家税务总局公告2012年第24号）第八条第（四）项规定：出口企业应在申报出口退（免）税后15日内，将所申报退（免）税货物的下列单证，按申报退（免）税的出口货物顺序，填写《出口货物备案单证目录》，注明备案单证存放地点，以备主管税务机关核查。

除另有规定外，备案单证由出口企业存放和保管，不得擅自损毁，保存期为5年。

三、出口企业应备案的单证属于电子数据或无纸化的，怎样备案？

答：根据《国家税务总局关于出口货物退（免）税实行有关单证备案管理制度的补充通知》（国税函〔2006〕904号）第三条规定：

对于出口企业备案的单证是电子数据或无纸化的，可以采取以下两种方式其中之一进行备案：

1. 对于出口企业没有签订书面购销合同，而订立的是电子合同、口头合同等无纸化合同，凡符合我国《合同法》规定的，出口企业将电子合同打印、口头合同由出口企业经办人书面记录口头合同内容并签字声明记录内容与事实相符，加盖企业公章后备案。对于其他单证的备案，如为国家有关行政部门采取了无纸化管理办法使出口企业无法取得纸质单证或企业自制电子单证等情况，出口企业可采取将有关电子数据打印成纸质单证，加盖企业公章并签字声明打印单证与原电子数据一致的方式予以备案。

2. 除口头合同外，对于出口企业订立的电子购销合同、国家有关行政部门采取无纸化管理的单证以及企业自制电子单证等，出口企业可提出书面申请并经主管税务机关批准后，可以采用电子单证备案管理，即以电子数据的方式备案有关单证。出口企业应保证电子单证备案的真实性，定期将有关电子数据进行备份，在税务机关按规定调取备案单证时，应按税务机关要求如实提供电子数据或将电子数据打印并加盖企业公章的纸制单证。

四、哪些出口退（免）税业务不实行备案单证管理？

答：1. 视同出口货物及对外提供修理修配劳务不实行备案单证管理。

根据《国家税务总局关于发布〈出口货物劳务增值税和消费税管理办法〉的公告》（国家税务总局公告2012年第24号）第八条第（四）项规定：视同出口货物及对外提供修理修配劳务不实行备案单证管理。

2. 经国务院批准开展市场采购贸易方式试点的市场集聚区，其市场采购贸易综合管理系统的免税管理系统经国家税务总局验收后，出口货物免税不实行备案单证管理。

根据国家税务总局关于发布《市场采购贸易方式出口货物免税管理办法（试行）》的公告（国家税务总局公告2015年第89号）第十一条规定：经国务院批准开展市场采购贸易方式试点的市场集聚区，其市场采购贸易综合管理系统的免税管理系统经国家税务总局验收后，出口货物免税管理事项执行本办法规定，不实行免税资料备查管理和备案单证管理。

3. 区内购买企业购进货物（含水、蒸汽、电力、燃气）退税，不实行备案单证管理。

根据《国家税务总局关于发布〈横琴、平潭开发有关增值税和消费税退税管理办法（试行）〉的公告》（国家税务总局公告2014年第70号）第九条规定：区内购买企业购进货物（含水、蒸汽、电力、燃气）退税，不实行备案单证管理。

4. 对于中标机电产品退税、出口加工区水电气退税等没有货物出口的特殊退税政策业务，暂不实行备案单证管理制度。

根据《国家税务总局关于出口货物退（免）税实行有关单证备案管理制度的补充通知》（国税函〔2006〕904号）第四条规定：对于中标机电产品退税、出口加工区水电气退税等没有货物出口的特殊退税政策业务，暂不实行备案单证管理制度。

五、出口企业或其他单位未按规定进行单证备案的出口货物能否申报退（免）税？

答：根据《国家税务总局关于发布〈出口货物劳务增值税和消费税管理办法〉的公告》（国家税务总局公告2012年第24号）第八条第（四）项有关备案单证规定：

出口企业应在申报出口退（免）税后15日内，将所申报退（免）税货物的下列单证，按申报退（免）税的出口货物顺序，填写《出口货物备案单证目录》，注明备案单证存放地点，以备主管税务机关核查。

1. 外贸企业购货合同、生产企业收购非自产货物出口的购货合同，包括一笔购销合同下签订的补充合同等；

2. 出口货物装货单；

3. 出口货物运输单据（包括：海运提单、航空运单、铁路运单、货物承运单据、邮政收据等承运人出具的货物单据，以及出口企业承付运费的国内运输单证）。

若有无法取得上述原始单证情况的，出口企业可用具有相似内容或作用的其他单证进行单证备案。除另有规定外，备案单证由出口企业存放和保管，不得擅自损毁，保存期为5年。

视同出口货物及对外提供修理修配劳务不实行备案单证管理。

根据《国家税务总局关于〈出口货物劳务增值税和消费税管理办法〉有关问题的公告》（国家税务总局公告2013年第12号）第五条第（八）项规定：出口企业或其他单位未按规定进行单证备案（因出口货物的成交方式特性，企业没有有关备案单证的情况除外）的出口货物，不得申报退（免）税，适用免税政策。已申报退（免）税的，应用负数申报冲减原申报。

例如，某税务机关2020年3月在对某外贸企业2020年1月申报免退税的出口业务进行单证备案检查时发现，3笔出口业务未进行单证备案且不符合因出口货物的成交方式特性没有有关备案单证的情况，则该3笔业务应用负数申报冲减原申报，适用免税政策。

第八节　出口退（免）税外汇管理常见问题

一、哪些出口企业在申报出口退（免）税时，须按照规定提供收汇资料？

答：根据《国家税务总局关于出口退（免）税申报有关问题的公告》（国家税务总局公告2018年第16号）第八条规定：对有下列情形之一的出口企业，在申报出口退（免）税时，须按照30号公告的规定提供收汇资料：

1. 出口退（免）税企业分类管理类别为四类的；

2. 主管税务机关发现出口企业申报的不能收汇原因是虚假的；

3. 主管税务机关发现出口企业提供的出口货物收汇凭证是冒用的。

上述第1种情形自出口企业被主管税务机关评定为四类企业的次月起执行；第2种至第3种情形自主管税务机关通知出口企业之日起24个月内执行。上述情形的执行时间以申报退（免）税时间为准。

出口企业同时存在上述两种以上情形的，执行时间的截止时间为几种情形中的最晚截止时间。

二、出口企业出口货物，国外客户不能支付货款的，能退税吗？

答：根据《财政部 税务总局关于明确国有农用地出租等增值税政策的公告》（财政部 税务总局公告2020年第2号）第四条规定：自2020年1月20日起，未在国家税务总局公告2013年30号文件规定的期限内收汇或者办理不能收汇手续的，在收汇或者办理不能收汇手续后，即可申报办理退（免）税。

国外客户不能支付货款的，如属于"视同收汇"条件的，可以办理退税。视同收汇需符合《国家税务总局关于出口企业申报出口货物退（免）税提供收汇资料有关问题的公告》（国家税务总局公告2013年第30号）附件3所列下列原因，并提供相应的证明材料，报主管税务机关：

1. 因国外商品市场行情变动的，提供有关商会出具的证明或有关交易所行情报价资料。

2. 因出口商品质量原因的，提供进口商的有关函件和进口国商检机构的证明；由于客观原因无法提供进口国商检机构证明的，提供进口商的检验报告、相关证明材料和出口单位书面保证函。

3. 因动物及鲜活产品变质、腐烂、非正常死亡或损耗的，提供进口商的有关函件和进口国商检机构的证明；由于客观原因确实无法提供商检证明的，提供进口商有关函件、相关证明材料和出口单位书面保证函。

4. 因自然灾害、战争等不可抗力因素的，提供报刊等新闻媒体的报道材料或中国驻进口国使领馆商务处出具的证明。

5. 因进口商破产、关闭、解散的，提供报刊等新闻媒体的报道材料或中国驻进口国使领馆商务处出具的证明。

6. 因进口国货币汇率变动的，提供报刊等新闻媒体刊登或外汇局公布的汇率资料。

7. 因溢短装的，提供提单或其他正式货运单证等商业单证。

8. 因出口合同约定全部收汇最终日期在申报退（免）税截止期限以后的，提供出口合同。

9. 因其他原因的，提供主管税务机关认可的有效凭证。

无法收汇且不满足"视同收汇"条件的，适用增值税免税政策。

例如，某公司是一家生产企业，2020年8月报关出口了一批服装并按规定申报了免抵退税，但10月份国外客户认为该批服装质量有问题，没有发生退运，要求该企业进行赔款。因为该批货物符合"视同收汇"的条件，出口企业应在退（免）税申报前，向主管税务机关报送《出口货物不能收汇申报表》，并提供进口商的有关函件和进口国商检机构的证明；由于客观原因无法提供进口国商检机构证明的，提供进口商的检验报告、相关证明材料和出口单位书面保证函，经主管税务机关审核确认后，可视同收汇处理，进行免抵退税申报。

三、我公司是一家生产企业，为响应国家"走出去"号召，在加拿大成立了一家公司A公司，我公司对该境外A公司投资了一批资产，请问我公司就该笔业务是否可以享受出口退（免）税政策，如果享受是否还要提供收汇凭证？

答：根据《财政部 国家税务总局关于出口货物劳务增值税和消费税政策的通知》（财税〔2012〕39号）第一条第（二）项规定：出口企业或其他单位视同出口货物。具体是指：1. 出口企业对外援助、对外承包、境外投资的出口货物。因此，您公司的境外投资业务属于文件规定的视同出口业务，可以享受出口退（免）税。

根据《国家税务总局关于出口企业申报出口货物退（免）税提供收汇资料有关问题的公告》（国家税务总局2013年第30号公告）第十一条规定：本公告的出口货物，不包括《财政部国家税务总局关于出口货物劳务增值税和消费税政策的通知》（财税〔2012〕39号）第一条第（二）项（第2目除外）第（三）项所列的视同出口货物以及易货贸易出口货物、委托出口货物，暂不包括边境小额贸易出口货物；本公告的出口企业，不包括委托出口的企业。因此，您公司境外投资的货物申报退税时不需提供收汇凭证。

四、对于可不提供收汇凭证的非重点管理企业申报出口货物退（免）税时，主管税务机关发现需要核实出口业务真实性的，应如何处理？

答：根据《国家税务总局关于出口企业申报出口货物退（免）税提供收汇资料有关问题的公告》（国家税务总局公告2013年第30号）第四条规定：主管税务机关在出口退（免）税审核中，发现前款［即可不提供收汇凭证的］出口企业申报退（免）税的出口货物存在需要进一步核实出口业务真实性的，出口企业在接到主管税务机关通知后，应填报《生产企业出口业务自查表》或《外贸企业出口业务自查表》《出口货物收汇申报表》或《出口货物不能收汇申报表》及相关证明材料。主管税务机关对企业报送的申报表和相关资料，按有关规定核查无误后，方可办理该笔出口货物退（免）税。

五、主管税务机关发现出口企业申报退（免）税时所附送的收汇资料存在"不能收汇的原因或证明材料为虚假""收汇凭证是冒用的"情形的，应如何处理？

答：根据《国家税务总局关于出口企业申报出口货物退（免）税提供收汇资料有关问题的公告》（国家税务总局公告2013年第30号）第八条规定：

主管税务机关发现出口企业申报出口货物退（免）税提供的收汇资料存在以下情形的，除按《中华人民共和国税收征收管理法》相应的规定处罚外，相应的出口货物适用增值税征税政策，属于偷骗税的，由稽查部门查处：

1. 不能收汇的原因或证明材料为虚假的；
2. 收汇凭证是冒用的。

第九节 出口退（免）税违章处理常见问题

一、虚开发票的行为有哪些？

答：根据《中华人民共和国刑法》第二百零五条第四款规定：虚开增值税专用发票或者虚开用于骗取出口退税、抵扣税款的其他发票，是指有为他人虚开、为自己虚开、让他人为自己虚开、介绍他人虚开行为之一的。

根据中华人民共和国国务院令第587号《国务院关于修改〈中华人民共和国发票管理办法〉的决定》第二十二条规定，开具发票应当按照规定的时限、顺序、栏目，全部联次一次性如实开具，并加盖发票专用章。任何单位和个人不得有下列虚开发票行为：1. 为他人、为自己开具与实际经营业务情况不符的发票；2. 让他人为自己开具与实际经营业务情况不符的发票；3. 介绍他人开具与实际经营业务情况不符的发票。发票具体分为增值税专用发票和普通发票两大类，因此虚开既包括虚开增值税专用发票以骗取出口退税、虚抵进项税款等行为，也包括虚开普通发票以虚列成本，少缴企业所得税等行为。

二、哪些情形不属于对外虚开增值税专用发票？

答：根据《国家税务总局关于纳税人对外开具增值税专用发票有关问题的公告》（国家税务总局公告2014年第39号）规定，纳税人通过虚增增值税进项税额偷逃税款，但对外开具增值税专用发票同时符合以下情形的，不属于对外虚开增值税专用发票：

纳税人向受票方纳税人销售了货物，或者提供了增值税应税劳务、应税服务；纳税人向受票方纳税人收取了所销售货物、所提供应税劳务或者应税服务的款项，或者取得了索取销售款项的凭据；纳税人按规定向受票方纳税人开具的增值税专用发票相关内容，与所销售货物、所提供应税劳务或者应税服务相符，且该增值税专用发票是纳税人合法取得、并以自己名义开具的。受票方纳税人取得的符合上述情形的增值税专用发票，可以作为增值税扣税凭证抵扣进项税额。

三、购货方从销售方取得第三方开具的专用发票、从销货地以外的地区取得专用发票、受票方利用他人虚开的专用发票，向税务机关申报抵扣税款进行偷税，如何处理？

答：根据《国家税务总局关于〈国家税务总局关于纳税人取得虚开的增值税专用发票处理问题的通知〉的补充通知》（国税发〔2000〕182号）规定：

为了严格贯彻执行《国家税务总局关于纳税人取得虚开的增值税专用发票处理问题的通知》（国税发〔1997〕134号，以下简称134号文件），严厉打击虚开增值税专用发票活动，保护纳税人的合法权益，现对有关问题进一步明确如下：

有下列情形之一的，无论购货方（受票方）与销售方是否进行了实际的交易，增值税专用发票所注明的数量、金额与实际交易是否相符,购货方向税务机关申请抵扣进项税款或者出口退税的,对其均应按偷税或者骗取出口退税处理。

1. 购货方取得的增值税专用发票所注明的销售方名称、印章与其进行实际交易的销售方不符的,即134号文件第二条规定的"购货方从销售方取得第三方开具的专用发票"的情况。

2. 购货方取得的增值税专用发票为销售方所在省(自治区、直辖市和计划单列市)以外地区的,即134号文件第二条规定的"从销货地以外的地区取得专用发票"的情况。

3. 其他有证据表明购货方明知取得的增值税专用发票系销售方以非法手段获得的,即134号文件第一条规定的"受票方利用他人虚开的专用发票,向税务机关申报抵扣税款进行偷税"的情况。

四、购货方从销售方取得第三方开具的专用发票用于抵扣税款应如何处罚?

答:根据《国家税务总局关于纳税人取得虚开的增值税专用发票处理问题的通知》(国税发〔1997〕134号)第二条规定:

在货物交易中,购货方从销售方取得第三方开具的专用发票,或者从销货地以外的地区取得专用发票,向税务机关申报抵扣税款或者申请出口退税的,应当按偷税、骗取出口退税处理,依照《中华人民共和国税收征收管理法》及有关规定追缴税款,处以偷税、骗税数额五倍以下的罚款。

五、纳税人善意取得虚开的增值税专用发票,税务机关该如何处理?

答:根据《国家税务总局关于纳税人善意取得虚开的增值税专用发票处理问题的通知》(国税发〔2000〕187号)的规定:

购货方与销售方存在真实的交易,销售方使用的是其所在省(自治区、直辖市和计划单列市)的专用发票,专用发票注明的销售方名称、印章、货物数量、金额及税额等全部内容与实际相符,且没有证据表明购货方知道销售方提供的专用发票是以非法手段获得的,对购货方不以偷税或者骗取出口退税论处,但应按有关规定不予抵扣进项税款或者不予出口退税;购货方已经抵扣的进项税款或者取得的出口退税,应依法追缴。

六、增值税纳税人发生虚开增值税专用发票或者其他增值税扣税凭证、骗取国家出口退税款行为的,出口的货物劳务服务应如何处理?

答:根据《财政部 国家税务总局关于防范税收风险若干增值税政策的通知》(财税〔2013〕112号)规定:

增值税纳税人发生虚开增值税专用发票或者其他增值税扣税凭证、骗取国家出口退税款行为(以下简称增值税违法行为),被税务机关行政处罚或审判机关刑事处罚的,其销售的货物、提供的应税劳务和营业税改征增值税应税服务(以下统称货物劳务服务)执行以下政策:

出口企业或其他单位发生增值税违法行为对应的出口货物劳务服务,视同内销,按规定征收增值税（骗取出口退税的按查处骗税的规定处理）。出口企业或其他单位在本通知生效后发生 2 次增值税违法行为的，自税务机关行政处罚决定或审判机关判决或裁定生效之日的次日起，其出口的所有适用出口退（免）税政策的货物劳务服务，一律改为适用增值税免税政策。纳税人如果已被停止出口退税权的，适用增值税免税政策的起始时间为停止出口退税权期满后的次日。

本通知所称虚开增值税专用发票或其他增值税扣税凭证，是指有为他人虚开、为自己虚开、让他人为自己虚开、介绍他人虚开增值税专用发票或其他增值税扣税凭证行为之一的，但纳税人善意取得虚开增值税专用发票或其他增值税扣税凭证的除外。

七、对伪造、擅自制造或者出售伪造、擅自制造的可以用于骗取出口退税、抵扣税款的其他发票的行为是如何处罚的？

答：（一）根据《中华人民共和国税收征收管理法》（第九届全国人民代表大会常务委员会第二十一次会议修订）第七十一条规定：违反本法第二十二条规定，非法印制发票的，由税务机关销毁非法印制的发票，没收违法所得和作案工具，并处一万元以上五万元以下的罚款；构成犯罪的，依法追究刑事责任。

第七十二条规定：从事生产、经营的纳税人、扣缴义务人有本法规定的税收违法行为，拒不接受税务机关处理的，税务机关可以收缴其发票或者停止向其发售发票。

第七十四条规定：本法规定的行政处罚，罚款额在二千元以下的，可以由税务所决定。

（二）根据《中华人民共和国税收征收管理法实施细则》（国务院令第 362 号）第九十三条规定：为纳税人、扣缴义务人非法提供银行账户、发票、证明或者其他方便，导致未缴、少缴税款或者骗取国家出口退税款的，税务机关除没收其违法所得外，可以处未缴、少缴或者骗取的税款 1 倍以下的罚款。

（三）根据《中华人民共和国刑法》第二百零九条规定：伪造、擅自制造或者出售伪造、擅自制造的可以用于骗取出口退税、抵扣税款的其他发票的，处三年以下有期徒刑、拘役或者管制，并处二万元以上二十万元以下罚金；数量巨大的，处三年以上七年以下有期徒刑，并处五万元以上五十万元以下罚金；数量特别巨大的，处七年以上有期徒刑，并处五万元以上五十万元以下罚金或者没收财产。

伪造、擅自制造或者出售伪造、擅自制造的前款规定以外的其他发票的，处二年以下有期徒刑、拘役或者管制，并处或者单处一万元以上五万元以下罚金；情节严重的，处二年以上七年以下有期徒刑，并处五万元以上五十万元以下罚金。

非法出售可以用于骗取出口退税、抵扣税款的其他发票的，依照第一款的规定处罚。

非法出售第三款规定以外的其他发票的，依照第二款的规定处罚。

第二百一十一条规定：单位犯本节第二百〇一条、第二百〇三条、第二百〇四条、第二百〇七条、第二百〇八条、第二百〇九条规定之罪的，对单位判处罚金，并对其直接负责的主管人员和其他直接责任人员，依照各该条的规定处罚。

（四）根据中华人民共和国刑法修正案（八）（2011年2月25日第十一届全国人民代表大会常务委员会第十九次会议通过）规定：三十五、在刑法第二百一十条后增加一条，作为第二百一十条之一：明知是伪造的发票而持有，数量较大的，处二年以下有期徒刑、拘役或者管制，并处罚金；数量巨大的，处二年以上七年以下有期徒刑，并处罚金。

单位犯前款罪的，对单位判处罚金，并对其直接负责的主管人员和其他直接责任人员，依照前款的规定处罚。

八、出口企业或其他单位"提供虚假备案单证"或"增值税退（免）税凭证有伪造或内容不实"的情况，适用何种政策？

答：适用增值税征税政策。另外，若出口企业或其他单位存在《国家税务总局关于〈出口货物劳务增值税和消费税管理办法〉有关问题的公告》（国家税务总局公告2013年第12号）第五条第（九）项情形的，同样适用增值税征税政策。

根据《财政部 国家税务总局关于出口货物劳务增值税和消费税政策的通知》（财税〔2012〕39号）第七条第（一）项规定：适用增值税征税政策的出口货物劳务，是指：……

4. 出口企业或其他单位提供虚假备案单证的货物。

5. 出口企业或其他单位增值税退（免）税凭证有伪造或内容不实的货物。

根据《国家税务总局关于〈出口货物劳务增值税和消费税管理办法〉有关问题的公告》（国家税务总局公告2013年第12号）第五条第（九）项规定：出口企业或其他单位出口的货物劳务，主管税务机关如果发现有下列情形之一的，按财税〔2012〕39号文件第七条第（一）项第4目和第5目规定，适用增值税征税政策。查实属于偷骗税的，应按相应的规定处理。

1. 提供的增值税专用发票、海关进口增值税专用缴款书等进货凭证为虚开或伪造；

2. 提供的增值税专用发票是在供货企业税务登记被注销或被认定为非正常户之后开具；

3. 提供的增值税专用发票抵扣联上的内容与供货企业记账联上的内容不符；

4. 提供的增值税专用发票上载明的货物劳务与供货企业实际销售的货物劳务不符；

5. 提供的增值税专用发票上的金额与实际购进交易的金额不符；

6. 提供的增值税专用发票上的货物名称、数量与供货企业的发货单、出库单及相关国内运输单据等凭证上的相关内容不符，数量属合理损溢的除外；

7. 出口货物报关单上的出口日期早于申报退税匹配的进货凭证上所列货物的发货时间（供货企业发货时间）或生产企业自产货物发货时间；

8. 出口货物报关单上载明的出口货物与申报退税匹配的进货凭证上载明的货物或生产企业自产货物不符；

9. 出口货物报关单上的商品名称、数量、重量与出口运输单据载明的不符，数量、重量属合理损溢的除外；

10. 生产企业出口自产货物的，其生产设备、工具不能生产该种货物；

11. 供货企业销售的自产货物，其生产设备、工具不能生产该种货物；

12. 供货企业销售的外购货物，其购进业务为虚假业务；

13. 供货企业销售的委托加工收回货物，其委托加工业务为虚假业务；

14. 出口货物的提单或运单等备案单证为伪造、虚假；

15. 出口货物报关单是通过报关行等单位将他人出口的货物虚构为本企业出口货物的手段取得。

九、某增值税纳税人以农产品为原料生产销售食品，因发生虚开增值税专用发票或者其他增值税扣税凭证、骗取国家出口退税款行为，被税务机关行政处罚或审判机关刑事处罚的，农产品进项税额应如何抵扣？

答：自税务机关行政处罚决定生效的次月起，按50%的比例抵扣农产品进项税额。根据《财政部 国家税务总局关于防范税收风险若干增值税政策的通知》（财税〔2013〕112号）第一条第（三）项规定：增值税纳税人发生虚开增值税专用发票或者其他增值税扣税凭证、骗取国家出口退税款行为（以下简称增值税违法行为），被税务机关行政处罚或审判机关刑事处罚的，其销售的货物、提供的应税劳务和营业税改征增值税应税服务执行以下政策：

以农产品为原料生产销售货物的纳税人发生增值税违法行为的，自税务机关行政处罚决定生效的次月起，按50%的比例抵扣农产品进项税额；违法情形严重的，不得抵扣农产品进项税额。

十、出口企业或其他单位的出口业务有哪些情形的，暂不办理退（免）税？

答：根据《国家税务总局关于〈出口货物劳务增值税和消费税管理办法〉有关问题的公告》（国家税务总局公告2013年第12号）第五条第（五）项规定：主管税务机关发现出口企业或其他单位的出口业务有以下情形之一的，该笔出口业务暂不办理出口退（免）税。已办理的，主管税务机关可按照所涉及的退税额对该企业其他已审核通过的应退税款暂缓办理出口退（免）税，无其他应退税款或应退税款小于所涉及退税额的，可由出口企业提供差额部分的担保。待税务机关核实排除相应疑点后，方可办理退（免）税或解除担保。

1. 因涉嫌骗取出口退税被税务机关稽查部门立案查处未结案；

2. 因涉嫌出口走私被海关立案查处未结案；

3. 出口货物报关单、出口发票、海运提单等出口单证的商品名称、数量、金额等内容与进口国家（或地区）的进口报关数据不符；

4. 涉嫌将低退税率出口货物以高退税率出口货物报关；

5. 出口货物的供货企业存在涉嫌虚开增值税专用发票等需要对其供货的真实性及纳税情况进行核实的疑点。

根据《国家税务总局关于〈出口货物劳务增值税和消费税管理办法〉有关问题的公告》（国家税务总局公告2013年第12号）第五条第（六）项规定：主管税务机关发现出口企业或其他单位购进出口的货物劳务存在财税〔2012〕39号文件第七条第（一）项第4目、第5目和第7目情形之一的，该批出口货物劳务的出口货物报关单上所载明的其他货物，主管税务机关须排除骗税疑点后，方能办理退（免）税。

根据《国家税务总局关于〈出口货物劳务增值税和消费税管理办法〉有关问题的公告》（国家税务总局公告2013年第12号）第五条第（七）项规定：出口企业或其他单位被列为非正常户的，主管税务机关对该企业暂不办理出口退税。

十一、我公司是一家出口企业，由于公司内部管理不善，未按规定设置、使用和保管有关出口货物退（免）税账簿、凭证、资料的，应承担什么责任？

答：根据《国家税务总局关于发布〈出口货物劳务增值税和消费税管理办法〉的公告》（国家税务总局公告2012年第24号）第十三条第（一）项规定：

出口企业和其他单位有下列行为之一的，主管税务机关应按照《中华人民共和国税收征收管理法》第六十条规定予以处罚：

1. 未按规定设置、使用和保管有关出口货物退（免）税账簿、凭证、资料的；
2. 未按规定装订、存放和保管备案单证的。

根据《中华人民共和国税收征收管理法》（中华人民共和国主席令第49号）（中华人民共和国主席令第49号）第六十条规定：

纳税人有上述未按照规定设置、保管账簿或者保管记账凭证和有关资料行为之一的，由税务机关责令限期改正，可以处二千元以下的罚款；情节严重的，处二千元以上一万元以下的罚款。

十二、出口企业和其他单位拒绝税务机关检查或拒绝提供有关出口货物退（免）税账簿、凭证、资料的，应承担什么责任？

答：根据《国家税务总局关于发布〈出口货物劳务增值税和消费税管理办法〉的公告》（国家税务总局公告2012年第24号）第十三条第（二）项规定：

出口企业和其他单位拒绝税务机关检查或拒绝提供有关出口货物退（免）税账簿、凭证、资料的，税务机关应按照《中华人民共和国税收征收管理法》第七十条规定予以处罚。

根据《中华人民共和国税收征收管理法》（中华人民共和国主席令第49号）第七十条规定：

纳税人、扣缴义务人逃避、拒绝或者以其他方式阻挠税务机关检查的，由税务机关责令改正，可以处一万元以下的罚款；情节严重的，处一万元以上五万元以下的罚款。

十三、从事进料加工业务的生产企业，未按规定期限办理进料加工登记、申报、核销手续的，税务机关应当如何处理？

答：根据《国家税务总局关于发布〈出口货物劳务增值税和消费税管理办法〉的公告》（国家税务总局公告 2012 年第 24 号）第十三条第（四）项规定：

从事进料加工业务的生产企业，未按规定期限办理进料加工登记、申报、核销手续的，主管税务机关在按照《中华人民共和国税收征收管理法》（中华人民共和国主席令第 49 号）第六十二条有关规定进行处理后再办理相关手续。

根据《中华人民共和国税收征收管理法》（中华人民共和国主席令第 49 号）第六十二条规定：

纳税人未按照规定的期限办理纳税申报和报送纳税资料的，或者扣缴义务人未按照规定的期限向税务机关报送代扣代缴、代收代缴税款报告表和有关资料的，由税务机关责令限期改正，可以处二千元以下的罚款；情节严重的，可以处二千元以上一万元以下的罚款。

十四、骗取出口退税的法律责任有哪些？

答：（一）根据《中华人民共和国税收征收管理法》（第九届全国人民代表大会常务委员会第二十一次会议修订）第六十六条规定：

以假报出口或者其他欺骗手段，骗取国家出口退税款，由税务机关追缴其骗取的退税款，并处骗取税款一倍以上五倍以下的罚款；构成犯罪的，依法追究刑事责任。

对骗取国家出口退税款的，税务机关可以在规定期间内停止为其办理出口退税。

（二）根据《中华人民共和国刑法》第二百零四条规定："以假报出口或者其他欺骗手段，骗取国家出口退税款，数额较大的，处 5 年以下有期徒刑或者拘役，并处骗取税款 1 倍以上 5 倍以下罚金；数额巨大或者有其他严重情节的，处 5 年以上 10 年以下有期徒刑，并处骗取税款 1 倍以上 5 倍以下罚金；数额特别巨大或者有其他特别严重情节的，处 10 年以上有期徒刑或者无期徒刑，并处骗取税款 1 倍以上 5 倍以下罚金或者没收财产。"

案例：2010 年 7 月至 2012 年 7 月，董某某在担任某市税务局货物和劳务税处副处长期间参与投资某进出口有限公司，并利用自己在某市税务局的职务便利伙同他人通过该公司以假报出口的手段骗取国家出口退税款 780 万元，实际领取 780 万元，余款因案发未领取，其行为均构成骗取出口退税罪。2016 年 1 月，某县人民法院判处董某某有期徒刑十二年，并处罚金人民币 1000 万元。董某某受到开除党籍和开除公职处分。

十五、虚开用于骗取出口退税、抵扣税款的发票的违法行为，如何处罚？

答：（一）根据《中华人民共和国税收征收管理法实施细则》（国务院令第 362 号）第九十三条规定：为纳税人、扣缴义务人非法提供银行账户、发票、证明或者其他方便，导致未缴、少缴税款或者骗取国家出口退税款的，税务机关除没收其违法所得外，可以处未缴、少缴或者骗取的税款 1 倍以下的罚款。

（二）根据《中华人民共和国刑法》第二百零五条规定：虚开增值税专用发票或者虚开用于骗取出口退税、抵扣税款的其他发票的，处三年以下有期徒刑或者拘役，并处二万元以上二十万元以下罚金；虚开的税款数额较大或者有其他严重情节的，处三年以上十年以下有期徒刑，并处五万元以上五十万元以下罚金；虚开的税款数额巨大或者有其他特别严重情节的，处十年以上有期徒刑或者无期徒刑，并处五万元以上五十万元以下罚金或者没收财产。

有前款行为骗取国家税款，数额特别巨大，情节特别严重，给国家利益造成特别重大损失的，处无期徒刑或者死刑，并处没收财产。

单位犯本条规定之罪的，对单位判处罚金，并对其直接负责的主管人员和其他直接责任人员，处三年以下有期徒刑或者拘役；虚开的税款数额较大或者有其他严重情节的，处三年以上十年以下有期徒刑；虚开的税款数额巨大或者有其他特别严重情节的，处十年以上有期徒刑或者无期徒刑。

虚开增值税专用发票或者虚开用于骗取出口退税、抵扣税款的其他发票，是指有为他人虚开、为自己虚开、让他人为自己虚开、介绍他人虚开行为之一的。

第二百一十二条规定：犯本节第二百〇一条至第二百〇五条规定之罪，被判处罚金、没收财产的，在执行前，应当先由税务机关追缴税款和所骗取的出口退税款。

（三）根据中华人民共和国刑法修正案（八）（2011年2月25日第十一届全国人民代表大会常务委员会第十九次会议通过）规定：

三十（二）删去刑法第二百〇五条第二款。

三十三、在刑法第二百〇五条后增加一条，作为第二百〇五条之一：虚开本法第二百〇五条规定以外的其他发票，情节严重的，处二年以下有期徒刑、拘役或者管制，并处罚金；情节特别严重的，处二年以上七年以下有期徒刑，并处罚金。

单位犯前款罪的，对单位判处罚金，并对其直接负责的主管人员和其他直接责任人员，依照前款的规定处罚。

十六、虚开用于骗取出口退税的发票构成犯罪的，应负什么刑事责任？

答：根据《中华人民共和国刑法》（中华人民共和国主席令第83号）第二百零五条规定："虚开增值税专用发票或者虚开用于骗取出口退税、抵扣税款的其他发票的，处三年以下有期徒刑或者拘役，并处二万元以上二十万元以下罚金；虚开的税款数额较大或者有其他严重情节的，处三年以上十年以下有期徒刑，并处五万元以上五十万元以下罚金；虚开的税款数额巨大或者有其他特别严重情节的，处十年以上有期徒刑或者无期徒刑，并处五万元以上五十万元以下罚金或者没收财产。

有前款行为骗取国家税款，数额特别巨大，情节特别严重，给国家利益造成特别重大损失的，处无期徒刑或者死刑，并处没收财产。

单位犯本条规定之罪的，对单位判处罚金，并对其直接负责的主管人员和其他直接责任人员，处三年以下有期徒刑或者拘役；虚开的税款数额较大或者有其他严重情节的，处三年以上十年以下有期徒刑；虚开的税款数额巨大或者有其他特别严重情节的，处十年以上有期徒刑或者无期徒刑。

虚开增值税专用发票或者虚开用于骗取出口退税、抵扣税款的其他发票，是指有为他人虚开、为自己虚开、让他人为自己虚开、介绍他人虚开行为之一的。"

十七、出口企业和其他单位骗取国家出口退税款的，税务机关应如何处理？

答：(一) 根据《国家税务总局关于印发〈出口货物退（免）税管理办法（试行）〉的通知》（国税发〔2005〕51 号）第二十五条规定：出口商以假报出口或其他欺骗手段骗取国家出口退税款的，税务机关应当按照《中华人民共和国税收征收管理法》第六十六条规定处理。对骗取国家出口退税款的出口商，经省级以上（含本级）税务局批准，可以停止其六个月以上的出口退税权。在出口退税权停止期间自营、委托和代理出口的货物，一律不予办理退（免）税。

根据《中华人民共和国税收征收管理法》（中华人民共和国主席令第 49 号）第六十六条规定：以假报出口或者其他欺骗手段，骗取国家出口退税款，由税务机关追缴其骗取的退税款，并处骗取税款一倍以上五倍以下的罚款；构成犯罪的，依法追究刑事责任。

(二) 根据《国家税务总局关于发布〈适用增值税零税率应税服务退（免）税管理办法〉的公告》（国家税务总局公告 2014 年第 11 号）第十九条规定：

增值税零税率应税服务提供者骗取国家出口退税款的，税务机关应按《国家税务总局关于停止为骗取出口退税企业办理出口退税有关问题的通知》（国税发〔2008〕32 号）和《财政部、国家税务总局关于防范税收风险若干增值税政策的通知》（财税〔2013〕112 号）的规定处理。增值税零税率应税服务提供者在停止退税期间发生的增值税零税率应税服务，不得申报退（免）税，应按规定缴纳增值税。

(三) 根据《国家税务总局关于发布〈出口货物劳务增值税和消费税管理办法〉的公告》（国家税务总局公告 2012 年第 24 号）第十三条第（六）规定：

出口企业和其他单位以假报出口或者其他欺骗手段，骗取国家出口退税款，由主管税务机关追缴其骗取的退税款，并处骗取税款一倍以上五倍以下的罚款；构成犯罪的，依法追究刑事责任。

对骗取国家出口退税款的，由省级以上（含本级）税务机关批准，按下列规定停止其出口退（免）税资格：

1. 骗取国家出口退税款不满 5 万元的，可以停止为其办理出口退税半年以上一年以下。

2. 骗取国家出口退税款 5 万元以上不满 50 万元的，可以停止为其办理出口退税一年以上一年半以下。

3. 骗取国家出口退税款 50 万元以上不满 250 万元，或因骗取出口退税行为受过行政处罚、两年内又骗取国家出口退税款数额在 30 万元以上不满 150 万元的，停止为其办理出口退税一年半以上两年以下。

4. 骗取国家出口退税款 250 万元以上，或因骗取出口退税行为受过行政处罚、两年内又骗取国家出口退税款数额在 150 万元以上的，停止为其办理出口退税两年以上三年以下。

5. 停止办理出口退税的时间以省级以上（含本级）税务机关批准后作出的《税务行政处罚决定书》的决定之日为起始日。

十八、出口退税企业被停止出口退税权期间能否申报办理出口退税？

答：根据《国家税务总局关于停止为骗取出口退税企业办理出口退税有关问题的通知》（国税发〔2008〕32 号）第三条规定：

出口企业在税务机关停止为其办理出口退税期间发生的自营或委托出口货物以及代理出口货物等，一律不得申报办理出口退税。

十九、停止出口退税权的起始时间是如何规定的？

答：根据《国家税务总局关于发布〈出口货物劳务增值税和消费税管理办法〉的公告》（国家税务总局公告 2012 年第 24 号）第十三条第（六）项第 5 目规定：

停止办理出口退税的时间以省级以上（含本级）税务机关批准后作出的《税务行政处罚决定书》的决定之日为起始日。

二十、检举伪造、变造、倒卖、盗窃、骗取增值税专用发票以及可用于骗取出口退税、抵扣税款的其他发票行为的，按什么标准对检举人计发奖金？

答：根据《检举纳税人税收违法行为奖励暂行办法》（国家税务总局、财政部令第 18 号）第九条规定：检举伪造、变造、倒卖、盗窃、骗取增值税专用发票以及可用于骗取出口退税、抵扣税款的其他发票行为的，按照以下标准对检举人计发奖金：

（一）查获伪造、变造、倒卖、盗窃、骗取上述发票 10000 份以上的，给予 10 万元以下的奖金；

（二）查获伪造、变造、倒卖、盗窃、骗取上述发票 6000 份以上不足 10000 份的，给予 6 万元以下的奖金；

（三）查获伪造、变造、倒卖、盗窃、骗取上述发票 3000 份以上不足 6000 份的，给予 4 万元以下的奖金；

（四）查获伪造、变造、倒卖、盗窃、骗取上述发票 1000 份以上不足 3000 份的，给予 2 万元以下的奖金；

（五）查获伪造、变造、倒卖、盗窃、骗取上述发票 100 份以上不足 1000 份的，给予 1 万元以下的奖金；

（六）查获伪造、变造、倒卖、盗窃、骗取上述发票不足 100 份的，给予 5000 元以下的奖金；

查获伪造、变造、倒卖、盗窃、骗取前款所述以外其他发票的，最高给予 5 万元以下的奖金；检举奖金具体数额标准及批准权限，由各省、自治区、直辖市和计划单列市税务局根据本办法规定并结合本地实际情况确定。

第十二条规定：同一案件具有适用本办法第六条、第七条、第八条、第九条、第十条规定的两种或者两种以上奖励标准情形的，分别计算检举奖金数额，但检举奖金合计数额不得超过 10 万元。

第十八章
出口退（免）税申报系统常见问题速查

第一节 系统安装、升级及设置常见问题

一、安装离线版申报系统时提示："错误，1603 安装时出现致命错误"，如何解决？

答：一台计算机中，相同版本的出口退税申报系统只能安装一个，检查电脑中是否存在多个版本的申报系统，如果存在，建议卸载旧版本。安装离线版申报系统时，建议关闭安全卫士、杀毒软件、防火墙等相关安全护软件，防止离线版申报系统被误查杀。

二、安装离线版申报系统提示："系统文件损坏，请尝试重新安装系统"，如何解决？

答：可能是杀毒软件误认为申报系统存在病毒，将系统运行文件查杀导致。解决方法：先找到原申报系统的备份数据，重新安装系统后导入备份文件。鼠标右键点击原申报系统的快捷方式，选择"打开文件位置"，在文件安装目录下找到"JSdotnet.db"文件，此文件为申报系统备份数据，另行保存；然后卸载原申报系统，重新安装最新版申报系统，注意重新安装时需要退出杀毒软件，系统安装完成导入保存的备份文件还原历史数据即可。

三、安装离线版申报系统补丁时提示："找不到申报系统文件路径，请重试"，如何解决？

答：第一种情况：基于电脑中已经安装"离线版申报系统"的情况下才可以安装升级补丁，如果电脑中没有安装离线版申报系统，直接安装补丁则会出现此提示，建议检查原申报系统是否正常安装。

第二种情况：补丁没有识别到申报系统的安装路径，可以在补丁安装页面中手动配置申报系统的安装路径。

四、打开离线版申报系统时提示:"访问系统文件出错,如为 Windows7 及以上操作系统,请尝试使用管理员身份运行",如何解决?

答:如果电脑操作系统为 win7 及以上,可以操作鼠标右键点击申报系统的快捷方式,选择"属性→兼容性",勾选"以兼容模式运行此程序",再勾选"以管理员身份运行此程序",重新运行申报系统即可解决。

五、离线版申报系统中的企业信息如企业名称、税号等,如何修改?

答:更改系统基本信息,可以通过"系统维护→系统配置→系统配置信息"进行信息的更改。

也可以将申报系统做好数据备份,卸载后重新安装,进入系统时会重新显示企业信息登记页面,录入新企业信息后,再通过申报系统进行备份数据的还原即可。

六、离线版申报系统在哪配置电子口岸的 IC 卡号和 IC 卡密码?

答:可以通过"系统维护→系统配置→系统参数设置与修改→功能配置 I"中填写电子口岸卡号及密码。

七、我们公司两台电脑都安装了申报系统,如何让两台电脑中的申报系统数据互相同步?

答:电子税务局在线版申报系统可以实现自动数据同步。离线版申报系统无法自动同步数据。离线版申报系统可以通过数据备份手工同步数据(前提是两台电脑的申报系统版本完全一致):在 A 电脑进行数据备份,选择"系统维护→系统数据备份→本地备份→完全数据备份";然后将备份数据发送至 B 电脑进行数据备份导入,选择"系统维护→系统数据备份导入→本地导入",将备份数据还原即可。

八、想要更换电脑,申报系统中的数据如何备份和导入?

答:离线版申报系统,先在旧电脑进行数据备份,进入离线版申报系统后,选择"系统维护→系统数据备份→本地备份→完全数据备份",在进行备份时系统会提示选择备份路径,备份后会默认存放在指定路径下,备份文件是以备份时的"年月日+时间"为前缀命名的,文件名称是 JSdotnet.db。

再通过新电脑完成备份数据的导入,还原本地备份数据时,进入申报系统后选择"系统维护→系统数据备份导入→本地导入",选择事先备份的申报系统备份数据即可。

使用电子税务局在线申报系统时,更换电脑不影响申报系统数据。

九、导入备份数据提示:"备份数据非生产/外贸企业备份",如何解决?

答:首先核对进行数据备份时离线版申报系统的版本与需要导入备份的申报系统版本是否为紧临的两个版本,如:进行数据备份的申报系统版本为 0001,需要导入备份的申报系统版本为 0003,中间间隔 0002 版本,则无法进行数据备份的导入。

解决方法:不使用备份导入的方法恢复数据,而是通过在电子税务局下载反馈信息的方法还原历史数据;或者通过逐步升级申报系统进行备份数据导入,如先将使用 0001 版申报系统份备份的数据导入0002版申报系统，再通过0002版申报系统进行备份，最终导入0003版申报系统。

十、离线版申报系统中本地备份与云备份两种备份方式有什么区别？

答：本地备份是将数据备份保存至本地磁盘，用户可以在系统维护中自行设置数据备份的存放路径；云备份是将数据备份保存至云端（互联网），无本地文件。两者除在备份形式上有区别，在备份效果中并无差异。

十一、电子税务局在线版申报系统更换电脑后，数据会不会丢失？

答：不会丢失，电子税务局在线版申报系统以互联网为载体，数据存放在云端（税务机关电子税务局服务器），更换电脑后不会导致数据丢失。

十二、电子口岸卡在同事那里，没有电子口岸卡能在申报系统中使用报关单导入的功能吗？

答：离线版申报系统导入报关单操作时必须使用电子口岸卡。没有电子口岸卡时，建议通过电子税务局在线版申报系统进行报关单导入，在线版申报系统导入报关单数据时不需要在电脑插入电子口岸卡。电子税务局在线版申报系统导入报关单的流程分为两步，第一步：在报关单导入页面下载并安装"解密软件"；第二步：通过"解密软件"先将拟导入的报关单数据进行解密，解密后的报关单数据，电脑无须插入电子口岸卡也可以导入。

第二节 出口退（免）税备案申报常见问题

一、在出口退税申报系统中如何申请成为无纸化管理试点企业？

答：如果企业之前已经办理过出口退（免）税备案，申请成为无纸化试点企业，需要通过出口退（免）税的备案变更来申请，填报出口退（免）税备案变更时，变更事项选择"退税管理类型"，变更后的内容填写04（无纸化企业）。

新办企业申请无纸化试点，可以在进行出口退（免）税备案时，直接将"退税管理类型"选择为无纸化企业。

二、出口退（免）税备案表中的退（免）税计税方法，如何选择？

答：内资生产企业、外商投资企业选择免抵退计税方法，外贸企业选择免退税计税方法。

三、进行出口退（免）税备案变更时，原备案内容在申报系统中无法自动带出，如何解决？

答：使用离线版申报系统，填写出口退（免）备案变更表时，申报系统中的原备案内容应根据之前向税务机关办理出口退（免）税备案时的情况自动带出，没有自动带出的说明申报系统中缺少出口退（免）税备案表的反馈信息，可以登录电子税务局，在"出口退税管理→免抵退申报"模块，点击"离线申报"进入操作界面，下载任一反馈信息；通过离线版申报系统"审核反馈接收"将反馈信息读入系统中，在备案申报向导第六步可以查询读入的备案信息，若备案信息存在，在填报出口退（免）税备案变更时，原备案内容字段自动带出。

第三节　出口退（免）税申报数据录入常见问题

一、离线版申报系统的初始用户名和密码是什么？

答：初始登录的用户名为小写"sa"，密码为空，用户首次登录申报系统后，可以更改用户名和密码。

二、进入申报系统时，当前所属期应如何填写？

答：生产企业进入申报系统的所属期应该与纳税申报的所属期相同，比如 2021 年 4 月，进入申报系统应该填写所属期为"202103"，2021 年 5 月，进入申报系统应该填写所属期"202104"；外贸企业同理，不同之处在于，因为外贸企业不允许跨年申报，在跨年申报时，申报哪个年度的数据则应该按照哪个年度填写所属期，比如 2021 年申报 2020 年出口货物的退税，则进入申报系统的所属期应填写"202012"。

三、明细数据采集时，出口报关单号录入要求是 21 位的，应该如何录入？

答：报关单号录入规则为 18 位海关编号 + 0 + 两位项号，18 位海关编号可以按照纸质报关单右上角的海关编号填写，第 19 位的"0"是固定的，两位项号要根据报关单出口商品栏目处的商品代码前面的两位数字填写：假设一张报关单有 3 项商品，需要在明细数据采集中录入三条数据，第一条为 18 位海关编号 + 0 + 01，第二条为 18 位海关编号 + 0 + 02，第三条为 18 位海关编号 + 0 + 03，以此类推。

四、明细数据采集中，录入商品代码时提示商品代码失效，如何解决？

答：第一个原因：商品代码没有在申报系统中设置自用商品，打开"系统维护→代码维护→海关商品码"，点击左上角的"搜索"添加条件，输入想要查询的代码，筛选出符合申报条件商品代码后，选择商品代码点击"自用商品"即可完成设置。

第二个原因：外贸企业进入系统的所属期填写错误，外贸企业申报退税时，申报哪一年度出口货物，需要用哪个年度的所属期进入申报系统，如在 2021 年申报 2020 年退税数据，则进入申报系统的所属期需要填写 202012。

第三个原因：在出口货物报关单上的申报日期和出口日期之间，海关调整了商品代码，导致出口货物报关单上的商品代码与调整后的商品代码不一致，出口企业应按照出货物报关单上列明的商品代码申报退（免）税，并同时报送《海关出口商品代码、名称、退税率调整对应表》。

五、免抵退申报明细表中的国内购进免税原材料价格如何填写？

答：填写用于加工出口货物的不计提进项税额的国内免税原材料价格（人民币）。

六、美元汇率应该去哪里查询？

答：美元汇率可以通过"中国银行"网站进行查询，百度搜索"中国银行"，打开"外汇牌价查询"模块，选择"起始日期"与"结束日期"，再选择货币类别，点击查询后即可显示当前币种的外汇牌价。需要注意的是，在退税申报系统中录入汇率时，应按照100外币兑人民币的汇率填写。

七、因为出口发票（增值税普通发票）的开票限额是10万，一笔出口业务开了三张发票，在出口明细中应该如何录入？

答：因为退税申报系统中出口发票字段有位数限制，一笔出口对应多张出口发票的可能无法完全录入。如果出口发票是连号的，首张发票应该录入完整的8位发票号码，然后用【/】符号表示分割，后面的每张发票只录入最后2位号码，如12345678/79/80或者直接录入12345678-80。如果缩减录入的情况下还是无法录完，可以与企业所属税务机关沟通，余下的发票号码录入在出口明细的备注栏中。

八、什么叫作离岸价，离岸价怎么计算？

答：离岸价即为出口货物的FOB价格，取得出口报关单后可以查看报关单的"成交方式"，成交方式为CIF、C&F的说明货物价格中含有运费或者保费，在退（免）税申报时需要扣除运费、保费，换算成FOB价格，如果一张报关单存在多项出口商品的，还需要在各个商品间进行运、保费的分摊，不可在一项商品中扣除。

计算每项商品离岸价的公式为：

各项商品的FOB价格 = 总FOB价格/总CIF价格 × 每项商品的CIF价格

总FOB价格 = 总CIF价格 - 运费 - 保费

九、出口报关单是EXW成交的，如何确定FOB价格？

答：EXW价格即为工厂交货价格，约等于FOB价格，因此在申报出口退（免）税时不需要换算，FOB价格可直接采用EXW价格。

十、如何下载电子口岸的报关单数据？

答：下载报关单数据，可以百度搜索"中国电子口岸"，插入口岸卡填写密码后登录电子口岸，进入后选择"出口退税联网稽查→出口报关单查询与下载"，输入报关单下载条件，点击查询后即可下载报关单数据，保存在本地电脑中。

十一、电子口岸下载的报关单数据，如何导入到出口退税申报系统？

答：离线版申报系统需要在"系统维护→系统配置→系统参数设置与修改"中先设置电子口岸的IC卡号和IC卡密码，然后通过"退税申报向导第一步→出口报关单读入"导入报关单数据，导入后可以在"出口报关单数据处理"模块，进行数据检查、数据确认，即可将数据匹配至出口明细表。

电子税务局在线版申报系统导入电子口岸下载的报关单数据时，进入退税申报操作模块后，选择"出口报关单管理"，在报关单管理中选择"报关单导入"，下载报关单解密软件，通过解密软件解密报关单数据，解密后方可导入电子税务局在线版申报系统中。

十二、读入报关单数据时提示：XML 文件名 20200458074.xml 中 IC 卡信息与系统不符，取消读入，如何解决？

答：出现此提示是因为离线版申报系统中设置的电子口岸卡号，与电脑中插入的电子口岸卡的卡号不一致，可以核对电子口岸卡号后，重新在申报系统的"系统维护"中配置电子口岸的 IC 卡号和密码，如果不清楚所使用的电子口岸卡的卡号，可以通过电子口岸下载任一报关单数据，报关单数据文件名称的前 13 位就是电子口岸卡号。

十三、外贸企业一张购进货物的增值税专用发票对应两张出口报关单，如何录入关联号？

答：外贸企业退税申报中，出口明细采集要求每 21 位报关单号作为一个关联号的编写单位，因此有两张报关单时出口明细中应录入两个关联号，如 20210100000001、20210100000002。相应的，增值税专用发票在进货明细中也需要录入两条，在录入增值税专用发票时，每一条进货明细的发票计税金额要根据不同报关单对应的出口商品的数量按比例进行拆分。

十四、外贸企业出口明细表中的关联号应该如何录入？

答：按照"6 位申报年月+3 位批次+8 位序号"的方式录入，需要注意的是，同一报关单有多项出口商品的，每项商品都应该使用不同的关联号；不同的报关单也应该使用不同的关联号。

十五、外贸企业在进货明细录入时提示：该关联号在出口明细表中尚未使用，如何解决？

答：有三个原因会导致该疑点。

第一个原因：在没有录入出口明细的情况下，先录入了进货明细。外贸企业在申报退税时需要先录入出口明细，再录入进货明细。

第二个原因：相同关联号下申报年月、批次与出口明细不一致，检查申报年月和批次是否与出口明细录入的一致。

第三个原因：关联号单纯性录入错误，可先切换到出口明细录入页面确认关联号后更改进货明细数据。

十六、外贸企业如何下载增值税专用发票的电子数据？

答：登录电子税务局，选择"我要办税→出口退税管理→免退税货物申报"，点击"离线申报"即可进入申报平台操作界面，在申报平台左侧选择"增值税发票信息下载"，然后根据开票日期时间范围下载增值税专用发票电子信息。

十七、外贸企业录入完成明细数据后，进行保存时提示非本年度申报数据，无法保存，如何解决？

答：因为外贸企业不允许跨年申报，应检查出口日期所在年度，是否与申报所属期所在年度一致，若不一致，需要根据出口日期所在年度，调整申报所属期，比如2021年3月申报2020年任何月份的出口货物的退税，申报所属期应使用202012，如果申报2019年任何月份的出口货物的退税，申报所属期应使用201912。

十八、外贸企业在进货明细录入时，录完发票代码或号码，点击回车刚录入的代码或号码就消失了，应该怎么解决？

答：进货明细录入时，发票代码与号码字段的录入只适用于使用外部导入增值税专用发票数据的情况，如果增值税发票数据是外部导入的，那么录入发票号码后点击回车，发票对应数据会自动在系统中带出；如果采用手工录入发票数据时，无须录入发票号码、代码字段，而是直接录入进货凭证号字段，即为10位发票代码+8位发票号码，随后再手工录入对应发票中的票面内容。

十九、外贸企业发现申报系统中自动计算的可退税额与增值税专用发票上的税额不一致，如何解决？

答：出口退税申报系统中，外贸企业免退税申报中的可退税额由申报系统根据增值税专用发票的计税金额×退税率自动计算，可退税额计算受四舍五入的影响，可能出现与增值税专用发票上的税额相差几分钱的情况，属于正常情况。由于申报系统中可退税额字段为自动计算、无法修改，想使可退税额与增值税专用发票上的税额一致时，可以人为调整退税申报明细数据中"计税金额"字段，但修改后的计税金额不能与增值税专用发票上的计税金额相差0.5%。

二十、出口明细录入时，"申报商品代码"没有自动带出来，需要录入吗？

答："申报商品代码"字段正常情况下不需要录入，只有申报的出口商品属于《财政部 国家税务总局关于以贵金属和宝石为主要原材料的货物出口退税政策的通知》（财税〔2014〕98号）附件所列范围内，才需要按照出口商品的主要原材料对应的商品代码录入"申报商品代码"字段；如果出口商品不是财税〔2014〕98号附件所列范围中的商品，却在"申报商品代码"字段中随意录入其他商品代码，申报自检会提示疑点"申报的商品代码（xxx）不是财税〔2014〕98号文中所列商品代码，不予受理"。

二十一、如何查询商品代码是否有效？

答：查询商品代码是否为有效商品代码，可以在申报系统中通过"系统维护→代码维护→海关商品码"，进入海关商品代码库，在商品代码库中点击"搜索"按钮，输入商品代码后点击查询，判断商品代码是否有效，需要参考三个条件：

1. 带有基本商品标识"＊"号；没有基本商品标识"＊"号，可直接判定为失效商品代码。

2. 出口日期必须是在商品代码"起始日期"和"截止日期"之间。

3. 不带有特殊商品标识，特殊商品标识"1"代表禁止出口或出口不退税，"2"代表免税。

二十二、退（免）税申报数据已经正式申报后又发现错误，想重新申报应该怎么操作？

答：在税务机关开具收入退还书前可以填报"企业撤回申报申请表"报送税务机关，税务机关审核通过后，将出口企业的申报的数据作废，出口企业再修改申报数据后重新申报，否则数据自检时会提示数据重复申报。

二十三、电子税务局在线版出口退税申报系统中，如何查询税务机关的审核进度？

答：登录电子税务局，选择"我要查询→出口退税信息查询"，在出口退税信息查询中选择"退税审核进度查询"，即可查看税务机关的审核进度。

二十四、生产企业读入税务机关反馈信息后去哪里查看已申报数据是否审核通过？

答：离线版申报系统读入反馈信息后，可通过"综合数据查询"模块查询已申报数据，以查询免抵退税申报查询为例，点击"综合数据查询→出口退（免）税申报数据查询→免抵退税申报→出口货物劳务免抵退税申报明细表"即可进入查询页面，在线版系统可通过"我要查询→出口退税信息查询→出口退税申报信息查询"点击对应的申报表，即可进入查询页面。税务机关已经审核通过的正式申报数据，审核标志为"R"，审核标志为"R"的数据不可撤销申报也不可修改。

二十五、读入报关单数据后，做数据检查时发现汇率填写错误了，应该如何修改汇率？

答：有两种解决方案：

第一种，在出口明细中直接进行修改。之前导入的报关单最终会匹配至出口明细，可以在出口明细中逐条手工修改。

如果数据量过多建议采用第二种方式，在出口明细中删除已经导入的报关单，然后在"退税申报向导第一步→外部数据采集→汇率配置管理"中更改出口日期的汇率，再重新进行"报关单数据检查"，系统会使用新的汇率重新计算数据后再匹配至出口明细中。

二十六、出口报关单上商品计量单位是"个"和"千克"，进货发票商品计量单位开具的是"个"，在申报系统中计量单位单位显示的是"千克"，这种情况应该如何录入？

答：只要出口货物报关单的商品计量单位与增值税发票商品计量单位能够对应一个，就可以申报退税。

案例一：报关单中有两个计量单位"个"与"千克"，分别显示是5个和10千克；进项发票有一张，计量单位是"个"，显示5个；而出口退税申报系统中带出来的计量单位是"千克"。

此种情况处理比较简单，因为报关单和发票的有一个计量单位相同，且数量相等，所以可以直接根据报关单计量单位"千克"对应的数量录入，在申报系统进货明细里面录入10千克。

案例二：报关单中的有两个计量单位"个"与"千克"，分别显示是5个和10千克；进项发票有两张，计量单位是"个"，第一张显示2个，第二张显示3个；出口退税申报系统中带出来的计量单位是"千克"。

这种情况在系统录入时，首先需要根据计量单位对应的数量进行换算，发票一"2个"应对应"10/5×2＝4千克"，发票二"3个"应对应"10/5×3＝6千克"，根据换算后的结果在申报系统进货明细里分别录入4千克和6千克。

二十七、在申报系统中录入免抵退申报汇总表时提示：该表单当前所属期数据已存在，同一所属期下只允许存在一条数据，如何解决？

答：出现该提示，说明相同所属期的汇总表已经存在了，只能通过修改数据的方式对数据进行修改，或者先将旧汇总表删除再重新填写。如果旧的汇总表在汇总表录入页面存在时，可以直接对旧汇总表进行修改；如果旧的汇总表在汇总表录入页面无法查询到，说明已经生成过申报数据，目前申报数据在已申报状态，不可直接修改，需先对退税申报数据进行撤销申报操作，撤销后进入汇总表录入页面，找到对应的汇总表进行修改。

二十八、生产企业免抵退汇总表，之前使用旧版申报系统时汇总表26栏没有抵减完，使用离线版申报系统或新版汇总表时，应如何计算？

答：出口企业在离线版申报系统上线前，使用的旧版（俗称"单机版"）出口退税申报系统，其免抵退汇总表（旧汇总表）与离线版申报系统的免抵退汇总表（新汇总表）差异较大。出口企业初次切换到离线版申报系统时，旧版出口退税申报系统汇总表如果26栏"结转下期免抵退税不得免征和抵扣税额抵减额"存在数值，会以负数形式迁移至离线版申报系统中的汇总表第8C栏处。

在离线版申报系统的新汇总表中，只有当（5A栏＋8A栏）大于0时，8C栏才会参与当期汇总表9A栏（免抵退税不得免征和抵扣税额合计）的计算：

若（5A＋8A＋8C）小于0，则9A＝0，8C栏未参与9A计算部分结转下期汇总表8C栏继续参与计算。

若（5A＋8A＋8C）大于等于0，则9A＝5A＋8A＋8C。

二十九、生产企业填写免抵退汇总表时，纳税表不得抵扣累加、期末留底税额应该如何填写？

答："纳税表不得抵扣累加"，填写大于上次已申报免抵汇总表所属期且小于等于当前所属期的若干期《增值税纳税申报表附列资料二》"免抵退税办法不得抵扣的进项税额"（第18栏）累加之和；

需要注意，累加不等于累计，比如免抵退税最后一次申报的所属期是202008，

202009、202010 两个所属期没有申报免抵退税，202011 所属期申报免抵退税时，"纳税表不得抵扣累加"应该填写 202009＋202010＋202011 的三张增值税纳税申报表附列资料二的第 18 栏数值的合计。如果企业免抵退申报是连续，不存在跨月申报的情况，"纳税表不得抵扣累加"填写的就是当期增值税纳税申报表附列资料二第 18 栏的数据。

"期末留底税额"为当期《增值税纳税申报表主表》的"期末留抵税额"（第 20 栏）。

三十、免抵退汇总表的当期应退税额是如何计算的？

答：当期期末留抵税额与免抵退税额合计做比较，两者较小者为当期应退税额。

当期免抵退税额合计＞当期增值税纳税申报表期末留抵税额，则当期应退税额等于"当期增值税纳税申报表期末留抵税额"，否则等于"当期免抵退税额合计"。

三十一、汇总表出现了免抵退税不得免征和抵扣税额合计与增值税纳税申报表差额（9C 栏），应该如何解决？

答："免抵退税不得免征抵扣税额合计与增值税纳税申报表差额" ＝ "当期免抵退税不得免征和抵扣税额合计" － "纳税表不得抵扣累加" ＋税务机关核准的最近一期本表的"免抵退税不得免征和抵扣税额合计与增值税纳税申报表差额"。其中，"纳税表不得抵扣累加"为：大于上次已申报免抵汇总表所属期且小于等于当前所属期的若干期《增值税纳税申报表附列资料二》"免抵退税办法不得抵扣的进项税额"（第 18 栏）累加之和。

如果此差额为负数，说明《增值税纳税申报附列资料二》"免抵退税办法不得抵扣的进项税额"（第 18 栏）多报，应做相应账务调整并在下期增值税纳税申报时对《增值税纳税申报附列资料二》"免抵退税办法不得抵扣的进项税额"（第 18 栏）进行调减；如果此差额为正数，说明《增值税纳税申报附列资料二》"免抵退税办法不得抵扣的进项税额"（第 18 栏）少报，应做相应账务调整并在下期增值税纳税申报时对《增值税纳税申报表附列资料二》"免抵退税办法不得抵扣的进项税额"（第 18 栏）进行调增。

三十二、打印申报表时提示当前没有可打印数据，是什么原因？

答：有三个原因会产生该问题。

第一个原因：打印的所属期与明细表中录入的所属期不一致。

第二个原因：离线版申报系统中需要先生成申报数据后才能打印报表，如果没有生成申报数据则无法打印报表。

第三个原因：在打印时报表选择错误，选择了非前期录入的表单。

三十三、撤销申报数据时提示：该所属期尚未申报无法撤销，如何解决？

答：第一要检查撤销数据时的所属期是否填写正确，如果确定不了撤销所属期，可以在对应业务向导最后一步的"申报数据查询"模块查看已申报数据的所属期，确认后再进行数据的撤销；第二要核对撤销数据时选择的撤销表单是否正确。

三十四、生产企业如何读入税务机关反馈信息？

答：离线版申报系统，选择"审核反馈接收→读入税务机关反馈信息"，选择事先获取的反馈信息文件进行读入即可;电子税务局在线版申报系统,无须手动下载反馈信息读入,由在线申报系统自动接收反馈数据。

三十五、外贸企业换汇成本是如何计算的?

答:换汇成本是评价企业盈利和亏损的重要指标,计算公式为:【∑计税金额+∑(计税金额×(征税率→退税率))→∑应退消费税】÷美元出口额(FOB)。

换汇成本简单理解就是用购进货物所需的总成本(人民币)除以出口销售收入(美元),换汇成本计算结果反映的是每出口一美金所需多少人民币的成本。计算出的换汇成本贴近现行汇率,说明该笔出口业务盈利正常、合理性较高;换汇成本超过现行汇率较多,说明该笔业务属于亏损状态,长期亏损的业务合理性值得怀疑;换汇成本低于现行汇率较多,说明该笔业务特别盈利,如果盈利不符合市场规则,出口价格的合理性值得怀疑。

第四节 生成出口退(免)税申报数据常见问题

一、在生成申报数据时提示:该所属期申报序号有重号,如何解决?

答:出现这个提示,是因为在明细表中录入的数据存在"序号"重复或错乱导致,需要对明细数据进行序号重排。打开明细数据采集界面,点击右上角"序号重排"按钮,"起始序号"填写"00000001",点击"确定",系统自动按照物理顺序排列序号,重排序号后重新生成申报数据即可。

二、在出口明细中录入了数据,但是生成申报数据时却提示,没有可申报数据不需要申报,如何解决?

答:首先检查生成申报数据时录入的所属期填写是否与明细表中录入的所属期一致,其次要核对是生成数据时表单是否选择正确。

三、生成数据时提示该路径不存在是否创建,如何解决?

答:出现此提示后直接确认即可,数据生成时会在指定路径中创建一个文件夹存放申报数据文件,申报系统初次在某个路径下生成数据时,则会提示创建路径。

四、为什么生成的申报数据双击打开是一堆乱码?

答:离线版申报系统生成的数据为加密数据,不可双击打开,生成后直接将申报数据用于申报即可,无须其他操作。

五、生产企业生成申报数据后发现数据错误,如何修改数据?

答:生成申报数据后发现错误,应先进行撤销申报的操作,撤销后返回数据录入页面进行修改数据。在离线版申报系统中,打开"退税申报向导第六步→免抵退税数据撤销"

模块，选择免抵退税申报，填写所属期后点击确认即可撤销，撤销后可以在数据录入界面对数据进行修改；在电子税务局在线版系统中，可以在"数据申报"模块勾选申报数据，点击"撤销已申报数据"，撤销后回到录入页面修改数据。

第五节　进料加工备案及核销常见问题

一、什么情况下需要进行进料加工手（账）册核销？

答：上年度已经在海关办理了核销的手（账）册（结案通知书上显示的"同意结案日期"在上年度1月1日–12月31日之间）才需要向税务机关办理进料加工业务核销。

二、进料加工手（账）册核销什么时候开始申报，不申报会有什么影响？

答：根据现行出口退（免）税政策规定，生产企业应于每年4月20日前办理手（账）册核销。如果企业核销申报的时间太早，可能会产生加贸反馈信息数据不全的情况，在核销申报时需要手工录入调整表的大量工作，所以建议在每年3月份前后办理手（账）册核销。4月20日前未进行核销申报的，对该企业的出口退（免）税业务，主管税务机关暂不办理，在其进行核销后再办理。

三、生产企业开始进料加工业务核销申报前，在哪里下载加贸反馈信息？

答：使用离线版申报系统，需要登录电子税务局，选择"出口退税管理→出口退（免）税申报→进料加工核销申请"，点击"离线申报"进入进料加工业务操作界面，选择"进料加工免抵退税核销反馈下载"，输入核销的所属年度，即可下载反馈信息。

使用电子税务局在线版申报系统下载反馈信息，在"出口退税管理"中选择"进料加工业务核销申请→在线申报"进入申报平台，在申报平台"加贸数据下载"模块即可下载反馈信息。

四、加贸反馈信息下载后是空的，如何解决？

答：加贸反馈信息需由海关传输至税务局。企业进料加工业务核销办理时间一般为每年的三月份或四月份，如果企业申请核销的时间太早，可能会因为海关还没有向税务局传输加贸数据，出现数据为空的情况。

如果出现加贸反馈信息为空的情况，企业在进料加工业务核销时，可以将手（账）册下的进出口数据全部录入至《已核销手册（账册）海关数据调整表》，然后进行核销申报；也可以和税务机关沟通，在获取的加贸反馈信息为空时直接以"空数据"为基础数据先申报核销申请表，在税务机关审核系统中暂时不做审核，先满足"按时申报核销"的要求，以免影响后期每月的免抵退税申报，待加贸反馈数据齐全后再作废原核销申请表数据，重新申报进料加工业务核销。

五、免抵退核销申报表中所属期应如何填写？

答：进料加工手（账）册核销业务，应在当月免抵退申报结束后进行办理，比如当月免抵退申报的所属期为"202003"，当月免抵退税申报完成后，可用"202003"所属期，继续办理进料加工手（账）册核销，核销完成后，进料加工核销应调额会参与202004所属期免抵退汇总表的计算。

六、为什么录入调整表后，核销申请表中的实际分配率没有变化？

答：免抵退核销调整表中的数据有更新，或重新读入了加贸反馈信息，导致实际分配率可能有变化时，需要在"免抵退核销申请表"中点击修改，然后选中"实际分配率"栏次，点击回车，刷新实际分配率及应调额数据，否则申报至税务机关会出现疑点"企业申报应调额（XXX）与审核系统中计算不符"。

七、录入核销申请后发现实际分配率、应调免抵退、应调不得免抵字段都是空白的，如何解决？

答：这个问题有两个原因导致。

第一个原因，是因为录入核销申请前没有读入加贸反馈数据。解决方法是可以读入加贸反馈数据后，进入核销申请表录入页面，点击"回车"键刷新数据，由系统重新计算应调额与分配率。

第二个原因，读入的加贸反馈数据为空，也没有手工录入调整表。解决方法是，当加贸反馈信息为空时，需要将实际进出口数据全部手工补录到调整表中，然后在核销申请表录入过程中点击回车刷新数据。

八、进料加工实际分配率是如何计算的？

答：实际分配率按海关联网监管加工贸易电子数据及企业调整情况由申报系统自动计算得出。实际分配率＝进口总值÷出口总值。

其中，进口总值、出口总值应为按实际进出口情况，根据海关监管方式计算调整后的金额：

进口总值＝（进口）进料加工（对口合同）【监管方式0615】+（进口）进料深加工结转货物【监管方式0654】+（进口）进料加工余料结转【监管方式0657】+（进口）进料加工料件退换【监管方式0700】+（进口）进料加工（非对口合同）【监管方式0715】+（进口）保税工厂【监管方式1215】-（出口）进料加工余料结转【监管方式0657】-（出口）进料加工复运出境的原进口料件【监管方式0664】-（出口）进料加工料件退换【监管方式0700】-（出口）进料加工项下边角料复出口【监管方式0864】-（出口）主动放弃交由海关处理的来料或进料加工料件【监管方式0200】-（进口）进料加工料件转内销【监管方式0644】-（进口）进料加工项下边角料转内销【监管方式0844】

出口总值＝（出口）进料加工（对口合同）【监管方式0615】+（出口）进料深加

工结转货物【监管方式0654】+（出口）进料加工（非对口合同）【监管方式0715】+（出口）保税工厂【监管方式1215】+（出口）进料成品退运【监管方式4600】-（进口）进料成品退运【监管方式4600】

九、为什么核销申报表中的已申报出口额为0？

答：已申报出口额字段，是根据加贸反馈信息自动带出的，无须手工填写也无法更改。由于反馈信息传输的问题，可能会导致"已申报出口额"为零或与实际出口额存在差异的情况，因为"已申报出口额"不参与实际的数据计算，所以无须纠结正确与否，忽略即可。

十、免抵退核销申报表中的核销起始日期与核销截止日期应如何填写？

答：在进料加工核销业务中，只有账册是按结案日期核销的，需要填写核销的起始、截止日期，手册的核销不需要填写日期。

核销起始日期：按申报核销账册的海关核销周期核销起始日期填写。

核销截止日期：按申报核销账册的海关核销周期核销截止日期填写。

十一、进料加工业务核销经税务机关核准后，去哪里查看最终的实际分配率？

答：进料加工业务核销完成后，企业可以读入核销当年的全年反馈数据，更新申报系统数据。

使用离线版申报系统，需通过电子税务局下载全年反馈，然后在离线版系统中通过"审核反馈接收"将数据读入系统，读入后在"进料加工向导第六步→进料加工业务免抵退核销表"中查询"实际分配率"及"应调额"。

使用电子税务局在线版申报系统，反馈信息由系统自动接收，查询核销记录可以通过"我要查询→出口退税信息查询→出口退税申报信息查询→免抵退核销申报"，查询最终的实际分配率及应调额。

十二、生产企业完成进料加工免抵退税核销业务后，应调额如何参与汇总表计算，对汇总表有什么影响？

答：应调额的计算公式如下：

应调整不得免抵税额＝∑申报核销手册或账册报核周期对应"已核准"的《免抵退税申报明细表》数据出口额（人民币）×计划分配率×（征税率－退税率）－∑申报核销手册或账册报核周期对应"已核准"的《免抵退税申报明细表》数据出口额（人民币）×本次申报核销的实际分配率×（征税率－退税率）

应调整免抵退税额＝∑申报核销手册或账册报核周期对应"已核准"的《免抵退税申报明细表》数据出口额（人民币）×计划分配率×退税率－∑申报核销手册或账册报核周期对应"已核准"的《免抵退税申报明细表》数据出口额（人民币）×本次申报核销的实际分配率×退税率；

"应调整免抵退税额"参与下期免抵退汇总表计算，体现在免抵退汇总表14栏（进料加工核销应调整免抵退税额），影响当期免抵退税额合计的计算："应调整免抵退税额"

533

为负数时，会使汇总表第 15 栏（免抵退税额合计）减小；为正数时，会使汇总表第 15 栏（免抵退税额合计）增加。免抵退税额的增减变化，可能导致当期应退税额增减。

"应调整不得免征和抵扣税额"参与下期免抵退汇总表计算，体现在汇总表第 8 栏（进料加工核销应调整不得免征和抵扣税额），影响当期免抵退税不得免征和抵扣税额合计的计算："应调整不得免征和抵扣税额"为负数时，会使汇总表第 9 栏（免抵退税不得免征抵扣税额合计）减小；为正数时，会使汇总表第 9 栏（免抵退税不得免抵扣税额合计）增加。不得免征和抵扣税额作为增值税纳税申报中的"免抵退税办法不得抵扣的进项税额"参与当期增值税纳税申报，其增减变化，影响当期增值税纳税申报中的进项税额转出额。

十三、怎么判断进料加工业务核销的应调额是否参与了汇总表的计算？

答：通过免抵退核销申报查询操作，查看是否有"调整所属期"的内容，如果显示调整所属期则说明核销的应调额已经参与了免抵退汇总表计算，调整所属期显示哪个月份说明参与哪个月份的汇总表计算。

进入免抵退核销申报查询的方法如下：

离线版申报系统，打开"进料申报向导第六步→进料加工数据查询→进料加工业务免抵退核销表"进行查询。

电子税务局在线版申报系统，登录电子税务局，选择"我要查询→出口退税信息查询→出口退税申报信息查询→选择免抵退核销申报查询"进行查询。

十四、应调免抵退税额是负数，参与到汇总表计算时会多退税吗？

答：不会多退税。因为"应调免抵退税额"体现在汇总表 14 栏（进料加工核销应调整免抵退税额），实际参与 15 栏（免抵退税额合计）的计算，"免抵退税额合计"直接影响"应退税额"的计算，免抵退税额合计是当期理论上最大额度的可退税额，"应调免抵退税额"为负数时会使"免抵退税额合计"减少，只可能减小了"应退税额"。

十五、三月份完成进料加业务核销，核销应调额在四月份免抵退税申报时已经参与免抵退汇总表计算，六月份免抵退税申报时又提示参与汇总表计算，如何解决？

答：此问题可以重新读入核销年度的反馈信息解决。若 2019 年进料加工核销后的"应调额"反复参与计算，则需重新读入 2019 全年的反馈信息；若 2020 年进料加工核销后的"应调额"反复参与计算，则需重新读入 2020 年全年反馈信息。读入全年反馈信息后，撤销免抵退申报数据，删除汇总表，重新生成汇总表及申报数据即可解决问题。

十六、进料加工业务核销完成后去哪下载核销的最终反馈信息？

答：登录电子税务局，在电子税务局中选择"我要办税→出口退税管理→免抵退申报"，点击后方的"离线申报"进入免抵退税操作界面，在免抵退审核结果下载页面，选择下载反馈的类型按年下载，输入核销的年度，即可下载反馈信息。

第六节　出口退（免）税证明及其他申报常见问题

一、出口的货物发生退运，如何开具退运证明？

答：使用离线版申报系统，打开"证明申报向导下第二步→证明申报数据录入"，填写"出口货物已补税/未退税证明"，填写完成后，在"退税申报向导第三步"生成申报数据，"退税申报向导第四步"打印申报报表，然后通过电子税务局"证明开具→开具出口退（免）税证明"模块进行"出口货物已补税/未退税证明"的申报。

使用电子税务局在线版申报系统，在"我要办税→证明申报→开具出口退（免）税证明"模块中选择"出口货物已补税/未退税证明开具"，进行数据的填写与申报。

二、出口货物已补税（未退税）证明中的业务处理方式，如何选择？

答：如果"退（免）税状态"选择了"未申请退免税"，业务处理方式不需要填写；如果"退（免）税状态"选择了"已申请退（免）税"，生产企业业务处理方式应选择"补税"，然后在开具《出口货物已补税（未退税）证明》的次月免抵退申报中，全额冲减前期已经申报退税的数据。

三、出口退（免）税证明录入完毕后，打印时提示当前没有可打印数据，如何解决？

答：首先，需要检查打印证明时选择的所属期是否与证明中一致；其次，检查证明表单是否已经生成申报数据，出口退税申报系统要求先生成申报数据后才可打印相应的申报报表。

四、我公司委托其他公司出口后，我公司需要开具委托出口货物证明吗？

答：如果委托出口的是适用出口退（免）税的货物，委托方不需要开具委托出口货物证明，只有委托出口的是取消出口退税率的货物时，委托方才需开具《委托出口货物证明》并转交受托方。

第十九章

出口退（免）税申报数据自检常见问题速查

一、数据自检时提示网报服务系统错误，如何解决？

答：首先检查申报系统版本是否为最新版本，不是最新版本的申报系统，可以先升级申报系统，再重新生成申报数据，再进行自检；若申报系统版本已是最新版本的，可以卸载申报系统后重新安装，再重新生成数据进行数据自检。

二、数据自检时，点击上传，选择文件按钮没有反应，如何解决？

答：这是因为浏览器不稳定导致，可以更换浏览器后再次进行操作，建议使用 IE11、搜狗、360 浏览器。

三、数据自检时提示企业申报的系统版本（xxx）与 CKTS（xxx）版本不符，如何解决？

答：出现此提示，说明企业申报时使用的申报系统版本与审核系统记录的应使用申报系统版本不一致。

如果使用离线版申报系统，可以进入申报系统后，查看右下角的升级信息，是否存在升级提示，如不是最新版可以升级申报系统后，重新进行数据自检。

如果使用电子税务局在线版申报系统，需要等待税务机关对系统服务器进行升级，升级后再进行申报。

四、数据自检后，一直显示排位，状态也没有变化，如何解决？

答：上传申报数据开始数据自检后，系统不会自动更新状态，需要点击操作项下的"刷新"按钮，才可以刷新显示出申报数据的自检结果状态。

五、数据自检的疑点是否可以打印？

答：可以打印，若使用的是离线版申报系统，需要在电子税务局退（免）税数据自检页面下载反馈信息，然后通过离线版申报系统的"审核反馈接收→读入税务机关反馈信息"进行反馈的读入，读入系统后，在"审核反馈接收→退免税疑点信息"中可以查看对应的疑点并进行打印。

使用电子税务局在线版申报系统的，可以在"退税申报→自检情况"，点击对应的疑点数字，在疑点信息列表中进行数据的打印。

六、数据自检时提示海关数据中无此报关单号，如何解决？

答：产生此问题有两种原因。

第一种原因是报关单号录入错误，申报系统中报关单号录入规则要求录入18位海关编号＋0＋两位项号，项号录入错误会导致自检时出现该疑点；

第二种原因是税务局还没有接收到相应的报关单电子信息。货物报关出口后，报关单电子信息传递至税务局系统需要经历数据传输过程，如果确认报关单号码没有录错的情况仍提示海关数据中无此报关单号，则为电子信息传输滞后导致，企业可以耐心等待；如果报关单电子信息超过三个月仍然没有信息，企业可以报送出口信息查询申请表，由税务机关协助处理此疑点。

七、生产企业申报时提示该企业免抵退流程已启动，不能重复受理，如何解决？

答：此提示说明企业上次申报的数据税务机关还没有审核完成，税务信息系统中的审核流程尚未结束，所以新的申报数据无法受理。若此问题长时间仍然存在，可能是税务机关因特殊原因导致审核时间较长，也可能是税务信息系统存在问题导致，企业可以与税务机关沟通，了解具体情况。

八、外贸企业申报数据自检时，提示发票信息在总局下发的电子信息中不存在，如何解决？

答：首先，企业需要核对增值税专用发票号码与代码是否录入正确，如果发票号码、代码无误仍然存在该提示信息，是因为税务机关内部传递的增值税专用发票信息滞后导致，企业可以耐心等待，超过三个月仍然没有发票信息的，企业可以通过报送出口信息查询申请，由税务机关协助处理此问题。

九、数据自检时提示美元离岸价（xxx）超过海关150%，企业需提供《出口货物离岸价差异原因说明表》，是什么原因？

答：这是因为申报明细中的美元离岸价超过了出口报关单中实际的美元离岸价，有三种原因：第一种原因是因为申报明细中的美元离岸价填写时没有扣除运保费，申报退税时，需要扣除运保费填写FOB价格；第二种原因是报关单号填写错误，没有严格按照18位海关编号＋0＋两位项号的规则录入，导致数据自检审核比对错误；第三种原因是申报系统中的美元汇率设置错误，应检查系统中"美元汇率"填写是否正确，是否按100外币兑人民币汇率进行填写。

十、数据自检时提示美元汇率无相关配置信息，请联系管理员更新汇率，如何解决？

答：此提示说明税务机关审核系统中没有更新美元币制的汇率，可以联系所属税务机关工作人员在审核系统中对美元汇率进行配置，解决此问题。

十一、数据自检时提示申报出口日期（xxx）与海关数据中的（xxx）不等，是什么原因？

答：出现此疑点，说明出口明细表中的"出口日期"与实际出口报关单中的"出口日期"不一致。可以核实准确的出口报关单上出口日期后,修改申报数据重新申报。准确的出口日期可以在电子税务局中进行查询,登录电子税务局后,选择"我要查询→出口退税信息查询→报关单信息查询",输入21位出口报关单号码,点击查询后即可在查询到的报关单信息中获取准确的出口日期。

十二、数据自检时提示企业申报商品码版本(xxx)与审核版本(xxx)不符,请使用相同版本系统办理业务,如何解决?

答:出现此问题,是因为企业使用的申报系统中商品代码库没有升级导致,更新申报系统商品代码库版本后即可解决。

升级商品代码库的方法有两种,第一种是在线更新,在离线版申报系统右下角会显示升级信息,系统检测到商品代码库不是最新版本时会显示"一键升级"按钮,点击一键升级后即可更新商品代码库;第二种是进行手动更新,下载最新商品代码库,然后在离线版申报系统中通过"系统维护→代码维护→一键升级商品码"读入下载的商品代码库文件。更新商品代码库后,需要撤销申报再重新生成申报数据,再次进行申报即可解决该问题。

十三、数据自检提示总局代理证明数据中无此代理出口货物证明,如何解决?

答:出现此提示有两种原因。

第一种原因是申报数据中的代理证明号码录入错误。申报系统中代理证明号录入规则要求录入20位,即18位代理证明号码+2位项号,如果不录项号或项号填写错误会引发该疑点。

第二种原因是申报退税的时间距代理证明开具时间较短,相关电子信息还没有传输到退税企业所属税务机关。此种情况企业可以耐心等待,如果出现代理证明开具后超过三个月税务机关仍然没有信息,企业可以通过提交出口信息查询申请,由税务机关协助处理此疑点。

十四、进料加工业务核销后,在申报免抵退税数据自检时,提示汇总表中应调免抵退税额(0)与核销流程计算的应调免抵退税额(xxx)不一致,是什么原因?

答:出现此提示,说明进料加工业务核销的应调额没有参与免抵退汇总表的计算。进料加工业务核销产生的"应调整不得免征和抵扣税额"与"应调整免抵退税额"应该在核销的次月参与免抵退汇总表的计算,没有参与计算的原因,是因为企业在填写免抵退汇总表时没有提前下载税务机关最终的进料加工业务核销反馈信息。

解决方法,通过电子税务局下载反馈信息,下载反馈时需要下载核销年度的反馈,比如进料加工核销是在2020年申报的,下载反馈信息时需要下载2020年的反馈信息。反馈信息读入申报系统后,重新生成免抵退汇总表,再次申报即可。

十五、进料加工业务核销后,在申报免抵退税数据自检时,提示汇总表中应调免抵退税额(xxx)与核销流程计算的应调免抵退税额(0)不一致,是什么原因?

答:出现此提示,说明进料加工业务核销后的"应调额"反复参与了免抵退汇总表的计算。可以通过读入反馈信息解决问题,在电子税务局下载核销年度的反馈信息,比如进料加工核销是在 2020 年申报的,下载反馈信息时需要下载 2020 年的反馈信息,读入申报系统后,重新生成免抵退汇总表,再次申报即可。

|附录1|
主要参考政策及表证单书

一、政策文件查询

使用手机微信扫描二维码,查看本书所依据的主要出口退(免)税政策原文及注释。

1.《财政部 国家税务总局关于出口货物劳务增值税和消费税政策的通知》(财税〔2012〕39号)

2.《国家税务总局关于发布〈出口货物劳务增值税和消费税管理办法〉的公告》(国家税务总局公告2012年第24号)

3.《国家税务总局关于〈出口货物劳务增值税和消费税管理办法〉有关问题的公告》(国家税务总局公告2013年第12号)

4.《国家税务总局关于出口企业申报出口货物退(免)税提供收汇资料有关问题的公告》(国家税务总局公告2013年第30号)

5.《国家税务总局关于调整出口退(免)税申报办法的公告》(国家税务总局公告2013年第61号)

6.《国家税务总局关于出口货物劳务增值税和消费税有关问题的公告》(国家税务总局公告2013年第65号)

7.《财政部 国家税务总局关于防范税收风险若干增值税政策的通知》(财税〔2013〕112号)

8.《国家税务总局关于发布〈适用增值税零税率应税服务退(免)税管理办法〉的公告》(国家税务总局公告2014年第11号)

9. 《财政部 国家税务总局关于以贵金属和宝石为主要原材料的货物出口退税政策的通知》（财税〔2014〕98 号）

10. 《国家税务总局关于出口企业申报出口退（免）税免予提供纸质出口货物报关单的公告》（国家税务总局公告 2015 年第 26 号）

11. 《国家税务总局关于出口退（免）税有关问题的公告》（国家税务总局公告 2015 年第 29 号）

12. 《国家税务总局关于部分税务行政审批事项取消后有关管理问题的公告》（国家税务总局公告 2015 年第 56 号）

13. 《国家税务总局关于〈适用增值税零税率应税服务退（免）税管理办法〉的补充公告》（国家税务总局公告 2015 年第 88 号）

14. 《国家税务总局关于发布〈市场采购贸易方式出口货物免税管理办法（试行）〉的公告》（国家税务总局公告 2015 年第 89 号）

15. 《国家税务总局关于进一步加强出口退（免）税事中事后管理有关问题的公告》（国家税务总局公告 2016 年第 1 号）

16. 《财政部 国家税务总局关于全面推开营业税改征增值税试点的通知》（财税〔2016〕36 号）

17. 《国家税务总局关于发布〈营业税改征增值税跨境应税行为增值税免税管理办法（试行）〉的公告》（国家税务总局公告 2016 年第 29 号）

18. 《国家税务总局关于发布修订后的〈出口退（免）税企业分类管理办法〉的公告》（国家税务总局公告 2016 年第 46 号）

19. 《国家税务总局关于调整完善外贸综合服务企业办理出口货物退（免）税有关事项的公告》（国家税务总局公告 2017 年第 35 号）

20. 《国家税务总局关于出口退（免）税申报有关问题的公告》（国家税务总局公告 2018 年第 16 号）

21. 《国家税务总局关于统一小规模纳税人标准有关出口退（免）税问题的公告》（国家税务总局公告 2018 年第 20 号）

22. 《财政部 税务总局 海关总署关于深化增值税改革有关政策的公告》（财政部税务总局海关总署公告 2019 年第 39 号）

23. 《国家税务总局关于增值税发票综合服务平台等事项的公告》（国家税务总局公告 2020 年第 1 号）

24. 《财政部税务总局关于明确国有农用地出租等增值税政策的公告》（财政部税务总局公告 2020 年第 2 号）

25. 《国家税务总局关于支持个体工商户复工复业等税收征收管理事项的公告》（国家税务总局公告 2020 年第 5 号）

26.《国家税务总局关于在广东省和大连市开展出口退税管理新系统试点工作的通知》(税总函〔2020〕172号)

二、表证单书下载

使用手机微信扫二维码，百度网盘提取码：CKTS，下载出口退（免）税常用表证单书。

|附录2|
在线学习课程及辅导交流群使用方法

一、在线学习课程使用方法

本书配套提供在线视频课程的学习，在线视频课程根据出口退（免）税政策及软件变化和常见问题的积累，定期进行更新。

使用手机微信扫描二维码，免费绑定与本书配套的"出口退（免）税常见业务申报实务"系列课程，使用手机和电脑均可观看视频课程。

二、辅导交流群使用方法

购买本书即获得"退税精英申报实务学习"交流群会员资格。加入辅导交流群，可以对本书学习和日常工作中的出口退税问题进行交流，本书部分编委会成员和经验丰富的业务专家长期在学习交流群中为读者解答问题和提供辅导，交流群定期发布最新政策、软件升级操作及常见问题汇总。

使用手机微信扫描二维码，关注公众号，回复"读者入群"，获取辅导交流群群号即可加入。

三、其他

如果在阅读本书、学习在线课程和加入辅导交流群方面有其他问题,可以扫描二维码与客服联系,或拨打 4000962166 客服电话进行咨询。

附录 3
出口退（免）税常见问题速查索引

第十七章 出口退（免）税政策常见问题速查 435
第一节 出口退（免）税综合性政策常见问题 435
一、如何确认出口企业出口货物的增值税退税率？ 435
二、出口消费税应税消费品的政策是如何规定的？ 436
三、纳税人出口应税消费品是否需要缴纳消费税？ 436
四、减免增值税而发生退税是否同时退还已征的教育费附加？ 436
五、出口企业委托加工修理修配货物如何确定退税率？ 436
六、某企业为增值税一般纳税人，从事集成电路设计，其出口的适用增值税退（免）税政策的货物，实行哪种退（免）税办法？ 436
七、出口进项税额未计算抵扣的已使用过的设备，增值税退（免）税的计税依据如何计算？ 437
八、出口企业和其他单位出口的哪些货物应执行原材料的增值税、消费税政策？ 437
九、适用增值税免税政策的出口货物劳务，出口企业或其他单位放弃免税的，应如何处理？ 438
十、企业或其他单位放弃全部适用退（免）税政策出口货物劳务的退（免）税的，应如何办理？ 438
十一、某企业出口的已使用过的设备，购进时未取得增值税专用发票但其他单证齐全，适用增值税免税政策吗？ 439
十二、出口企业或其他单位出口的适用增值税退（免）税政策的货物劳务服务，价格明显偏高且无正当理由的应如何处理？如何确定货物劳务服务价格是否偏高？ 439
十三、某公司在国外开设维修工厂进行的加工修理修配业务适用退（免）税政策吗？ 439
十四、免税品经营企业销售的货物增值税退（免）税的计税依据是如何确定的？ 440

十五、出口企业或其他单位视同出口货物的范围包括哪些? ································· 440

十六、输入特殊区域的水电气的增值税退(免)税的计税依据是如何确定的?
·· 441

十七、适用增值税免税政策的出口货物劳务,其进项税额应当如何处理? ········ 441

十八、适用增值税征税政策的出口货物劳务包括哪些? ······················· 442

十九、一般纳税人生产企业出口适用增值税征税政策的货物劳务,其应纳增值税是如何计算的? ··· 443

二十、零税率应税服务提供者办理出口退(免)税备案前提供的零税率应税服务是否可以申报退(免)税? ·· 444

二十一、境外投资的货物能否适用增值税退(免)税政策? ···················· 444

二十二、零税率应税服务增值税退(免)税额应如何计算? ···················· 444

二十三、零税率应税服务增值税退(免)税的计税依据是什么? ················ 445

二十四、出口企业或其他单位销售给国际运输企业用于国际运输工具上的货物包括哪些? ··· 445

二十五、什么是海关保税进口料件? ·· 446

二十六、什么是海关特殊区域? ·· 446

二十七、享受入仓退税政策的出口监管仓库,应具备哪些条件? ················ 446

二十八、如何理解国家税务总局公告2013年第12号中所述的"出口货物报关单上的出口日期早于申报退税匹配的进货凭证上所列货物的发货时间"?"申报退税匹配的进货凭证"指的是什么?"发货时间"应如何理解? ················ 446

二十九、中标机电产品、出口企业销售给特殊区域内生产企业的列名原材料、输入特殊区域的水电气的退税率是如何规定的? ······································· 447

三十、生产企业出口的中标机电产品,属于从非生产企业购进的,能否申请退税?
·· 447

三十一、如何计算免税出口卷烟转入成本的不得抵扣的进项税额? ·············· 447

三十二、卷烟出口企业免税核销需要提供哪些资料? ························· 448

三十三、中标机电产品具体范围是什么? ······································ 448

三十四、中标机电产品的增值税退(免)税的计税依据是如何确定的? ·········· 448

三十五、出口企业未在规定期限内收汇的出口货物适用增值税免税政策的,出口企业前期已申报退(免)税的,应如何处理? ··· 449

三十六、增值税纳税人发生虚开增值税专用发票或者其他增值税扣税凭证、骗取国家出口退税款行为,被税务机关行政处罚或审判机关刑事处罚的,能否享受增值税即征即退或者先征后退优惠政策? ·· 449

三十七、有增值税违法行为的企业或税务机关重点监管企业，出口或销售给出口企业出口的货物劳务服务，在出口环节退（免）税或销售环节征税时，应如何进行管理？ ………………………………………………………………………… 450

三十八、出口企业或其他单位法定代表人为限制民事行为能力人的，其出口适用增值税退（免）税政策的货物劳务服务，适用何种增值税政策？ ……………… 450

三十九、纳税人取得虚开的增值税专用发票，能否作为抵扣凭证抵扣进项税额？
………………………………………………………………………………………… 450

四十、我公司是一家集团公司，如果我公司集团总部收购子公司所生产的产品出口，是否能够按照视同自产适用增值税退（免）税政策？ …………………… 451

四十一、我公司是免税品经营企业，请问我们销售的货物增值税退（免）税的计税依据是如何确定的？ …………………………………………………………… 451

四十二、被停止出口退税权的纳税人在停止出口退税权期间，如果变更《税务登记证》纳税人名称或法定代表人担任新成立企业的法定代表人的企业，其出口货物劳务及服务适用何种税收政策？ ………………………………………… 451

四十三、我公司是外贸综合服务企业，为一家生产企业代办退税，请问外贸综合服务企业应履行代办退税内部风险管控职责有哪些？ ……………………… 452

四十四、我公司是一家出口企业，请问我公司进出口产品是否需要征收城市维护建设税？ ……………………………………………………………………………… 452

四十五、我公司是一家卷烟出口企业，请问从哪些海关出口免税卷烟可以享受免税政策？ ………………………………………………………………………… 453

四十六、我公司是一家生产企业，如果想找外贸综合服务企业代办退税，需要满足什么条件？ …………………………………………………………………… 453

四十七、我公司为新办出口企业，出口退（免）税分类管理类别为三类，我公司是否能够享受启运港退税，如果不能，需满足什么条件？ ………………… 454

四十八、应交税费科目如何进行会计核算？ ………………………………………… 454

四十九、应交增值税如何进行会计核算？ …………………………………………… 455

五十、应交消费税如何进行会计核算？ ……………………………………………… 458

第二节 外贸企业出口退（免）税政策常见问题 ……………………………………… 460

一、外贸企业出口货物增值税退（免）税计税依据是什么？ ……………………… 460

二、如何计算外贸企业出口委托加工修理修配货物退（免）税？ ………………… 460

三、某外贸企业购进货物的供货纳税人A办理税务登记2年内被税务机关认定为非正常户，且该外贸企业使用A开具的增值税专用发票连续12个月内申报退税额占该期间全部申报退税额30%以上，应如何处理？ ……………………………… 461

四、外贸企业出口消费税应税货物，应退消费税如何计算？ ……………………… 461

五、外贸企业出口货物劳务适用增值税征税政策的，应如何计算销项税额？ …… 462

六、从事来料加工委托加工业务的外贸企业，应如何办理《来料加工免税证明》？
………………………………………………………………………………………… 462

七、从事来料加工委托加工业务的外贸企业，应如何办理来料加工出口货物免税核销手续？ ………………………………………………………………………………… 462

八、某外贸企业出口货物一批，报关单上计量单位是"个""件"，增值税专用发票上计量单位是"千克"，能否申报退（免）税？ ………………………………… 463

九、某外贸企业前期出口货物一批，出口货物报关单申报日期为2020年11月10日，出口日期为2020年11月12日，海关于2020年11月11日对海关商品代码进行调整，导致出口货物报关单上的商品代码与调整后的商品代码不一致，可以申报出口退税吗？应如何处理？ ……………………………………………………… 464

第三节 生产企业出口退（免）税政策常见问题……………………………………… 464

一、生产企业出口货物退（免）税方法是如何规定的？ …………………………… 464

二、生产企业以一般贸易方式出口货物劳务增值税退（免）税的计税依据是什么？
………………………………………………………………………………………… 464

三、生产企业以进料加工方式出口货物劳务增值税退（免）税的计税依据是如何规定的？ ……………………………………………………………………………… 465

四、"免抵退税办法"中免税购进原材料的价格是如何构成的？ ………………… 465

五、从事进料加工业务的生产企业，应如何确定进料加工计划分配率？ ……… 465

六、从事进料加工业务的生产企业，应如何进行年度进料加工业务的核销？ …… 466

七、生产企业国内购进免税原材料加工后出口货物的计税依据是如何确定的？
………………………………………………………………………………………… 467

八、生产企业进料加工保税进口料件的组成计税价格是如何计算的？ ………… 467

九、生产企业出口适用增值税征税政策的货物耗用的进料加工保税进口件金额是如何确定的？ ……………………………………………………………………… 467

十、生产企业既有增值税免抵退项目，也有增值税即征即退、先征后退项目的，其增值税退（免）税政策是如何规定的？进项税额如何确定？ ………………… 468

十一、生产企业实行免抵退税办法，免抵的增值税额是否作为计征城建税和教育费附加的依据？ …………………………………………………………………… 469

十二、列名生产企业出口非自产货物的退（免）税政策是如何规定的？ ……… 469

十三、符合哪些条件的生产企业可以依照已签订出口合同的交通运输工具和机器设备办理出口免抵退税申报、核销？ ……………………………………………… 469

十四、生产企业购进货物的供货纳税人有哪些情形的，该生产企业原适用增值税退（免）税政策的货物劳务服务改为适用增值税免税政策？ ……………… 470

十五、生产企业向海上石油天然气开采企业销售的自产的海洋工程结构物增值税退（免）税的计税依据是如何确定的？⋯⋯⋯⋯⋯⋯⋯⋯⋯⋯⋯⋯⋯⋯⋯ 470

十六、我公司是一家生产企业，主要生产劳保手套，纳税信用等级为B级，持续经营一年以来从未发生骗取出口退税等违法行为，如果我公司向其他公司购进一批服装以一般贸易方式出口，是否能够按照视同自产适用增值税退（免）税政策？⋯⋯⋯⋯⋯⋯⋯⋯⋯⋯⋯⋯⋯⋯⋯⋯⋯⋯⋯⋯⋯⋯⋯⋯⋯⋯⋯⋯⋯⋯ 471

十七、我公司是一家生产企业，主要生产劳保手套，纳税信用等级为B级，持续经营一年以来从未发生骗取出口退税等违法行为，如果我公司委托其他公司加工一批手套并出口，原材料由受托方提供，我公司是否能够按照视同自产适用增值税退（免）税政策？⋯⋯⋯⋯⋯⋯⋯⋯⋯⋯⋯⋯⋯⋯⋯⋯⋯⋯⋯⋯⋯⋯⋯⋯⋯⋯⋯ 472

第四节 出口退（免）税备案常见问题⋯⋯⋯⋯⋯⋯⋯⋯⋯⋯⋯⋯⋯⋯⋯⋯ 473

一、出口企业或其他单位需变更退（免）税办法的，应如何办理？⋯⋯⋯⋯⋯ 473

二、需要注销税务登记或者出口退（免）税备案的出口企业和其他单位，应注意哪些事项？⋯⋯⋯⋯⋯⋯⋯⋯⋯⋯⋯⋯⋯⋯⋯⋯⋯⋯⋯⋯⋯⋯⋯⋯⋯⋯⋯⋯⋯ 474

三、零税率应税服务提供者应于何时办理出口退（免）税备案？办理备案应提供哪些资料？⋯⋯⋯⋯⋯⋯⋯⋯⋯⋯⋯⋯⋯⋯⋯⋯⋯⋯⋯⋯⋯⋯⋯⋯⋯⋯⋯⋯ 474

四、我公司是一家集团公司，视同自产符合增值税退（免）税政策规定，我们集团公司总部在申报退（免）税备案时应提供哪些资料？⋯⋯⋯⋯⋯⋯⋯⋯ 475

五、购买国产设备退税的研发机构，如何办理退税备案手续？⋯⋯⋯⋯⋯⋯⋯ 476

六、某外贸企业因跨区迁移，主管税务机关发生变化，应何时办理出口退（免）税备案变更？⋯⋯⋯⋯⋯⋯⋯⋯⋯⋯⋯⋯⋯⋯⋯⋯⋯⋯⋯⋯⋯⋯⋯⋯⋯ 476

七、某公司声明放弃已申报但尚未办理的出口退（免）税并按规定申报免税，可以办理撤回出口退（免）税备案吗？⋯⋯⋯⋯⋯⋯⋯⋯⋯⋯⋯⋯⋯⋯⋯⋯⋯ 477

第五节 出口退（免）税申报常见问题⋯⋯⋯⋯⋯⋯⋯⋯⋯⋯⋯⋯⋯⋯⋯⋯ 477

一、我公司是一家出口企业，在出口退（免）税申报时，请问税务机关对于出口企业和其他单位提供的复印件资料有哪些要求？⋯⋯⋯⋯⋯⋯⋯⋯⋯⋯ 477

二、我公司是一家生产企业，请问出口货物办理免抵退税申报程序和申报期限是如何规定的？⋯⋯⋯⋯⋯⋯⋯⋯⋯⋯⋯⋯⋯⋯⋯⋯⋯⋯⋯⋯⋯⋯⋯⋯⋯⋯ 478

三、我公司是一家新办出口企业，主要加工出口服装，适用免抵退办法，请问在办理出口货物免抵退税申报时，应提供哪些凭证资料？⋯⋯⋯⋯⋯⋯⋯⋯ 478

四、我公司是一家新办出口企业，主要批发出口机械设备，适用免退税办法，请问在办理出口货物免退税申报时，应提供哪些凭证资料？⋯⋯⋯⋯⋯⋯⋯ 479

五、从事进料加工业务的生产企业，应如何进行进料加工出口货物的免抵退税申报？⋯⋯⋯⋯⋯⋯⋯⋯⋯⋯⋯⋯⋯⋯⋯⋯⋯⋯⋯⋯⋯⋯⋯⋯⋯⋯⋯⋯⋯⋯ 480

549

六、生产企业视同自产货物申报退（免）税时应如何填写申报表？ ………… 482

七、生产企业对前期申报错误的免抵退税数据应如何调整？ ……………… 482

八、生产企业出口货物发生退运的免抵退税数据应如何调整？ …………… 482

九、某生产企业申报免抵退税时，报送的《生产企业出口货物免、抵、退税申报明细表》中的离岸价与相应出口货物报关单上的离岸价不一致，应如何处理？ ………………………………………………………………………… 482

十、生产企业购进不计提进项税额的国内免税原材料用于加工出口货物的，应如何向主管税务机关办理申报手续？ ……………………………… 483

十一、符合条件的生产企业如何办理已签订出口合同的交通运输工具和机器设备的免抵退税申报与核销？ …………………………………………… 483

十二、我公司是一家商贸企业，未做出口退（免）税备案，请问我公司委托出口的货物劳务办理出口免税的期限是如何规定的？ ………………… 484

十三、适用增值税征税政策的出口货物劳务，出口企业或其他单位应如何申报缴纳增值税？ …………………………………………………………… 484

十四、我公司是一家生产企业，提供零税率应税服务办理增值税退（免）税申报时应提供哪些凭证资料？ ……………………………………………… 484

十五、我公司是一家外贸企业，提供零税率应税服务办理增值税退（免）税申报时应提供哪些凭证资料？ ……………………………………………… 486

十六、我公司主要从事对进境复出口货物或从事国际运输的运输工具进行的加工修理修配，请问申报退（免）税时须提供哪些补充资料？ ………… 487

十七、出口企业和其他单位销售给外轮、远洋国轮的货物，申报退（免）税时，应当提供哪些资料？ ……………………………………………………… 487

十八、出口企业和其他单位生产并销售给国内和国外航空公司国际航班的航空食品申报退（免）税时，应当提供哪些资料？ ……………………… 488

十九、主管税务机关在接受零税率应税服务提供者退（免）税申报后，会对哪些内容进行人工审核？ ……………………………………………………… 488

二十、出口企业和其他单位销售给海上石油天然气开采企业的自产的海洋工程结构物申报退（免）税时，应当提供哪些资料？ …………………… 489

二十一、购买输入特殊区域的水电气的生产企业，向主管税务机关申报退税的期限是如何规定的？需要提供哪些资料？ …………………………… 490

二十二、我公司是特殊监管区域内的生产企业，如果我公司将从区外企业购进的水电气，用于出租、出让厂房的，能否申报办理退税？如果不能，进项税额如何处理？ ……………………………………………………………… 490

二十三、出口企业销售给境外单位、个人并通过保税区内仓储企业报关离境的货物，区外企业如何申报办理申报退（免）税？ ………………………… 490

二十四、我公司是一家运输企业，在退税申报期内，需要什么资料办理船舶退税手续？ ……………………………………………………………………… 491

二十五、什么是对外承包工程？出口企业和其他单位用于对外承包工程项目的出口货物申报退（免）税时，应当提供哪些资料？ ……………… 491

二十六、我公司是一家生产企业，为响应国家"走出去"号召，在泰国成立了一家公司F公司，我公司对该境外F公司投资了一批资产，请问我公司用于境外投资的出口货物申报退（免）税时，应当提供哪些资料？ ……………………… 492

二十七、出口企业和其他单位对外援助的出口货物申报退（免）税时，应当提供哪些资料？ ……………………………………………………………… 492

二十八、我公司为符合启运港退税政策条件的出口企业，我公司有一批货物从启运地口岸启运报关出口，由符合条件的运输企业承运，从水路转关直航或经停指定口岸，自离境地口岸离境，请问启运港退税主要流程是什么？ ……… 492

二十九、我公司有一批货物入仓已签发退税出口专用报关单，但是部分货物发生退运，请问我公司该如何办理相关手续？ …………………………… 493

三十、某企业出口销售的中标机电产品，在申报退（免）税时，应当提供哪些资料？ ……………………………………………………………………… 493

三十一、卷烟出口企业应何时办理出口卷烟的免税核销手续？ ………… 494

三十二、出口企业和其他单位向海关报关运入海关监管仓库供海关隔离区内免税店销售的货物申报退（免）税时，应当提供哪些资料？ ………………… 494

三十三、我公司是小规模纳税人，出口货物劳务适用增值税征税政策的，请问应纳税款如何申报计算？ ……………………………………………… 495

三十四、我公司是小规模纳税人，出口货物后是否需要留存免税资料，如果需要，留存企业备查的资料有哪些？ ………………………………………… 495

三十五、我公司是一家出口企业，在报关出口时，由于海关调整商品代码，导致出口报关单上的商品代码与调整后的商品代码不一致，该如何申报出口退（免）税？ ……………………………………………………………………… 495

三十六、某出口企业出口货物适用不同退税率，未分开报关，适用何种退税率？ ……………………………………………………………………… 496

三十七、出口企业将不得申报退（免）税的出口业务申报办理出口货物退（免）税，税务机关应如何处理？ ………………………………………… 496

三十八、我公司是一家出口企业，由于财务人员失误，丢失了增值税专用发票抵扣联，请问是否可以继续申报出口退（免）税，该如何办理？ ……… 497

三十九、经税务机关审核发现疑点的，出口企业或其他单位哪些情况下应向主管税务机关填报自查表？供货企业哪些情况下应填报自查表？ ……… 498

第六节 出口退（免）税证明管理常见问题 ……………………………………… 499

一、我公司为委托方代理进口了一批货物，请问该如何办理《代理进口货物证明》，需要哪些资料？ ……………………………………………………… 499

二、出口企业申请办理《代理出口货物证明》的时限是如何规定的？需要提供哪些资料？ ……………………………………………………………… 499

三、出口企业被停止出口退（免）税资格期间能否向税务机关申请开具《代理出口货物证明》？ ………………………………………………………… 500

四、我公司是一家生产企业，已做出口退（免）税备案，上月我们出口的一批手套，发生退运，海关要求我们开具《出口货物退运已补税（未退税）证明》才能办理出口货物退运手续，请问我们该如何申请开具？ ………………… 500

五、外贸企业申请开具出口货物转内销证明时需要提供哪些资料？ ………… 500

六、我公司出口一批服装发生退运并转内销，是否需要开具出口货物转内销证明？ ……………………………………………………………………… 501

七、税务机关不得出具《出口货物转内销证明》的情形有哪些？ …………… 501

八、我公司是卷烟出口企业，请问我们该如何申请开具《准予免税购进出口卷烟证明》？ ……………………………………………………………… 502

九、招标机构应如何申请办理《中标证明通知书》？ ………………………… 502

十、我公司是一家出口企业，由于财务人员失误，丢失了部分出口退税有关证明，应如何补办？ ……………………………………………………… 502

十一、我公司是出口企业，由于财务人员失误，导致部分出口退（免）税证明出现错误需要作废，该如何处理？ …………………………………… 503

第七节 出口退（免）税单证备案管理常见问题 ………………………………… 503

一、出口货物备案的单证资料有哪些？ ………………………………………… 503

二、出口货物单证备案的时间及方式是如何规定的？ ………………………… 504

三、出口企业应备案的单证属于电子数据或无纸化的，怎样备案？ ………… 504

四、哪些出口退（免）税业务不实行备案单证管理？ ………………………… 505

五、出口企业或其他单位未按规定进行单证备案的出口货物能否申报退（免）税？ ……………………………………………………………… 505

第八节 出口退（免）税外汇管理常见问题 ……………………………………… 506

一、哪些出口企业在申报出口退（免）税时，须按照规定提供收汇资料？ … 506

二、出口企业出口货物，国外客户不能支付货款的，能退税吗？ …………… 507

三、我公司是一家生产企业，为响应国家"走出去"号召，在加拿大成立了一家公司 A 公司，我公司对该境外 A 公司投资了一批资产，请问我公司就该笔业务是否可以享受出口退（免）税政策，如果享受是否还要提供收汇凭证？ ………… 508

四、对于可不提供收汇凭证的非重点管理企业申报出口货物退（免）税时，主管税务机关发现需要核实出口业务真实性的，应如何处理？ ………………… 508

五、主管税务机关发现出口企业申报退（免）税时所附送的收汇资料存在"不能收汇的原因或证明材料为虚假""收汇凭证是冒用的"情形的，应如何处理？
……………………………………………………………………………………… 508

第九节 出口退（免）税违章处理常见问题 ……………………………………… 509

一、虚开发票的行为有哪些？ ……………………………………………………… 509

二、哪些情形不属于对外虚开增值税专用发票？ ………………………………… 509

三、购货方从销售方取得第三方开具的专用发票、从销货地以外的地区取得专用发票、受票方利用他人虚开的专用发票，向税务机关申报抵扣税款进行偷税，如何处理？ ……………………………………………………………………………… 509

四、购货方从销售方取得第三方开具的专用发票用于抵扣税款应如何处罚？ …… 510

五、纳税人善意取得虚开的增值税专用发票，税务机关该如何处理？ ………… 510

六、增值税纳税人发生虚开增值税专用发票或者其他增值税扣税凭证、骗取国家出口退税款行为的，出口的货物劳务服务应如何处理？ ……………………… 510

七、对伪造、擅自制造或者出售伪造、擅自制造的可以用于骗取出口退税、抵扣税款的其他发票的行为是如何处罚的？ ……………………………………… 511

八、出口企业或其他单位"提供虚假备案单证"或"增值税退（免）税凭证有伪造或内容不实"的情况，适用何种政策？ …………………………………… 512

九、某增值税纳税人以农产品为原料生产销售食品，因发生虚开增值税专用发票或者其他增值税扣税凭证、骗取国家出口退税款行为，被税务机关行政处罚或审判机关刑事处罚的，农产品进项税额应如何抵扣？ ………………………………… 513

十、出口企业或其他单位的出口业务有哪些情形的，暂不办理退（免）税？ …… 513

十一、我公司是一家出口企业，由于公司内部管理不善，未按规定设置、使用和保管有关出口货物退（免）税账簿、凭证、资料的，应承担什么责任？ ……… 514

十二、出口企业和其他单位拒绝税务机关检查或拒绝提供有关出口货物退（免）税账簿、凭证、资料的，应承担什么责任？ ……………………………………… 514

十三、从事进料加工业务的生产企业，未按规定期限办理进料加工登记、申报、核销手续的，税务机关应当如何处理？ ………………………………………… 515

十四、骗取出口退税的法律责任有哪些？ ………………………………………… 515

十五、虚开用于骗取出口退税、抵扣税款的发票的违法行为，如何处罚？ …… 515

十六、虚开用于骗取出口退税的发票构成犯罪的，应负什么刑事责任？ ………… 516

十七、出口企业和其他单位骗取国家出口退税款的，税务机关应如何处理？ …… 517

十八、出口退税企业被停止出口退税权期间能否申报办理出口退税？ ………… 518

十九、停止出口退税权的起始时间是如何规定的？ ……………………………… 518

二十、检举伪造、变造、倒卖、盗窃、骗取增值税专用发票以及可用于骗取出口退税、抵扣税款的其他发票行为的，按什么标准对检举人计发奖金？ ……… 518

第十八章 出口退（免）税申报系统常见问题速查 ……………………………… 520

第一节 系统安装、升级及设置常见问题 ………………………………………… 520

一、安装离线版申报系统时提示："错误，1603 安装时出现致命错误"，如何解决？ …………………………………………………………………………… 520

二、安装离线版申报系统提示："系统文件损坏，请尝试重新安装系统"，如何解决？ …………………………………………………………………………… 520

三、安装离线版申报系统补丁时提示："找不到申报系统文件路径，请重试"，如何解决？ ……………………………………………………………………… 520

四、打开离线版申报系统时提示："访问系统文件出错，如为 Windows7 及以上操作系统，请尝试使用管理员身份运行"，如何解决？ ………………………… 521

五、离线版申报系统中的企业信息如企业名称、税号等，如何修改？ …………… 521

六、离线版申报系统在哪配置电子口岸的 IC 卡号和 IC 卡密码？ ………………… 521

七、我们公司两台电脑都安装了申报系统，如何让两台电脑中的申报系统数据互相同步？ …………………………………………………………………………… 521

八、想要更换电脑，申报系统中的数据如何备份和导入？ ……………………… 521

九、导入备份数据提示："备份数据非生产/外贸企业备份"，如何解决？ ……… 521

十、离线版申报系统中本地备份与云备份两种备份方式有什么区别？ ………… 522

十一、电子税务局在线版申报系统更换电脑后，数据会不会丢失？ …………… 522

十二、电子口岸卡在同事那里，没有电子口岸卡能在申报系统中使用报关单导入的功能吗？ ………………………………………………………………………… 522

第二节 出口退（免）税备案申报常见问题 …………………………………… 522

一、在出口退税申报系统中如何申请成为无纸化管理试点企业？ ……………… 522

二、出口退（免）税备案表中的退（免）税计税方法，如何选择？ …………… 522

三、进行出口退（免）税备案变更时，原备案内容在申报系统中无法自动带出，如何解决？ ………………………………………………………………………… 522

第三节 出口退（免）税申报数据录入常见问题 ……………………………… 523

一、离线版申报系统的初始用户名和密码是什么？ ……………………………… 523

二、进入申报系统时，当前所属期应如何填写？ ………………………………… 523

三、明细数据采集时，出口报关单号录入要求是21位的，应该如何录入？ …… 523

四、明细数据采集中，录入商品代码时提示商品代码失效，如何解决？ ………… 523

五、免抵退申报明细表中的国内购进免税原材料价格如何填写？ ……………… 524

六、美元汇率应该去哪里查询？ …………………………………………………… 524

七、因为出口发票（增值税普通发票）的开票限额是10万，一笔出口业务开了三张发票，在出口明细中应该如何录入？ ………………………………………… 524

八、什么叫作离岸价，离岸价怎么计算？ ………………………………………… 524

九、出口报关单是EXW成交的，如何确定FOB价格？ ………………………… 524

十、如何下载电子口岸的报关单数据？ …………………………………………… 524

十一、电子口岸下载的报关单数据，如何导入到出口退税申报系统？ ………… 524

十二、读入报关单数据时提示：XML文件名20200458074.xml中IC卡信息与系统不符，取消读入，如何解决？ ……………………………………………… 525

十三、外贸企业一张购进货物的增值税专用发票对应两张出口报关单，如何录入关联号？ ………………………………………………………………………… 525

十四、外贸企业出口明细表中的关联号应该如何录入？ ………………………… 525

十五、外贸企业在进货明细录入时提示：该关联号在出口明细表中尚未使用，如何解决？ ………………………………………………………………………… 525

十六、外贸企业如何下载增值税专用发票的电子数据？ ………………………… 525

十七、外贸企业录入完成明细数据后，进行保存时提示非本年度申报数据，无法保存，如何解决？ ……………………………………………………………… 526

十八、外贸企业在进货明细录入时，录完发票代码或号码，点击回车刚录入的代码或号码就消失了，应该怎么解决？ ………………………………………… 526

十九、外贸企业发现申报系统中自动计算的可退税额与增值税专用发票上的税额不一致，如何解决？ ……………………………………………………………… 526

二十、出口明细录入时，"申报商品代码"没有自动带出来，需要录入吗？ …… 526

二十一、如何查询商品代码是否有效？ …………………………………………… 526

二十二、退（免）税申报数据已经正式申报后又发现错误，想重新申报应该怎么操作？ …………………………………………………………………………… 527

二十三、电子税务局在线版出口退税申报系统中，如何查询税务机关的审核进度？ ……………………………………………………………………………… 527

二十四、生产企业读入税务机关反馈信息后去哪里查看已申报数据是否审核通过？ ……………………………………………………………………………… 527

二十五、读入报关单数据后，做数据检查时发现汇率填写错误了，应该如何修改汇率？ …………………………………………………………………………… 527

二十六、出口报关单上商品计量单位是"个"和"千克"，进货发票商品计量单位开具的是"个"，在申报系统中计量单位单位显示的是"千克"，这种情况应该如何录入？ ……………………………………………………………………… 527

二十七、在申报系统中录入免抵退申报汇总表时提示：该表单当前所属期数据已存在，同一所属期下只允许存在一条数据，如何解决？ …………………… 528

二十八、生产企业免抵退汇总表，之前使用旧版申报系统时汇总表26栏没有抵减完，使用离线版申报系统或新版汇总表时，应如何计算？ …………………… 528

二十九、生产企业填写免抵退汇总表时，纳税表不得抵扣累加、期末留底税额应该如何填写？ …………………………………………………………………… 528

三十、免抵退汇总表的当期应退税额是如何计算的？ …………………………… 529

三十一、汇总表出现了免抵退税不得免征和抵扣税额合计与增值税纳税申报表差额（9C栏），应该如何解决？ ……………………………………………… 529

三十二、打印申报表时提示当前没有可打印数据，是什么原因？ ……………… 529

三十三、撤销申报数据时提示：该所属期尚未申报无法撤销，如何解决？ …… 529

三十四、生产企业如何读入税务机关反馈信息？ ………………………………… 529

三十五、外贸企业换汇成本是如何计算的？ ……………………………………… 530

第四节 生成出口退（免）税申报数据常见问题 ………………………………… 530

一、在生成申报数据时提示：该所属期申报序号有重号，如何解决？ ………… 530

二、在出口明细中录入了数据，但是生成申报数据时却提示，没有可申报数据不需要申报，如何解决？ ………………………………………………………… 530

三、生成数据时提示该路径不存在是否创建，如何解决？ ……………………… 530

四、为什么生成的申报数据双击打开是一堆乱码？ ……………………………… 530

五、生产企业生成申报数据后发现数据错误，如何修改数据？ ………………… 530

第五节 进料加工备案及核销常见问题 …………………………………………… 531

一、什么情况下需要进行进料加工手（账）册核销？ ………………………… 531

二、进料加工手（账）册核销什么时候开始申报，不申报会有什么影响？ … 531

三、生产企业开始进料加工业务核销申报前，在哪里下载加贸反馈信息？ … 531

四、加贸反馈信息下载后是空的，如何解决？ ………………………………… 531

五、免抵退核销申报表中所属期应如何填写？ ………………………………… 532

六、为什么录入调整表后，核销申请表中的实际分配率没有变化？ ………… 532

七、录入核销申请后发现实际分配率、应调免抵退、应调不得免抵字段都是空白的，如何解决？ ……………………………………………………………… 532

八、进料加工实际分配率是如何计算的？ ……………………………………… 532

九、为什么核销申报表中的已申报出口额为0？ ……………………………… 533

十、免抵退核销申报表中的核销起始日期与核销截止日期应如何填写？ …… 533

十一、进料加工业务核销经税务机关核准后，去哪里查看最终的实际分配率？ …… 533

十二、生产企业完成进料加工免抵退税核销业务后，应调额如何参与汇总表计算，对汇总表有什么影响？ …… 533

十三、怎么判断进料加工业务核销的应调额是否参与了汇总表的计算？ …… 534

十四、应调免抵退税额是负数，参与到汇总表计算时会多退税吗？ …… 534

十五、三月份完成进料加业务核销，核销应调额在四月份免抵退税申报时已经参与免抵退汇总表计算，六月份免抵退税申报时又提示参与汇总表计算，如何解决？ …… 534

十六、进料加工业务核销完成后去哪下载核销的最终反馈信息？ …… 534

第六节 出口退（免）税证明及其他申报常见问题 …… 535

一、出口的货物发生退运，如何开具退运证明？ …… 535

二、出口货物已补税（未退税）证明中的业务处理方式，如何选择？ …… 535

三、出口退（免）税证明录入完毕后，打印时提示当前没有可打印数据，如何解决？ …… 535

四、我公司委托其他公司出口后，我公司需要开具委托出口货物证明吗？ …… 535

第十九章 出口退（免）税申报数据自检常见问题速查 …… 536

一、数据自检时提示网报服务系统错误，如何解决？ …… 536

二、数据自检时，点击上传，选择文件按钮没有反应，如何解决？ …… 536

三、数据自检时提示企业申报的系统版本（xxx）与CKTS（xxx）版本不符，如何解决？ …… 536

四、数据自检后，一直显示排位，状态也没有变化，如何解决？ …… 536

五、数据自检的疑点是否可以打印？ …… 536

六、数据自检时提示海关数据中无此报关单号，如何解决？ …… 537

七、生产企业申报时提示该企业免抵退流程已启动，不能重复受理，如何解决？ …… 537

八、外贸企业申报数据自检时，提示发票信息在总局下发的电子信息中不存在，如何解决？ …… 537

九、数据自检时提示美元离岸价（xxx）超过海关150%，企业需提供《出口货物离岸价差异原因说明表》，是什么原因？ …… 537

十、数据自检时提示美元汇率无相关配置信息，请联系管理员更新汇率，如何解决？ …… 537

十一、数据自检时提示申报出口日期（xxx）与海关数据中的（xxx）不等，是什么原因？ 537

十二、数据自检时提示企业申报商品码版本（xxx）与审核版本（xxx）不符，请使用相同版本系统办理业务，如何解决？ 538

十三、数据自检提示总局代理证明数据中无此代理出口货物证明，如何解决？ 538

十四、进料加工业务核销后，在申报免抵退税数据自检时，提示汇总表中应调免抵退税额（0）与核销流程计算的应调免抵退税额（xxx）不一致，是什么原因？ 538

十五、进料加工业务核销后，在申报免抵退税数据自检时，提示汇总表中应调免抵退税额（xxx）与核销流程计算的应调免抵退税额（0）不一致，是什么原因？ 539